Bernhard aut

Bu

chsenschu

tz

Besitz und Erwerb im griechischen Alterthume

Bernhard aut
Bu
..
chsenschu
..
tz

Besitz und Erwerb im griechischen Alterthume

ISBN/EAN: 9783742817082

Hergestellt in Europa, USA, Kanada, Australien, Japan

Cover: Foto ©Thomas Meinert / pixelio.de

Manufactured and distributed by brebook publishing software
(www.brebook.com)

Bernhard aut

Bu

chsenschu

tz

Besitz und Erwerb im griechischen Alterthume

BESITZ UND ERWERB

IM

GRIECHISCHEN ALTERTHUME

VON

B. BÜCHSENSCHÜTZ.

HALLE,

VERLAG DER BUCHHANDLUNG DES WAISENHAUSES.

1869.

BESITZ UND ERWERB

IM

GRIECHISCHEN ALTERTHUME

VON

B. BÜCHSENSCHÜTZ

HALLE,

VERLAG DER BUCHHANDLUNG DES WAISENHAUSES.

1869.

Vorwort.

———

Bei der Veröffentlichung der vorliegenden Arbeit glaubte ich, dass dieselbe um so weniger einer Rechtfertigung bedürfte, als gerade die nationalökonomische Seite diejenige ist, von welcher das Alterthum im geringsten Masse der eingehenden Behandlung unterzogen worden ist. Zwar hatte Böckh in den einschlagenden Abschnitten seines Staatshaushaltes der Athener den Weg gewiesen, auf welchem auch nach dieser Richtung hin eine genauere Kenntniss des Alterthumes gewonnen werden konnte, aber wenn auch einzelne Zweige der Nationalökonomie der Alten nach ihm genauerer Betrachtung unterworfen worden sind, so ist doch jener Weg in grösserer Ausdehnung nicht verfolgt worden. Wenn demnach der hier gebotene umfassendere Versuch, und nur als ein Versuch will das vorliegende Buch gelten, auf günstige Aufnahme hoffen darf, so ist es doch nothwendig von vorn herein die Gränzen anzudeuten in denen sich derselbe gehalten hat.

Zunächst schien es zweckmässig eine Beschränkung insofern eintreten zu lassen, als nur derjenige Zeitraum zur Betrachtung gezogen wurde, in welchem die Griechen als Nation ihre Selbständigkeit behaupteten, so dass etwa die Begründung der makedonischen Herrschaft als Gränze gesetzt wurde, da mit den wesentlich veränderten politischen Verhältnissen, namentlich mit der Heranziehung des Morgenlandes, auch die wirthschaftlichen Zustände Griechenlands wesentliche Umgestaltungen erfuhren. Dessen ungeachtet ist, wo es für Einzelheiten nothwendig erschien, zuweilen über diese Schranke hinausgegriffen worden. Auch räumlich schien eine gewisse Einschränkung in der Art geboten, dass als eigentlicher Gegenstand der Behandlung nur die Staaten des eigentlichen Griechenlands und die kleinasiatischen Colonien genommen wurden, da die übrigen von Griechen gebildeten Staaten, namentlich die sicilischen und unteritalischen, einerseits nur durch lockere Bande mit dem Mutterlande verknüpft waren, andererseits unter wesentlich verschiedenen Bedingungen bestanden.

Bei der Behandlung des Gegenstandes habe ich mich darauf beschränkt, die aus dem Studium der Quellen hervorgegangenen Ergebnisse zur Darstellung zu bringen, so dass ebensowohl die Aufstellung und versuchsweise Begründung von Hypothesen und unsicheren Combinationen, zu denen namentlich die älteste Zeit ein weites Feld geboten hätte, als die umständliche Polemik gegen entgegenstehende Ansichten ausgeschlossen blieb. Wo letztere nothwendig erschien, ist sie nicht in den Text aufgenommen sondern in die Anmerkungen verwiesen worden. Auch eine Vergleichung mit den Zuständen anderer Zeiten und Länder wurde fern gehalten, da sie ja für den mit dem Gegenstande Vertrauten sich leicht ergiebt, für den Unkundigen aber ohne weitläufige, dem Zwecke des Buches fremde Auseinandersetzungen werthlos geblieben wäre.

Durch dieses Verfahren und dadurch dass ich, um den Umfang des Buches nicht allzusehr anwachsen zu lassen, die Darstellung in möglichst knapper Form zu geben suchte, glaubte ich es erreichen zu können, dass die Arbeit nicht bloss bei den Alterthumsforschern von Fach, sondern auch in anderen Kreisen, denen der Gegenstand Interesse einflösst, Beachtung und Benutzung finden möchte. Den Mängeln und Unvollkommenheiten der Arbeit werden diejenigen ihre Nachsicht nicht versagen, welche mit der Natur der Quellen, aus denen der Stoff geschöpft werden musste, und mit dem Mangel an brauchbaren und ausgiebigen Vorarbeiten bekannt sind. Versehen in Einzelheiten, namentlich auch Ungleichheiten in der Orthographie, besonders von Eigennamen, waren selbst bei der aufgewandten Sorgfalt nicht immer zu vermeiden und können wohl auf Entschuldigung Anspruch machen.

Berlin, im December 1868.

B. Büchsenschütz.

Inhaltsverzeichniss.

Zweites Buch. Erwerb.

BESITZ UND ERWERB

IM

GRIECHISCHEN ALTERTHUME.

EINLEITUNG.

Unter den Grundlagen, auf welchen sich das Gebäude des Staates erhebt, nimmt nicht die letzte Stelle der Besitz [1] der einzelnen Staatsangehörigen ein, Ja sein Bestehen ist überhaupt nur dann möglich, wenn ein solcher und zwar in einem gewissen Grade fester und geordneter Besitz vorhanden ist. Denn wenn auch das Ganze wichtiger ist als der einzelne Theil und der einzelne Mensch sammt seinem Besitze erst in dem Ganzen des Staates seinen Werth erhält, so beruht andrerseits die Wirksamkeit des Staates durchaus auf der geordneten Vereinigung und Verwendung der Einzelleistungen. Zu diesen unmittelbaren Leistungen für den Staat, so wie zu den Thätigkeiten, welche der einzelne Mensch zunächst für seine eigne Erhaltung und so mittelbar für die des Staates zu vollbringen hat, ist er von der Natur nicht unmittelbar mit allen nöthigen Hülfsmitteln ausgestattet, sondern er bedarf ausser dem Körper und dem Geiste, welche ihm die Natur gegeben hat, noch gewisser äusserer Dinge, um dieselben gleichsam als Werkzeuge für seine Lebensthätigkeiten zu verwenden. Die Gesammtheit dieser Werkzeuge nennen wir, insoweit ihm die alleinige Verfügung über dieselben zusteht, seinen Besitz; die Beschaffung dieser Mittel

---

1) Ich habe Besitz schlechtweg für den Begriff gebraucht, für welchen Roscher den Ausdruck Vermögen anwendet, welches er als die Summe aller Verkehrsgüter, welche sich im Eigenthum einer physischen oder juristischen Person befinden, definiert. Verkehrsgüter heissen dort aber solche Güter, deren Genuss auf andre übertragen werden kann (System der Volkswirthsch. I. §. x u. 7).

zur Erhaltung der eignen Person, der Familie und des Staates
nennen wir Erwerb.

Die Betrachtung des Besitzes und Erwerbes im Einzelnen,
d. h. die Untersuchung, worin unter bestimmten, gegebenen
historischen Verhältnissen jene Mittel bestanden und auf welche
Weise sie von den einzelnen Menschen beschafft wurden, mag
gegenüber der Betrachtung der geschichtlichen Entwickelung der
Völker und Staaten in ihrem Gesammtleben unbedeutend erscheinen, unwichtig ist sie sicher nicht, da ja die besonderen
Interessen des Einzelnen nicht allein in dem engsten Zusammenhange mit den Interessen des Staates stehen, sondern auch,
wie sie von jenen beeinflusst werden, so ihrerseits einen merkbaren Einfluss auf dieselben ausüben. Es bedarf hier keiner
weiteren Ausführung, welche fördernden und hemmenden Wirkungen auf das körperliche und geistige Befinden des Indivi-
duums, auf die Familienverhältnisse, auf die Beziehungen des
Staates nach innen und nach aussen die Menge und die Art
des Besitzes, so wie die Weise des Erwerbes ausübt; es sind
diese Wirkungen von jeher und nicht am wenigsten in unserer
Zeit im Ganzen und im Einzelnen fühlbar geworden und haben
die allseitige Aufmerksamkeit auf sich gezogen. Daher, hoffe
ich, wird es nicht der Entschuldigung bedürfen, wenn ich es
versuche, einen Ueberblick über die Besitz- und Erwerbsverhältnisse eines Volkes zu geben, das im Alterthum fast nach
allen Seiten hin einen Grad der Vollkommenheit erreicht hat,
wie er unter den gegebenen Verhältnissen erreicht werden konnte,
und wenn ich es unternehme, die materiellen Grundlagen zu
betrachten, auf welchen diese Vollkommenheit emporwuchs.

Die Aufgabe, welche ich mir gestellt, ist an und für sich
schon durch ihren Umfang eine schwierige, noch schwieriger wird
dieselbe dadurch, dass die Quellen, aus denen der Stoff geschöpft
werden muss, nicht in reicher Fülle fliessen. Bei der grossen
Idee vom Staate, welche den Griechen in der bessern Zeit
durchweg eigen ist und bei dem Zurücktreten der einzelnen
Persönlichkeiten und ihrer Interessen gegen den Staat, welches
das politische Leben der Griechen charakterisiert, ist es natürlich,
dass die Schriftsteller, welche die staatlichen Verhältnisse behan-

deln, auf den engen Kreis des Hauswesens nur beiläufig und flüchtig Rücksicht nehmen; bei der eigenthümlichen Stellung, welche die Erwerbsthätigkeit in den allermeisten griechischen Staaten einnahm, ist es begreiflich, dass die höher befähigten und gebildeten Männer, welche sich wissenschaftlichen Beschäftigungen und schriftstellerischer Thätigkeit widmeten, jene kleinen Verhältnisse und Thätigkeiten des häuslichen Lebens nur in so weit beachteten, als sie in unmittelbarer Beziehung zu dem Staate standen, ohne sie einer eingehenden Betrachtung oder gar einer selbständigen Behandlung werth zu achten. Daher besteht das, was derartige Schriften uns bieten, entweder in theoretischen Betrachtungen oder in vereinzelten zufälligen Bemerkungen über wirklich vorhandenes. Aber auch solche Schriften, welche dem gemeinen Leben näher stehen, wie die Komödien, oder welche Gegenstände des Privatlebens unmittelbar angehen, wie Reden, welche in Civilprocessen gehalten worden sind, bieten kein ausreichendes und genügend zusammenhängendes Material. Aus den Sammlungen verschiedener Art, welche Grammatiker und Lexikographen der späteren Zeit angelegt haben, sind fast durchweg nur vereinzelte Notizen zu entnehmen, deren Zuverlässigkeit überdies nicht immer über allen Zweifel erhaben ist. Die sonstigen aus dem Alterthum erhaltenen Reste, namentlich Denkmäler und Inschriften, so belehrend sie auch in Einzelheiten sein mögen, geben für eine Uebersicht des Ganzen verhältnismässig nur wenig. Auch bei den Neueren, welche sich mit der Erforschung und Erörterung fast aller Seiten des hellenischen Lebens sorgsam beschäftigt haben, hat gerade der hier zu behandelnde Gegenstand nur wenig Beachtung gefunden.

Besitz und Erwerb stehen in einem solchen nothwendigen Zusammenhange, dass sie sich gegenseitig bedingen; denn einerseits ist der Sache nach der Erwerb das frühere, indem er den Besitz erst schafft, und stets als dauernde Grundlage desselben zu betrachten, insofern er die durch Benutzung verbrauchten Besitzstücke ersetzt oder erneuert, andrerseits verlangt der Erwerb in den meisten Fällen gewisse Hülfsmittel, die wiederum unter den Besitz gerechnet werden müssen, insoweit sie

nicht allen gemeinsam von der Natur geboten werden. Das
Material nun dieser Hülfsmittel wird durchaus aus dem genommen, was die Natur selbst theils als dauernd, theils in regelmässiger Wiederkehr sich erneuernd, theils in zufälligem Erscheinen dem Menschen darbietet, mag nun dieses Material unverändert zum Gebrauche geeignet sein, oder irgend welcher Um-
wandlung durch Menschenhand bedürfen. Daher ist Erwerb
und Besitz in hohem Grade von den natürlichen Verhältnissen
abhängig. Selbst wenn bei höherer Entwicklung der Cultur ein
Volk sich von den Produkten seines Landes unabhängig macht,
indem es mit seiner Erwerbsthätigkeit über die Grenzen desselben hinausgeht und mit den Bewohnern anderer Länder in Verkehr tritt, um seinen Ueberfluss an Besitz gegen andre Gegenstände zu vertauschen, die seinem Lande fremd oder dort nicht in
genügender Menge vorhanden sind, so sind doch die Beschränkungen, welche die natürliche Beschaffenheit des Landes theils
durch seine Lage, theils durch die Art seiner Erzeugnisse auch
dieser Thätigkeit auferlegt, ausserordentlich einflussreich. Ebenso werden die Bedürfnisse des Menschen, zu deren Befriedigung
Besitz und Erwerb dienen, zu einem nicht unbeträchtlichen
Theile durch die Natur des Landes bedingt. Andrerseits sind
die Bedürfnisse, und somit Besitz und Erwerb von der körperlichen und geistigen Beschaffenheit der Menschen abhängig, die
je nach ihrem Charakter und ihren Fähigkeiten die von der
Landesnatur gesetzten Schranken mehr oder weniger durchbrechen und überwinden, und so die Art des Besitzes und Erwerbes, wie sie die umgebende Natur an die Hand gab, mehr oder
weniger verändern. Endlich wirkt die Gesammtheit der Landesbewohner in ihrer Vereinigung, der Staat mit seinen Bedürfnissen auf Besitz und Erwerb des Einzelnen ein.

Das griechische Land [1] ist von der Natur mit vielen und
hohen Vorzügen ausgestattet, aber doch so beschaffen, dass es
seine Bewohner nicht in Trägheit ernährt, sondern sie zu

---

[1] Ueber die natürliche Beschaffenheit des Landes und seine Produkte sehe man in der Kürze Wachsmuth Hellen. Alterthumsk. I. §. 8.
Hermann griech. Privatalterth. §. 8.

angestrengter Thätigkeit zwingt, um den Anforderungen des Lebens zu genügen. Die Armuth, lässt darum Herodotos[1] den Demaratos zum Xerxes sagen, ist von jeher dem Hellenenlande eine natürliche Genossin, die Strebsamkeit aber erworben und durch Weisheit und strenges Gesetz hervorgebracht. Der grössere Theil des Landes ist gebirgig, die Ebenen dagegen nicht zahlreich und meist nur von geringer Ausdehnung; aber doch findet sich selbst in den unebenen und steinigen Gegenden meistentheils eine Kinde von Erde, die noch zum Anbau geeignet ist. Daher finden wir denn von den ältesten Zeiten Grundbesitz zum Zwecke des Acker- und Gartenbaues als Grundlage der häuslichen und staatlichen Verhältnisse, wodurch wiederum ein mannigfaltiger Besitz an Baulichkeiten und Ackergeräthschaften bedingt wird. Mit dem Ackerbau in unmittelbarem Zusammenhange steht die Viehzucht, welcher allerdings nur in wenigen Gegenden Wiesen, dagegen in ausgedehntem Masse Wald- und Bergweiden die erforderlichen Mittel gewähren. Die Wälder bergen freilich einen gewissen Reichthum an Wild, aber doch nicht einen solchen, dass er zu einem Jägerleben für ganze Theile der Nation hätte Veranlassung geben können; der Fischfang war bei dem Mangel an grösseren Binnengewässern auf die Meeresküsten beschränkt. So wiesen die natürlichen Verhältnisse des griechischen Landes auf ein sesshaftes Leben hin, indem sie die für den Ackerbau und die Viehzucht nothwendigen Bedingungen erfüllten, zugleich aber die Möglichkeit der weiteren Entwicklung zu einem städtischen Leben gewährten.

Denn auch für Gewerbs- und Handelsthätigkeit sind die natürlichen Verhältnisse des Landes nicht ungünstig. Das Innere der Erde bietet wenigstens in einzelnen Gegenden ziemlich

---

1) Herodot VII, 102. Τῇ Ἑλλάδι πενία μὲν ἀεὶ κοτε σύντροφός ἐστι, ἀρετὴ δὲ ἔπακτός ἐστι, ἀπό τε σοφίης κατεργασμένη καὶ νόμου ἰσχυροῦ. Vgl. Strabo II. 8. 127. οἱ Ἕλληνες ὄρη καὶ πέτρας κατέχοντες φκουν καλῶς διὰ προνοιαν τὴν περὶ τὰ πολιτικὰ καὶ τὰς τέχνας καὶ τὴν ἄλλην σύνεσιν τὴν περὶ βίον. So sagen auch die Korinther bei Thukyd. I, 123 πάτριον γὰρ ἡμῖν ἐκ τῶν πόνων ἀρετὰς κτᾶσθαι. Vgl. Menand. bei Stob. Flor. LVII, 7 τὰ κακῶς τρέφοντα χωρία ἀνδρείους ποιεῖ.

bedeutende Schätze von Metallen, und zwar von solchen Metallen,
die, wie Eisen und Kupfer, zur Verfertigung von Gegenständen
des nothwendigen Gebrauchs geeignet sind; Steine zur Erbauung
der Wohnungen so wie zur anderweitigen gewerblichen und
künstlerischen Verwendung fanden sich fast überall, plastischer
Thon in vielen Gegenden; Holz lieferten in den älteren Zeiten
ausgedehnte Waldungen, eine reiche Zahl nutzbarer Produkte
das Thierreich. Für die dem städtischen Leben nothwendige
Verbindung mit der Aussenwelt endlich bot die reiche Küsten-
entwicklung des Landes mit vielen brauchbaren Buchten und
Häfen die günstigste Gelegenheit, die den Mangel an schiffbaren
Flüssen im Binnenlande hinlänglich aufwog. Das Meer selbst
mit seinen zahlreichen, in nicht zu grosser Entfernung von einander gelegenen Inseln lockte die Küstenbewohner zur Seefahrt,
die durch Handel, kriegerische und räuberische Unternehmungen
gleichfalls dem Erwerbe diente.

Die klimatischen Verhältnisse des Landes waren fast überall der Art, dass die natürlichen Bedürfnisse der Menschen an
Wohnung, Kleidung und Nahrung nur eine mässige Höhe erreichten, so dass deren Beschaffung nicht mit bedeutender körper-
licher Anstrengung verbunden, aber doch so, dass ein dauernder
sicherer Schutz gegen die Einflüsse der Witterung unumgänglich
nothwendig war.

Wenn so die Natur des Landes für die Gestaltung der
Besitz- und Erwerbsverhältnisse ziemlich günstige Bedingungen
stellte, so wurde dieselbe nicht minder durch die körperliche
und geistige Beschaffenheit der Landesbewohner gefördert; denn
zu einem kräftigen und geschmeidigen Körperbau gesellte sich
eine hohe geistige Lebendigkeit im Auffassen wie im selbstthätigen Schaffen, die auch auf dem hier betrachteten Gebiete zu
regem Streben führen musste; namentlich war die hervorragende
künstlerische Anlage, welche das hellenische Volk auszeichnete,
der Entwicklung der gewerblichen Thätigkeit ausserordentlich
förderlich und führte dazu, den Besitz nicht bloss auf diejenigen
Dinge zu beschränken, welche zur Befriedigung der nothwendigen Bedürfnisse des Lebens dienen, sondern ihn auch auf solche
auszudehnen, welche eine Zierde und einen Schmuck für das

öffentliche und das private Leben bilden und demselben eine gewisse Behaglichkeit verleihen. Daher ist Lust am Besitz bei den Hellenen überall in hohem Grade wahrzunehmen, ja dieselbe ging zuweilen so weit, dass man sogar die Behauptung[1] anstellen konnte, die Habsucht sei ein hervorstechender Charakterzug der Griechen gewesen.

In dem jugendlichen Alter des hellenischen Volkes, wie es uns die homerischen Gedichte erblicken lassen, bildet diese Freude am Besitz ein wichtiges Moment in nicht geringerem Grade als bei anderen Völkern, die bei gleicher sinnlicher Lebhaftigkeit auf gleicher Culturstufe stehen; denn je weniger das Streben auf den Erwerb geistiger Güter gerichtet sein konnte, um so mehr musste es sein Ziel und seine Befriedigung in materiellem Besitze suchen, der Art, dass dieser seine volle Bedeutung in allen Verhältnissen geltend machte. Daher kann es auch nicht auffallen, dass bei den Griechen jener Zeit Verbrechen durch die Erlegung einer Busse gesühnt werden,[2] die nicht als eine Strafe für den Thäter, sondern als ein Schadenersatz für den Beschädigten angesehen wird, und dass man es für das natürliche hält,[3] wenn ein Beleidigter sich durch Geschenke zur Verzeihung bewegen lässt, da ja selbst die Götter für Geschenke nicht unzugänglich waren.[4] Von einem Verachten des Besitzes findet sich nirgend eine Spur, eben so wenig aber auch im Gegensatze dazu eine Andeutung, dass reicher Besitz an und für sich Ehre, Armuth aber Missachtung eingetragen habe.

Etwas anders stellt sich die Sache schon in dem hesiodischen Gedichte dar, welches den Titel „Werke und Tage" führt. Hier werden mit einer gewissen Resignation die für thöricht erklärt,[5] welche nicht wissen, wie viel mehr die Hälfte

---

1) Hermann gr. Privatalt. § 65. Böckh Staatsh. d. Athener I, S. 272. Drumann Arbeiter u. Communisten in Griechenl. u. Rom S. 118.

2) Ilias ɩ, 633; π, 498.

3) Ilias, ɩ, 515ff.

4) .δῶρα θεοὺς πείθει, δῶρ' αἰδοίους βασιλῆας bei Platon Republ. III, S. 390ᵃ, angeblich ein Vers des Hesiod. Suidas Δῶρα, Aeschyl. bei Stob. Floril. CXVIII, 1. Μόρος θεῶν γὰρ θάνατος οὐ δώρων ἐρᾷ.

5) Vers 40.

als das Ganze sei, hier wird wiederholt mit Tadel auf die
Geschenke fressenden Könige hingewiesen.[1] ja es tritt schon die
Klage auf,[2] der Reichthum sei die Seele für die elenden Sterb-
lichen. Mit dem Fortschreiten der Cultur, mit welchem sich die
Mannigfaltigkeit des Besitzes erhöhte, bildete sich der Gegensatz zwischen der Bedeutung, welche der Reichthum gab und
dem Werthe, welchen Tüchtigkeit verlieh, immer schärfer aus,
und die Klage, dass Geld den Mann mache[3] und der Arme
weder Achtung geniesse, noch als brav gelte, findet sich häufiger. Ganz unbegründet können diese Klagen nicht sein und es
mochte schon damals im Leben die Regel oft genug befolgt
werden, dass man zunächst nach Besitz trachten müsse, die
Tugend aber üben, wenn man Besitz habe.[4]

Je mehr sich aber unter den Griechen die Ansicht Geltung
verschaffte, dass die Mannestugend, namentlich die politische
nur da eine Stätte finden könne, wo der Mann nicht für seine
leibliche Existenz zu arbeiten habe, und dass Erwerbsthätigkeit
und politische Thätigkeit sich nicht vereinigen lasse, um so
höheren Werth musste ein zum Leben ausreichender Besitz
erlangen, und die Ansicht derer, welche den Besitz gering ach-
teten, mochte immerhin als etwas ausserordentliches bewundert
werden, allgemeine Geltung konnte sie nimmermehr finden.
Man pries die Enthaltsamkeit des Aristeides, welcher es geradezu
aussprach,[5] Armuth sei eine Schande für die, welche gegen
ihren Wunsch arm seien, ein Ruhm für die, welche es aus
freiem Willen seien, aber man suchte keinesweges dieselbe allgemein nachzuahmen. Ebenso wenig konnten die ähnlichen
Lehren der Philosophen Eingang in das praktische Leben finden.

1) V. 39, 221; 264.
2) V. 686. χρήματα γὰρ ψυχὴ πέλεται δειλοῖσι βροτοῖσι.
3) Pindar Isthm. II, 17 und dazu die Scholien: χρήματα, χρήματ'
ἀνήρ, πενιχρὸς δ' οὐδεὶς πέλει' καλὸς οὔτε τίμιος. Theognis 621 Bergk
πᾶς τις πλούσιον ἄνδρα τίει, ἄτιει δὲ πενιχρόν. Pseudoplaton. Eryxias 6. 396c. ἂν μὲν ἔχῃς τι, ἄξιός τοι εἶ, ἐὰν δὲ μὴ οὐδενός.
4) Phokylid. fr. 10 Bergk δεῖ ζητεῖν βίοτον, ἀρετὴν δ' ὅταν ᾖ
βίος ἀσκεῖν.
5) Plutarch Vergl. des Aristeid. u. Cato 3.

Sokrates erklärte, nichts bedürfen sei göttlich, so wenig
als möglich bedürfen komme dem göttlichen am nächsten.[1]
und die Schule der Cyniker schloss sich an diese Lehre an,
indem deren Gründer Antisthenes sich dahin aussprach, die
Menschen hätten Reichthum und Armuth echt im Hause, sondern in der Seele;[2] die Stoiker hielten den Besitz äusserer
Güter wenigstens für etwas gleichgiltiges;[3] aber im praktischen
Leben war man weit entfernt, solche Grundsätze zu bethätigen.
Als einen Grund für die Vernachlässigung kriegerischer Uebungen in fast allen Städten Griechenlands gieb Platon an,[4] dass
man wegen des Trachtens nach Reichthum keine Zeit habe,
sich um etwas anderes zu kümmern als um den eignen Besitz
und den täglichen Gewinn, so dass ein Jeder die Kenntnisse und
Fertigkeiten, welche jenem Zwecke dienen, sich eifrig aneigne,
alles andre verlache, und Isokrates sagt:[5] In Betreff dessen,
was Gewinn zu sein scheint, sind wir so unersättlich, dass selbst
die, welche die grössten Reichthümer besitzen, sich nicht damit
begnügen, sondern, indem sie nach immer mehr trachten, das,
was sie haben, aufs Spiel setzen. Diesen allgemeinen Klagen
reihen sich solche gegen einzelne Staaten an. Sagte doch ein
Sprichwort[6] von den Athenern, noch in den letzten Zügen

---

1) Xenophon Comment. I, 6, 10. Vgl. Lukian *Κυνικός* 12. *διὰ
τοῦτο θεοὶ μὲν οὐδενός, οἱ δὲ ἐγγιστα θεοῖς ἐλαχίστων δέονται.* Plutarch Vergl. des Aristeid. u. Cato 4. *ἀπροσδεὴς μὲν γὰρ ἁπλῶς ὁ θεός,
ἀνθρωπίνης δ' ἀρετῆς ᾧ συνάγεται πρὸς τὸ ἐλάχιστον ἡ χρεία, τοῦτο
τελειότατον καὶ θειότατον.*

2) Xenophon Gastmahl 4, 34. Vgl. auch die Bemerkungen des Charondas in der Einleitung zu seinen Gesetzen bei Stob. Floril. XLIV,
40 S. 183 Mein.

3) Lukian Lapith. 36. *ἀδιάφορον εἶναι λέγοντες τῶν χρημάτων
τὴν κτῆσιν.* Athenaeos VI, S. 233ᵇ. *Ζήνων δὲ ὁ ἀπὸ τῆς στοᾶς πάντα
τἆλλα ἀλίην τοῦ νομίσμος αὐτοῖς* (näml. *χρυσῷ καὶ ἀργύρῳ*) *καὶ καλῶς
χρῆσθαι νομίσας ἀδιάφορα τὴν μὲν εὐχὴν αὐτῶν καὶ γεγὴν ἀλεπεῶν,
τὴν χρῆσιν δὲ τῶν λιτῶν καὶ ἀπερίττων προηγουμένας ποιεῖσθαι
προσήττον* u. s. w.

4) Platon Gesetze VIII, S. 831 e.

5) Isokrates v. Frieden 7.

6) Diogenian III, 12. *Ἀττικὸς ὑπάρχει τὴν χεῖρα ἀποθνήσκων· ἐπὶ
τῶν φιλαργύρων. Φιλοκερδεῖς γὰρ οἱ Ἀθηναῖοι.*

hielten sie die Hand auf; die Spartaner,[1] deren Staate das
Orakel den Untergang einzig und allein durch Geldgier drohte,
mussten den Vorwuf erfahren, dass sie, wenn es sich um
Gewinn handle, vor nichts zurückscheuen würden; die Megarer[2] galten als geizig, die Chalkidier[3] auf Euboea als hab-
süchtig und von den Kretern[4] sagt Polybius, die Habsucht
wäre bei ihnen so eingebürgert, dass bei ihnen allein von allen
Menschen kein Gewinn für schändlich gelte. Im Allgemeinen
ist nicht zu verkennen, dass mit dem Verfall der Freiheit und
Selbständigkeit der Staaten die Selbstsucht der einzelnen mehr
und mehr zunahm und zugleich mit der wachsenden Ueppigkeit
und Verschwendung das Trachten nach Reichthum eine bedenkliche Höhe erreichte, freilich in einer Weise, die den Wohlstand der Gesammheit nicht nur nicht förderte, sondern sogar
untergrub.

Mit dem zunehmenden Trachten nach Besitz hielt nun aber
keinesweges eine Steigerung der Erwerbsthätigkeit bei den
eigentlichen Bürgern der Staaten gleichen Schritt, ja man
könnte, wie dies an seiner Stelle genauer zu erörtern sein wird,
viel eher eine Abnahme derselben in dem Masse wahrnehmen,
dass in den Zeiten der freiesten Entwicklung der griechischen
Staaten der vollberechtigte Bürgerstand zum grössten Theile als
unproductiv im materiellen Sinne angesehen werden kann. Ein
solcher Zustand wurde aber ermöglicht durch die eigenthümlichen
staatlichen und socialen Verhältnisse, welche es gestatteten,
theils die Macht des Staates zum Vortheil der einzelnen Bürger
auszubeuten, theils die eigentliche Erwerbsthätigkeit von diesen
letzteren mehr oder weniger auf fremde Schultern abzuwälzen.

Der Einfluss, welchen der Staat und die allgemeinen gesellschaftlichen Zustände auf Besitz und Erwerb ausübten, lässt

---

1) Zenob. II, 24. ἡ φιλοχρηματία Σπάρταν ὀλεῖ, ἄλλο δὲ οὐδέν. Pausan. IV, 5, 4. ὡς οὐδὲν ἂν τοῖς Λακεδαιμονίοις κέρδους
ἕνεκα ὀκνήσαντος. Vgl. Athen. IV, S. 233 f.

2) (Demosthen.) geg. Neaera 36. Vgl. Polyb. XX, 6.

3) Eustath. zu Homer. Il. β, 537 S. 279, 19.

4) Polybius VI, 46. Vgl. Nepos Hannibal 9.

sich in einer allgemeinen Uebersicht nicht leicht darstellen,
einmal weil die politischen Systeme der einzelnen Staaten mehr
von einander abweichen, als die natürlichen Verhältnisse der
Länder, von denen oben gesprochen worden ist, andrerseits
weil sie mit dem Verlaufe der Zeit grösseren und tiefer ein-
schneidenden Veränderungen unterworfen waren, als diese. Es
wird daher die Erörterung dieses Einflusses der Behandlung im
einzelnen anbehalten bleiben müssen, während an dieser Stelle
nur gewisser Verhältnisse gedacht werden kann, welche, allen
griechischen Staaten gemein, für Besitz und Erwerb von der
allergrössten Wichtigkeit waren. Ueberall bildete die eigentlich
als landesangehörig zu betrachtende Bevölkerung, die auch nur
als die den Staat bildende und für dessen Bestehen als bestimmend anzusehen ist, nur einen Bruchtheil der Menschenmenge,
welche die Einwohnerschaft des Landes ausmachte. Die Mehrzahl bestand theils aus solchen, die selbst wieder einen Theil
des Besitzes bildeten, den Sklaven und Leibeignen, theils aus
solchen, die sich vorübergehend oder dauernd im Lande aufhielten, ohne Theil an dem Bürgerrechte zu haben, deren Aufenthalt geduldet, nicht berechtigt war. Von der ersteren Klasse
wird als einem Theile des Besitzes später ausführlicher zu handeln sein; die zweite Klasse bildeten die sogenannten Metöken,
Schutzverwandte, dem Staate Fremde, deren Anwesenheit die
Staaten duldeten oder selbst begünstigten, weil ihre Thätigkeit,
von der an den betreffenden Stellen gesprochen werden wird,
dem Staate und den einzelnen Bürgern nützlich, ja in vielen
Fällen eben so unentbehrlich war, wie die der Sklaven. [1]
Diese Klasse bildete sich zum Theil aus Griechen, welche entweder in Folge der überall herrschenden politischen Zwistigkeiten oder aus anderen Gründen ihr Vaterland verlassen und
an anderen Orten nicht bloss vorübergehend ihren Aufenthalt
genommen hatten, [2] zum grösseren Theile aber aus Nicht-

---

1) Aristot. Polit. VII, 4 8. 224, 25. Göttl. ἀναγκαῖον γὰρ ἐν ταῖς
πόλεσιν ὑπάρχειν καὶ δούλων ἀριθμὸν πολλῶν καὶ μετοίκων καὶ
ξένων.

2) Harpokrat. μετοίκιον — μέτοικος ὁ ἐξ ἑτέρας πόλεως μετοικῶν
ἐν ἑτέρᾳ καὶ μὴ πρὸς ὀλίγον ὡς ξένος ἐπιδημῶν ἀλλὰ τὴν οἴκησιν

griechen,[1] die zu geschäftlichen Zwecken sich in griechischen Städten angesiedelt hatten. Es ist kaum zu bezweifeln, dass es dergleichen Metöken[2] in allen nicht ganz unbedeutenden griechischen Städten gab, in ganz beträchtlicher Zahl in solchen, welche für den Betrieb von Handel und Gewerbe eine günstige Gelegenheit boten, wie in Athen,[3] wo sich Ol. 117, 4 bei einer Volkszählung gegenüber 21,000 Bürgern 10,000 Metöken fanden. Indem diese Leute, abgesehen von dem Ausnahmefalle besonderer Vergünstigung von dem Besitze von Grundeigenthum ausgeschlossen waren, dagegen meistentheils durch ihre Thätigkeit als Geschäftsleute einen ansehnlichen Theil des beweglichen Vermögens in ihre Hände brachten, gaben sie, ohne selbst ein integrirender Theil des Staatskörpers[4] im eigentlichen Sinne zu sein, dennoch einen Faktor ab, dessen Einfluss auf Besitz und Erwerb nicht hoch genug angeschlagen werden kann. Denn

αὐτόθι κατοικήσαντες. Man vgl. das Beispiel des reichen Syrakusers Kephalos, des Vaters des Redners Lysias, der vom Gelo aus Syrakus vertrieben oder vom Perikles bewogen sich in Athen ansiedelte. Leben der zehn Redn. S. 835e; Lysias geg. Eratosthen. 4.

1) Xenophon v. d. Eink. 2, 3. Λυδοὶ καὶ Φρύγες καὶ Σύροι καὶ ἄλλοι παντοδαποὶ βάρβαροι· πολλοὶ γὰρ τοιοῦτοι τῶν μετοίκων.

2) Das Vorhandensein von Metöken in allen griechischen Staaten lässt sich ausser der oben angeführten Stelle des Aristoteles auch daraus bestimmt annehmen, dass Platon in seinen Gesetzen den Staatsorganismus mit auf diese Klasse von Leuten gründet. Ausser Athen, wo über ihr Verhältniss zum Staate allein etwas näheres bekannt ist, werden sie erwähnt in Aegina Isokrat. Aegin. 12; in Megara Lykurg geg. Leokr. 21; in Theben Lysias geg. Pankl. 15; Diodor XVII, 11; in Epidamnus Aelian Verm. Gesch. XIII, 16; in Abydos Aristot. Oekonom. II, S. 1848a Bekk.; in Byzanz ebend. S. 1347a; in Chalkedon ebend. S. 1347b; Plutarch Quaestt. Gr 49; in Rhodos Ross Inser. inedd. III, Nr. 278, vgl. Nr. 273.

3) Ktesikles bei Athen. VI, S. 272b.

4) Aristot. Polit. VII, 4 S. 223, 28 sagt bei der Betrachtung der Volksmenge eines Staates: Οὐ μὴν ἀλλὰ κἂν εἰ δεῖ κρίνειν πρὸς τὸ πλῆθος ἀποβλέποντας, οὐ κατὰ τὸ τυχὸν πλῆθος τοῦτο ποιητέον· ἀναγκαῖον γὰρ ἐν ταῖς πόλεσιν ὑπάρχειν καὶ δούλων ἀριθμὸν πολλῶν καὶ μετοίκων καὶ ξένων, ἀλλ' ὅσοι πόλεώς εἰσι μέρος, καὶ ἐξ ὧν συνίσταται πόλις οἰκεῖαι μορίων.

während die Staatsbürger ihre Concurrenz auf dem Gebiete des
Handels und der Gewerbe nicht fürchteten, ihnen vielmehr dieselben gern überliessen, während sie mit den Staatsbürgern um
den Erwerb von Grundbesitz nicht in Concurrenz treten, also
denselben nicht für jene vertheuern konnten, während der Staat
nicht die Verpflichtung übernahm, unter allen Umständen für sie,
ihre Existenz und ihren Besitz einzutreten, diente ihre Thätigkeit dazu, die Gewerbe zu fördern, den Handel zu heben und
dadurch mittelbar den Wohlstand des Ganzen zu erhöhen und in
ihrem eigenen Besitze Hülfsmittel zu schaffen, über die der
Staat zum Besten des Ganzen und der einzelnen Bürger verfügen konnte.

Beträchtlich grösser als die Zahl der Metöken war überall
die der Unfreien, die ohne eignen rechtlichen Besitz nicht allein
für die gewöhnlichen körperlichen Dienstleistungen im Haushalte
verwendet, sondern in vielen Fällen als Mittel zum Erwerbe
benutzt worden. Der Staat hatte somit ihnen gegenüber in den
hier zu behandelnden Beziehungen gar keine Verpflichtungen,
während sie selbst durch ihre Arbeit dem Erwerbe des Besitzes
für den Einzelnen und dadurch für die Gesammtheit dienten.

Es stellten sich demnach die Verhältnisse des Besitzes und
Erwerbes auch von Seiten der staatlichen und socialen Zustände
für die eigentlichen griechischen Bürger äusserlich wenigstens
nicht angünstig, indem denselben der grössere Theil anstrengen-
der Arbeiten abgenommen oder wenigstens erleichtert wurde,
allein es dürfte nicht zu verkennen sein, dass die Einwirkung
dieser Verhältnisse auf den Staat und auf die sittlichen Zustände
keine durchaus vortheilhafte war. Denn abgesehen von humanen
Rücksichten, welche eine solche ungleiche Vertheilung der
menschlichen und staatlichen Rechte an die Bewohner desselben
Landes zu billigen verbieten, konnte die Entwöhnung der Bürger von der Erwerbsthätigkeit und die Uebertragung des grössten Theils dieser letzteren an solche Klassen von Einwohnern,
deren Heranziehung und Erhaltung dem Staate [1] nicht unter

---

1) Was Alkibiades bei Thukyd. VI, 17 von den zusammengewürfel-
ten Volksmassen der sicilischen Städte sagt: καὶ οὐδεὶς δι' αὐτὰ ὡς

allen Umständen möglich war, für das Gedeihen und die Sicherung des Staates und das dauernde Wohlbefinden seiner Angehörigen nur gefahrdrohend sein, ja es wird sich nicht läugnen
lassen, dass gerade diese Verhältnisse zu dem Verfalle Griechenlands das ihrige beigetragen haben.

περὶ οἰκείας πατρίδος οὔτε τὰ περὶ τὸ σῶμα ὅπλως ἐξήρτηται οὔτε τὰ
ἐν τῇ χώρᾳ νομίμοις καταπειναῖς· ὅτι δὲ ἕκαστος ἢ ἐκ τοῦ λέγειν πεί-
θειν οἴεται ἢ στασιάζων ἀπὸ τοῦ κοινοῦ λαβὼν ἄλλην γῆν, μὴ κατορ-
θώσας, οἴκησιν, ταῦτα ἑτοιμάζεται, lässt sich gewiss zum grossen Theil
auf die Metöken anwenden.

ERSTES BUCH.

Besitz

Erstes Kapitel.

Obgleich die Wichtigkeit des Besitzes für den einzelnen Menschen und für den Staat den Staatsmännern und Philosophen der Griechen nicht entgehen konnte, so finden wir doch in den uns erhaltenen Schriften keinen erschöpfenden Versuch, Begriff und Wesen desselben theoretisch zu bestimmen. Xenophon hat allerdings in seiner Schrift über die Haushaltungskunst eine Untersuchung in dieser Richtung angestellt, deren Ergebniss in den Worten zusammengefasst ist:[1] „Das Haus erschien uns als dasselbe wie der gesammte Besitz, Besitz aber, sagten wir, sei dasjenige, was einem jeden nützlich für das Leben ist, als nützlich aber fand sich alles, was jemand zu gebrauchen verstünde;" aber es bedarf kaum der Bemerkung, dass diese Bestimmung dem für uns erforderlichen Begriffe nicht genau entspricht, indem sie, die Gesammtheit aller Güter umfassend, nach der einen Seite zu weit auch geistigen und anderen, nicht übertragbaren Besitz in Betracht zieht, nach der anderen Seite zu eng denselben durch die Fähigkeit des Besitzers, Gebrauch von dem Besitze zu machen, beschränkt. Den materiellen Besitz treffen die Bemerkungen des Aristoteles In der diesem Philo-

---

1) Xenophon Oekon. 6, 4. οἶκος ἡμῖν ἐφαίνετο ὅπερ κτῆσις ἡ σύμπασα, κτῆσιν δὲ τοῦτο ἔφαμεν εἶναι ὅ τι ἑκάστῳ ὠφέλιμον εἰς τὸν βίον, ὠφέλιμα δὲ ὄντα εὑρίσκετο πάντα ὁπόσοις τις ἐπίσταιτο χρῆσθαι. Vgl. Isokrat. an Demon. 28.

sophen zugeschriebenen Oekonomik heisst es,[1] die Theile des Hauses seien der Mensch und der Besitz. freilich nicht in genauer Uebereinstimmung mit der Darstellung, welche die Politik desselben Schriftstellers giebt. Denn dort ist ganz sachgemäss eine bestimmte Menschenklasse, die Sklaven, unter den Besitz gerechnet, indem es heisst:[2] Das Besitzstück ist ein Werkzeug zum Leben, und der Besitz ist eine Menge von Werkzeugen, und der Sklave ist ein lebendes Besitzstück. Aehnlich erklärt auch Aristoteles an einer anderen Stelle[3] den Reichthum als eine Menge den Haushalt und den Staat angehender Werkzeuge, so dass der Besitz über seine engere Beziehung zu dem Haushalte hinaus auch mit dem Leben im Staate in Verbindung gebracht wird. Eine weitere Entwickelung der Ansicht über das Wesen des Besitzes ist nur in so weit gegeben, als sie die Beschaffung des Besitzes betrifft; eine Erörterung, die weiter unten bei der Behandlung des Erwerbes zu betrachten sein wird.

Lebhafteres Interesse erweckten ihrer praktischen Bedeutung wegen die Fragen, welche sich an die Menge des Besitzes und die Art der Vertheilung desselben unter die einzelnen Staatsangehörigen knüpfen. Der natürliche Verlauf der Dinge bringt überall eine Ungleichheit des Besitzes der einzelnen Personen mit sich, und diese Ungleichheit ruft neben ihren Vortheilen mancherlei Nachtheile und Gefahren für den Einzelnen so wie für den gesammten Staat hervor; daher musste gerade diese Erscheinung ganz besonders die Aufmerksamkeit der Männer auf sich ziehen, welche sich theoretisch oder praktisch mit den Staatsangelegenheiten beschäftigten. Die sociale Frage, welche noch heute nach Jahrhunderten, wenn auch in etwas anderer

---

1) Aristot. Oekon. I, 2 S. 1343ᵃ. Μέρη δὲ οἰκίας ἄνθρωπός τε καὶ κτῆσίς ἐστιν.

2) Polit. I, 2 S. 6, 11 τὸ κτῆμα ὄργανον πρὸς ζωήν ἐστι, καὶ ἡ κτῆσις πλῆθος ὀργάνων ἐστί, καὶ ὁ δοῦλος κτῆμά τι ἔμψυχον.

3) Polit. I, 3 S. 13, 4 ὁ δὲ πλοῦτος ὀργάνων πλῆθός ἐστι οἰκονομικῶν καὶ πολιτικῶν. Vgl. S. 14, 29. ὅπως ὑπάρχῃ ὧν ἔστι θησαυρισμός χρημάτων πρὸς ζωὴν ἀναγκαίων καὶ χρησίμων εἰς κοινωνίαν πόλεως ἢ οἰκίας.

Form, die Geister beschäftigt und einer endgültigen Lösung
harrt, die sie voraussichtlich niemals finden wird, hat denn auch
bei den Griechen zu vielen Theorien und praktischen Versuchen
Veranlassung gegeben, die, wie dies nicht anders möglich war,
bisweilen in dem grellsten Gegensatze zu einander standen, und,
wie dies ebenfalls nicht anders geschehen konnte, das, was sie
bezweckten, entweder gar nicht oder nur unvollkommen erreichten. Dass eine zweckmässige Ordnung der Besitzverhältnisse für
die Wohlfahrt des Staates von der höchsten Bedeutung sei, ent-
ging wohl niemandem, ja es fehlte nicht an solchen, welche
dieselbe für das allerwichtigste hielten,[1] nur über die Mittel, sie
herzustellen, war man nicht einig.

In den griechischen Staaten, die fast alle während des
grössten Zeitraumes ihrer historisch bekannten Entwicklung auf
mehr oder weniger demokratischen Grundlagen eingerichtet
waren, stand das Vermögen der Bürger in viel näherer Beziehung zu dem Staate als in den modernen Staaten, einmal insofern die Gesammtheit der Bürger unmittelbar und ausschliesslich über die Leistungen bestimmte, welche aus dem Gesammt-
vermögen des Staates und aus dem Einzelvermögen der Bürger
gemacht werden sollten, andrerseits insofern die Bedürfnisse des
Ganzen unmittelbar durch diese Leistungen befriedigt werden
mussten, während eine mittelbare Deckung durch Anleihen,
welche die Kräfte der Zukunft für den Bedarf der Gegenwart
mit heranzieht, eine nur einigermassen bedeutungsvolle Anwendung nicht fand. Es musste sich daher viel schärfer fühlbar
machen, dass die Summe des Vermögens der Einzelnen den
Reichthum des Staates bildet, und dass mit dem Wohlstand der
Bürger die finanzielle Kraft des Staates wuchs oder schwand.

Die Frage zunächst, ob es für den Staat dienlich sei, den
Reichthum unbegränzt zu vermehren, oder ob demselben eine
gewisse Gränze zu stecken sei, ist nicht unberührt geblieben.
„Es muss,“ sagt Aristoteles,[2] „Besitz nicht allein für die

---

1) Aristot. Polit. II, 4 S. 44, 11. δοχεῖ γὰρ τισι τὸ περὶ τὰς
οὐσίας εἶναι μέγιστον τετάχθαι καλῶς· περὶ γὰρ τούτων ποιεῖσθαι
φασι τὰς στάσεις πάντας.

2) Aristot. Polit. II, 4 S. 46, 24.

inneren Bedürfnisse des Staates in ausreichendem Masse vorhanden sein, sondern auch gegen die von aussen drohenden
Gefahren. Daher darf weder eine so grosse Menge desselben
vorhanden sein, dass die Nachbarn und die Mächtigeren ein
Gelüste darnach tragen, während die Besitzer nicht im Stande
sind, die Angriffe abzuwehren, noch eine so geringe, dass man
damit nicht einmal einen Krieg gegen die gleich mächtigen aushalten kann.“ Dieses Bedenken gegen allzu grossen Reichthum
findet seinen Grund zum Theil in den kleinstaatlichen Verhältnissen Griechenlands und der gegenseitigen unzerstörbaren Eifersucht der einzelnen Staaten, zum Theil auch wohl in der Besorgniss, dass durch Uebermass des Besitzes [1] Verweichlichung und
Schlechtigkeit herbeigeführt werde, wie es denn Platon [2] für
unmöglich hält, zu gleicher Zeit gut und sehr reich zu sein.
Freilich schien es schwer, die rechte Gränze festzustellen;
und wenn man einerseits die Vortheile des Reichthums nicht
übersah, [3] andrerseits aber auch Beispiele nicht fehlten, dass die
Regierenden, namentlich Tyrannen, [4] darauf hingearbeitet hatten,
die Unterthanen arm zu machen, damit sie durch den Erwerb
des nothwendigen Unterhaltes in Anspruch genommen nicht Zeit
zu Empörungen hätten, so lässt sich doch im Allgemeinen von
Seiten der Staaten weder ein Streben bemerken, [5] die Zunahme
des Reichthums der Bürger zu befördern, noch, vielleicht mit
Ausnahme von Sparta, demselben eine bestimmte Gränze zu
setzen.

Viel mehr zog die Vertheilung des Besitzes unter die
Staatsangehörigen die Aufmerksamkeit auf sich, offenbar weil
die an dieselbe sich anknüpfenden Zustände und die aus derselben entspringenden Folgen zu allen Zeiten und an allen Orten
sich leicht greifbar darboten und immer wieder von Neuem tief

---

1) Platon Republ. IV, S. 422. Euseb. in Stob. Floril. XLIII, 147.

2) Platon Gesetze V, S. 742 d bis 743 c.

3) Aristot. Polit. II, 4 S. 46, 31 δεῖ δὲ ταῦτα μὴ λανθάνειν, ὅτι
σιμφέρει πλῆθος οὐσίας.

4) Aristot. Polit. V, 9 S. 186.

5) Man vgl. die Bemerkungen Böckhs Staatsh. d. Ath. I, S. 623.

einschneidende Wirkungen auf das Leben der Staaten und der Bürger ausübten. Ungleichheit des Besitzes war, wie überall, so auch in Griechenland immer vorhanden und mit derselben alle ihre nothwendigen Folgen, von denen die schlimmen, wie stets das Uebel, sich weit fühlbarer machten als die guten, zu fühlbar, um nicht Staatsmänner und Philosophen zur Untersuchung der Sache und zu Verbesserungsversuchen anzuregen.

Wir sehen hier von den Betrachtungen über den Einfluss von Reichthum und Armuth auf den einzelnen Menschen und dessen körperliches und geistiges Befinden ab, da dieselben nichts für Griechenland eigenthümliches bieten und nichts, was nicht für alle Zeiten seine Geltung hätte, und beschränken uns auf die Betrachtungen, welche den Einfluss des Einzelbesitzes auf das gesammte Staatsleben zum Gegenstande haben.

Auch auf dem Gebiete des Besitzes ist von den Griechen der Grundsatz, dass die Mitte das beste sei, fast durchweg geltend gemacht worden. Schon dem Thales wird das Wort zugeschrieben, [1] das sei der beste freie Staat, wo die Bürger weder zu reich noch zu arm seien und Aristoteles hat in seiner Politik [2] bei der Erörterung der Frage, welches die beste Staatsverfassung sei, denselben Satz aufgestellt und nach beiden Seiten einer ausführlichen Betrachtung unterzogen. Seine Begründung, [3] dass zu grosser Reichthum zu Uebermuth und Gewaltthat, zu grosse Armuth zu Verbrechen führe, und somit beides das Bestehen des Staates gefährde, stimmt im Allgemeinen mit den Ausführungen Platons [4] überein, der im Reichthum und in

---

1) Stob. Floril. XLIII, 131. Vgl. auch Eurip. ebend. XLIII, 10 und 20.

2) IV, 9 S. 133. Ἐπεὶ τοίνυν ὁμολογεῖται τὸ μέτριον ἄριστον καὶ τὸ μέσον, φανερὸν ὅτι καὶ τῶν εὐτυχημάτων ἡ κτῆσις ἡ μέση βελτίστη πάντων. Vgl. V, 2 S. 155; VI, 3 S. 206.

3) Aristot. a. a. O. Vgl. II, 3 S. 41 ἡ δὲ πενία στάσιν ἐμποιεῖ καὶ κακουργίαν u. V, 3 S. 171 κοινὸν δὲ καὶ ἐν δήμῳ καὶ ὀλιγαρχίᾳ καὶ πάσῃ πολιτείᾳ μή᾽ αὐξάνειν λίαν μηδένα παρὰ τὴν συμμετρίαν. Καὶ μάλιστα μὲν πειρᾶσθαι τοῖς νόμοις οὕτως ἄγειν ὥστε μηδένα ἐγγίγνεσθαι πολὺ ὑπερέχοντα δυνάμει μήτε φίλων μήτε χρημάτων.

4) Platon Republ. IV, S. 421ᵃ πλοῦτος καὶ πενία· ὡς τοῦ μὲν τρυφὴν καὶ ἀργίαν καὶ νεωτερισμὸν ποιοῦντος, τοῦ δὲ ἀνελευθερίαν

2*

der Armuth gleichmässig die Quelle zu Staatsumwälzungen sah, eine Ansicht, die durch die Erfahrung in Griechenland vielleicht noch mehr als anderswo ihre Bestätigung fand. [1]

Die Mittel, welche man wirklich anwendete oder zur Anwendung vorschlug, um zu dem eben bezeichneten Ziele zu gelangen, gehen alle zunächst von der Voraussetzung aus, dass im Staate eine hinlängliche Menge ertragfähigen Landes vorhanden sei, welches den Einwohnern den Unterhalt gewähren könnte. Dass man gerade eine solche Grundbedingung für das Bestehen eines wohlgeordneten Staates stellte, findet seine Erklärung in der später zu erörternden Stellung, welche der Ackerbau in den griechischen Staaten einnahm. Freilich war diese Voraussetzung mit Sicherheit höchstens bei der neuen Gründung eines Staates, z. B. bei Anlegung von Colonien zu verwirklichen; in bereits bestehenden Staaten liess sich diese Bedingung, wenn sie überhaupt erfüllbar war, häufig genug nur durch künstliche Mittel erfüllen, und der so hergestellte Zustand war im Leben des Staates ebenfalls nur auf künstliche Weise zu behaupten, indem man die Zahl der Bürger auf einer dem Landbesitze entsprechenden Höhe erhielt. Die bei den Griechen in der Zeit der eigentlichen Staatenbildung so allgemein angewandte Massregel der Aussendung von Colonien gab die Möglichkeit, einen Ueberschuss der Bevölkerung abzuleiten; allein diese Möglichkeit verminderte sich mit zunehmender Befestigung der staatlichen Verhältnisse und mit der wachsenden Schwierigkeit geeignetes Terrain für Colonisation zu finden, während die Eroberung fremden Landes zum Zwecke der Erweiterung des Besitzes eine unsichere und gefährliche Massregel war, wie die Erfahrung an den weiter unten zu betrachtenden Kleruchien der Athener lehrte. Auch im Falle der Verminderung der Bevölkerung unter die ursprünglich

καὶ κακουργίαν πρὸς τῷ νεωτερισμῷ. Gesetze V, 8. 744 d. Vgl die Worte des Pythagoreers Hippodamos bei Stob. Floril. XLIII, 94 δεῖ τὰς νομοθέτας — ἐπιμελέως παρατηρεῖν — εἰ τὰ μέγιστα τῶν βίων ἐν τοῖς αὐτοῖς διαμένει καὶ οὐ παραπόλλεται· ἅμα γὰρ τῷ τὰ περισσὰ κτᾶσθαι καὶ τὰ περισσὰ μαστεύειν.

1) S. Plutarch Lykurg 8. Thukydid. III, 84.

festgesetzte Zahl waren es bedenkliche Mittel, welche angewendet werden mussten, um das beabsichtigte Gleichgewicht aufrecht zu erhalten, wie z. B. die Verleihung des Bürgerrechtes an Fremde.

Gesetzt nun, es war die erforderliche Menge Landes vorhanden, so konnte man zur Herstellung einer Gleichmässigkeit des Besitzes zunächst darauf verfallen, dasselbe zu gleichen Theilen an die Bürger zu vertheilen. Diesen Weg hatte Phaleas von Chalkedon vorgeschlagen.[1] Bei der Gründung eines Staates, meinte er, lasse sich diese Einrichtung leicht treffen, in bereits bestehenden allerdings schwerer, am schnellsten aber so, dass die Reichen bei Verheirathungen Mitgift gäben, aber nicht erhielten, die Armen erhielten, aber nicht gäben. Wie mangelhaft dieses Verfahren gewesen wäre, selbst wenn man die Reichen zwingen wollte, ihre Kinder nur mit Armen zu verheirathen, bedarf keiner weiteren Erörterung, abgesehen davon, dass sich die Massregel nur auf den Grundbesitz,[2] nicht auf das übrige Eigenthum beziehen sollte.

Einen anderen Weg wollte der als Baumeister, nicht als Staatsmann bekannte Hippodamos von Milet einschlagen.[3] Die Bürgerschaft beschränkte er auf die Zahl von zehntausend Männern, die er in Krieger, Ackerbauer und Handwerker eintheilte; das Land schied er in heiliges, Staats- und Privatland, so dass das erste die Mittel für den Gottesdienst, das zweite für den Unterhalt der Krieger hergeben, das dritte Eigenthum der Ackerbauer sein sollte. Das Unzweckmässige dieses Vorschlages hat Aristoteles[4] genügend nachgewiesen, der namentlich auf die Verlegenheiten aufmerksam macht, welche die Behauung des Staatslandes bereiten muss, mag man dieselbe nun den Kriegern oder den Ackerbauern übertragen. Ueberdies wird der Zweck, den Besitz nach dem rechten Masse zu vertheilen, auch so nicht erreicht, da der Erwerb und das Eigenthum der dritten

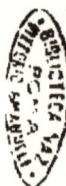

---

1) Aristot. Polit. II, 4 S. 44.
2) Ebend. S. 47, 25.
3) Aristot. Polit. II, 5 S. 48.
4) Ebend. S. 50.

Klasse, der Handwerker, irgend welcher Controlle oder Ausgleichung nicht unterworfen ist.

Wesentlich verschieden schon im Principe sind die Ent-
würfe Platons. Nach dem Grundsatze, dass Freunden alles
gemein sei,[1] hält er es für das beste, dass niemand im Staate
ein besonderes Eigenthum habe, sondern dass das sogenannte
Eigenthum nach allen Seiten hin mit allen Mitteln aus dem
Leben beseitigt werde, dergestalt, dass alles, selbst Weiber
und Kinder, allen gemeinsam sei. In dem Entwurfe eines
Idealstaates, welchen er in seinen Büchern vom Staate aufstellt,
hat er diesen Grundsatz wenigstens für die herrschende Klasse
durchgeführt; die Mitglieder derselben sollen weder eigne Häuser, noch Land, noch sonst Besitz haben,[2] sondern ihren
Unterhalt als Lohn für die Beschützung des Landes von den
anderen erhalten und gemeinschaftlich für sich verwenden. Auf
die Einzelheiten der Sache geht Platon nicht näher ein, namentlich fehlt es gänzlich an einer Andeutung, ob und wie weit
der Grundsatz der Gütergemeinschaft auf den dritten Stand, die
eigentlich arbeitende Klasse, Anwendung finden soll; dass er
auch für diese Klasse das rechte Mass des Besitzes für das
zweckmässigste hält, geht aus der Bemerkung hervor,[3] dass
Reichthum und Armuth den Arbeiter gleichmässig verderbe, denn
der reich gewordene werde träge und nachlässig in seinem
Geschäft, der Arme, dem es an den nöthigen Mitteln zur
Betreibung seines Geschäftes fehle, liefere schlechte Arbeit und
bilde seine Söhne und andere Lehrlinge zu schlechten Arbeitern
aus. Jedoch fehlt es an einer Bestimmung der Gränze zwischen
reich und arm, die dem rechten Masse entsprechend wäre. Eine
Kritik dieser platonischen Aufstellungen hat Aristoteles in seiner

---

1) Platon Gesetze V, S. 739ᵇ. Πρώτη μὲν τοίνυν πόλις τέ ἐστι
καὶ πολιτεία καὶ νόμοι ἄριστοι, ὅπου τὸ πάλαι λεγόμενον ἂν γίγνη-
ται κατὰ πᾶσαν τὴν πόλιν ὅτι μάλιστα· λέγεται δὲ ὡς ὅπως ἐστὶ κοινὰ
τὰ φίλων.

2) Platon Republ. V, S. 464ᵇ.

3) Republ. IV, S. 421ᵈ.

Politik gegeben, die Unausführbarkeit für Menschen, wie sie eben sind, hat Platon selbst erkannt.[1]

Ganz bedeutend weicht Platon hiervon in den mehr auf die praktische Durchführung berechneten Entwürfen ab, die er in seinen Gesetzen giebt. Das Princip der Gütergemeinschaft ist fast vollständig aufgegeben, denn das Land wird, nachdem ein Theil für die Heiligthümer ausgesondert ist,[2] von dessen Ertrage der Aufwand für den Gottesdienst und die mit demselben verbundenen Feste bestritten werden soll, gleichmässig unter die Bürger vertheilt,[3] so jedoch, dass ein jeder das, was er empfangen hat, als Eigenthum des Staates ansehen soll. Daher darf auch kein Verkauf dieser Grundstücke stattfinden.[4] Die Zahl derselben ist entsprechend der der Bürger auf 5040 festgesetzt,[5] und um diese Zahl unverändert zu erhalten, soll der Familienvater sein Grundstück nur auf einen seiner Söhne vererben, die übrigen etwa vorhandenen Söhne sollen durch Adoption in Familien aufgenommen werden, in welchen sich keine männlichen Erben befinden. Dafür zu sorgen, dass die Zahl der Familien sich weder vermehre noch vermindere, ist die Aufgabe der höchsten Behörde; Aussendung der Colonien beim Wachsen, und bei der Abnahme der Bevölkerung selbst Aufnahme von Fremden werden unter den anzuwendenden Mitteln empfohlen. Jedes von den Grundstücken besteht aus zwei Theilen,[6] von denen der eine in der Nähe der Stadt, der andere in den entferneteren Landestheilen liegt, jeder aber mit einer Wohnung versehen ist. Bei der Abgränzung der einzelnen Loose soll auf die Güte des Landes Rücksicht genommen werden, so dass geringere Qualität durch grösseren Umfang ausgeglichen wird.

Platon hat aber seine Fürsorge nicht auf den Grundbesitz beschränkt, sondern dieselbe auch auf das übrige Eigenthum

---

1) Aristot. Polit. II, 2 S. 35 f. — Platon Gesetze V, S. 739 d.
2) Platon a. a. O. S. 738 d.
3) Ebend. S. 740 a.
4) Ebend. S. 741 b.
5) Ebend. S. 740 b bis 741 a.
6) Ebend. S. 745 c u. d.

ausgedehnt. Gold und Silber darf kein Bürger besitzen;[1] für
den Verkehr innerhalb des Landes dient eine Münze, die nur in
demselben Werth hat, deren Besitz aber dem Bürger genügt,
da derselbe weder Handel noch Gewerbe treiben darf; der Staat
soll für die etwa nothwendig werdenden Beziehungen zum Auslande Geld besitzen, wie es allgemein in Griechenland angenommen wird.[2] An Eigenthum darf überhaupt niemand mehr
besitzen als den vierfachen Werth seines Grundstückes, was er
darüber auf irgend eine Weise erwirbt, hat er an den Staat
abzuliefern, dessen Behörden zur bessern Aufsicht über alles
hierher gehörige und zur leichteren Schlichtung etwa entstehen-
der Streitigkeiten ein Verzeichniss alles dessen führen, was die
Bürger ausser ihren Grundstücken besitzen. Durch diese Bestimmungen sind die Gränzen des Besitzes fest und eng gezogen,
dergestalt, dass der ärmste Bürger nicht weniger als das vom
Staate verliehene Grundstück, der reichste nicht mehr als den
vierfachen Werth desselben besitzt. Der Grundsatz, dass Freunden alles gemein sein solle, findet eine wenn auch beschränkte
Anwendung auf die Früchte des Landes,[3] indem eine ganze
Reihe gesetzlicher Bestimmungen feststellt, wie weit es erlaubt
sein solle, von den Früchten eines fremden Grundstückes zu
geniessen; im Uebrigen darf niemand sich an des anderen
Eigenthume vergreifen oder es ohne dessen Erlaubniss benutzen.[4]

Wenn somit dem Entwurfe, welchen Platon in den Gesetzen
mitgetheilt hat, der Gedanke zu Grunde liegt, den Besitz nicht
allein im Ganzen in den Gränzen des rechten Masses zu halten,
wofür wir weiterhin bei der Betrachtung des Erwerbes noch
weitere Massregeln finden werden, sondern auch im Einzelnen
die möglichste Gleichmässigkeit und Gleichförmigkeit desselben
herbeizuführen, so ist doch eine bedeutende Annäherung an die
Zustände, wie sie sich naturgemäss in einem Staate entwickeln
müssen, gegenüber den in der Republik gemachten Vorschlägen

1) Ebend. 8. 742ᵃ.
2) Ebend. S. 744ᵃ; 745ᵇ.
3) Ebend. VIII, S. 844ᶜ.
4) Ebend. X, S. 884; XI, S. 913ᵃ.

nicht zu verkennen. Eine gewisse Verschiedenheit des Besitzes nach Art und Menge ist den einzelnen Bürgern gestattet, allerdings in Gränzen, die zu eng sind, um eine freie Bewegung zu erlauben, aber doch weit genug, um die Ungleichheit des Besitzes recht fühlbar zu machen. Dies zu erkennen, darf man nur einen Punkt ins Auge fassen. Es ist für den Wohlstand und das ganze Wohlbefinden der Familie von wesentlichem Einflusse, wie stark die Zahl ihrer Mitglieder ist. Die Gesetze bestimmen nun,[1] dass der einstige Erbe bei seiner Verheirathung die Verwaltung des in den Gränzbezirken gelegenen Theiles des Gutes übernehmen soll, wo er auch seinen Wohnsitz aufschlägt; so kann es geschehen, dass ein Gut ohne weiteren Besitz für die Erhaltung zweier Familien, von denen die ältere vielleicht immer noch zahlreich ist, genügen muss, während in einem anderen Falle vielleicht ein Grundstück nebst anderem Besitz im vierfachen Werthe desselben Eigenthum einer kinderlosen Familie ist. Schon dieser eine Fall zeigt, wie der dem absoluten Werthe nach nur vierfache Besitz der letzteren Familie in seinen Wirkungen für den Besitzer verglichen mit dem der ersteren Familie einen unverhältnissmässig höheren Werth haben muss. Eine solche starke Ungleichheit wird auch dadurch nicht gemildert, dass niemand von dem Ertrage seines Landes etwas verkaufen darf,[2] mit Ausnahme des gesetzmässigen Drittheils, das den Metöken überlassen wird, da ja auch auf der anderen Seite keiner von den Bürgern etwas an Lebensbedürfnissen einkaufen, keiner eine äussern Gewinn bringende Thätigkeit üben darf. Und doch erkennt Platon es an,[3] dass, um das Land zu behauen, das den Lebensunterhalt gewähren soll, Mittel erforderlich sind; diese können aber nur beschafft werden aus dem Ueberschusse, welchen das Land über die Mittel zur Befriedigung der natürlichen Bedürfnisse giebt, wo ein solcher nicht vorhanden ist, muss selbst Mangel an dem nothwendigen eintreten, den Platon eben so wie die Ungleichheit des Besitzes

1) Ebend. VI, S. 775ª f.
2) Ebend. VIII, S. 849ᶜ.
3) Ebend. IX, S. 858ᵇ.

vermeiden wollte. Dass die angeordneten Adoptionen und Aus-
sendungen von Colonien kein durchweg genügendes Mittel gegen
dergleichen Uebelstände sind, bedarf keiner näheren Erörterung.

In den bisherigen Betrachtungen sind nur die Bürger des
Staates berücksichtigt worden, es bleibt noch weniges über die
Metöken und Fremden zu bemerken. Vom Grundbesitz sind
dieselben vollständig ausgeschlossen; bewegliches Eigenthum dürfen sie beliebig erwerben,[1] jedoch nur bis zur Höhe dessen,
was die dritte Bürgerklasse besitzt[2] (d. h. also doch wohl den
doppelten Betrag von dem Werthe des Grundstückes eines Bürgers), sobald sie einen so hohen Besitz erworben haben, müssen
sie innerhalb dreissig Tage mit ihrer Habe das Land verlassen.
Die Frage, ob und wie die dem Staatsgebäude nothwendigen
Metöken bei solchen Beschränkungen stets in genügender Zahl
heranzuziehen und zu erhalten sind, ist von Platon nicht beant-
wortet worden.

Aristoteles hat in seinen Betrachtungen über den Staat die
eben behandelten Ansichten Platons zwar nicht ganz beseitigt,
aber doch bei weitem mehr Rücksicht auf die wirkliche und
natürliche Entwicklung der Verhältnisse genommen. Denn wenn
er auch eine ideale Staatsverfassung als die beste aufstellt, so
lässt er doch die in Wirklichkeit vorhandenen nicht unbeachtet.
Für die Demokratie z. B. erkennt er die Nothwendigkeit an,[3]
darauf zu sehen, dass die Menge nicht zu arm sei, da die
Armuth dort die Veranlassung werde, dass die staatlichen Zustände sich verschlechtern. Man muss daselbst für einen dauernden Wohlstand sorgen und zu diesem Zwecke die Ueberschüsse
der Staatseinkünfte ansammeln und im Ganzen an die Armen
vertheilen, wo möglich in der Weise, dass denselben dadurch
der Erwerb von Landbesitz möglich gemacht werde, wenn dies
sich nicht thun lässt, wenigstens um ihnen Betriebscapital für

1) Ebend. XI, S. 915 b.

2) Es ist vorausgesetzt, dass die V, S. 744 c gegebene Klassen-
bezeichnung, πρῶτοι, δεύτεροι u. s. w. so zu verstehen ist, dass die erste
Klasse die bilden, deren Besitz den vierfachen Werth des Grundstückes hat.

3) Aristot. Polit. VI, 3 S. 206, 25 Gött.

Handel und Ackerbau zu gewähren. Grundbesitz gilt auch in
der Demokratie als das beste für die Menge, dergestalt, dass
die beste Demokratie die ist, wo die Volksmasse vom Ackerbau oder von der Viehzucht lebt;[1] um so mehr wird Grundbesitz
in dem besten Staate nothwendig sein. Die beste Verfassung
ist nun die, bei welcher der Staat im höchsten Masse glücklich
ist; Glück ohne Tugend ist aber nicht erreichbar und deshalb bedürfen die Bürger zur Ausbildung der Tugend sowie zur
Erfüllung der bürgerlichen Pflichten der freien Zeit.[2] Die
Musse ist für den Freien Lebenszweck[3] und darum darf der
Bürger nicht für seinen Lebensunterhalt arbeiten, weder als
Handwerker oder Kaufmann, da ein solches Leben unedel
und der Tugend widerstrebend ist, noch als Landmann.[4] Als
Voraussetzung für diesen besten Staat gilt demnach, dass der
Bürger hinreichend Grundbesitz habe,[5] von dessen Ertrag er
ohne Arbeit,[6] denn diese fällt den Sklaven oder Leibeignen zu,
auskömmlich leben könne. Der ganze Grundbesitz gehört nur
denen, welche am Bürgerrechte Theil haben,[7] so dass Metöken
und Fremde unbedingt davon ausgeschlossen sind.[8] Ein Theil
desselben bleibt Staatseigenthum, um von dem Ertrage die Ausgaben für den Gottesdienst und die Syssitien zu bestreiten, das
übrige vorhandene Land wird unter die Bürger als Eigenthum
so vertheilt, dass jeder seinen Antheil theils in der Nähe der
Stadt, theils in den Gränzbezirken erhält, damit ein jeder mit
seinem Besitze den verschiedenen Landestheilen angehöre und
so nicht allein die möglichste Gleichheit des Landbesitzes unter
den Bürgern hergestellt werde, sondern auch bei allen ein gleiches Interesse an der Vertheidigung des Landes gegen äussere

---

1) Ebend. VI, 2 S. 201, 20.

2) Ebend. VII, 1; 8 S. 233 δεῖ γὰρ σχολῆς καὶ πρὸς τὴν γένεσιν
τῆς ἀρετῆς καὶ πρὸς τὰς πράξεις τὰς πολιτικάς.

3) Ebend. VII, 13 S. 246 ff.

4) Ebend. VII, 8 S. 233, 4.

5) Ebend. VII, 5 S. 226, 23.

6) Ebend. VII, 8 S. 234, 6; 9 S. 237.

7) Ebend. VII, 9 S. 235, 31.

8) Ebend. S. 236.

Feinde vorhanden sei. Die Sklaven auf den Privatländereien sind
Eigenthum der Besitzer der letzteren. Weitere Bestimmungen,
insofern sie die Verfügung über den Grundbesitz oder die Menge
des Besitzes überhaupt beschränkten, sind nicht gegeben und
würden auch, nach der Kritik zu urtheilen, die Aristoteles [1] an
solchen Bestimmungen der platonischen Gesetze übt, nicht in
seinem Sinne sein; die Gütergemeinschaft ist völlig aufgegeben, [2]
an ihre Stelle soll der gemeinsame Gebrauch treten, wie ihn
Freunde einander an ihrem Eigenthum gewähren. Einen besonderen Werth legt überhaupt Aristoteles auf dergleichen Bestimmungen nicht: „es reicht nicht aus," sagt er, [3] „dass der Gesetzgeber das Eigenthum der Einzelnen gleich mache, sondern er
muss nach dem rechten Masse streben;" ferner, „wenn auch
jemand allen das rechte Vermögensmass zuwiese, so nützt das
doch nichts, denn viel mehr muss man die Begierden ausgleichen,
als das Vermögen, das aber ist ohne eine genügende Erziehung
durch die Gesetze nicht möglich." Aristoteles hat offenbar den
Kern der ganzen hier behandelten Frage richtiger erkannt als
seine Vorgänger, indem er den Sitz aller Uebelstände, welche
die ungleiche Vertheilung des Besitzes hervorruft, weniger in
den Sachen als in den Menschen selbst sucht und das richtige
Mittel angiebt, diese Uebelstände möglichst zu beseitigen; freilich hat man den Weg, auf welchem dieses Mittel praktisch mit
Erfolg anzuwenden wäre, auch heute noch nicht gefunden.

Es lässt sich annehmen, dass in den zahlreichen theoretischen Schriften über Staatsverfassungen, [4] welche das Alterthum
hervorgebracht hat, auch noch andere Ansichten über das Eigenthum werden entwickelt worden sein, ja es haben sicher die
Discussionen über diesen allgemein interessierenden Gegenstand
sich nicht auf die Kreise der Philosophen und Staatsmänner
beschränkt, sondern sind in den Zeiten namentlich, wo die
griechischen Staaten zu kranken anfingen, gewiss mit grosser

1) Polit. II, 3.
2) Polit. II, 2; VII, 9 S. 236, b.
3) Polit. II, 4 S. 45, 11.
4) Vgl. das Verzeichniss solcher Schriften bei Wachsmuth Hellen.
Alterthumsk. I, S. 796 ff.

Lebhaftigkeit auch im Publicum geführt worden. Einen Beweis
dafür liefern die im Jahre 392 v. Chr. aufgeführten Ekklesia-
zusen des Aristophanes,[1] in welchen der von Weibern regierte
Staat auf communistischer Grundlage ganz in der von Platon
dargelegten Weise eingerichtet werden soll, so dass man annehmen kann, die platonischen Ansichten über diesen Gegenstand
seien lange vor der Veröffentlichung seines Buches über den
Staat aus den Schulkreisen in das Publicum gedrungen und dort
hinreichend bekannt gewesen, um eine solche öffentliche Ver-
spottung zu rechtfertigen und allgemein verständlich zu machen.

Man darf aber auch nicht übersehen, dass diese Theorien
keineswegs ausser aller Verbindung mit der Wirklichkeit stehen,
sondern zum Theil von vorhandenen Zuständen und Einrichtungen ihren Ausgang genommen haben. Denn um von der auf-
fälligsten Theorie, der der Gütergemeinschaft zu beginnen, so
finden wir einen gewissen communistischen Hang im griechischen
Alterthume, wenigstens bei dem dorischen Stamme ausgeprägt
und dauernd erhalten. Es sind dahin zu ziehen namentlich die
Syssitien oder gemeinschaftlichen Mahlzeiten der Bürger,[2] eine
Sitte, die ursprünglich bei den Griechen ziemlich allgemein
verbreitet, sich am längsten bei den Kretern und Spartanern
erhalten hat und von der Aristoteles sagt,[3] es sei darüber
nur eine Stimme, dass sie für wohleingerichtete Staaten vortheilhaft sei. Dass diese Sitte auf das Princip der Gütergemeinschaft zurückgeht, tritt am deutlichsten in den kretischen Einrichtungen[4] zu Tage, wo jene Mahlzeiten aus den Einkünften
des Staates, d. h. aus dem Gemeingut aller Bürger ausgerichtet
wurden.

Die praktische Durchführung des communistischen Grund-
satzes,[5] dass Freunden alles gemein sein müsse und keiner

-- -- --

1) Aristophan. Ekkles. V. 590 ff.
2) Vgl. O. Müller Die Dorier II, S. 273 f.
3) Aristot. Polit. VII, 9 S. 236 περὶ συσσιτίων τι συνδοκεῖ πᾶσι,
χρήσιμον εἶναι ταῖς εὖ κατασκευασμέναις πόλεσιν ὑπάρχειν.
4) Genaueres bei O. Müller a. a. O. S. 203.
5) Diogen. Laert. VIII, §. 10. εἶπέ τε πρῶτος (ὁ Πυθαγόρας), ὡς
φησι Τίμαιος, κατὰ τὰ φίλων εἶναι καὶ φιλίαν ἰσότητα κ. §. 23 ἴδιον

derselben besonderes Eigenthum haben dürfe, wurde, wenn wir
den Berichten späterer Schriftsteller[1] glauben dürfen, von dem
pythagoreischen Bunde in Unteritalien versucht. Es wird erzählt,
dass diejenigen, welche in den Bund aufgenommen wurden, ihr
Vermögen den dazu angestellten Verwaltern überwiesen, während
die Ausgaben für die Bedürfnisse der einzelnen Mitglieder aus
dem so gebildeten gemeinschaftlichen Vermögen bestritten wurden; wer aus dem Bunde ausschied, erhielt seine Einlage sogar
noch vermehrt zurück. Syssitien und sonstiges Zusammenleben
der Bundesglieder finden wir auch hier. Nach andereren Nachrichten bethätigte sich der erwähnte Grundsatz wenigstens in
gegenseitiger aufopfernder Unterstützung der Bundesbrüder.[2] Allein,
wenn man auch die Richtigkeit jener Nachrichten voraussetzt, so
ist doch zu bemerken, dass sich diese Gütergemeinschaft nicht
über einen eigentlichen Staat, sondern nur über eine Genossenschaft erstreckte, die höchstens sechshundert Mitglieder gezählt
haben soll.

Die nach Aristoteles vorzuziehende Art der Gütergemeinschaft fand in Sparta insofern statt,[3] als unter näher bestimmten Umständen der eine von den Pferden, Hunden, Sklaven,
Lebensmitteln des anderen, in gewissen Fällen selbst ohne die
Genehmigung des Eigenthümers einzuholen, Gebrauch machen
durfte; ähnliches, berichtet Aristoteles, sei auch in anderen
Staaten Sitte gewesen.

In weit ausgedehnterem Masse begegnen wir aber dem
Streben, den Gedanken der Gütergleichheit zu verwirklichen.
Vor allem tritt hier die Gesetzgebung des Lykurg hervor, der

μηδὲν ἡγεῖσθαι. Scholien zu Platons Phaedr. S. 279⁰ a. Zenob. IV, 70.
ebenfalls nach Timaeos.

1) Die älteste Nachricht giebt ausser den angeführten Worten des
Timaeos Epikur bei Diogen. Laert. X, §. 11. Vgl. ausserdem Jamblichos
de vita Pythag. §. 29, 30, 72, 81, 107 u. 168. Porphyrios de vita
Pythag. 20. Gellius Noctes Att. I, 9, 12.

2) Excerpta e Diodoro Sicul. p. 554. Jamblichos a. a. O. §. 239.

3) Xenophon v. Staat der Laked. 6, 3. Aristot. Polit. II, 2
S. 35.

das von den Dorern [1] eroberte lakedämonische Land in eine
bestimmte Anzahl Grundstücke so theilte, dass die den Spartiaten
zufallenden Loose auf der einen und die den Periöken überwie-
senen auf der anderen Seite unter einander gleich waren, ein
System, das nach der Eroberung von Messenien auch auf dieses
Land angewendet wurde. [2] Es ist nicht unwahrscheinlich, dass
diese Vertheilung nur eine Wiederherstellung des Zustandes war,
wie er sich unmittelbar nach der Eroberung des Landes auf dem
Grundsatze der Gütergemeinschaft gebildet hatte. Lykurg soll
sogar die Absicht gehabt haben, auch die bewegliche Habe [3]
gleichmässig zu vertheilen, dieselbe jedoch aufgegeben haben,
als er sah, dass diese Maassregel nicht den Beifall des Volkes fand.

In anderen Staaten finden wir Einrichtungen, die, wenn auch
weniger durchgreifend, doch wenigstens darauf hinzielten, die
allzu grosse Vermehrung des Besitzes in einer Hand, so wie die
Verminderung des einmal vorhandenen zu verhüten. Auch
Lykurg hatte darnach gestrebt, der von ihm hergestellten
Eintheilung des Grundbesitzes einen dauernden Bestand zu
verschaffen, indem er den Verkauf der Grundstücke verbot; [4]
gleiche Verordnungen bestanden vielfach wenigstens in älterer
Zeit auch in anderen Staaten. [5] So erfahren wir, dass es in
Leukas in früheren Zeiten ein Gesetz gab, das die ursprüng-
lichen Landloose zu verkaufen verbot, dass bei den Lokrern
die Grundstücke nur veräussert werden durften, wenn durch den
Nachweis eines eingetretenen Unglücksfalles die Nothwendigkeit

---

1) Plutarch Lykurg 8. συνέπεισε τὴν χώραν ἅπασαν εἰς μέσον
θέντας ἐξ ἀρχῆς ἀναδάσασθαι καὶ ζῆν μετ' ἀλλήλων ἅπαντες ὁμαλεῖς
καὶ ἰσοκλήρους τοῖς βίοις γενομένους.

2) Die Literatur über diesen Gegenstand s. bei Hermann Griech.
Staatsalterth. §. 24, 4. Vgl. Duncker Gesch. d. Alterth. III, S. 368 f.

3) Plutarch Lykurg 9.

4) Heraklid. Polit. 2 πωλεῖν δὲ γῆν Λακεδαιμονίας αἰσχρὸν νενό-
μισται, τῆς δὲ ἀρχαίας μοίρας οὐδ' ἔξεστιν. Plutarch. Institt.
Laconn. 22.

5) Aristot. Polit. VI, 2 S. 203 ἦν δὲ τὸ γ' ἀρχαῖον ἐν πολλαῖς
πόλεσι νενομοθετημένον μηδὲ πωλεῖν ἐξεῖναι τοὺς πρώτους κλήρους.

eines solchen Verkaufes dargethan werden konnte, [1] ja es wird
eines Gesetzes des Oxylos in Elis Erwähnung gethan, [2] das eine
bestimmte Gränze festsetzte, bis zu welcher die Grundstücke mit
Hypotheken belastet werden durften, worin sich die Absicht
erkennen lässt, einen Kern derselben gegen eine erzwungene
Veräusserung zu schützen. Alle diese gesetzlichen Bestimmungen
lassen voraussetzen, dass ursprünglich ähnlich wie in Sparta eine
Vertheilung der Grundstücke unter der Auctorität des Staates
vorgenommen, oder der zu irgend einer Zeit factisch vorhandene
Zustand als den Bedürfnissen entsprechend durch das Gesetz
festgehalten worden sei. Vielleicht ist die Herstellung eines
solchen Normalzustandes unter der Ausgleichung des Vermögens
zu verstehen, welche nach einer kurzen Andeutung des Aristoteles der Korinthier Philolaos bei den Thebanern als Gesetzgeber
derselben vornahm. [3] Denn es stimmt damit sehr wohl überein,
wenn berichtet wird, dass die Gesetze desselben Mannes, welche,
wie es scheint, die Adoptionen regelten, den Zweck gehabt
hätten, die Zahl der vorhandenen Grundstücke zu erhalten.
Auch der Korinthier Pheidon, der unter die ältesten Gesetzgeber
gehört, war der Ansicht, dass die Zahl der Familien und die
Menge der Bürger gleich bleiben müsse, auch wenn sie ursprünglich ungleichen Besitz hatten. [4]

Alle diese Bestimmungen sind offenbar in aristokratischem
Sinne getroffen worden, um einen grundbesitzenden Adel als
eigentlichen Herren des Landes zu erhalten, während die Absicht solcher Gesetze, welche die Anhäufung von Grundbesitz in
in einer Hand zu verhindern suchten, nach zwei Seiten gerichtet
sein kann, indem sie entweder den Bestand der Demokratie

---

1) Aristot. Polit. II, 4 S. 45. Es sind wohl die italischen Lokrer
gemeint und das Gesetz eines von denen des Zaleukos.

2) Aristot. Polit. VI, 2 S. 203.

3) Aristot. Polit. II, 9 S. 68 Φιλόλαον δ' Ἰδεῖν ἡ τῶν οὐσιῶν
ἀνομάλωσις. O. Müller Dorier II, 8, 200 vermuthet, dass ἀνομάλωσις
eine neue Gleichmachung bedeute, wie ἀναδασμός eine neue Vertheilung.
— Die νόμοι περὶ τῆς παιδοποίιας οὓς καλοῦσιν ἔνιοι νόμοι θετι-
κούς sind wohl kaum anders aufzufassen als im Texte geschehen ist.

4) Aristot. Polit. II, 3 S. 41, 29.

sichern oder dem Umschlag der Aristokratie in die Oligarchie
vorbeugen wollten. Im ersteren Sinne zog Solon eine Gränze,[1]
bis zu welcher es dem Einzelnen gestattet sein sollte, Grundbesitz zu erwerben, und ebenso wird es sich mit ähnlichen Gesetzen
an anderen Orten, z. B. in Thurii verhalten haben.[2] Als ein
scharfer Gegensatz aber gegen die aristokratischen Einrichtungen Sparta's wird von Polybios[3] erwähnt, dass in Kreta ein
unbegränzter Landbesitz gestattet war.

Aus einer Aeusserung Platons[4] lässt sich schliessen, dass
manche Gesetzgebungen auch eine Ausgleichung des übrigen Vermögens angestrebt haben, obgleich wir im einzelnen von solchen
Anordnungen weiter keine Nachricht erhalten haben, als von der
Einrichtung des Lykurg, der, um dem Reichthum bestimmte und
zwar enge Schranken zu setzen, den Bürgern den Besitz von
edeln Metallen verbot und für den Verkehr innerhalb des Landes eine unbehülfliche und an sich, namentlich im Auslande
werthlose eiserne Münze einführte. Doch scheint auch hier das
unabweisliche Bedürfniss Ausnahmen erzwungen zu haben, insbesondere für die Perioeken,[5] da Gewerbe und Handel, die in
den Händen derselben waren, ohne wenn auch noch so dürftige
Beziehungen zum Auslande und somit ohne eine von den Fremden angenommene Münze kaum bestehen konnten. In demselben Sinne hatte der Philosoph Diogenes in seinem Staate Knö-
chel statt des Geldes in Gebrauch nehmen wollen.[6]

Dass die hier betrachteten gesetzlichen Bestimmungen nicht
nur ihren Zweck nicht erreichten, sondern sich nicht einmal
unter allen Umständen aufrecht erhalten liessen, hat die Erfahrung überall bewiesen, die dem Besitze eigenthümliche Natur
hat überall die künstlich gezogenen Schranken durchbrochen und

---

1) Aristot. Polit. II, 4 S. 45.

2) Ebend. V, 8 S. 166 διὰ δὲ τὸ τὴν χώραν ὅλην τοῖς γνωρί-
μοις συγκτήσασθαι παρὰ τὸν νόμον.

3) Polyb. VI, 45. τὴν τε γὰρ χώραν κατὰ δύναμιν αὐτοῖς ἐκτᾶ-
σιν οἱ νόμοι, τὸ δὲ λεγόμενον εἰς ἄπειρον κτᾶσθαι.

4) Platon Gesetze III S. 684ᵈ.

5) Vgl. O. Müller Dorier II S. 208 ff.

6) Athenaeus IV S. 159ᶜ.

Raum für die nothwendige Bewegung und Entwickelung gesucht.
In Lakedämon wurde die Ordnung Lykurgs, welche die Erhaltung der von ihm gemachten Landeintheilung bezweckte, durch
ein Gesetz des Ephoren Epitadeus[1] umgestossen, durch welches
jedem gestattet wurde, sein Haus und Land beliebig zu verschenken oder testamentarisch zu vermachen, so dass namentlich
bei der schnellen Verminderung, welche die Zahl der Spartiaten-
familien erlitt, der Grundbesitz in die Hände weniger Reichen
gelangte, während die Mehrzahl der Bürger ohne Besitz war,[2]
ein für die ganze Staatsverfassung höchst bedenklicher Zustand,
den Agis und Kleomenes vergeblich wieder zu beseitigen suchten. Eben so wenig Bestand hatte dort die Beschränkung des
übrigen Besitzes; denn seitdem die Spartaner ihre Herrschaft[3]
über die Gränzen ihres Landes ausdehnten, namentlich seitdem
sie überseeische Expeditionen machten, trat das Bedürfnis bedeutenderer Geldsummen zunächst für den Staat ein, und seitdem
Lysandros[4] ein verderbliches Beispiel gegeben und bis dahin für
die Spartaner unerhörte Summen in das Land gebracht hatte,
machte die Habsucht und Geldgier auch bei den Bürgern so
reissende Fortschritte, dass nicht ohne Grund hierin die Veranlassung zu dem Untergange Spartas gesucht wurde.

In gleicher Weise sind auch anderwärts die Gesetze ähnlichen Inhalts[5] entweder umgangen oder durch Gewalt verletzt
und umgestossen worden, und einsichtsvolle Männer des Alterthums erkannten auch sehr wohl die Nutzlosigkeit solcher Versuche, die Ungleichheit des Besitzes zu verhüten, namentlich
hat Aristoteles[6] dieselben einer scharfen Kritik unterworfen und
darauf aufmerksam gemacht, dass man vielmehr darauf bedacht
sein müsse, durch Erziehung auf die Zügelung der schranken-
losen Begierden der Menschen hinzuwirken.

----

1) Plutarch Agis 6. Dasselbe Gesetz hatte auch wohl Aristot. Politik II, 6 S. 55 im Sinne. Vgl. Müller Dorier II S 194.

2) Vgl. Aristot. Polit. V, 7 S. 173, 25.

3) Polybios VI, 49.

4) Vgl. Müller Dorier II S. 210.

5) Aristot. Polit. V, 6 S. 168.

6) Ebend. II, 4.

Wir haben es bisher mit Massregeln zu thun gehabt, welche
auf dem Wege der Gesetzgebung die Besitzverhältnisse in einer
bestimmten Weise zu gestalten suchten; es bleibt noch mit wenigen Worten von Gewaltmassregeln zu sprechen, welche ähnliche
Zwecke verfolgten. Der Kampf der Parteien, welcher seit der
Beseitigung der Tyrannenherrschaften die Staaten Griechenlands
nicht bloss in beständiger Aufregung erhielt, sondern oft genug
auf das blutigste zerfleischte und auf alle Seiten des menschlichen Lebens den vernichtenden Einfluss ausübte, den Thukydides[1] mit so grellen Farben geschildert hat, galt nicht bloss
der politischen Macht, sondern auch dem Besitz. Der Gegensatz von Aristokratie und Demokratie fiel in Griechenland nicht
weniger als anderswo mit dem Gegensatze von reich und arm
zusammen[2] und wo im Kampfe um die Gewalt die Demokratie
den Sieg davon getragen, da waren Vermögensconfiscationen der
vertriebenen Aristokraten gewiss.[3] Ja man ging noch weiter,
indem man mit der Neubildung der Staatsverfassung auch eine
Neubildung des Besitzstandes forderte. Die Eigenthümlichkeit,
welche die Vermögens- und Creditverhältnisse der altgriechischen
Staaten zeigen und die Härte des älteren Schuldrechtes bedingen
es, dass der nicht bloss von den Aristokraten gefürchtete, sondern von allen Männern von Einsicht, die es gut mit dem Vaterlande meinten, verabscheute Parteiruf der radicalen Partei stets
lautete: Landvertheilung und Schuldentilgung.[4] Wenn uns auch

1) Thukyd. III, 82 — 84.

2) Bei Herodot V, 30 u. 77; VI, 91; VII, 156 stehen die παχεῖς
im Gegensatze zum δῆμος; ebenso sind bei Aristot. bei Athen. VIII S. 348
οἱ εὔποροι, bei Xenoph. Hellen. V, 2, 7 οἱ ἔχοντες τὰς οὐσίας und bei
Pausan. III, 8, 4 οἱ τὰ χρήματα ἔχοντες die Aristokraten.

3) Aristot. Polit. V, 4 S. 181, 7.

4) Isokrat. Panath. 259 οὐδὲ πολιτείας μεταβολὴν οὐδὲ χρεῶν ἀποκοπὰς οὐδὲ γῆς ἀναδασμὸν οὐδ' ἄλλ' οὐδὲν τῶν ἀηκέστων κακῶν.
Vgl. Platon Republ. VIII S. 566ᵃ, Gesetze III S. 684ᵈ, V S. 736ᵉ. In
einem Staatsvertrage bei (Demosth.) über den Vertr. mit Alex. 15 findet
sich die Bestimmung, die Contrahenten würden keine revolutionären Massregeln gestatten, unter denen sich befinden χρημάτων δημεύσεις, γῆς
ἀναδασμοί, χρεῶν ἀποκοπαί. Nach Demosth. geg. Timokr. 149 war in
dem Eide, welchen in Athen die Richter zu leisten hatten, auch enthal-

meistentheils die Einzelheiten im Verlauf der Revolutionen zu
wenig bekannt sind, um geschichtliche Beispiele von der wirklichen Durchführung solcher Forderungen in grösserer Menge
aufführen zu können, so zeigt doch schon eine Bemerkung des
Aristoteles hinreichend, dass es an solchen Beispielen nicht gefehlt
habe;[1] denn unter den gewöhnlichen Mitteln, durch welche die
Demagogen die unterdrückten Aristokraten zum Aufruhr dräng-
ten, nennt er die Vermögensvertheilungen. Im Jahre 422 v.
Chr. beabsichtigte die demokratische Partei in Leontini eine allgemeine Landvertheilung, woran sie freilich von den Aristokraten, welche die Syrakusaner zu Hülfe riefen, gehindert wurde;[2]
als Agathokles in Syrakus mit demagogischen Mitteln die ganze
Gewalt zu erlangen suchte, versprach er eine Schuldentilgung
und Vertheilung von Land an die Armen;[3] ja selbst in Lakedämon wurde während des zweiten messenischen Krieges von einigen aus der verarmten Bevölkerung dieselbe Forderung gestellt
und die Reformen des Agis gingen auf Schuldenerlass und neue
Landvertheilung aus.[4] Von der unter dem Namen der Seisachtheia[5] bekannten Massregel des Solon wusste schon das Alterthum nicht sicher, ob sie eine wirkliche Schuldentilgung oder
nur, was allerdings wahrscheinlicher ist, eine Erleichterung der
Rückzahlung durch Aenderung des Münzfusses war. Einen ähnlichen Gewaltstreich führte man um die Mitte des fünften Jahrh.
v. Chr. in Megara,[6] wo während der Pöbelherrschaft die Schuldner keine Zinsen zahlten und die schon gezahlten sogar zurück-

---

ten, sie würden nicht dulden τῶν χρεῶν τῶν ἰδίων ἀποκοπὰς οὐδὲ γῆς
ἀναδασμὸν τῆς Ἀθηναίων οὐδ' οἱσιῶν; vgl. Andokid. v. d. Myster. 88.
Vgl. Dio Chrysost. XXXI, 70 καὶ μὴν ὅσω ταῦτα ὁμοίως τῆς μεγίστης
φυλακῆς ἐν τοῖς νόμοις ἠξίωται καὶ ἀραῖς καὶ ἐπιτιμίων τῶν ἐσχάτων,
ἐάν τις εἰσάγῃ χρεῶν ἀποκοπὰς ἢ ὡς τὴν γῆν ἀναδάσασθαι προσήκει.

1) Aristot. Polit. V, 4 S. 151, 16 τὰς οὐσίας ἀναδάστους ποιοῦντες. Vgl. über allgemeine Schuldenerlasse (χρεωκοπίαι) in Aetolien und
Thessalien im zweiten Jahrh. Diodor Excerpt. de legat. 15 S. 623.
2) Thukyd. V, 4 ὁ δῆμος τὴν γῆν ἐπενόει ἀναδάσασθαι.
3) Diodor XIX, 9.
4) Aristot. Polit. V, 6 S. 167. Plutarch Agis 8.
5) Plutarch Solon 15. Vgl. Hermann griech. Staatsalterth. §. 106, 6.
6) Aristot. Polit. V, 4 S. 161. Plutarch Quaestt. Gr. 18.

forderten, während man von den Aristokraten viele verbannte,
um ihr Vermögen einzuziehen.

Dass in anarchischen Zuständen das Vermögen einzelner
missliebigen Personen eingezogen wurde, um die herrschende Partei zu bereichern oder die Mittel zu ihrer Aufrechterhaltung zu
gewähren, ja dass dies selbst an Personen geschah, gegen die
allein ihr Vermögen Veranlassung zur Verfolgung bot, dass Aufstände, die mit den Waffen in der Hand ausgefochten wurden,
Schuldnern Gelegenheit geben mussten, um sich ihrer Gläubiger
und ihrer Schulden zu entledigen,[1] das sind Erscheinungen, die
sich unter gleichen Umständen auch zu anderen Zeiten wiederholt haben und darum hier nur im Vorübergehen berührt werden; dennoch werden wir an einer anderen Stelle Gelegenheit
nehmen, auf die dem griechischen Alterthum eigenthümlichen Verhältnisse auch nach dieser Richtung hin etwas näher einzugehen.

Zum Schlusse dieses Abschnittes würden noch die allgemeinen rechtlichen Verhältnisse des Besitzes zu behandeln sein;
allein es fehlt uns so sehr an der Kenntniss der hierher gehörigen Ansichten und Bestimmungen, dass sich nicht einmal aus
dem attischen Rechte, von welchem uns verhältnissmässig noch
am meisten bekannt ist,[2] eine Definition des Besitzes noch Bestimmungen über die Arten denselben zu erwerben nachweisen lassen. Einzelheiten werden, so weit sie unseren Gegenstand nothwendig angehen, an den betreffenden Stellen behandelt werden;
genauere Erörterungen über die Massregeln zur Sicherheit des
Besitzes, wie sie in allen Staaten nothwendig und vorhanden
sind, liegen ausserhalb unseres Zweckes. Interessanter würde es
sein, die Grundsätze kennen zu lernen, welche man in solchen
Fällen befolgte, wo das allgemeine Interesse des Staates mit den
Besitzrechten des Einzelnen in Conflict gerieth, zu erfahren, ob
man z. B. ein Expropriationsverfahren gekannt und welchen Gang
man dabei eingeschlagen hat, allein es fehlt uns auch hier an

---

1) Thukyd. III, 81, 3 berichtet von dem Aufstande in Kerkyra:
ἀπέθανον δέ τινες καὶ ἰδίας ἐχθρᾶς ἕνεκα καὶ ἄλλοι χρημάτων σφίσιν
ὀφειλομένων ὑπὸ τῶν λαβόντων.

2) Meier u. Schömann, der attische Process S. 490.

dem nothwendigen Material.   Aus einer Reihe von Beispielen
jedoch, welche das zweite Buch der aristotelischen Oekonomik
mittheilt, ersehen wir, wie wenig in Finanznöthen die Regierungen der Staaten das Recht des Privateigenthums geachtet haben
und können daraus den Schluss ziehen, dass man auch unter
anderen Umständen im Allgemeinen wenig Bedenken getragen
haben wird, das Besitzrecht des Einzelnen dem Vortheil des Staates nicht bloss nachzusetzen, sondern selbst aufzuopfern.

Zweites Kapitel.

Der Besitz, die Gesammtheit aller zum Leben nothwendigen
äusseren Hülfsmittel, theilt sich auf natürliche Weise in unbe-
weglichen oder liegenden und beweglichen oder fahrenden Besitz,
und nach demselben Princip ist auch von dem attischen Rechte
das Vermögen in offenbares und nicht offenbares geschieden worden, wenngleich die Benennungen aus einem anderen Gesichtspunkte gewählt worden sind;[1] denn als offenbarer Besitz wird der
Grundbesitz, als nicht offenbarer der in Geld, lebenden Wesen
und Geräth bestehende bezeichnet.   Es lässt sich jedoch der
Besitz noch nach einem anderen Gesichtspunkte theilen, der für

---

1) Harpokrat. ἀγατῆς οὐσία καὶ φανερά· ἀφανὴς μὲν γὰρ ἡ ἐν
χρήμασι καὶ σώμασι καὶ σκεύεσι, φανερὰ δὲ ἡ ἔγγειος.   Ebenso Bekker Anecdd. Gr. S. 468, 23.   Suidas οὐσία φανερά καὶ ἀφανής.   Vgl.
Böckh Staatsh. I S. 636.   Unter σώματα müssen natürlich, obgleich das
Wort sonst gewöhnlich zur Bezeichnung der Sklaven gebraucht wurde,
die Thiere mit inbegriffen sein.   So sagt auch Aristot Polit. II, 4 S. 47
wo er die Hauptstücke des Besitzes nach derselben Eintheilung aufzählt:
οὐ καλῶς δ' οἱδὲ τὴν ἰσότητα τῆς οὐσίας εἴρηκε περὶ γὰρ τὴν τῆς γῆς
κτῆσιν ἰσάζει μόνον· ἔστι δὲ καὶ δούλων καὶ βοσκημάτων πλοῦτος καὶ
νομίσματος καὶ κατασκευὴ πολλὴ τῶν καλουμένων ἐπίπλων.   Entsprechend
unserer Eintheilung wird auch der Ausdruck ἔγγειος οὐσία gebraucht und
übereinstimmend ist die Erklärung im Etymol. Magn. S. 363, 10 Ἔπιπλα·
τὰ ἐξ ἐπιπολῆς σκεύη· οἷον ἐπιπλαίως κτῆσις καὶ ὅση δυνατή πλω-
ἵζεσθαι, ἀλλ' οὐκ ἔγγειος.   Nicht in Verbindung mit jener Eintheilung
steht bei Isokr. Trapezit. 7 der Gegensatz der φανερὰ χρήματα und der
παρὰ τῷ τραπεζίτῃ κείμενα χρήματα.   Vgl. Demosth. geg. Dionysod. 1.

unsere weitere Behandlung zu berücksichtigen sein wird, indem
die Gegenstände des Besitzes entweder als unmittelbare Werkzeuge für die verschiedenen Lebensthätigkeiten oder als Mittel
zum Erwerbe dienen, und danach unproductiver und productiver
Besitz unterschieden werden kann.[1]

Der Grundbesitz[2] lässt sich scheiden in ländlichen und
städtischen, der Art, dass zu dem ersteren die Landgüter mit ihren
Aeckern, Wiesen, Forsten und Baulichkeiten, Landhäuser und Gärten, zu dem letzteren Wohn- und Fabrikgebäude in den Städten
zu rechnen sind, ausserdem sind dahin noch Bergwerke und Bergwerksantheile zu zählen; die bewegliche Habe besteht in Sklaven,
Vieh, Haus- und Wirthschaftsgeräth, Werkzeugen, Vorräthen an
Lebensmitteln, Kleidung, Geld und Luxusgegenständen. Indem wir
die Betrachtung dieser Dinge als Gegenstände des unmittelbaren

---

1) Man unterscheidet in diesem Sinne die Dinge als ἀργά und ἐνεργά.
Demosth. geg. Aphob. I, 7 sagt von seinem Vermögen δεῖ δὴ καθ᾿ ἕκαστον ἐμὰς ἀκοῦσαι τά τ᾿ ἐνεργὰ αὐτῶν καὶ ὅσα ἦν ἀργὰ καὶ ὅσον ἦν
ἄξια ἕκαστα, ebenso § 10 ἐνεργά von einbar angelegten Kapitalien;
Xenoph. Oekon. 4, 8 und Kyropäd. III, 8, 10 von angebautem und wüst
liegendem Lande, wovon bei Aristot. Oekon. II S. 1346ᵇ, 14 die Ausdrücke
κάρπιμα und ἄκαρπα gebraucht werden. Auf einem ähnlichen Princip
beruht bei Aristot. Rhetor. I, 5 S. 1361ᵃ, 17 die Eintheilung der Besitzstücke in κάρπιμα und ἀπολαυστικά, wo es heisst κάρπιμα δὲ λέγω
ἀφ᾿ ὧν αἱ πρόσοδοι, ἀπολαυστικὰ δὲ ἀφ᾿ ὧν μηδὲν παρὰ τὴν χρῆσιν
γίγνεται, ὅ τι καὶ ἄξιον. Damit stimmt auch der Gegensatz, welchen
Aristot. Polit. I. 2 S. 6, 27 zwischen einem ποιητικὸν ὄργανον und
einem κτῆμα πρακτικὸν macht, überein, indem er an Beispielen erklärt:
ἀπὸ μὲν γὰρ τῆς κερκίδος ἕτερόν τι γίγνεται παρὰ τὴν χρῆσιν αὐτῆς,
ἀπὸ δὲ τῆς ἐσθῆτος καὶ τῆς κλίνης ἡ χρῆσις μόνον. Vgl. Roscher System
der Volkswirthsch. I § 43. Die neuere National-Oekonomie unterscheidet so Gebrauchskapitalien und Productivkapitalien.

2) Ziemlich vollständig finden sich die hier genannten Besitzstücke
bei Aristot. Rhetor. I, 5 S. 1361ᵃ 12 und in einem concreten Falle bei
Isaeos v. Kirons Erbsch. 35. Kiron hatte hinterlassen ἀγρὸν μὲν Φλυῆσι,
οἰκίας δ᾿ ἐν ἄστει δύο, τὴν μὲν μίαν μισθοφοροῦσαν, τὴν δ᾿ ἑτέραν ἐν
ᾧ αὐτὸς ᾤκει· ἔτι δὲ ἀνδράποδα μισθοφοροῦντα καὶ δύο θεραπαίνας
καὶ παιδίσκην, καὶ ἔπιπλα δι᾿ ὧν ᾤκει τὴν οἰκίαν — χωρὶς δὲ τούτων
δανείσματα οὐκ ὀλίγα. Vgl. Demosth. geg. Aphob. I, 9 ff., wo ausser
den ἔπιπλα noch ἐκπώματα καὶ χρυσία καὶ ἱμάτια καὶ κόσμος τῆς
μητρὸς erwähnt sind.

Gebrauchs und des Erwerbes[1] unternehmen, beginnen wir mit dem Grundbesitz.

Die materielle Grundlage für die Staatenbildung hat bei den Griechen überall der Ackerbau in Verbindung mit der Viehzucht gegeben; das wesentlichste Stück des Besitzes ist daher das fruchttragende Land. Den Kyklopen Homers,[2] die keinen Ackerbau kennen, fehlt auch das Band der staatlichen Gemeinschaft, Hesiod[3] nennt für die Gründung des Hauswesens nächst dem Hause und der Magd als das nothwendigste Besitzstück den Pflugstier, die Göttin des fruchttragenden Landes Demeter[4] steht in der innigsten Verbindung sowohl mit der Ehe, der Grundlage der Familie und des Staates, als auch mit den Gesetzen des Staates selbst. Die Theorien über die beste Einrichtung der Staaten gründen sich, wie wir oben gesehen haben, durchweg darauf, dass jeder Bürger Landbesitz habe, der ihn zu ernähren im Stande sei, und in der Wirklichkeit hat sich dieser Zustand trotz der wechselnden Schicksale des Landes, natürlich je nach der verschiedenen Entwickelung der einzelnen Staaten in verschiedenem Masse, erhalten.

Auf die Stellung des Grundbesitzes im Staate übte es, wie schon oben angedeutet worden ist, einen ausserordentlichen Einfluss aus, dass die geringere Zahl der im Lande lebenden Menschen zu denen gehörte, welche im eigentlichen Sinne als Mitglieder des Staates angesehen werden können. Die eigentlich arbeitende Klasse ist dem Staate zwar nothwendig,[5] aber ebensowenig ein Theil desselben wie der Besitz, insofern beides nur als Mittel oder Werkzeug erscheint. Diese Ansicht des Aristo-

---

1) Als gewöhnliche Dinge, die einen Ertrag geben, erscheinen bei Xenophon Comment. III, 11, 4 ἀγρός, οἰκία, χειροτέχναι. Vgl. Dio Chrysost. VII, 104 δυνήσονται μὴ κακῶς ζῆν μηδὲ φαυλότερον τῶν δανειζόντων ἐπὶ τόκοις συχνοῖς — καὶ τῶν συνοικίας τε μεγάλης καὶ ταῖς κεκτημένων καὶ ἀνδράποδα πολλά.

2) Odyss. ι, 106 ff.

3) Werke und Tage 405.

4) Diodor V, 5. Preller Demeter S. 335.

5) Aristot. Polit. VII, 8 S. 334, 16 γεωργοὶ μὲν γὰρ καὶ τεχνῖται καὶ πᾶν τὸ θητικὸν ἀναγκαῖον ὑπάρχειν ταῖς πόλεσι, μέρη δὲ τῆς πόλεως τό τε ὁπλιτικὸν καὶ βουλευτικόν. Vgl. Cap. 4 S. 334, 25.

teles galt auch im wirklichen Leben, und dadurch wurden auch
die Sklaven und Metöken von der Theilnahme an dem, was
zunächst als Eigenthum des Staates erscheint, am Besitz von
Grund und Boden ausgeschlossen, wie dies bei den Sklaven als
selbstverständlich erscheint, bei den Metöken aber, die ja überall als Fremde angesehen wurden, von Athen bestimmt überlie-
liefert ist,[1] von den übrigen Staaten als sicher angenommen werden kann. Dadurch wurde die Zahl der Besitzfähigen im Verhältniss zu der gesammten Bevölkerung ausserordentlich beschränkt,
das Eindringen fremder Elemente in den Grundbesitz gehindert
und bei dem Ausschluss der Concurrenz von dieser Seite her
dem Bürger der Erwerb von Grundeigenthum erleichtert und
der Besitz desselben mehr befestigt. Nur ausnahmsweise wurde
den Fremden das Recht[2] verliehen, Grundbesitz zu erwerben,
indem man entweder einzelnen als Belohnung oder Auszeichnung
eine Stellung gab, welche der der Bürger nahe stand, wie z. B.
die der Isotelen in Athen,[3] und mit welcher jenes Recht verknüpft war, oder indem befreundete Staaten Verträge abschlossen,[4] durch welche den Bürgern derselben gegenseitig die

1) S. Böckh Staatsh. I S. 196.

2) Ein solches Recht heisst ἔγκτησις, dorisch ἔμπασις, ἔππασις.
S. Böckh Corpus Inscrr. Gr. I S. 725. Inscrr. rec. à Delph. Nr. 7 ff.

3) S. Böckh Staatsh. I S. 197. Unter den Inschriften finden sich
viele Decrete, in denen als Belohnung die γῆς καὶ οἰκίας ἔγκτησις verliehen wird. Man vgl. Rangabé Antiq. hellén. Tom. II an vielen Stellen,
auch in nicht attischen Inschriften, z. B. von Oropos S. 752 ff., von
Megara γῆς καὶ οἰκίας ἔπαρχή S. 268 f., von Thespiae S. 301, von
Orchomenos γῆς κῆ Ϝοικίας ἔππασις S. 303, von Ambrysa ἔγκτησιν γῆς
καὶ οἰκίας καὶ ἐπινομίας S. 833, ebenso von Lamia Nr. 741 u. 742 γῆς
καὶ οἰκίας ἔγκτησιν καὶ ἐπινομίαν. Man vgl. auch die freilich verderbte
Stelle Pollux VII, 15 ἐν δὲ τοῖς Ἀττικοῖς ψηφίσμασι, ὃ τοῖς ξένοις ἐπί
τι μέγα ἐγράφετο, ἔστιν εὑρεῖν· εἶναι αὐτῷ καὶ οἰκείαν κτῆσιν, und
dazu Meier und Schömann Att. Proc. S. 491 Anm. 40.

4) Bei Xenophon Hellen. V, 2, 19 heisst es von den Mitgliedern
des olynthischen Bundes: εἰ μέντοι συγκλεισθήσονται ταῖς τε ἐπιγαμίαις
καὶ ἐγκτήσεσι παρ' ἀλλήλοις. Xenopäd. III, 2, 23 συνετίθετο ἐπιγαμίας εἶναι καὶ ἐπεργασίας καὶ ἐπινομίας, wozu Pollux VII, 142 λέγει
ἐπεργῶν ἐπεργασίας τὸ τὴν ἀλλήλων ἐργάζεσθαι. Corp. Inscrr. II
nr. 3353 ἐπειδὴ — ἐψηφισμένοι εἰσὶν Ναυπάκτιοι πολιτείαν εἶναι

Berechtigung zum Grundbesitz gewährt wurde. Freilich scheint
mit diesen letzteren Verträgen in der Regel die gegenseitige
Verleihung des Bürgerrechtes verbunden gewesen zu sein, wie
dies auch in dem Falle vorkommt, dass ein Staat dem anderen
jenes Recht aus Dankbarkeit einseitig gewährt.[1] Allein auch
diese Ausnahmen können nie die Folge gehabt haben, dass ein
bedeutender Theil des Grundbesitzes in die Hände von Fremden
gekommen ist, da von dem Rechte, welches die zuletzt erwähnten Verträge gaben, doch immer nur einzelne wenige Personen
wirklich Gebrauch machen konnten; eine Verleihung dieses Rechtes aber an eine grössere Menge von Metöken, wie sie Xenophon[2] im Interesse der athenischen Finanzen vorschlägt, hat in
der Praxis niemals stattgefunden.

Wenden wir uns zu der Behandlung der Frage, wie der
Grundbesitz im Einzelnen vertheilt gewesen ist, so haben wir
zunächst für die ältesten uns bekannten Zeiten des Hellenen-
thums den Mangel an allen Nachrichten zu beklagen; die homerischen Gedichte liefern über diese Verhältnisse nicht einmal
Andeutungen. Dass der Adel, namentlich aber die herrschenden Fürsten, die Heroen des Homer, die grössten Güter besessen haben,[3] ist selbstverständlich, da auch für diese Geschlechter Ackerbau und Viehzucht die einzige sichere Quelle von Einkünften war; denn wenn auch in den Küstenländern abenteuer-
liche Seefahrten und Seeraub eine Lieblingsbeschäftigung der
Adligen war, so weist doch andrerseits die Bemerkung des angeblichen Kreters in der Odyssee,[4] dass ihm nicht Landbau und

Κτίοις καὶ γῆς καὶ οἰκίας ἐχαρίσατο, καὶ τῶν ἄλλων μετέχειν Κτίοις
ὥστε καὶ Ναυπάκτιοι μετέχουσι· δεδόχθαι Κτίοι τῇ βουλῇ καὶ τῷ
δήμῳ εἶναι Αἰτωλοῖς πολιτείαν ἐν Κτίῳ καὶ γῆς καὶ οἰκίας ἔγκτησιν
u. s. w.

1) Demosthen. v. Kranz 91. In dem dort mitgetheilten Beschlusse
gewähren die Byzantier und Perinthier den Athenern ἐπιγαμίαν, πολιτείαν, ἔγκτησιν γῆς καὶ οἰκιῶν.

2) Xenophon v. d. Eink. 2, 6.

3) Homer Ilias ε. 122 heisst es vom Tydeus: ἀλις δέ οἱ ἦσαν ἄρουραι πυροφόροι, πολλοὶ δὲ φυτῶν ἔσαν ὄρχατοι ἀμφίς. Odyss. ρ. 299
Ὀδυσσῆος μέγα τέμενος.

4) ε. 222 ff.

Hauswirthschaft, sondern Kampf und Schlacht lieb gewesen, darauf
hin, dass man den Ackerbau als die natürlichste Beschäftigung
ansah. Auch die öfter vorkommende Erwähnung eines Gutes,[1]
das dem Könige von Seiten des Volkes zugewiesen oder jemandem
für seine Heldenthaten als Belohnung verliehen ist, führt
darauf hin, dass für den Adel der Landbesitz die Grundlage seiner
hervorragenden Stellung im Staate und seiner wirthschaftlichen
Einrichtungen im Hause war. Von der Vertheilung des
Landbesitzes bei dem gewöhnlichen Volke und dessen Verhältniss
zu dem der Fürsten ist nichts bekannt.

Etwas deutlicher treten die Zustände hervor, welche sich
nach dem Untergange des heroischen Königthums in den durch
die grossen Wanderungen der griechischen Stämme hervorgerufenen
Revolutionen bildeten. Die ursprünglichen Bewohner der
von den Eindringlingen eroberten Länder verloren ihren Grundbesitz
entweder ganz oder zum grössten Theil und gingen, falls
sie in dem Lande blieben, entweder in den Stand von Leibeigenen,
oder unter günstigeren Verhältnissen in den von politisch
minder berechtigten freien Unterthanen über, während aus
den Eroberern sich ein neuer grundbesitzender Adel bildete; in
einzelnen Fällen war es gelungen, den alten Landesbewohnern
die Gleichberechtigung mit den Einwanderern zu erhalten. So
waren in Thessalien die Penesten, in Lakedämon die Heloten
und Periöken in Abhängigkeit von den neuen Herren; in Messenien
sollten ursprünglich die alten Bewohner mit den eingewanderten
Dorern gleichberechtigt gewesen sein, in Elis vermischten
sich die Epeer mit den Aetoliern[3] und es wurde eine neue
Vertheilung des Landes vorgenommen; ein ähnliches Verfahren
wird von Troezene und Phlius[4] berichtet und fand wahrschein-

---

1) ἱμενος als Krongut des Königs Homer Ilias ζ. 194; μ, 313;
Odyss. ζ, 293; als besonderer Lohn Ilias ι, 578; ν, 184; wohl auch
ebenso der Acker Odyss. ω, 205. Vgl. auch Ilias ε, 391; Odyss. λ, 185; ο, 299.

2) Ephoros bei Strabo VIII S. 361. Pausan. IV, 3, 6.

3) Pausan. V, 4, 2. Strabo VIII S. 357, vgl. S. 354.

4) Pausan. II, 30, 10 'Ηρακλειδῶν κατελθόντων ἰδέξαντο καὶ οἱ
Τροιζήνιοι αυτοὺς ἐποίκους .ἐποίήσαν'. II, 13, 1. τᾶς δὲ Φλιασίων τοὺς μὲν
ἐγκατέλο ἀριστεᾶ, μέροντας ἐπὶ τοὺς αὐτῶν βασιλέα Ῥηγνίδαν καὶ τοὺς

lich auch in Sikyon statt. Das Ergebniss dieser ganzen Bewe
gung war nun wohl überall, mit Ausnahme von Arkadien, welches von den Wanderungen unberührt blieb, die Bildung eines
neuen Adels, in dessen Händen sich die bei weitem grösste
Menge des Grundbesitzes befand. Darauf weist auch die an
manchen Orten, z. B. in Syrakus und Samos, üblich gebliebene
Bezeichnung der Aristokraten als Gamoroi oder Geomoroi,[1] d. h.
als der Besitzer des Landes; damit steht es auch im Zusammenhang, dass in alten Zeiten, wie Aristoteles[2] bemerkt, in denjenigen Staaten, deren Heeresmacht auf Reiterei gegründet war,
oligarchische Regierung bestand, denn um Pferde in grösserer
Menge zu halten, bedarf es nicht bloss des Reichthumes überhaupt, sondern des grossen Grundbesitzes. Ein Beispiel hierzu
bilden die in Chalkis auf Euböa herrschenden Hippoboten, Rosse-
züchter,[3] die reichen Aristokraten, deren Grundbesitz sehr bedeutend gewesen sein muss, denn als die Athener kurz vor den
Perserkriegen die Chalkidier überwältigt hatten, reichte derselbe
aus, um ausser dem, was davon für die Götter und den Staat
zurückbehalten wurde, viertausend attische Bürger mit Land-
losen, die zum Unterhalte ihrer Familien ausreichend waren, zu
beschenken,[4] während doch die Anzahl jener Hippoboten bedeutend geringer gewesen sein muss.[5] Das allerdeutlichste Bild von

der κατίτω Ιπpιτίς ἰπὶ ἀνaδaσμὼ γῆς δέχισϑαι. Von Sikyon s. II,
6 und 7.

1) Γάμοροι bei Herodot VII, 155. Diodor Fragm. S. 548. Γιώ-
μοροι in Samos Thukyd. VIII, 21. Plutarch Quaestt. Gr. 57. Bei
Aeschylos Schutzfl. 597 bezeichnet freilich γάμοροι die eingesessenen Bewohner des Landes im Gegensatz zu den Fremden. In Athen soll Theseus das Volk in Eupatriden, Geomoren und Demiurgen getheilt haben;
hier würden dann die Geomoren als die ackerbautreibende Klasse der Bevölkerung im Gegensatz zu dem Adel anzusehen sein, der übrigens auch hier
als Eigenthümer des grossen Grundbesitzes gedacht werden muss.

2) Polit. IV, 3 S. 118.

3) Herodot V, 77. Strabo X, S. 447.

4) Herodot a. a. O. u. VI, 100. Aelian Verm. Gesch. VI, 1.

5) In Eretria, dessen Macht nicht viel geringer als die von Chalkis anzuschlagen ist, gehörten zum Heere sechshundert Reiter, mit welcher Zahl die der adligen Familien vielleicht ungefähr übereinstimmte.
Strabo X S. 448.

einem solchen Zustande aber giebt Thessalien, wo die von uralten Zeiten her berühmte Reiterei den Haupttheil der Kriegsmacht bildete. Die Anzahl Reiter, welche von ganz Thessalien
gestellt werden könnte, berechnete in der ersten Hälfte des vierten Jahrhunderts v. Chr. Jason von Pherae auf sechstausend;[1]
wenn man annehmen dürfte, dass diese Zahl ungefähr der der
adligen Familien entspräche, deren Eigenthum der grosse von Leibeigenen bebaute Grundbesitz war, so würde man, bei der bedeutenden Ausdehnung des fruchttragenden Landes in Thessalien die
Ländereien, die durchschnittlich jeder einzelnen Familie zufielen,
schon auf einen beträchtlichen Flächeninhalt anzuschlagen haben.
Nun erzählt aber Demosthenes,[2] dass der Pharsalier Menon die
Athener im Kriege gegen Eïon mit zwei- oder dreihundert Reitern
unterstützt habe, die er aus seinen Leibeignen genommen, und
daraus ersehen wir, dass jene sechstausend Reiter eine bei weitem geringere Zahl von adligen Familien voraussetzen lässt. Zu
gleicher Zeit giebt uns dieser eine Fall eine Vorstellung von
der Grösse des Grundbesitzes, wie er in den Händen der Adelsgeschlechter, namentlich solcher, die wie die Aleuaden und Skopaden eine gewisse fürstliche Stellung einnahmen, vereinigt war.
Ob zu der ackerbauenden Bevölkerung ausser den leibeignen
Penesten noch eine freie Klasse grundbesitzender Bauern gehörte,
ist aus den erhaltenen Ueberlieferungen nicht zu ersehen, jedoch
ist kaum eine Wahrscheinlichkeit dafür vorhanden, wenn man
die in den gebirgigen Theilen des Landes gebliebenen alten
Bewohner annimmt, welche, den neuen Landesherren zwar tributpflichtig, doch eine gewisse Selbständigkeit bewahrt hatten.
Die Veränderungen, welche diese Zustände im Laufe der Zeit
bis zum Untergange der Selbständigkeit Thessaliens erfahren
haben, sind nur unbedeutend gewesen und haben den ursprünglichen Charakter der Vertheilung des Grundbesitzes unberührt
gelassen.

1) Xenophon Hellen. VI, 1, 8.
2) Demosthen. περὶ συντάξ. 23 u. geg. Aristokr. 199. Man vgl.
jedoch Isokrat. v. Frieden 118, wo die thessalische Reiterei auf mehr als
dreitausend Mann angegeben wird.

Aehnlich sind die Zustände, welche die Aristokratie der Dorer in dem eroberten lakonischen Lande geschaffen hat. Ueber die Vertheilung der Ländereien, welche unmittelbar nach der Besitzergreifung vorgenommen wurde, erfahren wir zwar nichts, doch lässt sich annehmen, dass Lykurg für seine Vertheilung althergebrachte Verhältnisse berücksichtigt und entweder den ursprünglichen Besitzstand, soweit es die Lage der Dinge gestattete, wieder hergestellt, oder doch wenigstens kein neues Princip zur Geltung gebracht hat, sondern nach altdorischen Sitten und Gebräuchen verfahren ist. Zu Lykurgs Zeiten [1] nun soll eine ausserordentliche Ungleichheit des Besitzes bestanden haben, so dass der ganze Reichthum sich in wenigen Händen befand; diese Ungleichheit aber wurde durch Lykurg beseitigt, indem er das ganze Land gleichmässig in der Weise vertheilte, dass die Spartiaten eine gewisse Anzahl unter einander gleicher Ackerstücke erhielten, den Periöken, d. h. den frei gebliebenen Ureinwohnern des Landes gleichfalls eine Anzahl Ackerlose, die auch unter einander gleich gewesen sein sollen, zugewiesen wurde. In späterer Zeit betrug diese Zahl für die Spartiaten neuntausend, für die Periöken dreissigtausend, eine Höhe, welche erst nach der Unterwerfung und Vertheilung von Messenien erreicht zu sein scheint, denn nach einigen Angaben soll Lykurg den Spartiaten viertausend fünfhundert, nach anderen sechstausend Lose gegeben, die übrigen aber Polydoros im achten Jahrhundert v. Chr. hinzugefügt haben.

Eine nur einigermassen zuverlässige Berechnung der Grösse dieser Grundstücke ist, selbst wenn wir die Richtigkeit der eben mitgetheilten Angaben nicht in Zweifel ziehen wollen, [2] nicht möglich, denn wenn wir auch hören, dass die Spartiaten den grössten Theil des Landes in Besitz gehabt haben, [3] so werden doch die Grenzen selbst desjenigen Spartatenlandes, welches in

---

[1] Plutarch Lykurg 8.

[2] Erhebliche Zweifel gegen die Zuverlässigkeit der Berichte über des Lykurgos Landvertheilung hat Grote Griech. Gesch. I, S. 704 ff. der deutsch. Uebersetzung geltend gemacht. Vgl. Duncker Gesch. d. Alterth. III, S. 369 Anm.

[3] Aristot. Polit. II, 6 S. 69, 29. Isokrat. Panath. 179.

Lakonien im Eurotasthale lag, nur so angegeben, dass sie von uns nicht genau bestimmt werden können. Der König Agis, welcher im dritten Jahrhundert v. Chr. eine Erneuerung der lykurgischen Verfassung beabsichtigte, wollte nach Plutarchs Bericht[1] das Land an die Spartiaten vertheilen, welches von dem Graben bei Pellene nach dem Taygetos, nach Malea und Sellasia sich erstreckte. Könnte man nun auch diese Gränzen, unter denen namentlich die Bestimmung durch Malea, das Südcap von Lakonien, Bedenken erregt, als die alten Gränzen des Spartiatenlandes ansehen, könnte man selbst, was bei dem Mangel an einer näheren Bezeichnung der Gränzlinien unmöglich ist, den innerhalb derselben belegenen Flächenraum ausmessen, so würde uns immer noch jede Bestimmung für die Spartiatengüter, die in Messenien lagen, fehlen. Auch aus dem Ertrage der Güter lässt sich eine Schätzung ihrer Grösse nicht anstellen. Obgleich wir nämlich erfahren, dass die Heloten,[2] welche das Land bebauen mussten, von der Ernte eines jeden Gutes an den Eigenthümer zweiundachtzig Medimnen Gerste und eine entsprechende Quantität Oel und Wein zu liefern hatten, so fehlt uns doch zur Berechnung der gesammten Ernte zunächst die Kenntniss dessen, was den Heloten für ihren eignen Verbrauch geblieben ist. Allerdings begegnen wir einer Klage des Tyrtäus,[3] dass die unterworfenen Messenier gezwungen worden wären, die Hälfte des ganzen Ertrages, den das Land gab, an die Herren abzuliefern, allein gerade dieser Klage wegen müsste man Bedenken tragen, die Höhe dieser Abgabe mit der vom Lykurg für die Heloten bestimmten gleichzusetzen, selbst wenn die Verordnung die Hälfte des Ertrages zu steuern mit jener, welche eine nach Medimnen ein für allemal festgestellte Abgabe forderte, in

1) Plutarch Agis 8. S. auch E. Curtius Peloponnes II, S. 211.

2) Plutarch Lykurg 8 u. 24. Porphyr. v. d. Enthalts. IV, 3. Vgl. Myron bei Athen. XIV, S. 657⁴.

3) Tyrtäos bei Pausan. IV, 14, 5. *ὥσπερ ὄνοι μεγάλοις ἄχθεσι τειρόμενοι, δεσποσύνοισι φέροντες ἀναγκαίης ὕπο λυγρῆς ἥμισυ παντὸς ὅσον καρπὸν ἄρουρα φέρει.* Vgl. Aelian Verm. Gesch. VI, 1. *Λακεδαιμόνιοι Μεσσηνίων κρατήσαντες τῶν μὲν γιγνομένων ἁπάντων ἐν τῇ Μεσσηνίᾳ τὰ ἡμίση ἐλάμβανον αὐτοί.*

Einklang zu bringen wäre. Für eine Durchschnittsberechnung
endlich nach der Grösse des ganzen Landes und der gesammten
Einwohnerzahl, vermittelst welcher Otfried Müller[1] die Grösse
eines Spartiatengrundstückes auf 192 Plethren (etwa 72 Magdeburger Morgen) angenommen hat, fehlen ebenfalls auch nur
einigermassen sichere Grundlagen. Allzugross können die einzelnen Grundstücke schon ihrer ziemlich bedeutenden Zahl wegen
ursprünglich nicht gewesen sein; im Verlaufe der Zeit aber
kamen zum Theil durch die Abnahme der spartiatischen Bevölkerung,[2] zum Theil durch die Aufhebung der gesetzlichen
Beschränkungen in Betreff der freien Verfügung über den Landbesitz grosse Gütercomplexe in wenige Hände, so dass um die
Mitte des dritten Jahrhunderts v. Chr. von den noch vorhandenen siebenhundert Spartiaten nur hundert Grundeigenthum
besassen.

Ganz ohne nähere Nachrichten über die Vertheilung der
Ländereien sind wir in Betreff der übrigen Länder, welche
durch die grossen Wanderungen ihre Bevölkerung ganz oder
theilweis wechselten, doch lässt sich wohl annehmen, dass die-

---

1) Müller Dorier II, S. 36 u. 46. Er nimmt von dem ganzen Areal
des lakonischen Gebietes von 180 ☐Meilen (nach den Messungen der fran-
zösischen Commission hat Messenien und Lakonien nur 135 ☐ Meilen; s.
Curtius Peloponnes I, S. 148) ein Viertel als bebautes Land, zu welcher
Annahme jeder Anhalt fehlt. Von diesem Lande nun theilt er den Spartiaten zwei Drittel zu, gestützt auf die Berechnung, dass die Gesammtzahl
der Heloten 224000 betragen habe, diese mit den Spartiaten zusammen
also etwa doppelt so stark an Zahl gewesen seien, als die Periöken,
deren Zahl etwa 120000 betrug. Wie unsicher die Schätzung der Zahl
der Heloten ist, wird später erörtert werden. — Auch aus der Angabe bei
Aristot. Polit. II, 1 S. 56, dass das Land 1500 Reiter und 30000 Mann
zu Fuss ernähren könne, ist der Gesammtinhalt des bebauten Landes nicht
zu berechnen; einmal, weil die Ertragsfähigkeit im Ganzen sich nicht ab-
schätzen lässt, anderntheils weil die Höhe des Bedürfnisses für die einzelne
Familie nicht leicht festgestellt werden kann. Ueberdies wird hierbei die
Trennung des Spartiaten- und Periökenlandes immer noch unmöglich sein,
da wir nicht wissen, in welchem Verhältniss durchschnittlich die Grösse
eines Spartiatengrundstückes zu der eines Periökengrundstückes gestanden hat.

2) Aristot. Polit. II, 6 S. 55; V, 6 S. 168. Plutarch Agis 5.

selbe eine gewisse Aehnlichkeit mit der in Lakonien gehabt
haben wird, freilich in verschiedenen Abstufungen, je nachdem
der ursprünglichen Bevölkerung ein grösseres oder geringeres
Mass der Freiheit blieb. Allein auch in den Ländern, welche
von jenen Wanderungen nicht unmittelbar betroffen wurden,
gestalteten sich die Verhältnisse des Grundbesitzes ähnlich, indem sich eine Adelsaristokratie bildete, welche den selbständigen
Bauernstand mehr und mehr herabdrückte und dessen Landbesitz theils selbst zu seinem Eigenthum zu machen, theils in
Abhängigkeit zu bringen suchte. So war es in Attika nach der
Beseitigung des Königthums geschehen. Die adligen Geschlechter durch gemeinsame Interessen verbunden, hatten ihre Macht
benutzt, um die Herrschaft über die übrige Bevölkerung fest zu
gründen. Sie hatten nicht allein den grössten und besten Theil
des Grundeigenthums, [1] namentlich in den grösseren Ebenen von
Athen und Eleusis in ihre Hände gebracht, sondern auch die
übrige Ackerbau treibende Bevölkerung in ein Abhängigkeitsverhältniss herabgedrückt, so dass der gemeine Mann, wenngleich frei, doch eine Stellung einnahm, die von der der Leibeigenen der eroberten Länder in Bezug auf die Gutsverhältnisse
nicht wesentlich verschieden war. Es werden daher diese Bauern
auch Pelatai [2] genannt, ein Name, der die Dienstbarkeit bezeich-

---

1) Aristot. Polit. V, 4 S. 162, 6. Plutarch Solon 13.

2) Plutarch Solon 13. Pollux IV, 165 ἱκτημόριοι δὲ οἱ πελάται
παρὰ τοῖς Ἀττικοῖς. Schol. zu Platon Euthyphr. S. 4° πελάται εἰσὶν οἱ
παρὰ τοῖς ἀλησίον ἐργαζόμενοι, καὶ θῆτες οἱ αὐτοὶ δὲ καὶ ἱκτημόριοι, ἐπεὶ τῷ ἔκτῳ μέρει τῶν καρπῶν εἰσγάζοντο τὴν γῆν. Vgl. Photios
Lex. Πελάται. Hermann Gr. Staatsalterth. §. 100, 16. Für das angenommene Abhängigkeitsverhältniss dürfte es vielleicht auch sprechen, dass
das Wort πελάται auch von Plutarch Agis 6 für die spartanischen Heloten, von Dionys. v. Halikarn. Röm. Alterth. II, 9 für die kretischen
Klaroten gebraucht wird. Ueber die Stellung der Hektemorioi wusste man
schon im Alterthume nichts sicheres, indem man zweifelhaft war, ob
sie nach Plutarch a. a. O. den sechsten Theil des Ertrages abliefern
mussten, oder nach anderen (Hesych. Ἱκτημόριοι, Schol. zu Platon
a. a. O.) den sechsten Theil für sich behielten. Gegen die erstere Annahme
spricht der Umstand, dass eine solche Abgabe nicht, wie es geschieht, als
übermässig drückend hätte bezeichnet werden können (Schömann de comi-

net, oder Hektemorioi, d. h. wahrscheinlich solche, die von dem
Ertrage des von ihnen bebauten Landes nur den sechsten Theil
für sich behielten. Schon im Alterthume sah man diesen Zustand
als einen solchen an, der sich durch Verschuldung der Armen an
die Reichen gebildet hatte, ohne anzugeben, wodurch eine Verschuldung in solchem Umfange entstanden war; nimmt man auch
an,[1] dass die Ursache drückende Steuern und andere schwere
Leistungen für den Staat gewesen seien, so bleibt immerhin die
gleichmässige Höhe der Zinspflichtigkeit für alle Betroffenen
schwer zu erklären. Ueber die Natur des Eigenthumsrechtes,
welches die Zinspflichtigen, sowie die Zinsempfänger an dem
betreffenden Grund und Boden hatten, erfahren wir nichts.

Es drängt sich hier die Frage auf, ob nicht ausser den
grossen Grundbesitzern, welche die Aristokratie oder Oligarchie
bildeten, und den hörigen oder zinspflichtigen Bauern eine Art
von Mittelstand vorhanden gewesen sei. In den Handwerkern
und Kaufleuten, welche etwa in den Städten und Flecken wohnen mochten, ist diese Klasse nur in geringer Ausdehnung zu
suchen, schon deshalb, weil diese höchst wahrscheinlich schon
damals zum grossen Theile nicht zu den Bürgern gehörten. Aristoteles[2] bemerkt ausdrücklich, dass gegen Ende dieser Periode, als

<hr/>

tils Athen, S. 563 u. Griech. Alterth. 1 S. 525). Die von Hermann
a. a. O. für diese Annahme geltend gemachte Stelle bei Isokrat. Areop.
32, wo es von den Reichen der alten Zeit heisst: τοῖς μὲν γεωργίας ἐπὶ
μετρίαις μισθώσεσι παραδιδόντες ist nach allen Seiten zu allgemein und
unbestimmt, um für die hier behandelte Frage etwas entscheiden zu können.
Allerdings ist dagegen die Bemerkung von Mone Griech. Geschichte I
S. 168 der zweiten Aufl. wohl der Beachtung werth, welcher sagt: „Wenn
ein Landmann so verschuldet ist, dass ihm nur noch ein Sechstel des
Ertrages bleibt, und dazu das in einer Zeit, wo die Lebensmittel immer
mehr den Werth verlieren und die Lebensbedürfnisse im Werthe steigen (?),
so muss er in kurzer Zeit Proletarier werden und keine Seisachtheia, keine
Erleichterung des Münzfusses kann ihn retten"; seine Annahme jedoch,
dass Hektemorioi diejenigen seien, welche ihr Gut als sechsfache Hypothek dem Gläubiger stellten, empfiehlt sich weder sprachlich noch sachlich
besonders.

1) Duncker Gesch. d. Alterth. III S. 526.

2) Aristot. Polit. V, 4 S. 161 f. Vgl. auch die Bemerkung bei
Thukyd. I, 10 κατὰ κώμας τῷ παλαιῷ τῆς Ἑλλάδος τρόπῳ οἰκισθείσης.

die Oligarchien in Tyrannien übergingen, die Städte nicht gross
waren, sondern das Volk auf dem Lande lebte, hinreichend mit
seiner Feldarbeit beschäftigt, und er leitet gerade aus diesem
Zustande die Möglichkeit jener Verfassungsänderung her. In
solchen Ländern, in denen sich der Seeverkehr schon damals
etwas lebhafter gestaltete, mag allerdings der Handwerker- und
Kaufmannsstand etwas stärker unter den Bürgern vertreten
gewesen sein, wie in Athen, wo in den Revolutionen der nächsten Zeit die Paraler, die Bewohner des Küstenlandes, eine
gewisse Mittelstellung einnehmen, oder wie in Naxos, wo unmittelbar vor der Tyrannis des Lygdamis, trotz der im Lande
herrschenden Oligarchie der grössere Theil der Reichen in der
Stadt, die übrigen zerstreut auf dem Lande lebten.[1] Allein diese
Art von Mittelklasse kann für die Allgemeinheit nicht angenommen werden, und es bliebe immerhin nur die Möglichkeit, den
Mittelstand in einem unabhängigen Bauernstande zu suchen. An
Nachrichten von dem Vorhandensein eines solchen fehlt es, und
vielleicht lässt sich die Bemerkung des Aristoteles,[2] dass die
griechischen Staaten in ihren Anfängen wegen der geringen
Bevölkerungszahl einen wenig zahlreichen Mittelstand besessen
hätten, auch noch auf die hier behandelten Zeiten ausdehnen.

Auf die Aristokratien und die aus ihnen hervorgegangenen
Oligarchien sind besonders im siebenten und sechsten Jahrhundert v. Chr. in vielen griechischen Staaten Tyrannenherrschaften
gefolgt,[3] mit deren Eintritt auch die Besitzverhältnisse eine
bedeutende Wandlung erlitten haben müssen. Denn da die
Erhebung der Tyrannen in der Regel mit Hülfe des Volkes
gegen die Adelsgeschlechter bewirkt wurde,[4] so musste sie
nothwendigerweise mit der Unterdrückung der Macht dieser

---

1) Aristot. bei Athen. VIII, S. 348ᵃ. Vgl. Polit. V, 3 S. 162.
Herodot V, 30 ff.

2) Aristot. Polit. IV, 10 S. 140, 7.

3) Plass Die Tyrannis bei den alten Griechen. Bremen 1852. Eine
Uebersicht der Tyrannien dieser Zeit giebt Wachsmuth Hellen. Alterthumsk. 1 §. 58.

4) Aristot. Polit V, 8 S. 177. ὁ δὲ τύραννος ἐκ τοῦ δήμου καὶ τοῦ
πλήθους ἐπὶ τοὺς γνωρίμους.

letzteren entweder die Vertreibung derselben oder wenigstens die
Schmälerung, wenn nicht die Wegnahme ihres Besitzes mit sich
führen. Es würde sich daher von selbst voraussetzen lassen,
dass die Tyrannen für eine möglichste Vertheilung des Grundbesitzes gesorgt haben werden, um die Wurzeln einer ihnen
feindlichen Aristokratie zu vernichten, auch wenn wir nicht wussten, dass mehrere derselben es sich ganz besonders angelegen
sein liessen, das Volk auf den Ackerbau als auf eine Beschäftigung hinzuführen,[1] durch die am leichtesten Zusammenrottungen
in den Städten und Empörungen vorgebeugt werden konnte.
Vom Peisistratos[2] wird geradezu berichtet, dass auf seinen
Befehl die Athener Landleute geworden seien und das ehedem
kahle Land mit Oelbäumen bepflanzt hätten, und wenn auch
diese Angabe übertrieben ist, so erfahren wir doch auch anderweitig, dass er den Ackerbau besonders begünstigt hat; gleiches
wird von den Orthagoriden in Sikyon und vom Gelon in Syrakus
erzählt.[3]

In dieselbe Zeit fällt auch die Hebung des Handels und der
mit demselben in Zusammenhange stehenden Industrie, deren
Einfluss nicht allein auf den Wohlstand im Allgemeinen, sondern
auch auf die Stellung des Grundbesitzes nicht gering anzuschlagen ist, insofern für viele, welche der Ackerbau und die Viehzucht nur kümmerlich ernährte, die Möglichkeit gegeben wurde,
sich anderen Beschäftigungen zuzuwenden und so nicht allein ihre
eigne Lage, sondern auch die der Ackerbauer dadurch zu verbessern, dass die Concurrenz um den Besitz von Grund und

1) Plutarch Solon 31. τὸν τῆς ἀργίας νόμον οἱ Σόλων ἔθηκε
ἀλλὰ Πεισίστρατος, ᾧ τήν τε χώραν ἐνεργοτέραν καὶ τὴν πόλιν ἡσυ-
μαιστέραν ἐποίησε.

2) Dio Chrysost. XXV γεωργοί καὶ τὴν Ἀττικὴν πρότερον ψιλὴν καὶ
ἄδενδρον οὖσαν ἐλαίας κατεφύτευσαν Πεισιστράτου προστάξαντος.

3) Plutarch Apophth. d. Kön. S. 175b ἐξῆγε δὲ (Γέλων) πολλάκις
τοὺς Συρακοσίους ὡς ἐπὶ στρατείαν τὴν γεωργίαν, ὅπως ἥ τε χώρα βελ-
τίων γένηται γεωργουμένη καὶ μὴ χείρους αὐτοὶ σχολάζοντες. Auf
dieselbe Sache sind auch die Nachrichten von Tyrannen zurückzuführen,
welche die Bürger zwangen, die bei den Bauern übliche Tracht des
Schafpelzes anzulegen. Pollux VII, 68. Aristoph. Lysistr. 1150 ff. Moeris u. Suidas κατωνάκη.

Boden sich vermindern konnte. Je mehr sich nun Handel und
Gewerbe entwickeln, um so schärfer scheiden sich auch die Staaten des Binnenlandes, welche mehr abseits von den Strömungen
des Verkehrs lagen, von den Seestaaten, nicht bloss in Bezug
auf die politische Verfassung, sondern auch in Bezug auf den
Besitz, indem in jenen Staaten der Grundbesitz sein altherge-
brachtes Ansehen mehr bewahrte, als in diesen, wo das Geld
seine Macht stärker geltend machte. Zu den ersteren Staaten
sind hauptsächlich die des Peloponnes mit Ausnahme weniger
Handelsstädte im Norden, Böotien, Thessalien, zu den letzteren
Athen, Korinth, Megara und der bei weitem überwiegende Theil
der Kolonien zu rechnen.

Was von den Veränderungen, welche der Grundbesitz in
Lakonien und Messenien erlitten hat, uns bekannt ist, ist für
den weiteren Verlauf der Geschichte schon oben mitgetheilt worden; durch die Wiederherstellung der Selbständigkeit von Messenien und die damit verbundene Gründung der Stadt Messene
im J. 369 v. Chr. muss auch in der Vertheilung des Grundbesitzes eine erhebliche Veränderung erfolgt sein, doch fehlt es
uns an Nachrichten darüber. In Elis finden wir noch zu Polybios' Zeiten den Besitz von Land am höchsten geachtet, so
dass aus einzelnen Familien seit zwei, drei Generationen niemand in der Stadt gewesen war, ja dass sogar die alten staatlichen Einrichtungen zu Gunsten des Lebens auf dem Lande
erhalten worden waren. In Arkadien, so weit es eben für den
Ackerbau zugänglich war, müssen noch in späterer Zeit gleiche
Ansichten Geltung gehabt haben, so dass nicht allein die im
J. 386 v. Chr. durch die Spartaner erfolgte Auflösung der Stadt
Mantineia in die ursprünglich vorhanden gewesene Zahl von Dörfern einem grossen Theile der Bewohner durchaus nicht unan-
genehm war,[2] sondern sogar noch später Philopoemen selbst beim
Bestellen des Ackers Hand anlegte.[3] Von Epidauros endlich

1) Polyb. IV, 73, 7.

2) Xenophon Hellen. V, 2, 7.

3) Plutarch Philopoemen Vgl. Curtius Pelopoun. I S. 182.

berichtet Plutarch,[1] dass der grösste Theil des Volkes auf dem Lande lebte.

An Angaben, aus denen sich die Art der Vertheilung des Grundbesitzes und die Grösse der einzelnen Grundstücke erkennen liesse, findet sich für diese Länder nichts. In Arkadien wird bei der starken Bevölkerung[2] auf dem rauhen Gebirgsboden das Land wahrscheinlich in sehr kleine Parcellen getheilt gewesen sein. Eine gleiche starke Vertheilung wird ganz besonders für Staaten mit demokratischer Verfassung anzunehmen sein, in denen nicht industrielle und Handelsthätigkeit überwog. Gerade weil in diesem Falle der Bürger bei mässigem Besitze zur eignen Thätigkeit auf dem Felde genöthigt ist, und nicht viel Zeit zur Theilnahme an Volksversammlungen und zu sonstiger politischer Thätigkeit hat, hält Aristoteles[3] eine solche Demokratie für die beste und führt besonders die Bewohner von Aphytos auf Pallene als Beispiel an, die trotz ihrer grossen Menge und der geringen Ausdehnung ihres Gebietes doch alle Landleute waren.

Wie sich die Verhältnisse des Grundbesitzes in einem Staate mit reicher socialer und politischer Entwicklung gestalteten, lässt uns das Beispiel von Athen wenigstens in Umrissen erkennen. Die oben bereits besprochene Abhängigkeit eines Theils der ackerbauenden Bevölkerung von den grossen Gutsbesitzern wurde durch die Verfassung Solons aufgehoben, die politische Berechtigung der einzelnen Bürger aber auf timokratischen Grundlagen an den Landbesitz geknüpft. Von den vier Klassen, in welche Solon[4] die Bevölkerung theilte, bildeten die erste diejenigen Bürger, welche ein Einkommen von 500 Mass Früchten (Medimnen von trocknen, Metreten von flüssigen) und darüber hatten,[5] die zweite die, deren Ernte von da herab bis zu 300 Mass, die dritte die, deren Ernte bis herab zu 150 Mass

1) Plutarch Quaestt. Gr. 1.
2) Xenophon Hellen. VII, 1, 23; Polyb. II, 88, 3; IV, 33, 3.
3) Aristot. Polit. VI, 2 am Anfang u. S. 303.
4) Plutarch Solon 18.
5) Ein Medimnon = 0,05 preuss. Schffl., ein Metretes = 34,4 pr. Quart.

betrug,[1] die vierte solche, welche geringeres Einkommen hatten. Die Mitglieder der dritten Klasse hiessen Zeugiten, d. h.
solche, die zur Bestellung ihres Ackers ein Joch oder Gespann
Zugthiere hielten. Aus diesen Angaben lässt sich auf eine grosse
Vertheilung des Bodenbesitzes schliessen. Man wird wohl annehmen dürfen, dass auch in der letzten Klasse, deren Mitglieder
allerdings die Bezeichnung Theten, Lohnarbeiter, führen, noch
etwas Besitz an Ackerland und Gärten gewesen ist, welche die
Eigenthümer mit eigner Handarbeit bebauten, die also für jeden
einzelnen nur einen sehr geringen Flächeninhalt gehabt haben
können. Die Zahl der Mitglieder der ersten Klasse kann der
Natur der Sache nach nicht gross gewesen sein, und diese
Annahme findet überdies eine Stütze darin, dass die Zahl der
ursprünglichen Adelsgeschlechter, welche jedenfalls zum allergrössten Theil die erste Klasse bildeten, auf dreihundert und
sechzig angegeben wird. Auch die zweite Klasse kann der Zahl
nach nicht sehr stark gewesen sein. Die Mitglieder derselben
hiessen nämlich Ritter, und wenn auch später die wirklichen
Kriegsdienst leistende Reiterei nicht durchaus mit dieser Ritterklasse zusammenfällt, so muss doch in Solons Zeiten zwischen
beiden ein solcher Zusammenhang bestanden haben, der die
Benennung der Klasse begründete. Da nun selbst in den Zeiten der höchsten Macht Athen nicht mehr als zwölfhundert Reiter besass,[2] ja erst nach den Perserkriegen ein Reitercorps von
dreihundert Mann gebildet wurde, so lässt sich mit Sicherheit
annehmen, dass in Solons Zeit die Mitglieder dieser Ritterklasse
keine allzuhohe Zahl erreicht haben können. Demnach bleibt
der bei weitem grösste Theil der landbesitzenden Bürgerschaft
für die dritte Klasse, deren Ernte zwischen 150 und 300 Mass
betrug. Nimmt man ein Grundstück eines solchen Zeugiten an,
das nur aus Ackerland bestanden und den geringsten Satz der
Ernte von 150 Medimnen Gerste, der beinahe ausschliesslichen
Feldfrucht Attikas geliefert habe, so würden bei einer Aussaat

1) Die Zahl 150 nach Böckhs Berechnung im Staatsh. d. Ath. I
S. 647. Die alten Schriftsteller geben 200 an.
2) Andokides v. Frieden 5 und 7.

von einem Scheffel Gerste auf den Morgen und bei einem Boden, der durchschnittlich das sechste Korn liefert, fünf und zwanzig Morgen für jene Ernte erforderlich sein. Da nun bei den Griechen durchaus reine Brachwirthschaft üblich war, so müsste man das ganze Gut auf fünfzig Morgen anschlagen, eine Grösse, bei welcher die Bewirthschaftung sehr gut mit einem Gespanne durchgeführt werden kann, das auch noch für die äusserste Grösse eines Zeugitengutes von etwa hundert Morgen mit einer Ernte von 300 Medimnen Gerste ausreichen konnte.[1] Nun gaben aber in Attika einen ansehnlichen Theil der Gesammternte die Oel- und Weinpflanzungen, so wie die Feigenbäume, die auf einem bedeutend geringeren Bodenraume ein entsprechendes Mass von Früchten lieferten, wie z. B. In einer dem Demosthenes zugeschriebenen Rede[2] ein Gut erwähnt wird, das bei einer Ernte von tausend Medimnen Gerste achthundert Metreten Wein lieferte. Zieht man alle diese Umstände mit in Rechnung, so wird man wohl mit ziemlicher Sicherheit annehmen können, dass die Zeugitengrundstücke, d. h. der an Zahl bei weitem überwiegende Theil der Landgüter in Attika, damals eine Grösse zwischen vierzig und achtzig Morgen gehabt haben.

Eine bedeutende Veränderung in diesen Zuständen hat in den nächsten Zeiten nicht stattgefunden. Die Peisistratiden begünstigten, wie schon bemerkt, den Ackerbau und auch noch in der besseren Zeit der attischen Demokratie[3] legte der Bürger einen grossen Werth auf ländlichen Besitz, weil derselbe auf die leichteste und anständigste Art ernährte, so dass bei zunehmendem Wohlstande die Zerstückelung des nicht eben ausgedehnten Landes in eine Menge kleiner Besitzthümer eher zunehmen als sich verringern musste. Erst später, namentlich seitdem die feindlichen Einfälle[4] während des peloponnesischen

---

1) Plinius Naturgesch. XVIII §. 173 nimmt an, man könne mit einem Joch Ochsen jährlich 30 Jugera schweres, 40 iugera leichtes Land bestellen

2) (Demosth.) gegen Phänipp. 20.

3) Thukyd. II, 14—16. Isokrat. Areopag. 52.

4) Thukyd. VII, 27. Lysias περὶ τοῦ σηκοῦ 6.

Krieges und die dauernde Besetzung von Dekeleia durch die
Spartaner die Bebauung des Landes hinderten oder die Ernten
vernichteten und die Bevölkerung in die Stadt zusammendräng-
ten, schwand die Liebe zum Landbau und die zunehmende Verarmung machte den Erwerb von Grundbesitz auf dem Lande
schwieriger, derart, dass ein, wie es scheint gegen Ende des
peloponnesischen Krieges, vom Staate eingezogenes und zum Verkauf ausgebotenes Ackergrundstück mehr als drei Jahre lang
unverkauft blieb.[1] Dessenungeachtet gab es doch nach dem
Sturze der Dreissig und der Rückkehr der Demokraten unter
Thrasybulos nicht mehr als fünftausend Bürger, welche kein
Land besassen, und wenn auch die Gesammtzahl der Bürger
sich während des Krieges nicht unbeträchtlich vermindert haben
mochte, so wird doch die angegebene Zahl nicht viel mehr als
ein Viertel der Bürgerschaft betragen haben. Darum konnte
auch damals ein gewisser Phormisios[2] den Vorschlag machen, der
freilich nicht durchging, dass das active Bürgerrecht an den
Besitz von Grund und Boden geknüpft werden sollte. In den
folgenden Jahren leidlicher Ruhe scheinen sich die Zustände auch
in dieser Hinsicht gebessert zu haben, doch finden wir es besonders hervorgehoben, dass im demosthenischen Zeitalter sich der
Grundbesitz mehr als früher in den Händen weniger Reichen
ansammelte.[3]

Ueber die Grösse des Areals der einzelnen Güter haben
wir nur spärliche Nachrichten. Es mag zunächst bemerkt werden, dass das in Griechenland allgemein übliche Flächenmass das
Plethron ist, welches 10000 griechische Quadratfuss enthielt und
0,372 Magdeburger Morgen gleich kommt. Die ausgedehntesten
Güter scheinen in Attika und vielleicht auch in anderen Ländern
in den Gränzbezirken[4] gelegen zu haben, während die in der

---

1) Lysias a. a. O.
2) Dionys. v Halikarn. Lysias Cap. 32.
3) Demosthen. geg. Aristokr. 208; περὶ συντάξ. 30.
4) Solche Güter heissen ἐσχατιαί. Harpokrat. ἐσχατιά: τὰ πρός
τοῖς τέρμασι τῶν χωρίων ἐσχατιὰς ἔλεγον, οἷς γειτνιᾷ εἴτε ὄρος εἴτε
θάλασσα. Bekker Anecdd. Gr. S. 256, 30. Schol. zu Aeschin. geg. Timarch.
97. Vgl. Böckh Staatsh. I S. 90. Dagegen Symrich de insomn. 8 ὁ ζευ-
γίτης ὁ τὴν ἐσχατιὰν ἀπεργαζόμενος, ὥστι ἀποίλην.

Nähe der Hauptstadt belegenen wohl kleiner waren, wenigstens in
der Zeit als der grosse Grundbesitz des Adels aufgelöst war.[1]
So wird von dem Redner Aeschines ein Gränzgrundstück in dem
Gau Sphettos erwähnt, das gross aber in schlechtem Culturzu-
stande war; in einer dem Demosthenes zugeschriebenen Rede[2]
wird von einem grossen und einträglichen Gränzgrundstück im
Gau Kytheron gesprochen, welches viel Wald besass, also wohl
am Gebirge lag. Die Angabe der Grösse desselben ist ausserordentlich unbestimmt, indem das gegebene Mass von vierzig
Stadien nach dem Wortlaute der Stelle ebensowohl von dem
Flächeninhalte wie von der Längenausdehnung der Gränzen verstanden werden kann. Nimmt man die erstere Möglichkeit als
Wirklichkeit an, so ergiebt dies ein Areal von 1440 Plethren
— 535,68 M. Morgen; will man die zweite Möglichkeit gelten
lassen, die schon, weil das Stadion sonst immer als Längenmass
gebraucht ist, die grössere Wahrscheinlichkeit für sich hat, so
ist eine nur einigermassen sichere Berechnung unmöglich, weil
wir die Gestalt der Gränzlinie nicht kennen. Den grössten Flächeninhalt würde eine kreisrunde Gestalt des Gutes mit 4586
Plethren — 1707 M. Morgen ergeben, allein da anzunehmen
ist, dass die Gränzen eine unregelmässige Form in vielfach
gebrochenen und gekrümmten Linien hatten, auch wohl die Aus-

1) Aeschin. geg. Timarch. 97 f.

2) (Demosth.) geg. Phänipp 5. καὶ πρῶτον μὲν περιαγαγὼν τὴν
ἐσχατιάν πᾶσαν ᾗ σταδίων οὔσων ἐσσαράκοντα κύκλῳ ἔδειξε καὶ δι-
μαρτυρήθην ἐναντίον ἑαυτῶνου ἐις οὐδὲις ὄρος ἔπεστιν ἐπὶ τῇ ἐσχα-
τιᾷ. Die Stelle ist zur Berechnung der Ertragfähigkeit des attischen Landes und der Bevölkerungszahl von Attika mit benutzt worden von Böckh
Staatsh. I S. 90, der dort sagt, der Zusammenhang lehre, dass nicht
Flächeninhalt, sondern Umfang gemeint sei, von Letronne für la population de l'Attique in Mémoires de l'Acad. des inscr., nouvelle série t. VI
p. 166 ff., der sich für den Flächeninhalt erklärt. Zu gleichem Zweck
hat Wallon Histoire de l'esclavage I S. 271 die Stelle erörtert, der sich
ebenfalls für den Flächeninhalt ausspricht. Ausser den Schwierigkeiten
der Interpretation kommt noch das Missverhältniss der §. 20 angegebenen
Ernte selbst zu dem am niedrigsten berechneten Areal, so wie des daraus
zu berechnenden Werthes des Gutes zu den übrigen Werthen, welche in
dem Processe damit in Beziehung gebracht werden, hinzu, um den Gebrauch
der Stelle höchst misslich erscheinen zu lassen.

dehnung des Gutes nach Länge und Breite verschieden war, so
muss das Areal bei weitem kleiner gewesen sein. Die übrigen
sonst erwähnten Güter sind viel kleiner. Bei dem Redner Lysias[1]
kommt ein Gut von 300 Plethren vor, und ebenso gross soll der
Grundbesitz des Alkibiades,[2] dessen Reichthum doch gerühmt
wird, gewesen sein. Einen Acker von 60 Plethren finden wir bei
Isaeos,[3] und in einer Inschrift von Kerkyra,[4] in welcher Grundstücke aufgezählt sind, die zur Nutzniessung für die Proxenen
angekauft worden waren, Ackerland von 6 Plethren, Weingär-
ten zu 2, 4 Plethren in ziemlicher Anzahl, zu 10, 20 und 22
Plethren; auch aus den Preisen der Grundstücke, von denen
weiter unten zu reden sein wird, lässt sich schliessen, dass es
Parcellen von sehr geringer Ausdehnung gegeben hat.

Wir wenden uns nun zu dem Verhalten des Staates zum
Grundbesitz. Von der Sorge, den Bürgern Land zu verschaffen,
ist im Allgemeinen bereits oben gesprochen worden, es bleibt
hier noch von der Versorgung der Bürger mit Ländereien ausserhalb des eigentlichen Staatsgebietes zu sprechen, die theils durch
Aussendung von Colonien, theils durch Anweisung von Kleruchien stattfand.

Da die Colonien politisch unabhängig von der Mutterstadt
wurden, so ist die Anlegung derselben immer als eine neue
Staatengründung anzusehen, welche den Besitz der Bürger des
alten Staates nicht vermehrte. Da ferner das zu der Gründung
erforderliche Land erst in Besitz genommen oder gar erobert
werden musste, so ist eine Anweisung von Ländereien an die
Colonisten im voraus nicht thunlich gewesen. Nur in wenigen
Fällen aus späterer Zeit lässt sich etwas derartiges nachweisen,
z. B. bei der Nachsendung von Colonisten nach Epidamnos[5] um
436 v. Chr., wo in Folge der Abnahme der ursprünglich angesiedelten Bevölkerung Land im Ueberfluss vorhanden war, viel-

1) Lysias für d. Verm. d. Aristophanes 29.
2) Platon Alkib. 1 S. 123 c.
3) Isaeos v. Dikaeogen. Erbsch. 27.
4) Corpus Inscrr. Gr. nr. 1840.
5) Thukyd. 1, 27. ἀποικίαν ἐς τὴν Ἐπίδαμνον ἐκήρυσσον ἐπὶ τῇ
ἴσῃ καὶ ὁμοίᾳ τὸν βουλόμενον ἰέναι.

leicht auch bei der Anlage des trachinischen Herakleia im Jahre
426 v. Chr. [1]

Anders ist es mit den Klernchien, welche in der Zeit der
athenischen Herrschaft für die Athener eine so wichtige Rolle
spielten. Indem man erobertes Land [2] den früheren Privatbesitzern abnahm und attische Bürger so darauf ansiedelte, dass
dieselben ihr Heimatsrecht in der Vaterstadt nicht wie die Colonisten aufgaben, sondern in ungelockerter Verbindung mit dem
athenischen Staate blieben, hatte man ursprünglich wohl hauptsächlich den Zweck gehabt, die Abhängigkeit des eroberten Landes zu sichern; [3] später aber, als der sittliche Verfall des athenischen Volkes den Staat immer mehr zwang, für die materielle
Existenz der einzelnen Bürger Sorge zu tragen, benutzte man
die Kleruchien dazu, den ärmeren Bürgern einen bequemen
Erwerb zu verschaffen. [4] Schon vor den Perserkriegen hatten die
Athener im J. 506 v. Chr. das Land der Aristokraten von Chalkis auf Euboea an viertausend ihrer Mitbürger vertheilt, [5] das
jedoch wahrscheinlich bei dem Herannahen der persischen Heere
wieder aufgegeben wurde; später wurden solche Ansiedelungen
von Klernchen durch Perikles auf dem thrakischen Chersonnes,
auf Naxos, Andros, Aegina, Euboea angelegt, [6] und während des
peloponnesischen Krieges ist es namentlich das eroberte Gebiet
abtrünniger Bundesgenossen, das zu diesem Zwecke verwendet
wurde. Durch die Niederlage von Aigospotamoi ging dieser
Besitz gänzlich verloren, aber trotzdem, dass bei der Bildung
einer neuen Bundesgenossenschaft im J. 377 v. Chr. ein Gesetz

---

1) Thukyd. III, 92.

2) Harpokrat. Κληρούχοι ἐκαλοῦντο οἱς Ἀθηναῖοι ἔνεμον ἐπὶ
τὰς πόλεις ἃς ἐλάμβανον, κλήρους ἑκάστοις διανέμοντες. Ebenso Bekk.
Anecdd. Gr. S. 267.

3) Isokrat. Paneg. 107 τὰς κληρουχίας ἃς ἡμεῖς εἰς τὰς ἐρημουμέ-
νας τῶν πόλεων φυλακῆς ἕνεκα τῶν χωρίων ἀλλ' οὐ διὰ πλεονεξίαν
ἐξεπέμπομεν.

4) S. hauptsächlich Böckhs Staatsh. I S. 555 ff.

5) Herodot V, 77; VI, 100. Vgl. Wachsmuth Hellen. Alterth. I
S. 539 u. 612.

6) Plutarch Perikles 11, 23 u. 34.

von den Athenern erlassen wurde, dass kein Athener ausserhalb
Attika Land besitzen sollte, zwangen doch die Vermögensverhältnisse auf die alte Massregel zurückzukommen. Die politische
Seite dieses Verfahrens, dessen Vortheile für den Einzelnen
durch die Nachtheile, welche dem ganzen Staate daraus erwuchsen, weit überwogen wurden, liegt unserer Betrachtung fern,
die Eigenthumsverhältnisse dagegen erfordern einige Bemerkungen. Das zur Vertheilung an Kleruchen bestimmte Land wurde
vermessen, in eine bestimmte Anzahl von Theilen gewiss so zer-
legt, dass dieselben ihrem Werthe nach unter einander möglichst gleich waren, und die so gebildeten Grundstücke durch
das Loos unter diejenigen vertheilt, welche sich zur Theilnahme
an der Kleruchie gemeldet hatten.[1] In einem bestimmten Falle,
der Aussendung von Kleruchen nach Drea in Thrakien[2] finden
wir die Bestimmung getroffen, dass nur Theten und Zeugiten
zugelassen werden sollen, und es lässt sich annehmen, dass man
in den meisten Fällen die ärmeren Klassen bevorzugt haben
wird, da es ja auf Unterstützung bedürftiger Bürger abgesehen
war, die man auch selbst auf Kosten des Staates bei ihrer
Abreise mit Waffen und Reisegeld versah.[3] Ueberdies werden es
ohnehin meistentheils ärmere Leute gewesen sein, die ein behag-
liches Auskommen in der Ferne dem Leben in der Heimat
trotzdem vorzogen, dass ihnen die Ausübung mancher politischen
Rechte dadurch unmöglich wurde. Wenigstens stellte sich die
Sache so in dem Falle, dass die Kleruchen sich an Ort und
Stelle begaben, um das Land zu eigner Bebauung in Besitz zu
nehmen; aber wir finden auch Beispiele, dass die Kleruchen in
der Heimat blieben und das ihnen zugefallene Land durch andere
bewirthschaften liessen, ja es kommt sogar der Fall vor, dass

---

1) Aristophan. Wolken 203. — Thukyd. III, 50. κληρούχους τοὺς
λαχόντας ἀπέπεμψαν. Plutarch Perikl. 34. διένειμε τὴν νῆσον Ἀθηναίων τοῖς λαχοῦσι. Freilich kann mit dem Ausdruck οἱ λαχόντες auch
gemeint sein, dass aus allen, die sich gemeldet, die bestimmte Anzahl von
Kleruchen durch das Loos gezogen wurden.

2) Rangabé Antiq. hellén. II S. 371. nr. 710ᵇ.

3) Liban. Einl. zu Demosth. περὶ τῶν ἐν Χερσονν. S. 88. Plutarch
Perikl. 11.

das Land den früheren Besitzern unter der Bedingung gelassen
wurde, dass sie eine Pachtsumme von zwei Minen an den neuen
Eigenthümer zahlten,[1] also vielleicht in das Verhältniss von Erb-
pächtern traten. Ueber die Grösse der einzelnen Grundstücke
ist uns nichts bekannt; doch wird dieselbe sich in jedem besonderen Falle nach den örtlichen Verhältnissen gerichtet haben,
und mässig, jedenfalls aber so bemessen gewesen sein, dass der
Ertrag für die Ernährung einer Familie ausreichte; die eben
berührte Pachtsumme von zwei Minen lässt wenigstens ein Gut
voraussetzen, das seinen Eigenthümer wohl ernähren konnte,
wenn er dasselbe mit eigener Arbeit bebaute.

Ob ähnliche Versorgungen der Bürger auch von Seiten
andrer Staaten stattgefunden haben, lässt sich mit Sicherheit
nicht nachweisen; directe Zeugnisse dafür sind nicht vorhanden.[2]

Es kam auch in einzelnen Fällen vor, dass ein Staat von
seinem eigenen Besitz an einzelne Personen Land gab. Nur selten mag dies geschehen sein, um einen Bürger durch eine solche

1) Thukyd. III, 50. Etwas ähnliches findet sich bei Thukyd. V, 31.
Die Lepreaten haben in einem Kriege gegen die Arkader die Hülfe der
Eleer angerufen und dabei das Angebot gemacht, das Land mit ihnen zu
theilen. Nach Beendigung des Krieges überlassen die Eleer den ihnen
zustehenden Landestheil den Lepreaten unter der Bedingung, dass sie dem
olympischen Zeus ein Talent als Abgabe zahlen. Auch von den Kleruchien im Gebiete von Chalkis heisst es bei Aelian Verm. Gesch. VI, 1,
die Athener hätten das Land der Hippoboten an zweitausend Kleruchen
vertheilt, einen Theil der Atheno geweiht, τὴν δὲ λοιπὴν Ἱπποβοταις
κατὰ τὰς στήλας τὰς πρὸς τῇ βασιλείῳ στοᾷ ἱστηκυίας, αἵπερ οὖν τὰ
τῶν μισθώσεων ὑπομνήματα εἶχον. Es ist freilich möglich, dass hier
Land gemeint ist, welches der Staat für sich behielt.

2) In einer Inschrift von Ieros bei Ross Inscr. gr. inedd. fasc. II
S. 68 findet sich ein Beschluss, in welchem einem gewissen Hekataeos die
οἰκήτορες οἱ ἐν Ἄῤῥῳ Dank aussprechen für das Wohlwollen und die
Gefälligkeit, die er gegen die ἐν τῇ νήσῳ κατοικοῦντας τῶν πολιτῶν
bewiesen hat, Ross vermuthet, dass diese οἰκήτορες Kleruchen eines Staates seien, der damals die Insel in seiner Gewalt gehabt. Ebenso hat
Schömann Antiquitates iuris publ. S. 494 aus ähnlichen Bezeichnungen in
Inschriften: οἱ κατοικοῦντες ἐν Ἄῤῥῳ Corpus Inscr. II nr. 2245, Μιλή-
σιων τῶν Ἀμόργον Αἰγιάλην κατοικούντων nr. 2264 u. οἱ κατοικοῦντες
Ἱκαριῆτοι (ἐν?) auf Einrichtungen geschlossen, die den attischen Kleruchien ähnlich waren.

Schenkung für irgend welche Verdienste zu belohnen, die er
sich um den Staat erworben; doch finden sich Beispiele eben so
wohl beim Homer[1] wie in späterer Zeit. Dem Lysimachos, dem
Sohne des grossen Aristeides, gaben die Athener in dankbarer
Anerkennung der Verdienste seines Vaters, da dieser seinen
Kindern kein Vermögen hinterlassen hatte, zweihundert Plethren
Aecker und Gartenland auf Euboea zum Geschenk;[2] einen anderen
Fall, in welchem ein confiscirtes Grundstück jemandem vom
Staate als Ehrengeschenk gegeben wurde, erwähnt der Redner
Lysias,[3] ohne jedoch den Grund der Schenkung anzugeben. End-
lich ist hier noch zu bemerken, dass zuweilen ein Staat oder
eine Gemeinde zur Ergänzung der unzureichenden Bevölkerung
Ansiedler herbeizog, die er dann wohl in der Regel mit Land-
besitz ausstattete. Am häufigsten mochte dies bei Colonien vorkommen, die in Folge irgend welcher ungünstigen Verhältnisse
nicht die zum Bestehen nothwendige Höhe der Bevölkerung erreichen oder behaupten konnten, wie dies z. B. von Kyrene, Zankle,
Apollonia am Pontos, Epidamnos berichtet wird,[4] zum Theil mit
der ausdrücklichen Angabe, dass man durch das Angebot von
Landanweisungen neue Ansiedler herbeizuziehen gesucht habe.

In unmittelbarer Beziehung zu dem Grundbesitz steht der
Staat dadurch, dass er selbst Grundeigenthümer ist. Denn ausser
den Gebäuden der verschiedensten Art, welche für Zwecke des
ganzen Staates angelegt und verwendet worden, finden wir auch
ländlichen Besitz,[5] als Aecker, Weiden, Forsten als Staatseigen-

---

1) Beispiele s. Anm. 1 zu S. 43.

2) Demosth. geg. Leptin. 115. Plutarch Aristeid 27.

3) Lysias περὶ τοῦ σηκοῦ 4. Etwas anders ist der Fall in einer
Inschrift aus Brundisium Corpus Inscr. III nr. 5783 Εὐκρατίδης Πεισιδά-
μον, φιλόσοφος Ἐπικούρειος, τὸν τόπον τῆς Ἡρωιδεσίνων βουλῆς εἰς
ἰωχὴν ψηφισαμένης.

4) Kyrene Herodot IV, 159 ἐπεκαλέοντο οἱ Κυρηναῖοι ἐπὶ γῆς
ἀναδασμῷ. — Zankle Herod. VI, 22 Ζαγκλαῖοι ἐπεκαλέοντο τοὺς
Ἴωνας ἐς Καλὴν Ἀκτήν βουλόμενοι αὐτόθι πόλιν κτίσαι Ἰώνων. Vgl.
Aristot. Polit. V, 2 S. 156. — Apollonia Aristot. s. a. O. S. 157. —
Epidamnos Thukyd. I, 24 f.

5) Aristot. Oekon. II S. 1346ᵇ, 13 τὰ τέμενη τὰ δημόσια in Byzanz.
Xenoph. v. Eink. 4, 19 nennt als Gegenstände, die man vom Staate

thum. Dergleichen Liegenschaften kamen in den Besitz des Staates zunächst dadurch, dass bei einer neuen Staatengründung, z. B. bei der Anlage einer Colonie, dann auch bei der Eroberung von fremdem Gebiet ein Theil des Grund und Bodens für das Gemeinwesen zurückbehalten wurde, ehe man zur Vertheilung an die einzelnen Bürger schritt. So hatten nach der Eroberung von Plataeae die Thebaner das Landgebiet dieser Stadt als Staatseigenthum erklärt und verpachtet,[1] und ebenso war von dem Lande von Chalkis, welches die Athener in Besitz genommen hatten, ein Theil auf Rechnung des Staates verpachtet worden.[2] Ausserdem kamen Ländereien durch die nicht seltenen Einziehungen des Vermögens Verurtheilter in den Besitz des Staates,[3] der sich allerdings in der Regel desselben durch Verkauf oder Verschenkung wieder entäusserte. Endlich mochte man auch von Seiten des Staates Grundstücke ankaufen, wenn man dieselben zu gemeinnützigen Anlagen nöthig hatte.

Es mag an dieser Stelle auch erwähnt werden, dass sich Grundeigenthum im Besitze mancher vom Staate anerkannter oder zu dem Staatsorganismus gehöriger Körperschaften, z. B. der Demen[4] von Attika, namentlich aber im Besitze der Heiligthümer findet, die häufig nicht bloss den den Tempel umgebenden heiligen Bezirk,[5] sondern auch Ländereien besassen,[6] aus deren

pachte τεμένη καὶ ἱερὰ καὶ οἰκίας. Auf Ackerland, das vom Staate verpachtet ist, scheint sich auch Andokid. v. d. Mysterien 92 zu beziehen. Auf solchen Besitz lässt es auch schliessen, wenn Arist. Polit. VI, 5 S. 211 ἀγρονόμοι und ὑλωροί als Staatsbeamte nennt. Vgl. im Allgemeinen Böckh Staatsh. I S. 414 ff. Müller Dorier II S. 190.

1) Thukydid. III, 68, 3.

2) Aelian Verm. Gesch. VI, 1.

3) Lysias περὶ τοῦ ἀηκοῦ 6. Vgl. Herod. VI, 121 und δημιόπρατα bei Aristoph. Wesp. 659. Ritter 109. Etymol. Magn. S. 336, 36.

4) Aristot Oekon. II S. 1346b 16 erwähnt in Byzanz διαπεπτικά und πατρωτικά τεμένη. Beispiele von attischen Demen Corpus Inscrr. Gr. I nr. 103 von Peiraeeus, nr. 93 von Aexone.

5) Das Tempelland heisst gemeiniglich τέμενος. Hesych. τέμενος πᾶς ὁ μεμερισμένος τόπος τινὶ εἰς τιμήν, ἢ ἱερὸν καὶ βωμὸς ἢ ἀπονενημένον θεῷ ἢ βασιλεῖ. Etymol. Magn. S. 279, 87 u. 751, 43.

6) Harpokr. ἀπὸ μισθωμάτων· Αἰσχίνης φησιν ὁ γραμματικὸς ἀντὶ τοῦ ἐκ τῶν τεμενικῶν προσόδων· ἑκάστῳ γὰρ θεῷ αἴθρα γῆς ἀπέ-

Erträge die Kosten für den Gottesdienst und die Erhaltung des
Heiligthums bestritten wurden. Dass Heiligthümer bei ihrer
Gründung zuweilen mit solchem Besitze ausgestattet wurden, lässt
sich aus den oben ausführlich besprochenen Theorien für die
beste Einrichtung eines Staates abnehmen, welche einen Theil
des vorhandenen Landes für die Heiligthümer reservieren wollten; nicht selten aber mochte auch den Göttern Land als Weihgeschenk dargebracht werden und zwar namentlich als der ihnen
gebührende Antheil an den gemachten Eroberungen. So war
nach der Besiegung und Ausrottung der Bevölkerung von Kirrha
das Land derselben dem Apollon, der Artemis, der Latona und
der Athene geweiht worden mit der Bestimmung, dass es durchaus unbebaut bleibe;[1] von dem Lande, welches die Athener den
Mitylenäern nach der Unterdrückung ihrer Empörung abnahmen,
um es an Kleruchen zu geben, wurde der zehnte Theil für die
Götter ausgesondert;[2] auf der Stätte des zerstörten Plataeae bauten die Thebaner bei dem Heratempel ein zur Aufnahme von
Fremden bestimmtes Haus, das sie der Göttin weihten.[3] Aus
dem Zehnten der Beute, welche die griechischen Söldner des
Kyros auf ihrem Rückzuge gemacht hatten, kaufte Xenophon
der Artemis in Skillus ein Grundstück, das sowohl bebautes Land
als Weideplätze enthielt.[4] Alle derartigen Besitzungen des Staates, der Körperschaften und Heiligthümer pflegten, so weit sie
nicht zum unmittelbaren Gebrauch des Eigenthümers bestimmt
oder von jeder Benutzung ausgeschlossen waren, verpachtet zu
werden;[5] die Verwaltung aber fiel besonders dazu bestimmten
Beamten oder Behörden zu.

τιμον, ἐξ ὧν μισθουμένων αἱ εἰς τὰς θυσίας ἐγίνοντο δαπάναι. Vgl.
Xenoph. Anab. V, 3, 13 ἱερὸς ὁ χῶρος τῆς Ἀρτέμιδος· τὸν ἔχοντα καὶ
καρπούμενον τὴν μὲν δεκάτην καταθύειν ἑκάστου ἔτους, ἐκ δὲ τοῦ περιτ-
τοῦ τὸν ναὸν ἐπισκευάζειν. Plutarch Nikias 3.

1) Aeschin. geg. Ktesiphon 108.
2) Thukydid. III, 50.
3) Thukydid. III, 68.
4) Xenophon Anab. V, 3, 7 ff.
5) Xenophon v. d. Eink. 4, 19 μισθοῦνται γοῦν καὶ τεμένη καὶ
ἱερὰ καὶ οἰκίας — παρὰ τῆς πόλεως. Demosth. geg. Makart. 58. Thukydid. V, 53. Bei Demosth. geg. Eubul. 63 geschieht das Einziehen des

Eine besondere Aufsicht über den Grundbesitz der Privatleute scheint von Seiten des Staates nur da geführt worden zu
sein, wo die Verfassung in der oben besprochenen Weise die
Erhaltung einer bestimmten Vertheilung des Landes forderte;
auch von anderweitigen beschränkenden Bestimmungen, so weit
dieselben nicht privatrechtliche Verhältnisse oder das Erbrecht
betreffen, finden wir nichts erwähnt. Dagegen ist es selbstverständlich, dass die Gesetzgebungen überall zum Schutze des
Eigenthums eintraten. Wo die Ländereien nicht Gemeingut,
sondern Besitzthum der einzelnen Personen waren, war es nicht
allein nothwendig, die einzelnen Grundstücke abzugränzen, sondern auch für die sichere Erhaltung der Gränzen zu sorgen. In
letzterer Hinsicht hatte man nicht allein Behörden,[1] welche
darauf zu sehen hatten, dass die Gränzen nicht verrückt wurden,
sondern es standen sogar die Gränzsteine, von deren Anwendung sich schon bei Homer[2] ein Beispiel findet, unter dem
Schutze der Gottheit.[3] Bei der Anstellung der die Landwirthschaft betreffenden Gesetze sagt Platon:[4] „Das erste Gesetz soll
folgendes des gränzenbeschützenden Zeus sein: niemand soll die
Gränzen des Landes verrücken, weder eines Mitbürgers, der
sein Nachbar ist, noch eines Fremden, an dessen Besitz der
seine auf den Gränzen des Landes stösst; sondern es möge jeder
eher den grössten Felsen von seiner Stelle rücken wollen, als
einen kleinen Stein, der die Gränze gegen Freundes- oder Feindesland bezeichnet und unter der Obhut der Götter steht." Diese
Ansicht aber war gewiss überall in Griechenland die geltende,
und die Uebertretung der auf derselben beruhenden Gesetze ein
Vergehen gegen den Staat und die Götter zugleich. In den verschiedenen Gesetzgebungen mag es mancherlei die Gränzen betreffende Bestimmungen gegeben haben, welche verhindern sollten,

---

Pachtsinses durch den Gaurorsteher. Vgl. Corpus Inscrr. Gr. III nr. 5774
und im Allgemeinen Böckh Staatsh. I S. 415.

   1) Aristot. Polit. VI, 8 S. 210, 23. Vgl. Etymol. Magn. S. 832, 31.
ὁρισταί, welche sich Corp. Inscr. III nr. 5774 Z. 3 finden.

   2) Ilias ψ, 405.

   3) S. Hermann de terminis eorumque religione apud Graecos.

   4) Gesetze VIII S. 842°.

dass auf irgend eine Weise ein Grundstück durch den Nachbarn beeinträchtigt würde. So war vom Solon[1] bestimmt worden, dass Feigen- und Oelbäume mindestens neun, andere Gewächse fünf Fuss von der Gränze gepflanzt werden sollten, um nicht den Pflanzungen des Nachbarn durch die Wurzeln oder auf andere Weise zu schaden; bei der Anlage von Gruben und Gräben sollte man von der Gränze so weit entfernt bleiben, als ihre Tiefe betrüge; Bienenstöcke durften nur in einer Entfernung von mindestens dreihundert Fuss von den etwa schon vorhandenen des Nachbarn aufgestellt werden.

Aufzeichnungen von Staatswegen, durch welche die Eigenthumsverhältnisse für Grund und Boden festgestellt wurden, wie Landbücher, Grundkataster,[2] sind in der Regel nur angelegt worden, wo der Grundbesitz als Grundlage zu Leistungen der Eigenthümer für den Staat oder zur Abgränzung der politischen Rechte angesehen wurde; Aufzeichnungen mit dem Charakter von Hypothekenbüchern hat es an einzelnen Orten, z. B. in Chios gegeben.[3] Dass Platon in seinen Gesetzen die Führung solcher Listen verlangt, ist bereits früher bemerkt worden, namentlich auch, dass in denselben die bewegliche Habe ebenfalls aufgezeichnet werden sollte, und in Wirklichkeit sind zum Zweck der Besteuerung des Vermögens in Athen dergleichen Vermögenslisten seit der Schatzung des Nausinikos 377 v. Chr. geführt worden,[4] während Grundkataster wohl schon seit der Klasseneintheilung Solons im Gebrauch gewesen sein müssen.

Von sonstigen Beschränkungen, welche im Betreff des Grundbesitzes der Staat seinen Bürgern auferlegte, ist noch der im

---

1) Plutarch Solon 23.

2) Solche Aufzeichnungen hiessen ἀπογραφαί oder διαγράμματα. Harpokrat. δήμαρχος: οὗτοι δὲ τὰς ἀπογραφὰς ἐποιοῦντο τῶν (ἐν) ἑκάστῳ δήμῳ χωρίων, ebenso Schol. zu Aristoph. Wolken 37. Vgl Suidas u. δήμαρχος. Bekker Anecdd. Gr. S. 236, 8 διάγραμμα: τὸ σύντίμημα τῆς οὐσίας διάγραμμα ἐκαλεῖτο, ἐν ᾧ ἐπεγέγραπτο τί ἕκαστος ἔχει.

3) Theophrast bei Stob. Florll. XLIV, 22 παρ' οἷς γὰρ ἀναγραφὴ τῶν κτημάτων ἐπὶ καὶ τῶν συμβολαίων, ἐξ ἐκείνων ἔστι μαθεῖν εἰ ἐλεύθερα καὶ ἀνέπαφα καὶ τὰ αὑτοῦ πωλεῖ δικαίως· εὐθὺς γὰρ καὶ μετεγγράφει ἡ ἀρχὴ τὸν ἐωνημένον. Aristot. Oekon. II 8. 1347b, 25.

4) Vgl. Böckh Staatsh. I S. 665 ff.

J. 378 v. Chr. von den Athenern gefasste Beschluss[1] zu erwähnen, welcher dem Staate sowohl wie den einzelnen Bürgern verbot, im Gebiete der Bundesgenossen Häuser oder Landgüter zu besitzen oder als Hypothek anzunehmen, ein Beschluss, welcher bei der Neubildung einer athenischen Bundesgenossenschaft der Besorgniss vor einer Erneuerung des früheren Kleruchienwesens entgegentreten sollte, während zu gleicher Zeit alle Besitzungen, welche der Staat oder Privatleute von früherher in jenen Ländern hatten, herausgegeben wurden.

Von den Uebertragungen des Grundbesitzes durch Kauf u. s. w., so wie von der Verpfändung desselben wird weiter unten in einem anderen Zusammenhange zu handeln sein, dagegen mögen hier noch einige Bemerkungen über Reallasten folgen, welche auf den Grundstücken hafteten. Was zunächst die Erhebung von regelmässigen Steuern nach dem Werthe der Grundstücke oder nach deren Ertrage betrifft, so war dieselbe in den griechischen Freistaaten nirgends zu finden und schien mit den Grundsätzen derselben so wenig vereinbar, dass sie vielmehr als eine Eigenthümlichkeit des satrapischen Regimentes bezeichnet wird.[2] Unter der Herrschaft der Tyrannen mag eine solche Besteuerung wohl bisweilen vorgekommen sein, wenigstens hören wir, dass Peisistratos in Athen den Zehnten von dem Ertrage des Landes einzog, eine Steuer, die von seinen Nachfolgern auf den Zwanzigsten herabgesetzt wurde.[3] Dagegen scheint

---

1) Inschrift bei Rangabé Antiq. hellén. II S. 40. Ἀπὸ δὲ Ναυσινίκου ἄρχοντος μὴ ἐξεῖναι μήτε ἰδίᾳ μήτε δημοσίᾳ Ἀθηναίων μηδενὶ ἐγκτήσασθαι ἐν ταῖς τῶν συμμάχων χώραις μήτε οἰκίαν μήτε χωρίον μήτε πριάμενον μήτε ὑποθεμένῳ μήτε ἄλλῳ τρόπῳ μηδενί. Vgl. Diodor XV, 29 νόμον ἔθετο μηδένα τῶν Ἀθηναίων γεωργεῖν ἐκτὸς τῆς Ἀττικῆς. Rangabé a. a. O. S. 373 τοῖς δὲ ποιησαμένοις συμμαχίαν πρὸς Ἀθηναίους καὶ τοῖς συμμάχοις ἀφεῖται τὸν δῆμον τὰ ἐγκτήματα ὁπόσ’ ἂν τυγχάνῃ ὄντα ἢ ἴδια ἢ δημόσια Ἀθηναίων ἐν τῇ χώρᾳ τῶν ποιησαμένων τὴν συμμαχίαν καὶ τοὺς ἔχοντας πίστιν δοῖναι Ἀθηναίοις.

2) Aristot. Oekon. II S. 1345ᵇ, 31. αὐτῶν δὲ τούτων πρώτη μὲν καὶ κρατίστη (näml. οἰκονομικὴ σατραπικὴ) ἡ ἀπὸ τῆς γῆς, αὕτη δ’ ἐστὶν ἣν οἱ μὲν ἐκφόριον οἱ δὲ δεκάτην προσαγορεύουσιν. Vgl. Bekker Anecdd. Gr. S. 247, 8 τὰ ἐκφόρια τῆς γῆς τὸν καρπόν.

3) Thukydid. VI, 54. Diogen. Laert. I, 53.

es vorgekommen zu sein, dass einzelne Grundstücke zu einer
Abgabe an den Staat verpflichtet waren,[1] vielleicht weil sie unter
einer solchen Bedingung aus dem Besitz des Staates in den
einer Privatperson übergegangen waren. Eine Zinspflichtigkeit,
welche einzelne Grundstücke oder die Landgebiete ganzer Staaten gegen gewisse Heiligthümer[2] gehabt hätten, lässt sich mehr
vermuthen als sicher nachweisen, wofern dieselbe nicht auf einer
Art von Pachtverhältniss beruhte. Ein hierhergehöriges Beispiel
würde der Beschluss liefern, welchen beim Anrücken des Xerxes die Griechen fassten, alle Staaten, welche sich freiwillig
den Persern anschlössen, dem delphischen Gotte zu zehnten,[3]
wenn sich der letzte Ausdruck mit Sicherheit dahin deuten liesse,
dass die betreffenden Landgebiete dem Gotte zehntpflichtig werden sollten. Eine eigenthümliche Last bildeten in Attika die
heiligen Oelbäume, welche sich auf einzelnen Privatgrundstücken
befanden, und deren Ertrag dem Staate zu gewissen gottesdienstlichen Zwecken zufiel; dem Eigenthümer des Grundstückes stand
keinerlei Verfügung über diese Bäume zu, ja er musste das
Land in einem bestimmten Umkreise um dieselben unbenutzt
lassen, um ihr Gedeihen nicht zu beeinträchtigen.[4]

1) In dem Volksbeschluss Corp. Inscr. Gr. nr. 76 findet sich unter
den Geldern, die an die Götter zurückgezahlt werden sollen τὰ ἐκ τῆς
διαιτῆς, ἱατιδὰν πρασῇ. Böckh Staatsh. II S. 52 vermuthet, dass dies
ein Zehnter von gewissen Grundstücken sei, die der Staat gegen einen
solchen in Besitz gegeben. Vgl. I S. 415.

2) Aus Kallimach. Hymn. auf Delos 278 ἀλλά τοι ἀμφιετεῖς δεκα-
τηφόροι αἴεν ἀπαρχαὶ πέμπονται nahm Spanheim z. d. Stelle eine Zehnt-
pflichtigkeit der umliegenden Kykladen gegen das Delische Heiligthum an.
Vgl. Corsini Notae Graecorum diss. VI S. CXVI. Böckh Staatsh. I S. 444.
Allein gerade das Wort ἀπαρχαί lässt eher an ein Darbringen von Erst-
lingen der Früchte, als an einen Zehnten von dem ganzen Ertrage denken; ohnehin ist nicht nachzuweisen, wie weit dies als Verpflichtung anzusehen ist. Vgl. Strabo X S. 485.

3) Herodot VII, 132 ὅσοι τῷ Πέρσῃ ἴδοσαν σφέας αὐτοὺς Ἕλληνες ἐόντες, μὴ ἀναγκασθέντες — τούτους δεκατεῦσαι τῷ ἐν Δελφοῖσι
θεῷ. Xenophon. Hellen. VI, 3, 9. Lykurg. geg. Leokr. 81. Polyb. IX, 39.
Diodor XI, 3. Die im Texte gegebene Auslegung bei Böckh Staatsh. I
S. 444. Vgl. Bähr zu Herodot a. a. O.

4) S. des Lysias Rede περὶ τοῦ σηκοῦ.

Eine andere Art der Belastung des Grundbesitzes findet in dem Falle statt, dass ein Grundstück in Erbpacht gegeben wird, so dass der eigentliche Besitz an den Pächter übergeht, jedoch bestimmte Abgaben an den ursprünglichen Besitzer gezahlt werden müssen. Dahin gehende Verträge scheinen vorzüglich von Seiten der Staaten, Corporationen und Heiligthümer, jedoch auch zuweilen von Privatleuten abgeschlossen worden zu sein;[1] doch fehlt es uns an einer genaueren Kenntniss der betreffenden rechtlichen Verhältnisse. Eine uns erhaltene Urkunde, welche die öffentlich aufgestellte Ausfertigung eines solchen Erbpachtsvertrages bildet, unterscheidet sich ihrem Inhalte nach von anderen Pachtverträgen nur dadurch, dass für die Pachtzeit eine unbegränzte Dauer festgesetzt und das Grundstück dem Pächter und dessen Nachkommen gewährleistet wird.[2]

---

1) Bei Aristot. Oekon. II S. 1346ᵇ, 13 *Πριάμενοι δεηθέντες χρημάτων τὰ τεμένη τὰ δημόσια ἀπέδοντο, τὰ μὲν κάρπιμα χρόνον τινά, τὰ δ' ἄκαρπα ἀεννάως* kann das letztere möglicher Weise von Erbpacht verstanden werden. In einer Inschrift von Mylasa im Corp. Inscr. II nr. 2693ᵇ findet sich eine Urkunde, nach welcher Grundstücke im Werthe von 7000 Drachmen an ein Heiligthum verkauft und von dem früheren Besitzer gegen einen jährlichen Zins von 300 Drachmen in Pacht genommen werden. Böckh erklärt dies als einen Erbpachtsvertrag, ebenso wie einen anderen von Grynéion im Corp. Inscr. II nr. 3561, wonach ein gewisser Krateas einem Aristomenes ein Grundstück zur Anlage eines Gartens gegen einen jährlichen Zins von hundert Goldstücken giebt (*δίδωσι*). In beiden Fällen ist der Zins durch *φόρος* bezeichnet. Freilich fehlen in beiden Verträgen Bestimmungen über das Besitzverhältniss, namentlich die wesentliche Folgerung, dass der Pächter das Grundstück durch Verkauf oder Vererbung an einen andern übertragen dürfe.

2) Inschrift aus dem Peiraeeus veröffentlicht von Wescher in der Revue archéol. 1860 Bd. 14 S. 352 ff. Es verpachten danach eine Anzahl namhaft gemachter und als *Ἀισθρίται οἱ μερίται* bezeichneter Personen einem gewissen Euthrates eine im Peiraeeus belegene Werkstatte mit Zubehör auf ewige Zeiten: *Κατὰ τάδε ἐμίσθωσαν Ἀντίμαχος u. s. w. Εὐθρίων οἱ μερίται τὸ ἐργαστήριον τὸ ἐν Πειραεῖ καὶ τὴν οἴκησιν τὴν προσοῦσαν αὐτῷ καὶ τὸ οἰκημάτιον τὸ ἐπὶ τοῦ κοπρῶνος εἰς τὸν ἅπαντα χρόνον Εὐθράτει.* Vgl. Z. 23 *βεβαιοῦν δὲ τὴν μίσθωσιν Κυθηρίων τοῖς μερίταις Εὐθράτει καὶ τοῖς ἐγγόνοις αὐτοῦ.* Die *μερίται* sind wahrscheinlich die Vertreter einer öffentlichen, dem Demos Kytheroi angehörigen Corporation. Die Inschrift gehört dem Anfange des dritten Jahrh. v. Chr. an.

Die Grundstücke lassen sich, soweit dieselben ertragsfähig sind, in solche scheiden, welche von Baulichkeiten eingenommen werden, und solche, welche zur Gewinnung von Naturprodukten dienen;[1] die letztere Klasse umfasst wiederum sowohl diejenigen Grundstücke, aus welchen die unmittelbar vorhandenen oder sich selbst ergänzenden Naturprodukte entnommen werden, wie Forsten, Weideplätze, Wiesen, Bergwerke, Steinbrüche u. dergl., als auch diejenigen, auf welchen die Erzeugung der Naturprodukte durch menschliche Thätigkeit hervorgerufen und gefördert wird. Dieses letztgenannte zum Anbau bestimmte Land pflegten die Griechen in kahles und bepflanztes zu theilen,[2] so dass sie unter dem ersteren Ackerland, auf welchem Getreide gewonnen wurde, unter dem letzteren solches verstanden, das mit Fruchtbäumen, Weinstöcken, Gemüsen, Blumen u. dergl. bepflanzt war. Ein bestimmtes Grössenverhältniss dieser beiden Arten von bebautem Lande lässt sich nicht ermitteln; jedoch obgleich je nach der natürlichen Beschaffenheit des Landes dieses Verhältniss in den verschiedenen Gegenden Griechenlands sehr verschieden sein mochte, so lässt sich doch annehmen, dass die Pflanzungen einen beträchtlichen Theil des cultivierten Landes eingenommen haben, da namentlich der Weinbau fast überall in Griechenland ausserordentlich verbreitet war. Die meisten Gartenanlagen fand man in der Umgegend von Theben, wie überhaupt Bocotien vielerlei Gemüse und andere Küchengewächse

---

1) Aristot. Oekon. II S. 1346ᵇ, 14 werden die Grundstücke in κάρπιμα und ἄκαρπα geschieden.

2) γῆ ψιλή und πεφυτευμένη. Etymol. M. S. 818, 38 ψιλήν ἄρουραν, τὴν ἀδένδρον χώραν, τὴν πρὸς τὸ σπείρεσθαι καὶ ἀροῦσθαι ἐπιτηδείαν. Aristot. Polit. I, 4 S. 20. περὶ γεωργίας, καὶ ταύτης ἤδη ψιλῆς τε καὶ πεφυτευμένης. Demosth. gegen Leptin. 115 ἑκατὸν μὲν πλέθρα γῆς πεφυτευμένης ἴδωσαν, ἑκατὸν δὲ ψιλῆς. Lysias περὶ τοῦ σηκοῦ 7. Vgl. Xenoph. Oekon. 19, 1; Homer Ilias ι, 578 ff. τέμενος — τὸ μὲν ἥμισυ οἰνοπέδοιο, ἥμισυ δὲ ψιλὴν ἄροσιν πεδίοιο, wie auch in einer kerkyräischen Inschrift im Corp. Inscr. II nr. 1840 ψιλά den Weinpflanzungen entgegen gesetzt sind. Ilias ξ, 122 ἅλις δέ οἱ ἦσαν ἄρουραι πυρηφόροι, πολλοὶ δὲ φυτῶν ἔσαν ὄρχατοι ἀμφίς. μ, 314 τέμενος καλὸν φυταλιῆς καὶ ἀρούρης πυρηφόροιο.

lieferte;[1] die Umgebung von Sikyon war ebenfalls reich an G. -
ten, von deren Produkten besonders die Oliven gerühmt werden [2]
zahlreiche Gärten werden auch bei Pherae in Thessalien erwähn [3]
Auf den Inseln muss der Gartenbau mit grossem Fleisse betr -
ben worden sein. Bei allen diesen Gartenanlagen aber scho t
das Augenmerk fast ausschliesslich auf den Ertrag gerichtet gew -
sen zu sein,[4] während Gärten, welche nur zum Vergnügen d s
Besitzers gehalten und gepflegt worden wären, kaum erwäh t
werden, wenn man etwa von den dichterischen Darstellunge ,
welche Homer[5] in der Beschreibung von den Gärten der Kalyp o
und des Alkinoos giebt, absehen will. An den Wohnhäusern n
den Städten scheinen sich nur selten Gärten befunden zu habe ,
da wohl meistentheils der von einer Mauer umschlossene Rau n

1) Dikaearch I, 13. κηπεύματα ἔχουσα πλείστα τῶν ἐν τῇ Ἑλλάδι
πόλεων. 21. ἔτι δ᾽ εὐήετμός ἐστι καὶ χλοερὰ ἔχουσα τὴν πρόσοψιν,
ἐχόπωρος τε καὶ τοῖς θεωροῖς ὠφέλος δηθόσης. Vgl. Aristoph. Acharn.
874 ff.; Athen. I 8. 4[a]; Theophrast Pflanzengesch. VII, 4, 2 u. 6.

2) Ovid Ibis 319 olivifera Sicyon; ex Ponto IV, 5. 10; Vergil. Georg.
II, 519 Sicyonia baca; Stat. Theb. IV, 30. Vgl. Dioskorid. I, 33; Diodor XX, 102; Plutarch Arat. 7.

3) Polyb. XVIII, 3.

4) St. John The Hellenes II S. 301 ff. Becker Charikl. I S. 348 ff.
Hermann Gr. Privatalterth. §. 15, 14. Man wird im Allgemeinen Becker
beistimmen müssen, welcher der Kunstgärtnerei bei den Griechen eine
niedere Stufe anweist; denn wenn man auch nach dem Charakter der
Griechen keine ins Einzelne gehende Beschreibung von Kunstgärten, die
etwa vorhanden gewesen, erwarten wird, so muss doch der Mangel jegli-
cher Erwähnung von solchen auffallen. Man könnte allenfalls die von
Hermann nicht benutzte Stelle Thukyd. II, 62 in Betracht ziehen, wo
Perikles den über den Verlust ihrer Landgüter missmuthigen Athenern
sagt: οἱ κατὰ τὴν τῶν οἰκιῶν καὶ τῆς γῆς χρείαν, ὧν μεγάλων νομίζετε ἐστερῆσθαι, αὕτη ἡ δύναμις φαίνεται, οὐδ᾽ εἰκὸς χαλεπῶς φέρειν
αὐτῶν μᾶλλον ἢ οὐ κηπίον καὶ ἐγκαλλώπισμα πλούτου πρὸς ταύτην
νομίσαντας ὀλιγωρῆσαι, wenngleich nach Eustath. zu Hom. II. ρ S. 907,
Photios κῆπος u. Lukian Lexiphan. 5 unter κηπίον oder κῆπος auch ein
Haarputz verstanden wurde, dessen Erwähnung hier kaum am Orte sein
kann. Die κῆποι νεοῦντες bei Aristoph. Vögel 1067, auf welche Hermann
grosses Gewicht legt, können wie auch die φοδωνιά φλαστάνουσα bei
Demosth. geg. Nikostr. 16 recht wohl nutzbare Gärten sein.

5) Homer Odyss. η, 112 ff.; ε. 68 ff. Vgl. Böttiger Racemationen
zur Gartenkunst der Alten, in seinen kleinen Schr. III, S. 157 ff.

der Stadt nicht allzusehr ausgedehnt werden durfte; in Athen
soll Epikuros der erste gewesen sein,[1] der eine solche Anlage
machte, allein wir finden schon etwas früher von dem Redner
Isaeos[2] einen Garten in der Stadt bei einem Wohnhause erwähnt.
In späterer Zeit wird ein Ort im südöstlichen Theile von Athen
mit dem Namen Kepoi (Gärten)[3] angeführt, der auf dort befindliche umfangreichere Gartenanlagen schliessen lässt.

Wiesen konnte es in Griechenland bei den überall vorherr-
schenden Gebirgen und der schwachen Bewässerung nur wenige
geben, die sich namentlich in den Ebenen von Messenien[4] und
Boeotien, auf Euboea und in Thessalien fanden; in den meisten
Gegenden aber bildeten Bergtriften, Waldungen und steinige
Flächen die Weideplätze für die Heerden.[5] Leider fehlt es
uns an allen Nachrichten darüber, wie weit dergleichen Liegenschaften Eigenthum einzelner Personen oder des Staates und der
Gemeinden waren, und unter welchen Bedingungen in dem letzteren Falle dieselben zur Benutzung gestellt wurden. In einer
Inschrift des boeotischen Orchomenos[6] findet sich ein Gemeinde-

1) Plinius Naturgesch. XIX, 19 §. 51. Jam quidem hortorum nomine
in urbe delicias, agros villasque possident. Primus hoc instituit Athenis
Epicurus oti magister; usque ad eum moris non fuerat in oppidis habi-
tari rura.

2) Isaeos v. Dikaeog. Erbsch. 11. τὸν κῆπον ἐποιήσατο πρὸς τῇ
αὑτοῦ οἰκίᾳ τῇ ἐν ἄστει. Vgl. (Demosth.) geg. Euerg. u. Mnes. 53.
Corp. Interr. I nr. 469. Bekker Anecdd. Gr. S. 32, 2 γήπεδα δὲ τὰ ἐν
ταῖς πόλεσι προκείμενα, οἶον κηπία. Ebenso Eustath. zu Ilias δ, 2
S. 436, 41, wo genauer προκείμενον οἰκίας steht, und Steph. Byz. unter
Γῆ, wo προκείμενον ταῖς οἰκίαις κηπίον.

3) Pausan. I, 19, 2.

4) Strabo VIII S. 366 und dort Euripides: καλλίκαρπον κατάρ-
ρυτόν τι μυρίαισι νάμασι, καὶ βουσὶ καὶ ποίμναισιν εὐβοτωτάτην.
Euboea Dio Chrys. VIII, 15.

5) In Attika waren solche steinige Ebenen die sogenannten φελλεῖς.
Isaeos v. Kirons Erbsch. 42. Platon Kritias S. 111c, wozu die Scholien:
φελλεῖς τόπος σκληρὸς ποσῶς καὶ πετρώδης, συνεργὴς δέ. Harpokrat.
Φελλία: τὰ πετρώδη καὶ αἰγίβοτα χωρία φελλέας ἐκάλουν. Etymol.
M. S. 790, 13. Aristoph. Wolk. 71. ὅταν μὲν οὖν τὰς αἶγας ἐκ τοῦ
φελλέως (ἐλαύνω) Vgl. die Scholien zu der Stelle.

6) Corpus Inscr. nr. 1569a III. Der Pächter des Weidegeldes heisst
νομώνας, das Pachtgeld für die Hütung ἐννόμιον, ein Ausdruck, der

beschluss, durch welchen einem Gläubiger der Gemeinde das
Hütungsrecht für zweihundert und zwanzig Pferde und Rinder,
und für tausend Ziegen und Schafe auf vier Jahre überlassen
wird, ebendort wird auch ein Pächter des Weidegeldes genannt,
so dass man ersehen kann, dass die Orchomenier umfangreiche
Ländereien als Gemeindegut besessen haben, welche als Weide
verpachtet wurden, jedoch lässt sich weder erkennen, welcher
Art diese Länder gewesen, noch wie hoch die etwa zu leistende
Abgabe bemessen worden ist.

An Waldungen ist Griechenland namentlich in der älteren
Zeit reich gewesen, und die Gebirge in Mittelgriechenland [1]
sowohl, als auch namentlich von Arkadien hatten auch noch später einen ansehnlichen Holzreichthum, aber man scheint nicht
eben schonend mit diesem Reichthum umgegangen zu sein.
In Kypros soll man einst, um die selbst in den Ebenen übermässigen Waldungen zu verringern, jedem gestattet haben, das
Land als Eigenthum zu behalten, von dem er den Wald aus-
roden würde; [2] in Attika lieferten schon im fünften Jahrhundert
v. Chr. die Waldungen nicht mehr das im Lande erforderliche
Bauholz und Schiffsbauholz, und in der folgenden Zeit müssen
die Forsten noch mehr gelichtet worden sein, so dass Sulla bei
der Belagerung von Athen selbst die heiligen Haine und die
Baumpflanzungen der Akademie und des Lykeion niederschlagen
liess, weil es an Holz zu den Belagerungsmaschinen fehlte. [3]
Von Seiten der Gesetzgebung scheint nichts für die Schonung
der Forsten geschehen zu sein, denn wenn auch von Aristote-

---

auch in einer sehr verstümmelten Inschrift von Megalopolis nr. 1537
vorkommt. Bei Thukyd. V, 53 Ἐπιδαυρίοις καὶ Ἀργείοις πόλεμος ἐγίνετο, προφάσει μὲν περὶ τοῦ θύματος τοῦ Ἀπόλλωνος τοῦ Πυθαίως,
ὃ δέον ἀπαγαγεῖν οὐκ ἀπέπεμπον ὑπὲρ βοταρίων Ἐπιδαύριοι ist die
Lesart ὑπὲρ βοταρίων, wofür auch ὑπὲρ παρμονόππων überliefert ist,
zu unsicher, um die Stelle benutzen zu können.

1) S. Theophrast Pflanzengesch. V, 2, 1; vom Pelion Dikaearch
II, 2.

2) Strabo XIV S. 684.

3) Platon Kritias S. 111ᵉ; Gesetze IV S. 706ᵇ. Einen grossen
Theil ihres Schiffbauholzes bezogen die Athener vom Pontos und aus
Makedonien. — Plutarch Sulla 12.

los[1] unter den einem Staate nothwendigen Beamten Waldaufseher genannt worden, so lässt sich doch annehmen, dass die Thätigkeit dieser Leute sich nur auf die Forsten beschränkte, welche Eigenthum des Staates waren. Ueber die Besitzverhältnisse ist auch in Betreff der Forsten nichts näheres bekannt. Immerhin mochte ein grosser Theil Staatseigenthum sein; doch finden wir in der dem Demosthenes beigelegten Rede gegen den Phaenippos auch[2] ein Beispiel von einem Privatmann, der einen Forst von einer solchen Ausdehnung besass, dass er Jahr aus Jahr ein sechs Esel zum Transport des geschlagenen Holzes verwendete.

Wir wenden uns nun zu den Baulichkeiten in Stadt und Land. Nach der den Griechen durchweg eigenthümlichen Lebensweise, welche dem Bürger seine Thätigkeit mehr in der Oeffentlichkeit als im Hause zuwies, galt das Haus mehr als geschlossener Raum für die Aufbewahrung der fahrenden Habe, für die Verrichtung der zum Haushalte nothwendigen Hantierungen und für einen vorübergehenden Aufenthalt, wenigstens für den Mann, als dass es auf ein beständiges Leben in demselben berechnet gewesen wäre. Dasjenige Haus, sagt Xenophon,[3] möchte billigerweise das angenehmste und schönste sein, in welchem man zu jeder Jahreszeit die angenehmste Zuflucht finden und sein Eigenthum am sichersten aufbewahren kann, und an einer anderen Stelle bemerkt er, die Wohnungen seien mit Rücksicht darauf gebaut, dass sie die zuträglichsten Gefässe für die seien, welche darin wohnen sollen. Nach diesen Gesichtspunkten gestalten sich alle hierher gehörigen Einzelheiten. Zu der Bequemlichkeit, welche das Haus bieten soll, gehört es zunächst, dass der Besitzer die Benutzung desselben mit keiner zweiten Familie zu theilen brauche. Für die älteste uns bekannte Zeit lässt sich nun mit Sicherheit annehmen, dass jede Familie im Besitze eines eigenen Hauses gewesen sei,[4] denn selbst noch

1) Aristot. Polit. VI, 5 S. 311.
2) § 7.
3) Xenoph. Denkwürd. III, 8, 10; Oekon. 9, 2.
4) Hesiod Werke und Tage 405 οἶκον μὲν πρώτιστα bezeichnet das Haus als das erste Stück einer eigenen Wirthschaft.

später wird der Begriff hauslos parallel mit heimatlos gebraucht,[1] und Haus bedeutet überhaupt dem Griechen so viel als Familie. Von der Ackerbau treibenden Bevölkerung versteht es sich ohnehin von selbst, dass jede selbständige Familie auf ihrem Landbesitze auch ein Wohnhaus hatte, aber auch von der städtischen Bevölkerung wird, soweit sie aus Bürgern bestand, etwa mit Ausnahme der allerärmsten, angenommen werden dürfen, dass sie in eignen Häusern wohnte. So giebt z. B. Sokrates bei Xenophon[2] den Werth seiner ganzen Habe auf fünf Minen, ungefähr hundert fünf und zwanzig Thaler an, und doch befand sich unter diesem so geringen Besitze ein Haus; in einer pseudo-demosthenischen Rede[3] wird ein gewisser Stephanos erwähnt, der nichts als ein Häuschen im Werthe von sieben Minen im Vermögen hat. In Athen gab es um 400 v. Chr. mehr als zehntausend Häuser,[4] während die Zahl der Bürger in Attika damals etwa zwanzigtausend betrug. Wenn man annehmen darf, dass von diesen schwerlich mehr als die Hälfte ihren Wohnsitz in der Hauptstadt hatte, und wenn man von der angegebenen Zahl der Gebäude diejenigen abrechnet, welche nicht als Wohnungen, sondern zu anderen Zwecken, z. B. als Werkstätten, Fabriken u. s. w. benutzt wurden oder an Nichtbürger vermiethet waren, so muss sich immerhin ein günstiges Ergebniss insofern herausstellen, als die Zahl der Häuser, in welchen mehr als eine Bürgerfamilie wohnte, nicht bedeutend gewesen sein kann. Der Besitz eines Hauses wurde aber selbst den weniger Bemittelten dadurch ermöglicht, dass die Preise der Häuser, wie wir weiterhin genauer sehen werden, nicht hoch waren, da die gewöhnlichen Wohnhäuser keinen grossen und theuern Bauplatz beanspruchten, die Baumaterialien aber nicht sehr hoch im Preise stehen konnten. Denn das Fundament und der untere Theil des Hauses waren gewöhnlich aus Bruchsteinen, der obere

---

1) Platon Gastm. S. 203ᵈ; Sophokl. Trachin. 300 ἐπὶ ξένης χώρης ναίους ἀπάτορίς τ' ἀλωμένας.

2) Oekon. 2, 3.

3) (Demosth.) geg. Neaera 39.

4) Xenoph. Denkwürd. III, 6, 14. Platon Kritias S. 112ᵈ.

Bau von Fachwerk mit gebrannten oder an der Luft getrockneten Ziegeln aufgeführt,[1] und diese Materialien waren fast überall in nächster Nähe vorhanden und ohne grosse Schwierigkeiten zu beschaffen. Dazu kam noch, dass meistentheils die äussere und innere Ausstattung der Häuser, wenigstens in den Zeiten vor dem sittlichen Verfall der Griechen keineswegs glänzend war. Zur Errichtung von Prachtbauten konnte auch schon die ältere Art der Städteanlagen mit ihren winkligen und engen Gassen nicht einladen, und dass diese Art der Anlage in älterer Zeit die allgemein übliche war, zeigt Aristoteles,[2] welcher sie ausdrücklich der neuern Art entgegensetzt, wie sie zuerst durch Hippodamos von Milet beim Bau des Peiraeeus und der Stadt Rhodos zur Anwendung gebracht worden war, und deren Eigenthümlichkeit in der durchgehends geraden Richtung der Strassen lag. Von Athen wissen wir, dass es nach der Einäscherung durch die Perser in höchster Eile ohne bestimmten Plan wieder aufgebaut wurde[3] und daher auch für die Folgezeit unregelmässig in der Anlage blieb; Plataeae war so winklig gebaut, dass

---

1) Xenoph. Denkwürd. III, 1, 7 *ἐπειδὰν δὲ ταχθῇ πᾶσα μὲν καὶ ἐπισκολῆς τὰ μήτε σηπόμενα μήτε τηκόμενα, οἴ τε λίθοι καὶ ὁ κέραμος· ἐν μέσῳ δὲ αἴ τε πλίνθοι καὶ τὰ ξύλα, ὥσπερ ἐν οἰκοδομίᾳ τίθεται κτλ.* Bei Plutarch Gmia. der sieb. Weis. 12 heissen die Häuser *πήλιναι καὶ ξύλινα καὶ κεράμια στεγάσματα*. Demosth. bei Plutarch Demosth. 11. *τοὺς τοίχους πηλίνους ἔχομεν*. Plinius Naturgesch. XXXV, 49 §. 172 Graeci praeterquam ubi e silice fieri poterat structura, latericios parietes praetulere. Daher konnten auch die Plataeer mit Leichtigkeit die Brandmauern der Häuser durchbrechen, um sich unbemerkt von den in den Strassen befindlichen Feinden zu vereinigen. Thukyd. II, 3.

2) Aristot. Polit. VII, 10 S. 239 *ἡ δὲ τῶν ἰδίων οἰκήσεων διάθεσις ἡδίων μὲν συμβαίνει καὶ χρησιμωτέρα πρὸς τὰς ἄλλας πράξεις, ἂν εὔτομος· ᾗ καὶ κατὰ τὸν νεώτερον καὶ τὸν Ἱπποδάμειον τρόπον· πρὸς δὲ τὰς πολεμικὰς ἀσφαλείας τοὐναντίον, ὡς εἶχον κατὰ τὸν ἀρχαῖον τρόπον· δυσέξοδος γὰρ ἐκείνη τοῖς ξενικοῖς καὶ δυσεξερεύνητος τοῖς ἐπιτιθεμένοις.* Ueber des Hippodamos Anlage des Peiraeeus Aristot. Polit. II, 5 S. 48; vom Rhodos Strabo XIV S. 654.

3) Thukyd. I, 89; Plutarch Themist. 19. Dikaearch I, 1 in Müller fragm. histor. Gr. II S. 254 nennt Athen *κακῶς ἐρρυμοτομημένην διὰ τὴν ἀρχαιότητα*. Philostr. Leb. d. Apoll. v. Tyana II, 23 *ἡ πόλις — στάκτως τι καὶ Ἀττικῶς τοὺς στενωποὺς τέτμηται*.

die eingedrungenen Feinde trotz der geringen Ausdehnung der
Stadt sich in der Dunkelheit verirrten.[1] Wenn vollends in Theben vor jedem Hause ein Misthaufen zu finden war,[2] und dasselbe mag auch anderweitig, namentlich in den kleineren Land-
städten der Fall gewesen sein, so lassen sich daneben elegante
oder gar Prachtgebäude nicht wohl denken. Bei den Spartanern
hing die äusserste Kargheit auch in Rücksicht ihrer Wohnung
so mit dem ganzen Charakter ihrer Lebensweise zusammen, dass
Lykurgos es sogar verbieten konnte, zur Anfertigung der Decken
und Thüren ein anderes Werkzeug als Axt und Säge zu gebrauchen,[3] ja es scheint sogar, als ob bei dem Bau des Hauses
selbst nur unbehauene Baumstämme verwendet wurden,[4] und
dieser einfachen Weise blieben auch später Spartiaten von altem
Schrot und Korn, wie Agesilaus, treu.[5]

Aber auch in Athen konnte man noch in den Zeiten, in
welchen die Stadt mit den glänzendsten öffentlichen Bauwerken
geziert war, selbst im Besitz von Leuten, die sich durch ihre
Stellung und ihren Reichthum vor den anderen auszeichneten,
Häuser finden, welche sich von der grossen Masse nicht unterschieden.[6] Von einer Ausschmückung der Häuser, wie sie Homer[7]
mit poetischer Verschwendung den Palästen der Könige zu Theil
werden lässt, so dass dieselben von Erz, Silber, Gold, Elektron
und Elfenbein strahlen, findet sich in der historischen Zeit
nichts als höchstens eine vereinzelte Spur von der alterthümlichen

---

1) Thukyd. II, 4. Vgl. von Argos Plutarch Pyrrh. 32.

2) Eubulos bei Athen. XIV S. 417 d.

3) Plutarch Lykurg 13. Quaest. Rom. 87.

4) Plutarch Apophthegm. Lakon. 6 S. 227 c.

5) Xenoph. Agesil. 8, 7 εἰ δέ τις ταῦτα ἀπιστεῖ, ἰδέτω μὲν οἴν
οἰκία ἤρκει αὐτῷ, θεασάσθω δὲ τὰς θύρας αὐτοῦ· εἰκάσειε γὰρ ἄν
τις ἔτι ταύτας ἐκείνας εἶναι ἅσπερ Ἀριστόδημος ὁ Ἡρακλέους ὅτε
κατῆλθε λαβὼν ἐπεστήσατο. Plutarch Agesil. 19.

6) Demosth. Olynth. III, 26 ἰδίᾳ δὲ οὕτω σώφρονες ἦσαν καὶ σφόδρα ἐν τῷ τῆς πολιτείας ἤθει μένοντες, ὥστε τὴν Ἀριστείδου καὶ τὴν
Μιλτιάδου καὶ τῶν τότε λαμπρῶν οἰκίαν εἴ τις ἄρα οἶδεν ὑμῶν ὁποία
ποτ' ἐστίν, ὁρᾷ τῆς τοῦ γείτονος οὐδὲν σεμνοτέραν οὖσαν. Vgl. gegen
Aristokr. 207. Plutarch Phokion 18 gegen Ende.

7) Homer Odyss. δ. 72 ff., η, 85 ff.

Verzierung mit ehernen Plättchen.[1] Dass in späterer Zeit auf die
Ausschmückung der Häuser eine etwas grössere Sorgfalt verwendet wurde, ist theils aus dem Aufblühen der bildenden Kunst,
theils aus dem wachsenden Reichthum einzelner Leute zu erklären. Schon Xenophon[2] macht einmal die Bemerkung, dass
manche Leute viel Geld aufwendeten, um Häuser zu bauen, die
für den Gebrauch unzweckmässig wären, eine Bemerkung, die
eben nur auf eine zur praktischen Verwendung nutzlose Pracht
zu beziehen ist. Eben derselbe Schriftsteller[3] erwähnt auch
Malereien und andere Verzierungen in den Häusern, und dass
dergleichen Schmuck von den reicheren Leuten zur Anwendung
gebracht wurde, zeigt die bekannte Erzählung vom Alkibiades,[4]
der den Maler Agatharchos zwang sein Haus zu malen, obgleich
sich derselbe weigerte, weil er anderweite Verpflichtungen eingegangen war. Im folgenden Jahrhundert klagt Demosthenes[5]
darüber, dass Privatleute Gebäude aufführten prächtiger als die
vom Staat errichteten Bauwerke. In dem durch Handel reichen
und durch Industrie blühenden Korinth scheint Luxus in der
Ausschmückung der Häuser schon ziemlich früh getrieben worden
zu sein, wenigstens lässt dies die Erzählung vom älteren Leotychides, dem um 490 v. Chr. regierenden Spartanerkönige,
annehmen, der voll Verwunderung über die reiche getäfelte
Zimmerdecke, die er bei einem Gastfreunde in Korinth sah,
an diesen die Frage richtete, ob bei ihnen die Hölzer viereckig

---

1) Plutarch Phokion 18. ἡ δὲ οἰκία τοῦ Φωκίωνος ἔτι νῦν ἐν
Μελίτῃ δείκνυται χαλκαῖς λεπίσι κεκοσμημένη, τὰ δὲ ἄλλα λιτὴ καὶ
ἀφελής.

2) Xenophon. Oekon. 3, 1.

3) Xenoph. Denkwürd. III, 8, 10 γραφαὶ καὶ ποικιλίαι. Oekon.
9, 2 ποικίλματα, vgl. Platon Republ. II S. 373ᵃ. Die Bedeutung von
ποικιλίαι und ποικίλματα ist nicht sicher; an Tapeten, wie manche
glauben, ist wohl nicht zu denken.

4) Andokid. geg. Alkib. 17. Demosth. geg. Meidias 147. Plutarch
Alkib. 16.

5) Demosth. Olynth. III, 29; gegen Aristokr. 208. Vgl. geg. Meidias 158. οἰκίαν ᾠκοδόμησε Ἐλευσῖνι τοσαύτην ὥστε πᾶσιν ἐπισκοτεῖν
τοῖς ἐν τῷ τόπῳ. Dahin ist auch vielleicht der Thurm zu rechnen, den
Timotheos sich in Athen baute. Aristoph. Plut. 180 mit den Scholien.

wüchsen?[1] Von Tanagra wird als etwas besonderes die Sitte
erwähnt, die Aussenseite der Häuser mit Malereien zu
schmücken.[2] In Folge der Vorliebe für das Landleben,[3] welche
die Athener wenigstens in der älteren Zeit besassen, und welche
sie auch mit den Bürgern anderer griechischer Staaten theilten,
geschah es, dass in Attika vielfach die Landhäuser bequemer
und kostbarer eingerichtet waren, als die Häuser in der Stadt.[4]
Freilich mögen in späterer Zeit die veränderten Sitten auch
hierin manches geändert haben, doch nennt noch das angeblich
vom Dikaearch herrührende Bruchstück über das Leben der
Hellenen[5] den grössten Theil der Häuser in der Stadt Athen
gering und unbequem.

Die Häuser waren im Allgemeinen klein, meistens nur aus
einem Stockwerke bestehend, und auch wo ein zweites Stockwerk, das zuweilen erwähnt wird,[6] vorhanden war, mochte dasselbe nicht einmal überall über den ganzen Raum des unteren
Stockwerkes fort gebaut sein; noch höhere Häuser aber gehör-

— — —

1) Plutarch Apophthegm. Lakon. 8. 227*; Lykurg 13.

2) Dikaearch 1, 6 bei Müller fragm. hist. Gr. II S. 257. τοῖς δὲ
τῶν οἰκιῶν προθύροις καὶ ἐγκαύμασιν ἀνθηραποῖς κάλλιστα κατε-
σκευασμένη.

3) Thukyd. II, 14 χαλεπῶς δὲ αὐτοῖς διὰ τὸ ἀεὶ εἰωθέναι τοὺς
πολλοὺς ἐν τοῖς ἀγροῖς διαιτᾶσθαι ἡ ἀνάστασις ἐγίνετο. Polyb. IV,
73, 7 sagt von den Eleern: ἕως γὰρ αὐτῶν οὕτω στέργουσι τὸν ἐπὶ τῶν
ἀγρῶν βίον, ὥστε τινὰς ἐπὶ δύο καὶ τρεῖς γενεὰς ἔχοντες ἱκανὰς οὐσίας
μὴ παραβεβηκέναι τὸ παράπαν εἰς Ἠλείαν.

4) Thukyd. II, 65. Isokrat. Areopag. 52.

5) Dikaearch 1, 1 αἱ μὲν πολλαὶ τῶν οἰκιῶν τέτελεις, ὀλίγαι δὲ
χρήσιμοι.

6) Pollux I, 61 εἶτα ὑπερῷα οἰκήματα, τὰ δ' αὐτὰ καὶ διῆρες.
IV, 129 ἡ δὲ διστεγία τοτὲ μὲν ἐν οἴκῳ βασιλείῳ διῆρες δωμάτιον.
Etymol. M. S. 274, 36 διῆρες, ὁ ἐπερῷος οἶκος. Lysias von Eratosth.
Tödtung 9 οἰκίδιόν ἐστι μοι διπλοῦν, ἴσον ἔχον τὰ ἄνω τοῖς κάτω,
vgl. §. 22 ἐλθόντες οἴκαδε ὡς ἐμὲ ἀναράντες εἰς τὸ ὑπερῷον ἐδειπνοῦ-
μεν. Die Thebaner bauten aus den Materialien der zerstörten Stadt Plataeae
bei dem Heraetempel καταγώγιον διακοσίων ποδῶν, πανταχῇ κύκλῳ
οἰκήματα ἔχον κάτωθεν καὶ ἄνωθεν. Thukyd. III, 68. Vgl. Becker
Charikl. II S 103.

der Miethszins [1] gezahlt wurde, fehlt es an sicheren Zeugnissen; dass es gebräuchlich gewesen sei, denselben monatlich zu entrichten, lässt sich nur vermuthen, nicht nachweisen. [2] Wurde die Miethe nicht dem Vertrage gemäss gezahlt, so durfte der Eigenthümer den Miether ermittieren, jedoch ohne dabei, wie es scheint, auf Unterstützung von Seiten einer Behörde rechnen zu können, so dass er wohl selbst zu Gewaltmassregeln seine Zuflucht nehmen musste und die Thür des Hauses aushob, das Dach abdeckte oder den Brunnen verschloss, um den Miether zum Ausziehen zu zwingen. [3]

Der Miethszins ist nicht hoch gewesen, wenn man nach einem Falle auf die Allgemeinheit schliessen darf, [4] in welchem

derselben Person heisst: τὴν δ' ἄνθρωπον ταύτην καθίστησιν Εὐκτήμων ἐπιμελεῖσθαι τῆς ἐν Αἰγαρικῇ συνοικίας. Man würde demnach aus den angeführten Stellen drei Bedeutungen von συνάληρος annehmen müssen: den Herrn des Hauses, einen Pächter und einen Verwalter desselben.

1) Der Miethszins heisst ἐνοίκιον oder ναῦλον. Pollux I, 75 ἐνιοι ἐκάλεσαν τὸν ὑπὲρ τῆς καταγωγῆς μισθὸν ναῦλον, ὅπερ ἐνοίκιον οὐ παρὰ τοῖς πολλοῖς μόνον ἀλλὰ καὶ παρὰ τοῖς παλαιοῖς καλεῖται, παρὰ δὲ ἐνίοις καὶ στεγανόμιον. Vgl. X, 20. Bekker Anecdd. Gr. S. 302, 28 στεγανόμιον· ὁ φόρος ὁ διδόμενος τοῖς στεγανόμοις. Dieselbe Bezeichnung wird auch bei Gasthöfen angewendet. Hesych. στεγανόμιον· τὸν μισθὸν τὸν διδόμενον ὑπὲρ τῆς μονῆς τῇ πανδοκεῖ. Phot. Πανδοκεῖον. Vgl. Athen. I 8, 8ᵈ ταῦτα οἰκοῦντ' ἔχων εἰς τὸ συμπόσιον ἦλθον καὶ προμελετήσας ἵνα κἀγὼ τὸ στεγανόμιον κομίζων παραγένωμαι. Beispiele Demosth. geg. Olympiod. 45. Isaeos v. Philokt. Erbsch. 21.

2) Thomas Mag. πρυτανεῖον· τοὺς μισθοὺς καὶ τὰ ἐνοίκια κατὰ τὰς πρυτανείας οὐ κατὰ μῆνα τελοῦν. Böckh Staatsh. I S. 198 hält diese Behauptung in dieser Allgemeinheit für ungereimt, aber von Häusern des Staates verstanden für vermuthlich richtig. Dagegen meint er mit Casaubonus zu Theophr. Char. 10 die Hausmiethe sei wie die Zinsen monatlich bezahlt oder berechnet worden; ein Beweis dafür ist nicht vorhanden, und aus Theophrasts Worten: ὁ δὲ μηρολόγος τοιοῦτός τις οἷος ἐν τῷ μηνὶ ἡμιωβόλιον ἀπαιτεῖν ἐλθὼν ἐπὶ τὴν οἰκίαν kann dies gar nicht gefolgert werden.

3) Teles bei Stob. Floril. V, 67 καθάπερ καὶ ἐξ οἰκίας, φησὶν ὁ Βίων, ἐξοικιζόμεθα, ὅταν τὸ ἐνοίκιον ὁ μισθώσας οὐ κομιζόμενος τὴν θύραν ἀφέλῃ, τὸν κέραμον ἀφέλῃ, τὸ φρέαρ ἐγκλείσῃ.

4) Isaeos v. Hagnias Erbsch. 42.

Böckhßenschütz, Becllå u. Erwwb.   7

zwei Häuser, das eine im attischen Gau Melite, das andere in
Eleusis, zusammen auf fünfunddreissig Minen geschätzt, jährlich
drei Minen Miethe, also 8⅗ vom Hundert des Werthes trugen,
ein Ertrag, der um so niedriger erscheint, als es sich hier
nicht bloss um die Verzinsung des Kapitals, sondern auch um
den Ersatz des durch die Abnutzung verminderten Werthes des
vermietheten Objectes handelt. In der Stadt Athen selbst, so
wie in andern grossen Städten mögen allerdings die Miethen
theurer gewesen sein, abgesehen von solchen Zeiten, wo es, wie
in Athen nach dem peloponnesischen Kriege, überhaupt an
Miethern mangelte.[1]

Unter den Grundbesitz sind zuletzt noch die Bergwerke zu
rechnen. Das griechische Festland ist nicht gerade reich an
Erzen, und nicht überall wo dergleichen vorkommen, sind sie
Gegenstand bergmännischer Gewinnung gewesen; etwas reicher
waren die Inseln. Gold fand man auf Siphnos, besonders aber
auf Thasos und der gegenüberliegenden thrakischen Küste, wo
schon in sehr früher Zeit Bergwerke durch die Phoenikier in
Betrieb gesetzt worden waren, die späterhin wenigstens zum
Theil in den Besitz der Griechen übergingen.[2] Bedeutend waren
an dem zuletzt genannten Orte namentlich die Gruben am Pangaeos,[3] welche, wahrscheinlich seitdem die Phoenikier die Gegend
hatten aufgeben müssen, die Thasier besassen, bis sie dieselben
im J. 467 v. Chr. an die Athener verloren. Nach der Eroberung von Amphipolis im J. 358 bemächtigte sich Philipp von
Makedonien dieser Bergwerke. Ausserdem fand sich Gold dies-
seit und jenseit des Strymon, und auch der Hebrosfluss führte
Gold mit sich.[4] Auf dem asiatischen Festlande werden im grie-

---

1) Xenophon Denkwürd. II, 7, 2 λαμβάνομεν δὲ οὔτε ἐκ τῆς γῆς
οὐδὲν — οὔτε ἀπὸ τῶν οἰκιῶν, ὀλιγανθρωπία γὰρ ἐν τῷ ἄστει γέγονε.

2) Siphnos Herod. III, 57; Pausan. X, 11, 1. Suidas u. Σίφνιοι.
— Thasos Herod. VI, 46. — Thrakien Herod. IX, 75; Strabo VII Fr.
33 u. 34.

3) Herod. VI, 46. Thukyd. I, 100. Diodor XVI, 8. Vgl. Böckh
Staatsh. I S. 423.

4) Strabo VII Fr. 34. Plinius Naturgesch. XXXIII § 66.

chischen Gebiete Goldgruben bei Abydos erwähnt.[1] Silber fand
man auf der Insel Siphnos, in den Gruben am Pangaeos so wie
in Makedonien, in Epiros in den Bergwerken von Damastion; in
älterer Zeit wurde auch bei Trapezunt Silber gewonnen.[2] Alles
überragten aber die laurischen Silberbergwerke im südlichen
Attika.[3] Wann dieselben eröffnet worden sind, lässt sich nicht
nachweisen, in Xenophons Zeiten wenigstens wusste niemand
über ihr Alter etwas anzugeben.[4] Xenophon hält sie noch für
unerschöpflich, allein schon in Demosthenes Zeitalter scheint ihr
Ertrag abgenommen zu haben[5] und Strabo fand sie bereits vollständig erschöpft, ja man hatte damals sogar die in den alten
Halden aufgehäuften Schlacken nochmals durchgeschmolzen.[6] Eisenerze finden sich in Griechenland ausserordentlich weit verbreitet,
doch wissen wir nur von verhältnissmässig wenigen Orten, an
denen dieselben abgebaut und verhüttet worden sind. In Boeotien fand sich Magneteisenstein,[7] auf der Insel Euboea waren
bedeutende Gruben von Eisenerzen im Betrieb, namentlich in
dem Gebiete von Chalkis und nach einer Angabe, deren Richtigkeit freilich angezweifelt werden kann, in der Nähe von Aedepsos, die jedoch in Strabos Zeiten bereits erschöpft waren;[8]
auch auf der Insel Gyaros fanden sich Eisenerze.[9] Dass auf

1) Xenophon Hellen. IV, 8, 37. Strabo XIV S. 680. Vgl. auch
Stephan v. Byz. *Δημόρησος: περὶ Χαλκηδόνα τῆνος — καὶ χρύσιον
τι γίσκεται τίμιον*

2) Siphnos Herod. III, 57. Pangaeos Herod VII, 112. Strabo VII
Fr. 34. Makedonien Herod. V, 17. Epiros Strabo VII S. 326. Trapezunt
Strabo XII S. 549.

3) Erschöpfende Behandlung bei Böckh Ueber die laurischen Bergwerke in den Abh. der Berl. Akad. von 1815. S. 85 ff.

4) Xenophon v. d. Eink. 4, 2.

5) Xenophon a. a. O. Demosth. geg. Phaenipp. 20.

6) Strabo IX S. 399.

7) Plinius Naturgesch. XXXVI § 118.

8) Strabo X S. 447. Steph. v. Byz. *Ἀίδηφος*. Dass bei Aedepsos
keine Gruben gewesen, behauptet Baumeister Topogr. Skizze der Insel
Euboea Lübeck 1864. S. 61.

9) Aelian. Thiergesch. V, 14 *Ἐν τῇ Γυάρῳ τῇ νήσῳ Ἀριστοτέλης
λέγει μῦς εἶναι καὶ μέντοι καὶ τὴν γῆν σιτεῖσθαι τὴν σιδηρῖτιν*. Nach

7 *

Kypros, Rhodos und Kreta [1] bereits in uralter Zeit auf Eisenerze gebaut worden ist, scheint die Sage von den Telchinen,
den ältesten Eisen- und Kupferarbeitern zu beweisen, ebenso
lässt die Berühmtheit des lakonischen Stahles auf derartige
Bergwerke in Lakedaemon schliessen. [2] Kupfererze wurden in reicher Menge in Kypros gegraben, [3] ganz besonders wichtig aber
waren für Griechenland die Bergwerke bei Chalkis auf Euboea,
die gleich nach dem trojanischen Kriege eröffnet worden sein
sollen, in Strabos Zeiten aber erschöpft waren. [4] Auf dem Festlande scheinen Kupfererze in den Bergen zwischen Argos und
Korinth gewonnen worden zu sein. [5]

Ueber die Eigenthumsverhältnisse sind wir nur in Betreff
der attischen Bergwerke in Laurion einigermassen unterrichtet.
Dieselben waren Eigenthum des Staates, wurden aber von demselben nicht auf eigene Rechnung betrieben, sondern in Erbpacht gegeben, in der Weise, dass jeder Pächter über seinen
Antheil wie über freies Eigenthum verfügen, also denselben verkaufen, testamentarisch vermachen, Hypotheken auf denselben
aufnehmen durfte. [6] Wahrscheinlich war es einem jeden gestattet, auf Silbererze zu schürfen und falls er solche gefunden hatte,
Muthung einzulegen. Der Staat verkaufte alsdann das Recht
der Ausbeutung innerhalb des bestimmt abgegränzten Bezirkes
gegen einen bestimmten Kaufpreis auf ewige Zeiten, [7] wogegen

---

den Bemerkungen bei Strabo X S. 485 über die Armuth der Insel scheint
jedoch an einen Bergbau nicht gedacht werden zu dürfen.

1) Strabo XIV S. 654.

2) Stephan v. Byz. *Λακεδαίμων*. Vgl. Fiedler Reisen in Griechenl.
I S. 342; II S. 559.

3) Strabo III S. 163; XIV S. 684 vgl. S. 654; Plinius Naturgesch.
XXXIV § 2.

4) Strabo X S. 447; Steph. v. Byz. *Χαλκίς*; Plinius Naturgesch.
IV § 64.

5) S. Müller Dorier I S. 72.

6) Vgl. Aeschin. geg. Timarch. 101. Demosth. geg. Pantaenet. 4.
Corpus Inscr. Gr. nr. 182. 163.

7) Harpokrat. *διαγραφή*: ἡ διαπίπρασις τῶν πιπρασκομένων μετάλλων. *δηλοῖ δὲ διὰ γραμμάτων ἀπὸ ποίας ἀρχῆς μέχρι πόσου πέπρα-
ται πεπρόσκεται.*

der Unternehmer die Verpflichtung einging, den vierundzwanzigsten Theil des Ertrages an den Staat abzuliefern.[1] Wie weit bei
diesen Verträgen das Eigenthumsrecht an dem oberhalb der
Gruben befindlichen Terrain dem etwaigen Privatbesitzer gewahrt
wurde, wissen wir nicht. Besitzer solcher Bergwerksantheile durften nur solche Personen sein, die zum Grundbesitz berechtigt
waren, doch verlieh der Staat bereitwillig an Metöken die Isotelie, sobald sie Gruben bauen wollten.[2] Der zu zahlende Kaufpreis richtete sich jedenfalls nach der Grösse des Bezirkes, vielleicht auch nach dem Reichthum der gegrabenen Erze; in einem
Falle bei Demosthenes[3] wird eine Grube mit den dreissig zum
Betriebe gehaltenen Sklaven für ein Talent fünfundvierzig Minen
verkauft, so dass auf die Grube allein etwas weniger als ein
Talent zu rechnen sein wird, wenn man für jeden Sklaven den
für derartige Arbeiter üblichen Durchschnittspreis von anderthalb
bis zwei Minen in Rechnung bringt. Doch ist es immerhin möglich, dass dieser Werth den an den Staat gezahlten Kaufpreis
überstieg, insofern das für die vorbereitenden Arbeiten, Anlage
der Schachte u. s. w. aufgewendete Kapital mit in Anrechnung
gebracht worden sein mag.

Der Ertrag muss in den Zeiten, wo noch reichhaltige Erze
in hinreichender Menge gefunden wurden, ein bedeutender gewesen sein. Von dem reichen Kallias,[4] des Kimon Schwager,
heisst es, er habe durch die Bergwerke ein bedeutendes Vermögen erworben; Diphilos,[5] dessen Verurtheilung der Redner
Lykurg herbeiführte, weil er in den Gruben gegen das Gesetz

---

1) Suidas ἀγράφου μετάλλου δίκη: οἱ τὰ ἀργυρεῖα μέταλλα ἐργαζόμενοι, ὅπου βούλοιντο καινοῦ ἔργου ἄρξασθαι, ᾐτιερὸν ἐποιοῦντο
τοῖς ἐπ' ἐκείνοις τεταγμένοις ὑπὸ τοῦ δήμου, καὶ ἀπεγράφοντο τοῦ
τελεῖν ἕνεκα τῷ δήμῳ εἰκοστὴν καὶ τετάρτην τοῦ καινοῦ μετάλλου.

2) Xenoph. v. d. Eink. 4, 12.

3) Demosth. geg. Pantaenet. 4 ff. In § 22 wird erwähnt καταβολὴ
τῇ πόλει τοῦ μετάλλου ὃ ἐγὼ ἐπριάμην ἐνενήκοντα μνῶν. Offenbar ist
diss der Kaufpreis für einen andern Bergwerksantheil, als der, welcher
mit zu den Gegenständen des Streites gehört.

4) Cornelius Nepos Cimon 1.

5) Leben der zehn Redner S. 843ᵈ.

Bergfesten weggenommen hatte, besass ein Vermögen von hundert und sechzig Talenten; auch der reiche Nikias,[1] welcher tausend Sklaven in den Bergwerken an einen Thrakier Sosias vermiethet hatte, wird wohl ursprünglich auch Eigenthümer dieser Gruben gewesen sein. Nach Herodots Angabe fielen bei der vor Themistokles Zeit stattfindenden jährlichen Vertheilung der Staatseinkünfte aus den Bergwerken auf jeden Bürger zehn Drachmen;[2] bei einer Durchschnittszahl von zwanzigtausend Bürgern würde dies eine Summe von etwa drei und dreissig Talenten ergeben. Wenn man voraussetzen darf, dass die Grundsätze der Verwerthung stets dieselben geblieben sind, so würde die genannte Summe den Kaufpreis für neu angelegte Gruben und den vierundzwanzigsten Theil der ganzen Ausbeute darstellen, so dass diese letztere gewiss eine Höhe von sechs bis siebenhundert Talenten erreichte. Hiervon muss nach Abzug der Unkosten für die Unternehmer ein erheblicher Gewinn geblieben sein, besonders da die verwendete Arbeitskraft nicht theuer war. In der folgenden Zeit scheint sich die Ausbeute noch bedeutend gesteigert zu haben, denn Xenophon[3] bemerkt, der Umfang des silberhaltigen Bezirks habe sich noch immer weiter ausgedehnt und er hält es für möglich, die Zahl der in den Gruben arbeitenden Sklaven so weit zu vermehren, dass auf jeden Bürger drei derselben kämen. Als die Reichhaltigkeit der Gruben zu schwinden begann, blieben auch schwere Verluste für die Unternehmer nicht aus.[4]

Ueber die Bergwerke anderer Gegenden ist uns nur wenig bekannt. Es lässt sich voraussetzen, dass die Athener mit den Goldbergwerken am Pangaeos, so lange sie dieselben in ihrer Gewalt hatten, nach denselben Grundsätzen verfahren sind, wie mit den laurischen Gruben, wenigstens lässt der Ausdruck, wel-

---

1) Xenophon v. d. Eink. 4, 14.

2) Herodot VII, 144.

3) Xenoph. v. d. Eink. 4, 3 f., 26 f.

4) Demosth. geg. Phaenipp. 20 u. 21. Vgl. Xenoph. v. d. Eink. 4, 28. Diodor. V, 37. Athen. VI S. 233e.

eben Thukydides[1] gebraucht, indem er erzählt, er habe den Besitz der Ausbeutung von Goldbergwerken in Thrakien gehabt, darauf schliessen. Den Ertrag dieser Gruben giebt Herodot[2] für die Zeit, wo die Thasier dieselben besassen auf achtzig Talente, den der Gruben von Thasos selbst als etwas niedriger an, wobei, weil wir die Art des Betriebes nicht kennen, ungewiss bleibt, ob dies die ganze Ausbeute oder nur ein dem Staate zufallender Antheil an derselben war; doch lässt sich daraus ersehen, dass das Eigenthumsrecht an den Gruben dem Staate zustand. Philipp von Makedonien wendete den heruntergekommenen thrakischen Bergwerken grosse Sorgfalt zu, so dass sie einen Ertrag von mehr als tausend Talenten gegeben haben sollen.[3] Die Gold- und Silberbergwerke in Siphnos gehörten ebenfalls dem Staate; der Ertrag, von welchem ein Zehntel dem delphischen Gotte geweiht, das übrige unter die Bürger vertheilt wurde, war bedeutend, denn Herodot bemerkt, dass die Siphnier durch diese Einnahmen im sechsten Jahrhundert v. Chr. die wohlhabendsten unter den Inselbewohnern gewesen seien und der von ihnen in Delphi gestiftete Schatz zu den reichsten gehört habe;[4] durch die eindringende Meeresfluth wurden diese Gruben, wie es scheint schon in früher Zeit, zu Grunde gerichtet. Von anderen Bergwerken ist uns ebenso wenig wie von den zahlreichen Steinbrüchen, die von den Griechen ebenfalls unter die Bergwerke gerechnet werden, etwas zu dem hier betrachteten Gegenstande gehöriges bekannt.

---

1) Thukyd. IV, 105 πυθόμενος τὸν Θουκυδίδην κτῆσίν τε ἔχειν τῶν χρυσείων μετάλλων ἐργασίας ἐν τῇ περὶ ταῦτα Θρᾴκῃ.
2) Herodot VI, 46.
3) Diodor XVI, 8.
4) Herodot III, 57. Pausan. X, 11, 2. Suidas Σίφνιοι.

Drittes Kapitel.[*]

Einen Theil des Besitzes, welcher für das ganze Alterthum von der höchsten Wichtigkeit und von dem einschneidendsten Einflusse für viele Verhältnisse, namentlich aber für die socialen Zustände gewesen ist, bilden die Sklaven.[1] Der Ursprung der

———

[*] Literatur: Reitemeier Geschichte und Zustand der Sklaverei und Leibeigenschaft in Griechenland. Berlin 1789. — H. Wallon Histoire de l'esclavage dans l'antiquité. Paris 1847. Vol. I. — Desjardins L'esclavage dans l'antiquité. Caen 1857. — St. John The Hellenes. Vol. III S. 1—35. — Büppart Die Sklaverei bei den Griechen in Prutz deutsch. Mus. 1851. Bd. I S. 876 ff.

[1] Die im Allgemeinen übliche Bezeichnung für den Sklaven ist δοῦλος, beim Homer dagegen δμώς, während das Wort δοῦλος bei demselben gar nicht, δούλη Odyss. δ, 12; Ilias γ, 409, die Adjectiva δούλιος und δούλειος, ersteres öfter, letzteres Odyss. ω, 252, auch δουλοσύνη Odyss. χ, 423 vorkommen. δμώς von der Wurzel ΔΑΜ gebildet, bezeichnet den im Kampfe überwundenen und dadurch der Freiheit beraubten, ebenso wie die viel gebrauchten Wörter δοριάλωτος und αἰχμάλωτος, und da Krieg und Seeraub in den homerischen Zeiten die gewöhnlichen Quellen der Sklaverei sind, alsdann den Sklaven überhaupt. Die Etymologie von δοῦλος ist mit Sicherheit nicht nachzuweisen, denn die Ableitungen im Etymol. Magn. und Etymol. Gud. von δέω, δείω, δέη, δόλος haben zum Theil gar keinen Werth, zum Theil sind sie unsicher. Im gewöhnlichen Gebrauche bezeichnet das Wort den Stand des Sklaven gegenüber dem Freien, der sein eigner Herr ist (vgl. Thukyd. VIII, 28 δοῦλα καὶ ἐλεύθερα ἀνδράποδα. Xenoph. Hellen. I, 6, 15; Oekon. 3, 18) und dem Herrn, dessen Eigenthum er ist. Ein Unterschied im Gebrauche von δμώς, wie ihn Nitzsch zu Odyss. δ, 10—12 annahm, dürfte nicht nachweisbar sein. Vgl. Schömann Gr. Alterth. I. S. 41 Anm. 1. Ἀνδράποδον, das ursprünglich nichts als den seiner Freiheit beraubten, und zwar als Sache, also als Besitz eines anderen bezeichnete, ist dann gleichfalls eine allgemeine Bezeichnung für den Sklaven in jeder Beziehung geworden. Οἰκέτης heisst der Sklave als Mitglied des Hauswesens, daher auch der Unterschied, welchen Chrysippos bei Athen. VI S. 267[b] macht: διαφέρειν δέ φησι Χρύσιππος δοῦλον οἰκέτου διὰ τὸ τοὺς ἀπελευθέρους μὲν δούλους ἔτι εἶναι, οἰκέτας δὲ τοὺς μὴ τῆς κτήσεως ἀφειμένους. ὁ γὰρ οἰκέτης, φησί, δοῦλός ἐν κτήσει κατατεταγμένος, darauf beruht, dass der Freigelassene bei den Griechen in der Regel in einem Abhängigkeitsverhältnisse zu seinem früheren Herrn steht, aber nicht mehr einen Theil von dessen Hause bildet. In einem ähnlichen milden Sinne pflegten die

Sklaverei lässt sich bei den Griechen historisch nicht nachweisen. Zwar begegnen wir bei den Schriftstellern der Angabe,
dass in den ältesten Zeiten die Griechen keine Sklaven gehabt
hätten,[1] allein es ist höchst fraglich, wie weit diese Zeugnisse auf
geschichtlichem Grunde ruhen oder nur die Folge der dichterischen Vorstellung von einem goldnen Zeitalter sind,[2] zumal da
sich auch eine denselben widersprechende Angabe findet,[3] welche
das Vorhandensein von Sklaven schon für die Zeiten des Kekrops

---

Athener die Sklaven als παῖδες, gleichsam als Unmündige, die unter dem
Regimente des Hausherrn stehen, zu bezeichnen. Andere Benennungen
beziehen sich auf die besonderen Verrichtungen und Beschäftigungen der
Sklaven, wie θεράποντες, διάκονοι, ὑπηρέται, ἀκόλουθοι, ἱπάμονες, ἀμ-
φίπολοι, πρόπολοι. Vgl. Pollux III, 78. Dahin gehört auch λάτρις;
Athen. VI S. 261ᵉ, das nach Bekker Anecdd. Gr. S. 1095 thessalisch für
δοῦλος gebraucht wird, das aber doch zunächst den Diener bezeichnet.
Theognis 302 λάτριαι καὶ δμωαί, vgl. 486, und die Glosse bei Bekker
a. a. O. von den Kypriern gebraucht θής = λάτρις. Andere Benennungen sind ihrer ursprünglichen Bedeutung nach weniger klar, wie σηκίς
bei Pherekrates bei Athen. VI S. 263ᵇ und Aristoph. Wesp. 768, das die
Scholien zu letzterer Stelle durch ἡ κατ' οἶκον θεράπαινα, Photios τὰ
οἰκογενῆ παιδισκάρια und σηκίς ἡ ἐν ἀγρῷ ταμιεῖον φυλάττουσα erklären; ἐργάτας nach Amerias bei Athen. VI S. 267ᶜ οἱ κατὰ τοὺς ἀγροὺς
οἰκέται, wie auch bei Hesych. ἐργάτας· οἱ ἐπ' ἀγρῶν οἰκέται und ἐμῆ-
τας· οἱ ἐν ἀγρῷ οἰκέται; ἄζοι nach den Glossen des Kleitarch bei Athen.
a. a. O. oder ἄοζοι nach Hesych. μάγειροι, ὑπηρέται, θεράποντες, ἀκόλουθοι, und ebenso Seleukos bei Athen. a. a. O. ἄζους τὰς θεραπαίνας
καὶ τοὺς θεράποντας. Dazu kommen noch die speciell in einzelnen
Gegenden üblichen Benennungen ἀπογράφη und μνοίᾳ kretisch, χαικίς
lakonisch, σίνδρων für δουλέκδουλος nach Athen. a. a. O., βοινία für
θεράπαινα Theognost. bei Bekker Anecdd. Gr. S. 1354; θέραπες kretisch
für δοῦλοι ebend. S. 1096. Vgl. Eustath. zu Ilias o, 431 S. 1084, 35;
zu ν, 685 S. 954, 42.

1) Von der Zeit, wo die Tyrrhener den Athenern die Burgmauer
bauten, sagt Herod. VI, 137 οἱ γὰρ εἶναι τοῦτον τὸν χρόνον σφίσι πω
οὐδὲ τοῖσι ἄλλοισι Ἕλλησι οἰκέτας. Pherekrat. bei Athen. VI S. 263ᵇ.
Kein Werth ist auf die Angabe bei Palaephat. περὶ ἀπίστ. ἱστορ. 3 und
4 οἱ γὰρ τότε ἄνθρωποι αὐτουργοὶ πάντες ἦσαν, οἰκέτας δὲ εἶχον οὐδ'
ὅλως für die mythischen Zeiten zu legen.

2) Vgl. die Stellen aus Kratinos und Krates bei Athen. VI S.
267ᵉ.

3) Philochoros in Macrob. Saturnal. I, 10.

behauptet. Selbst mit der Beschränkung, welche der Geschichtschreiber Timaeos macht, dass es ursprünglich bei den Griechen nicht Sitte gewesen wäre, gekaufte Sklaven zur Bedienung
zu haben,[1] so dass man wenigstens Sklaven voraussetzen dürfte,
die ihr Besitzer im Kriege oder durch Seeraub erworben, erscheint
diese Behauptung bedenklich, einmal, weil wir nicht recht ein-
sehen, woher jene Schriftsteller eine zuverlässige Tradition über
diesen Gegenstand erhalten haben können, andrerseits schon in
den Zeiten, von welchen die homerischen Dichtungen Kenntniss
geben, die Sklaverei und der Verkauf und Kauf kriegsgefange-
ner oder geraubter Sklaven allgemein verbreitet waren.[2] Beschränkt man jedoch, wie es der Wortlaut der vom Timaeos[3]
gegebenen Notiz zu verlangen scheint, die Bemerkung auf Sklaven, welche zur persönlichen Bedienung und Begleitung des Herren oder der Herrin bestimmt waren, so gewinnt die Behauptung
etwas an Wahrscheinlichkeit, zumal da es nach dem Zeugniss
desselben Schriftstellers noch spät in den historischen Zeiten bei
den Lokrern und Phokiern keine Sklaven der Art gab, so dass
um die Zeit des dritten heiligen Krieges die Gattin des Philomelos die erste war, welche sich in Begleitung von zwei Sklavinnen zeigte. Diesem bestimmten Zeugniss zu misstrauen ist
kein Grund vorhanden, aber doch lässt sich daraus kein Schluss
für das allgemein übliche machen, da schon bei Homer regelmässig zwei Sklavinnen die Herrin bei ihren Ausgängen begleiten.[4] Der Geschichtschreiber Theopompos[5] berichtete, die Chier

1) Timaeos bei Athen. VI S. 264ᵉ und 272ᵃ.

2) S. Richard de servis apud Homerum. Berol. 1851. S. 14

3) A. a. O. οὐκ ἦν πάτριον τοῖς Ἕλλησιν ὑπὸ ἀργυρωνήτων τὸ
παλαιὸν διακονεῖσθαι, wo das letzte Wort speciell auf persönliche Bedienung hinweist, wie dies auch im folgenden in der Notiz von den
Lokrern und Phokiern die Wörter θεράπαιναι und οἰκέται zu thun
scheinen. Vgl. Schömann Gr. Alterth. I S. 108.

4) S. Ilias γ, 143; Odyss. σ, 335; σ, 211.

5) Athen. VI S. 265ᵇ. Andern freilich lautet die Notiz bei Stephan.
v. Byz. Χίος: οὗτοι δὲ πρῶτοι ἐχρήσαντο θεράπουσι, ὡς Λακεδαιμόνιοι τοῖς Εἵλωσι καὶ Ἀχαιοὶ τοῖς Πεναρσίαις καὶ Σικυώνιοι τοῖς Κορυ-
νηφόροις καὶ Ἰταλιῶται τοῖς Πελασγοῖς καὶ Κρῆτες Μινώταις, wonach

wären die ersten gewesen, die nach den Thessaliern und Lakedaemoniern sich der Sklaven bedient hätten, jedoch nicht der
Leibeignen wie jene, sondern gekaufter Barbaren; allein auch
das kann nur richtig sein, wenn man an einen regelmässigen
Bezug von Sklaven aus den Barbarenländern vermittelst eines
organisierten Handels denken will, der in den homerischen Zeiten
allerdings nicht stattfand.

Soviel muss man annehmen, dass die Sklaverei, welches
auch immer die erste Form gewesen sein mag, sich bei den
Griechen in uralten Zeiten gebildet hat; den historischen Zeiten
erschien das Vorhandensein so sehr als eine unumgängliche Bedingung des häuslichen Lebens, dass Aristoteles geradezu ausspricht, ein vollständiger Hausstand bestehe aus Freien und
Sklaven.[1]   Ein solcher Zustand stellt sich auch auf eine ganz
natürliche Weise her.   Denn sobald sich unter den Menschen
Genossenschaften bilden, die über den engen Kreis der Familie
hinausgehen, tritt überall gar bald zwischen den einzelnen Mitgliedern solcher Vereinigungen ein Unterschied in der Grösse
des Besitzes und mit derselben bei den reicheren der Wunsch
ein, gewisse beschwerliche Arbeiten, die sie eben des grösseren
Besitzes wegen nicht mehr selbst verrichten können oder mögen,
für sich durch andere ausführen zu lassen.   Wo nun die Möglichkeit vorhanden war, zu den niederen und körperlich anstrengenden Arbeiten Personen in der Weise heranzuziehen, dass der
Dienstherr unbeschränkte Verfügung über dieselben hatte, sind
auf einer niederen Culturstufe dergleichen abhängige Arbeiter
überall den selbständigen um Lohn dienenden Arbeitern vorgezogen worden.   Diese Möglichkeit findet sich aber sowohl da, wo
durch Unterwerfung eines Landes die gesammte Bevölkerung in
den Stand der Unfreiheit, der Leibeigenschaft, gebracht worden
ist, oder wo man durch Krieg und Raub einzelnen Personen die
Freiheit nimmt oder dergleichen Gefangene von anderen durch

man gerade an den Gebrauch von Leibeignen, den Theopomp in Abrede
stellt, denken sollte.

1) Aristot. Polit. I, 2 am Anf. οἰκία δὲ τέλειος ἐκ δούλων καὶ
ἐλευθέρων.

Kauf und Tausch erworben kann. Beide Möglichkeiten sind in
Griechenland frühzeitig eingetreten; die letztere zuerst, da von
den an der Meeresküste wohnenden griechischen Stämmen in
den ältesten Zeiten allgemein Seeraub getrieben wurde und auch
frühzeitig Handelsverkehr mit Fremden, insbesondere mit den
Phoeniklern angeknüpft worden war; die erstere Möglichkeit ergab
sich später in Folge der grossen Völkerwanderungen, welche den
grössten Theil Griechenlands betrafen. Sobald aber einmal die
Verwendung von Sklaven in einem Lande Wurzel geschlagen
hatte, erhält sich dieselbe stets so fest, dass es gewaltiger Umwälzungen, sei es in staatlicher, sei es in moralischer Hinsicht,
bedarf, um dieselbe wieder zu beseitigen.

Daher erschien denn auch späterhin den Griechen die Sklaverei so nothwendig, ja so natürlich, dass selbst ein Mann, der
in seiner geistigen Bildung weit über seinen Zeitgenossen stand,
wie Aristoteles, es unternahm, diesen Zustand wissenschaftlich
zu begründen, indem er nachzuweisen versuchte, dass die Sklaverei nicht durch menschliche willkürliche Satzungen eingerichtet sei, sondern auf einer Naturnothwendigkeit beruhe.[1] Das
Verhältniss des Herrschenden und des Beherrschten, sagt er,[2]
ist ein natürliches, zum Zweck der Erhaltung bestehendes; was
im Stande ist vermittelst der Einsicht für die Erreichung dieses
Zweckes zu arbeiten, das ist das Herrschende, was dies nur mit
dem Körper zu thun vermag, das ist das Beherrschte, das ist
Sklave von Natur; herrschen und beherrscht werden ist ein nothwendiges und nützliches Verhältniss, welches von Natur überall
da besteht, wo mehreres sich vereinigt und zu einer Gemeinschaft zusammentritt.[3] Dieses Verhältniss besteht zwischen Geist
und Körper, zwischen Mann und Weib, zwischen Herrn und
Sklaven. Der Sklave wird aber nicht allein vom Herrn beherrscht,
sondern er ist auch dessen Eigenthum und auch dies ist ein

---

1) Schiller Die Lehre des Aristot. von der Sklaverei. Erlangen 1847.
Steinheim Aristoteles über die Sklavenfrage. Hamburg 1853. Uhde
Arist. quid senserit de servis et liberis hominibus. Berol. 1856.

2) Aristot. Polit. I, 1 8. 2.

3) Aristot. Polit. I, 2.

natürliches Verhältniss. Denn das Leben, welches eine Thätigkeit nicht ein Schaffen ist, bedarf der Werkzeuge, jedes Werkzeug zum Leben ist ein Besitzstück, das Eigenthum aber eine Menge von Besitzstücken; da nun der Sklave ein der Thätigkeit nicht dem Schaffen dienendes lebendes Werkzeug ist, so gehört er zu dem Eigenthum des Herrn, und da das Eigenthum nicht bloss einem anderen gehört, sondern dessen Vorhandensein als nothwendige Voraussetzung seines eignen Vorhandenseins hat, so stehen auch Sklave und Herr in dem Verhältniss der nothwendigen Zusammengehörigkeit, wer von Natur Sklave ist, gehört von Natur einem Herrn. Von Natur ist also ein Sklave, wer die Anlage hat, einem anderen zu gehören; das ist aber der, welcher von der Vernunft so viel besitzt, dass er andrer Gedanken versteht, ohne selbst eigne fassen zu können. Es ist nun die Frage ob es wirklich solche Menschen giebt. In der That hat die Natur die Körper der Freien und der Sklaven verschieden gebildet, die der letzteren stark für den anstrengenden, zwangsmässigen Gebrauch, die der ersteren unbrauchbar zu solchen Dingen, aber brauchbar zu einem Leben im Staatsverbande, und in gleicher Weise muss auch ein Unterschied hinsichtlich des Geistes stattfinden, wenn dieser auch nicht so leicht wahrnehmbar ist, wie der der Körper. Solche Menschen nun, denen es zuträglich und gerecht ist, Sklaven zu sein,[1] die also von Natur Sklaven sind, sind die Barbaren, von denen in diesem Sinne Aristoteles die Bewohner des nördlichen Europa für muthig, aber der Ueberlegung und der Kunst ermangelnd, die Asiaten, als zur Ueberlegung und Kunst geschickt, aber muthlos erklärt, während die Griechen in der Mitte stehend beide Eigenschaften besitzen und darum zur Herrschaft bestimmt sind. Mit diesem künstlichen Gebäude steht Aristoteles keineswegs allein; in ähnlicher Weise wird in einem Bruchstücke aus dem Oekonomikos des Pythagoreers Bryson[2] der als ein Sklave von Natur erklärt, der die Kraft hat, in genügender Weise den Herren die körperlichen Dienstleistungen zu gewähren, indem er Wege macht,

1) Aristot. Polit. VII, 6 S. 229.
2) Stobaeos Floril. LXXXV, 15.

Lasten trägt, Beschwerden aushält, als Aufwärter dient, der aber
weder zu geistiger Tüchtigkeit noch Schlechtigkeit die Fähigkeiten besitzt. Platon hat sich auf theoretische Erörterungen
aber die Sklaverei nicht eingelassen, doch geht aus dem Abschnitte
seiner Gesetze, in welchem er von der Behandlung der Sklaven spricht, deutlich hervor, dass er das Vorhandensein derselben als ein unvermeidlich nothwendiges ansieht, wenngleich dasselbe zu mancherlei Unannehmlichkeiten und Schwierigkeiten
führt, und ähnliche Gedanken finden wir auch sonst von den
Alten ausgesprochen. [1]

Dennoch fehlte es auch, wie schon Aristoteles selbst bemerkt,[2]
nicht an Männern, welche an der Gerechtigkeit der Sklaverei
zweifelten, und sie als etwas widernatürliches, nur der Gewalt
des Stärkeren entsprungenes bezeichneten, eine Ansicht, die auch
im römischen Rechte Ausdruck gefunden hat,[3] und deren Gewicht nicht durch die Behauptung vermindert werden konnte,
dass der Stärkere in gewissem Sinne auch immer der Bessere
und dadurch zur Herrschaft berechtigt sei.[4] Jedenfalls wurde
Aristoteles selbst zu dem Zugeständnisse genöthigt, dass jemand
auch wider die Natur in den Sklavenstand gebracht werden
könne, dann freilich auch nicht im eigentlichen Sinne Sklave sei.
Allein wenn auch bei einzelnen Männern sich humanere Ansichten
Geltung verschafften und die natürliche Gleichberechtigung aller
Menschen einzelne Vertreter fand,[5] so ist man doch im Allgemeinen

----

1) Platon Gesetze VI S. 776. Vgl. Metrodoros bei Stobaeos Floril.
LXII, 44 δοῦλος ἀναγκαῖον μὲν κτῆμα, οὐχ ἡδὺ δέ.
2) Aristot. Polit. I, 2 S. 6. Vgl. Philemon Fragm. 39 bei Meineke
Com. Gr. IV S. 47
κἂν δοῦλος ᾖ τις σάρκα τὴν αὐτὴν ἔχει·
φύσει γὰρ οὐδεὶς δοῦλος ἐγεννήθη ποτέ,
ἡ δ' αὖ τύχη τὸ σῶμα κατεδουλώσατο.
3) Florent. Dig. I, 5, 4 § 1. Servitus est constitutio iuris gentium,
qua quis dominio alieno contra naturam subiicitur.
4) Arist. Polit. I, 2 S. 10.
5) Vgl. Dio Chrysost. VII, 138 δεῖ δὴ νομίσθαί τινα ἐπιμέλειαν,
μὴ πάνυ τι προίκως μηδὲ ῥᾳθύμως φέροντες τὴν εἰς τὸ ἄτιμα καὶ δοῦλα
σώματα ὕβριν· οὐ ταύτῃ μόνον, ἡ κοινῇ τὸ ἀνθρώπινον γένος ἅπαν
ἔντιμον καὶ ὁμότιμον ὑπὸ τοῦ φύσαντος θεοῦ, ταῦτα σημεῖα καὶ σύμ-

von der Anerkennung solcher Meinungen weit entfernt gewesen. In der Wirklichkeit geht die Sklaverei durchaus von dem sogenannten Rechte des Stärkeren aus, das bei den Griechen, wie dies ja in der Wirklichkeit überall der Fall ist, die Grundlage der staatlichen Verhältnisse und ausgesprochenermassen der Beziehungen zu den Fremden und den wirklichen Feinden bildete. Xenophon sagt,[1] es sei ein ewiges Recht bei allen Menschen, dass in einer eroberten Stadt Leben und Habe der Besiegten Eigenthum des Eroberers werde. Die Hitze des Kampfes und die Erbitterung gegen die Feinde führte oft so weit, dass man das Leben der Besiegten, selbst nachdem sie sich ergeben, nicht schonte, wenigstens derer, welche die Waffen geführt hatten, während die Wehrlosen, der Willkür des Siegers preisgegeben, dem Loose der Sklaverei verfielen.[2] Diese Praxis finden wir bei Homer allgemein durchgeführt und die ganze folgende Zeit der griechischen Geschichte zeigt unter Umständen dasselbe Verfahren. Wo Erbitterung oder politische Gründe die gänzliche Vernichtung einer eroberten Stadt forderten, wurde die wehrhafte Bevölkerung meist getödtet, oder sie theilte das den Weibern und Kindern stets zufallende Loos, in die Sklaverei verkauft zu werden.[3] Hervorragende Beispiele bieten die Eroberung Plataeas[4] durch die Lakedaemonier im J. 427 v. Chr. Geb., von Torone und Skione

βαλα ἔχον τοῦ τιμᾶσθαι δικαίως, καὶ λόγον καὶ ἐμπειρίαν καλῶν τε καὶ αἰσχρῶν γέγονεν u. s. w.

1) Xenoph. Kyrop. VII, 5, 73. Vgl. Denkwürd. II, 2, 2; Polyb. II, 58, 9.

2) Homer Ilias 1, 689
ἄνδρας μὲν κτείνουσι, πόλιν δέ τε πῦρ ἀμαλδύνει,
τέκνα δέ τ' ἄλλοι ἄγουσι βαθυζώνους τε γυναῖκας.
Vgl. κ, 368 ff; β, 689; Odyss. ϑ, 523; ι, 40 ff; ξ, 264 f.

3) Polyb. II, 58, 9 τί δ' ἂν παθόντες οὗτοι δίκην δόξαιεν ἁρμόζουσαν δεδωκέναι; τύχον ἴσως εἴποι τις ἄν· πραθέντες μετὰ τέκνων καὶ γυναικῶν, ἐπεὶ κατεπολεμήθησαν. Ἀλλὰ τοῦτό γε καὶ τοῖς μηδὲν ἐπιτελεσαμένοις, κατὰ τοὺς τοῦ πολέμου νόμους, ὑπόκειται παθεῖν.

4) Plataea Thukyd. III, 68; Skione und Torone Thukyd. V, 3 u. 32; Sestos Diodor. XVI, 34; Olynth Demosth. v. d. Trugges. 305 f.; Theben Diodor XVII, 14; Korinth Pausan. VII, 16, 8. Vgl. auch Herodot VII, 156. Thukyd. I, 98 u. VII, 85. Xenoph. Hellen. I, 6, 14.

durch die Athener 422 und 421, von Sestos durch Chares 353,
von Olynth durch Philipp 353, von Theben durch Alexander
335, von Korinth durch Mummius 146, und der von den Athenern 427 gegen die abtrünnigen Mytilenäer gefasste Beschluss,
welcher jedoch noch rechtzeitig zurückgenommen wurde. [1] Als
eine ganz-besondere Milde des Epaminondas und Pelopidas wird
es gerühmt, dass sie nach Eroberung einer Stadt nie jemand
tödteten oder in die Sklaverei verkauften. [2]

Nach denselben Grundgesetzen traf das Loos der Sklaverei
die, welche in der Schlacht in Gefangenschaft geriethen, [3] da es
bei den Griechen allgemeine Sitte war, denen, welche um Par-
don baten, das Leben zu schenken. In späterer Zeit jedoch
befolgte man meist die mildere Regel, solche Feinde als Gefangene des Staates zu behandeln [4] und entweder gegen ein Löse-

---

1) Thukyd. III, 36 f.
2) Plutarch Vergl. d. Pelop. u. Marc. 1.
3) Homer Ilias η, 101

    τίς φρα τί μοι πειφίσεσθαι ἐπὶ φρεσὶ φίλτερον ἦεν,
    Τρώων, καὶ πολλοὺς ζωοὺς ἕλον ἠδ᾽ ἐπρίασαν.

Vgl. ζ, 46; κ, 378; η, 74. Odyss. ρ, 441. Thukyd. III, 58, 3 προσιόν-
τας ὅτι ἰσόντας τι ἐλάβετε καὶ χεῖρας προισχομένοις — ὁ δὲ νόμος
τοῖς Ἕλλησι μὴ κτείνειν τούτους; vgl. 67, 3; Euripid. Heraklid. 365 f.
4) Herodot V, 77. Thukyd. IV, 41; V, 3; Xenophon Hellen I, 2,
14; 5, 19; Dio Chrysost. XV, 14. — Thukyd IV, 69 ξυνέβησαν τοῖς
Ἀθηναίοις ῥητοῦ μὲν ἕκαστον ἀργυρίου ἀπολυθῆναι. Die Höhe des
Lösegeldes wechselt. Aristot. Nikom. Eth. V, 10 8. 1134b erwähnt ganz
unbestimmt eine Mine, ebenso Diodor XIV, 111; bei den Peloponnesiern
galt in früheren Zeiten der Satz von zwei Minen (Herod. VI, 79), wofür
auch die Athener die gefangenen Chalkidier freigaben (Herodot. V, 77);
bei Thukyd. III, 70 sollen 250 Gefangene (s. I, 55) freilich unter besonderen Verhältnissen um 800 Talente freigelassen werden; Dionysius von
Syrakus setzte das Lösegeld für die besiegten Rheginer auf drei Minen
fest. Arist. Oekon. II S. 1349b, 21. In der Zeit Philipps von Makedonien finden wir ein Lösegeld von drei bis fünf Minen. Demosth. v. d.
Trugges. 169. Die Rhodier schlossen mit Demetrios Poliorketes einen
Vertrag, der das Lösegeld für einen Sklaven auf fünf, für einen Freien
auf zehn Minen bestimmte. Diodor XX, 81. Wo höhere Summen vorkommen, lässt sich wohl annehmen, dass es darauf abgesehen war, von
reichen Leuten möglichst viel zu erpressen. Vgl. Demosth. gegen Nikostr.
7 u. 11, wo 26 Minen, Brief Philipps 3, wo 9 Talente, Aeschin. v. d. Trug-

geld, das etwa dem Preise eines Sklaven gleich kam, freizuge-
ben, oder gegen Gefangene, die der Gegner gemacht hatte,
anzuwechseln,[1] zumal da es in vielen Fällen zweckmässig
erschien, die Gefangenen schonend zu behandeln, um sich bei
Gelegenheit derselben in der Heimat zu Parteizwecken zu bedienen.[2] Freilich war man weit entfernt, dies als unanstössliche
Regel gelten zu lassen und nach dem Grundsatze Platons zu
verfahren, der es für Unrecht erklärte, griechische Städte in Sklaverei zu bringen und zu dulden, dass Hellenen die Sklaven von
anderen Hellenen oder gar von Barbaren würden,[3] vielmehr blieb
die augenblickliche Stimmung des Siegers für die Behandlung
der Gefangenen massgebend, so dass, freilich schon in den Zeiten des Lykurgos, die Tegeaten gefangene Spartaner in Fesseln
als Sklaven arbeiten liessen, weil die Spartaner ihnen gleichfalls
mit Sklaverei gedroht hatten,[4] dass Polykrates von Samos die
gefangenen Lesbier gefesselt an den Befestigungen seiner Hauptstadt arbeiten liess[5] und die Syrakusaner die gefangenen Athener zu der schwersten Sklavenarbeit in die Steinbrüche schickten.[6] Ja die Aeusserung des Spartaners Kallikratidas,[7] dass während seines Commandos kein Grieche in die Sklaverei kommen
solle, sticht sehr vortheilhaft gegen die Härte ab, mit welcher
während des ganzen peloponnesischen Krieges die Spartaner
gegen Gefangene verfuhren.

Dem Kriege gleich zu achten ist in der hier behandelten
Hinsicht der Seeraub, der in den ältesten Zeiten von den Griechen allgemein getrieben für ein keineswegs entehrendes Gewerbe gehalten wurde und der sich auch in der späteren Zeit

---

ges. 100 wo ein Talent als Lösegeld einer Person vorkommt. S. überhaupt Böckh Staatsh. I S. 100 f.

1) Thukyd. V, 3 ἀνὴρ ἀντ' ἀνδρὸς λυθείς.
2) S. den Fall bei Thukyd. I, 55; vgl. auch VIII, 41 u. 62.
3) Platon. Republ. V S. 469ᵇ.
4) Herod. I, 66. Pausan. III, 7.
5) Herod. III, 39.
6) Thukyd. III, 86 f.
7) Xenoph. I, 6, 14. Vgl. Thukyd. II, 67. In den Inscript. rec.
à Delphes par Wescher et Foucart nr. 179 findet sich eine Sklavin τὸ
γένος ἐκ Χαλκίδος ἐκ τῆς Εὐβοίας αἰχμάλωτος.

durchaus nicht gänzlich ausrotten liess, wenngleich die Seestaaten im Interesse ihrer eigenen Sicherheit demselben nach Möglichkeit zu steuern suchten. Der Seeraub beschränkte sich aber nicht allein auf die auf dem Meere befindlichen Schiffe, sondern suchte auch die Küsten heim, und dass bei solchen Angriffen die Beute an Menschen oft genug nicht gering sein mochte, zeigt ein Fall, in welchem Seeräuber durch einen nächtlichen Ueberfall aus der Insel Amorgos dreissig Personen, männlichen und weiblichen Geschlechtes geraubt haben.[1] Dazu kommt noch, dass während der Kriege sowohl Kaperei unter Autorisation der kriegführenden Staaten getrieben wurde, als auch Einfälle in das feindliche Land geschahen, bei denen es nicht bloss auf Verwüstung, sondern auch auf Raub und Plünderung abgesehen war. Beides aber erstreckte sich nicht bloss auf das Eigenthum, sondern auch auf die Personen.[2] In vielen Fällen wird es hierbei mehr der Zweck gewesen sein, von den Gefangenen ein möglichst hohes Lösegeld zu erpressen, als dieselben in die Sklaverei zu verkaufen, und in Athen bestanden darum auf Gegenseitigkeit beruhende Unterstützungsvereine, um die zur Auslösung solcher Gefangenen erforderlichen Mittel herbeizuschaffen.[3] ja der Gegenstand war wichtig genug, dass selbst durch die Gesetzgebung Fürsorge getroffen wurde, denen welche zu einem solchen Zwecke Geld hergaben, die Wiedererstattung zu sichern. Derartiger Menschenfang hat bei den Griechen zu keiner Zeit etwas anstössiges gehabt, ja Aristoteles erklärt sogar denselben für eine natürliche und gerechte Art des Erwerbes.[4]

Es gab nun aber auch Leute, welche ohne offenen Seeraub oder Kaperei zu treiben, ein Gewerbe daraus machten, nicht allein Sklaven ihren Herren zu stehlen und anderweitig zu ver-

---

1) Corpus Inscr. Gr. II nr. 2263.

2) Vgl. Thukyd. II, 94; Xenoph. Hellen. V, 1, 22; III, 2, 26.

3) Demosthen. geg. Nikostr. 6—11; geg. Eubul. 18. Vgl. Corp. Inscr. Gr. I nr. 93 Z. 15.

4) Aristot. Polit. I, 3 S. 14, 23 διὸ καὶ ἡ πολεμικὴ φύσει κτητική πως ἔσται· ἡ γὰρ θηρευτικὴ μέρος αὐτῆς, ᾗ δεῖ χρῆσθαι πρός τε τὰ θηρία καὶ τῶν ἀνθρώπων ὅσοι πεφυκότες ἄρχεσθαι μὴ θέλουσιν, ὡς φύσει δίκαιον ὄντα τοῦτον τὸν πόλεμον. Vgl. Platon Sophist. S. 222.

kaufen,¹ sondern auch freie Leute durch List oder Gewalt an
solche Orte zu bringen, wo es ihnen unmöglich war, die Hülfe
und den Schutz anderer Menschen oder des Staates zu erhalten,
um sie dann als Sklaven zu verkaufen. Das attische Gesetz
bestrafte solche Menschenräuber mit dem Tode.² Als ein besonderer Act tyrannischer Willkür endlich ist es anzusehen, wenn
der syrakusanische Tyrann Dionysios den bei ihm sich aufhalten-
den Philosophen Platon als Sklaven verkaufen liess,³ ein Fall,
der unter ähnlichen Umständen auch sonst vorgekommen sein mag.

Endlich ist noch die Möglichkeit in Erwägung zu ziehen,
dass jemand nach Gesetz und Recht seiner Freiheit beraubt und
in den Sklavenstand versetzt wird. Ueber die Bedingungen,
unter welchen dies stattfand, sind wir fast nur in Betreff der
attischen Gesetzgebung etwas genauer unterrichtet.⁴ Vor den
solonischen Gesetzen war es gestattet, den zahlungsunfähigen
Schuldner zu verkaufen;⁵ während aber nachher in Athen dieses
Recht nur für den Fall bestehen blieb, dass jemand das für
seine Auslösung aus der Gefangenschaft von einem anderen vor-
geschossene Geld nicht erstattete,⁶ scheint in den übrigen griechischen Staaten⁷ dasselbe noch viel später in Geltung geblie-

---

1) Pollux III, 78 ...

2) Demosth. Phil. I, 47. Lykurg bei Harpokrat. ...
Pollux VIII, 108.

3) Plutarch v. d. Seelenruhe 13 S. 471.

4) Meier de bonis damnatorum S. 31—47.

5) Plutarch Solon 15. Solons Elegie V, 24 f. bei Demosth. v. d.
Trugges. 255.

6) Demosth. geg. Nikostr. 11.

7) Diodor I, 79 ...

8*

ben zu sein. Das Recht, ihre Kinder zu verkaufen, stand wohl
nicht allgemein den Eltern zu; in Athen wenigstens hatte es
Solon auf einen einzigen Fall beschränkt, indem er einem
Vater gestattete, seine Tochter zu verkaufen, die sich einem
Manne preisgegeben hatte;[1] in Theben aber gab es ein Gesetz, nach
welchem ein armer Vater sein Kind unter Zuziehung der Obrig-
keit verkaufen konnte, so dass diese an den, welcher den geringsten Preis zahlte, das Kind mit der Bedingung überliess, es auf-
zuziehen und dann als Sklave zu behalten.[2] Durch dieses theba-
nische Gesetz wurde ein Verkauf der Kinder aus Gewinnsucht
verhütet, während armen Eltern die Möglichkeit gelassen wurde,
sich ihrer Kinder zu entledigen, ohne gegen das Gesetz zu fehlen,
welches das Aussetzen der Kinder verbot. Sonst scheint die
Aussetzung von Kindern, namentlich von Mädchen in Griechenland ziemlich allgemein üblich und erlaubt gewesen zu sein und
ein Findling rechtlich demjenigen als Sklave gehört zu haben,
welcher ihn auferzog.[3] Ferner wurden in Athen Freigelassene
und Metöken verkauft, welche die ihnen gesetzlich obliegenden
Verpflichtungen nicht erfüllten,[4] was auch wohl anderwärts geschehen mochte, endlich Fremde, welche sich mit Bürgern vermählt
oder sich widerrechtlich in das Bürgerrecht eingeschlichen hatten.[5]

Die Anzahl der Griechen, welche auf eine von den eben
besprochenen Weisen in Sklaverei geriethen und in Griechenland
selbst in Dienstbarkeit waren, kann im Ganzen nicht bedeutend
gewesen sein, denn wenn auch bei der Vernichtung ganzer

Von einem Selbstverkaufen, an das Wallon hist. de l'escl. I S. 160 denkt,
ist in den von ihm angeführten Stellen Plutarch Solon 13 u. Athen. VI
S. 263ᵃ keine Rede.

1) Plutarch Solon 23.
2) Aelian Verm Gesch. II, 7.
3) S. Hermann griech. Privatalt. § 11, 6 und 32, 13. Stobaeos
Floril. LXXVII, 7 u. 8. Sueton. de ill. gramm. 7.
4) Demosthen. geg. Aristog. I, 65. Harpokr. ἀποστασίου u. μετοι-
κιον. Pollux VIII, 99. Diogen. Laert. IV, 46, wo ein Freigelassener mit
seinem ganzen Hause wegen Zelldefraudationen verkauft wird.
5) Demosth. geg. Neaera 16. Plutarch Perikl. 37, nach dessen Angabe gegen 5000 Athener verkauft wurden, weil sie sich das Bürgerrecht
angemasst hatten, ohne vollbürtig zu sein.

Städte mit einem Male eine beträchtliche Anzahl Menschen dieses Schicksal erlitt, wie z. B. nach der Eroberung von Theben
durch Alexander dreissigtausend Kriegsgefangene verkauft wurden,[1] so kann doch, da dergleichen Vorfälle verhältnissmässig
nicht allzuhäufig vorkamen, dadurch kein starker Beitrag zu dem
Sklavenbestande geliefert worden sein, ebenso wenig trotz der
ununterbrochen in Griechenland geführten Kriege durch den Verkauf anderweitig gemachter Kriegsgefangenen, da, wie schon
bemerkt, deren Auslösung die Regel war. Die Zahl derer,
welche durch Kaperei und Seeraub Sklaven wurden, musste je
nach den Zeitverhältnissen sehr schwanken, darf aber auch
wohl nicht zu hoch angeschlagen werden, da es sich hier in
jedem einzelnen Falle nur um wenige Personen handelt und,
wenigstens wenn eine achtunggebietende Macht die Seeherrschaft besass, die Seeräuberei nach Möglichkeit in Schranken
gehalten wurde.[2] Die übrigen Möglichkeiten, Griechen zu Sklaven zu machen kommen, wenn man die Gesammtzahl der vorhandenen Sklaven im Auge behält, gegen das Uebrige kaum in
Betracht, wenn auch an und für sich die Zahl nicht ganz gering
gewesen sein mag, da z. B. eine grosse Anzahl der Hetären[3]
aus solchen Mädchen bestanden zu haben scheint, die in frühe-
ster Kindheit ausgesetzt worden waren.

Bei weitem die grösste Anzahl von Sklaven lieferten, wenigstens in den historischen Zeiten, die Barbaren,[4] welche ja auch
die Griechen als von der Natur zur Dienstbarkeit bestimmt anzusehen gewohnt waren,[5] so dass auch Plato den freilich prak-

---

1) Diodor XVII, 14.

2) Die Zahl der in den schon erwähnten delphischen Inschriften vorkommenden griechischen Sklaven ist im Verhältniss zu der Gesammtheit
der dort genannten Sklaven nicht bedeutend. Vgl. Eos I S. 634.

3) Vgl. Demosth. geg. Neaera 18. Isaeos v. Philoktem. Erbsch. 19.

4) Demosth. geg. Meid. 48 εἴ τις εἰς τοὺς βαρβάρους ἐπιγνῶν τὸν
τόμον τοῦτον, παρ' ὧν τὰ ἀνδράποδα εἰς τοὺς Ἕλληνας κομίζεται.
Bei Xenoph. Denkwürd. II, 7, 6, wo von Leuten gesprochen wird, die
Sklaven in Fabriken beschäftigen, heisst es als etwas selbstverständliches:
οὗτοι μὲν γὰρ ὠνούμενοι βαρβάρους ἀνθρώπους ἔχουσι.

5) Demosth. Olynth. III, 24 ὑπήκουε ὁ ταύτην τὴν χώραν ἔχων
αὐτοῖς βασιλεύς, ὥσπερ ἐστὶ προσῆκον βάρβαρον Ἕλλησι. Euripid.

tisch nie durchgeführten Grundsatz aufstellen konnte, kein Grieche
solle einen Griechen als Sklaven besitzen, sondern nur Barbaren
als solche halten.　Ein grosser Theil derselben stammte aus den
vorderasiatischen Ländern, von denen Strabo als diejenigen, deren
Bewohner unter den Sklaven in Attika am stärksten vertreten
waren, Lydien, Phrygien, Paphlagonien und Syrien erwähnt,[1] während der Komiker Hermippos[2] in einer Aufzählung der verschiedenen Länder mit den ihnen eigenthümlichen zur Ausfuhr
bestimmten Produkten Phrygien mit Sklaven nennt, und es fehlt
uns auch nicht an Beispielen von Sklaven aus diesen Völkerschaften.[3]　Die Handelsstädte am schwarzen Meere lieferten den
reichsten Vorrath von diesen Sklaven, so wie von solchen aus
den nördlicher gelegenen Ländern,[4] Geten und Daher waren in
Attika in grosser Anzahl zu finden,[5] Skythen nannte man daselbst
mit gemeinschaftlichem Namen die Sklaven, welche als Polizei-
diener gehalten wurden.[6]　Auch die nördlich und westlich von
Griechenland gelegenen Länder Europas lieferten Sklaven: Thrakier werden häufig erwähnt,[7] Makedonier,[8] die freilich nicht

----

Iphigen. in Aulis 1399 βαρβάρων δ' Ἕλληνας ἄρχειν εἰκός, wozu Aristot.
Polit. I, 1 bemerkt ὡς ταὐτὸ φύσει βάρβαρον καὶ δοῦλον ὄν. Hekabe
491 ἴσαιν Εὐρώπης θεράπναν. — Platon Republ. V S. 469°.

1) Strabo VII. S. 304.
2) Hermipp. bei Athen. I S. 27ᶠ.
3) Man vgl. den Paphlagonier in Aristoph. Rittern; syrische Sklaven, die griechisch gelernt, also längere Zeit in Griechenland gewesen
waren, erwähnt Cicero de orat. II, 66 § 265; einen syrischen Sklaven, der
als Kind nach Athen gebracht war, Antiphan. bei Athen. III S. 108°.
Ein Makrone, der in Athen Sklave gewesen bei Xenoph. Anab. IV, 8, 4.
4) Polyb. IV, 38, 4 πρὸς μὲν γὰρ τὰς ἀναγκαίας τοῦ βίου
χρείας, ἔτι τε θρέμματα καὶ τὸ τῶν εἰς τὰς δουλείας ἀγομένων σωμάτων πλῆθος οἱ κατὰ τὸν Πόντον τόποι παρασκευάζουσι δαψιλέστα-
τον καὶ χρησιμώτατον ὁμολογουμένως.　Ein Borysthenite bei Diogen.
Laert. IV, 46.
5) Strabo VII S. 304.
6) Pollux VIII, 132. Vgl. Böckh Staatsh. I S. 202.
7) Θρᾷττα Demosth. geg. Neaera 35; vgl. Antiphon v. Herod.
Morde 20; zahlreich in den delphischen Inschriften.
8) Demosth. Philipp III, 31 ὀλέθρου Μακεδόνος ὄντος, ὅθεν οὐδ'
ἀνδράποδον σπουδαῖον οὐδὲν ἦν πρότερον πρίασθαι.

besonders brauchbar gewesen zu sein scheinen, Illyrier, Italier, selbst Aegypter,[1] und wenn auch wohl nur ausnahmsweise, Aethiopier[2] begegnen uns. Eine reiche Auswahl von Nationalitäten bieten die delphischen Inschriften, welche den Verkauf von Sklaven an den Gott betreffen;[3] wir finden dort Italier, Illyrier, Thrakier, Bastarner, Sarmaten, Sklaven vom mæotischen See, Tibarener, Herakleoten, Galater, Mysier, Bithynier, Paphlagonier, Kappadokier, Phrygier, Lyder, Elymer, Armenier, Syrier, Phœnikier, Juden, Araber, Kyprier, Aegypter genannt.

Ueber die Art und Weise, wie diese Unglücklichen ihrer Freiheit beraubt wurden, sind nur spärliche Andeutungen vorhanden.[4] Dass die Gefangenen, welche jene Barbaren in den gegen einander geführten Kriegen den Feinden abnahmen, in das Ausland verkauft wurden, wo nahe gelegene Handelsplätze eine passende Gelegenheit dazu boten, ist nicht zu bezweifeln, zumal da wir schon an den römischen Gefangenen, welche nach der Schlacht bei Cannae nach Griechenland verkauft wurden, ein Beispiel der Art, wenn auch aus andrer Gegend, als aus denen, welche gewöhnlich die Sklaven lieferten, vor uns haben. Es mögen auf diese Weise sehr viele von den Sklaven in Gefangenschaft gerathen sein, welche die Nomaden aus der sarmatischen Ebene nach den griechischen Handelsstädten am schwarzen Meere zum Verkauf brachten,[5] vielleicht auch diejenigen, welche aus dem Innern von Thrakien kamen.[6] Nicht wenige Barbaren mögen auch von ihren eignen Landsleuten, sei es in früher Jugend von ihren Familienangehörigen, sei es von ihren Königen und Hauptleuten verkauft worden sein; wenigstens

---

1) Illyrier Stobaeos Floril. XLIII, 95. — Von den Gefangenen, die Hannibal bei Cannae gemacht, befanden sich 1200 in Achaia allein als Sklaven. Livius XXXIV, 50. — Aegypter Aristoph. Vögel 1133.

2) Theophr. Charact. 21.

3) Inscriptions recueillies à Delphes par C. Wescher et P. Foucart. Paris 1864. Vgl. Eos I S. 635.

4) Heyne E quibus terris mancipia in Graecorum et Romanorum fora advecta fuerint. Opusc. IV S. 130 ff. giebt nur wenig Material.

5) Strabo XI S. 493.

6) Pollux VII, 14; Suidas ἀλώπηξ.

berichtet Herodot von den Thrakiern, dass sie ihre Kinder in das Ausland verkauften,[1] und eine Andeutung des Horaz, der von dem Könige von Kappadokien sagt, an Sklaven reich habe er Mangel an Geld,[2] lässt auch auf derartigen Handel schliessen. Ausserordentlich viel Sklaven muss aber der Menschenraub gerade in jenen Gegenden geliefert haben, da derselbe dort von ganzen Völkerstämmen systematisch betrieben wurde. Strabo erzählt, dass die an der Ostküste des schwarzen Meeres wohnenden Völkerschaften der Achäer, Zyger und Heniocher, die ausschliesslich vom Seeraub lebten, mit ihren leichten Fahrzeugen, welche fünfundzwanzig, höchstens dreissig Menschen fassten, nicht allein den Kauffahrteischiffen auflauerten und die an der Küste gelegenen Orte angriffen, sondern auch in fremden Ländern landeten, ihre Böte auf den Schultern landeinwärts trugen und in Waldverstecken verbargen, worauf sie Tag und Nacht auf Menschenraub ausgingen.[3] Möglicherweise sind auch von den Barbaren des Binnenlandes ähnliche Menschenjagden gegen benachbarte Stämme gehalten worden. In späterer Zeit hat namentlich die kilikische Seeräuberei, mit welcher ein gewisser Tryphon um 150 v. Chr. den Anfang machte, eine beträchtliche Menge von Sklaven nach Griechenland geliefert.[4]

Wenn so die Griechen für die Deckung ihres Bedarfs an Sklaven ihr Augenmerk vornehmlich auf die Barbarenländer richteten, so ist es, da dieser Bedarf in den historischen Zeiten eine ausserordentliche Höhe erreichte, selbstverständlich, dass der Handel mit Sklaven zu einem umfangreichen Geschäfte wurde. In den homerischen Zeiten war ein systematischer Betrieb desselben nicht möglich, einerseits weil die Bezugsquellen unsicher waren und nur periodisch flossen, andrerseits weil die Beschränktheit der Verhältnisse ein Bedürfniss nach zahlreicher Diener-

---

1) Herod. V, 6 πωλέουσι τὰ τέκνα ἐπ' ἐξαγωγῇ.

2) Horat. Briefe I, 6, 39 Mancipiis locuples eget aeris Cappadocum rex. Vgl. Philostrat. Leben d. Apollon. v. Tyana VIII, 7, 42 ἐφορᾶ γοῦν ἀπαγομένους καὶ ἀποδιδομένους τοὺς αὑτῶν καὶ ἀνδραποδισθέντων μὴ ἐπαισχύνεσθαι.

3) Strabo XI S. 495 f. Vgl. Corpus Inscr. Gr. nr. 2193ᶜ.

4) Strabo XIV S. 668. Appian Mithrid. Kr. 96.

schaft nicht hervorrief, zumal da Handarbeit selbst für die höher gestellten Klassen der Freien nichts entehrendes hatte und Dienst um Lohn von Seiten der Aermeren, wie es scheint, leicht zu erhalten war. Abgesehen davon, dass die durch Krieg oder Raub gewonnenen Gefangenen von den Siegern verkauft oder vertauscht wurden, wenn sie nicht für den eignen Gebrauch derselben zu verwenden waren, finden wir den Handel mit Sklaven in jenen Zeiten hauptsächlich in den Händen der Phoenikier,[1] die auch nach Griechenland Sklaven brachten, welche sie theils durch Seeraub sich zu verschaffen wussten,[2] theils durch Tauschhandel selbst aus fernen Gegenden, z. B. von den Küsten des schwarzen Meeres erhielten.[3] Neben denselben erscheinen auch die Taphier und Lemnier mit diesem Handel beschäftigt, ebenso die mythischen Sikeler, deren Wohnsitze wir nicht nachzuweisen vermögen.[4] Die ersten unter den Griechen, welche einen Handel mit Sklaven, und zwar hauptsächlich mit Barbaren trieben, sollen die Chier gewesen sein;[5] von ihnen ist schon aus früherer Zeit ein Beispiel von einem Sklavenhändler bekannt, welcher sogar Knaben aufkaufte, um sie zu entmannen und nach Ephesos und Sardes zu verkaufen.[6] Aus diesem Beispiel ergiebt sich auch, dass in Ephesos ein Markt für Sklaven gewesen sein muss, die nach dem innern Asien verhandelt wurden, da es für Eunuchen in Ephesos wohl schwerlich eine andere Verwendung als den Wiederverkauf gab. Als berüchtigte Menschenhändler werden auch die Thessaler

---

1) Movers Phönizier II, 3 S. 70 ff. — Homer Odyss. o, 483. Joel 3, 9—11 Und ihr von Zor und Sidon, — die ihr dazu auch die Kinder Juda und die Kinder Jerusalems verkauft habt den Griechen.

2) Homer Odyss. r, 288 ff. o, 415 ff.

3) Ezechiel 27, 13 spricht zu Tyrus: Javan, Thubal und Meschech haben mit dir gehandelt und haben dir leibeigne Leute und Erz auf deine Märkte gebracht. — Thubal und Meschech sind die *Τιβαρηνοί* und *Μόσχοι*.

4) Taphier Homer Odyss. r, 452; o, 427. Lemnier Ilias η, 475. Sikeler Odyss. v, 383; w, 211.

5) Theopomp bei Athen. VI S. 265[b]; vgl. 266[f].

6) Herodot VIII, 105. Das Halten von Eunuchen ist im Allgemeinen bei den Griechen nicht üblich gewesen; ein einzelner Fall bei Platon Protag. S. 314[e].

genannt, bei denen der Hauptmarkt in dem Hafenplatz von
Pagasae war.[1] Wahrscheinlich bezogen diese ihre Vorräthe aus
nördlicheren Binnenländern, doch scheinen sie auch Menschenraub nicht verschmäht zu haben.[2] Für den pontischen Sklavenhandel dienten die Häfen des schwarzen Meeres, wohin die
Sklaven aus dem Binnenlande gebracht wurden, wie z. B. Tanais,[3]
wohin die asiatischen Nomaden ihre Sklaven zum Verkauf zu
schaffen pflegten, von vorzüglicher Wichtigkeit aber war Byzanz[4]
als Stapelplatz für diese Gegenden In gleichem Masse, wie
für die südöstlichen Gewässer des Mittelmeeres in späteren Zeiten Delos, wo ebenso wie zu Side in Pamphylien die kilikischen
Seeräuber ihren Raub abzusetzen pflegten.[5] In Delos war im
ersten Jahrh. v. Chr. dieser Handel so stark, dass nach Angabe
Strabos[6] in einem Tage leicht ein Umsatz von zehntausend
Sklaven gemacht werden konnte. Es lässt sich aber annehmen,
dass es auch in anderen Handelsstädten, namentlich in solchen,
die selbst einen grossen Bedarf von Sklaven hatten, Kaufleute gab,
die sich ausschliesslich oder gelegentlich mit Sklavenhandel beschäftigten, z. B. in Athen, von wo sogar Ausfuhr von Sklaven nach Sicilien stattfand.[7] Zum Einkauf begaben sich die Händler nach solchen Küstenplätzen, wohin man aus den Barbarenländern Sklaven zu bringen pflegte, oder sie machten selbst Reisen in das

---

1) Aristoph. Plut. 521 mit den Schol. Hermipp. bei Athen. I S. 27ᶜ
αἱ Παγασαὶ δούλοις καὶ στιγματίας παρέχουσι. Eustath. zu Odys. e,
262 S. 1416, 25.

2) Duncker Gesch. d. Alterth. III S. 316 meint, es könnten Penesten
oder ein noch schlechter gestallter Theil der alten Bevölkerung gewesen
sein, welche die Thessaler verkauften. Ein Anhalt dafür findet sich nirgends. — Für Menschenraub spricht die Bezeichnung bei Aristoph. a. a. O.
als ἄπιστοι ἀνδραποδισταί, wo das letztere Wort offenbar die oben angegebene Bedeutung hat, wenngleich es bei späteren Schriftstellern, z. B.
Artemidor IV, 14 einen Sklavenhändler bezeichnet.

3) Strabo XI S. 493. Vgl. Demosth. geg. Phorm. 10. Philostrat.
Leben d. Apollon. v. Tyan. VIII, 7, 42.

4) Polyb. IV, 38.

5) Strabo XIV S. 664. Vgl. Movers Phönizier II, 3 S. 81.

6) Strabo XIV S. 668.

7) Demosth. geg. Phorm. 10; geg. Apatur. 9—11.

Innere dieser Länder,[1] und erhandelten dort die Sklaven wohl in der Regel durch unmittelbaren Tausch gegen Waaren, welche die Barbaren bedurften, z. B. in Thrakien[2] gegen Salz. Zum Theil mögen diese Händler auch aus zweiter Hand von Kauflenten gekauft haben, welche an jenen Handelsplätzen ansässig unmittelbar von den Barbaren aufgekauft hatten. Endlich sind noch die Kaufleute zu erwähnen, welche die Heere auf ihren Kriegszügen begleiteten und vorkommenden Falls ebenso wie andere Beute auch die Kriegsgefangenen kauften, deren sich, falls sie nicht zur Auslösung bestimmt waren, die Anführer gern so bald als möglich entledigten.[3]

Der Wiederverkauf im Einzelnen fand zum Theil auf den grösseren Messen, auf denen sich Leute aus ganz Griechenland einfanden, z. B. bei der amphiktyonischen Pylaea und in Tithoreia statt;[4] zum Theil waren in den einzelnen Städten selbst Einrichtungen zu diesem Zwecke getroffen. In Athen, und vielleicht auch anderwärts, scheint der öffentliche Verkauf von Sklaven vorzugsweise am ersten Monatstage stattgefunden zu haben,[5] wobei freilich nicht zu bestimmen ist, ob dies in jedem Monat oder nur in einzelnen bestimmten geschah. Der Ort des Verkaufes war derselbe wie für andere Waaren auf dem Markte.[6]

---

1) Suidas ἀλώνησον: παρόσον οἱ ἔμποροι κομίζοντες εἰς τὴν μεσόγαιαν ἅλας ἀντὶ τούτων οἰκέτας ἐλάμβανον.

2) Pollux VII, 14 ἀλώνητοι δὲ ἐπωλοῦντο οἱ μηδένος ἄξιοι τῶν οἰκετῶν, ὅτι τῶν Θρακῶν οἱ μεσόγειοι ἅλῶν ἀντικατηλλάττοντο τοὺς οἰκέτας. Etymol. M. S. 74, 30. Bekker Anecdd. Gr. S. 380, 16. Suidas s. a. O.

3) Pollux III, 78 δοῦλα σώματα — παρὰ τῶν λαφυροπωλῶν. Xenoph. Agesil 1, 21. Hellen. IV, 1, 26. Plutarch Apophth. Lak. S. 209ʳ.

4) Zenob. Sprichw. V, 86. Pausan. X, 82, 15.

5) Aristoph. Ritt. 43 οὗτος τῇ προτέρᾳ νουμηνίᾳ ἐπρίατο δοῦλον, wo der Scholiast bemerkt: ἐν δὲ ταῖς νουμηνίαις οἱ δοῦλοι ἐπωλοῦντο. Vgl. Alkiphr. Brief III, 38 ψρύγα οἰκέτην ἔχω πονηρόν, ὃς ἀπέβη τοιοῦτος ἐπὶ τῶν ἀγρῶν· εἰς γὰρ τῇ ἔτῃ καὶ νέᾳ κατ' ἐκλογὴν τοῦτον ἐπριάμην, Νουμήνιον εὐθὺς ἐθέμην καλεῖσθαι. III, 61. Lukian de merc. cond. 23.

6) Es sind dies die sogenannten κύκλοι, von denen später bei Gelegenheit des Marktverkehres weiter zu sprechen sein wird. Vgl. Hesych. κύκλος: καὶ ἐν ἀγορᾷ τόπος, ἔνθα σκεύη καὶ σώματα πιπράσκεται. Harpokrat. κύκλοι. Pollux VII, 11; ders. III, 78 δοῦλα σώματα — ἀπὸ

Die Sklaven waren dort auf einem Gerüste aufgestellt, so d ss
die Kauflustigen ihre Auswahl treffen und ihre Untersuchung in
über die körperliche Beschaffenheit anstellen konnten,[1] zu w l-
chem Zwecke sich die zu verkaufenden Sklaven, wenn es v r-
langt wurde, entkleiden mussten,[2] während der Verkäufer, vi l-
leicht auch der Sklave selbst, die gewünschte Auskunft über (ie
Fähigkeiten und Geschicklichkeiten des letzteren gab. Ein rec ht
anschauliches Bild eines solchen Verkaufes giebt der Dialog
Lukianus, in welchem die verschiedenen philosophischen Systeme
in der Person ihrer Häupter wie Sklaven zum Verkauf geste lt
werden. Zeus als Sklavenhändler lässt die einzelnen Sklaven
durch den Ausrufer Hermes unter kurzer Angabe ihrer Eigenschaften ausbieten, jeder muss vom Gerüste herabsteigen und
sich der Prüfung unterwerfen, der Preis, über den sich Verkäufer und Käufer geeinigt haben, wird entweder sofort gezahlt oder
creditiert. Gegen die Verheimlichung gewisser Gebrechen und
Fehler war der Käufer durch das Gesetz geschützt,[3] welches ihm

τοῦ πωλητηρίου, ἀπό τοῦ πρατῆρος λίθου. Vgl. § 126. Plaut. Bacch.
IV, 7, 17. Diodor XV, 7. ἀμφιγνοῶν εἰς τὸ πρατῆριον οἷς ἀνδράποδον
ἀπέδοτο.

1) Pollux VII, 11 ἐφ' ᾧ δὲ ἀναβαίνοντες οἱ δοῦλοι ἐπιπράσκοντο,
τοῦτο τρίαιζεν Ἀριστοφάνης καλεῖ.

2) Lukian. Euuuch 13 οἱ μὲν ἐξέουν ἀποδύσαντες αὐτὸν ὥσπερ
τοὺς ἀργυρωνήτους ἐπισκοπεῖν. Μέση πρᾶσις θ ἀλλ' ἀπόδυθι, καὶ
γυμνὸν γάρ σε ἰδεῖν βούλομαι. Menander bei Harpokrat. πιπλοι
ἐγὼ μὲν ἤδη μοι δοκεῖ νὴ τοὺς θεούς
ἐν τοῖς κύκλοις ἐμαυτὸν ἐνδεδυκότα
ὁρᾶν, κύκλῳ τρέχοντα καὶ πωλούμενον.
Planudes Leb. d. Aesop.

3) Bekker Anecdd. Gr. S. 214 ἀναγωγή γάρ ἐστι τὸ τὸν πωλοῦντα οἰκέτην νόσημα ἔχοντα καὶ μὴ προειπόντα τῷ ὠνουμένῳ ἐγκαλεῖσθαι τῷ ὠνησαμένῳ διακαρύττεσθαι πρὸς τὸν πεπρακότα. Suidas ἀναγωγή οἰκέτου.
Hesych. ἀναγωγή ἡ τῶν πραθέντων ἀνδραπόδων ἀναίρεσις ἐχόντων πλίαν
τινά. Ebenso Schol. zu Platon Gesetze XI S. 916, welcher letztere ausführliche gesetzliche Bestimmungen darüber giebt. Dio Chrysost. X, 14. Vgl.
Platner Process II S. 342. Meier u. Schömann Att. Process II, 525. — Ueber
den Sklavenhandel überhaupt vgl. Wachsmuth Hellen. Alt. I. S. 334;
II S. 43 u. 51, Hermann gr. Privatalt. III § 12, 17. Becker Charikles
III S. 15. Schiller Die Lehre d. Arist. v. d. Sklaverei S. 25. Müllmann

gestattete, falls er einen solchen Mangel entdeckte, den Kauf,
jedoch jedenfalls innerhalb einer bestimmten Frist rückgängig
zu machen.

Zu diesen durch Kauf erworbenen Sklaven kommen dann noch
die im Hause des Herrn geborenen.[1] Kinder, deren Eltern beide
Sklaven waren, wurden selbstverständlich Eigenthum des Herrn,
in dessen Hause sie geboren waren; aber auch Kinder, welche
ein Freier mit einer Sklavin erzeugt hatte, gehörten dem Skla-
venstande an.[2] Im letzteren Falle konnte allerdings der Herr,
welcher Vater eines solchen Kindes war, nach seinem Belieben dasselbe als frei anerkennen, jedoch ohne dass es, wenigstens in den historischen Zeiten, dadurch irgend welche bürger-
liche Rechte erworben hätte; bei Homer dagegen finden wir
Söhne von Sklavinnen, welche diese dem Herrn geboren hatten,
in fast gleicher Stellung mit den rechtmässigen Kindern.[3] Die
Zahl der im Hause geborenen Sklaven wird nicht gross gewesen
sein, schon deshalb, weil weibliche Sklaven erheblich in der Minderzahl gegen die männlichen waren und von einer wirklichen

---

Handelsgesch. S. 57 ff. Jugler de nundinatione servorum. Wallon hist.
de l'escl. I S. 169 ff. Ein Sklavenhändler heisst ἀνδραποδοκάπηλος.
Harpokr. u. d. W. ὁ τῶν λεγόμενος σωματέμπορος. Bekker Anecdd.
Gr. S. 393, 27. Pollux VII, 16 οἱ δὲ τὰ ἀνδράποδα πιπράσκοντες
ἀνδραποδοκάπηλοι — ἀνδραποδιστὴς δ᾽ εἴρηται ἐν τοῖς Ἥρωσι τοῖς
Ἀριστοφάνους.

1) Ein im Hause geborener Sklave ist οἰκογενής, Platon Menon S.
82[b], Polyb. XL. 2, 3; oder οἰκότριψ Suidas u. d. W., Ammon. S. 101
Etymol. M. S. 590, 14 Μόθων: οὕτω ἐκάλουν Λακεδαιμόνιοι τὸν οἰκογενῆ δοῦλον, ὃν οἱ Ἀθηναῖοι οἰκότριβα φασί. Bekker Anecdd. Gr. S. 286,
18 Οἰκότριβες οἱ οἰκέται καλοῦνται οἱ δοῦλοι ἐκ δούλων γενόμενοι, οἱ,
οἰκογενεῖς. Vgl. Lobeck Phrynich. S. 208 f. In den delphischen Inschriften
häufig ἐνδογενής, bei Pollux III, 76 οἰκοτραφής, welches auch von den
Schol. zu Ilias ι, 530 angeblich aus Sophokl. Oedip. auf Kolon. angeführt wird, und das möglicher Weise auch einen Sklaven bezeichnet, der
als Kind in das Haus gekommen und dort erzogen ist, wie vielleicht auch
παράτροφος bei Polyb. a. a. O. Ein Sklave, dessen beide Eltern Sklaven waren, hiess auch ἀμφίδουλος, Eustath. zu Odyss. β, 290 S. 1445,
51; einer, dessen Eltern οἰκότριβες waren, οἰκοτριβαῖος Pollux III, 76.

2) Platon Gesetze XI S. 930[c]. Vgl. Aristot. Polit. III, 3 S. 80.

3) Homer Odyss. ξ, 202; vgl. Ilias αι, 497.

Sklavenehe nicht wohl die Rede sein kann; wenn aber auch
geschlechtliche Verbindung der Sklaven zuweilen von dem Herrn
gestattet wurde,[1] theils um gute Sklaven, wie wir dies bei Homer[2]
finden, zu belohnen, theils um ihnen grössere Anhänglichkeit an
das Haus einzuflössen,[3] wie ja auch solche Verbindungen ausdrücklich durch ein solonisches Gesetz gestattet worden waren,[4]
so mögen doch die Mühe und die Kosten der Auferziehung von
Sklavenkindern so wenig im Verhältniss zu den zu erwartenden
Vortheilen gestanden haben, selbst wenn man meinte, solche
im Hause gross gewordenen Sklaven seien zuverlässiger als
gekaufte,[5] dass Fälle, wo es viele Sklavenkinder in einem Hause
gab, gewiss zu den Seltenheiten gehörten.[6]

Ausser diesen dem Lande, in welchem sie gehalten wurden, gewissermassen fremden Sklaven, deren Erwerbung in der
ganzen Zeit der geschichtlichen Existenz der griechischen Staaten durchweg auf dieselbe Weise stattfand,[7] finden wir in mehreren Staaten Griechenlands noch eine Klasse von Unfreien,
deren Stellung in manchen wesentlichen Punkten von der der
übrigen Sklaven abwich, Leute nämlich, die wir mit einem uns
geläufigen Namen als Leibeigne bezeichnen können. Das wichtigste Kennzeichen derselben besteht darin, dass sie nicht eigentlich als unmittelbares Eigenthum der Person des Herren angesehen werden können, sondern mit dem Grund und Boden, auf

1) Xenoph. Oekon. 9, 5.
2) Odyss. ξ, 62 ff., ψ, 214; vgl. ρ, 212, σ, 322.
3) Aristot. Oekon. I, 5 δεῖ δὲ καὶ ἐξομηρεύειν ταῖς τεκνοποιίαις.
4) Plutarch. Amat. 4 S. 751.
5) Schol. zu Aristoph. Ritter 2 πεφύκαμεν γὰρ καὶ τῶν οἰκετῶν
μᾶλλον πιστεύειν τοῖς οἴκοι γεννηθεῖσι καὶ τραφεῖσι ἢ οἷς ἂν κτησώ-
μεθα πριάμενοι.
6) Stobaeus Floril. LXII, 48.
7) Vgl. Dio Chrysost. XV, 25 καὶ γὰρ δὴ τῶν κτημάτων τοὺς
οἰκέτας, ὥσπερ καὶ τὰ ἄλλα ξύμπαντα, οἱ μὲν παρ' ἄλλων λαμβάνουσι
ἢ χρισάμενοι τινὸς ἢ κληρονομήσαντες ἢ πριάμενοι, τινὲς δὲ ἐξ
ἀρχῆς τοῖς παρὰ σφίσι γεννηθεῖσις, οὓς οἰκογενεῖς καλοῦσι· τρίτος δὲ
κτήσεως τρόπος, ὅταν ἐν πολέμῳ λαβὼν αἰχμάλωτον ἢ καὶ ληισάμενος
κατὰ τοῦτον τὸν τρόπον ἔχῃ καταδουλωσάμενος, ὅσπερ ὑμῖν πρεσβύτα-
τος ἁπάντων ἐστί.

welchem sie leben, zusammengehören und dadurch einen Besitz
bilden, oder welchen der Herr nur mit dem Grund und Boden
zusammen verfügen kann. Es ist eben deshalb bei den Alten
diese Menschenklasse als eine solche bezeichnet worden, die
eine Stellung zwischen den Freien und Sklaven einnimmt,[1] eine
Bezeichnung, die insofern eine Berechtigung hat, als das Verhältniss in der Regel auf einem Vertrage beruht, der ursprünglich zwischen den Herren und Unterthanen abgeschlossen, bei
den letzteren einen wenn auch beschränkten freien Willen voraussetzt und ihnen gewisse Rechte einräumt, während der eigentliche Sklave keines von beiden dem Herrn gegenüber haben
kann. Die Stellung der Leibeignen ist in den verschiedenen
Ländern wesentlich verschieden, und diesem Umstande mag es
zuzuschreiben sein, dass die Griechen einen gemeinsamen Namen
für die Leibeignen nicht hatten, sondern, wo ein solcher erforderlich scheint, für sie dieselbe Bezeichnung wie für die Sklaven gebrauchten.[2] Als solche Leibeignen finden wir nun in Lakedaemon die Heloten, in Thessalien die Penesten, in Kreta
die Klaroten oder Aphamioten und die Mnoiten, in Argolis die
Gymnesier, in Sikyon die Korynephoren, in Boeotien die Thebageneis, in Byzanz die Bithynier, im pontischen Herakleia die
Mariandyner, in Syrakus die Kallikyrier.[3]

Die Leibeigenschaft ist überall dadurch geschaffen worden,
dass die Bevölkerung eines Landes durch fremde eindringende
Völkerschaften gewaltsam unterworfen wurde. Die grosse Bewegung, welche in der Bevölkerung fast aller Länder von Griechenland eine durchgreifende Veränderung hervorbrachte, begann
mit der Einwanderung der Thessaler in das später nach ihnen
benannte Land, nach gewöhnlicher Annahme sechzig Jahre nach

---

1) Pollux III, 83 μεταξὺ δὲ ἐλευθέρων καὶ δούλων οἱ Λακεδαιμονίων εἵλωτες, καὶ Θετταλῶν πενέσται κ. κ. τ.

2) Thukyd. V, 23 heisst die Gesammtheit der Heloten ἡ δουλεία.
Photios Πενέσται· οἱ τῶν Θετταλῶν δοῦλοι. Athen. VI S. 263ᶠ τὴν
καυτὴν δουλείαν οἱ Κρῆτες καλοῦσι μνοίαν.

3) Pollux III, 83; Stephan v. Byz. Χίος. Photios Καλλικύριοι und
Κιλλικύριοι. Eustath. zu Ilias β, 684 S. 295, 50, wo jedoch die Angaben
confus sind.

der Eroberung von Troja, 1124 v. Chr. Geb.[1] Die Böoter, welche Arne im Spercheiosthale bewohnten, wanderten theils aus, theils unterwarfen sie sich und bildeten einen Stamm von Leibeignen, die dann durch die weitere Unterwerfung der Perrhaeber und Magneten an Zahl wuchsen. Durch die Einwanderung der Arnaeer in das kopaische Seethal wird die Leibeigenschaft der Thebageneis geschaffen worden sein.[2] Die Einwanderung der Dorer in den Peloponnes, welche im J. 1104 begann, und die allmähliche Unterwerfung des Landes bewirkte die Entstehung der Leibeigenschaft der Heloten in Lakonien und der anderen oben genannten Leibeignen in den nördlichen Theilen der Halbinsel. Auch in Kreta wird man annehmen müssen, dass die allerdings viel ältere Einwanderung der Dorer die dortige Leibeigenschaft hervorgerufen habe;[3] von den Mariandynern wird ausdrücklich berichtet, dass sie überwältigt sich durch einen Vertrag unterwarfen, als die Milesier in ihrem Lande die Kolonie Heraklela anlegten.[4] Ueber die rechtlichen Verhältnisse, in denen diese leibeigen gewordenen Volksstämme standen, ist bei den meisten nur wenig bekannt. Von den Mariandynern erfahren wir, dass sie zwar verkauft werden durften, aber nicht über die Gränzen des Landes, doch bleibt es zweifelhaft, ob sie mit bestimmten Grundstücken zusammengehörig waren, oder, wenn auch nur innerhalb des Landes, von einem Gute auf ein anderes versetzt werden konnten. Ueber die Dienste, welche sie zu verrichten hatten, heisst es nur, sie hätten beim Abschluss des Vertrages versprochen, den Siegern als Arbeiter zu dienen, wogegen ihnen diese was sie bedurften zu gewähren hätten; der Name Gabenbringer jedoch, den sie führten,[5] deutet darauf hin, dass sie

---

1) Archemachos bei Athen. VI S. 264ᵃ, Theopomp. ebend S. 265ᶜ, Scholien zu Aristoph. Wesp. 1271. Suidas *Ἡσίοται*.

2) Strabo IX S. 401 u. 411. Thukyd. I, 12. Ammon. *ἀγιώσιοι*. Vgl. O. Müller in Ersch. u. Gruber Encycl. Sect. 1. Bd. 11 S. 263.

3) Ueber diese Einwanderung O. Müller Dorier I S. 30 ff. — Athen. VI S. 263ᶠ.

4) Athen. VI S. 263ᵈ. Strabo XII S. 542.

5) *δωροφόροι* Athen. VI S. 263ᵉ. Pollux III, 83. Hesych. *δωροφόροις: τοῖς εἵλωσι, Μαριανδυνοί.*

einen Zins zu zahlen hatten, gegen welchen ihnen wahrscheinlich die Bebauung des Landes für eigne Rechnung überlassen war.

Aehnliche Verhältnisse finden wir bei den Penesten der
Thessaler, die ebenfalls nicht ausser Landes gebracht werden
durften, das Land bebauten und ihren Herren eine bestimmte
Abgabe entrichteten.[1] Jedoch waren sie auch zu anderen Dienstleistungen verpflichtet, und zwar zunächst im Kriege, wie wir an
dem einen Falle ersehen, dass der Pharsalier Menon die Athener
im peloponnesischen Kriege mit zwölfhundert Reitern unterstützte,
die er aus seinen Penesten genommen.[2] Daher konnte auch
im vierten Jahrh. v. Chr. Jason von Pherae die Penesten als
ein treffliches Material für die Bemannung einer Flotte erklären.[3] Ausserdem scheinen sie zur Bedienung ihrer Herren im
Hause derselben verwendet worden zu sein,[4] wodurch dann natürlich das Verhältniss ein ganz anderes werden musste, da sie

---

1) Hesych. Πενέσται: οἱ μὴ γόνῳ δοῦλοι, οἵτινες εἰργάζοντο
τὴν γῆν. Athen. VI S. 264ᵃ Θετταλῶν δὲ λεγόντων πενέστας τοὺς μὴ
γόνῳ δούλους, διὰ πολέμου δ᾽ ἡλωκότας, was sich natürlich auf die
Art bezieht, wie der ganze Volksstamm ursprünglich leibeigen geworden
war. Die Ableitungen des Namens πενέσται von ihrer mühevollen Arbeit
oder als μενέσται von ihrem Bleiben im Lande bei Photios und Athen.
VI S. 264ᵇ, so wie die Benichung bei Dionys. v. Halik. Röm. Alterth. II, 9
Θετταλοὶ δὲ ἐκάλουν Πενέστας, ὀνειδίζοντες αὐτοῖς εὐθὺς ἐν τῇ κλήσει
τὴν τύχην sind unsicher. Ueber ihre Stellung Archemachos bei Athen.
a. a. O. παρέδωκαν ἑαυτοὺς τοῖς Θετταλοῖς δουλεύειν καθ᾽ ὁμολογίας,
ἐφ᾽ ᾧ οὔτε ἐξάξουσιν αὐτοὺς ἐκ τῆς χώρας οὔτε ἀποκτενοῦσιν, αὐτοὶ
δὲ τὴν χώραν αὐτοῖς ἐργαζόμενοι τὰς συντάξεις ἀποδώσουσιν und Photios, Suidas Πενέσται. Die Meinung von Wallon I S. 91, dass diese
Abgabe πιτεατικόν geheissen, kann wohl nur auf Missverständniss der
Glosse in Timaeos Lex. Platon. a. d. W. beruhen.

2) Demosth. περὶ συντάξ. 23.

3) Xenoph. Hellen. VI, 1, 11.

4) Vgl. Theokrit. XVI, 34
   Πολλοὶ ἐν Ἀντιόχοιο δόμοις καὶ ἄνακτος Ἀλεύα
   Ἀρμαλιὴν ἔμμηνον ἐμετρήσαντο πενέσται.
Auf diese Stellung bezieht sich auch vielleicht der Name Θετταλοικέται
bei Athen. VI S. 264ᵃ, den auch Bernhardy im Suidas II, 2 S. 176 her-
stellen will, oder Θετταλικέται bei Harpokrat. Πενέσται.

In diesem Falle keinen Tribut zahlen konnten, vielmehr von dem Herrn die Befriedigung ihrer Bedürfnisse zu beanspruchen hatten. Im Allgemeinen scheint ihre Stellung den Herren gegenüber einigermassen selbständig gewesen zu sein, da sie nicht allein als Eigenthum des ganzen Staates, nicht des einzelnen Herren angesehen werden müssen, der auch nicht über sie das Recht über Leben und Tod hatte, sondern auch eignen Besitz hatten,[1] ja in vielen Fällen sogar reicher, als ihre Herren waren.

Als Leibeigene mögen auch wohl die Kraugaliden[2] zu halten sein, welche nach der Zerstörung von Kirrha durch die Amphiktyonen dem delphischen Gotte geweiht wurden.

In Kreta gab es zwei verschiedene Klassen von Leibeignen, deren eine die sogenannten Mnoiten bildeten,[3] seshafte Landbauer, die, ehedem Besitzer des Landes,[4] nach der Eroberung durch die Dorer dasselbe weiter bauten, aber zur Erlegung eines Zinses verpflichtet waren, dessen Höhe uns freilich unbekannt ist. Sie galten durchaus als Eigenthum des Staates[5] und standen deshalb zu den einzelnen Bürgern in keinem unmittelbaren Abhängigkeitsverhältniss wie die andere Klasse, die Klaroten oder Apha-

---

1) Archemachos a. a. O.

2) Aeschin. geg. Ktesiph. 107, wo die Hdschr. zwischen Κραυγαλίδαι und Μαραγαλίδαι schwanken. Harpokr. Κραυαλλίδαι, Phot. Κραυγαλλίδαι ἢ Κραγαλλίδαι.

3) Pollux III, 83 μνοίται. Athen. VI S. 263ᶠ. Σωσικράτης δ᾽ ἐν δευτέρῳ Κρητικῶν τὴν μὲν κοινὴν δουλείαν, φησί, οἱ Κρῆτες καλοῦσι μνοίαν. Strabo XII S. 542 Κρησὶ μὲν ἐθήτευσιν ἡ Μινῴα καλουμένη σύνοδος. Hesych. μνοία, μνῷα, μνῷσαι; bei Steph. v. Byz. Λίος findet sich die Variante ὀμώσται. Der Name wird verschieden erklärt, indem einige ihn von Mίνως ableiten, weil diese Einrichtung auf den Minos zurückgeführt wird (Aristot. Polit. VII, 9; Göttling zu Arist. Pol. S. 473; Schömann Antiqq. iuris publ. S. 151 u. Griech. Alterth. I S. 299, wogegen Lobeck Pathol. serm. gr. I S. 277), andere von μνέω, so dass er die im Lande gebliebenen bezeichnete (Schmidt Zeitschr. f. Geschichtsw. I S. 561), andere von der Wurzel ΜΑ.

4) Hermonax bei Athen. VI S. 267ᵃ μνῴτας τοὺς εὐγενεῖς οἰκέτας, wofür Eustath. zu Ilias o, 431 S. 1024 wohl richtiger μνῴται οἱ ἐγγενεῖς οἰκέται hat.

5) Sosikrates bei Athen. VI S. 263ᶠ.

mioten [1], welche die im Privatbesitz befindlichen Ländereien
bebauten. Ueber das Verhältniss dieser Leibeignen ist nichts
zu ermitteln, ja es lässt sich nicht einmal feststellen, welche
von beiden Klassen unter den Sklaven zu verstehen ist, von
denen überliefert wird, dass sie zu den Syssitien der freien Kreter
einen äginäischen Stater,[2] wir wissen nicht für welchen Zeitraum,
beizutragen hatten. Auch bleibt es zweifelhaft, ob die Klaroten
das Land für Rechnung der Herren bauten, oder für eigne in
der Art, dass sie einen bestimmten Theil von dem Ertrage abzu-

---

1) Sosikrat. a. a. O. τὴν δ᾿ ἰδίαν (näml. δουλείαν) ἀφαμιώτας.
Pollux III, 83 κλαρῶται. Etym. Magn. S. 660, 24 οἱ δοῦλοι τῶν Κρη-
τῶν, κλαρῶται. Bekker Anecdd. Gr. S. 292, 8, wo κλαρῶται nicht. Athen.
VI S. 263ᵃ καλοῦσι δὲ οἱ Κρῆτες τοὺς μὲν κατὰ πόλιν οἰκέτας χρυσω-
νήτους, ἀφαμιώτας δὲ τοὺς κατ᾿ ἀγρόν, ἐγχωρίους μὲν ὄντας, δουλω-
θέντας δὲ κατὰ πόλεμον, διὰ τὸ κληρωθῆναι δὲ κλαρώτας. Ebenso
wird an derselben Stelle von Ephoros der letzte Name erklärt ἀπὸ τοῦ
γινομένου περὶ αὐτῶν κλήρου. Wahrscheinlicher ist der Name davon
abzuleiten, dass sie auf den κλήροις, auf den Grundstücken ansässig waren,
welche nach der Eroberung an die neuen Herren vertheilt wurden. Damit
mag auch die Benennung ἀφαμιῶται übereinstimmen, die auch Hesych.
durch οἰκέται ἀγροῖκοι, πάροικοι (wofür M. Schmidt περίοικοι) erklärt.

2) Dosiades bei Athen. IV S. 143ᵇ. Müller Dorier II S. 64 meint,
es könnten dies nur die Klaroten sein, welche ausser der Abgabe in Natu-
ralien auch noch diesen Geldbeitrag zu geben schuldig waren, mit welchem wahrscheinlich das nöthige Geräth beschafft wurde; von den Mnoiten
könne dies nicht gelten, weil diese als Staatsknechte ausser Zusammenhang mit den Einzelnen und also auch mit diesen Speisegesellschaften
standen. Der letztere Schluss ist nicht stichhaltig; denn da die Syssitien
zum Theil aus den an die Gemeinde gelieferten Tributen bestritten wurden (Athen. a. a. O. τὰς τῆς πόλεως προσόδους διατίμωνσιν οἱ προεστη-
κότες εἰς τοὺς ἑκάστων οἴκους, Aristot. Polit. II, 7 S. 61 ἀπὸ πάντων
γὰρ τῶν γινομένων καρπῶν τε καὶ βοσκημάτων, ἐκ τῶν δημοσίων καὶ
φόρων, οὓς φέρουσιν οἱ περίοικοι, τέτακται μέρος τὸ μὲν πρὸς τοὺς θεοὺς
καὶ τὰς κοινὰς λειτουργίας, τὸ δὲ τοῖς συσσιτίοις), so kann diese Geld-
abgabe auch von den Mnoiten an die Gemeinde gezahlt und von dieser
den einzelnen Syssitien nach Verhältnis zugewiesen worden sein. Ja man
kann sogar im Gegentheil daraus, dass die Klaroten zu der Gemeinde
keine unmittelbare Beziehung hatten, schliessen, dass diese es nicht waren,
welche jene Abgabe zu entrichten hatten. — Uebrigens ist auch über die
Stellung der Perioeken in Kreta, die Aristot. a. a. O. S. 63 mit den Ho-
loten zusammenstellt, nichts genaueres bekannt.

liefern gehabt hätten. Die persönliche Dienstleistung für den
Herrn muss beschränkt gewesen sein, da es wenigstens in den
Städten Kaufsklaven gab; doch scheinen sie Dienstleistungen
im Kriege gethan zu haben, wahrscheinlich als Diener im
Gefolge der Herren.[1] Im Allgemeinen mag die Stellung der
kretischen Leibeignen verhältnissmässig nicht ungünstig gewesen sein, da ihnen, abgesehen von ihrer Gebundenheit an die
Scholle und dem Mangel an politischen Rechten,[2] nichts von dem
versagt wurde, was den Freien zustand, ausgenommen den Besitz
von Waffen und die Theilnahme an den Leibesübungen in den
Gymnasien; gab es doch sogar ein Fest der Hermaeen, an welchem die Unfreien beim Schmause von den Herren bedient wurden und, wenigstens in der Stadt Kydonia, so grosse Freiheit
genossen, dass sie selbst Freie schlagen durften.[3]

In vielen Dingen anders gestaltete sich die Lage der lakedämonischen Leibeignen, der Heloten. Sie bildeten einen Theil
der ursprünglichen achäischen Bevölkerung des Landes,[4] und
zwar waren sie freie, nicht bereits in einem Verhältniss der
Unterwürfigkeit zu andern stehende Bewohner desselben, als die
Dorier einwanderten.[5] Die Ueberlieferung[6] berichtet, dass nach

---

1) Eustath. zu Hom. Il. α, 321 S. 110, 9 τὸ δὲ θεράπων κατὰ
Κρῆτας δηλοῖ, φασί, δοῦλον ὁπλοφόρον; zu Dionys. Perieg. V. 533
ἄλλοι δὲ Κρητικὴν λέξιν τῶν θεραπόντων εἶπον εἶναι, ὡς τῶν Κρη-
τῶν τὸν ὁπλοφόρον δοῦλον λεγόντων θεράποντα.

2) Aristot. Polit. II, 2 S. 37. Vgl. das Skolion des Hybrias bei
Athen. XV S. 695 geg. Ende.

3) Karystios bei Athen. XIV S. 636ᵇ, Ephoros ebend. VI S. 263ᶠ.

4) Theopomp bei Athen. VI S. 265ᵉ.

5) S. Schömann Griech. Alterth. I S. 195 gegen Müller Dorier
II S. 34.

6) Strabo VIII S. 365, Theopomp bei Athen. VI S. 272ᵃ. Hellan.
bei Harpokr. εἱλωτεύειν. Etymol. Magn. S. 300, 9; 338, 51. Bekker
Anecdd. Gr. S. 246, 16. Steph. v. Byz. Ἕλος. Pausan. III, 20, 6. Die
Seestadt Helos in Lakonien erwähnt schon Homer Il. β, 584. Ob die
erzählte Begebenheit historisch oder nur zum Zweck der Etymologie des
Wortes εἵλωτες erfunden ist, kann bezweifelt werden; gegen diese Etymologie ist namentlich geltend gemacht worden, dass der Name der Bewohner jener Stadt sonst Ἕλειοι oder Ἕλειται lautet. Andere wie Lennep
Etymol. I S. 957 und Müller Dorier dachten an eine Ableitung vom Ver-

der Unterwerfung Lakoniens durch die Herakliden die Einwoh-
ner der Stadt Helos sich empört hätten und dann vom Agis,
dem Sohne des Eurysthenes mit Waffengewalt besiegt in diesen
Stand der Knechtschaft gebracht worden seien; der von ihrer
Stadt abgeleitete Name sei ihnen geblieben und auf die ganze
Klasse der Leibeignen ausgedehnt worden, als dieselbe durch
die Bewohner anderer besiegter Städte[1] und zuletzt durch die
Messenier[2] erweitert wurde. Ihre Stellung im Staate und ihr
Verhältniss zu den einzelnen Herren war ursprünglich genau,
wahrscheinlich vertragsmässig festgesetzt, hat sich jedoch im
Laufe der Zeiten bei der wachsenden Macht der dorischen
Herrschaft in mancher Hinsicht zu ihren Ungunsten verändert.
Sie waren Eigenthum des Staates,[3] der sie den einzelnen Grundstücken und somit bestimmten Herren zutheilte, jedoch so, dass
diese letzteren weder das Recht sie zu verkaufen noch sie frei-
zulassen, und wahrscheinlich auch nicht das Recht über Leben
und Tod gegen sie hatten. Ob irgend welche Massregeln getroffen waren, auf den einzelnen Gütern die Zahl der Heloten möglichst gleichmässig zu erhalten, so dass etwa unter Umständen
die Heloten eines Gutes auf ein anderes versetzt werden konnten, wissen wir nicht. Die Hauptverpflichtung der Heloten
bestand in der Bebauung der spartiatischen Ländereien,[4] von

---

bam ἕλειν, so dass der Name so viel als Gefangene bedeute, und diese
Ableitung scheint auch der Erklärung im Etymol. Magn. S. 300, 8 εἷλω-
τες παρὰ Λακεδαιμονίοις οἱ τόθεν οἱ ἐξ αἰχμαλώτων δοῦλοι γενόμε-
νοι zu Grunde zu liegen; andere wollten das Wort von ἕλος Sumpf, als
Bewohner der sumpfigen Niederungen ableiten; Kortüm Zur Gesch. hellen.
Staatsverf. S. 33. Lachmann Spartan. Staatsverf. S. 114. Vgl. Göttling zu
Aristot. Polit. S. 465. Müller Prolegom. S. 426.

1) Pausan. III, 2, 5-7.
2) Pausan. IV, 23, 1; 24, 5; Theopomp. bei Athen. VI S. 272ᵃ;
Etymol. M. S. 300, 12 εἵλωτες γάρ εἰσιν οἱ τὴν Μεσσηνιακὴν οἰκοῦντες
Πελοπόννησον. Vgl. Strabo VI S. 278, nach dem auch die lakedaemoni-
schen Perioeken, die den Spartanern in dem messenischen Kriege nicht bei-
standen, zu Heloten gemacht wurden.
3) Ephoros bei Strabo VIII S. 365 nennt sie δημοσίοις δούλοις;
Pausan. III, 20, 6 δούλους τοῦ κοινοῦ.
4) Myron bei Athen. XIV S. 657ᵈ. Plutarch Lykurg 8 u. 24.

deren Ertrage sie eine bestimmte Abgabe zu entrichten hatten.
Seit Lykurg bestand dieselbe in siebzig Medimnen Gerste für den
Herrn, zwölf für dessen Frau und einer dem angemessenen
Quantität Wein und Oel; sie zu erhöhen war unter schweren
Verwünschungen verboten.[1] Der Ueberschuss des Ertrages blieb
ihr unbeschränktes Eigenthum, und wenn auch anzunehmen ist,
dass derselbe im Durchschnitt nur zur Befriedigung ihrer Bedürfnisse ausgereicht haben wird, so finden sich doch Beispiele von
einem gewissen Wohlstande unter den Heloten, der Art, dass
als der König Kleomenes jedem Heloten die Freiheit verhiess,
der fünf attische Minen zahlen würde, er auf diese Weise fünfhundert Talente zusammenbrachte,[2] wonach also sechstausend Heloten wenigstens im Besitze jener zu ihrem Loskauf erforderlichen Geldsumme waren. Ausser ihrer Thätigkeit in der Landwirthschaft waren sie dem Herrn zu persönlichen Dienstleistungen verpflichtet,[3] und zwar so, dass nach dem spartanischen
Principe der Gemeinschaftlichkeit jeder Spartiat auch die Dienste
der einem andern angehörigen Sklaven in Anspruch nehmen
durfte.[4] Sie zogen ferner mit den Herren in den Krieg, denen
sie, wie es scheint, in bestimmter Anzahl zugewiesen wurden,
wenigstens finden wir in der Schlacht bei Plataeae sieben Heloten auf jeden Spartiaten berechnet.[5] Auf den Feldzügen hatten
sie nicht bloss als Leichtbewaffnete am Kampfe Theil zu nehmen, sondern auch den Spartiaten als Waffenträger persönliche
Dienste zu leisten.[6] Nur ausnahmsweise in besonders gefährlicher Lage des Staates dienten sie als Schwerbewaffnete[7] und

------

1) Plutarch Lakon. Einricht. 41.

2) Plutarch Kleomen. 23.

3) Plutarch Vergl. des Numa u. Lyk. 3 ἦν ἡ περὶ τὰ χρήματα
κατασκευὴ διδομένη δούλοις καὶ εἵλωσιν, ὥσπερ ἡ περὶ τὰ δεῖπνον καὶ
ὄψον διακονία.

4) Xenoph. Staat der Laked. 6, 3; Aristot. Polit. II, 2 S. 35, 7.
Plutarch Lakon. Einricht. 10.

5) Herod. IX, 10 u. 28. Vgl. Hesych. ἀμφιπέλασις.

6) Herod. VII, 229. Es sind wohl dieselben, die bei Xenoph. Hell.
IV, 5, 14 u. 6, 39 ὑπασπισταί genannt werden.

7) Thukyd. VII, 19; IV, 80 u. V, 34. Vgl. Xenoph. Hell. VI, 5,
28. Diodor XII, 67.

erhielten dann wohl immer nach Beendigung des Krieges die
Freiheit; in späterer Zeit, als die Spartaner auch zur See ihren
Feinden entgegen traten, dienten sie auch auf der Flotte als
Matrosen, [1] und auch in diesem Falle scheint man ihnen zuweilen
die Freilassung bewilligt zu haben. Die Lage der Heloten kann, so
lange sie auf den natürlich gegebenen Grundlagen beruhte, durchaus nicht übermässig drückend gewesen sein. Schon der Umstand, dass wir von zahlreichen Freilassungen hören, ferner dass
Heloten die Pædagogen spartanischer Knaben, helotische Frauen
selbst in den königlichen Familien Ammen waren, [2] endlich dass
Kinder von Heloten mit denen von Spartiaten zusammen erzogen wurden, [3] beweist, dass wenigstens die ursprüngliche Helotenbevölkerung keineswegs die verachtete Menschenklasse bildete,
für die sie wohl häufig ausgegeben worden ist. Erst als mit
der Unterwerfung der Messenier den Heloten ein zahlreiches
Volk gleich gemacht wurde, in welchem die Erinnerung an die
verlorene Freiheit nicht hatte ausgetilgt werden können und
welches daher stets zu Empörungen bereit war, so dass die
Herren stets vor ihnen auf der Hut sein mussten, [4] erst da scheint
das Verhältniss der Knechte zu den Gebietern ein ganz ande-

---

1) Xenoph. Hell. VII, 1, 12. Myron bei Athen. VI S. 271[f] πολλάκις ἠλευθέρωσαν Λακεδαιμόνιοι δούλοις, καὶ οἷς μὲν ἀγροίκης
ἐπέλεσαν — διαποσιοναῖτης δ'ἄλλοις, οἷς εἰς τοὺς στόλους ἐπί-
τασσον.

2) Vgl. Duris bei Plutarch Agesil. 3.

3) Dies sind die sogenannten μόθακες oder μόθωνες. Phylarch bei
Athen. VI S. 271[b]. Etym. M. S. 590, 14.

4) Aristot. Polit. II, 6 S. 55 ὁμοίως δὲ καὶ τοῖς Λάκωσιν οἱ εἵλωτες (ἐπίθεντο), ὥσπερ γὰρ ἐφεδρεύοντες τοῖς ἀτυχήμασι διατελοῦσι,
Xenoph. Hellen. III, 3, 6 und insbesondere von den Messeniern Thukyd.
I, 101; V, 14. — Thukyd. IV, 80 ἀεὶ γὰρ τὰ πολλὰ Λακεδαιμονίοις
πρὸς τοὺς εἵλωτας τῆς φυλακῆς πέρι μάλιστα καθεστήκει; V, 23 in
dem Bundesvertrage zwischen Lakedaemoniern und Athenern: ἦν δὲ ἡ
δουλεία ἐπανιστῆται, ἐπικουρεῖν Ἀθηναίους Λακεδαιμονίοις παντὶ
σθένει κατὰ τὸ δυνατόν. Auf die Messenier beziehen sich die Haupt-
klagen über systematische Bedrückung, wie sie uns erhalten sind von
Tyrtaeos bei Pausan. IV, 14, 5 und von Myron bei Athen. XIV S. 657[d].
Dieselbe Ansicht, wie sie im Texte vorgetragen ist, spricht schon Plutarch Lykurg 28 aus.

res geworden zu sein. Als eine Massregel der Selbsterhaltung,
die vom moralischen Standpunkte allerdings nicht zu billigen ist,
muss es angesehen werden, wenn die Spartiaten einmal den
Heloten, welche sich im Kriege auszeichnen wollten, die Freiheit versprachen und dann zweitausend, die sich gemeldet hatten, als 'die muthigsten und darum die gefährlichsten heimlich
aus dem Wege schafften;[1] dahin mag auch die verrufene Kryp-
teia,[2] die Jagd auf die Heloten gehören, obgleich deren eigentliche Bedeutung wohl schon von den Alten missverstanden und
darum manches von derselben entstellt überliefert worden ist,
dahin manche andere Massregel, welche die lakonische Helotie
als die härteste Sklaverei und eine für den Staat höchst bedenkliche Einrichtung erscheinen liess.[3]   Immerhin lässt sich nicht
verkennen, dass in den auf diesen Gegenstand bezüglichen Angaben der alten Schriftsteller viel übertrieben ist, und nicht ohne
Bedeutung möchte es sein, dass sich die Leibeigenschaft der Heloten wenigstens in Lakonien bis zum Eintritt der Römerherrschaft erhalten konnte,[4] noch in Zeiten, wo die Kraft der herrschenden Volksklasse und die Macht der alten Staatseinrichtun-
gen längst gebrochen war.

In ihrer äusseren Erscheinung unterschieden sich die Heloten von den gewöhnlichen Landleuten nicht, wie diese trugen
sie den in diesem Stande althergebrachten Schafpelz und die
Mütze von Hundsfell.[5] Zu ihrer Wohnung waren ihnen Häuser,
die zu dem Gute, das sie bewirthschafteten, gehören mochten,
vom Staate angewiesen.[6] Ob sonst auf ihre häuslichen und Familienverhältnisse durch die Gesetzgebung irgend wie eingewirkt
wurde, ist nicht bekannt. Dass den Heloten das Singen von

---

1) Thukyd. IV, 80.

2) 8 Müller Dorier II S. 42 ff.

3) Kritias bei Liban. Red. 24 Th. II S. 85 Reiske, Plutarch Lykurg
28 ἐν Λακεδαίμονι καὶ τὸν ἐλεύθερον μάλιστα ἐλεύθερον εἶναι καὶ τὸν
δοῦλον μάλιστα δοῦλον. Platon Gess. VI S. 776ᵉ.

4) Strabo VIII S. 365.

5) Myron bei Athen. XIV S. 657ᵈ; vgl. Müller Dorier II S. 40ᶠ.

6) Ephoros bei Strabo a. a. O. κατοικίας τινὰς αὐτοῖς ἀποδεί-
ξαντες.

spartanischen Nationalliedern untersagt war, dass sie dagegen
den Mässigkeitsgesetzen der Spartiaten nicht unterworfen waren,[1]
ist nur eine nothwendige Folge des natürlichen Abstandes zwischen der unterworfenen Klasse und den Herrschern. Dass
man sie aber gezwungen habe, sich zu betrinken und unanstän-
dige Lieder zu singen und eben solche Tänze aufzuführen, um
der spartiatischen Jugend ein abschreckendes Beispiel zu geben,[2]
dürfte wohl zu den erwähnten Uebertreibungen zu rechnen sein,
wenngleich Trunkenheit und rohe Lieder und Tänze bei ihnen
ebenso wenig ungewöhnlich gewesen sein mögen wie bei anderen Leuten aus den untersten Volksschichten.

Dass es in Lakedæmon auch aus der Fremde eingeführte
und gekaufte Sklaven gab, zeigt das Beispiel des Dichters
Alkman, der aus Sardes stammend ein Sklave des Spartaners
Agesidas war.[3] Ob die Periœken dergleichen Sklaven besassen,
ist unbekannt, obgleich sich annehmen lässt, dass sie bei ihren
ländlichen und gewerblichen Arbeiten wohl die Hülfe von Knech-
ten und untergeordneten Arbeitern nöthig gehabt haben.

Von den Gymnesiern in Argos und den Korynephoren in
Sikyon ist uns nichts als der Name bekannt, aus diesem aber
könnte man vielleicht folgern, dass sie im Heere als Leichtbewaffnete dienten, wenn schon diese Folgerung nichts weniger als
sicher ist.

Die Anzahl der Sklaven, welche in den einzelnen Landschaften Griechenlands durchschnittlich vorhanden sein mochte,
lässt sich in den meisten Fällen nicht einmal annähernd mit
einiger Sicherheit bestimmen. Zunächst braucht kaum erwähnt
zu werden, dass diese Zahl überhaupt eine sehr schwankende
sein musste, abhängig von dem jedesmaligen Bedürfniss, dem
Wohlstande und der Zahl der übrigen Bevölkerung des Landes,
auch wohl von der grösseren oder geringeren Leichtigkeit des

---

1) Plutarch Lykurg 28. Theopomp bei Athen. XIV S. 657[b].
2) Plutarch a. a. O. Dahin mag der μόθων gehören, den Pollux
IV, 101 ein φορτικὸν ὄρχημα καὶ ναυτικὸν nennt. Aristoph. Ritt. 697
ἀπεπυδάρισα μόθωνα. Etym. M. S. 590, 1 Μοθωνία, ἀλαζονεία τις
τοῦ σώματος κινητική.
3) Heraklid. Polit. 2 Ἀλκμὰν οἰκέτης ἦν Ἀγησίδου.

Ersatzes. Am wenigsten wird ein Schwanken bei den Leibeignen stattgefunden haben, die sich aus sich selbst ergänzend nur
den allgemeinen Naturgesetzen der Bevölkerungsbewegungen
unterworfen waren. Die vereinzelten Angaben, welche uns aus
den alten Schriftstellern erhalten sind, gehen nur auf die beste
Zeit des griechischen Staatslebens, und auch nur für diese Zeit
werden sich Berechnungen versuchen lassen; allein auch diese
können nur ein unsicheres Ergebniss liefern, da das statistische
Material, welches zu denselben die Grundlagen geben muss, ein
äusserst dürftiges und unzuverlässiges ist.

Aus einer beiläufigen Bemerkung des Thukydides, dass die
Chier die meisten Sklaven für einen Staat in Griechenland, die
Lakedämonier ausgenommen, gehabt hätten, ergiebt sich, dass
die letzteren die grösste Zahl von Sklaven besassen, aber es ist
fraglich, ob damit die absolute Zahl derselben oder das Verhältniss der Sklaven zur übrigen Bevölkerung gemeint ist.[1] Wenn
man die erstere Annahme als die wahrscheinlichere gelten lässt,
so würde, da von einigen anderen Staaten bestimmte Zahlen
überliefert sind, wenigstens eine Gränze vorhanden sein, unter
die man bei der Schätzung der Zahl der Heloten nicht herabgehen dürfte. In dem spartanischen Heere, welches an der
Schlacht bei Platää Theil nahm, kamen auf jeden Spartiaten
sieben Heloten,[2] und man hat daraus geschlossen, es sei dies das
überhaupt bestehende Zahlenverhältniss zwischen den gesammten
Spartiaten und Heloten gewesen, woraus sich, da in jener Zeit
die Anzahl der waffenfähigen Spartiaten 8000 betrug,[3] eine
Zahl von 56000 erwachsenen Heloten, und, nach dem gewöhnlichen Verhältniss der erwachsenen Männer zu der Gesammtbevölkerung von etwa 1 : 4$\frac{1}{8}$, eine Gesammtzahl von 252000 für

---

1) Thukyd. VIII, 40 οἱ γὰρ οἰκέται τοῖς Χίοις, πολλοὶ ὄντες καὶ
μιᾷ γε πόλει πλὴν Λακεδαιμονίων πλεῖστοι γενόμενοι. Hume Essay
on the populousness S. 446 und Clinton Fasti Hellen. S. 419 ed. Krüger
haben die Angabe im Verhältniss zur Bevölkerung genommen, Wallon
hist. de l'escl. I S. 231 als absolute Zahl.

2) Herod. IX, 10 u. 28.

3) Herod. VII, 234.

die Helotenbevölkerung ergeben würde.[1] Allein es liegt durchaus keine Berechtigung zu jenem Schluss vor, da uns nichts über
das Princip mitgetheilt ist, nach welchem damals die Spartaner
die Aushebung veranstalteten, wie ja auch die bei derselben
Gelegenheit angegebene Zahl von 10000 Perioeken,[2] die an dem
Zuge Theil nahmen, keinesweges in demselben Verhältniss zu
der ganzen Perioekenbevölkerung steht, wie die beim Heere
befindlichen Spartiaten zu den überhaupt vorhandenen. Immor-

1) Nach Clinton Fasti Hellen. S. 397 kamen in England im J. 1821
auf 20160 Köpfe 4140 Männer im Alter von 20 bis 60 Jahren, wonach
sich das Verhältniss auf beinahe 1 : 4,9 stellen würde. Wallon I S. 455
nimmt dies Verhältniss wie 5094197 : 20000000 an, und berechnet danach
die Zahl der Heloten auf etwa 220000.

2) Clinton a. a. O. S. 421 nimmt an, jene 35000 Heloten wären die
sämmtlichen waffenfähigen gewesen, da man voraussetzen könne, dass die
Spartaner die Heloten weniger geschont hätten, als die anderen Klassen.
Diese Annahme ist ganz willkürlich, und mit demselben Rechte könnte
man dagegen annehmen, dass jeder Spartiat die sieben Heloten von den
auf seinem Grundstücke ansässigen genommen und dort mindestens so viel
Leute zurückgelassen habe, als die Wirthschaft nothwendig erforderte.
Die von Clinton berechnete Gesammtsumme von 170500 Heloten im übrigens auch nur dann annehmbar, wenn man die von Athen u. s. w. überlieferten viel höheren Sklavenzahlen, von denen noch zu sprechen ist, für
falsch erklärt. O. Müller Dorier II S. 46 nimmt ebenfalls jenes Verhältniss von 1 : 7 als für das Ganze massgebend an, und berechnet danach
durch Multiplication mit 4 die gesammte Helotenzahl auf 224000. Den
Vergleich mit Aegina und Athen nach den zu besprechenden Angaben
lehnt er ab, weil in Aegina sich die grössere Sklavenzahl mit dem Verluste der Freiheit des Staates verloren, Athen aber während des Krieges
gewiss nicht 200000 Sklaven besessen hätte, also die hohen Zahlen für
die von Thukydides gemeinte Zeit nicht vorhanden gewesen wären; allein
diese Voraussetzungen sind nicht zu beweisen. Wallon a. a. O. I S. 108
glaubt die von ihm berechnete Zahl von 220000 Heloten auch durch den
Ernteertrag des Landes stützen zu können. Die Abgabe von 82 Medimnen Gerste nimmt er mit Bezug auf Tyrtaeos (S. oben S. 47) als den
halben Ertrag jedes Grundstückes; der ganze Ertrag reichte, 3/4 Choenix
auf den Kopf und Tag gerechnet, für 29 Personen, also der Ertrag von
9000 Grundstücken für 261000 Personen, so dass bei einer Spartiaten-
bevölkerung von 31400 Köpfen die Ernte für etwas mehr als 220000 Heloten ausreichte. Wir haben schon oben auf die vollständige Unsicherheit
dieser Ernteberechnung aufmerksam gemacht.

hin bleibt die Möglichkeit, ja sogar die Wahrscheinlichkeit, dass die oben gesetzte Zahl der Heloten zu niedrig gegriffen ist.[1] Für die übrigen Landschaften des Peloponnes fehlt uns fast jede Kenntniss. Wir hören zwar, dass Elis wie durch seinen übrigen Wohlstand so auch durch die Menge seiner Sklaven sich auszeichnete,[2] dass es auch in Arkadien zahlreiche Sklaven gab,[3] dass in Patræ in Achaja die Zahl der Frauen doppelt so gross als die der Männer war,[4] und diese grossentheils mit Weberei beschäftigten Frauen werden meistens Sklavinnen gewesen sein, aber bestimmte Zahlenangaben fehlen. Nur für Korinth liegt die eine Notiz vor, dass es 460000 Sklaven besessen habe,[5] wahrscheinlich in der Zeit seiner höchsten Blüthe, eine Zahl, deren für den geringen Umfang und die mässige Fruchtbarkeit des Ländchens ausserordentliche Höhe sich daraus erklärt, dass Korinth als Fabrik- und Handelsstadt für den Gewerbebetrieb und die Bemannung seiner zahlreichen Handelsflotte vieler Tausend Sklaven bedurfte. Aus gleichen Verhältnissen erklärt sich auch einigermassen die grosse Zahl von 470000 Sklaven, welche die kleine Insel Aegina besessen haben soll,[6] denn auch diese

---

1) Für die Bevölkerungsverhältnisse dürfte nicht unwichtig die Stelle bei Xenoph. Hellen. III, 3, 4 sein, wo darauf aufmerksam gemacht wird, dass sich in Sparta auf dem Markte der König, die Ephoren, die Geronten und etwa vierzig Spartiaten, dagegen mehr als 4000 andere Leute befinden, die doch nur Perioeken und Heloten gewesen sein können.

2) Polyb. IV, 73, 8 συμβαίνει γὰρ τὴν τῶν Ἠλείων χώραν διαφερόντως οἰκεῖσθαι καὶ γέμειν σωμάτων καὶ κατασκευῆς παρὰ τὴν ἄλλην Πελοπόννησον. Xenoph. Hellen. III, 2, 26 ἐπίπολλὰ δὲ ἀνδράποδα ἡλίσκετο ἐκ τῆς χώρας.

3) Philostrat. Leb. d. Apoll. v. Tyan. 8. 161 ed. Kays.

4) Pausan. VII, 21, 14. Dass unter diesen Frauen viele Sklavinnen waren, scheint auch die Bemerkung anzudeuten: Ἀφροδίτης δὲ, εἴπερ ἄλλαις γυναιξί, μέλιστα καὶ ταύταις.

5) Timaeos bei Athen. VI S. 272ᵇ.

6) Aristot. bei Athen. VI S. 272ᵈ; Schollen zu Pindar Olymp. VIII, 30. — Clinton a. a. O. S. 430 hält die für Korinth und Aegina überlieferten Zahlen für falsch und setzt sie auf 60000 resp. 70000 herab, und gleiche Bedenken hat Letronne bei Mémoire sur la population de l'Attique in den Schriften der Acad. des inscriptions, nouvelle série T. VI S. 165 ff. erhoben. Die vorgebrachten Gründe sind nicht durchweg zureichend.

wird nur in einer Zeit denkbar sein, in welcher die Aegineten
ausgebreiteten Handel trieben und eine umfangreiche Industrie
hatten. In Attika betrug bei einer im J. 309 v. Chr. durch den
Phalereer Demetrios veranstalteten Volkszählung die Zahl der
Sklaven 400000,[1] und nach einer Angabe des Redners Hypereides,[2] die der Zeit nach nicht viel früher fällt, waren auf dem
Lande und in den Bergwerken allein mehr als 150000 Sklaven,

Letronne hat zunächst die Zuverlässigkeit der Angaben des Athenaeos in
Zweifel gezogen, wogegen doch geltend gemacht werden kann, dass derselbe seine Gewährsmänner mit genauer Angabe der Schriften nennt, aus
denen er die betreffenden Daten entnommen hat; eine wesentliche Verderbniss der Zahlen durch die handschriftliche Ueberlieferung lässt sich nach
dem Inhalte des Textes nicht wohl annehmen. Die Kleinheit der Länder
giebt auch keinen genügenden Beweis für die Unmöglichkeit jener Sklavenmengen, da es sich eben nur um eine städtische Bevölkerung handelte,
die selbst auf einen engen Raum zusammengedrängt sich durch Handel
und Gewerbe nährte. Die Berufung auf die angeführte Notiz bei Thukyd.
VIII, 40, mit der sich die Angaben des Athen. nicht vereinigen liessen,
weil nach den letzteren Korinth und Aegina im Verhältniss zu den Freien
viel mehr Sklaven als Sparta gehabt haben müssten, verliert ihre Bedeutung, wenn man jene Notiz nicht als relativ gegeben ansieht. Dass in
Korinth die Sklavenzahl enorm gewesen sein muss, beweist schon der
Beiname χοινεπομένοις, welchen nach Athen. a. a. O. die Pythia den Korinthern gab, gleich als ob eine ihrer Hauptthätigkeiten darin bestanden
hätte, den Sklaven ihre tägliche Portion Getreide zusammen. Man kann
ausserdem einen Schluss auf die Gesammtzahl machen, wenn man die Notiz
bei Strabo VIII S. 378 für eine Gattung in Betracht zieht, welcher berichtet, dass das Aphroditeheiligthum in Korinth über tausend Freudenmäd-
chen als Hierodulen besessen habe. Vgl. auch Böckh Staatsh. I S. 57.

1) Ktesikles bei Athen. VI S. 272*.

2) Hypereides bei Suidas ἀπεψηφίσατο: ὅπως πρῶτον μὲν μυριά-
δας πλείους ἢ δεκαπέντε τοὺς ἐκ τῶν ἔργων τῶν ἀργυρίων καὶ τοὺς
κατὰ τὴν ἄλλην χώραν, ἵνπερ u. s. w. Ueber den Sinn der Stelle
Böckh Staatsh. I S. 83 Anm. — Letronne hat a. a. O. die Sklaven von
Attika auf 100000 bis 120000 berechnet, Wallon I S. 223 ff. nimmt im
Ganzen 201000 an, wovon 40000 auf die häuslichen Dienste, 35000 auf
den Ackerbau, 10000 auf die Bergwerke, 90000 auf Gewerbe, Schifffahrt
und Handel gerechnet werden, 20000 Kinder unter zwölf Jahren und 6000
Greise über siebzig Jahre sein sollen. Obgleich diese Berechnung im einzelnen scharfsinnig angestellt ist, sind doch die meisten Daten, auf welche
sie sich gründet, nicht ausreichend, um das Resultat als ein sichereres erscheinen zu lassen.

womit wahrscheinlich nur die erwachsenen männlichen gemeint
sind, so dass mit dieser letzteren Angabe jene erstere Zahl der
gesammten Sklavenmenge in Stadt und Land wohl übereinstimmen mag. Es versteht sich von selbst, dass auch hier eine
solche Höhe nur in Zeiten erreicht worden ist, wo Handel und
Gewerbe blühten, während die Zahl in Kriegszeiten bedeutend
herabgehen musste, namentlich in solchen, wo das Land feindlichen Einfällen ausgesetzt oder gar zum Theil in den Händen
des Feindes war; denn abgesehen von der alsdann mangelnden
Beschäftigung und der Schwierigkeit der Ernährung war in solchen Zeiten auch die Gefahr des Entlaufens gross, wie ja nach
Thukydides während des dekeleischen Krieges gegen 20000
Sklaven entflohen.[1]

Von anderen Landschaften Griechenlands fehlt es uns an
allen Nachrichten. Die schon oben erwähnte Angabe, dass Chios
die meisten Sklaven nächst Lakedæmon gehabt habe, lässt über
die Zahl selbst nichts bestimmen. Auf der Insel Kerkyra, die
vorzüglich angebaut war, müssen nach einer Andeutung von Xenophon ebenfalls viele Sklaven gewesen sein,[2] und dem entsprechend wird man für solche Gegenden, welche den Ackerbau
besonders eifrig trieben, so wie für Städte mit lebhafterem Handel und Gewerbebetrieb, der nicht allein für den eignen Bedarf
sondern auch für den Export Waaren lieferte, eine grössere
Menge von Sklaven annehmen dürfen. Im Allgemeinen aber hat
in Griechenland die Zahl der Leibeignen und Sklaven die Zahl
der Freien bei weitem überstiegen, was sich bei näherer Betrachtung der Stellung der Sklaven noch deutlicher zeigen wird.

Da die eigentlichen Sklaven, wie bereits bemerkt, unbedingt
als Besitz ihres Herren angesehen werden, so ergiebt sich zunächst, dass dieselben dem Staate gegenüber dieselbe Stellung
einnehmen wie jeder andere lebende oder todte Besitz, dass sie
also nur Gegenstand der civilrechtlichen, nicht der staatsrecht-
lichen Gesetzgebung sind, natürlich nur in dem Falle, dass sie
wirklich Eigenthum der einzelnen Bürger, nicht wie bestimmte

---

1) Thukyd. VII, 27. Vgl. Xenoph. v. d. Eink. 4, 25.
2) Xenoph. Hellen. VI, 2, 6.

Klassen der Leibeignen Eigenthum des Staates sind. Allein man
konnte doch, so sehr man auch in gewissen Hinsichten dazu nei-
gen mochte, die menschliche Natur des Sklaven nicht ganz läugnen, und diese musste ihn über seine Privatstellung hinaus mit
dem Staate in manche Berührung bringen. Zunächst musste die
Gesammtmasse der Sklaven, namentlich wo sie an Zahl den Freien
weit überlegen war, schon an und für sich Gefahren für die
Ordnung im Staate, ja unter Umständen selbst für das Bestehen
desselben bieten, wenn sich diese Leute, denen ihre unterdrückte
Stellung täglich zum Bewusstsein kommen musste, etwa vereinigten, um sich mit Gewalt aus einer solchen Lage zu befreien.
Allein das Uebergewicht, welches eine feste und organisierte
Verbindung auch der Minderzahl über eine grosse Masse gewährt,
welcher es an jedem Zusammenhange mangelt, bewirkte auch in
Griechenland, dass Sklavenaufstände zu den äussersten Seltenheiten gehörten. Die grösste Möglichkeit zu Empörungen war
bei den Leibeignen vorhanden, die wenigstens durch das Band
gleicher Nationalität verbunden waren und durch ihre Lebensweise leichter Gelegenheit fanden, eine Vereinigung unter einander herzustellen. Daher finden wir auch, dass die Penesten
in Thessalien zu Empörungen geneigt waren,[1] und dass diese
Neigung selbst von aussen her benutzt wurde, um Versuche zum
Umsturz der staatlichen Verfassung zu machen. Nicht minder
bereit zu Aufruhr zeigten sich die Heloten,[2] namentlich die
Bevölkerung von Messenien, und die Geschichte Lakedämons
weist eine ganze Reihe mehr oder weniger umfangreicher Empörungen derselben auf, meistens in Zeiten, wo die Spartaner von
äusseren Feinden oder inneren Gefahren bedrängt waren, und
Leute, welche wie Pausanias und Kinadon einen Umsturz der
Verfassung beabsichtigten, konnten ebenso wohl mit Sicherheit

---

1) Aristot. Polit. II, 6 S. 53 ἡ Θετταλῶν πενεστεία πολλάκις ἐπί-
θετο τοῖς Θετταλοῖς. Xenoph. Hellen. II, 3, 36. Vgl. Aristoph. Wesp.
1271 ff.

2) Aristot. a. a. O. u. II, 7 S. 63. — Ueber die Verbindung des
Pausan. mit den Heloten Thukyd. I, 132; Strabo VI S. 260; des Kina-
don Xenoph. Hellen. III, 3, 6. — Vgl. sonst Thukyd. I, 101 u. Pausan.
IV, 24, 5; Thukyd. IV, 41 und Xenoph. Hellen. I, 2, 18.

anf die Unterstützung der Heloten rechnen wie äussere Feinde, sobald sie Gelegenheit fanden, sich mit denselben in Verbindung zu setzen. Seltener waren Aufstände von Sklaven in anderen Ländern. In Attika empörten sich zur Zeit des zweiten Sklavenaufstandes in Sicilien, etwa um 103 v. Chr. die in den laurischen Bergwerken arbeitenden Sklaven, nahmen eine feste Stellung bei Sunion und beunruhigten lange Zeit durch Plünderungen das Land.[1] In Chios empörten sich im J. 412, als die Athener gegen die Chier Krieg führten, fast die sämmtlichen zahlreichen Sklaven, und fügten dem Lande ausserordentlichen Schaden zu.[2] Dieselbe Insel wurde abermals wahrscheinlich im dritten Jahrh. v. Chr. von einem Sklavenaufruhr heimgesucht, den ein gewisser Drimakos so wohl organisiert hatte, dass alle Anstrengungen der Chier ihn zu unterdrücken scheiterten, ja die Bewohner der Insel mussten schliesslich mit den Sklaven einen Vertrag eingehen, durch welchen den letzteren die zu ihrem Leben nöthigen Mittel gewährt wurden, während sie sich verpflichteten, das Land nicht zu beschädigen und Sklaven, welche ihren Herren ohne triftigen Grund entliefen, zurückzubringen.[3] Allein dergleichen Empörungen von Sklaven kamen im Ganzen zu selten vor, als dass man von Seiten des Staates auf Mittel gedacht hätte, denselben vorzubeugen; man überliess vielmehr die Sorge für seine Sicherheit jedem einzelnen, der dann Massregeln ergreifen mochte, wie sie Platon und Aristoteles anrathen,[4] nämlich nicht viele Sklaven gleicher Nationalität zusammen zu halten und die Sklaven so zu behandeln, dass sie mit ihrer Lage zufrieden sein konnten. Nicht einmal eine gesetzliche Beschränkung der Zahl der Sklaven, die ein Bürger halten durfte, war irgendwo vorhanden; denn wenn Periander seinen Unterthanen überhaupt verboten hatte

---

1) Poseidon. bei Athen. VI S. 272° und Diodor. Excerpt. libr. XXXIV S. 528 wo die Zahl der empörten Sklaven auf mehr als 1000 angegeben wird. Böckh Ueber die laurischen Bergw. S. 123 vermuthet, dieser Aufstand habe Ol. 91, 4 stattgefunden.

2) Thukyd. VIII, 40.

3) Nymphodoros v. Syrak. bei Athen. VI S. 265 f.

4) Platon Ges. VI S. 777°. Aristot. Polit. VII, 9 S. 237. Oekon. I, 5.

Sklaven zu halten,[1] so war dies aus einem ganz anderen Grunde geschoben, nämlich um sie zur angestrengten Selbstthätigkeit zu zwingen. Dagegen sind von den Staaten unter einander Verträge geschlossen worden, welche die gegenseitige Auslieferung entlaufener Sklaven verbürgten oder wenigstens festsetzten, dass entlaufene Sklaven des einen Staates in dem anderen keine Aufnahme finden sollten.[2]

In eine unmittelbare Beziehung zu dem Staate und dessen Organen tritt ein Sklave, sobald vor Gericht von dem Zeugnisse desselben Gebrauch gemacht werden muss. Schon Nützlichkeitsrücksichten verboten es, auf ein solches Zeugniss unter allen Umständen etwa deswegen zu verzichten, weil man den Sklaven überhaupt nicht als einen vollkommenen Menschen hätte ansehen wollen; allein eben diese Ansicht führte darauf, ein besonderes Mittel ausfindig zu machen, durch dessen Anwendung man von ihm eine glaubwürdige Aussage erhalten könnte. Ein solches Mittel glaubte man in der Folter gefunden zu haben. Denn da man annahm, dass ein Sklave weder aus Wahrheitsliebe die Wahrheit sagen, noch etwa durch die Scheu vor der Heiligkeit eines Eides sich von einer Lüge werde abhalten lassen, so schloss man, dass nur der körperliche Zwang ihn bestimmen könne, der Wahrheit gemäss sein Zeugniss abzulegen,[3] ja man war von der Unfehlbarkeit dieses Mittels so überzeugt, dass man sogar die durch die Folter erzwungene Aussage eines Sklaven der von

---

1) Heraklid. Polit. 5. Suidas Περίανδρος.

2) In dem sogenannten Frieden des Nikias bei Thukyd. IV, 118 findet sich der Artikel τοὺς δὲ αὐτομόλους μὴ δέχεσθαι ἐν τούτῳ τῷ χρόνῳ μήτε ἐλευθέρον μήτε δοῦλον, μήτε ἡμᾶς μήτε ὑμᾶς. Thukyd. I, 139 führen die Athener als einen Grund ihres feindlichen Verhaltens gegen die Megarer die Aufnahme entlaufener Sklaven an. Vgl. auch die Mysterieninschr. von Andania in d. Abh. d. k. Gesellsch. d. Wissensch. zu Göttingen VIII 8. 217 ff. Z. 83.

3) Antiphon Tetral. I, 2, 7 ἀπιστουμένων δὲ καὶ τῶν ἄλλων δούλων ἐν ταῖς μαρτυρίαις (οὐ γὰρ ἂν ἐβασανίζομεν αὐτούς) u. s. w., v. d. Choreut. 25 ἐξείη μὲν τοὺς ἐλευθέρους ὅρκοις καὶ πίστεσιν ἀναγκάζειν, ἃ τοῖς ἐλευθέροις μέγιστα καὶ περὶ πλείστου ἐστίν, ἐξείη δὲ τοὺς δούλοις ἑτέραις ἀνάγκαις, ὑφ' ὧν ἢν καὶ μέλλωσιν ἀποθανεῖσθαι κατειπόντες, ὅμως ἀναγκάζονται τἀληθῆ λέγειν· ἡ γὰρ παροῦσα ἀνάγκη ἑκάστῳ ἰσχυροτέρα ἐστὶ τῆς μελλούσης ἔσεσθαι.

einem Freien freiwillig gemachten in Bezug auf die Glaubwür-
digkeit vorzog.[1] Freilich ist zu berücksichtigen, dass die Stellen,
in denen von den Alten die Unfehlbarkeit dieses Mittels gerühmt
wird, sich in gerichtlichen Reden finden und Fälle betreffen, in
denen das fragliche Zeugniss zu Gunsten des Sprechenden lautete, also von demselben im Interesse seiner Sache als unbedingt
glaubwürdig bezeichnet werden musste, während es auch nicht
an Beispielen fehlt, wo im entgegengesetzten Falle die Glaub-
würdigkeit eines solchen Zeugnisses angefochten wurde.[2] Die
Folter wurde aber an weiblichen Sklaven ebensowohl wie an
männlichen vollzogen; das dabei beobachtete Verfahren ist uns
zwar nur aus dem attischen Gerichtswesen näher bekannt,[3] doch
kann man wohl annehmen, dass in den übrigen Staaten Griechenlands im Allgemeinen nach denselben Grundsätzen verfahren wurde. Eine Darstellung der hierher gehörigen Einzelheiten liegt unserm Zwecke fern; es bedarf nur einiger Bemerkungen, insofern das Eigenthumsrecht dabei in Frage kommt. Die
Gestellung eines Sklaven zur Folter geschah entweder durch freiwilliges Anerbieten von Seiten des Herren,[4] oder auf directe Aufforderung der einen Partei,[5] mitunter auch auf das Verlangen,

---

1) Isaeos v. Kirons Erbsch. 12 τῶν βασανισθέντων οὐδένες πώ-
ποτε ἐξηλέγχθησαν ὡς οὐκ ἀληθῆ ἐκ τῶν βασάνων εἰπόντες. Demosth.
geg. Onetor I, 37 ὑμεῖς τοίνυν καὶ ἰδίᾳ καὶ δημοσίᾳ βάσανον ἀκριβε-
στάτην πασῶν νομίζετε, καὶ ὁπόταν δοῦλοι καὶ ἐλεύθεροι παραγένων-
ται, δέῃ δ' εὑρεθῆναι τὸ ζητούμενον, οὐ χρῆσθε ταῖς τῶν ἐλευθέρων
μαρτυρίαις, ἀλλὰ τοὺς δούλους βασανίζοντες οὕτω ζητεῖτε τὴν ἀλήθειαν
εὑρεῖν τῶν πεπραγμένων, εἰκότως, ὦ ἄνδρες δικασταί· τῶν μὲν γὰρ
μαρτυρησάντων ἤδη τινὲς οὐ τἀληθῆ μαρτυρῆσαι ἔδοξεν, δούλων δὲ
βασανισθέντων οὐδένες πώποτ' ἐξηλέγχθησαν ὡς οὐκ ἀληθῆ τὰ ἐκ τῆς
βασάνου εἰπόν. Vgl. dens. geg. Aphob. 12. Lykurg geg. Leokr. 29.
Hudtwalcker Diäteten S. 51. Meier u. Schömann Att. Proc. S. 679. Schömann zu Isaeos S. 355.

2) S. Aristot. Rhetor. I, 15 S. 1376ᵇ, 31. Demosth. geg. Aphob. 14
οὐ γὰρ δὴ τοῦτό γ' ἔνεστιν εἰπεῖν ὡς περὶ μέν τινων ὧν αὐτὸς βούλεται σαφής ἡ βάσανος, περὶ δ' αὖ τινων οὐ σαφής. Vgl. Antiphon
v. Herod. Ermord. 31. Hermann griech. Staatsalt. § 141, 16.

3) Antiphon Ankl. weg. Giftm. 10. Lysias v. d. absichtl. Verw. 15;
Demosth. geg. Aphob. 25; geg. Onetor. I, 35; geg. Neaera 190.

4) Antiphon v. d. Choreut. 23; Demosth. geg. Aphob. 55.

5) Lykurg geg. Leokr. 28. Demosth. g. Pantaenet. 51; g. Stephan. II, 21.

das von Seiten eines nicht bei dem Processe Betheiligten auf
Ersuchen des Interessierten gestellt wurde.[1] Dabei stand es
frei, eine solche Aufforderung zurückzuweisen[2] und andrerseits
die vom Gegner zur Folter angebotenen Zeugen abzulehnen, so
dass weder ein gesetzlicher Zwang zur Annahme noch zur Gestellung vorhanden war, wogegen freilich die Gefahr blieb, dass
der Gegner eine derartige Weigerung im Verlaufe des Processes
zu seinem Vortheile ausbeutete.[3] Wenn schon durch diese Freiheit der Herr eines Sklaven gegen einen Eingriff in sein Eigenthumsrecht geschützt war, so wurde er auch vor Beschädigung
dadurch gewahrt, dass es ihm freistand, für den Schaden, den
sein Sklave etwa durch die Folterung erlitten hatte, Ersatz zu
beanspruchen,[4] wahrscheinlich selbst in dem Falle, dass er ihn
freiwillig gestellt hatte.

Wenn ein Sklave ein Verbrechen gegen die Gesetze des
Staates begeht, so wird nicht der Herr desselben dafür verantwortlich gemacht, sondern der Staat zieht ihn selbst vor seine
Gerichte. Bei dem Mangel eines öffentlichen Organes für die
Anklage in den Staaten des Alterthums wird dies in der Regel
nur dann geschehen, wenn der durch ein solches Verbrechen
benachtheiligte über den Sklaven keine Gewalt hat, und deswegen Klage bei den Gerichten erhebt; war der Herr selbst der
betroffene, so war ein solcher Umweg nicht nöthig, da der Herr
über den Sklaven vollständiges Strafrecht besass, ausgenommen
freilich, wenigstens in Athen, den Fall, dass es sich um ein
todeswürdiges Verbrechen handelte, dessen Bestrafung sich der
Staat vorbehalten hatte.[5] Wir finden ein Processverfahren gegen

1) Vgl. Antiphon a. a. O.
2) Isaeos v. Philoktem. Erbsch. 16.
3) Vgl. Antiphon. Ankl. weg. Giftm. 11. Leben der zehn Redn.
S. 834°.
4) Demorth. geg. Neaera 124; geg. Pantaenet. 40, wo derjenige,
welchem die Abschätzung des Schadens übertragen wird, ἐπιγνώμων heisst.
Vgl. Aristoph. Frösche 693 ff., woraus sich auch ergiebt, dass eine Ver-
richtleistung auf Schadenersatz unter Umständen vorkam.
5) Antiphon v. Herod. Ermord. 48.

10*

Sklaven wegen Schmähung eines Freien erwähnt,[1] ja sogar ein
Beispiel von einer civilrechtlichen Klage gegen einen Sklaven,[2]
In welchem letzteren Falle eine Verurtheilung natürlich zunächst
nur den Herrn treffen konnte, da dieser rechtlich zum Ersatze
jedes Schadens, den sein Sklave angerichtet, verpflichtet war.[3]
Dagegen konnte ein Sklave, der keine Person im juristischen
Sinne ist,[4] nicht mit einer Klage vor Gericht, weder für sich noch
für einen anderen auftreten; war ihm von irgend einer Seite
Unrecht geschehen, so konnte sein Herr als derjenige, welcher
durch das gegen sein Eigenthum begangene Unrecht am nächsten betroffen war, für ihn eintreten.[5]

Die Gesetzgebung hatte sich jedoch auch hin und wieder
mit den Sklaven beschäftigt, um den Unterschied ihres Standes
gegen den der Freien aufrecht zu erhalten, namentlich dadurch,
dass sie dieselben von gewissen den Freien zukommenden Dingen ausschloss. Von den Leibeignen in Sparta und Kreta ist
schon in dieser Hinsicht gesprochen worden; in Athen finden
wir ein Gesetz, das den Sklaven die Theilnahme an den gymnastischen Uebungen verbot,[6] ein Gesetz das vielleicht auch an
anderen Orten, jedoch nicht überall galt, denn in Argos werden
gelegentlich Sklaven und Freie in der Benutzung der Gymnasien gleichgestellt. Ebenso wird erwähnt, es sei in Griechenland

---

1) Pollux VIII, 88 ἐὰν δοῦλος κακῶς ἀγορεύῃ τὸν ἐλεύθερον,
unter den Processen, deren Instruction den Thesmotheten zusteht.

2) Demosth. geg. Kallikl. 31 ff.

3) Demosth. gegen Nikostr. 20. Meier u. Schömann Att. Proc.
S. 477 u. 575.

4) Gregor v. Korinth in Rhetor. Gr. ed. Walz T. VII S. 1283
δοτέον συνήγορον τῷ δούλῳ, ὅτι ἀπρόσωπός ἐστιν. Platon Gorg. S. 483ᵇ
ἀνδραπόδον, ὅστις ἀδικούμενος καὶ προπηλακιζόμενος μὴ οἷός τέ ἐστιν
αὐτὸς αὑτῷ βοηθεῖν μηδὲ ἄλλῳ οὗ ἂν κήδηται.

5) Demosth. geg. Pantaenet. 61; geg. Nikostr. 21. Vgl. Meier u.
Schömann a. a. O. S. 557 f.

6) Aeschin. geg. Timarch. 138 δοῦλον μὴ γυμνάζεσθαι μηδὲ ξηραλοιφεῖν ἐν ταῖς παλαίστραις. Dagegen die argivische Inschr. Corp.
Inscr. I nr. 1122 τό τ' Ἥλιον θέντα ἐν παντὶ γυμνασίῳ καὶ βαλανείῳ ἀδεῶς ἀπὸ πρωίας ἄχρις ἡλίου δύσεως κατὰ ἐλευθέρῳ καὶ δούλῳ u. ebenso nr. 1123.

den Sklaven die Uebung freier Künste, wie der Malerei und
Bildhauerkunst gesetzlich verboten gewesen.[1] Höchst eigenthümlich ist ein auf den Solon zurückgeführtes Gesetz, nach welchem es
unter Androhung von fünfzig Peitschenhieben den Sklaven untersagt war, einen freien Knaben zu lieben oder ihm nachzugehen.[2]

Dagegen hat man den Sklaven im Allgemeinen die Theilnahme an den gottesdienstlichen Feierlichkeiten gestattet,[3] sogar
so weit, dass sie, natürlich nur wenn sie Hellenen waren, in
die eleusinischen Mysterien eingeweiht werden durften.[4] Von
einzelnen Opfern und Festen waren sie allerdings ausgeschlossen,
in der Regel wohl aus Gründen, die in der Natur dieser Feierlichkeiten lagen. Dahin gehören die Thesmophorien wegen ihrer
Beziehung auf die Ehe, an welcher Sklaven keinen Theil haben,[5]
die Opfer des Phorbas auf Rhodos,[6] deren Veranlassung den
Ausschluss der Sklaven bedingte, und jedenfalls wird auch ein
bestimmter Grund vorgelegen haben, dass auf der Insel Kos bei
den Opfern für die Hera ein Sklave weder anwesend sein, noch
von dem Opferfleische geniessen durfte.[7] Andrerseits gab es
sogar verschiedene Feste, an denen die Sklaven nicht bloss Theil
hatten, sondern sogar eine bevorzugte Stelle einnahmen. Wir
haben bereits oben die Hermäen in Kreta erwähnt, bei welchen
die Sklaven von den Herren bedient wurden, und ähnliches
geschah in Troezen bei einem im Monat Gerästion gefeierten
Feste,[8] denn an einem Tage desselben spielten die Sklaven
mit den Bürgern gemeinschaftlich und wurden von ihren Herren
bewirthet. Letzteres geschah auch in Sparta bei den Hyakin-

---

1) Plinius Naturgesch. XXXV, § 77.

2) Aeschin. a. a. O. 139 δοῦλον ἐλευθέρου παιδὸς μήτ᾽ ἐρᾶν μήτ᾽
ἐπακολουθεῖν ἢ τύπτεσθαι τῇ δημοσίᾳ μαστίγι πεντήκοντα πληγάς.
Plutarch Solon 1. Amat. 4, 11.

3) Demosth. geg. Neaera 85 οὐκέτ᾽ ἔξεστιν αὐτῇ ἐλθεῖν εἰς οὐδὲν
τῶν ἱερῶν καὶ δημοσίων, εἰς δ καὶ ξένην καὶ τὴν δούλην ἐλθεῖν
ἐξουσίαν ἔδοσαν οἱ νόμοι καὶ θεασομένην καὶ ἱκετεύουσαν εἰσιέναι.

4) Demosth. a. a. O. 21. Vgl. Lobeck Aglaopham. S. 19.

5) Aristoph. Thesmoph. 294 δούλαις γὰρ οὐκ ἔξεστ᾽ ἀκούειν τῶν λόγων.

6) Athen. VI S. 263ᵃ.

7) Athen. VI S. 262ᵉ; XIV S. 639ᵈ.

8) Athen. XIV S. 639ᵇ.

thlen.[1] In Arkadien gab es Feste, an denen die Sklaven zusammen mit ihren Herren speisten,[2] und dasselbe fand auch in Athen am ersten Tage der Anthesterien statt;[3] namentlich aber waren es die dionysischen Feste, welche auch den Sklaven den Genuss der allgemeinen Festesfreude gönnten.[4]

In das zwischen Herrn und Sklaven bestehende Verhältniss greift im Allgemeinen der Staat nicht ein. Denn da der Sklave rechtlicher Besitz seines Herrn, ja nichts anderes als ein lebendes Werkzeug ist, so steht dem Herrn vollständiges Dispositionsrecht über denselben zu; er kann ihn in seinem Interesse zu jedem beliebigen Geschäfte verwenden, ihn nach seinen Interessen verkaufen, verschenken, durch Testament vermachen, er darf ihn nach Belieben strafen, ja er hat über ihm, wie über ein Hausthier, das Recht ihn zu tödten. In den älteren Zeiten, namentlich denen, welche uns die homerischen Gedichte vorführen,[5] finden wir das letztgenannte Recht unbedingt anerkannt; wenn dasselbe später hier und da von Seiten des Staates beschränkt wurde, so geschah dies in Folge einer grösseren Humanität, die auch in der Gesetzgebung wenigstens einigermassen den Menschen in dem Sklaven anerkannte. Eine solche Anerkennung finden wir in der attischen Gesetzgebung, über die allein wir in dieser Hinsicht etwas genauer unterrichtet sind;[6] denn wenn sie auch bei den einschlagenden Bestimmungen mehr den Zweck im Auge hatte, die Bürger von gewaltthätigen Handlungen fern zu halten, als die Sklaven zu schützen, so liegt doch

---

1) Athen. IV S. 139f.

2) Theopomp bei Athen. IV S. 149d; Hekataeos ebend. S. 149e.

3) Probl. zu Hesiod. Werke u. Tage 368. Etymol. M. S. 109, 16 Θύραζε Κᾶρες, οὐκέτ᾽ Ἀνθεστήρια.

4) Orakel bei Demosth. geg. Meid. 53 στεφανηφορεῖν ἐλευθέρους καὶ δούλοις. Vgl. Athen. IV S. 149f.

5) Homer Odyss. σ, 748; τ, 453 f.; χ, 465 ff.

6) Demosth. geg. Meid. 46. οὐ γὰρ ὅστις ὁ πάσχων φύεο (ὁ νομοθέτης) δεῖν σκοπεῖν, ἀλλὰ τὸ πρᾶγμα ὁποῖόν τι τὸ γινόμενον· ἐπειδὴ δ᾽ εὕρεν οὐκ ἐπιτήδειον μήτε πρὸς δοῦλον μηδ᾽ ὅλως ἐξεῖναι πράττειν ἐνίσταξεν und ähnlich Aeschin. geg. Tim. 17, der es noch bestimmter ausspricht, die Absicht des Gesetzgebers sei gewesen, die Bürger an Gewaltthätigkeit überhaupt zu hindern.

schon darin, dass sie solche Handlungen als Gewaltthätigkeit
ansah, eine gewisse Anerkennung der Menschenrechte des Sklaven. [1] Das attische Gesetz nahm zunächst dem Herrn die Befugniss, den Sklaven zu tödten, selbst in dem Falle, dass er ihn
bei einem Morde ertappte und verfolgte den Uebertreter, wenn
auch schwerlich mit derselben Strenge wie den, welcher einen
Freien vorsätzlich getödtet hatte,[2] sondern in der Weise wie den,
welcher einen unvorsätzlichen Todtschlag begangen hatte.[3] Da hier
die sonst auf Todtschlag gesetzte Verbannung des Thäters bis
zur Aussöhnung mit den zur Blutrache berechtigten Verwandten
von selbst wegfallen musste, so fand vielleicht nur eine Süh-
nung durch ein Reinigungsopfer statt,[4] mit welchem sich ja
auch Platon in seinen Gesetzesentwürfen für einen solchen Fall
begnügt.[5] Aehnliche Bestimmungen scheinen auch in anderen
Staaten Griechenlands vorhanden gewesen zu sein.[6]

Die attische Gesetzgebung enthielt ferner Bestimmungen,
die den Sklaven vor Misshandlungen, freilich zunächst nur vor
solchen, die ein Fremder an ihm verüben könnte, in Schutz
nahmen, indem sie seinem Herren, ja unter Umständen auch

1) Antiphon v. Herod. Erm. 47 f.

2) Antiphon a. a. O. 48 ἡ ψῆφος ἴσον δύναται τῷ δούλῳ ἀποκτεί-
ναντι καὶ τῷ ἐλευθέρῳ; noch bestimmter behauptet dies Lykurg geg.
Leokr. 65 οὐδὲ τὸν μὲν οἰκέτην ἀποκτείναντα ἀργυρίῳ ἐζημίουν, τὸν
δὲ ἐλεύθερον εἴργον τῶν νομίμων· ἀλλὰ ὁμοίως ἐπὶ πᾶσι καὶ τοῖς
ἐλαχίστοις παρανομήσασι θάνατον ὥρισαν εἶναι τὴν ζημίαν. Doch ist
diese Strenge in Wirklichkeit wohl nie geübt worden.

3) Schol. zu Aeschin. v. d. Trugges. 87 ἐπὶ Παλλαδίῳ — οἱ δὲ ἐν
τούτῳ τῷ δικαστηρίῳ δικάζοντες ἐκαλοῦντο ἐφέται, ἐδίκαζον δὲ ἀκου-
σίου φόνου καὶ βουλεύσεως καὶ οἰκέτην ἢ μέτοικον ἢ ξένον ἀποκτεί-
ναντι. Vgl. den Fall bei Isokrat. geg. Kallim. 52.

4) Dies ergiebt sich aus Antiphon v. d. Choreut. 4. ἄν τις κτείνῃ
τινὰ ἄν αὐτὸς κρατεῖ καὶ μὴ ἔστιν ὁ τιμωρήσων, τὸ νομιζόμενον καὶ
τὸ θεῖον δεδιὼς ἀγνεύει τε αὐτὸν καὶ ἀφέξεται ἂν εἴρηται ἐν τῷ νόμῳ

5) Platon Gess. IX 8. 865ᵈ ἐὰν δὲ αὐτοῦ δοῦλον (κτείνῃ) καθη-
ράμενος ἀπαλλαττέσθω τοῦ φόνου κατὰ νόμον.

6) Isokrat. Panath. 181. ἔξεστι τοῖς ἐφόροις ἀκρίτους ἀποκτεῖναι
τοσούτους ὁπόσους ἂν βουληθῶσιν· ἃ τοῖς ἄλλοις Ἕλλησιν οὐδὲ τοὺς
πονηροτάτοις τῶν οἰκετῶν ὅσιόν ἐστι μιαιφονεῖν. Wie weit Eurip.
Hekab. 291 f. νόμος δ᾽ ἐν ὑμῖν τοῖς ἐλευθέροις ἴσος καὶ τοῖσι δούλοις
αἵματος κεῖται πέρι als allgemein gelten kann, lässt sich nicht bestimmen.

jedem anderen, das Recht gab, den Thäter gerichtlich zu verfolgen; einen genaueren Einblick in die bezüglichen rechtlichen
Verhältnisse gewähren freilich die Anführungen, aus denen wir
die Sache kennen lernen nicht, da der rechtliche Umfang des
dort gemeinten Begriffes der Misshandlung nicht sicher bestimmt
werden kann.[1] Gegen die Uebertreibung des dem Herrn zustehenden Strafrechtes bis zu unmässigen Misshandlungen schützte
der Staat den Sklaven dadurch, dass er die Unverletzlichkeit
des Asyles auch ihm zu Gute kommen liess, denn es stand dem
Sklaven ebenso wie dem Freien zu, sich als Schutzflehendor an
die Altäre der Götter zu setzen, um ihres Schutzes theilhaftig
zu werden.[2] Wir finden Fälle erwähnt, in denen Sklaven am
Altar der Göttermutter, im Tempel der Erinyen Schutz suchten,[3] namentlich diente in Kanopos der Tempel des Herakles,
in Phlius der der Hebe, in Athen das Theseion, in Andania das
Mysterienheiligthum zu diesem Zwecke.[4] Ja es scheint, als ob

1) Xenoph. Staat d. Athen. 1, 2 τῶν δούλων αὖ καὶ τῶν μετοίκων πλείστη ἐστὶν Ἀθήνησιν ἀκολασία, καὶ οὔτε πατάξαι ἔξεστιν αὐτόθι οὔτε ὑπεκστήσεταί σοι ὁ δοῦλος. Demosth. geg. Meid. 47 führt ein
Gesetz an: ἐάν τις ὑβρίζῃ εἴς τινα ἢ παῖδα ἢ γυναῖκα ἢ ἄνδρα, τῶν
ἐλευθέρων ἢ τῶν δούλων, ἢ παράνομόν τι ποιήσῃ εἰς τούτων τινά,
γραφέσθω πρὸς τοὺς θεσμοθέτας ὁ βουλόμενος Ἀθηναίων. Aeschin.
geg. Tim. 15 führt das Gesetz ebenfalls an, und es folgt dann ein anderes Gesetz: ἐάν τις Ἀθηναίων ἐλεύθερον παῖδα ὑβρίσῃ, γραφέσθω ὁ
κύριος τοῦ παιδὸς πρὸς τοὺς θεσμοθέτας u. s. w. und zum Schluss:
ἔνοχοι δὲ ἔστωσαν ταὐτὰ ταῖς αἰτίαις καὶ οἱ εἰς τὰ οἰκετικὰ σώματα
ἐξαμαρτάνοντες, wodurch zweifelhaft wird, ob der Begriff der ὕβρις in
beiden Fällen derselbe ist und sich auch in dem ersten Gesetze auf un-
züchtige Handlungen beschränkt. Die Frage ist ohne eine sichere Entscheidung zu finden behandelt worden von Meier u. Schömann Att. Proc.
S. 331 ff. Becker Charikl. III S. 30 ff. Hermann Griech. Staatsalt. § 114, 7 u.
Symbolae ad decret. iuris Att. de iniuriarum actionibus S. 18. Erwähnt wird
das Gesetz auch von Athen. VI S. 266[f] u. 267 aus Hypereides u. Lykurgos.

2) Eurip. Schutzfl. 267 ἔχει γὰρ καταφυγὴν θὴρ μὲν πέτραν, δοῦλος δὲ βωμοὺς θεῶν. Plutarch v. Abergl. 4 ἔστι δούλῳ γενναίμος βωμός.
Etymol. M. S. 316, 52 Ἑδραῖοι οἱ οἰκέται, ἀπὸ τοῦ καταφεύγειν εἰς
τὴν ἑστίαν. Vgl. Teles bei Stob. Floril. V, 67.

3) Aeschin. gegen Tim. 60. Aristoph. Ritter 1312.

4) Kanopos Herod. II, 113; Phlius Pausan. II, 13, 4. Theseion
Plutarch Thes. 36 καὶ κεῖται μὲν ἐν μέσῃ τῇ πόλει παρὰ τὸ νῦν γυμνάσιον, ἔστι δὲ φύξιμον οἰκέταις καὶ πᾶσι τοῖς ταπεινοτέροις καὶ

unter Umständen ein Kranz, den der Sklave aus festlicher Veranlassung trug, schon allein als einem Gotte geweiht genügt hätte, um Schutz zu gewähren.[1]

Allein dieser Schutz würde nur ein augenblicklicher und an und für sich wenig wirksamer gewesen sein, da einerseits der Herr mancherlei Mittel besass, den Sklaven durch List oder Gewalt dem schützenden Heiligthume zu entziehen,[2] andrerseits der Sklave keine Sicherheit hatte, dass er nicht, wenn ihm auch für den vorliegenden Fall Verzeihung zugesichert war, bei nächster Gelegenheit doppelt büssen musste. Daher bestimmte das attische Gesetz, dass in einem solchen Falle der Sklave von seinem Herrn verlangen konnte verkauft zu werden,[3] und, wenngleich sich bei dem Mangel von Nachrichten darüber nichts feststellen lässt, so ist es doch wahrscheinlich, dass der Herr durch ein gerichtliches Verfahren zu diesem Verkauf genöthigt werden konnte. In dem Heiligthume zu Andania entschied der Priester, ob der Sklave den Schutz desselben mit genügendem Grunde gesucht habe und lieferte, wenn dies nicht der Fall war, den Sklaven seinem Herren aus.[4]

διδόασι κρείττονας. Vgl. Aristoph. Ritter 1312 und bei Pollux VII, 13. Diodor IV, 62. Etymol. M. S. 451, 39. Photios θησεῖον. Von Andania die S. 145 angef. Inschr. Z. 82.

1) Aristoph. Plut. 20. Plautus Mostell. 1066.

2) Aristoph. Plut. 21. Euripid. Androm. 256. 265. Plautus Rudens 688 ff.

3) πρᾶσιν αἰτεῖν Pollux VII, 13; Lukian Göttergespr. 24, 2 ἡδέως ἂν ἠξίωσα πεπρᾶσθαι, ὥσπερ οἱ ἐν τῇ γῇ κακῶς δουλεύοντες. Meier u. Schömann Att. Proc. S. 403 ff. In einer auf der Akropolis von Athen gefundenen Inschrift findet sich eine Aufzählung von Personen, deren jede wahrscheinlich einer Gottheit eine Schale geweiht hat in der Form: Πλῶτα ἐν Πειρᾷ οἰκοῦσα ἀπαγγυγοῦσα Ἀντίνομον ἐξ Οἴου φιάλη σταθμὸν ΙΙ. Curtius Inscript. Atticae nuper repertae duodecim S. 19 vermuthet, es seien dies Sklaven, die ihrem Herren entlaufen, in irgend einem Tempel ein Asyl gefunden und ihre Freiheit unter der Bedingung erlangt hätten, dass sie ein Weihgeschenk von einem bestimmten Werthe der Gottheit darbrächten. Wenn diese Vermuthung, die wenig Wahrscheinlichkeit für sich hat, richtig wäre, so würde man hier eine Andeutung über die Form haben, in der solche Befreiungen vorgenommen wurden.

4) Inschr. v. Andania Z. 85 ὁ δὲ ἱερεὺς ἐπικρινέτω περὶ τῶν δραπετισκᾶν, ὅσοι κα ἦνται ἐκ τᾶς ἀμετέρας πόλεος, καὶ ὅσους κα καταφρένει, παραδότω τοῖς κυρίοις· ἂν δὲ μὴ παραδιδῷ, ἐξέστω τῷ κυρίῳ ἀποτρέχειν ἔχοντι

Die Stellung der Sklaven zu ihrem Herrn war nicht allein von dem Charakter der Personen, sondern auch wesentlich von den Sitten, den politischen und socialen Zuständen, wie sie einem jeden Staate eigenthümlich waren, bedingt. Es darf daher nicht Wunder nehmen, dass in Sparta, wo selbst die Lebensweise der Freien eine harte war und Herrscher und Untergebene einander in der schroffsten Weise gegenüberstanden, die Behandlung der Sklaven eine strenge, ja harte war, während in Arkadien, wo auch die Freien bei Ackerbau und Viehzucht selbst fleissig mit Hand an die Arbeit legten, durch die Aehnlichkeit der Thätigkeit und Lebensweise der Abstand zwischen Herrn und Sklaven sehr gemindert wurde, so dass die letzteren als Mitglieder der Familie gelten konnten und sogar mit ihren Herren an einem Tische assen.[1] In Athen kam die allgemeine Freiheit der Demokratie den Sklaven in der Art zu Gute, dass man ihnen vieles gestattete, was mit ihrer Stellung als Sklaven nicht durchweg in Einklang zu bringen war,[2] dass sie nicht allein ihren Herren gegenüber oft genug einen vertraulichen Ton anschlugen, sondern auch, wie Demosthenes sagt, an der allgemeinen Redefreiheit Theil hatten, und in Athen freier sprechen durften, als in anderen Staaten die Bürger.[3] Und gewiss haben sie diese Freiheit nach Möglichkeit ausgenutzt, so dass man es wohl glauben darf, wenn ein alter Schriftsteller behauptet, in Athen würde ein Sklave niemandem aus dem Wege gehen.[4]

Die allgemeine Klage, welche man im Alterthum über die

---

1) Theopomp bei Athen. IV S. 149ᵈ.

2) Plautus Stichus 446 Atquo id ne vos miremini, homines servulos
Potare amare atque ad cenam condicere:
Licet hoc Athenis nobis.

3) Plutarch v. d. Schwatzhaft. 18 sagt im Gegensatz zu dem schweigsamen römischen Sklaven: ὁ δὲ Ἀττικός ἐστι τῷ δεσπότῃ σκάπτων, ἐφ᾽ οἷς γεγόνασιν αἱ διαλύσεις. Demosth. Philipp, III, 3. Vgl. Platon Republ. VIII S. 563ᵇ τὸ δέ γε ἔσχατον τῆς ἐλευθερίας τοῦ πλήθους, ὅταν δὴ οἱ ἐωνημένοι καὶ αἱ ἐωνημέναι μηδὲν ἧττον ἐλεύθεροι ὦσι τῶν πριαμένων, wo die Bezugnahme auf die attische Demokratie nicht zu verkennen ist.

4) Xenoph. v. d. Staat d. Athen. 1, 10.

niedrige, nichtsnutzige Gesinnung der Sklaven führte, ist gewiss
nicht ungerechtfertigt, aber man darf auch nicht übersehen,
welche Faktoren zusammengewirkt haben, um eine solche Gesinnung hervorzubringen. Ein grosser, ja man darf sagen, der bei
weitem grösste Theil der Sklaven stammte aus Ländern, die auf
einer niedrigen Stufe der Gesittung standen, so dass sie meistentheils eine natürliche Rohheit mitbrachten, die schon an sich
schwer zu beseitigen gewesen sein mag, zu deren Milderung
aber angemessene Mittel wohl nur selten in Anwendung gebracht
worden sind. Dazu kommt, dass das mehr oder minder deutliche Bewusstsein ihrer unterdrückten, eines Menschen unwürdigen Stellung nicht förderlich sein konnte, edlere Gesinnungen in
ihnen zu wecken und ihnen Eifer und Liebe für die Erfüllung
ihrer Pflichten einzuflössen. Denn tief begründet ist das Wort
Homers, dass der weitschauende Zeus die Hälfte der Tüchtigkeit dem Manne raube, sobald ihn der Tag der Knechtschaft
ereile, und nicht ungerechtfertigt die Meinung des Alterthums,
dass ein Sklave nur gezwungen seine Schuldigkeit thue.[1] Den
verderblichsten Einfluss aber übte neben dem Beispiele der Mitsklaven jedenfalls die Behandlung von Seiten des Herrn aus,
die vielleicht in den meisten Fällen die rechte Mitte nicht zu
treffen wusste. Die einen, sagt Platon, trauen den Sklaven in
keiner Hinsicht, sondern mit Stacheln und Peitschen machen sie
nicht bloss dreimal, sondern häufig die Seelen der Diener sklavisch, die andern thun gerade das Gegentheil,[2] und mit Recht
behauptet Xenophon,[3] wenn man sähe, wie an einer Stelle die
Sklaven fast alle gefesselt wären und doch häufig entliefen, an
einer anderen ohne Fesseln willig arbeiteten und blieben, so
könne man dies als eine deutliche Folge des Haushaltungs-
systems betrachten. Harte und unmenschliche Behandlung musste
die Sklaven dahin bringen, dass sie den Herrn als ihren natür-

---

1) Homer Odyss. ρ, 322 f. Zaleukos bei Stob. Floril. XLIV, 21
τοῖς μὲν οὖν δούλοις προσήκει διὰ φόβον πράττειν τὰ τῶν δικαίων,
τοὺς δ' ἐλευθέρους δι' αἰδῶ καὶ τὸ καλόν.

2) Platon Ges. VI 6. 777ª.

3) Oekon. 3, 4. Vgl. auch Denkwürd. III, 13, 4.

lichen Feind ansahen,[1] dessen Schaden für sie ein Gegenstand
der Freude war, andrerseits aber auch jeden Funken von Ehr-
gefühl ersticken und die Niedrigkeit der Gesinnung in ihnen
erhalten oder vermehren, die von den Alten eben als sklavisch
bezeichnet wird;[2] allzunachsichtige Behandlung und allzu vertrau-
liches Benehmen dagegen, wie es häufig vorkam, machte aus
den Sklaven jene frechen und verschmitzten Burschen, von
denen die neuere Komödie so vielfältig Gebrauch gemacht hat.[3]
Dergestalt war im Ganzen die Ansicht wohlbegründet, welche
in der Seele des Sklaven nichts gesundes und wahrhaftes fand
und Misstrauen gegen die ganze Klasse anrieth.[4]

Aber doch hat dieses düstere Bild auch seine lichteren
Seiten. Selbst Aristoteles, welcher behauptete, die Sklaven seien
von Natur bestimmt Sklaven zu sein, kann nicht umhin anzuerkennen, dass oft ein Sklave die Seele eines Freien habe, und
wenn sein einmal aufgestelltes System ihn dahin führte, zu
erklären, zwischen dem Herrn und dem Sklaven als solchem
könne keine Freundschaft bestehen, so zwang ihn doch die

---

1) Platon Republ. IX S. 578ª εἴ τις θεῶν ἄνδρα ἕνα, ὅτῳ ἐστιν
ἀνδράποδα πεντήκοντα ἢ πλείω, ἄρας ἐκ τῆς πόλεως αὐτόν τε καὶ
γυναῖκα καὶ παῖδας θείη εἰς ἐρημίαν μετὰ τῆς ἄλλης οὐσίας τε καὶ
τῶν οἰκετῶν, ὅπου αὐτῷ μηδεὶς τῶν ἐλευθέρων μέλλοι βοηθήσειν, ἐν
ποίῳ ἄν τινι καὶ πόσῳ φόβῳ οἴει γενέσθαι αὐτὸν περί τε αὐτοῦ καὶ
παίδων καὶ γυναικός, μὴ ἀπόλοιντο ὑπὸ τῶν οἰκετῶν; Ges. VI S. 766ª
δοῦλοι γὰρ ἂν καὶ δεσπόται οἰκ ἄν ποτε γένοιντο φίλοι. Vgl. Aristoph. Frösche 745 ff. Lysias περὶ τοῦ σηκοῦ 35.

2) ἀνδραποδώδης zusammengestellt mit θηριώδης Aristot. Nikom.
Eth. III, 13 S. 1118ª, 25. Platon Brief 7 S. 335ª πανταχόθεν ἀναι-
δῶς ἁρπάζει πᾶν ὅτι περ ἂν οἴηται, καθάπερ θηρίον, φαγεῖν ἢ πιεῖν
ἢ περὶ τὴν ἀνδραποδώδη καὶ ἀχάριστον, ἀφροδίσιον λεγομένην οὐκ
ὀρθῶς, ἡδονὴν πορεῖν αὐτῷ τοῦ μὴ ἐμπλᾶσθαι. Plutarch Amat. 4, 12.

3) Platon Ges. VI S. 777ª μὴ προσπαίζοντας μηδαμῇ μηδαμῶς
οἰκέτας, μήτ' οὖν θηλείαις μήτε ἄρρεσιν· ὃ δὴ πρὸς δούλοις φιλοῦσι
πολλοὶ σφόδρα ἀνοήτως θρύπτοντες χαλεπώτερον ἀπεργάζεσθαι τὸν βίον
ἑκείνοις τε ἄρχεσθαι καὶ ἑαυτοῖς ἄρχειν. Vgl. Theophr. Charakt. 4. Aristot.
Oekon. I, 5; von den Sklaven der neuern Komödie ausführl. Wallon I S. 304 ff.

- 4) Platon Ges. VI S. 776ª ὑγιὲς οὐδὲν ψυχῆς δούλης οὐδὲ πιστεύειν οὐδένοι· οὐδὲν τῷ γένει δεῖ τὸν νοῦν κεκτημένον. Phaedon
S. 69ᵇ μὴ σκιαγραφία τις ᾖ ἡ τοιαύτη ἀρετὴ καὶ τῷ ὄντι ἀνδραποδώδης τε καὶ οὐδὲν ὑγιὲς οὐδ' ἀληθὲς ἔχουσα.

Wirklichkeit, zuzugeben, dass eine solche existire, freilich nicht insofern der Sklave Sklave, sondern insofern er Mensch sei.[1] Platon bemerkt, viele Sklaven hätten sich schon manchem in jeder Hinsicht besser bewährt als Brüder und Söhne und hätten ihre Herren und deren Eigenthum und ganzes Haus gerettet;[2] ja das Alterthum hat uns selbst einzelne Zeichen der Dankbarkeit von Seiten der Herren für treue Dienste ihrer Sklaven sogar in Grabdenkmälern, die sie diesen errichtet, aufbewahrt.[3]

Nach dem so eben bemerkten ergiebt es sich von selbst, dass im Allgemeinen die Anhänglichkeit der Sklaven an ihre Herren und deren Haus nicht gross gewesen sein kann, und dass die meisten eine gebotene Gelegenheit gern benutzten zu entlaufen und die verlorene Freiheit wieder zu suchen.[4] Wir haben schon gelegentlich angeführt, dass aus Attika in der Zeit, während welcher die Spartaner Dekeleia besetzt hielten, gegen zwanzigtausend Sklaven entliefen, und ähnliches wird an anderen Orten in Kriegszeiten, die in dieser Hinsicht manche günstige Gelegenheit boten und überhaupt nachtheilig auf die Sklaven einwirkten, geschehen sein.[5] Die Sklavenbesitzer waren dadurch genöthigt, allerlei Vorsichtsmaassregeln zu ergreifen, indem sie Sklaven, bei denen die Neigung zu entlaufen bemerkbar wurde, in Fesseln banden[6] oder andere Mittel suchten, diese Neigung unschädlich zu machen, die oft genug sonderbarer Art gewesen sein mögen, so dass Theophrast in seinen Charakterzeichnungen selbst angiebt, ein misstrauischer Mensch lasse den ihn begleitenden Sklaven vor sich hergehen, um ihn im Auge behalten zu können.[7] Einen entlaufenen Sklaven verfolgte der Herr selbst

1) Aristot. Nikom. Eth. VIII, 13 S. 1161ᵇ, ὃ ᾗ μὲν οὖν δοῦλος, οὐκ ἔστι φιλία πρὸς αὐτόν, ᾗ δ᾽ ἄνθρωπος.

2) Platon Gess. VI S. 776ᵈ. Vgl. Xenoph. Oekon. 9, 12 u. 13, 15.

3) S. die Grabschrift von Athen Corp. Inscr. I nr. 939 ἡμεῖς δημοσιεύησι κικασμένη αἷσι ποθεινὴ θρεψαμένοις τύμβου τοῦδε θανούσ᾽ ἔλαχεν. Vgl. nr. 2344. Philostrat. Leb. d. Sophist. II, 10.

4) Xenoph. Denkwürd. II, 10, 1. Platon Protag. S. 310ᶜ.

5) Aristoph. Wolk. 6 f.

6) Xenoph. Denkwürd. II, 1, 16. Oekon. 3, 4. Plutarch Vergl. d. Nikias u. Crass. 1. Athen. VI S. 272ᵉ.

7) Theophr. Charakt. 18.

oder liess ihn verfolgen, [1] oder falls eine Spur desselben nicht
aufzufinden war, erliess er wohl eine öffentliche Bekanntmachung durch einen Ausrufer, in welcher eine genaue Beschreibung
der Person des Entlaufenen und der etwa mitgenommenen Gegenstände gegeben, auch wohl in der Regel eine Belohnung für den
ausgesetzt war, welcher den Flüchtling zurückbringen würde. [2] Es
ist vorauszusetzen, dass kein Staat der Ergreifung und Fortfüh-
rung eines aus einem anderen Staate entlaufenen Sklaven irgend
welche Hindernisse in den Weg gelegt hat, wofern er sich mit
demselben in friedlichen Verhältnissen befand; Verträge welche
einem solchen Flüchtling die Aufnahme entzogen, sind wohl nur
unter besonderen Umständen abgeschlossen worden.

Die Strafen, welche der Herr nach seinem Ermessen über
die Sklaven verhängte, [3] waren durchaus körperliche: Schläge,
die gewiss oft genug bis zu dem äussersten Grade des erträg-
lichen gingen, [4] fesseln, krummschliessen, in den Block spannen, [5]
Entziehung der Nahrung, [6] schwere Arbeit, namentlich in den

1) Demosth. geg. Nikostr. 6, geg. Neaera 9; Platon Protag. S.
310°. Dio Chrysost. X, 4.

2) Lukian Flüchtl. 27. Xenoph. Denkwürd. II, 10, 1. Dio Chrysost. VII, 123 κόρακας ὄντων ἢ κλοπὰν ἢ δρασμὸν μήνυθρι προστι-
θέντας. Eine Probe einer solchen Anzeige hat Letronne im Journal des
savants 1833 S. 329 aus einem ägyptischen Papyrus mitgetheilt: παῖς
ἀπιπεχώρησεν ἐν Ἀλεξανδρείᾳ, ᾧ ὄνομα Ἕρμων, ὃς καὶ Νεῖλος καλεῖται, τὸ γένος Σύρος ἀπὸ Βαμβύκης, ὡς ἐτῶν ιή, μεγέθει μέσος, ἀγέ-
νειος, εὔκνημος, καλογένειος, φακὸς παρὰ ῥῖνα ἐξ ἀριστερῶν, οὐλὴ
ὑπὲρ χείλου ἐξ ἀριστερῶν, ἐστιγμένος τὸν δεξιὸν καρπὸν γράμμασι
βαρβαρικοῖς, ἔχων χρυσίον ἐπίσημον μναεῖα γ', πίνας ς, τρίχων
σιδηρῶν ἐν ᾧ λήκυθος καὶ ξύστραι, καὶ περὶ τὸ σῶμα χλαμύδα καὶ
περίζωμα· τοῦτον ὃς ἂν ἀναγάγῃ, λήψεται χαλκοῦ τι. βγ' u. s. w.
Scherzhaft nachgeahmt findet sich eine derartige Bekanntmachung bei
Lukian a. a. O.

3) S. im Allgemeinen Xenoph. Denkwürd. II, 1, 16, Pollux III, 79.

4) μαστιγυεῖν, daher μαστιγίας zur Bezeichnung eines schlechten
Sklaven. Diogen. Laert. IV, 46 ἔχων οὐ πρόσωπον, ἀλλὰ συγγραφὴν
ἐπὶ τοῦ προσώπου, τῆς τοῦ δεσπότου πικρίας σύμβολον.

5) Ueber die verschiedenen Formen und Benennungen des Blockes
s. Becker Charikles III S. 36 f.

6) Xenoph. Denkwürd. II, 1, 16 ἆρα οὐ τὴν μὲν λαγνείαν αὐτῶν
τῷ λιμῷ σωφρονίζουσι;

Mühlen oder wo die Gelegenheit dazu vorhanden war, in den Bergwerken, die wohl noch durch das Anlegen von Fesseln erschwert wurde,[1] brandmarken vor der Stirn,[2] das waren die Mittel, durch welche man die böse Natur der Sklaven zu bezwingen suchte, und es ist nicht zu bezweifeln, dass die Erfindungsgabe manches Herren diese Liste noch zu bereichern verstanden hat. Auch Mittel sich gegen irgend welche Beschädigungen und Benachtheiligungen von Seiten der Sklaven zu schützen mag es genug gegeben haben, z. B. eine Vorrichtung, um die Sklaven beim Mahlen des Getreides oder beim Bereiten des Brodes am Naschen zu hindern, die in einer um den Hals befestigten steifen Scheibe bestand, durch welche es unmöglich gemacht wurde, die Hände zum Munde zu führen.[3]

Abgesehen von dem Charakter des einzelnen Herren gestaltete sich die Lage der Sklaven ausserordentlich verschieden, je nachdem sie im Besitze eines Privatmannes oder eines Staates oder eines Heiligthums waren. Die erste Klasse war offenbar

---

1) Als Orte für solche Zwangsarbeit nennt Pollux III, 70 μυλῶνες καὶ ζητρεῖα καὶ ἀλφιτεῖα καὶ χορδρευτήρια καὶ ζωτεῖα. Hesych. u. Suidas ζητρεῖον· τὸ τῶν δούλων κολαστήριον. Etymol. Magn. S. 411, 33 Ζήτρειον σημαίνει τὸ τῶν δούλων δεσμωτήριον, ἤγουν τὸν μύλωνα, παρὰ Χίοις καὶ Ἀχαιοῖς· ἐκεῖ γάρ ἐδεσμεύοντο οἱ δοῦλοι, wo auch Stellen aus Eupolis und Theopomp angeführt sind. Suidas ζωτεῖον· κολαστήριον οἰκετῶν. Etymol. Magn. S. 414, 42. Hesych. ζωτεῖον. Vgl. Dio Chrysost. XV, 19. Lysias v. Eratosth. Erm. 18. Lukian βίων πρᾶσις 27.

2) Schol. zu Aeschin. v. d. Trugges. 79 ἐπεὶ οἱ φυγάδες τῶν δούλων ἐστίζοντο τὸ μέτωπον, ὅ ἐστιν ἐπεγράφοντο· κάτεχέ με, φεύγω. Diphil. bei Athen. VI S. 225ᵇ ἐστιγμένος πρὸ τοῦ μετώπου. Aristoph. Vögel δραπέτης ἐστιγμένος. Daher die Bezeichnung στιγματίης. Lukian Timon 17 στιγματίας, δραπέτης πεπεδημένος.

3) Pollux VII, 20 τό γε μὴν τοῖς οἰκέταις τοῖς ἐνδον ἐργαζομένοις ὑπὲρ τοῦ μὴ κάπτειν τῶν ἀλφίτων περιτιθέμενον παυσικάπη ὀνομάζεται, τροχοειδὲς μηχάνημα τῷ τραχήλῳ περιαρμοζόμενον ὡς ἀδύνατον τῷ στόματι τὰς χεῖρας προσαγαγεῖν. X, 112 παυσικάπη ἦν καὶ κωδώνειον ὠνόμαζον, ὡς ἐν Ἥρωσιν Ἀριστοφάνης· ἢ κωδωνείῳ περιπαγῇ τὸν αὐχένα. Photios παυσικάπη. Vgl. auch bei Plin. Naturgesch. XII § 59 die Vorsichtsmassregeln, welche man in Alexandria gegen die Arbeiter traf, die den Weihrauch bearbeiteten.

verhältnissmässig am wenigsten günstig gestellt, weil diese unter
genauerer Controlle standen, als es bei den anderen möglich
war. Etwas näheres über ihre Stellung wissen wir freilich nur
von Athen, doch lässt sich annehmen, dass im Ganzen allzu-
grosse Verschiedenheiten auch in den übrigen griechischen Städten nicht werden stattgefunden haben. In Athen wurden die
Sklaven als Hausgenossen betrachtet, die als solche auch an den
gottesdienstlichen Handlungen im Hause Theil nahmen.[1] Bei seinem Eintritte in das Haus wurde der neugekaufte Sklave an
den Heerd als den Hausaltar geführt und von dem Herrn oder
der Herrin mit Naschwerk, Feigen, Datteln, Nüssen, auch wohl
kleinen Münzen überschüttet, die seinen Mitsklaven Preis gegeben wurden.[2] Es geschah dies der guten Vorbedeutung halber,
indem man gleichsam Reichthum von ihm herabfliessen liess, wie
ja auch bei dem Eintritte der Neuvermählten in das Haus derselbe Brauch beobachtet wurde.

Der Herr gewährte dem Sklaven, sofern derselbe in dem
Hause selbst beschäftigt wurde, Wohnung, Kleidung und Nah-

---

1) Bei Aeschyl. Agam. 998 sagt Klytaemnestra zu der gefangenen
Kassandra: *ἐπεί σ᾽ ἔθηκε Ζεὺς ἀμηνίτως δόμοις κοινωνὸν εἶναι χερνί-
βων, πολλῶν μετὰ δούλων σταθεῖσαν κτησίου βωμοῦ πέλας.* Arist.
Oekon. I, 5 δεῖ — καὶ τὰς θυσίας καὶ τὰς ἀπολαύσεις μᾶλλον τῶν
δούλων ἕνεκα ποιεῖσθαι ἢ τῶν ἐλευθέρων. Schol. zu Aristoph. Plut.
21 ἡ στεφανηφορία τοῖς εἰς θεὸν ἀπιοῦσι δούλοις τε καὶ ἐλευθέροις
ἰσοτίμως ἐδίδοτο, οὐδὲν πλεονεκτήματος τεκμήριον ἐλευθέροις δωρου-
μένη, οἳ δὲ μὴν δούλοις ὀνειδίζουσα τὸ τῆς τύχης ὑποθές. Vgl. von den
Arkadern Hekataeos bei Athen. IV S. 148°. Das Gegentheil erscheint
als Ausnahme bei Isaeos v. Kiron Erbsch. 16, und aus besonderen Gründen bei einem Feste des Poseidon in Aegina. Plutarch Quaestt. Gr. 44.

2) Schol. zu Aristoph. Plut. 768 *τῶν γὰρ νεωτήτων δούλων τῶν
πρῶτον εἰσιόντων εἰς τὴν οἰκίαν ἢ ἁπλῶς τῶν ἐφ᾽ ὧν οἰωνίσασθαί τι
ἀγαθὸν ἐβούλοντο, ὡς καὶ ἐπὶ τοῦ νυμφίου, περὶ τὴν ἑστίαν τὰ τρα-
γήματα κατέχεον τῆς σημεῖον εὐπορίας* — οὐγκειται δὲ τὰ καταχύσματα
ἀπὸ φοινίκων, κολλύβων, τραγαλίων, ἰσχάδων καὶ καρύων, ἅπερ ἥρπα-
ζον οἱ σύνδουλοι· κυρίως δὲ ἐλέγοντο ὅτι δοῦλον ἠγόρασαν. ἐνέφερον
γὰρ αὐτὸν ἐπὶ τὴν ἑστίαν καὶ καθίζοντες κατὰ τῆς κεφαλῆς κατέχεον
κόλλυβα. Schol. zu Hermog. bei Walz Th. V S. 539 *ἐξεπρίαν αὐτοῖς
τὴν κτῆσιν καὶ ὀνήσιμον ἐπευχόμενοι γενέσθαι.* Demosth. geg. Steph.
I, 74. Pollux III, 77. Harpokrat. Suidas *καταχύσματα.* Bekker Anecdd.
Gr. S. 269, 9.

rung. Was die Wohnung betrifft, so wird man wohl im Allgemeinen als Regel annehmen dürfen, dass die Schlafstätten der männlichen Sklaven von denen der weiblichen getrennt gewesen seien,[1] sonst lagen die zum Aufenthalte für die Sklaven bestimmten Räume gewiss nach der verschiedenen Einrichtung der einzelnen Häuser sehr verschieden; in vielen Fällen war ihnen wohl das obere Stockwerk des Hauses angewiesen.[2] Dass die Kleidung eine nur nothdürftige und eine solche war, welche für körperliche und angestrengte Arbeit am zweckmässigsten erschien, versteht sich von selbst. Daher wird als Sklavenkleid besonders ein Chiton erwähnt, der die rechte Seite des Oberkörpers frei liess,[3] wie derselbe auch sonst von Handwerkern und anderen Arbeitern getragen wurde. Ueberhaupt fand, wie ausdrücklich berichtet wird, ein durchgehender, beabsichtigter Unterschied der Kleidung zwischen Freien und Sklaven nicht statt,[4] denn auch der Schafpelz und die Mütze von Hundsfell,[5] welche die zu ländlichen Arbeiten gehaltenen Sklaven trugen, bilden eine althergebrachte Tracht der Landleute, und dasselbe gilt wahrscheinlich von einem mit Schafpelz besetzten Sklavenkleide,[6]

---

1) Bei Xenoph. Oekon. 9, 5 wohnen die männlichen Sklaven in der ἀνδρωνῖτις, die weiblichen in der γυναικωνῖτις.

2) Demosth. geg. Euerg. 56 αἱ μὲν ἄλλαι θεράπαιναι (ἐν τῷ πύργῳ γὰρ ἦσαν, οὗπερ διαιτῶνται) ἐκλείοναι τὸν πύργον.

3) Photios Lexik. ἑτερομάσχαλος χιτὼν δουλικός, ἣν ἐξωμίδα ἔχουσι. Hesychios ἑτερομάσχαλος χιτὼν δουλικὸς ἐργατικός. Etymol. Magn. S. 90, 55. Nach Pollux VII, 47, Hesych. ἐξωμίς, Etymol. Magn. S. 349, 43 diente dieses Kleidungsstück zugleich als χιτών und als ἱμάτιον. Vgl. Becker Charikl. III S. 161 f. Weiss Kostümkunde Alterth. S. 736. Von anderen Kleidern findet sich die χλαμύς und ein περίζωμα in dem angeführten Papyros bei Letronne; Aristoph. Fried. 1000 δούλοισι χιτωνίσκων μικρῶν. Photios Ἡσυχίδες: οἰκετικὸν ἐπώδημα.

4) Xenoph. v. Staat d. Athen. 1, 10 ἐσθῆτα γὰρ οὐ βελτίω ἔχει ὁ δῆμος αὐτόθι ἢ οἱ δοῦλοι.

5) Aristoph. Wesp. 444. Vgl. Hermann Privatalterth. § 13, 18 u. § 21, 15.

6) κατωνάκη bei Aristoph. Ekklos. 724. Lysistr. 1151. Nach Pollux VII, 68 ist es ἐξ ἰσίου ἐνδὶς ῥαχεῖα, τάξος δ' αὐτῷ κατὰ τὴν πέζαν προσέρραπτο. Vgl. Hesych. κατωνάκη. Bei den Sikyoniern gab es eine Klasse von Sklaven, die κατωνακοφόροι hiessen und mit den ἐπευ-

welches einige Male erwähnt wird. Dagegen scheint es ziemlich allgemein Sitte gewesen zu sein, dass die Sklaven Hauptfaar und Bart kurz geschoren trugen,[1] wahrscheinlich mehr aus Rücksicht für die Reinlichkeit, als dass man dieselben dadurch äusserlich von den Freien hätte unterscheiden wollen.

Die Nahrung, welche die Sklaven erhielten, mag allerdings nach den äusseren Verhältnissen und der Sinnesart der Herren an Beschaffenheit und Menge verschieden gewesen sein, doch wird man im Allgemeinen dieselbe als zur guten Ernährung ausreichend anzusehen haben,[2] da es ja im eigenen Interesse des Besitzers lag, den Sklaven zur Arbeit tüchtig zu erhalten. Den Hauptbestandtheil der Nahrung bildete Getreide, namentlich Gerste, von welcher der Sklave im Durchschnitt täglich einen Choenix, d. h. den achtundvierzigsten Theil eines Medimnos, welcher um ein Geringes kleiner als der preussische Scheffel ist, erhielt.[3] Ausser dem aus Gerstenmehl in einfacher Weise zubereiteten Brei werden die Sklaven nach Umständen auch andere geringe Kost, wie Hülsenfrüchte und dergl.,[4] Fleisch dagegen nicht regelmässig erhalten haben; dass ihnen auch Wein gegeben wurde, kann bei dem Weinreichthum Griechenlands und der Wohlfeilheit dieses Getränkes nicht auffallen.[5]

πώτοις der Spartaner verglichen werden. Theopomp bei Athen. VI S. 271d. Als ländliche Tracht erscheint dieses Kleid bei Pollux u. a. O. Vgl. Müller Dorier II S. 41.

1) Aristoph. Vögel 911 ἔπειτα δοῦλος σὺ κόμην ἔχεις; Olympiodor. zu Platon Alkib. S. 120b πάλαι γὰρ τοῖς σώμασι διεκέρυντο οἱ ἐλεύθεροι τῶν δούλων καὶ ταῖς θριξί. Lukian. Tim. 23 καταπύγων σἰκέτης ἐκ παιδαρίου τίμιος, ἐπεξυρημένος ἔτι τὴν γνάθον. Vgl. Hemsterhuys zu der Stelle, Riester zu Platon Alkib. S. 118. Ruhnken zu Timaeus Lex. Plat. S. 36 unter ἀνδραποδώδη τρίχα.

2) Aristot. Oekon. I, 5 τὸ δὲ ἔργα μὲν ἔχειν καὶ κολάσεις τροφὴν δὲ μή, βίαιον καὶ ἀδύνατον ποιεῖ.

3) Hesych. χοίνικες· αἱ ἐφ' ἡμέρας τροφαί. Darum nannte Alexarchos die χοῖνιξ ἡμερητρόφις, und das Orakel die Korinther χοινικομέτραι. Athen. III S. 98c, VI S. 272b. Vgl. Herod. VII, 187; Thukyd. IV, 16. Böckh. Staatsh. I S. 128.

4) Aristoph. Plut. 253; Frieden 1248.

5) Demosth. geg. Lakrit. 32. Plutarch Vergl. des Aristeid. u. Cato 4. Arist. Oekon. I, 5.

In Krankheitsfällen den Sklaven ärztliche Hülfe und möglichste Pflege angedeihen zu lassen,[1] lag ebenfalls im Interesse des Herrn, dem nicht nur der Verlust eines Sklaven durch den Tod, sondern auch längere Unfähigkeit desselben zur Arbeit Schaden brachte. Freilich sehen wir aus einer Bemerkung Platons,[2] dass die Sklavenärzte, welche selbst Sklaven zu sein pflegten, bei ihrer Behandlung nicht gerade mit besonderer Sorgfalt und Gewissenhaftigkeit verfuhren. Traurig genug ist jedenfalls das Loos der meisten Sklaven gewesen, die ein Alter erreichten, in welchem sie zur Arbeit unfähig wurden, wenngleich man annehmen darf, dass die Zahl derselben verhältnissmässig nicht gross gewesen sein wird, da immerhin ein beträchtlicher Theil der Sklaven die Freiheit wieder erhielt, und auch zuweilen der Herr für die Sicherung ihrer Existenz Sorge trug.[3]

In dem Belieben des Herrn stand es, ob er seinem Sklaven gestatten wollte, eignen Besitz in irgend welcher Weise zu erwerben und zu behalten. Obgleich sicheres über diesen Punkt nicht bekannt ist, so können wir doch annehmen, dass es die Regel gewesen ist, diese Erlaubniss zu geben, da ja eine ganze Klasse von Sklaven vorhanden war, die auf eigne Rechnung arbeiteten, also den Ueberschuss ihres Erwerbes über die Abgabe, die sie ihrem Herrn zu zahlen hatten, für sich behielten, und da der Fall nicht selten war, dass die Sklaven sich von ihrem Herrn die Freilassung erkauften.[4] Mochte nun ein solcher Erwerb durch Geschenke des Herrn und Fremder,[5] oder durch eigne Arbeit oder auch selbst durch Veruntreuungen an dem Eigenthum des Herrn

---

1) Xenoph. Oekon. 7, 37; Denkwürd. II, 10, 2 u. 4, 3. Dio Chrysost. X, 9.

2) Platon Gess. IV S. 720ᶜ.

3) Inscrr. rec. à Delphes nr. 43 erhält ein Mädchen die Freiheit mit der Bedingung für den Unterhalt ihrer Eltern zu sorgen, falls sie deren bedürfen. Vgl. Diogen. Laert. V, 4, 72.

4) Ebend. nr. 303 ἀπέδοτο — σῶμα γυναικεῖον τιμᾶς ἀργυρίου μνᾶν τριῶν, ὥστε παραμεῖναι ἔτη ΙΕ φέρουσαν τοῦ ἐνιαυτοῦ ἑκάστου ἡμιμναῖον. Nr. 263 ἀποτρεχέτω ἔχουσα Ἀμμία ὅ κα κατασκευάσηται παρὰ Χαρίξενον. Ross Inscrr. inedd. I nr. 9.

5) Xenoph. Oekon. 14, 9. Plautus Trucul. II, 7, 7 ff. Stobaeos Florii. LXII, 10. Lukian Miethling 14; 37.

erlangt werden. Immerhin scheint es nicht wenige Sklaven gegeben zu haben, die ein für ihre Verhältnisse ansehnliches Gut
sammelten, so dass selbst von reichen Sklaven in Athen gesprochen werden kann.[1] Dagegen ist als sicher anzunehmen, dass
der Herr auch nach seinem Belieben dem Sklaven sein Eigenthum ganz oder theilweise entziehen konnte.[2] Bei dem Herrn
stand es ferner, ob er den Sklaven gestatten wollte, eine Art
von Familie durch geschlechtliche Verbindung zu gründen. Die
Ansichten über den Nutzen solcher Verbindungen waren getheilt:
Aristoteles räth, man solle den Sklaven dadurch eine grössere
Anhänglichkeit an das Haus einpflanzen; Xenophon meint, gute
Sklaven würden durch geschlechtliche Verbindungen wohlgesinn-
ter, schlechte aber fänden dadurch nur um so leichter Mittel zu
Schlechtigkeiten.[3]
   Andern musste die Stellung derjenigen Sklaven sein, welche
im Besitze nicht von Privatleuten, sondern von einem Staate
waren, auch ohne dass sie sich im Stande der Leibeigenschaft
befanden. Es ist wohl anzunehmen, dass für die niederen Dienste,
deren der Staat benöthigt war, überall Sklaven gehalten wurden,[4] nicht allein, weil es gewisse nothwendige Verrichtungen
gab, für die sich selbst gegen Bezahlung kein Bürger, vielleicht
nicht einmal überhaupt ein Freier gefunden hätte, sondern auch,
weil über Sklaven die für gewisse Verhältnisse unumgängliche
Disciplin sich viel leichter handhaben liess, als über Freie.
Dazu gehören zunächst die Nachrichter, Folterknechte und mit
ähnlichen Diensten betraute Leute,[5] deren Verrichtungen den

---

1) Xenoph. Staat d. Athen. 1, 11.
2) Vgl. Terent. Phormio I, 1, 41—50.
3) Aristot. Oekon. I, 5. Xenophon Oekon. 9, 5. Der οἰκέτης, dem
bei Demosth. für Phorm. 29 ein gewisser Sokles seine eigne Frau zur Ehe
giebt, ist wohl schwerlich ein Sklave.
4) Die Staatssklaven heissen δημόσιοι. Aeschin. geg. Tim. 54 ἄνθρωπος δημόσιος, οἰκέτης τῆς πόλεως. Harpokrat. δημόσιος: δημοσίοις
λέγουσι τοὺς τῆς πόλεως δούλους. Etymol. Magn. S. 265, 30. — Aristot. Polit. IV, 12 S. 144, 19 αἱ δὲ ὑπηρετικαί, πρὸς ἅς ἄν εὐπορῶσι,
τάττουσι δούλους.
5) Pollux VIII, 71 ὁ δὲ παραλαμβάνων τοὺς ἀναιρουμένους
καλεῖται δήμιος, δημόκοιτος, ὁ πρὸς τῷ ὀρύγματι. Etymol. Magn.

Freien durchaus anstössig erscheinen mussten. In Athen bestand die Polizeimannschaft, welche auf den Strassen und sonst an öffentlichen Orten, wie auch bei Volksversammlungen und in den Gerichtslokalen die Ordnung aufrecht zu erhalten hatte, aus Sklaven, welche den Namen Bogenschützen oder Skythen führten, auch wohl nach dem, welcher dieses Organ der Polizei zuerst eingerichtet hatte, Speusinier genannt wurden.[1] In der nächsten Zeit nach der Schlacht bei Salamis waren zuerst dreihundert solcher Sklaven angeschafft worden, später wurde ihre Zahl auf tausend bis zwölfhundert erhöht.[2] Ferner wurden den Feldherren und den Zahlmeistern der Heere in den Krieg Sklaven des Staates mitgegeben,[3] welche im Schreiben und im Rechnungs-

---

S. 265, 23 δημόκοινος, δημόσιος βασανιστής, ἢ ὁ δήμιος. Herodian bei Lobeck Phrynich. S. 474 macht den Unterschied δημόκοινος ὁ στρεβλῶν καὶ βασανίζων, δήμιος δὲ ὁ ἀπάγων τὴν ἐπὶ θανάτῳ, womit überneinzustimmen scheint Harpokr. δημόκοινος ὁ δημόσιος βασανιστής. Bekker Anecdd. Gr. S. 236, 8. Hellad in Phot. Bibl. S. 273. Allein dieser Sprachgebrauch erscheint doch in den Schriftstellern nicht durchweg beachtet. Antiphon, Ankl. weg. Giftm. 20 setzt δημόκοινος als Nachrichter; bei Aeschin. v. d. Trugges. 16 acht δήμιος für Folterknecht, wo sich jedoch auch die Variante δημόσιος findet, mit welchem Worte bei Platon Theag. S. 129ᵃ der Henker bezeichnet ist. Vgl. Platon Gem. IX S. 872ᵇ ὁ τῆς πόλεως δήμιος κοινός. S. Lobeck a. a. O. S. 476. — Dass man den Henker für unrein ansah, zeigt Lykophr. bei Athen. X S. 420ᵇ ἀλιτήριος καὶ δημόσιος, womit zu vgl. Hesych. δημόκοινος· δημόσιος βασανιστής, πόρνος, und Eustath. zu Odyss. σ, 1 S. 1833, 54 ὡς ἀπὸ τοῦ παρὰ τοῖς ὕστερον κολαστικοῦ δήμου, ἐξ οὗ σπώμμα πονηροῖς ἐνέκειτο τὸ δημόκοινος. Derselbe wohnte darum ausserhalb der Stadt, Pollux IX, 10, ja es scheint, dass er bei den Rhodiern nicht einmal die Stadt betreten durfte, nach Dio Chrysost. XXXI, 82 ἀλλ' οὐκ ἂν ὑμεῖς, τοιοῦτον οὐδὲν ἐπεμείνατε, παρ' οἷς νόμος ἐστὶ τὸν δημόσιον μηδέποτε εἰσελθεῖν τὴν πόλιν.

1) Pollux VIII, 131 οἱ μέντοι πρὸ τῶν δικαστηρίων καὶ τῶν ἄλλων συνόδων δημοσίου (oder δημόσιοι!) ὑπηρέται, οἷς ἐπέταττον ἀνείργειν τοὺς ἀκοσμοῦντας καὶ τοὺς ἃ μὴ δεῖ λέγοντας ἐξαιρεῖν, καὶ Σκύθαι ἐκαλοῦντο καὶ τοξόται καὶ σπευσίνιοι, ἀπὸ τοῦ πρώτου συντάξαντος τὴν περὶ αὐτοὺς ὑπηρεσίαν. Photius Lex. Τοξόται. Bekker Anecdd. Gr. S 234, 15. Schol. zu Aristoph. Acharn. 54. Vgl. Meier u. Schömann Att. Proc. S. 705. Böckh Staatsh. I S. 391 f.

2) Aeschin. v. d. Trugges. 173 f. Andokid. v. Frieden 5 u. 7.

3) Demosth. v. Cherson. 47. Schol. zu Demosth. Olynth. II, 19

wesen Unterricht erhalten hatten, um als Rechnungsführer und namentlich bei der Controlle Dienste zu leisten. Denn auch hier glaubte man gerade durch Sklaven etwaige Unterschleife der Beamten leichter entdecken und erweisen zu können, weil sich gegen sie Zwangsmittel anwenden liessen, um ein Geständniss oder Zeugniss zu erhalten. Auch bei den übrigen Finanzbehörden waren Sklaven zu gleichen Dienstleistungen angestellt.[1]

Wenn ein Staat Sklaven zu anderen Verrichtungen hielt als solchen, welche unmittelbar in seinem Dienste und für seine Zwecke vollführt wurden, so muss dies als eine Ausnahme angesehen werden. So sollen in Epidamnos die Handwerker Staatssklaven gewesen sein, doch fehlt es uns an einer weiteren Kenntniss über die Art ihrer Verwendung;[2] der Vorschlag Xenophons, auf Kosten des Staates Sklaven anzuschaffen und dieselben zur Arbeit in den Bergwerken an Privatleute zu vermiethen, um dadurch dem Staate eine Einnahmequelle zu eröffnen, ist nicht zur praktischen Ausführung gekommen.[3]

Die dem Staate angehörigen Sklaven hatten schon dadurch eine andere Stellung als Privatsklaven, dass sie für sich wohnten, selbst wenn ihnen von Seiten des Staates Wohnungen angewiesen wurden,[4] wie dies in Athen mit den Skythen geschah, welche ursprünglich in Zelten auf dem Markte, späterhin auf dem Areopag ihre Wohnung hatten.[5] Ihre Stellung brachte es ferner nothwendig mit sich, dass man ihnen den Besitz von Eigenthum gestatten musste, und wenn auch ihre Besoldung[6]

δούλους εἶχον δημοσίους οἱ Ἀθηναῖοι ἀπὸ αἰχμαλώτων ποιήσαντες καὶ ἐδίδασκον τούτοις γράμματα καὶ ἐξέπεμπον αὐτοὺς ἐν τοῖς πολέμοις μετὰ τῶν ταμιῶν καὶ τῶν στρατηγῶν ἵνα ἀπογράψαιεν τὰ ἀναλισκόμενα, οὐκ ἄκαιρος δὲ τοῦτο ἐποίουν, ἀλλ' ἵνα διὰ τὸ δύνασθαι τούτοις τύπτειν ὡς δούλοις ἔχωσι μανθάνειν τὰ ἀληθές· αἰσχρὸν γὰρ ἐνομίζετο παρ' Ἀθηναίοις ἐλευθέρους τύπτειν. Bekker Anecdd. Gr. S. 197, 24 ἀπογραφεύς — δοῦλός τις ἢ ἐλεύθερος.

1) Demosth. geg. Androt. 70.
2) Aristot. Polit. II, 4 S. 48.
3) Xenoph. v. Einkomm. 4, 17 ff.
4) Aeschin geg. Timarch. 59.
5) Schol. zu Aristoph. Acharn. 54.
6) Vgl. Böckh Staatshaush. I S. 293.

nicht mehr betragen haben wird, als gerade zu ihrem Unterhalte nothwendig war, so hatten gewiss viele von ihnen durch ihren Dienst selbst Gelegenheit, noch nebenher Geld zu erwerben, ja sogar zu einer gewissen Wohlhabenheit zu gelangen.[1] Da sie aber gerade durch den eignen Besitz in die Nothwendigkeit kommen konnten, mit den Gerichten in Verkehr zu treten, so ist es wahrscheinlich, dass ihnen in Bezug auf selbständige Führung von Processen Vorzüge vor den Privatsklaven gewährt waren,[2] obgleich wir etwas sicheres darüber nicht festzustellen vermögen. Auch ihre Amtsbefugnisse, die z. B. den Skythen das Recht gaben, auf Befehl der Behörde selbst gegen Bürger äussere Gewalt anzuwenden,[3] mussten ihnen im Vergleich mit den anderen Sklaven eine bedeutend hervorragende Stellung geben, so dass man im Allgemeinen annehmen kann, dass ihre äussere Lage von der der Metœken wenig verschieden gewesen sein wird.

Zu erwähnen bleiben endlich noch die Sklaven, welche Eigenthum eines Heiligthums sind, die sogenannten Hierodulen.[4] Es gehören dahin zunächst Leibeigne, die einem Gotte zinspflichtig sind. Aus älterer Zeit wird mehrfach der Fall erwähnt, dass ganze Völkerschaften besiegt einem Gotte, namentlich dem Apollon, geweiht wurden,[5] der sie, falls auf dem Tempelgebiete für sie kein Raum war, in andere Gegenden zur Ansiedelung schickte. Noch in historischer Zeit finden wir in solchem Verhältniss die Kraugallidon, Dryoper, welche vom Herakles besiegt und dem delphischen Gotte geweiht in der Nähe von Delphi angesiedelt waren.[6] Ueber die Rechtsverhältnisse, welche zwischen ihnen und dem Heiligthume bestanden, ist nichts weiter bekannt. Eine von Hierodulen bewohnte Stadt in Kreta[7] wird

---

1) Aeschin. geg. Timarch. 54 ἄνθρωπος δημόσιος, οἰκέτης πόλεως· οὗτος εἰ πορεῖν ἀργυρίου u. s. w.

2) Meier u. Schömann Att. Proc. S. 560.

3) Vgl. Platon Protag. S. 319c.

4) Die Hierodulen. Herausgeg. v. A. Hirt. Berlin 1818.

5) S. Schömann Griech. Alterth. II S. 194.

6) S. oben S. 130. Anm. 2. Müller Dorier I S. 43 u. 259.

7) Stephan. Byzant. u. Hesych. Ἰσίων πόλις. Sosikrates bei Suidas Ἰσίων πόλις.

ohne nähere Angaben erwähnt. Ausserdem finden wir der Gottheit gehörige Personen, welche abgesehen von einzelnen Diensten, die sie dem Heiligthume zu leisten hatten, selbständig lebten. Dahin gehörten in Korinth Mädchen, die Eigenthum des
Tempels der Aphrodite waren und das Gewerbe von öffentlichen
Dirnen betrieben. Strabo berichtet, das Heiligthum habe mehr
als tausend solcher Mädchen besessen, die der Göttin von Männern und Frauen als Weihgeschenk dargebracht worden waren,
und zwar, wie man aus einer anderen Notiz entnehmen kann,
in Erfüllung erhörter Gelübde.[1] Ob sie ausser Dienstleistungen
bei gewissen Festen noch zu Abgaben an das Heiligthum verpflichtet waren, ist nicht nachweisbar, aber höchst wahrscheinlich. Eine gleiche Einrichtung bestand bei dem Aphroditehei-
ligthom zu Eryx in Sicilien.[2] Endlich waren im Besitze der
Heiligthümer zur Verrichtung der niederen Dienstleistungen Sklaven,[3] die ebenso wie die Privatsklaven durch Kriegsgefangenschaft oder Kauf erworben waren, und die unter der unmittelbaren Aufsicht der Priester stehend, in ihrer Lage sich von den
Sklaven der Privatleute wenig unterscheiden mochten, da sie bei
dem Heiligthume wohnten und auch wohl von der Verwaltung
desselben unmittelbar ihren Lebensunterhalt empfingen; doch
wird ihre Lage als besonders günstig und wenig drückend gerühmt.[4]

Trotz seiner Theorie von der Naturnothwendigkeit der Sklaverei erklärt Aristoteles[5] es für zweckmässig, allen Sklaven als
Lohn ihrer Arbeit die Freiheit zu versprechen, denn es sei
gerecht und nützlich, diesen Preis auszusetzen, da die Sklaven
freudiger arbeiten, wenn ihnen ein Lohn geboten und eine

---

1) Strabo VIII S. 378. Athen. XIII S. 573*.

2) Strabo VI S. 272. — Hierodulen im Apollotempel zu Ankalon
bei Euseb. Kirchengesch. I, 6.

3) Pausan. III, 18, 4; V, 13, 3 ἔστι δὲ ὁ ξυλεὺς ἐκ τῶν οἰκετῶν
τοῦ .διός. Ἔργον δὲ αὐτῷ προόσκειται τὰ ἐς τὰς θυσίας ξύλα τεταγμέ-
νου λήμματος καὶ πόλεσιν παρέχειν καὶ ἀνδρὶ ἰδιώτῃ. X, 32, 12 τοῦ
θεοῦ δοῦλοι. Vgl. Herod. VI, 134.

4) Plutarch Amat. 21, 15 τῶν ἄλλων δεσποτῶν καὶ ἀρχόντων
ἐλεύθεροι καὶ ἥττους ἀνθρώπῳ ἱερόδουλοι διατελοῦσι.

5) Polit. VII, 9 S. 237. Oekon. I, 6.

begrenzte Zeit ihres Dienstes festgesetzt wird. Der Widerspruch, welcher hier zwischen jener Theorie und dieser praktischen Anschauung zu liegen scheint, löst sich wenigstens einigermassen, wenn man auf die später näher zu betrachtenden Beschränkungen Rücksicht nimmt, denen die Freiheit der Freigelassenen unterlag, und ausserdem in Betracht zieht, dass die im Leben durchgeführte Praxis auch in diesem Punkte, wie überall, sich mehr auf die Nützlichkeit als auf die Theorien der Philosophen gründete. In welchem Umfange die Regel des Aristoteles praktische Anwendung fand, können wir allerdings nicht nachweisen, doch lässt sich aus den uns bekannten Fällen schliessen, dass Freilassungen eben nicht selten vorkamen.

Die Freilassung erfolgte entweder von Seiten des Staates oder der Privatbesitzer, bei den Leibeignen, die Eigenthum des Staates sind, natürlich nur von Seiten desselben. Bei den Spartanern, von denen allein wir in dieser letzteren Hinsicht etwas wissen, scheint die Freilassung von Heloten nicht selten und in ziemlich mannigfachen Verhältnissen eingetreten zu sein,[1] jedoch niemals auf einseitige Verfügung des einzelnen Herren.[2] Es werden uns zunächst die Mothones und Mothakes als Sklavenkinder erwähnt,[3] welche gemeinschaftlich mit den Kindern ihrer

---

1) Myron bei Athen. VI S. 271ᶠ πολλάκις ἠλευθέρωσαν *Λακεδαιμόνιοι* δούλους, καὶ οἷς μὲν ἀφέτας ἐκάλεσαν, οἷς δὲ ἀδεσπότους, οἷς δὲ ἐρυκτῆρας, διαποσιοναύτας δ'ἄλλους, οἷς εἰς τοῖς στόλοις κατέτασσον· ἄλλους δὲ νεοδαμώδεις, ἑτέρους ὄντας τῶν εἱλώτων.

2) Ephoros bei Strabo VIII S. 365.

3) Phylarch bei Athen. VI S. 271ᵉ εἰσὶ δ'οἱ μόθακες σύντροφοι τῶν *Λακεδαιμονίων*. ἕκαστος γὰρ τῶν πολιτικῶν παίδων, ὡς ἂν καὶ τὰ ἴδια ἐκποιῶσιν, οἱ μὲν ἕνα οἱ δὲ δύο τινὲς δὲ πλείους ποιοῦνται συντρόφους αὑτῶν. εἰσὶν οὖν οἱ μόθακες ἐλεύθεροι μέν, οὐ μὴν *Λακεδαιμόνιοί* γε, μετέχουσι δὲ τῆς παιδείας ἑκάστης. Vgl. Plutarch Kleom. 8 δύο τῶν συντρόφων τοῦ *Κλεομένους*, οἷς μόθακας καλοῦσι. Hesych. μόθακες οἱ ἅμα τρεφόμενοι τοῖς υἱοῖς δοῦλοι παῖδες; dors. μόθωνας τοὺς παρατρεφομένους τοῖς λεγομένους παιδίσκοις; und ähnlich Schol. zu Aristoph. Plut. 279. Aus der Vergleichung der angeführten Stelle Plutarchs mit Xenoph. Hellen. V, 3, 9 ξένοι τῶν τροφίμων καλουμένων scheint sich zu ergeben, dass die allgemeine Bezeichnung für Knaben, die mit Spartiatenkindern zusammen erzogen wurden, τρόφιμοι war, mochten sie nun Ausländer oder Inländer der unfreien Klasse sein.

Herren erzogen und unterrichtet wurden und dadurch die Freiheit, freilich ohne das Bürgerrecht erhielten. Wenn, wie uns mitgetheilt wird, diese Sitte regelmässig von den Spartiaten befolgt wurde, so muss entweder die Freilassung der so erzogenen Helotenkinder ein für allemal durch ein Gesetz angeordnet gewesen oder in jedem einzelnen Falle ohne Weiterungen durch einen Akt von Seiten der Behörde vollzogen worden sein. Zu dieser Klasse von Freigelassenen, die ziemlich zahlreich gewesen sein muss, scheinen nicht ebenbürtige Kinder, von Spartiaten mit Helotenfrauen erzeugt, einen ansehnlichen Beitrag geliefert zu haben.[1] Aus diesem letzteren Umstande erklärt es sich auch, dass Mothaken selbst das volle Bürgerrecht erhalten konnten, indem wahrscheinlich unter gewissen uns nicht bekannten Verhältnissen eine Legitimirung solcher Kinder möglich war.[2] Als hervorragende Beispiele von Männern, die in dieser Weise zum Bürgerrecht gelangt waren, werden Lysander, Kallikratidas und Gylippos genannt.

Eine zweite Klasse von Freigelassenen bilden in Sparta die Neodamoden,[3] d. h. die neu in das Volk aufgenommenen. In Zeiten schwerer Kriegsbedrängniss sahen sich die Spartiaten bisweilen gezwungen, selbst Heloten in die Reihen ihres schwerbewaffneten

1) Xenoph. Hellen. V, 3, 9 erwähnt *νόθοι τῶν Σπαρτιατῶν μάλα εὐειδεῖς τε καὶ τῶν ἐν τῇ πόλει καλῶν οὐκ ἄπειροι*, wobei zu bemerken ist, dass *τὰ ἐν τῇ πόλει καλά* den Inbegriff alles dessen bezeichnet, worin die spartiatische Jugend unterrichtet und geübt zu werden pflegte. Dass jene *νόθοι* gleich den Mothonen sind, dürfte auch dadurch bestätigt werden, dass nach Etymol. Magn. S. 590, 14 *μόθων* soviel bedeutet, wie bei den Attikern *οἰκογενής δοῦλος*.

2) Aelian. Verm. Gesch. XII, 43. Nach Plutarch Lys. 2 soll Lysanders Vater Aristokleitos zu den Herakliden gehört haben; er müsste danach Lysander ein *νόθος* gewesen sein. Gleiches lässt sich von Gylippos vermuthen, dessen Vater Kleandridas von Thukyd. VI, 93 genannt wird. Mit Bezug auf solche Verleihungen des Bürgerrechts sprechen wohl bei Xenoph. Hellen. III, 5, 12 die Thebaner von Heloten, welche die Spartaner als Harmosten in die Städte schickten.

3) Thukyd. VII, 58 *ἔτυχον δὲ τὸ νεοδαμῶδες Εἵλωσιν ἤδη ὄντες*. Pollux III, 83 *τοὺς μέντοι εἰς Ἑλευθερίαν τῶν εἱλώτων ἀφειμένους οἱ Λακεδαιμόνιοι νεοδαμώδεις ἐκάλουν*. Hesych. *νεοδαμώδεις*; vgl. dens. unter *δαμώδεις· δημόται ἢ οἱ ἐντελεῖς παρὰ Λάκωσιν*.

Fussvolkes aufzunehmen, und nach geleistetem Dienste haben sie
denselben wohl stets die unbedingte Freiheit gegeben, wie dies
wenigstens in einem uns bekannten Falle durch die bei ihrer
Freilassung gebrauchte Formel ausgedrückt wird, welche ihnen
erlaubte, zu wohnen wo sie wollten.[1] Aus solchen Freigelassenen ging wahrscheinlich die Klasse der Neodamoden hervor;
freilich wissen wir nicht, ob die Aufnahme in diese Klasse ohne
unbedingte Folge derartiger Freilassungen war, oder ob zu diesem Zwecke noch sonstige Bedingungen erfüllt werden mussten.
Die Neodamoden kommen zuerst während des peloponnesischen
Krieges vor, und ihre Zahl, die nach der ersten Erwähnung im
J. 421 v. Chr. nur gering anzuschlagen ist,[2] wuchs in diesem
Kriege und während der folgenden kampfreichen Zeit so beträchtlich, dass im J. 400 Thibron in seinem sechstausend Mann starken Heere tausend, Agesilaos im J. 396 unter achttausend Mann
zweitausend derselben nach Asien führte.[3] Die letzte Erwähnung derselben findet sich aus dem J. 369.[4] Ueber ihre Stellung im Staate erfahren wir nichts näheres; dass sie unter die
vollberechtigte Bürgerschaft nicht aufgenommen wurden und dass
ihre Lage immer noch gedrückt war, geht schon daraus hervor, dass sie unter den revolutionären Elementen des Staates
erscheinen.[5] Ein ganz eigenthümlicher, wenig glaubhaft berich-
teter Fall soll in dem ersten messenischen Kriege vorgekommen
sein, dass nämlich, um den grossen Verlust zu ersetzen, welchen

1) Thukyd. V, 34 οἱ Λακεδαιμόνιοι ἐψηφίσαντο τοῖς μὲν μετὰ Βρασίδου ἔλθουσι ἐλευθέρους εἶναι καὶ οἰκεῖν ὅπου ἄν βούλωνται. Es erinnert der Ausdruck an die in den delphischen Inschriften über Frei-lassung so häufig wiederkehrende Formel: ἐφ' ᾧτε ἐλεύθερον εἶμεν ποιεῖν ἅ κα θέλῃ καὶ ἀποτρέχων οἷς κα θέλῃ. Ueber das Aufgebot der Heloten zu den Waffen mit dem Versprechen der Freiheit vgl. Thukyd. IV, 80. Xenoph. Hell. VI, 5, 29.

2) Thukyd. V, 34 ἔστερον οὐ πολλῷ αὐτούς μετὰ τῶν νεοδαμω-δῶν ἐς Λέπρεον κατέστησαν. Schömann Griech. Alterth. I S. 198 bemerkt richtig, dass durch den Artikel bezeichnet werde, dass sämmt-liche Neodamoden gemeint seien.

3) Xenoph. Hellen. III, 1, 4; 4, 2.

4) Xenoph. Hellen. VI, 5, 24.

5) Xenoph. Hellen. III, 3, 6.

die Spartiaten erlitten hatten, die Wittwen der Gefallenen an
Sklaven zur Ehe gegeben wurden, und diese letzteren dann die
Freiheit mit dem Namen Epeunakten erhielten.[1] Von anderen
Klassen von Freigelassnen bei den Spartanern kennen wir nichts
als die Namen.[2] Ganz vereinzelt steht das Verfahren des Königs Kleomenes da, der um der Finanznoth des Staates abzuhelfen, Heloten gegen Zahlung von fünf attischen Minen die
Freiheit gab,[3] ein Verfahren, das wohl nur in der Zeit des
untergehenden Reiches möglich war.

Ob auch in den anderen Staaten, welche Leibeigne besassen,
Freilassungen derselben üblich gewesen sind, können wir nicht
nachweisen.

Sklaven, welche das Eigenthum von Privatpersonen waren,
konnten ebenfalls von Seiten des Staates für Dienste, welche
sie demselben geleistet, mit der Freiheit belohnt werden. So
erfahren wir, dass von Athen die Sklaven, welche in der Schlacht
bei den Arginusen mitgekämpft hatten, mit der Freiheit und
dem Bürgerrechte beschenkt wurden,[4] dass die Thebaner während der Belagerung ihrer Stadt durch Alexander den Grossen
Sklaven freiliessen und unter die Vertheidiger aufnahmen,[5] wie
dies auch später von den Achaeern im Kampfe gegen die Römer

---

1) Theopomp bei Athen. VI S. 271ᶜ. Ganz anders wird die Sache
dargestellt von Antiochos bei Strabo VI S. 278 und Ephoros ebend.
S. 279, und nach diesem von Justin. III, 4.

2) Athen. VI S. 271ᶠ. Die Meinungen, dass die ἐφεῖναι und die
ἀδέσποτοι aus der Zahl der eigentlichen Sklaven, nicht der Heloten
genommen seien (Schömann Gr. Alterth. I S. 201) und dass die ἐφε κτή-
ρες die Pflicht gehabt, die Verwundeten zu retten und zu pflegen und
für die Leichen Sorge zu tragen (Wachsmuth Hellen. Alterth. I S. 163),
lassen sich durch nichts, nicht einmal durch die Namen selbst begründen.
Dass die διανωσιορατοι in Beziehung zur Flotte gestanden haben, zeigt
wohl die Benennung selbst; in welcher, lässt sich nicht nachweisen.

3) Plutarch Kleomen. 23.

4) Aristoph. Frösche 33; 192; 693. Dasselbe Versprechen wurde
von den Athenern nach der Schlacht bei Chaeroneia den Sklaven gegeben,
Dio Chrysost. XV, 21. Die Notiz bei Pausan. VII, 15, 7, dass die Athener vor der Schlacht bei Marathon Sklaven freigelassen und in das Heer
eingereiht hätten, findet anderweitig keine Bestätigung. Vgl. I, 32, 2.

5) Diodor XVII, 11.

geschah und auch wohl anderwärts in Zeiten der Noth, wenn auch vielleicht in geringerem Umfange, vorgekommen sein wird.[1] Allgemeine Regel scheint es, wenigstens in Athen, gewesen zu sein, den Sklaven, welche Anzeige von einem schweren, namentlich einem den Staat gefährdenden Verbrechen gemacht hatten, die Freiheit als Lohn zu gewähren.[2] Dass in solchen Fällen dem Herrn des Sklaven der Preis desselben aus Staatsmitteln erstattet wurde, ist selbstverständlich.[3]

Bei weitem die zahlreichsten Freilassungen erfolgten durch die eigenen Herren der Sklaven, sei es dass sie die Freiheit als Lohn für die geleisteten Dienste, sei es dass sie dieselbe durch Loskauf aus eigenen Mitteln erhielten. Eine bestimmte vom Staate vorgeschriebene Form der Freilassung hat es wohl nicht gegeben, ja es scheint überhaupt der Staat an den Freilassungen nur in so weit Antheil genommen zu haben, als etwa bei denselben eine bestimmte Abgabe zu entrichten war, zu deren Verrechnung auch in einigen Staaten Verzeichnisse der Freigelassenen angelegt wurden, wie sie uns in Bruchstücken von Inschriften erhalten sind.[4] Doch lag es im Interesse der Betheiligten, dem Akte der Freilassung eine gewisse Oeffentlichkeit zu geben, wenigstens dieselbe vor Zeugen vorzunehmen, welche nöthigenfalls später bezeugen konnten, dass die in Rede stehende Person von ihrem Herrn freigelassen sei. Daher finden wir, dass Freilassungen an zahlreich besuchten Orten z. B. im Theater, in Gerichtslokalen und selbst an heiligen Stätten, öffentlich bekannt gemacht wurden.[5] Allgemein scheint der Brauch gewe-

___

1) Pausan. VII, 15, 7; 16, 8. Suidas 'Ελεύθερος. Eigenthümlich ist der Fall, von dem Photios aus Aristotel. Staat d. Samier eine Notiz giebt unter Σαμίων — οἱ γὰρ Σάμιοι κατ απ ιυπθέντες ἱπὸ τῶν τυράννων ἀπάντι τῶν πολιτευομένων ἐπέγραψαν τοῖς δούλως ἐν πέντε στατήρων τὴν ἰσοπολιτείαν. Von einem Falle in Rhodos Diodor XX, 84.

2) Lysias für Kallias 6; περὶ τοῦ σηκοῦ 18.

3) Platon Ges. XI 8. 914ᵃ δοῦλος δ'ἐὰν ἢ, μηνύσας μὲν ἐλεύθερος ὑπὸ τῆς πόλεως ὀρθῶς γίγνοιτ' ἂν ἀποδιδούσης τῷ δεσπότῃ τὴν τιμήν.

4) Curtius Anecdota Delphica S. 13 ff. Rangabé Antiq. hellén. II nr. 946—952 aus Lamia.

5) Aeschin. geg. Ktesiph. 41. Dionys. Hal. über Isaeos 4 oder

sen zu sein, durch testamentarische Verfügung Sklaven die Freiheit zu schenken; wenigstens enthalten sämmtliche von Diogenes von Laerte mitgetheilten Testamente der Philosophen Platon, Aristoteles, Theophrast, Straton, Lykon, Epikur,[1] so wie zwei in Inschriften erhaltene letztwillige Verfügungen[2] dahin gehende Bestimmungen in der Art, dass die Freilassung entweder sofort oder nach Ablauf einer bestimmten Zeit erfolgen solle, innerhalb welcher der Freizulassende bei einer im Testamente bezeichneten Person bleiben und bestimmte Dienste verrichten oder eine bestimmte Summe zahlen sollte.

Die Loskaufung eines Sklaven mag in vielen Fällen einfach durch Erlegung des Kaufpreises vollzogen worden sein,[3] sei es dass die Zahlung mit einem Male oder dass sie in Raten geleistet wurde, ohne dass eine weitere Förmlichkeit als die öffentliche Bekanntmachung der Freilassung dabei beobachtet wurde, allein es gab auch eine besondere Form derselben, welche für die Betheiligten nach allen Seiten die erwünschte Sicherheit bot. Da nämlich der Sklave als solcher keine rechtsgültigen Handlungen vornehmen, also auch selbständig keinen Kaufvertrag so abschliessen konnte, dass ihm nöthigenfalls die Hülfe der Gesetze zu Theil wurde, um den Mitcontrahenten zur Erfüllung der eingegangenen Verbindlichkeiten zu zwingen, so beauftragte er einen Gott mit dem Loskauf, über welchen nun im Namen des Gottes ein rechtsgültiger Vertrag abgeschlossen wurde. Solcher Verträge sind uns nahe an fünfhundert in Inschriften erhalten, welche zum aller-

---

Fragm. Isaei in Orat. Att. ed. Bekk. III S. 143 ἐξελάμην εἰς ἐλευθερίαν, εἰδὼς ἀφειμένον ἐν τῷ δικαστηρίῳ ὑπὸ Ἐπιγένους. Suidas Κράτης, wo es heisst: ἐπὶ μισθὸν ἐνθεὶς εἶπεν· Κράτης ἀπολύει Κράτητα. Dass darin die Spuren von der nachher zu besprechenden Freilassung durch Weihung an die Gottheit zu finden seien, wie Curtius u. a. O. meint, dürfte sehr zweifelhaft sein.

1) Diogen. Laert. III, 80 Ἀρίμνην ἀφίημι ἐλευθέραν. V, 1, 15; 2, 55; 3, 63; 4, 72; X, 21.
2) Inscr. rec. à Delphes nr. 419 u. 436.
3) Demosth. geg. Neaera 30. Inschrift aus Mantineia bei Boss Inscr. inedd. I S. 4 nr. 9 ἐλευθέρωσαν, λιδύμην τὴν ἰδίαν δούλην Σαΐσαν τὴν ὑπὲρ ἑαυτῆς τιμήν. Diogen. Laert. V, 4, 72 Ἀημητρίῳ ἐλευθέρῳ πᾶλαι ὅτι ἀφίημι τὰ λύτρα.

grössten Theil in Delphi aufgefunden in neuester Zeit veröffentlicht worden sind.[1] In diesen Aktenstücken, welche im Wesentlichen in der Form alle übereinstimmen, verkauft der Herr für
eine angegebene Summe dem Gotte einen nach Namen und Herkunft bezeichneten Sklaven unter der Bedingung, dass er frei
sei, wie er dem Gotte den Kauf anvertraut hat. Das Dokument
enthält ferner die etwa sonst noch gestellten Bedingungen, dass
der Freigelassene noch eine bestimmte Zeit bei dem Herrn bleiben solle, häufig bis zu dessen Tode, wodurch das Ganze den
Charakter testamentarischer Freilassung annimmt, oder dass derselbe bestimmte Dienste zu leisten hat; ausserdem wird über
den Empfang des Kaufgeldes quittiert. Die Sicherheit des Vertrages wird dadurch gegeben, dass zunächst diejenigen, welche
etwa gegen denselben Einspruch erheben könnten, z. B. erb-
berechtigte Anverwandte, ihre Zustimmung erklären, ferner dadurch, dass Garanten verzeichnet werden, die wie auch häufig
der Freilasser selbst, bei einer Busse verpflichtet sind, den Freigelassenen gegen etwaige Eingriffe in seine Freiheit zu schützen,
endlich dadurch, dass theils Priester des Gottes und Archonten
des Staates, theils Privatleute als Zeugen namhaft gemacht werden. Der Sklave wird durch einen solchen Verkauf gewissermassen dem Gotte übergeben, nach dem Ausdrucke einiger Dokumente demselben geweiht,[2] ohne jedoch dadurch in die Klasse
der eigentlichen Hierodulen, welche wirkliches Eigenthum eines
Heiligthums waren, überzugehen, wie dies durch die ausdrücklich

---

1) Curtius Anecdota Delphica. Berolin. 1843, nr. 2 — 37, wo auch
unter nr. 39 Bruchstücke von hierher gehörigen Inschriften aus Elatea
mitgetheilt u. S. 19 — 42 die bereits früher bekannten Dokumente gleichen
Inhaltes aus anderen Gegenden verzeichnet sind. Inscriptions recueillies
à Delphes par C. Wescher et P. Foucart. Paris 1863, nr. 19 — 450 mit
den Becens. von Curtius in den Nachrichten der Königl. Gesellsch. der
Wissensch. zu Göttingen 1864 nr. 8 S. 136 — 179 und B. Stark in der
Eos I 1864 S. 630 — 40. Ueber die hier betrachtete Art der Freilassung
handelt Curtius in dem zuerst angeführten Buche, Foucart De l'affran-
chissement des esclaves par forme de vente à une divinité in den Comptes
rendus des séances de l'acad. des inscriptt. 1863. S. 120 — 155.

2) ἀνατίθημι oder ἀνατίθημι ἱερόν Curtius S. 32. Inscrr. Delph.
nr. 432. Corpus Inscrr. nr. 1608. Ross Inscrr. inedd. nr. 74 u. 81.

hinzugefügte Bedingung, dass er frei sein solle und thun dürfe
was er wolle und gehen dürfe wohin er wolle, hinlänglich
bezeichnet wird; ja es ist nicht einmal anzunehmen, dass der
Freigelassene, vielleicht mit Ausnahme einer ein für allemal zu
entrichtenden Gebühr, dem Heiligthume zu irgend welchen Leistungen verpflichtet gewesen sei. Der Kaufpreis wird in manchen Fällen, namentlich denen, die als testamentarische Freilassung gelten können, ein fingierter gewesen sein, in anderen
ist derselbe sogleich oder in bestimmten Theilzahlungen an den
Herrn oder an andere, die derselbe auswies, entrichtet worden.[1]
Von Gottheiten, durch deren Vermittlung solche Käufe abgeschlossen wurden, sind uns bekannt: Dionysios in Naupaktos, Askle-
pios in Elateia und in Steiris, Athene Polias in Daulis, Apollon
in Delphi und in Chalaeon, Serapis in Chaeroneia, in Koroneia
und in Tithoreia,[2] jedoch ohne dass man behaupten dürfte, dass
dies die einzigen gewesen seien. Auffallend ist die verhältnissmässig grosse Zahl weiblicher Sklaven, deren Freilassung in
diesen Akten verzeichnet ist; denn es finden sich beispielsweise
unter hundert Freigelassenen, die aus den Inschriften in der
Reihenfolge, wie sie veröffentlicht worden sind, gezählt wurden,
60 weibliche, 28 männliche erwachsene Personen, 7 Knaben
und 5 Mädchen.[3]

Der Freigelassene[4] genoss in den meisten Fällen keineswegs eine unbedingte Freiheit. Denn wenn auch in den eben

1) Inscr. Delph. nr. 202 ὥστε παραμεῖναι ἔτη ΙΕ φέρουσαν τοῦ
ἐνιαυτοῦ ἑκάστου ἡμιμναῖον. Nr. 244. Ἀμεινοτάτα δὲ Κᾶμος Φιλο-
κράτει ἀργυρίου μνᾶς δεκαπρὶς ἐν ἐσίοις δεκατρίοις φέρων τοῦ ἐνιαυτοῦ μνᾶν ἐν τὸν ἐμαυτὸν τῶ Ἀρχελάω. εἰ δέ τι πάθοι Φιλοκράτης,
κατατετάκτω τὸ ἀργύριον τοῖς ἐπιτόμας Θεαγράτοι. Ἔγνωτε Λάμος,
ἐμπρίξον τὸ μέρος. Nr. 231 heisst es ausdrücklich καὶ τὰν τιμὰν ἔχει
παρὰ Ἐπιστροφᾶς καὶ Παμφίλη, d. h. von den Freigelassenen. Nr. 34
heisst es von dem Freigelassenen, dessen Kaufpreis drei Minen beträgt:
καταποτισάτω δὲ τὸ ἐπίλοιπον τὰς τιμᾶς ἀργυρίου τρία ἡμιμναῖα,
Θηλαγόρᾳ ἡμιμναῖον, . Ἰασωθίω ἡμιμναῖον, Ἀρχίᾳ ἡμιμναῖον.
2) Curtius a. a. O. S. 19. Foucart a. a. O. S. 152 führt noch die syrische Aphrodite in Phyoris nach zwei aetol. Inschrr. an.
3) Inscr. Delph. nr. 19 bis 105.
4) Die Bezeichnungen ἀπελεύθερος und ἐξελεύθερος für den Freigelassenen sollen in der Bedeutung verschieden gewesen sein. Athen. III

erwähnten Dokumenten der Sklave freigelassen wird, zu thun was er will und zu gehen wohin er will, so finden wir doch dabei demselben manche beschränkende Bedingungen auferlegt. Zunächst tritt die Freiheit häufig, wie schon bemerkt, erst mit dem Tode des Herrn ein, während bis dahin der Sklave verpflichtet ist, bei demselben zu bleiben und alle seine Befehle zu vollziehen, widrigenfalls er jeder dem Herrn beliebenden Strafe unterworfen ist, so dass seine Stellung von der des Sklaven im Grunde sich nur dadurch unterscheidet, dass er nicht verkauft werden kann und ihm zu der festgesetzten Zeit die volle Freiheit werden muss. In anderen Fällen bei sofortiger Freilassung finden wir bisweilen die Bedingung, dass der Freigelassene am Orte wohnen bleiben muss.[1] Andere Leistungen, zu welchen die Freigelassenen verpflichtet werden, mögen gewissermassen für einen Theil des Lösegeldes eingetreten sein. Dahin gehören zunächst unmittelbar Zahlungen, welche in einzelnen Fällen der Freigelassene für seinen Herrn an bestimmte Kassen zu leisten übernahm;[2] ferner die Verpflichtung den Herrn zu ernähren oder zu pflegen,[3] oder auch dasselbe an anderen Personen zu

---

S. 115[b], doch fehlt eine zuverlässige Unterscheidung. Harpokrat. in der Oxforder Ausg. v. W. Dindorf praef. S. VII ἀπελεύθερος: ὁ δοῦλος ὤν, εἶτα ἀπολυθεὶς τῆς δουλείας, ὡς καὶ παρ' Αἰσχίνῃ. ἐξελεύθερος δὲ ὁ διά τινα αἰτίαν δοῦλος γεγονώς, εἶτα ἀπολυθείς und ähnlich Eustath. zu Homer Odyss. ξ, 63 S. 1761, 2 ἐξελεύθερον μὲν εἴποι τὸν διὰ χρέος ὑπὸ τῷ δανειστῇ γενόμενον δοῦλον δίαιτῃ, εἶτα ἀπολυθέντα· ἀπελεύθερον δὲ τὸν ἐν τῇ κοινῇ συνηθείᾳ. Dagegen Hesych. ἐξελεύθεροι· οἱ τῶν ἐλευθερουμένων υἱοί. Aber schon Harpokr. a. a. O. fügt hinzu: ἔστι δ' ὅτι καὶ οὐ διαφέρουσιν, Ammon. ἤδη μέντοι καὶ ἀδιαφόρως χρῶνται τοῖς ὀνόμασι, Bekker Anecdd. Gr. S. 95, 12 Ἐξελεύθερον ἀντὶ τοῦ ἀπελεύθερος.

1) Inscrr. Delph. nr. 53; 136; 165. Ausser der gewöhnlichen Formel: ἀποτρέχων οἷς κα θέλῃ findet sich die Erlaubniss an einem beliebigen Orte zu wohnen nr. 115 οἰκέουσας εἰ κα θέλωντι καὶ ἱερπούσας οἷς κα θέλωντι; nr. 131 διατρίβειν, εἰ κα αὐτοὶ θέλωντι; nr. 179 οἰκέουσα καὶ πολιτεύουσα εἰ κα αὐτὰ θέλῃ.

2) An eine Vereinskasse ἔρανος Inscrr. Delph. nr. 89; 139; 213. Vgl. Stark u. a. O. S. 638. — Nr. 66 τὰς συμβολὰς ἐν τὰς φυλὰς διδοὺς τὰ δίκαια ὑπὲρ Εὔφρονα.

3) Ebend. nr. 66 τρέφων Εὔφρονα καὶ εὐσχημονίζων. Nr. 141 ποιέουσαν ὡς πατέρα Ἐργασίωνι τὰ νομιζόμενα.

thun.[1] Ausserdem kommt die Bedingung vor, dass der Freigelassene dem Herrn gewisse Arbeiten verrichte, in einem Falle
allerdings gegen die Gewährung von Kost, Kleidung und Schlaf-
stelle; in einem anderen Falle soll der Freigelassene das Wal-
kerhandwerk erlernen und nachdem er ausgelernt, im Hause
seines früheren Herrn alle dahin einschlagenden Arbeiten verrichten.[2] Bei solchen Sklaven, welche die volle Freiheit erst
nach dem Tode des Herrn erhalten sollen, findet sich einige
Male die Bedingung gestellt, dass sie für die Bestattung des
Verstorbenen zu sorgen,[3] oder dessen Grabmal oder Bild zu
bestimmten Zeiten zu bekränzen haben.[4] Endlich treffen wir
noch die Bestimmung,[5] dass falls der Freigelassene kinderlos

---

1) Eband. 58 γηροτροφήσαι Φαινέαν Ἀπολλόδωρον τὸν Σωπά-
τρου, ἐπεὶ ἔδωκε Ἀπολλόδωρος ὑπὲρ Φαινέαν Νικοῖ τὰς πέντε μνᾶς.
Nr. 138 νομιζομένην θυγατέρα .Ἰωρήματος καὶ ποιέουσαν .Ἰωρήματι
ὅσα νομίζεται γονεῦσι. Nr. 219 εἰ δέ. τά τι πάθη Ἀΐδων, τρεφέτω
Θρασωνίδας .Ἰσρχάδη εἰ κα θέλη οἰκεῖν σὺν αὐτῷ· εἰ δὲ μή, ἐκβαλλέτω
Θρασωνίδας .Ἰσρχάδι τροφὰν τοῦ μηνὸς ἑκάστου πυρῶν τέσσαρα ἡμίεκτα
οἴνου πρόχον. Vgl. Corp. Inscrr. nr. 1608ᵇ.

2) Inscrr. Delph. nr. 213 τὰ δὲ ἔργα συντελείτω Σῶσος τὰ Καλλιξένου πάντα, ἄχρι κα ὁ Ἔρατος κατεντεχθῇ. Nr. 234 εἰ δὲ χρείαν
ἔχοι .Διονύσιος συνιατρευέτω .Ἰάμων μετ' αὐτοῦ ἔτη πέντε λαμβάνων
τὰ ἐν τῶν τροφὰν πάντα καὶ ἐνδιδισκόμενος καὶ στρώματα λαμβάνων.
Nr. 239 über die Erlernung des Walkerhandwerks. Bei Demosth. geg.
Neaera 32 wird der Neaera bei ihrer Freilassung die Bedingung gestellt,
ihr Gewerbe nicht in Korinth zu betreiben.

3) Inscrr. Delph. nr. 94; 56; 131; 134; 136. Ross Inscrr. inedd. I
nr. 73.

4) Inscrr. Delph. nr. 110; 136; 142; 420. Corp. Inscrr. nr. 3922
aus Hierapolis: προνοήσουσι δὲ τοῦ μνημείου οἱ ἀπελεύθεροί μου οἱ
ἐν τῇ διαθήκῃ φερόμενοι.

5) Inscrr. Delph. nr. 213 εἰ δέ κα τελευτάσῃ Σῶσος ἄτεκνος τὰ
καταλειφθέντα ὑπάρχοντα Σώσου πάντα Καλλιξένου ἔστων· εἰ δέ
τινι ζωᾶν δόσιν ποιέοιτο τῶν ἰδίων Σῶσος, ἡτελὴς ἁ ὠνὰ ἔστω. Nr.
432 εἰ δέ τι Μνασὼ πάθοι ἀγενὴς ὑπάρχουσα τὰ καταλειφθέντα ὑπὸ
Μνασὼς Ἀγησιβούλας ἔστω. Nr. 19 μὴ κυρία δὲ ἔστω Καλλικράτεια
ἀπαλλοτριέουσα τὰ ὑπάρχοντα εἰ ἀγενὴς μεταλλάξαι τὸμ βίον, μηδὲ
τὰ ἐκ ταύτας τέκνα εἰ ἀγενὴ μεταλλάξαιεν τὸμ βίον. Nr. 31 εἰ δέ τι
ἀνθρώπινον γένοιτο περὶ Μανῆ. εἰ τί κα καταλίποι ὑπάρχον Μάνης,
.Ἀερίου ἔστω, καὶ μὴ ἔστω ἐξουσία Μάνει διδόντι μηθένι τά κα ἔχη.

sterben sollte, die Hinterlassenschaft dem Freilasser zufallen
solle, wobei sogar in einigen Fällen dem Freigelassenen verboten
wird, bei Lebzeiten Schenkungen von seinem Eigenthume zu
machen, und in dem einen Falle dies Erbschaftsrecht so weit
ausgedehnt wird, dass der frühere Herr auch die etwaigen Kinder des Freigelassenen beerben solle, falls diese kinderlos sterben. Ja es scheint wenigstens im attischen Erbrechte die Bestimmung allgemein gültig gewesen zu sein, dass der Freilasser
Erbe seines kinderlosen Freigelassenen wurde.[1] In Athen hatte
sogar das Gesetz dem Freigelassenen gewisse Pflichten gegen seinen früheren Herrn auferlegt, von denen wir mit Sicherheit
nur die eine kennen, denselben als seinen Patron, d. h. als seinen Vertreter dem Staate gegenüber zu behalten,[2] während es
zweifelhaft ist, wie weit die Forderungen, die Platon in seinen
Gesetzesentwürfen an den Freigelassenen stellt,[3] mit bestehenden
Gesetzen übereinstimmten; wahrscheinlich jedoch war das meiste
auch hier dem freien Uebereinkommen zwischen Herrn und Sklaven in der Weise anheimgestellt, wie es in den delphischen

___

Nr. 53 ὡσαύτως δὲ μηδὲ ἀπαλλυτριωσάτω Ἀσία εἴ τι ἐπεργάζηται ἀπὸ
Ἐπιχαρίδα ἢ τῶν ἐπινόμων αὐτοῦ κατὰ μηθένα τρόπον· εἰ δὲ ἀπαλ-
λοτριωσίη καθ' ὁποῖον τρόπον, ἄκυρος αὐτᾶς ὁ ὠνὰ ἔστω, καθὼς κα
ἐπάνω γέγραπται· ἐπεὶ δέ κα τελευτάσῃ Ἀσία, τὰ ὑπάρχοντα αὐτᾶς
πάντα ἔστων Ἐπιχαρίδα ἢ τῶν ἐπινόμων αὐτοῦ. Nr. 94 ἐπεὶ δέ κα
τελευτάσῃ Εὐπορία, τὰ καταλειφθέντα ὑπάρχοντα τὰ Εὐπορίας πάντα
Ὀλυμπογένεος καὶ Ἀριστομάχου ἔστω· εἰ δέ τινι ζώοντα δόσιν
ποιέοιτο τῶν ἰδίων Εὐπορία, ἀτελής ἁ ὠνὰ ἔστω.

1) Rhetor. an Alex. 2 S. 1422 Bekk. καθάπερ ὁ νομοθέτης κλη-
ρονόμους πεποίηκε τοὺς ἐγγυτάτω γένους ὄντας τοῖς ἄπαισιν ἀποθνή-
σκουσιν, οὕτω καὶ τῶν τοῦ ἀπελευθέρου χρημάτων ἐμὲ τὸν προσήκει
κύριον γενέσθαι· τὸν γὰρ ἀπελευθερωσάντων αὐτῶν τελευτηκότων
ἐγγυτάτω γένει αὐτὸς ὢν καὶ τῶν ἀπελευθέρων δίκαιος ἄν εἴη ἄρχειν. Vgl. Isaeos v. Nikostr. Erbsch. 9. Diogen. Laert. V, 3 § 54.
2) Bekk. Anecd. Gr. S. 201, 5 ἀποστασίου: ὄνομα δίκης κατὰ
τῶν ἀπελευθερωθέντων, διδομένη τοῖς ἐλευθερώσασι, ἄν ἀφιστῶνται
ἀπ' αὐτῶν καὶ ἕτερον ἐπιγράψωνται προστάτην, καὶ ἐὰν ἢ κελεύουσιν
οἱ νόμοι ποιεῖν τοὺς ἀπελευθέροις τοῖς ἀπελευθερώσασι, μὴ ποιῶσι.
καὶ τοὺς μὲν ἁλόντας πάλιν ἴδει δουλεύειν, τοὺς δὲ νικήσαντας τελέως
ἤδη ἐλευθέρους εἶναι. Ebenso S. 434, 24; Harpokrat. ἀποστασίου.
3) Platon Gesetz. XI S. 915.

Urkunden erscheint. Dagegen ist es nicht zu übersehen, dass
auch manches Zeichen von Freundlichkeit von Seiten des Freilassers erscheint, z. B. die Bestimmung, dass alles was der Freizulassende erworben habe oder noch erwerben werde, sein unbeschränktes Eigenthum bleiben solle,[1] ja sogar eine solche, die
den Freigelassenen zum Erben einsetzt.[2] Dass in Folge der Behandlung der Sklaven und der drückenden Bedingungen bei der
Freilassung das Verhältniss zwischen dem Freigelassenen und seinem ehemaligen Herrn oft genug nicht das beste gewesen sein
mag, bedarf kaum der Erwähnung.[3]

Politische Rechte erlangte in Griechenland durch die Freilassung niemand, denn wenn, wie oben erwähnt, Sklaven zugleich
mit der Freiheit das Bürgerrecht erhielten, so geschah dies nur
höchst selten und unter ganz besonderen Umständen, ja es galt
sogar im Allgemeinen der Grundsatz, dass ein gewesener Sklave
das Bürgerrecht nicht erhalten dürfe,[4] und von diesem Grundsatze ist man bei einer regelrechten Staatsverwaltung und unter
gewöhnlichen Verhältnissen gewiss nie abgegangen. In Athen
gingen die Freigelassenen in den Stand der Metoeken über und
zahlten ausser dem von diesen regelmässig zu entrichtenden
Schutzgelde angeblich noch eine Abgabe von drei Obolen jährlich, die nach Böckhs Meinung dem Staate als Ersatz für die
Sklavensteuer diente, welche durch ihre Freilassung in Wegfall
kam.[5] Aehnliches wird auch für die übrigen Staaten gelten können, zumal da man nach einer Notiz die Freigelassenen überhaupt

---

1) Inserr. Delph. nr. 133; 209; 273.

2) Ebend. nr. 184. Vgl. Diogen. Laert. IV, 46.

3) Demosth. geg. Timokr. 124 πονηρῶν καὶ ἀχαρίστων οἰκετῶν
τρόπους ἔχοντες· καὶ γὰρ ἔνιτων ὅσοι ἂν ἐλεύθεροι γίνωνται οὐ τῆς
ἐλευθερίας χάριν ἔχουσι τοῖς δεσπόταις, ἀλλὰ μισοῦσι μάλιστα πάντων ἀνθρώπων, ὅτι συνίσασιν αὐτοῖς δουλεύσασιν.

4) Dio Chrysost. XV, 17 οὐκ οἶσθα τὸν Ἀθῆναι νόμον, περὶ
πολλοὺς δὲ καὶ ἄλλους, ὅτι τὸν φύσει δοῦλον γενόμενον οὐκ ἐᾷ μετέχειν τῆς πολιτείας; Xenoph. Hellen. VII, 3, 8 heisst es von dem Sikyonier Euphron: καὶ μὴν πῶς οὐκ ἀπροφασίστως τύραννος ἦν, ὃς δούλους οὐ μόνον ἐλευθέρους ἀλλὰ καὶ πολίτης ἐποίει;

5) Harpokrat. μετοίκιον· Photios Ἰσοτελής: ὁ ἐξελεύθερος μετί-
χων τῶν τόπων, μετοίκιον δὲ οὐ φέρων. Böckh Staatsh. I S. 447 f.

nicht einmal den übrigen Freien gleich achtete, sondern sie
gleichsam noch als Sklaven, wenn auch als solche, die nicht
mehr im Besitze eines anderen waren, ansah.[1]

Indem wir nun zu der Stellung der Sklaven im Hanse übergehen, mögen hier zunächst einige Bemerkungen über die Namen
der Sklaven gemacht werden.[2] Der Herr konnte seine Sklaven
nach seinem Belieben benennen, so dass auch der Gebrauch der
für die Freien üblichen Namen keineswegs für die Sklaven ausgeschlossen ist. Einzelne Ausnahmen fanden allerdings statt,
indem z. B. ein Gesetz in Athen verbot, einem Sklaven den
Namen Harmodios oder Aristogoiton beizulegen,[3] ein anderes es
untersagt haben soll, ihnen Namen zu geben, die mit den heiligen Festen in Verbindung standen,[4] allein wir haben Beispiele,
in denen wenigstens das letztere nicht beachtet ist, ja wir finden in dem Testamente Platons sogar eine Sklavin Namens Artemis erwähnt, während Namen wie Artemisia und namentlich
Aphrodisia nicht selten sind.[5] Der natürlichste Gedanke war es,
den Sklaven gar nicht als Individuum zu bezeichnen, sondern
nur mit dem Namen des Volksstammes zu benennen,[6] dem er

1) Chrysipp. bei Athen. VI 8. 267ᵇ διαφέρειν δέ φησι Χρύσιππος δοῦλον οἰκέτου, διὰ τὸ τοὺς ἀπελευθέρους μὲν δούλους ἔτι εἶναι,
οἰκέτας δὲ τοὺς μὴ τῆς κτήσεως ἀφειμένους.

2) Ueber Sklavennamen vgl. Helladios in Phot. Bibl. S. 532ᵇ, 36
Bekk. Creuzer Schriften IV 8. 15—18.

3) Gellius Noct. Att. IX, 2, 10.

4) Athen. XIII 8. 587ᵉ. Dagegen 'Ισθμιάς Philetaeros ebend.
8. 587ᵃ, Πυθιάκη 8. 594ᵃ. Vgl. 'Ολυμπιάς Inscr. Delph. nr. 191.

5) Diogen. Laert. III, 42. 'Αρτεμισία Inscr. Delph. nr. 74. 'Αφρο-
δισία nr. 52; 102; 139; 180; 193.

6) Strabo VII, 8. 304 ἀφ' οὗ καὶ παρὰ τοῖς 'Αττικοῖς ἐπιπόλασε
τὰ τῶν οἰκετῶν ὀνόματα Γέται καὶ Δᾶοι — ἐξ ὧν γὰρ ἐκομίζετο ἢ
τοῖς ἔθνεσιν ἐπιτεταγμένοις ὁμωνύμοις ἐκάλουν τοὺς οἰκέτας ὡς Λυδὸν καὶ
Σύρον. Hellad. a. a. O. ὅτι οἱ κωμικοὶ τοὺς οἰκέτας τὸ μὲν πλέον
ἀπὸ τοῦ γένους ἐκάλουν, οἷον Σύρον, Καρίωνα, Μίδαν, Γέτην καὶ τὰ
ὅμοια. Inscr. Delph. nr. 84 Κύπρας τὸ γένος Κύπριον. Nr. 864 'Ιουδαῖος
τὸ γένος 'Ιουδαῖον; ohne Bezeichnung der Herkunft Μιλησία nr. 348,
Μῆδος nr. 157, Μῆδα nr. 43. Λυδὰ und Καρίνα nr. 348, Ἀλαλίς nr.
80, 'Ιωνίς nr. 138, 164; Δωρίς Lukian. Hetaer. Dial. 2, 3; Θρᾶττα Demosth. geg. Neaera 120; 'Ιάνυξ Athen. X 8. 423ᵈ.

seiner Herkunft nach angehörte und in der That ist diese Art
der Benennung bei den Griechen allgemein üblich gewesen, so dass
Namen wie Geta, Lydos, Syros sehr häufig, andere wie Judæos,
Kyprios, Thratta wenigstens einzeln vorkommen. Ja man ging
darin noch weiter und gab den Sklaven die Namen von Ländern
selbst, wie Europa, Asia, Isthmos,[1] und man kann vermuthen,
dass in beiden Fällen die Benennung nicht immer mit ihrer
Nationalität zusammentraf, sondern aus Gewohnheit oder anderen
persönlichen Gründen beliebig angewendet wurde. Oft liess man
ihnen auch den ihnen in der Heimat gegebenen Namen, oder
legte ihnen solche bei, die dort besonders gebräuchlich waren,
wie Manes oder Midas den Phrygiern, Tibios den Paphlagoniern,
wozu noch andere vereinzelte Beispiele kommen, wie Mithradates
für einen Kappadokier.[2] Ausserdem nannte man die Sklaven auch
mit Namen, die auf ihre Beschäftigung deuteten, oder von körperlichen oder geistigen Eigenschaften derselben, oder von sonstigen Umständen hergenommen waren, die zu ihrer Person in Beziehung standen.[3] Die Mehrzahl aber der Namen sind der Art, dass sie ohne
erkennbare äussere Veranlassung nur nach der Laune des Herrn
gegeben zu sein scheinen, wobei die Lust Sklaven mit schönklin-
genden Namen um sich zu haben, wohl nicht geringen Einfluss auf

---

1) *Εὐρώπα* Inscrr. Delph. nr. 83, 87; *Ἀσία* nr. 53; *Ἰσθμός* nr. 24.

2) Strabo s. a. O. ἢ τοῖς ἐπιπολάζουσιν ἐκεῖ ὀνόμασι προσηγό-
ρευον, ὡς *Μάνην* ἢ *Μίδαν* τὸν *Φρύγα*, *Τίβιον* δὲ τὸν *Παφλαγόνα*.
Machon bei Athen. XIII 8. 578ᵇ nennt *Mania* ein ὄνομα φρυγιακόν.
Inscrr. Delph. *Μάνης*, τὸ γένος *Παφλαγόνα* nr. 81, *Μιθραδάτης*, τὸ
γένος *Καππαδόκα* nr. 134, *Μαιμάτας*, τὸ γένος *Γαλάταν* nr. 189. Derselbe
Gedanke hat auch wohl darauf geführt, in nr. 55 einen Makedonier *Ἀλέξαν-
δρος* zu nennen.

3) Longus Pastoral. IV. 5 *Εὔδρομος* γὰρ ἐκαλεῖτο, ὅτι ἦν αὐτῷ
ἔργον τρέχειν. Vgl. Inscrr. Delph. nr. 37 *Τέχνων*. Hellad. s. a. O.
ἐκάλουν δὲ καὶ τὰ ἐξ ἐπιθέτων ὡς ἀπὸ τοῦ χρώματος μὲν *Πυρρίαν*
καὶ *Ξανθίαν*, ἀπὸ τοῦ τρόπου δὲ *Παρμένωνα* καὶ *Πιστὸν* καὶ *Δρό-
μωνα*. ἐκάλουν δὲ καὶ ἀπὸ τῆς ἡμέρας ἐν ᾗ ὠνήσαντο τὸν οἰκέτην,
ἐξ οὗ καὶ τοὺς *Νουμηνίας* ὠνόμαζον. Vgl. Inscrr. Delph. nr. 125
Πύρρος; nr. 79, 111, 150 *Πυρρίης*; nr. 173 *Παραμονά*; nr. 146 *Εὔνους*;
nr. 188 *Λάρος*. Alkiphron Epist. III, 38 οἷς τῇ ἕνῃ καὶ νέᾳ κατ' ἐκλογὴν τοῦτον ἐπριάμην, *Νουμήνιον* εὐθὺς ἐθέμην καλεῖσθαι.

die Wahl geübt hat. Diese Namen sind theils solche, die ihrer eigenthümlichen Bildung wegen nur Sklaven beigelegt werden konnten, theils solche, die auch von Freien geführt wurden,[1] darunter manche, die einen recht vornehmen Klang haben, so dass der Träger gar nicht nöthig gehabt hätte, im Falle seiner Freilassung seinen Namen zu verändern, um das Andenken an seinen früheren Stand zu verwischen,[2] ja es finden sich sogar Beispiele, dass Sklaven den Namen von ihrem Herren oder von Anverwandten desselben führen.[3] Nach dem gesagten lässt es sich leicht begreifen, dass zuweilen den Sklaven beim Uebergange in den Besitz eines anderen Herren oder auch sonst nach dem Gefallen des Eigenthümers statt ihres bisher geführten Namens ein anderer gegeben wurde.[4]

Wenn wir uns nun zu den Beschäftigungen der Sklaven wenden, so ist ein wesentlicher Unterschied zwischen denselben in so fern zu machen, als sie theils in dem eignen Haushalte oder Geschäfte des Herrn, theils ausserhalb desselben verwendet werden. Zu den ersteren haben wir diejenigen zu zählen, welche entweder mit landwirthschaftlichen Arbeiten beschäftigt werden, oder bei der Person der Herrschaft und im Haushalte derselben Dienste leisten, oder im Geschäfte des Herrn thätig sind. Ihrer Stellung nach unterscheiden sich die Sklaven in solche, welche selbstthätig die Arbeit zu verrichten haben und solche, welchen die Aufsicht über andere und die Leitung der Arbeit anvertraut ist.[5]

---

1) Die Bemerkung von Olympiodor. zu Platon Alkib. S. 148 *πάλαι γὰρ τοῖς ὀνόμασι διεκρίνοντο οἱ ἐλεύθεροι τῶν δούλων* hat nach den zahlreichen Beispielen der Inschriften durchaus nicht allgemeine Gültigkeit.

2) S. Demosth. v. Kranz 130. Theophr. Charakt. 28.

3) Curtius Anecdd. Delph. S. 35.

4) Platon Kratyl. S. 384[4] *ὥσπερ εἰ τοῖς οἰκέταις μεταιτιθέμεθα οὐδὲν ἧττον τοῦτ' εἶναι ὀρθὸν τὸ μετατεθὲν τοῦ πρότερον κειμένου.* Suidas *Φιλόξενος: οὗτος ἠγοράσθη ὑπὸ Ἀγεσύλου τινὸς καὶ Μύρμηξ ἐκαλεῖτο.* Inscr. Delph. nr. 396 *Ζωπύρα, τὸ δὲ πρότερον ἦν Σίμον.*

5) Aristot. Oekon. I, 5 *δούλων δὲ εἴδη δύο, ἐπίτροπος καὶ ἐργάτης.* Polit. I, 2 S. 13 *ὁ γὰρ τὸν δοῦλον δεῖ ἐπίστασθαι ποιεῖν, ἐκεῖνον (τὸν δεσπότην) δεῖ ταῦτα ἐπίστασθαι ἐπιτάττειν. διὸ ὅσοις ἐξουσία*

Die ländlichen Arbeiten sind, wenigstens in grösseren Wirthschaften, überall von Sklaven und neben denselben von Tagelöhnern verrichtet worden,[1] in kleineren Wirthschaften legte
wohl der Herr selbst mit Hand an oder führte wenigstens selbst
die Aufsicht, während auf grösseren Besitzungen auch diese
einem oder mehreren Sklaven überlassen wurde.[2] Zu den eigentlichen groben Arbeiten sind von den ältesten Zeiten an Sklaven verwendet worden, denn wenn sich dafür auch beim Homer
nur eine einzelne flüchtige Andeutung findet, so tritt diese
Verwendung schon bei Hesiod ganz deutlich hervor,[3] und die sel-
tene Erwähnung, welche überhaupt von der Sache gemacht wird,[4]
erklärt sich daraus, dass dieselbe ganz selbstverständlich war
und kaum einer Bemerkung zu bedürfen schien. Ebenso sind
die Hirten auf den Gütern, wo Viehzucht betrieben wurde, Sklaven und auch unter diesen finden wir schon von Homer an Abstufungen des Ranges.[5]

μὴ αὐτοὺς κακοπαθεῖν, ἐπίτροπος λαμβάνει ταύτην τὴν τιμήν. Bei
Xenoph. Oekon. 21, 9 wird unterschieden οὗτοι δὲ καὶ ἐν τοῖς ἰδίοις
ἔργοις, ἄν τε ἐπίτροπος ᾖ ὁ ἐγκατημένος ἄν τε καὶ ἐπιστάτης, so dass
vielleicht ἐπίτροπος der Verwalter auf dem Lande, ἐπιστάτης der Werkmeister bei gewerblichen Arbeiten ist. Vgl. Platon Protag. S. 312ᵈ
ἐργασίας ἐπιστάτης, Xenoph. Denkwürd. I, 5, 2 ἔργων ἐπίστασις. Pollux VII, 183 τοὺς δὲ ἐγεστηκότας τῇ τῶν ἔργων ἐπιμελείᾳ οἱ μὲν Ἀττικοὶ ἐπιστάτας ἔργων λέγουσιν, Ἐπίχαρμος δὲ καὶ ἐργεπιστάτας. Dagegen Hesych. ἐπιστάτης: ἐπίτροπος. Der Werkführer heisst bei Aeschin.
geg. Tim. 27 ἡγεμὼν τοῦ ἐργαστηρίου.

1) Vgl. Schol. zu Thukyd. I, 141 αὐτουργοὶ δι' ἑαυτῶν τὴν γῆν
ἐργαζόμενοι σπάνει δούλων.

2) Xenoph. Oekon. 12, 2 ἔχω γὰρ ἐπιτρόποις ἐν τοῖς ἀγροῖς.
Vgl. die folgenden §§.

3) Homer Odys. ρ, 298 f. — Hesiod. Werke u. Tage 470.

4) Ein Sklave als συνηντής bei Lukian βίων πρᾶσ. 7, als Gärtner
ebend. 11; Stob. Floril. XLIII, 95. Aristot. Polit. I, 1, S. 3 bei Erwähnung
des hesiodischen οἶκος μὲν πρώτιστα, γυναῖκά τε βοῦν ἀροτῆρα sagt ὁ
γὰρ βοῦς ἀντ' οἰκέτου τοῖς πένησίν ἐστιν.

5) Zahlreiche Stellen über den Gegenstand bei Richard de servis ap.
Hom. S. 20 ff. Bei Hesiod Werke u. Tage 406 eine Sklavin ἥτις καὶ
βουσὶν ἕποιτο. Isaeos v. Philokt. Erbsch. 33 ein αἰπόλος; bei Plutarch
v. Adel 20 κτηνοτρόφοι.

Die Zahl der Sklaven, welche im Haushalte thätig waren und zur persönlichen Bedienung der Herrschaft verwendet wurden, musste je nach der Grösse und Wohlhabenheit der Familie ausserordentlich verschieden sein. Denn wenn wir in Griechenland auch nirgends so zahlreichen Sklavenschaaren wie in Rom begegnen, die nur zum Luxus gehalten dazu hätten dienen müssen, den Reichthum des Herrn schon zu lassen und sein Ansehen im Volke zu erhöhen, so ist es doch ganz natürlich, dass man in einem reichen Hause schon der Bequemlichkeit wegen und zur besseren Verrichtung der Arbeit die Dienste an mehrere Personen vertheilte, welche in einem weniger wohlhabenden eine einzelne Person versah.[1] Wir finden daher an der Spitze des ganzen Haushaltes einen Haushofmeister mit grossen Befugnissen,[2] z. B. den Sklaven Euangelos, welchem Perikles die ganze Verwaltung seines Besitzes übertragen hatte. Neben demselben oder unmittelbar unter der Herrschaft steht der Schaffner oder die Schaffnerin, welchen die Aufsicht über die vorhandenen Vorräthe anvertraut ist und welche angewiesen waren, davon das zum täglichen Gebrauch nothwendige herauszugeben; eine Einrichtung, der wir schon bei Homer begegnen.[3] Auch zur Besorgung der Einkäufe, namentlich von Lebensmitteln, auf dem Markte hielt man einen Sklaven, zuweilen wohl selbst eine Sklavin.[4] Die Selbständigkeit, mit welcher sie diesen Geschäften oblagen, ist gewiss je nach dem Charakter der Herrschaft und der ganzen häuslichen Einrichtung verschieden gewesen.

_____

1) Plutarch a. a. O. ὥσπερ ἐν οἰκίᾳ πολιτικῇ δούλων εἰσὶ γένη πολλά.

2) προστάτης bei Plut. a. a. O.; Perikl. 16. Aristot. Oekon. I, 6 unterscheidet μεραὶ οἰκονομίαι und ἐπιτροπευόμεναι.

3) ταμίης und ταμία Xenoph. Oekon. 9, 11 ff. Bei Homer Odyss. χ, 396 heisst es von der Euryklea, die öfter ταμίη genannt wird: ἥτι γε ταιαφὸν δ᾽ιοικίων σκοπὸς ἐσσι κατὰ μέγαρ᾽ ἡμετεράων; vgl. β, 345 ff., Ilias τ, 44 καὶ ταμίαι παρὰ νηυσὶν ἔασιν σιτοῖο δοτῆρις, und so bei Xenoph. Oekon. 10, 10 ἀπομετροῦσαν τῇ ταμίᾳ. Aristoph. Ritt. 947 ff. Wesp. 613. Diogenes Laert. II, 6 § 74 ταμίας ἀργυρώνητος.

4) ἀγοραστής Pollux III, 126, später ὀψωνάτωρ genannt. Athen. IV 8. 171ᵃ. Xenoph. Denkwürd. I, 5, 2; Oekon. 8, 22. Theophr. Charakt. 18 ὁ ἄπιστος τοιοῦτός τις, οἷος ἀποστείλας τὸν παῖδα ὀψωνήσοντα, ἕτερον παῖδα πέμπειν τὸν πευσόμενον, πόσου ἐπρίατο.

Unter den Sklaven, denen die Dienste im Hause oblagen,
nennen wir zuerst den Thürhüter, der am Eingange des Hauses
seinen beständigen Aufenthalt hatte, und nicht allein den Fremden auf ihr Klopfen öffnete, sondern auch die Controlle über
allen führte, was ein- und ausging.[1] Natürlich hielt man einen
solchen Diener nur in wohlhabenderen Häusern und auch in
solchen ist diese Sitte erst in späterer Zeit aufgekommen. Es
scheint auch, als ob man mit diesem Posten vorzüglich solche
Sklaven betraut habe, die zu anderen Geschäften nicht wohl zu
verwenden waren; doch lag ihnen auch die Reinigung des Hauses ob, die freilich anderwärts von Sklavinnen besorgt wurde. Dass
die moderne Grobheit solcher Leute auch dem Alterthum nicht
fremd war, zeigt die artige Erzählung in Platons Protagoras, wo
der Thürhüter auf eigne Hand die Fremden abweist, für die,
wie er meint, sein Herr nicht zu sprechen sei. Für das Geschäft des Wasserholens, das beim Homer noch die Königstöch-
ter selbst, ebenso gut wie Sklavinnen besorgten,[2] werden auch
besondere Sklaven und namentlich Sklavinnen erwähnt,[3] und in
der That mochte bei der Seltenheit der Quellen in manchen
Gegenden Griechenlands dies Geschäft für grössere Haushaltungen viel Zeit in Anspruch nehmen. Die Berettung der Speisen
war in der älteren Zeit wohl ausschliesslich den weiblichen Sklaven übertragen,[4] abgesehen von der schweren Arbeit des Ge-

---

1) Aristot. Oekon. 1, 6 S. 1345[a], 33 *dozei de kai en tais megá-
lais oikonomiais chresimos einai thyroros, hos en e achrestos ton allon
ergon, pros ten soterian ton eisferomenon kai ekferomenon.* Pollux X, 20 *to pyleroe to kathairein kai kataphrorein ten oikian
anagkaion estin.* Vgl. Euripid. Hekabe 363. Plutarch v. d. Nougier 3.
— Platon Protag. S. 314[c]; vgl. Phileb. 8. 62[e] und Apollodor. bei Athen.
I 8. 3[c]. Bei Plautus Curcul. I, 1, 76 findet sich eine castos ianitris.
2) Homer Odyss. ς, 107; ι, 153 ff.
3) *hydrophoros* Lukian *bion prasis.* 7; *therapainis hydrophoros* Lukian
Gespr. d. Meerg. 6, 1. Vgl. Eurip. Troad. 204; Plautus Rud. II, 3. In
gleicher Weise mochten auch wohl für andere ähnliche Geschäfte besondere Sklaven bestimmt sein; bei Plutarch Apophth. d. Kön. S. 182[a] findet sich sogar ein *lychnophoros.*
4) *sitopoios* Xenoph. Oekon. 10, 10; *gynaikes sitopoioi* Thukyd.
II, 78; vgl. Herod. III, 150. *sitopoios* und *opsopoios* Platon Gorg.

troldemahlens, die zwar bei Homer auch von den Mägden verrichtet wird,[1] in späterer Zeit aber wohl nur kräftigen Sklaven
aufgetragen, ja sogar als Zwangsarbeit zur Strafe auferlegt wurde.
Erst in der makedonischen Zeit soll die Sitte aufgekommen sein,
Sklaven als Köche zu halten.[2]

Die Kleidung für die Familie wurde grösstentheils unter Aufsicht und Mitwirkung der Hausfrau von den Sklavinnen im Hause
angefertigt. Denn das Spinnen und Weben der Wolle ist von den
homerischen Zeiten an eine der Hauptbeschäftigungen der freien
Frauen gewesen,[3] worin sie von einer nach Bedürfnlss grösseren
oder geringeren Zahl von Mägden unterstützt wurden, welche
namentlich die vorbereitenden Arbeiten des Krempelns auszuführen
ren hatten.[4] Das Waschen der Kleider dagegen, welches bei
Homer von der Tochter des Hauses mit den Mägden besorgt
wird, wurde in der späteren Zeit grösstentheils in den Werkstätten der Walker vorgenommen.[5]

Zahlreiche Sklaven aber wurden für persönliche Dienstleistungen in Anspruch genommen. Zunächst war es von alten
Zeiten her Sitte, dass die Freien, Männer sowohl wie Frauen,
sich beim Ausgeben von einem oder mehreren Sklaven begleiten
liessen, eine Sitte, die allerdings nicht in allen Theilen von
Griechenland gleichmässig verbreitet gewesen ist, wie denn berichtet wird, dass in Phokis die Gattin des Philomelos in der Zeit

S. 517[4], so auch Xenoph. Kyrop. VIII, 5, 3 u. 8, 20, so dass mit dem ersteren Namen Bäcker, mit dem zweiten Köche bezeichnet werden. — Euripid. Hekabe 362.

1) Homer Odyss. v, 107 ff — Ueber die Zwangsarbeit in Mühlen
s. oben S. 159 Anm. 1.

2) Athen. XIV S. 658' ὀδδὲ γὰρ ἂν εὕροι τις ὑμῶν δοῦλον μάγει-
ρόν τινα ἐν κωμῳδίᾳ πλὴν παρὰ Ποσειδίππῳ μόνῳ. δοῦλοι δ'ὠπο-
ποιοὶ παρῆλθον ὑπὸ πρώτων Μακεδόνων. Vgl. Theopomp ebend. VI
S. 275[b]. Becker Charikles II S. 257.

3) Die Stellen aus Homer bei Richard de servis S. 25. — Xenoph.
Oekon. 10, 10; Platon Alkib. S. 126*. Euripid. Hekabe 363. Aristoph.
Lysistr. 567 ff.

4) ἔρια ξαίνειν Homer. Odyss. χ, 422 ἔρια τε ξαίνειν καὶ δουλο-
σύνην ἀνέχεσθαι. Lukian Flüchtl. 12. Hermann zu Lukian v. d. Ge-
schichtschr. 10 S. 30.

5) Homer Odyss. ζ, 25 ff., Ilias χ, 153—155. Becker Charikl. I S. 354.

des dritten heiligen Krieges die erste gewesen sei, die sich von
zwei Dienerinnen begleiten liess.[1] Jedoch schon bei Homer tritt
die Penelope nur in Begleitung von zwei Sklavinnen in den
Männersaal zu den Freiern und ebenso folgen der Helena und
der Andromache beim Ausgange Dienerinnen.[2] In der späteren
Zeit erforderte der Anstand durchaus eine solche Begleitung,[3]
so dass wir selbst hören, dass ein wenig bemittelter Mann, der
nur einen einzigen Sklaven besass, denselben ausschliesslich zu
diesem Zwecke hielt,[4] und dass ärmere Leute, die keine Sklaven halten konnten, sich von Sklaven, die sie zu diesem Behufe
mietheten, oder von ihren Söhnen oder anderen Anverwandten
begleiten liessen.[5] Der steigende Luxus vergrösserte allmählich
die Zahl dieser Begleiter, namentlich bei solchen Personen,
welche ihren Reichthum sehen lassen oder sonst Aufsehen erre-
gen wollten. Demosthenes wirft es dem Meidias als ein Zeichen der Prahlerei vor, dass er mit drei oder vier Sklaven
über den Markt stolziere und an einer andern Stelle desselben
Redners erscheinen drei Begleiter als ein Beweis von Luxus;[6]
Xenophon bemerkt es besonders von den Virtuosen, denen es
eben darum zu thun war, glänzend aufzutreten, dass sie ein
zahlreiches Dienergefolge mit sich herumführten.[7] Allein schon
in der unmittelbar darauf folgenden Zeit erscheint die Hetäre
Gnathaenion, als sie nach dem Peiraeeus sich zu einem Liebhaber in einfachem Aufzuge begiebt, mit drei Dienerinnen und

---

1) Timaeos bei Athen. VI S. 264°.
2) Homer Odyss. σ, 331; π, 413; σ, 211; Ilias γ, 143; χ, 461.
3) Bei Aristoph. Lysistr. 593 erscheint der ἀκόλουθος als der nothwendigste Sklave; vgl. Lysias geg. Diogeit. 16.
4) Dio Chrysost. X, 8 vgl. mit § 13.
5) Theophr. Charakt. 22. Aristot. Polit. VI, 5 S. 214 τοῖς γὰρ
ἀπόροις ἀνάγκη χρῆσθαι καὶ γυναικὶ καὶ παισὶν ὥσπερ ἀκολούθοις
διὰ τὴν ἀδουλίαν. Dio Chrysost. XV, 18 καὶ τοῖς εἰσὶ: ἀπορωτέροις
δούλοις τῶν πατέρων, καὶ γὰρ ἀκολουθοῦσι πολλοῖς τῶν πενήτων καὶ
εἰς γυμνάσιον βαδίζουσι καὶ ἐπὶ δεῖπνον.
6) Demosth. geg. Meid. 158. für Phorm. 45. In den angeblichen
Gesetzen des Zaleukos bei Diodor XII, 21 wird einer freien Frau nur die
Begleitung von einer Dienerin gestattet.
7) Xenoph. Denkwürd. I, 7, 2.

einer Amme,[1] ja dass die Gemahlin des Phokion mit nur einer
Dienerin auszugehen pflegte, erregte allgemeines Erstaunen,[2] und
die folgende Zeit mag in dieser Hinsicht noch viel weiter gegangen sein.[3] Diese Diener nun hatten auch alles zu tragen, was
der Herr etwa auf den Weg mitnahm oder unterwegs ein-
kaufte, insbesondere aber auf Reisen das Gepäck, das mitunter
nicht unbeträchtlich sein mochte, da bei dem Mangel an ausreichend eingerichteten Wirthshäusern der Reisende viele für den
gewöhnlichen Gebrauch erforderliche Dinge, z. B. Bettdecken,
mit sich führen musste.[4]

Selbst die Kinder erhielten zur Bedienung Sklaven. Denn
abgesehen davon, dass in wohlhabenden Familien die Kinder
zum grossen Theile von Ammen, die theils Sklavinnen, theils
freie Frauen waren, genährt und auch weiterhin in den ersten
Lebensjahren von solchen gewartet und gepflegt wurden,[5] so war
es allgemeine Sitte, den Knaben, sobald sie der alleinigen Obhut
der Frauen entnommen waren, einen Sklaven, den sogenannten Pädagogen, beizugeben, der sie zu beaufsichtigen, zu bedienen, bei
ihren Gängen nach der Schule und dem Gymnasium zu begleiten
und ihnen die Schulbücher und andere Dinge, die sie bedürften,
zu tragen hatte.[6] Wenngleich diesen Pädagogen die eigentliche

---

1) Macbon bei Athen. XIII S. 582[b].

2) Plutarch Phokion 19.

3) Lukian Rhetor. Praec. 15. Bilder 2 θεραπεία δὲ πολλή καὶ ἄλλη
περὶ αὐτὴν παρασκευή λαμπρά καὶ εὐνούχων τι πλῆθος καὶ ἔρμα
πάνυ πολλαί von dem Aufzuge einer Smyrnäerin.

4) Xenoph Denkwürd. III, 13, 6; Aristoph. Vögel 15. Das Behält-
niss, in welches die Decken στρώματα und auch andere Gegenstände für
die Reise gepackt wurden, hiess στρωματόδεσμος Platon Theaet. S. 175[c].
Aeschin. v. d. Trugges. 99. Pollux VII, 79.

5) Ob bei Homer die Ernährung der Kinder durch Ammen anzunehmen
ist, bleibt zweifelhaft. Friedreich Real. S. 215 f. Nitzsch zu Odyss. η, 7.
In der historischen Zeit ist diese Sitte allgemein. Krause Geseh. der Erziehung etc. S. 79 u. 395 ff. Der Name für die Amme ist τίτθη, τιτήνη;
letzteres bezeichnet oft auch die blosse Wärterin. Homer Il. ζ, 389 u.
467. τροφός Odyss. β, 361.

6) Platon Ges. VII S. 808[d] πολλοῖς αὐτὸ οἷον χαλιναῖς τισι δεῖ
διαμεύειν, πρῶτον μὲν, τροφῶν καὶ μητέρων ὅταν ἀπαλλάττηται, παιδαγωγοῖς, παιδίας καὶ νηπιότητος χάριν. Xenoph. Staat d. Laked. 2, 1

Erziehung der Knaben nicht überlassen war, so gab ihnen doch ihre Stellung gewohnheitsmässig eine grosse Gewalt über dieselben,[1] selbst zu harten Strafen, und ihr Einfluss erstreckte sich oft bis in das Jünglingsalter ihrer Schützlinge.[2] Freilich ist dieser Einfluss nicht immer der beste gewesen, da man aus ökonomischen Rücksichten zum Pædagogen oft einen solchen Sklaven bestellte,[3] den man seines Alters oder seiner Ungeschicklichkeit wegen sonst zu keinem Geschäfte verwenden konnte. Zur besonderen Bedienung der Frau war ein Kammermädchen angestellt, welche derselben beim Ankleiden und beim Anordnen des Haarputzes zur Hand ging, und welche mit besonderer Sorgfalt und nach Vorliebe ausgewählt auch wohl als besondere Vertraute der Frau angesehen werden muss.[4]

τῶν μὲν τοίνυν ἄλλων Ἑλλήνων οἱ φάσκοντες κάλλιστα τοὺς υἱεῖς παιδεύειν, ἐπειδὰν τάχιστα αὐτοῖς οἱ παῖδες τὰ λεγόμενα ξυνιῶσιν, εὐθὺς μὲν ἐπ᾽ αὐτοῖς παιδαγωγοὺς ἐφιστᾶσιν. Platon I.ριῖ S. 208ᶜ τί δὲ ποιῶν αἵ οὗτος ὁ παιδαγωγός σου ἄρχει; Ἀγων δήπαε εἰς διδασκάλου. Liban. Red. 24 S. 81 Reisk. οἱ παιδαγωγοί, οὐχ οἱ τὰ βιβλία τοῖς νέοις ἐπ᾽ ὤμων φέροντις.

1) (Platon) Axiochos S. 366ᵈ ὁπόταν δὲ εἰς τὴν ἐπιμελίαν ἀφίκηται πολλοὺς πόνους διηντλήσαν, ἐπίστησαν παιδαγωγοὶ καὶ γραμματισταὶ καὶ παιδοτρίβαι τυραντοῦντες; vgl. Protag. S. 325ᵉ; Liban. Th. IV S. 863 διὰ ταῦτο γὰρ καὶ παίειν καὶ ἄγχειν καὶ στριβλοῦν καὶ ἃ τῶν δεσποτῶν πρὸς τοὺς οἰκέτας ταῦτα καὶ τῶν υἱῶν τοῖς ἐφιστῶσιν ἀξιοῦσιν ἐπιάρχειν. Aristot. Nikom. Eth. III, 13 S. 1119ᵇ, 13 ὥσπερ γὰρ τὸν παῖδα δεῖ κατὰ τὸ πρόσταγμα τοῦ παιδαγωγοῦ ζῆν.

2) Plautus Bacch. III, 3, 17 nego tibi hoc annis viginti primis fuisse copiae, digitum longe a paedagogo pedem ut ecferres aedibus.

3) Stobaeus Floril. XLIII, 95 καὶ τῷ μὲν φυσῷ πλήστος, εἰώθαμις ἄξιον παρωσθῆσαμεν τὸν ἐπιμελησόμενον, οἱ μῖορ ἢ δύο μνᾶν ἄξιον, τοῖς δὲ νίοις Ἑλλέφιον ἢ Θρᾷκαν οὐδενὸς ἄξιον. Hieronym. in den Excerpt. Florent. bei Stob. Floril. ed. Meineke Vol. IV S. 209 οἴτινες πρῶτον μὲν βαρβάροις παραβάλλοντες παιδαγωγοῖς καὶ τούτων ἀπούσιν μελλύσαντες ἰατρῶς ἐπιμελεῖσθαι νομίζουσιν — διὸ καὶ τὸν ἐν τῶν ἐργατῶν ἀποδοκιμασθέντα, τούτων ἐπὶ παιδαγωγία καταστήσουσι, τὰ φύσει τιμιώτατα τοῖς εὐτελεστάτοις διδόντις. Platon Alkib. S. 132ᵇ σοὶ δ᾽, ὦ Ἀλκιβιάδη, Περικλῆς ἐπίστησε παιδαγωγὸν τῶν οἰκετῶν τὸν ἀχρειότατον ὑπὸ γήρως, Ζώπυρον τὸν Θρᾷκαν. Plutarch v. d. Erzieh. 7.

4) κομμώτρια Platon Republ. II S. 373ᶜ. Aristoph. Ekkles. 737; in späterer Zeit ἐμπλέκτρια genannt. Moeris unter κομμώτρια. Der

Es versteht sich von selbst, dass zum Aufwarten sowohl bei
Tische als auch bei allen anderen Gelegenheiten,[1] wo die Herrschaft des Dienstes bedurfte, Sklaven und Sklavinnen verwendet
wurden, ebenso dass man zu solchen Dienstleistungen, welche die
Sklaven dauernd in der Nähe der Herrschaft hielten, die wohl-
gestalltetsten und gewandtesten unter dem Gesinde auswählte und
meistentheils wohl gleich beim Ankauf auf diese Eigenschaften
besondere Rücksicht nahm, wenn der anzukaufende Sklave zu
den erwähnten Diensten verwendet werden sollte. Welches Gewicht man auf eine vorzügliche Geschicklichkeit in solchen Dienstleistungen legte und wie bedeutend dieselbe den Preis eines
Sklaven erhöhen mochte, lässt sich daraus abnehmen, dass
jemand in Syrakus einen ordentlichen Lehrkursus in solchen Dingen
für Sklaven abhielt, ein Unternehmen, das vielleicht nicht ganz
vereinzelt stand.[2] In solchen Häusern endlich, in welchen Fuhr-
werk, oder, was häufiger war, Reitpferde gehalten wurden, war
die Pflege und Wartung der Thiere und die sonst hier nothwendigen Arbeiten gewöhnlich einem Sklaven übertragen, der
auch im Kriege dem Reiter in das Feld folgte.[3]

Name der bevorzugten Zofe ist ἄβρα. Suidas ἄβρα οὔτε ἁπλῶς θεράπαινα οὔτε ἡ εὔμορφος θεράπαινα λέγεται, ἀλλ' οἰκότριψ γυναικὸς
κόρη καὶ ἔντιμος, εἴτε οἰκογενής εἴτε μή. Eustath. zu Odys. ι, 28
S. 1864, 15 ἐστι δὲ ἄβρα κατὰ Παυσανίαν ἡ σύντροφος καὶ παρὰ
χεῖρα θεράπαινα, ἣ καὶ οἰκότριψ καὶ ἔντιμος. Aehnlich Etymol. Magn.
S. 4, 22. Hesych. ἄβρα: δούλη, παλλακὴ und ἄβραι: νέαι δοῦλαι. Vgl.
Becker Charikl. III S. 25. S. auch Pollux IV, 154.

1) Ueber das Aufwarten bei Tische vgl. Athen. IV S. 147. οἱ κατα-
θέζοντες Plutarch v. Adel 20. Ueber andere Dienstleistungen Richard de
servis S. 27. Platon Gastm. S. 175ᵇ, Athen. III S. 123ᵇ. Vgl. Schol. zu
Aristoph. Wesp. 769 σημεῖα τὴν κατ' οἶκον διάκονον, ἣν θεράπαιναν
λέγουσι. Pherekrat. bei Athen. VI S. 263ᵇ.

2) Aristot. Polit. I, 2 S. 11 wo diese Dienste insgesammt ἐγκύκλια
διακονήματα heissen; vgl. II, 2, S. 34 ἐγκύκλια διακονίαι. Auf solchen
Unterricht mochte vielleicht der Vorwurf der Komödie des Pherekrat.
.Δουλοδιδάσκαλος basiert sein. Athen. VI S. 262ᵇ.

3) Ein Sklave als ὀρεοκόμος bei Platon Lysis S. 208ᵇ, ebendort ein
ἡνίοχος; Aristoph. Thesmoph. 491 ὑπὸ τῶν δούλων κεφεοκόμων. Ueber
die Schreibung des Wortes Lobeck zu Phryn. S. 696. — Reitknechte
Xenoph. Oekon. 11, 18; ἱππόκομοι im Felde Hellen. II, 4, 6.

Sklaven, welche ein Handwerk verstanden und dasselbe für
die Anfertigung von Gegenständen zum eignen Gebrauch der
Familie trieben, werden im Ganzen selten gewesen sein, ebenso
solche, welche eine höhere oder geringere Schulbildung genossen
hatten und von den erworbenen Kenntnissen als Schreiber, Vor-
leser u. dgl. Anwendung machten,[1] obgleich es einzelne Beispiele von Sklaven giebt, die gemeinschaftlich mit ihrem Herrn
sogar wissenschaftlicher Thätigkeit oblagen.[2] Musiker, Tänzer
und ähnliche Personen, die nur der Unterhaltung und dem Vergnügen dienten, finden sich in den Familien erst in späterer
Zeit, als römische Ueppigkeit auch in Griechenland Eingang
gefunden hatte.[3]

Eine für Griechenland eigenthümliche Erscheinung bilden
diejenigen Sklaven, welche nicht zum unmittelbaren Dienste des
Besitzers gehalten wurden, sondern um demselben durch ihre
Arbeit Geld zu erwerben.[4] Die Art, wie dies geschah, ist eine
dreifache. Am nächsten liegt der Fall, dass jemand Sklaven als
Arbeiter in einem Geschäfte verwendet, das er entweder selbst
betreibt oder durch andere für seine Rechnung betreiben lässt.
Dergleichen Gehülfen werden nicht nur bei Handwerkern, Schif-
fern, Kaufleuten, sondern sogar bei Aerzten erwähnt,[5] wo sie

---

1) γραμματεῖς Plutarch v. Adel 20.

2) Gellius Noctt. Att. II, 18; Diogen. Laert. IV, 40. Suidas unter
Ἄγων u. Ἴστρος. Vgl. Haussdörffer de servis qui doctrinae laude flarue-
runt. Helmstädt 1855.

3) Lukian Erot. 10 Χαριχλεῖ γε μὴν πολὺς ὀρχηστρίδων καὶ μοι-
σουργῶν χόρος εἴπετο.

4) Athen. VI 8. 272ᵈ ῾Ρωμαίων ἕκαστος πλείστους ὅσοις κεκτη-
μένος εἰκέτας — οἷα ἐπὶ προσόδοις δὲ ὥσπερ ὁ τῶν Ἑλλήνων ζῆ λον-
τος Νικίας. Ueber die Beschränkung, welche diese Behauptung für die
Römer erleidet, s. Marquardt Röm. Alterth. V, 1 S. 165 f. Vgl. Xenoph.
Denkwürd. III, 11, 4. Aristot. Polit. III, 2 S. 77.

5) Von Handwerkern z. B. Müller bei Dinarch geg. Demosth. 23.
— ταύτης Lukian βίων πρᾶσ. 11. Plutarch v. d. Erziehung 7 τῶν γὰρ
δούλων τῶν σπουδαίων τοὺς μὲν γεωργοὺς ἀποδεικνύουσι, τοὺς δὲ
ναυκλήρους, τοὺς δὲ ἐμπόρους, τοὺς δὲ οἰκονόμους, τοὺς δὲ δανειστάς.
Bei Lukian Flüchtl. 28 sagt der Herr vom Sklaven: τέχνην τὴν ἐμὴν
ἠπίστατο· ἀπέκειτο γὰρ ἐν τῇ γραφῇ u. s. w. Aerzte Platon Gess. IV
S. 720ᵉ. Inscrr. Delph nr. 462. Diogen. Laert. VI, 2 § 30.

nicht bloss zu einzelnen Dienstleistungen verwendet wurden, sondern auch selbständig Kuren ausführten. Je nach der Befähigung des Sklaven und nach dem Vertrauen, das derselbe bei seinem Herrn genoss, ward ihm in solcher Stellung eine grössere oder geringere Selbständigkeit gewährt, so dass wir sogar von einem Sklaven hören, der für seinen am Bosporos wohnenden Herrn bis nach Athen hin Handelsgeschäfte trieb, dem also nicht allein ein Schiff mit Ladung, sondern auch die Einkassierung von Geldern anvertraut war.[1]

In bedeutend grösserer Zahl wurden Sklaven in Werkstätten beschäftigt, die wir mit der heut üblichen Benennung als Fabriken bezeichnen können. Denn in den grösseren Handels- und Fabrikstädten hat diese Art des Geschäftsbetriebes einen ausserordentlichen Umfang gehabt und sie ist durchaus auf die Arbeit von Sklaven gegründet, indem Bürger oder Metöken, welche hinreichendes Kapital zu einem solchen Unternehmen besassen, nebst den nöthigen Werkzeugen und sonstigen Erfordernissen eine Anzahl Sklaven ankauften, die in einem bestimmten Zweige gewerblicher Arbeit geübt waren, und diese dann unter die Leitung eines Werkmeisters stellten, der gewöhnlich ebenfalls ein Sklave war.[2] Nach den Erwähnungen von solchen Fabriken, über die an einer anderen Stelle noch näheres beizubringen sein wird, kann man schliessen, dass es kaum irgend eine Art von Handwerk gegeben hat, welches nicht in dieser Weise fabrikmässig betrieben worden wäre und gerade aus dieser Art des Gewerbebetriebes erklärt sich zum Theil die grosse Anzahl von Sklaven in Städten wie Athen und Korinth, von welcher oben gesprochen worden ist. Die Leichtigkeit, mit welcher durch solche Fabriken Geld zu erwerben war, so lange sich für die Fabrikate bequemer Absatz fand, lockte die wohlhabenden Leute ihr Geld in dergleichen Unternehmungen anzulegen,[3] zumal da der Besitzer wohl nur in dem selteneren Falle tech-

---

1) Demosth. geg. Phorm. 5; 10 u. 11.

2) ἡγεμὼν τοῦ ἐργαστηρίου bei Aeschin. geg. Tim. 97. Bei Demosth. geg. Aphob. I, 19 ist ein Freigelassener der ἐπίτροπος der Werkstätte.

3) Bei Xenoph. Denkwürd. III, 11, 4 fragt sogar Sokrates die

nische Kenntnisse nöthig hatte, vielmehr auf ihn nichts weiter fiel
als die Beschaffung der Arbeiter und des Werkführers, der
Werkzeuge und Materialien, so wie der Vertrieb der angefertig-
ten Fabrikate,[1] wenn er es nicht gar vorzog, den Betrieb der
eingerichteten Fabrik einem anderen in der Weise zu überlassen, dass dieser die Arbeiten auf eigne Rechnung und Gefahr
ausführte und dagegen von jedem Sklaven, den er übernommen,
an den Besitzer eine bestimmte Abgabe zahlte.[2] In anderen Fällen
scheinen die Arbeiter von ihrem Besitzer an einen Fabrikherrn
gegen eine bestimmte Miethe überlassen worden zu sein, ohne
dass zugleich die sonstigen Einrichtungen der Werkstatt gegeben worden wären.[3] Selbst einzelne Sklaven werden erwähnt,
die technische Fertigkeiten besassen und mit denselben ihren
Herren Geld verdienten, z. B. eine Sklavin, die amorgische Gewänder webte und zu Markte brachte, und in demselben Hause
ein Buntweber.[4]

In ähnlichen Verhältnissen stehen die Bergwerksarbeiter,
mit welchen ihr Herr entweder in seinem eignen Besitze befindliche Bergwerke betrieb,[5] oder die er sammt seinen Gruben an

Hetäre Theodote, als er sich nach ihren Erwerbsquellen erkundigt, ob sie
vielleicht Handwerker (χειροτέχναι) besässe. Vgl. Diogen. Laert. II. 5 § 31.

1) Die Belege bei Demosth. geg. Aphob. I, 18 ff., wo § 19 die
Worte ἐτίοις μὲν φησι ἀργῆσαι τὸ ἐργαστήριον auf ein Arbeiten auf
Bestellung. § 21 εἰ δ᾽ αὖ γενέσθαι μὲν φησιν, τῶν δ᾽ ἔργων ἀπρασίαν
εἰναι auf Anfertigen von Vorrath zum Verkauf deuten.

2) Dieser Art wird der Fall sein bei Aeschin. geg. Tim. 97, wo
jemand von neun oder zehn Sklaven, die das Riemerhandwerk treiben,
täglich je zwei Obolen, von dem Werkmeister drei Obolen Einkünfte hatte,
denn bei eigenem Betrieb wäre eine feste Berechnung der Art nicht möglich. Vgl. Demosth. a. a. O. 19. ἐτίοτε δ᾽ αὐτὸς μὲν οὐκ ἐπεμελήθη
τούτων, ὁ δ᾽ ἑταῖρος Μιλίας διῴκησεν αὐτά mit § 22 ἐμοὶ μὲν γὰρ
δοκεῖ τοὐναντίον ἂν γενέσθαι τούτων, εἰ καὶ Μιλίας αὐτῶν ἐπεμε-
λεῖτο, τὰ μὲν ἀναλώματ᾽ ἐκεῖνος ἀπελώσαι, τὰ δὲ λήμματα οὗτος λαβεῖν.

3) Aehnlich wenigstens verhält es sich mit den Stuhlmachern, die
des Demosthenes Vater als Hypothek für ein geliehenes Kapital hat, so
dass ihm der Ertrag ihrer Arbeit als Zins zufällt. Demosth. a a. O. 9.

4) Aeschin. geg Tim. 97.

5) Xenoph. v. d. Eink. 4. 4.

einen Unternehmer verpachtete[1] oder auch ohne die letzteren an Grubenbesitzer zur Arbeit überliess[2] und solche Sklaven, welche ihr Herr zu besonderen Dienstleistungen, z. B. zu Feldarbeiten, zu häuslichen Arbeiten, zur Begleitung beim Ausgehen vermiethete.[3]

Die dritte Art von Sklaven endlich, die zum Erwerb gehalten wurden, waren solche, die ihrem Herrn eine bestimmte Abgabe zahlten,[4] wogegen derselbe es ihnen überliess, sich auf eine beliebige Weise zu beschäftigen und in ihrem Interesse zu erwerben, so dass sie selbstverständlich auch für ihren Unterhalt, vielleicht auch für ihre Wohnung selbst sorgen mussten.[5] Ja es scheint nicht ungebräuchlich gewesen zu sein, dass ein Herr einer Anzahl von seinen Sklaven Land zur Bebauung in Pacht gab.[6]

Eine besondere Betrachtung verdienen zum Schlusse dieses Abschnittes diejenigen Sklaven, welche von ihren Herren angehalten wurden, Geld zu erwerben, indem sie für die Unterhaltung anderer Dienste leisteten. Dahin gehören namentlich die Mädchen, welche mit ihrem Körper, und zwar nicht auf eigne Rech-

---

1) Xenoph. z. a. O. 4, 14, in welchem Falle Böckh Staatsh. I S. 108 aus der Höhe des Pachtzinses schliesst, dass die Gruben mit vermiethet seien.

2) Darauf beruht der Vorschlag Xenophons z. a. O. 4, 17 der Staat solle dergleichen Sklaven ankaufen und an Privatleute vermiethen.

3) Demosth. geg. Nikostr. 20 f. Theophrast Charakt. 23.

4) Telos in Stob. Floril. XCV, 21 οἰκέται οἱ τεχνῖτες αὑτοὺς τρέφουσι καὶ μισθὸν τελοῦσι τοῖς κυρίοις. Isaeos v. Kirons Erbsch. 35 ἀνδράποδα μισθοφοροῦντα; ebenso Xenoph. v. Staat d. Ath. 1, 17. Die Abgabe, welche der Sklave dem Herrn giebt, ist ἀποφορά. Ammonius ἀποφορὰ μὲν γάρ ἐστι τὰ ὑπὸ τῶν δούλων τοῖς δεσπόταις παρεχόμενα χρήματα ἦν καὶ ἀναφορὰν καλοῦσι. Vgl. Andokid. v. d. Myster. 38. Xenoph. v. Staat d. Ath. 1, 11. Theophrast. Charakt. 30. Artemidor I, 31 u. 76; III, 41; Telos in Stob. Floril. V, 67. Diogen. Laert. VII, 5 § 169.

5) Die χωρὶς οἰκοῦντες bei Demosth. Philipp I, 30 können schwerlich als solche für sich wohnende Sklaven angesehen werden (Böckh Staatsh. I S. 365), vielmehr werden wir nach dem Vorgange der alten Grammatiker dieselben als Freigelassene anzusehen haben. Vgl. N. Jahrb. f. Phil. Bd. 95 S. 20 f.

6) So wenigstens Platon Ges. VII S. 806° γεωργίαι ἐκδεδομέναι δούλοις ἀπαρχὴν τῶν ἐκ τῆς γῆς ἀποτελοῦσιν ἱκανὴν ἀνθρώποις ζῶσι κοσμίως, der freilich dabei offenbar das Verhältniss der Heloten zu ihren Herren als Vorbild vor Augen hatte.

nung ein Gewerbe trieben. Es sind bereits oben die im Besitze
des korinthischen Heiligthumes der Aphrodite befindlichen Hierodulen erwähnt, die immerhin eine gewisse Selbständigkeit haben
mochten; wir finden aber dergleichen Mädchen auch im Privatbesitz. Die Komödien des Plautus und Terenz, welche aus der
neueren griechischen Komödie hervorgegangen sind, weisen fast
durchgehends Beispiele von Leuten auf, die den Besitz solcher
Mädchen als ein Mittel zum Erwerbe gebrauchten, und in welcher Weise dies Geschäft betrieben wurde, lässt sich aus jenen
Komödien und in der nacktesten Wirklichkeit aus der pseudode-
mosthenischen Rede gegen die Neaera ersehen, ganz zu schweigen
von den Dirnen der niedrigsten Klasse, welche in öffentlichen
Häusern gehalten wurden.[1] Zu derselben Klasse gehörten auch
grösstentheils die Mädchen, welche als Cither- oder Flötenspie-
lerinnen ausgebildet durch ihre Musik die Fröhlichkeit bei
Gastmählern und Gelagen erhöben mussten, so wie die Tänze-
rinnen, die sich bei denselben Gelegenheiten sehen liessen, wenngleich unter ihnen auch die Klasse der Freigelassenen stark vertreten war.[2] Auch Kinder sind zu solchen und ähnlichen Jong-
leur- und Taschenspielerkunststücken gebraucht worden.

Wenn oben erwähnt wurde, dass schon für die häuslichen
Dienste den Sklaven eine regelrechte Unterweisung gegeben wurde,
so ist eine solche bei allen denjenigen Beschäftigungen, welche
bestimmte Kenntnisse oder Fertigkeiten erfordern, noch viel mehr
nothwendig gewesen. Zwar können wir mit Sicherheit annehm-
men, dass in grösseren Werkstätten die Theilung der Arbeit
ebenso wie in den Fabriken der Jetztzeit in der Art durchge-
geführt gewesen ist, dass jeder Arbeiter eine bestimmte, ihrem
Umfange nach beschränkte Thätigkeit ausübte, deren Erlernung
verhältnissmässig nicht viel Zeit in Anspruch nahm, aber in kleineren Werkstätten und bei Einzelarbeit war doch ein Erlernen
des Handwerkes in seinem ganzen Umfange nothwendig. Die
schon mehrfach erwähnten delphischen Inschriften enthalten über

---

1) S. den Excurs über die Hetären in Beckers Charikles II S. 51 ff.
2) Becker a. a. O. S. 59 u. 289 f. Inscrr. Delph. nr. 177 wird eine
τεχνῖτις μέλητρίς freigelassen. Ueber die ὀρχηστρίδες vgl. Xenoph.
Gastm. 2, 7 ff.

diesen Punkt ein Paar Angaben. In dem einen Falle wird dem
Freizulassenden die Verpflichtung auferlegt, für den Freilasser
einen Sklaven in seinem nicht näher bezeichneten Handwerk zu
unterrichten,[1] in einem anderen Falle wird der Freigelassene, ein
Knabe, zu jemandem in die Lehre gegeben um das Walkerhand-
werk zu erlernen unter der Bedingung, dass er es nach voll-
brachter Lehrzeit für das Haus des Freilassers betreibe.[2] Dass
dem Lehrherrn irgend welche Entschädigung, vielleicht selbst
Lehrgeld gegeben wurde, während er sich contractlich verpflichtete, dem ihm übergebenen Sklaven eine bestimmte Fertigkeit beizubringen, lässt sich nicht bezweifeln.[3] Wenn der Herr
selbst ein Gewerbe betrieb, so wird er die Anlernung der Sklaven ebenso selbst übernommen haben, wie für gewöhnlich die
Anleitung der Sklaven zu Haus- und Feldarbeiten in der eignen
Wirthschaft erfolgte.[4]

Die Zahl der Sklaven, welche sich im Besitze eines Herren
befanden, war sowohl nach dem Wohlstande des Besitzers als
nach dem Zweck, zu welchem sie gehalten wurden, ausserordentlich verschieden. Für die Bebauung des Landes und die Wartung des Viehes sind sicherlich nicht mehr Sklaven gehalten worden, als das Bedürfniss gerade erforderte, für die Bedienung
finden wir, wenn auch die Griechen von dem Luxus der spät-
römischen Welt in dieser Hinsicht fern geblieben sind, dennoch
immerhin ganz ansehnliche Zahlen. Auf die Zahlen bei Homer,[5]
der im Hause des Alkinoos allein fünfzig Mägde und im Hause

1) Inscr. Delph. nr. 213 καὶ τεχνίταν ἐγδιδάξατω Σῶσος Καλλι-
ξένω, εἰ κα δόῃ Καλλίξενος τὸ παιδάριον Σώσῳ.

2) Ebend. nr. 239 Πορημεινάτω δὲ Σωσᾶς παρὰ Ἀριεμιδώρον
μανθάνων τὰν τέχνην τὰν γναφικὰν τὸν χρόνον τὸν ἐν τᾷ συγγραφᾷ
γιγραμμένον ὃν καὶ παρισχέτω Σωσᾶς Ἀρομακλείδαν (den Freilassen-
den) ἀβλαβῆ ἀπὸ τᾶς συγγραφᾶς. Ἐπεὶ δέ κα μάθῃ Σωσᾶς τὰν τέχ-
ναν τὰν γναφικὰν καὶ ἀπέλθῃ παρὰ Ἀρτεμιδώρου, ἐργαζέσθω τὰ ἔργα
τᾷ γναφικᾷ τέχνῃ τὰ ἐν τᾶν Ἀρομοκλείδα οἰκίαν πάντα.

3) Xenoph. v. d. Reitk. 2, 2 χρὴ μέντοι ὥσπερ τὸν παῖδα ὅταν
ἐπὶ τέχνην ἐκδῷ συγγραψάμενον ἢ διῆσει ἐπιστάμενον ἀποδοῦναι,
οὕτως ἐκδιδόναι. Vgl. Platon Menon 8. 90ᵈ.

4) Xenoph. Oekon. 12, 16 ff.

5) Homer. Odyss. η, 103; χ, 421.

des Odysseus eben so viele zum Dienste bestimmt sein lässt,
können wir für jene Zeit kein besonderes Gewicht legen, da
schwer festzustellen sein dürfte, wie viel davon auf Rechnung
der ausschmückenden Phantasie des Dichters zu setzen ist; in
der historischen Zeit wenigstens stellen sich die Zahlen etwas
niedriger.   Ein Sklave erscheint freilich auch in einer ärmlichen
Haushaltung, [1] sei es. wie oben bemerkt, zur Begleitung beim
Ausgehen, sei es zum Dienste im Haushalte.   Der Kolophonier
Xenophanes beklagte sich, dass er nur zwei Sklaven mit Mühe
zu erhalten im Stande sei, [2] der in der Rede für Neära vorkommende Stephanos, welcher kein Vermögen besass, sondern von
Sykophantie und dem Erwerbe der Neära lebte, hatte in seinem
Haushalte, der ausser ihm in der Neära und drei Kindern
bestand, zwei Sklavinnen und einen Sklaven, [3] und Aeschines führt
es als einen Beweis seiner keineswegs glänzenden Vermögensverhältnisse an, dass er für seine Familie, die aus sechs Personen bestand, nur sieben Sklaven zur Bedienung habe. [4]   Schon
daraus lässt sich abnehmen, dass in wohlhabenden Familien
die Zahl der Diener viel grösser gewesen sein muss und oft
so gross war, dass sie bei dem Mangel an ausreichender Beschäftigung mehr lästig als nützlich wurde. [5]   Bei weitem zahlreicher
aber als das Gesinde waren wenigstens in industriellen Gegenden die Sklaven, welche mit ihrer Arbeit für den Herrn erwarben.   In den laurischen Silberbergwerken waren in der Blüthezeit des Betriebes viele Tausende von Sklaven beschäftigt, [6] von
denen beispielsweise Nikias allein tausend, Hipponikos sechshundert, Philonides dreihundert besass, [7] Zahlen, deren Höhe sich
zum Theil daraus erklärt, dass die Arbeit fast ausschliesslich
von Menschenhänden ohne die Beihülfe von Maschinen verrichtet

---

1) Dio Chrysost. X. 7. Aristoph. Plutos im Anfang.

2) Plutarch Apophth. d. Könige S. 175ᵈ.

3) Demosth. geg. Neaera 4x.

4) Aeschin. Briefe 12, 11.

5) Aristot. Polit. II, 1 S. 30 ὥσπερ ἐν ταῖς οἰκετικαῖς διακονίαις
οἱ πολλοὶ θεράποντες ἐνίοτε χεῖρον ὑπηρετοῦσι τῶν ἐλαττόνων. Vgl.
Platon Republ. IX S. 578ᵈ.

6) Athen. VI S. 272ᶜ.

7) Xenoph. v. d. Eink. 4, 14 f.

wurde. Beträchtlich war auch die Zahl der Sklaven in den einzelnen Fabriken; Timarchos besass elf bis zwölf solcher Arbeiter,[1] der Vater des Redners Demosthenes in zwei Werkstätten
fünfzig,[2] Lysias mit seinem Bruder Polemarchos einhundertzwan-
zig,[3] ja der Phokier Mnason, der Freund des Aristoteles, besass
mehr als tausend Sklaven, die Arbeiter gewesen sein müssen,
denn seine Mitbürger beklagten sich darüber, dass er dadurch
vielen Bürgern den zum Lebensunterhalt nöthigen Verdienst ent-
zöge.[4] Auch eine Schildfabrik, die von Demosthenes erwähnt
wird, muss gegen hundert Arbeiter enthalten haben.[5]

Ueber das Verhältniss, in welchem die Zahl der männlichen
Sklaven zu den weiblichen stand, lässt sich nichts einigermassen
befriedigendes ermitteln. Im Haushalte wird dies Verhältniss
in jedem einzelnen Falle sich danach richten, ob unter den
Freien die Zahl der männlichen oder die der weiblichen Personen überwiegend gewesen ist, doch immerhin mit der Beschränkung, dass die Zahl der männlichen Sklaven schon dadurch im
Allgemeinen erhöht wird, dass ein überwiegender Theil der für
den gesammten Haushalt zu verrichtenden Dienste von diesen
letzteren besorgt wurde. In den von Diogenes von Laerte mitgetheilten Testamenten überwiegen daher auch die männlichen
Sklaven; Platon besass vier männliche und einen weiblichen
Sklaven, in dem Testamente Theophrasts finden wir acht männliche Sklaven und ein Mädchen, in dem des Straton nur sieben
männliche, und in dem des Lykon zehn männliche und zwei
weibliche erwähnt, jedoch ohne dass sich entscheiden lässt, ob in
den letzteren Fällen der ganze Sklavenbestand aufgeführt ist.[6]
Für den Landbau und die Viehzucht sind wohl überwiegend
männliche Sklaven verwendet worden, ebenso im Allgemeinen für

---

1) Aeschin. geg. Tim. 97.
2) Demosth. geg. Aphob. 1, 9.
3) Lysias geg. Eratosth. 19.
4) Isaeos bei Athen. VI S. 172ᵇ.
5) Demosth. für Phorm. 11. Dieselbe brachte jährlich ein Talent
ein, woraus sich nach den unten zu besprechenden Sätzen die angegebene
Arbeiterzahl berechnet.
6) Diogen. Laert. III, 42; V, 55; 63; 72 f.

die gewerblichen Arbeiten, und Fälle wie in Patræ, wo mit
Weberei so viele Frauen beschäftigt waren, dass ihre Zahl doppelt so viel als die der Männer in der Stadt betrug, gehören zu
den Ausnahmen. [1]

Die Kapitalien, welche in den Sklavenschaaren steckten,
sind sehr beträchtlich gewesen, trotzdem dass die Preise im Einzelnen nicht gerade hoch waren. [2] Abgesehen davon, dass nach
der grösseren oder geringeren Zufuhr gegenüber dem jedesmaligen Bedürfniss die Preise Schwankungen unterworfen sein mussten, scheinen dieselben innerhalb der Zeit, aus welcher uns
Nachrichten erhalten sind, im Ganzen genommen nicht bedeutend
gewechselt zu haben, dagegen ist die Stufenleiter zwischen dem
niedrigsten und dem höchsten Preise, wie derselbe sich im Einzelnen je nach Geschlecht, Alter und Geschicklichkeit der Sklaven stellte, sehr umfangreich. Bei Homer wird eine in Hand-
arbeiten geübte Sklavin dem Werthe von vier Rindern gleichge-
schätzt, während Laertes die Euryklea im jugendkräftigen Alter um
zwanzig Rinder eingehandelt hatte und Achilleus den gefangenen
Lykaon um hundert Rinder verkaufte. [3] Wenn man den Durchschnittspreis eines Rindes in der besten Zeit des athenischen
Staates auf fünfundsiebzig Drachmen annehmen darf, [4] so würden
sich jene homerischen Preise auf diese Zeit übertragen auf drei
Minen, fünfzehn Minen, ein Talent fünfzehn Minen stellen. Es
wird sich durch Vergleichung mit dem Folgenden zeigen, dass
diese Preise hoch, der letzte für die historische Zeit unerhört
ist, aber diese Erscheinung findet ihre Erklärung einerseits darin,
dass in den homerischen Zeiten der Viehstand zahlreicher, die
Sklaven dagegen viel weniger zahlreich als in den historischen
Zeiten waren, andrerseits daraus, dass weibliche Sklaven im
heroischen Zeitalter viel leichter zu beschaffen waren, als männliche. Wenn im fünften Jahrh. v. Chr. Nikias für seine Berg-

1) Pausan. VII, 21, 14.

2) Ueber die Sklavenpreise s. Böckh Staath. I S. 95 ff. Wallon
histoire de l'escl. I S. 197—219.

3) Homer Ilias ψ, 705; Odyss. α, 430; Ilias φ, 79.

4) S. Böckh Staath. I S. 105.

werke einen Dirigenten für ein Talent kaufte,[1] so steht dieses
Beispiel einzeln da, denn beim Lukian in der Versteigerung der
Philosophen ist die Schätzung des Sokrates zu zwei Talenten nur
eine relative und ausser den gewöhnlichen Verhältnissen stehende.[2] Für die Kenntniss der Sklavenpreise in historischer
Zeit liefern ausser den einzelnen bei den Schriftstellern vorkommenden Angaben die delphischen Inschriften zwar ein reiches
Material, aber die Benutzung desselben ist bedenklich, da
sich nicht feststellen lässt, ob die dort angegebenen Preise für
den Verkauf an den Gott überall dem wirklichen Werthe des
Sklaven entsprechen oder zum Theil willkürlich gegriffen sind,
da ja die Gründe der Freilassung[3] so wie die Frage in Betracht
gezogen werden müssten, ob der Preis wirklich gezahlt worden
ist, und da es auch nicht ohne Einfluss auf den Preis bleiben
konnte, ob ausser demselben dem Freigelassenen Verpflichtungen
auferlegt wurden oder nicht. Wir begegnen z. B. einem Fall,
in welchem das Kaufgeld fünf Minen beträgt und die ausserdem gestellte Bedingung bei dem Freilasser bis zu dessen Tode
zu bleiben in einem Nachtrage zu dem Contracte gegen die
Zahlung von drei Minen aufgehoben wird.[4] Dazu kommt noch,
dass, einige vereinzelte Fälle ausgenommen, in jenen Urkunden
ausser dem Geschlecht des Freizulassenden über seine persönlichen Verhältnisse, über Alter und Geschicklichkeiten nichts
näheres angegeben wird. Xenophon bemerkt an einer Stelle,[5]
ein Sklave sei zwei Minen werth, ein anderer nicht einmal eine
halbe, ein anderer fünf, ein anderer sogar zehn, und in der That
finden sich einzelne Beispiele von diesen Preisen. Die niedrigsten Preise in den mehrfach erwähnten Freilassungsurkunden
sind zwanzig Stateren,[6] die, wenn man mit Böckh den Stater zu
zwei Drachmen rechnet, noch nicht einer halben Mine gleichkommen würden,[7] diesen am nächsten steht der Preis von fünf-

1) Xenoph. Denkwürd. II, 5, 2.
2) Lukian βίων πρᾶσις 18.
3) Vgl. Demosth. geg. Neaera 30.
4) Inscrr. Delph. nr. 253 u. 254.
5) Xenoph. Denkwürd. II, 5, 2.
6) Curtius Anecdd. Delph. nr. 53. Inscrr. Delph. nr. 125.
7) Böckh Metrolog. Unters. 8. 82.

undzwanzig und dreissig Stateren für ein Mädchen;[1] der Preis von einer Mine kommt öfter vor, aber fast nur für Kinder,[2] während die höchsten Preise achtzehn und zwanzig Minen betragen.[3] Die meisten Verträge weisen Preise von drei und vier Minen auf und dies scheint auch der Durchschnittspreis für einen Sklaven im besten Alter zu jener Zeit gewesen zu sein, wenn man nach dem Lösegelde urtheilen darf, das für einen Kriegsgefangenen zu derselben Zeit üblich war, nachdem dasselbe von den Zeiten des persischen Krieges bis zum dritten Jahrh. eine Steigerung von zwei bis fünf Minen erfahren hatte.[4] Bei Verkäufen in grossen Massen, die in kurzer Zeit ausgeführt werden mussten, drückte sich natürlich der Durchschnittspreis. Nach der Eroberung von Theben verkaufte Alexander von Makedonien mehr als dreissigtausend Gefangene, die zum grossen Theil in Weibern und Kindern bestanden haben müssen, und löste daraus vierhundertvierzig Talente,[5] so dass der Preis eines Sklaven im Durchschnitt nur achtundachtzig Drachmen betrug, ja nach dem mithridatischen Kriege waren im Lager des Lucullus Sklaven für vier Drachmen zu kaufen.[6] Die römischen Gefangenen, welche Hannibal in der Schlacht bei Cannä gemacht, wollte er für drei Minen den Mann freigeben, und als der römische Senat die Auslösung abgelehnt hatte, wurden sie in Griechenland für fünfhundert Denare oder fünf Minen der Mann verkauft.[7]

Den geringsten Werth hatten ausser den Kindern, für deren Unterhalt noch beträchtliche Summen aufgewendet werden mussten, ehe sie durch ihre Arbeit Nutzen bringen konnten, solche Sklaven, die nur Arbeiten verrichten konnten, zu denen die blosse

---

1) Inscrr. Delph. nr. 270 u. 40.

2) Ebend. nr. 34, 48, 49, 166, 168, 224, 331; für einen weiblichen Sklaven nr. 19, 29, 105; für einen männlichen nr. 448; eine Mine fünf Stateren für einen Knaben nr. 239.

3) 18 Minen ebend. nr. 273; 20 Minen in einer Inschr. v. Tithorea, Ulrichs Rhein. Mus. N. F. II S 544. Für 20 Minen wurde Platon vom Dionysios verkauft. Diodor XV, 7; Diogen. Laert. III, 20.

4) S. die Anführungen in Aum. 4 zu S. 112.

5) Diodor XVII, 14.

6) Plutarch Lucullus 14.

7) Polyb. VI, 58; Livius XXXIV, 50.

Körperkraft ohne eine hesondere Geschicklichkeit ausreichte.
Etwas hestimmtes wissen wir nur von denen, die in den
Bergwerken arbeiteten. In der Rede des Demosthenes gegen
Pantaenetos finden wir eine Werkstätte in den Bergwerken mit
dreissig Sklaven durch einen Scheinverkauf als Hypothek für ein
Darlehen von hundertundfünf Minen an zwei Personen verpfändet, so dass der eine, welcher fünfundvierzig Minen hergegeben
hat, die Sklaven als Pfand erhält;[1] danach würde der Werth
jedes Sklaven anderthalb Minen hetragen, wenn man den vollen
Werth des Sklaven als Hypothek ansehen dürfte, während die
Gegenpartei in jenem Processe allerdings behauptete, das Pfand
sei mehr werth als das Darlehen und sei später beinahe für den
doppelten Preis verkauft worden. Der ungefähre Preis solcher
Sklaven lässt sich auch nach dem Vorschlage berechnen, welchen Xenophon zur Verbesserung der attischen Finanzen macht.[2]
Er räth nämlich, der Staat solle Sklaven ankaufen und zur Arbeit
in den Bergwerken vermiethen; wenn man zunächst zwölfhundert
ankaufe und jeder derselben täglich einen Obolos reinen Ertrag
bringe, so werde man, wenn man den gesammten Ertrag wieder
zum Ankauf von Sklaven verwende, in fünf bis sechs Jahren
deren sechstausend haben. Hieraus berechnet sich der angenommene Preis eines Sklaven auf etwa hundertundsechzig bis zweihundert Drachmen. Nicht höher im Preise werden diejenigen

---

1) Demosth. geg. Pantaenet. 5 u. 31; vgl. 12 u. 31. Böckh Staatsh.
I S. 96. Wallon a. a. O. I S. 204 ff.

2) Xenoph. v. d. Eink. 4, 23. Böckh a a. O. rechnet 125 bis 150
Drachmen für den Fall, dass die ursprünglichen 1200 Sklaven in der
Endzahl von 6000 einbegriffen sind, was das natürliche ist; die Rechnung
ist jedoch nicht ganz richtig; Wallon berechnet a. a. O. S. 203 unter
gleichen Verhältnissen den Preis von 122 bis 128, oder 193 bis 193
Drachmen, worin in den ersteren Zahlen ein Versehen ist. Wenn man die
Vermehrung von 1200 auf 6000 nach Zinseszinsrechnung von Jahr zu
Jahr setzt, so berechnet sich der jährliche Ertrag auf 38 % bei fünf
Jahren, auf 30¾ % bei sechs Jahren, mithin, da Xenophon den jährlichen
Reinertrag eines Sklaven zu 360 Obolen = 60 Drachmen annimmt, der
Preis auf etwa 158 resp. 195 Drachmen, wofür ich im Texte die runden
Summen gesetzt habe, da auch Xenophons Angaben nur als ungefähre
bezeichnet sind.

Sklaven gestanden haben, welche in Steinbrüchen oder als Handlanger, Arbeitsleute u. dgl. arbeiteten. Beim Lukian kauft jemand in der Versteigerung der Philosophen den Philon für eine Mine, und führt ihn mit der Bemerkung fort, er werde ihn in die Mühle bringen, um ihm zu beweisen dass er wirklich sein Herr sei, muss ihn also nach diesem Preise wohl zu keinem andern Geschäfte tauglich halten.[1] Auch den Preis derjenigen Sklaven, welche nur grobe Hausarbeit verrichteten, kann man nicht viel höher anschlagen. Bei Demosthenes finden wir zwei Sklaven, die Feldarbeit thun, zu drittehalb Minen geschätzt, wahrscheinlich jeden derselben, obgleich dies aus den Worten nicht klar hervorgeht,[2] denn auch anderweitig begegnen wir der Bemerkung, zur Pflege eines Gartens bestelle man keinen Sklaven, der weniger als zwei Minen werth sei,[3] und auch an einer anderen Stelle des Demosthenes wird ein Sklave im Werthe von zwei Minen erwähnt,[4] ohne Angabe seiner Beschäftigung, so dass man denselben wohl für einen gewöhnlichen Arbeitssklaven halten kann. Auch in den delphischen Inschriften findet sich mehrfach der Kaufpreis von zwei Minen, freilich überwiegend für Frauen und Kinder. In den Werkstätten, welche des Demosthenes Vater besass, waren Messerschmiede, von denen keiner unter drei Minen, manche fünf und sechs Minen werth waren, und zwanzig Stuhlmacher, auf die vierzig Minen geliehen waren,[5]

1) Lukian βίων πρᾶσις 27.

2) Demosth. geg. Nikostr. 1; vgl. 19—21.

3) Der Pythagoreer Diogenes bei Stob. Floril. XLIII, 95.

4) Demosthen. geg. Spudias 8.

5) Demosth. geg. Aphob. I, 9. Die Angaben sind dort sehr bedenklich; wenn die Gesammtsumme des ertragfähigen Vermögens, bestehend aus jenen Sklaven und einem Talente Gold, auf 4 Talente 50 Minen angegeben wird, so bleiben nach Abzug der 40 Minen für die Stuhlmacher und des baaren Geldes noch 190 Minen für die 32 oder 33 Messerschmiede, so dass jeder derselben gegen sechs Minen werth gewesen sein müsste, wobei freilich zu berücksichtigen bleibt, dass die Stuhlmacher mehr werth sein konnten, da sie nur für die angegebene Summe verpfändet waren. § 6 berechnet Demosthenes die ihm von den Vormündern übergebenen 14 Sklaven nebst 30 Minen baaren Geldes und dem Hause, das nach § 10 30 Minen werth war, auf 70 Minen, so dass die Sklaven etwa

die also möglicher Weise einen noch etwas höheren Werth besassen. Wenn Aristippos für die Erziehung eines Knaben zehn Minen forderte, und von dem Vater des letzteren bemerkt wurde, dafür könne er einen Sklaven kaufen,[1] so ist damit ein solcher gemeint, der wohl die Kenntnisse besass, um den Knaben unterrichten zu können; zehn Minen finden wir auch als Preis für eine Flötenspielerin, ja sogar für einen Lederarbeiter, während andererseits der Gehülfe eines Arztes um sechs Minen freigelassen wird.[2] Dass bei Sklavinnen, die nur dem Vergnügen dienten, die Preise sich weit über die gewöhnliche Höhe erheben, so dass Beispiele von zwanzig und dreissig Minen für Citherspielerinnen und Hetären vorkommen,[3] liegt in der Natur der Sache, da ja hier jede reelle Werthschätzung vor der persönlichen Neigung zurücktreten musste.

Der Ertrag, welchen ein Sklave seinem Besitzer gewährte, kann natürlich nur bei den Arbeitern festgestellt werden. Xenophon nimmt an, dass ein Bergarbeiter täglich einen Obolos reines Einkommen liefere, also für das Jahr sechzig Drachmen, eine Summe, die im Verhältniss zu dem Werthe der Sklaven selbst mit Berücksichtigung des Umstandes, dass das Kapital selbst allmählich verloren geht, ausserordentlich hoch erscheint, wenn man nicht mit Böckh annimmt, dass damit zugleich die Pacht für die Bergwerke selbst bezahlt worden ist.[4] In den Werkstätten des Demosthenes gaben die zwei oder dreiunddreissig Messerschmiede jährlich dreissig Minen, zwanzig Stuhlmacher zwölf Minen, wobei sich ebenfalls nicht feststellen lässt, ob dies der blosse Verdienst an der Arbeit oder zugleich derjenige ist, welchen der

---

10 Minen werth gewesen wären. Freilich mögen dieselben in den zehn Jahren der Vormundschaft an Werth verloren und Demosthenes in seinem Interesse möglichst niedrig geschätzt haben.

1) Plutarch v. d. Erzieh. d. Knab. 7 S. 5. Bei Diogen. Laert. II, 6 § 72 werden nur fünf Minen angegeben.

2) Inscrr. Delph. nr. 177 τεχνίτης αὐλητρίς; nr. 429 τεχνίτης σαυτής. Nr. 234.

3) Vgl. Demosth. geg. Neaera 29. Terent. Adelph. II, 1, 37 u. öfter; Phormio III, 3, 24.

4) Böckh Staatsh. I S. 103.

Fabrikant an der fertigen Arbeit ausser seinen Auslagen sich
berechnet; doch stellt sich der Ertrag immerhin noch geringer
als bei den Bergwerkssklaven. Dem Timarch brachten seine
Lederarbeiter täglich zwei Obolen, der Werkmeister drei Obolen
reinen Ertrag, dessen relative Höhe nicht zu bestimmen ist, da
wir den Preis der Sklaven nicht kennen.

Im Allgemeinen wird man annehmen dürfen, dass das Verhältniss des Preises zu dem Ertrage der Sklaven sich nach den
Ertragsverhältnissen der baaren Kapitalien, von denen weiterhin
zu reden sein wird, regulierte, so dass die Abnutzung und der
schliessliche Verlust des Anlagekapitals durch den Tod des
Sklaven, so wie die Gefahr anderweitiger Verluste durch Entlaufen, zeitweise Arbeitsunfähigkeit und Mangel an Beschäftigung
mit in Rechnung gezogen wurden.

Der Einfluss, welchen die Sklaverei auf die wirthschaftlichen Verhältnisse Griechenlands im Allgemeinen ausgeübt hat,
ist jedenfalls ein nachtheiliger gewesen. Bei den zeitgenössi-
schen Schriftstellern freilich, welche über die Vorstellung von der
Nothwendigkeit der Sklaverei sich zu wenig erheben konnten,
um einen hinlänglich freien Blick für die Nachtheile derselben
zu haben, wird man vergebens dahin zielende Bemerkungen und
Angaben suchen, aber die Thatsachen sprechen doch ziemlich
deutlich. Die allgemein gemachte Erfahrung, dass Sklavenarbeit
schlechter und theurer ist als die Arbeit von Freien,[1] wird sich
gewiss auch auf Griechenland anwenden lassen, wenngleich der
Nachweis durch Thatsachen hier nicht allgemein geführt werden
kann. Doch dürfte zunächst darauf hinzuweisen sein, dass
wohl in allen Zweigen der Wirthschaft eine viel grössere Zahl
von Arbeitern verwendet wurde, als entschieden nothwendig war.
Die Zahl der Dienstboten, welche nach dem oben darüber mitgetheilten wohl in den meisten Fällen in keinem richtigen Verhältniss zu dem Masse der geleisteten Dienste stand, mag allerdings zum Theil auf einem unverständigen Luxus beruhen, zum
Theil wurde sie gewiss auch durch die Mangelhaftigkeit der
Dienstleistungen jedes einzelnen Sklaven bedingt; für den Acker-

---

1) Vgl. Roscher System der Volkswirthschaft I § 71.

bau wird sich wahrscheinlich ebenfalls eine unverhältnismässig grosse Zahl von Sklaven annehmen lassen, wenigstens ergiebt sich aus einzelnen Beispielen, die später anzuführen sein werden, dass bei dem Hüten der Heerden eine übermässig grosse Zahl von Sklaven verwendet worden ist. Ueber die Leistungen der Sklaven in industriellen Thätigkeiten fehlt uns jeder Anhalt zu einem Urtheile.

Aber auch auf die Bevölkerung scheint die Sklaverei in nachtheiliger Weise, und zwar nicht bloss von der moralischen Seite betrachtet, eingewirkt zu haben. Schon Polybios bemerkt, dass zu seiner Zeit in ganz Griechenland eine auffallende Schwäche der Bevölkerungsmenge zu Tage getreten sei, in Folge deren die Städte verödeten und die Production sank, ohne dass dauernde Kriege oder verheerende Seuchen eingetreten waren, so dass das erst vor kurzer Zeit gegründete Megalopolis schon damals eine Einöde war;[1] im ersten Jahrh. v. Chr. waren die einst blühenden Ortschaften Aegina, Megara, der Peiraeeus, Korinth heruntergekommen und verfallen;[2] in Boeotien existierten nur Thespiae und Tanagra als nennenswerthe Orte, während Theben nicht einmal den Namen eines Dorfes verdiente;[3] in Akarnanien und Aetolien war die Bevölkerung so zusammengeschmolzen, dass Augustus dieselbe fast ganz in der einen Stadt Nikopolis ansiedeln konnte;[4] ja Plutarch meint, ganz Griechenland würde mit Mühe dreitausend Hopliten stellen, eine Zahl, die einst zum Kampfe bei Plataeae die einzige Stadt Megara aufgebracht hatte.[5] Diese Abnahme der Bevölkerung, die zunächst

---

1) Polyb. XXXVII, 2. Vgl. II, 55 über Megalopolis, und Strabo VIII S. 388 ἐρημία μεγάλη 'πτὶν ἡ Μεγάλη πόλις. Dio Chrysost. XXXIII, 25. Ueber Lakonien und Messenien Strabo VIII S. 362.

2) Sulpicius in Cicero epp. ad fam. IV, 5, 3. Post me erat Aegina, ante Megara, dextra Piraeus, sinistra Corinthus; quae oppida quodam tempore florentissima fuerunt, nunc prostrata ac diruta ante oculos iacent. Vgl. von Eubœa Dio Chrysost. VII, 34.

3) Strabo IX S. 403; vgl. S. 410. Pausan. VIII, 33, 2; IX, 7, 6. Dio Chrysost. VII, 121.

4) Strabo VII S. 325. Pausan. VII, 18, 8; vgl. VIII, 24, 8.

5) Plutarch de defectu orr. c. 8. Vgl. im Allgemeinen Clinton Fasti Hellen. S. 432 ff.

wohl allerdings ihre Veranlassung in der allgemeinen Verschlimmerung der staatlichen und wirthschaftlichen Zustände hatte, musste um so reissendere Fortschritte machen, als die Sklavenmenge nicht dem allgemeinen Zuge der Bewegung innerhalb der Zahl der Bevölkerung folgte, sondern sich um so schneller verringern musste, da sie sich nur in geringem Umfange aus sich selbst ersetzte und zur Ergänzung durch Ankauf und Einfuhr von ausserhalb bei dem fortschreitenden Sinken des Wohlstandes mehr und mehr die Mittel fehlten.

Viertes Kapitel.

Den Sklaven zunächst betrachten wir die übrigen lebenden Stücke des beweglichen Besitzes, die Thiere. Die Natur des griechischen Landes ist für Viehzucht im Allgemeinen nicht ungünstig, denn wenn es auch an ausgedehnten Ebenen und weiten Wiesen in den meisten Gegenden fehlte, so boten doch auch die gebirgigen Landestheile in ihren Waldungen und Triften besonders für gewisse Arten von Heerdenthieren hinreichende Nahrung. Daher hat auch von den ältesten Zeiten an die Viehzucht in der Wirthschaft der Griechen eine bedeutende Rolle gespielt, dergestalt dass dieselbe nicht allein mehrfach in mythologischen Beziehungen, wie in den Rindern des Sonnengottes, in den Mythen vom Herakles, erscheint, sondern auch noch in den homerischen Zeiten eine den Ackerbau entschieden überragende Bedeutung hat. Schon der Umstand, dass unter den Nahrungsmitteln die Fleischspeisen die erste Stelle einnehmen, weist darauf hin, eben so sehr aber auch, dass bei der Aufzählung des Reichthums angesehener Leute die Heerden fast immer den wichtigsten Theil desselben bilden. Wenn Eumæos eine Anschauung von dem Reichthum des Odysseus geben will, so zählt er ausschliesslich die Heerden von Rindern, Schafen, Ziegen und Schweinen,[1] unter dem Besitze des Tydeus stehen die Schaf-

---

[1] Homer Odyss. ξ, 100.

heerden obenan, [1] Iphiklos und Thyestes werden reich an Schafen genannt, [2] von den Städten, die Agamemnon dem Achilleus
als Mitgift seiner Tochter bietet, wird gerühmt, dass darin Männer reich an Schafen und Rindern wohnen. [3] Die Beute, welche
die Pylier bei einem Rachezuge aus Elis wegführten, bestand
durchweg aus Heerden, [4] ja wir finden selbst Schafheerden und
Kleinodien unmittelbar neben einander gestellt. [5] Daher kommt
es auch, dass mehrmals Heerden als Brautgeschenke erwähnt
werden, welche der Freier giebt, und dass bei der Preisbestim-
mung anderer Gegenstände an Stelle des dem Homer unbekannten Metallgeldes Rinder als Werthmesser gebraucht werden. [6]
Darum weiden auch die Edelsten im Lande, wie die Söhne der
Fürsten, ihre Heerden selbst, ja einzelne von ihnen, so wie ganze
edle Geschlechter führen Namen, die der Beschäftigung mit der
Viehzucht entlehnt sind. [7]

In der folgenden Zeit, namentlich nachdem die Bevölkerung Griechenlands nach den grossen Wanderungen sich in den
nun eingenommenen Wohnsitzen fester angesiedelt hatte, sind
der Ackerbau und andere Erwerbsthätigkeiten allerdings zu einer
viel grösseren Bedeutung gelangt als früher, wie sich dies unter
anderem schon daraus ergeben lässt, dass die vegetabilischen
Nahrungsmittel in den Vordergrund getreten sind und dass auch
in den meisten Gegenden die Zahl und Grösse der Heerden
abgenommen hat, aber doch blieb der Viehstand fast überall ein
nicht unbedeutender, ganz besonders in solchen Landschaften,
welche wie Arkadien von Natur weniger zum Ackerbau geeignet waren, oder wie Thessalien und Euböa der Viehzucht beson-

---

1) Ilias ξ, 124.
2) Ilias β, 706 'Ιφίκλου εὕς πολυμήλου φυλακίδαο, β, 106
πολύαρνι Θυέστῃ.
3) Ilias ι, 154 u. 296 ἄνερες πολύρρηνες πολυβούται.
4) Ilias λ, 677 ff.
5) Odyss. α, 75 κειμήλιά τι πρόβασίν τι. Vgl. ρ, 471 ff.
6) Ilias λ, 244 f. Odyss. σ, 278. Daher die παρθένοι ἀλφεσί-
βοιαι Ilias σ, 593. Hymn. auf Aphrod. 119.
7) Anchises Ilias ι, 313; Aeneas υ, 188; Antiphos λ, 106; die
Brüder der Andromache ζ, 424; vgl. Odyss. ρ, 223 f, σ, 386. — Buko-
lion, des Laomedon Sohn Ilias ζ, 25: die Butaden in Attika.

dere Vortheile boten. Als endlich in den Zeiten des Verfalls mit der zunehmenden Entvölkerung Griechenlands die Hände für den Ackerbau mangelten, mussten die weiten Einöden wiederum dazu Veranlassung geben, dass die Viehzucht verhältnissmässig bedeutender wurde als der Ackerbau.

Der Viehstand theilte sich nun im Allgemeinen in Grossvieh, nämlich Pferde, Esel, Maulesel und Rinder,[1] und in Kleinvieh, zu dem Schafe, Ziegen und Schweine zu rechnen sind.[2]

Pferde[3] sind im Ganzen in Griechenland nicht in grosser Menge gehalten worden, da schon die gebirgige Natur des Landes einen ausgedehnten Gebrauch dieses Thieres nicht überall gestattete. Bei Homer finden dieselben allerdings eine ausgedehnte Verwendung sowohl zum Ziehen der im Kriege üblichen Streitwagen als auch solcher Fuhrwerke, welche für Reisen benutzt werden, so dass auch die Zahl der Pferde, welche man hielt, eine sehr beträchtliche gewesen sein mag, wie schon aus dem einen Beispiele des troischen Königs Erichthonios hervorgeht, welcher eine Heerde von dreitausend Pferden besessen haben soll.[4] In den historischen Zeiten dagegen ist der Gebrauch des Pferdes ein ganz anderer geworden. Denn für die Kriegführung bediente man sich durchgehends der Reiterei, für Reisen war der Gebrauch von Wagen ganz abgekommen und auch unter

1) Grossvieh wurde wohl im Allgemeinen als ὑποζύγια bezeichnet. Xenoph. Oekon. 18, 4 ὑποζύγια καλούμενα πάντα ὁμοίως, βοῦς, ἡμιόνοις, ἵπποις, wobei die Esel nicht erwähnt sind, die man allerdings zum Einspannen in das Joch nicht benutzt zu haben scheint.

2) Schafe und Ziegen werden προβατα genannt, obgleich das Wort zunächst alle in Heerden gehenden Thiere bezeichnet. Bekker Anecdd. S. 112, 1 Πρόβατα: πάντα τὰ τετράποδα. Etym. Magn. S. 688, 21. Πρόβατον πολλάκις κατὰ κοινοῦ ἐπὶ πάντων τῶν βοσκημάτων εἴρηται ἡ λέξις. Vgl. Valckenaer zu Herodot IV, 61. Dagegen Xenoph. Anab. III, 5, 9 πολλὰ δ' ὁρῶ πρόβατα καὶ αἶγας καὶ βοῦς καὶ ὄνους, wo nur die Schafe darunter zu verstehen sind, wie auch sonst häufig. Xenoph. Kyrop. VII, 3, 7 καὶ ὅστις εἶχε τὰς ἐπομένας ἀγέλας, καὶ βοῦς καὶ ἵππους εἶπε τούτῳ καὶ ἅμα πρόβατα πολλὰ ἐλαύνειν. Etymol. Magn. S. 349, 27 προβατίοις καὶ συιδίοις ὁμιλῶν.

3) Einzelnes bei Schlieben Die Pferde des Alterthums. Neuwied u. Leipzig 1867.

4) Homer Ilias υ, 221.

anderen Verhältnissen kamen dieselben nur ausnahmsweise für
persönlichen Gebrauch zur Anwendung.[1] Lastwagen endlich
sind wohl nie mit Pferden bespannt worden. Daher fanden
Gespanne von Pferden kaum anders als bei festlichen Aufzügen
und bei den feierlichen Wettkämpfen Verwendung. Der Reitpferde bediente man sich zu Reisen, aber ganz besonders
zum Kriegsdienste; allein mit Ausnahme einzelner Gegenden
ist die Reiterei bei den Heeren der Griechen nie von erheblicher Bedeutung gewesen, an Zahl meist schwach, so dass sie in
der Regel nicht mehr als ein Zehntel der gesammten Heeresmacht betrug. Daher wurde denn auch die Pferdezucht, so weit
sie nicht für militärische Zwecke nothwendig war, als ein Luxus
betrachtet, den sich nur die reichsten Leute gestatten können.[2]

Die vorzüglichsten Pferde waren in Griechenland nächst
den thessalischen die arkadischen, argolischen, epidaurischen,
ätolischen und akarnanischen.[3] In Thessalien war die Rossezucht von den ältesten Zeiten her heimisch, wie dies schon die
Sage von den dort lebenden Kentauren, den aus Mensch und
Ross gebildeten Wesen beweist; die dort gezüchteten Pferde
waren so vorzüglich, dass sogar ein Orakel sie als die besten
bezeichnete.[4] Die ziemlich ausgedehnten Ebenen, welche hier
die Rossezucht mehr als in irgend einer griechischen Landschaft

1) S. Becker Charikles I S. 19 u. 227.
2) Aristot. Polit. VI, 4 S. 208 αἱ δ'ἱπποτροφίαι τῶν μακρὰς
οὐσίας κεκτημένων εἰσί. Isokrat. v. Gespann 33 ἱπποτροφεῖν — 5 τῶν
εὐδαιμονεστάτων ἔργον ἐστί. Vgl. Xenoph. Hipparch. 1, 11. Demosth.
geg. Phaenipp. 24, den lakedämonischen Fluch bei Suidas .ἱππότροφος:
Οἰκοδομά σε λάβοι καὶ ἀμβολά, ὁ δὲ ἵππος und Schol. zu Aristoph.
Wolk. 12.
3) Strabo VIII S. 388.
4) Strabo X S. 419 ἵππον Θεσσαλικόν, Λακεδαιμονίαν δὲ γυναῖκα,
ἄνδρας δ'οἳ πίνουσιν ὕδωρ ἱερῆς Ἀρεθούσης, wofür allerdings in den
Scholien zu Theokrit 14, 48 ἵππον Ὀρηίκιοι steht. Eine Beschreibung
der thessalischen Rosse bei Cramer Anecd. Oxon. IV S. 257 μέγεθος
μὲν ἴσαι σύμμετροι, πλευρὰ ἀσαρκότεραι, γαστέρα οὐκ ἰσχνότεραι,
τὸν κενεῶνα βραχεῖς, τράχηλον περιφερεῖς, ἑξῆς τῇ καθέδρᾳ τὰ νῶτα
ἰσοτελεῖς, womit die Anforderungen zu vergleichen sind, welche Xenoph.
v. d. Reitk. 1, 11 ff. an den Bau eines guten Reitpferdes stellt. Auch
als Zugthiere waren die thessalischen Pferde tüchtig. Theokrit. 18, 30.

14*

begünstigten, machten es möglich, dass in Thessalien die meisten
Pferde von ganz Griechenland gehalten wurden.[1] Die Zahl der
Reiter, welche Thessalien ins Feld stellen konnte, giebt Isokrates auf mehr als dreitausend,[2] ja der Pharsalier Polydamas in einer
von Xenophon mitgetheilten Rede auf ungefähr sechstausend an,[3]
und wenn auch die letzte Zahl vielleicht etwas übertrieben ist, so
kann man doch mit Sicherheit annehmen, dass die erstere zu
gering angeschlagen ist, da ja die Thessalier dem athenischen
Tyrannen Peisistratos allein tausend Reiter gegen die Lakedämonier zu Hülfe geschickt hatten und diese Hülfstruppe gewiss
nur einen mässigen Theil ihrer gesammten Reiterei ausmachte.[3]
Eine Schätzung der Gesammtzahl der Pferde, welche durchschnittlich in Thessalien gehalten wurden, ist nach den gemachten
Angaben nicht wohl möglich. Wie lange die thessalische Pferdezucht in ihrer Vorzüglichkeit sich erhielt, ist nicht nachzuweisen,
der Ruhm der thessalischen Reiterei reicht noch über die Zeiten
der Selbständigkeit Griechenlands hinaus.[4]

Auch in Böotien war, namentlich in der thebanischen
Ebene und in den Niederungen am kopaischen See die Pferdezucht bedeutend.[5] Wenn wir beispielsweise in einem Pacht-
vertrage von Orchomenos an jemand eine Weide für zweihundert
und zwanzig Rinder und Pferde verpachtet finden,[6] so lässt sich daraus schliessen, dass man dort ziemlich starke Heerden von Pferden
hielt. Auf den Gesammtbestand an Pferden lässt sich ein Schluss daraus machen, dass in der Schlacht bei Delion im J. 424 v. Chr.
die böotische Reiterei tausend Mann stark war,[7] während in der

---

1) Platon Ges. I 8. 625^d. Vgl. Strabo VIII 8 388. Pausan. X, 1, 4.

2) Isokrat. v. Frieden 118. Xenoph. Hellen. VI, 1, 8.

3) Herodot V, 63.

4) Herod. VII, 196. Platon Menon 8. 70^a; Hipp. maior 8. 284^a.
Xenoph. Hellen. IV, 3, 9. Livius IX, 19; XLII, 59.

5) Dikearch I, 13 heisst die Ebene von Theben ἱπποτρόφος ἀγαθή.
O. Müller Orchomenos S. 84 u. 406. Vgl. Xenoph. Hellen. VI, 4, 10
ἦν δὲ τὸ μὲν τῶν Θηβαίων ἱππικὸν μεμελετηκὸς διά τε τὸν πρὸς
Ὀρχομενίους πόλεμον καὶ διὰ τὸν πρὸς Θεσπιέας.

6) Corpus Inscr. Gr. nr. 1569^a.

7) Thukyd. IV, 93. Xenoph. Hellen. IV, 2, 17. Bei Thukyd. V, 57
finden wir im J. 418 ein Contingent von fünfhundert böotischen Reitern.

Schlacht bei Korinth im J. 394, wo die Orchomenier auf Seiten der Gegner standen, die boeotische Reiterei auf achthundert Mann angegeben wird. Pferdezucht finden wir auch in Lokris und Phokis, wahrscheinlich jedoch nicht in ausgedehntem Masse und in Epeiros;[1] dagegen hören wir gelegentlich von ansehnlichen Heerden, welche in Akarnanien gehalten wurden.[2] Die ætolische Reiterei galt im zweiten Jahrh. v. Chr. als die beste in Griechenland und zur Zeit Strabos gaben die durch die Entvölkerung entstandenen Einöden in Aetolien eine Oertlichkeit, die für Pferdezucht nicht weniger geeignet war als die thessalischen Ebenen.[3] Ganz bedeutend war in Euboea die Pferdezucht, namentlich in den Ebenen von Chalkis und Eretria, wo dieselbe seit alten Zeiten getrieben wurde, so dass dort die alten Adelsgeschlechter den Namen der Hippoboten führten,[4] und noch um das Jahr 100 n. Chr. Geb. finden wir Spuren, dass diese alte Sitte nicht ganz verschwunden war.[5]

In Attika war bei dem Mangel an ausgedehnten Ebenen die Pferdezucht unbedeutend und beschränkte sich für den praktischen Gebrauch wohl fast nur auf die zum Kriegsdienste nothwendigen Thiere, so dass selbst die wohlhabenden Leute, welche zum Dienste in der Reiterei verpflichtet waren, für gewöhnlich nicht mehr als ein Pferd hielten[6] und dies geradezu als eine

---

— Bemerkenswerth ist noch, dass Diodor XII, 70 bei Gelegenheit der Schlacht von Delion dreihundert auserlesene Männer unter dem Namen der ἡνίοχοι und παραβάται erwähnt, woraus sich vermuthen lässt, dass der Kampf zu Wagen sich in Boeotien lange erhalten hat, so dass jene Bezeichnung auch noch für spätere Zeiten beibehalten wurde. Vgl. Grote Griech. Gesch. III S. 313 d. d. Uebers.

1) Im peloponnesischen Kriege stellten von den lakedæmonischen Bundesgenossen Reiterei die Bœoter, Phoker, Lokror. Thukyd. II, 9. Im J. 394 finden wir im Heere der gegen Sparta Verbündeten fünfzig Reiter von den opuntischen Lokrern. Xenoph. Hellen. IV, 2, 17. Von Epeiros Vergil. Georg. I, 59; III, 121. Stat. Achill. I, 426.

2) Xenoph. Hellen. IV, 6, 6.

3) Livius XXXIII, 7. Strabo VIII S. 388.

4) Herodot V, 77. Aristot. Polit. IV, 3 S. 116.

5) Dio Chrysost. VII, 11.

6) Vgl. Demosth. geg. Phænipp. 24. Isæos v. Hagnias Erbsch. 41. Xenophon Oekon. 11, 17; v. d. Reitk. 1, 2.

Liturgie, die man dem Staate leistete, angesehen wurde.[1] Die Reiterei war aber im athenischen Heere unbedeutend, denn nach der alten Naukrarienverfassung bestand sie aus nicht mehr als sechsundneunzig Mann,[2] in den Perserkriegen erscheint gar keine Reiterei[3] und selbst in den Zeiten der grössten Machtentfaltung besassen die Athener nicht mehr als tausend oder zwölfhundert Mann.[4] Wenn demnach die Zahl der zum wirklichen Gebrauch bestimmten Pferde in Attika nicht gross sein konnte, so wurde es dagegen schon frühzeitig bei einzelnen reichen Leuten Liebhaberei, Luxus- und Rennpferde zu halten, mit denen man bei öffentlichen Aufzügen und bei den Festspielen prunken konnte. Schon zur Zeit des Peisistratos siegte der reiche Kallias in Olympia mit einem Rennpferde und errang mit einem Viergespann den zweiten Preis,[5] Alkibiades schickte sieben Gespanne nach Olympia, was, wie er selbst rühmt, vor ihm nie weder ein Privatmann noch ein Fürst geleistet hatte,[6] und in der Zeit des peloponnesischen Krieges ging diese Liebhaberei bei den jungen Athenern in die nationalgste Leidenschaft über,[7] dergestalt dass sie Aristophanes in seinen Wolken zum Gegenstande scharfen Spottes machen konnte, ja sie steigerte sich bis zu dem Grade, dass mancher sein Vermögen dadurch zu Grunde richtete, während Leute, welche auf diese Leidenschaft andrer geschickt zu speculieren wussten, Reichthümer erwarben.[8]

Im Peloponnes hatte Argos, welches schon Homer das rossewoidende nennt, von Alters her wegen seiner Pferde einen bedeu-

---

1) Xenoph. Oekon. 2, 6. Lykurg geg. Leokr. 139.

2) Pollux VIII, 108. Vgl. Böckh Staatsh. I S. 350.

3) Von der Schlacht bei Marathon sagt dies ausdrücklich Herod. VI, 112; bei Plataeae kam überhaupt keine griechische Reiterei zur Verwendung.

4) Näheres bei Böckh Staatsh. I S. 367. In der Schlacht bei Korinth 394 v. Chr. finden wir sechshundert athenische Reiter. Xenoph. Hellen. IV, 2, 17.

5) Herod. VI, 122. Vgl. Photios 'Ιππίοχοι: οἱ εὐπορώτατοι Ἀθηναῖοι κατελέγοντο ἱππαστοτροφήσαντες ὥσπερ οἱ Ἱππεῖς.

6) Thukyd. VI, 12 u. 16. Plutarch Alkib. 11.

7) Xenoph. Hipparch. 1, 11 f. Vgl. Demosth. geg. Phaenipp. 24. Aristoph. Vögel 1440 f. Plut. 157.

8) Xenoph. Oekon. 3, 9. Isaeos v. Dikaeog. Erbsch. 43.

tenden Ruf, ja die epidaurischen Rosse waren ihrer Güte wegen sprichwörtlich;[1] von den angrenzenden Städten werden Sikyon und Korinth als solche genannt, in denen gute Pferde gehalten wurden.[2] Dennoch finden wir in den Kriegen nichts nennenswerthes an Reiterei von diesen Staaten erwähnt, und es lässt sich daraus schliessen, dass die Zahl der Pferde, welche man dort hielt, nicht oben bedeutend gewesen sein wird. Dass in Arkadien in einzelnen Gegenden die Pferdezucht seit alter Zeit in Blüthe stand, beweisen manche alte Sagen, so wie auch das Pferd auf den Münzen von Kleitor,[3] und auch in Elis, wo die Wettrennen von Olympia nicht ohne Einfluss bleiben mochten, stand dieselbe in hohem Ansehen.[4] Dagegen hat in Lakedämon wohl zu keiner Zeit die Pferdezucht Bedeutung gehabt. Denn wenn auch Pausanias bemerkt, dass nach den Perserkriegen sich die Lakedämonier mit dem grössten Eifer auf die Zucht der Pferde gelegt hätten und zum Beweise mehrere Spartaner anführt, die in den olympischen Wettrennen gesiegt hatten,[5] so scheint dies doch nur Liebhaberei einzelner gewesen zu sein und in nennenswerther Zahl sind Pferde gewiss nie gehalten worden. Eine Reiterei zu Kriegszwecken wenigstens ist vor dem Jahre 424 v. Chr. überhaupt nicht gehalten worden,[6] und die, welche in der nächsten Zeit vorhanden war, wird geradezu als ganz schlecht bezeichnet.[7] Erst durch die Aufnahme

---

1) Homer Ilias β, 287. Strabo a. a. O. Makarios 305. Ἐπιδαύριος ἵππος καὶ Κρειρεισκὸς κίων ἐπὶ τῶν ἀξίων ἐπαίνου.

2) Die Sikyonier heissen ἱπποφορβοί Schol. zu Homer Odyss. Δ, 271. Vgl. Demosth. geg. Meid. 158. Compt Sicyoniaca S. 35 f. Von Korinth s. Bötticher Kl. Schriften II S. 162.

3) S. E. Curtius Peloponnes. I S. 372 u. 377.

4) Homer Ilias Δ, 680. Vgl. Curtius a. a. O. II S. 21 u. 97.

5) Pausan. VI, 2, 1. Vgl. von der Zeit des ersten messen. Krieges IV, 8, 12.

6) Thukyd. IV, 55 παρὰ τὸ εἰωθὸς ἱππέας τετρακοσίοις κατεστήσαντο.

7) Xenoph. Hellen. VI, 4, 10 τοῖς δὲ Λακεδαιμονίοις κατ' ἐκεῖνον τὸν χρόνον πονηρότατον ἦν τὸ ἱππικόν. Hipparch. 9, 4 οἶδα δ' ἔγωγε καὶ Λακεδαιμονίοις ἱππικὸν ἀρξάμενον εὐδοκιμεῖν, ἐπεὶ ξένοις ἱππέας προσέλαβον.

von Soldnern wurde dieselbe auf einen etwas besseren Fuss
gebracht. Ueber ihre Zahl finden wir nur die eine Angabe,
dass im korinthischen Kriege 394 v. Chr. sechshundert lakedämonische Reiter beim Heere waren, nachdem man einen Anfang
mit vierhundert Reitern im J. 424 v. Chr. gemacht hatte.[1] Dabei
hatte man die Gestellung der nothwendigen Pferde den Reichsten als eine Art von Liturgie auferlegt,[2] und schon hieraus lässt
sich abnehmen, dass eine grössere Zahl von Pferden im Lande
nicht gehalten wurde.

Ausserhalb des eigentlichen Griechenlands werden besonders bei den Magneten und Kolophoniorn die Pferde gerühmt,[3]
vor allen aber genossen eines hohen Ansehens die von Kyrene.[4]

Ueber die Preise der Pferde finden sich nur wenige Angaben. Unter drei Minen konnte man, wie es scheint, wenigstens
in Attika kein Pferd kaufen, zwölf Minen dagegen kommen als
der Preis eines guten Reitpferdes vor.[5] Dass für besonders
schöne und tüchtige Thiere von Pferdeliebhabern bei weitem
höhere Preise gezahlt wurden, versteht sich von selbst,[6] wenn
man auch die dreizehn Talente, welche für den Bukephalos
Alexanders des Grossen gezahlt worden sein sollen, als einen
Preis ohne Gleichen ansehen kann.[7]

Zum wirthschaftlichen Gebrauch, sowie überhaupt als Lastthiere
hielt man Maulthiere und Esel wahrscheinlich in ziemlich
beträchtlicher Zahl, da, wie schon bemerkt, Pferde weder beim
Ackerbau noch zum Tragen oder Ziehen von Lasten verwendet
wurden. Schon bei Homer werden vor die Lastwagen nur Maul-

1) Xenoph. Hellen. IV, 2, 16.

2) Xenoph. Hellen. VI, 4, 11.

3) Heraklid. Polit. 22. Aristot. Polit. IV, 3 S. 116. Strabo XIV
S. 643. Aelian. Verm. Gesch. XIV, 46.

4) Pindar Pyth. IV am Anf. Sophokl. Elektra 727. Xenoph. Kyrop.
VI, 1, 27. Antiphan. bei Athen. III S. 100f. Lukian Lob d. Demosth.
23. Vgl. Diodor XVII, 49.

5) Isaeos v. Dikaeog. Erbsch. 43.

6) Aristoph. Wolk. 21 f., 1224 f. Vgl. Lysias κατηγ. κακολ. 10.

7) Xenoph. Hipparch. 1, 18 ἀπομρίνεις τοῖς παῖδας αὐτὸν τῶν
πολεμίων τε καὶ μανιεῖν ἱππεύειν. Vom Bukephalos Chares bei
Gellius V, 2. Plinius Naturgesch. VIII, 64 § 154.

thiere gespannt,[1] auch zum Ziehen des Pfluges finden wir sie dort im Gebrauch.[2] Derselbe Gebrauch wurde auch in der späteren Zeit von ihnen gemacht, während man Esel wohl mehr zum Tragen als zum Ziehen verwendete.[3] Den Maulthieren gab man den Vorzug vor den Eseln, und es scheint beinahe, als ob man nur diese Gattung von Bastarden, nicht auch Maulesel gezüchtet hätte.[4] Ganz besonders geschätzt wurden die Esel aus Arkadien,[5] namentlich auch als vorzüglich zum Decken der Stuten geeignet, so dass man die Stuten zu diesom Zwecke aus Elis nach Arkadien schickte, eine Sitte, die so uralt war, dass man sich dabei auf einen alten Fluch berief, nach welchem Maulthiere in Elis selbst nicht erzeugt werden sollten.[6] Kleiner als in anderen Gegenden waren die Esel in Epeiros, Illyrien und Thrakien.[7] Für die Schätzung der Zahl von Mauleseln und Eseln, welche etwa gehalten wurden, fehlt es uns an jedem Anhalt; nur in einem Falle werden auf einem bedeutenden Gute sechs Esel erwähnt, welche zum Fortschaffen des geschlagenen Holzes aus dem Forste benutzt wurden.[8] Auch hinsichtlich der Preise ist unsere Kenntniss beschränkt, da schon der eine Fall, in welchem zwei Maulthiergespanne für fünf eine halbe und acht Minen

---

1) Homer Ilias η, 333 vgl. 426; ρ, 742; υ, 111 u. 115; ω, 266 ff. 782; Odyss. ζ, 73 f.; η, 2.

2) Homer Ilias κ, 351 f.

3) Ein ζεῦγος ἡμιονικόν bei Xenoph. Anab. VII, 5, 2; sonst bei den Attikern gewöhnlich ζεῦγος ὀρικόν. Vgl. Isaeos v. Dikaeog. Erbsch. 43 οἱ δὲ ζεῦγος ἱππῆσιν ὁρικὸν οὐδεπώποτε ἐπὶ τοσούτοις ἀγροῖς καὶ κτήμασιν. Aeschin. v. d. Trugges. 111 ἐμισθώσατ' αὐτοῖς, ὅτ' ἀπῄεσαν, ὁρικὰ ζεύγη καὶ συμπορήει ἐφ' ἵππου. Esel zum Lastziehen bei Bauten Arist. Thiergesch. VI, 24 S. 577ᵇ, 80; zum Holztragen Demosth. geg. Phaenipp. 7.

4) Theognis 996. Vgl. auch Homer Ilias κ, 352, wo ihnen als Pflugthieren der Vorzug vor Ochsen gegeben wird. Geopon. XVI, 21, 5.

5) Strabo VIII S. 388. Plautus Asin. II, 2, 67. Varro v. Landb. II, 1, 14 Asini arcadici in Graecia nobilitati; vgl. 8, 2. Plinius Naturgesch. VIII 68 § 167.

6) Herod. IV, 30. Pausan. V, 5, 2. Plutarch Quaest. Gr. 52.

7) Arist. Thiergesch. VIII, 28 S. 606ᵇ, 3.

8) Demosth. geg. Phaenipp. 7.

verkauft wurdou,[1] einen bedeutenden Preisunterschied aufweist,
und der Preis von dreissig Drachmen, welcher bei Lukian für
den in einen Esel verwandelten Lukios bezahlt wird, als derselbe sich in einem kläglichen Zustande befindet, für gewöhnliche Verhältnisse keinen Massstab bietet.[2]

Rinder, welche im Leben sowohl durch ihre Arbeitskraft
wie durch ihre Milch und ihren Dünger nützen, geschlachtet
aber fast in allen Körpertheilen nutzbare Stoffe liefern, sind dieser mannichfachen Verwendung halber in Griechenland überall
gehalten worden. Auf diese allgemeine Verbreitung weist schon
der Umstand hin, dass man in den homerischen Zeiten die Rinder als Massstab für Preisberechnungen gebrauchte. Die Zahl
dieser Thiere scheint in eben jenen Zeiten verhältnissmässig
bedeutend gewesen zu sein,[3] mag aber später, als der Ackerbau
in vielen Gegenden in den Vordergrund trat, abgenommen haben,
wenigstens wird man versucht zu glauben, dass die fast allgemein in Griechenland geltende Sitte, welche den Pflugstier zu
schlachten und zu opfern verbot, ihren Grund darin habe, dass
keine die Bedürfnisse des Ackerbaus weit übersteigende Zahl von
Rindern gehalten wurde.[4] Dasselbe geht auch daraus hervor,
dass Häute von den Küstenländern des schwarzen Meeres und

---

1) Isaeos v. Philokt. Erbsch. 33.
2) Lukian Esel 35. Bei Apulejus Metam. wird dieser Esel VIII
8. 171 für 17 Denare, dann IX S. 183 für 34, 8. 189 für 50 und endlich X S. 219 für 11 Denare verkauft.
3) Vgl. Homer Odyss. ξ, 100; Ilias A, 678.
4) Auf Allgemeinheit dieser Sitte lässt Pausan. X, 12, 1 schliessen,
der die von den Thebanern gemachte Ausnahme aus einem besonderen
Falle herleitet. Vgl. Arist. Phaenom. 133 πρῶτος δὲ βοῶν ἱκάσαντ' ἀρο-
τήρων. Varro v. Landb. II, 5, 4. Von Attika berichtet Aelian. Verm.
Gesch. V, 14 βοῦν ἀρότην καὶ ὑπὸ ζυγὸν ποιήσαντα σὺν ἀμότρῳ ἢ
καὶ σὺν ἁμάξῃ, μηδὲ τοῦτον θύειν; von Kypros Dio Chrysost. LXIV,
3; auch von den Phrygern Nikolaos bei Stob. Floril. XLIV, 41, Aelian
Thiergesch. XII, 34; vgl. Cicero de nat. deorr. II, 63. Dass dergleichen
Verbote durch Gesetze im Interesse der Viehzucht erlassen wurden, zeigt
Philochoros bei Athen. IX S. 375ᶜ. Von Attika vgl. Alkiphr. III, 35 συνεισ-
ηνέγκαντο, ὁ μὲν κριὸν ὁ δὲ τράγον ὁ δὲ κάπρον, ὁ πένης πόπανον
— ταίρον δὲ οὐδείς· οὐ γὰρ εὐπορία βοσκημάτων ἡμῖν τὴν λεπτό-
γεων τῆς Ἀττικῆς κατοικοῦσιν.

aus Kyrene, ja selbst Vieh nach Griechenland eingeführt wurde.[1]
Bestimmte Zahlenangaben finden wir nirgends; doch lässt sich
aus der schon oben angeführten Inschrift von Orchomenos ersehen, dass Heerden von ansehnlicher Stückzahl vorkamen. Die
erste Stelle unter den Rindern nahmen die von Epeiros ein,[2]
von welchen uns verschiedene Arten mit besonderen Namen angeführt werden.[3] Sie waren sowohl ihrer Grösse wegen, als auch
wegen der Menge der Milch berühmt, welche die Kühe lieferten, die nach Angabe des Aristoteles für jede täglich einen
Amphorens, 34,40 preuss. Quart, betrug.[4] Euboea, welches ja
auch von den Rindern seinen Namen erhalten haben soll, scheint
diese Viehgattung, zu deren Ernährung es durch seine vorzüglichen Weiden besonders geeignet war, stets in beträchtlicher
Zahl und von besonderer Güte gehalten zu haben.[5]

Der Preis eines Rindes soll nach einer Bemerkung des
Demetrios von Phaleron in Solons Zeiten zu Athen fünf Drachmen betragen haben, obgleich sich in den Axonen des Solon für
ausgesuchte Opferthiere bei weitem höhere Preise angesetzt fan-

1) Vgl. Dondorff de rebus Chalcid. S. 19 f. Dio Chrysost. VII, 11.
Aellan. Thiergesch. XII, 36 bemerkt, dass in Euboea die meisten Rinder
weiss wären, daher auch das Land von den Dichtern ἀργίβοτος genannt werde.

2) Vom Pontos δέρματα Demosth. geg. Phorm. 10, Strabo XI
S. 493; von Kyrene δέρμα βόειον Hermipp. bei Athen. I S. 27ᵃ; vom
Pontos δράμματα Polyb. IV, 38.

3) Eustath. zu Ilias β, 633 S. 309, 1 ἐκ δὲ τῆς τοιαύτης πλατυ-
τάτης Ἠπείροι καὶ οἱ πιμηδόμενοι βόες Ἠπειρωτικαί. Paroemiogr.
Gr. ed. Schneidew. I. Append. I, 57 Ποίδιον Μολοττικόν: ἐπὶ τῶν καλ-
λίστων, ἐπειδὴ διαφέρουσιν οἱ ἐν Ἠπείρῳ βόες. Vgl. Plutarch Pyrrh. 5.
Varro v. Landb. II, 5, 10.

4) Δαρινοί. Photios Δαρινοὶ βόες: οἱ ἐν Ἠπείρῳ ἀπὸ Δαρείου
βουκόλου κλίρωπτος τῆς Ἡρακλέους βοῦς, ὡς Λύκος — Ἀπολλόδωρος
δὲ τοῖς εὐτραφεῖς λαρίτους λαρινθύειν γὰρ τὸ σιτεύειν. Euboeo Suidas s. v. und Schol. zu Aristoph. Fried. 924. Vgl. Athen. IX S. 376ᵇ.
Aellan Thiergesch. XII, 11 Μέγιστος δὲ ἦν ἄρα βοῶν οὗτος καὶ ὑπὲρ
τοὺς Χάονας, οἵσπερ οὖν καὶ Δαρινοῖς καλοῦσι Θεσπρωτοί τε καὶ
Ἠπειρῶται. — Κεστραίοι. Schol. zu Aristoph. Fried. 924 ἐν δὲ Χαονίᾳ
φασὶ τοιούτους εἶναι βοῦς, οὓς καὶ Κεστραινοὺς καλοῦσιν. Hesych. Κε-
στραῖοι βόες. — Πύρραχαι oder Πυρριχά Aristot. Thiergesch. III, 21
S. 522ᵇ, 23; VIII, 7 S. 595ᵇ, 18.

5) Aristot. Thiergesch. III, 21 S. 522ᵇ, 16. Aellan. Thiergesch. III, 33.

den, die freilich denen der späteren Zeit gegenüber immer noch
niedrig waren.[1] Denn schon Ol. 92, 3 werden in einer Inschrift
für eine Hekatombe 5114 Drachmen, Ol. 101, 3 für eine eben
solche von 109 Rindern 8419 Drachmen berechnet, so dass in
dem ersteren Falle, wenn man hundert Rinder annimmt, der
Preis des einzelnen Thieres sich auf etwa 51, im letzteren auf
etwa 77 Drachmen stellt.[2] Der Preis gewöhnlicher Thiere mag
allerdings niedriger gewesen sein, während etwa um dieselbe
Zeit ein Stier, der als Siegespreis gegeben wurde, mit 100
Drachmen berechnet wird.[3] Da die Milch der Kühe keine besondere gesuchte Waare bildete, so lässt sich annehmen, dass der
Preis der Ochsen und der Kühe nicht wesentlich verschieden
gewesen sein wird. Der Preis eines Rindes stellte sich in Solons
Zeit zu dem eines Schafes wie 5 : 1,[4] leider fehlt es uns an
Angaben, aus denen sich ersehen liesse, ob und wie dieses
Verhältniss sich in Griechenland im Laufe der Zeiten verän-
dert hat.

Ganz besonders angemessen der natürlichen Beschaffenheit
des griechischen Landes ist die Zucht von Schafen und Ziegen,
da dieselben selbst auf Weideplätzen, welche keinen üppigen
und reichen Pflanzenwuchs haben, namentlich auch auf steinigem
und gebirgigem Terrain hinreichend Nahrung finden.[5] Ausserdem lag ein starker Antrieb zur Zucht dieser Thiere in der
grossen Nutzbarkeit derselben, indem die Schafe nicht allein
durch ihre Milch, und wenn auch im Allgemeinen von dieser
wenig Gebrauch gemacht wurde, durch ihr Fleisch zu den Nahrungsmitteln der Menschen beisteuerten, sondern ganz besonders
in ihrer Wolle den Hauptstoff für die Kleidung lieferten, während die Ziegen, ohne grosse Sorgfalt in der Abwartung zu erfor-

---

1) Plutarch Solon 23. Ausführlich handelt von den Preisen Böckh
Staatsh. I S. 104 ff.
2) Corpus Inscrr. Gr. nr. 147 u. nr. 1688 mit Böckh a. u. O. S. 105.
3) Böckh a. a. O. S. 106.
4) Plutarch Solon 23.
5) Vgl. Etymol. Magn. S. 720, 27 .ἴδυμος λέγει ἐν ὑπομνήματι
ς' Ὀδυσσείας· αἱ ἀργιλώδεις (νῆσοι) φαίλαι εἰς καρπὸν ἀρώσεις, μηλόβοτοι δέ.

dern, einen reichen Ertrag an Milch gaben und auch in ihrem Fell und Fleisch nutzbare Stoffe boten.[1] Schafe haben daher zu allen Zeiten fast in allen griechischen Landschaften einen ansehnlichen Theil des Viehstandes gebildet. Es ist schon früher bemerkt worden, dass der Schafpelz oder wenigstens ein mit Schafpelz besetzter Rock die althergebrachte Tracht der griechischen Bauern bildete, die Wolle des Schafes aber war der fast ausschliessliche Stoff zur Anfertigung von Geweben für den gewöhnlichen Gebrauch, da Leinen und andere vegetabilische Stoffe nur in einzelnen Gegenden und nur für einzelne besondere Gegenstände zu diesem Zwecke verwendet wurden. Fast der ganze Bedarf an Wolle scheint aber in Griechenland und dessen Kolonien selbst producirt worden zu sein, da von einer Einfuhr aus dem Auslande sich kaum Andeutungen finden,[2] ja man kann sogar annehmen, dass von den feinen Sorten griechischer Wolle ein Theil, wenigstens verarbeitet, über die Grenzen Griechenlands hinaus verführt worden ist. In besonderer Blüthe stand die Schafzucht in Vorderasien, und zwar, wie sich aus den Sagen vom Marsyas und vom Paris ersehen lässt, schon in alten Zeiten, namentlich wird Phrygien als dasjenige Land genannt, welches den grössten Reichthum an Schafen besass[3] und die Wolle von Laodikeia galt als die ausgezeichnetste an Feinheit und Farbe.[4] Es ist daher natürlich, dass die griechischen Kolonisten, welche sich in Kleinasien ansiedelten, diesen Zweig der Viehzucht, mit dem sie schon im Mutterlande vertraut gewesen waren, aufnahmen, vor allen die Bewohner von Milet, dessen Wolle im ganzen Alterthum den höchsten Ruf genoss,[5] so dass auch Polykrates milesische

---

1) Vergil. Georg. III. 305 ff. Vgl. Yates Textrinum antiqrorum S. 122 ff.

2) Vom Pontos her Demosth. geg. Lakrit. 34. Vgl. Strabo XII S. 546 gegen Ende.

3) Herod. V, 49.

4) Strabo XII S. 578. Plinius Naturgesch. VIII, 73 § 190.

5) Plinius Naturgesch. XXIX, 9 § 33. Laudatissima lana natione Galatica, Tarentina, Attica, Milesia. Aristoph. Lysistr. 729. Amphis bei Athen. XV S. 691ᵃ und zahlreiche Stellen bis in die spätesten Zeiten.

Schafe nach Samos kommen liess, um die einheimische Race
zu veredeln. [1]
Auf dem griechischen Festlande wird im thessalischen Gebiete Iton und Phthia von Homer als die Mutter der Schafe
bezeichnet, [2] in Epeiros erwähnt Aristoteles als besonders gross
die sogenannten pyrrhischen Schafe, die ihren Namen nach dem
Könige Pyrrhos erhalten haben sollen, [3] was nicht unglaublich
erscheint, da die Viehzucht überhaupt und die der Schafe insbesondere auf den königlichen Domänen in Epeiros bedeutend
gewesen sein muss. [4] Man wird daher auch in diesem Lande
im Allgemeinen grosse Heerden von Schafen voraussetzen dürfen. [5] Dass in Boeotien von Alters her bedeutende Schafzucht
betrieben wurde, zeigt schon die Bemerkung Hesiods, dass der
Krieg der Sieben gegen Theben wegen der Schafe des Oedipus
geführt worden sei. [6] In der schon erwähnten Inschrift von
Orchomenos wird eine Weidegerechtigkeit für tausend Schafe
und Ziegen an einen Privatmann überlassen. [7] In besonders
hohem Rufe aber standen wegen der Feinheit ihrer Wolle die
Schafe in Attika, [8] so dass Polykrates von dort ebenso wie von
Milet Schafe nach Samos brachte und dass man Schäfer aus
Attika selbst nach dem Auslande kommen liess. [9] Für die För-

---

Tzetzes Chil. X, 349 Ἐρία τὰ Μιλήσια κάλλιστα γὰρ τῶν πάντων.
Eustath. zu Dionys. Perieg. 825. Vgl. Yates Textr. ant. S. 34 ff.

1) Athen. XII S. 540ᵈ.
2) Homer Ilias β, 696; ι, 479. Vgl. Aristot. Problem. X, 47 von
Magnesia, wenn das thessalische gemeint ist.
3) Aristot. Thiergesch. III, 21 S. 522ᵇ, 23 τὰ πρόβατα τὰ καλούμενα Πυρρικά, τὴν ἐπωνυμίαν ἔχοντα ταύτην ἀπὸ Πύρρου τοῦ βασιλέως.
4) Plutarch Pyrrh. 5 γυνὴ Σάμπρος τοῦ τὰ ποίμνια καὶ τὰ βου-
κόλια τῷ Νεοπτολέμῳ διοικοῦντος. Vgl. die Anm. 3 zu S. 219 angeführten Pyrrhischen Rinder.
5) Vgl. Homer Odyss. ξ, 100. Varro v. Landb. II, 2, 20.
6) Hesiod. Werke und Tage 162 τοὺς μὲν ἐφ' ἑπταπύλῳ Θήβῃ,
Καδμηΐδι γαίῃ, ὤλεσε μαρναμένους μήλων ἕνεκ' Οἰδιπόδαο.
7) Corpus Inscr. Gr. nr. 1569ᵇ.
8) Antiphan. bei Athen. II S. 43ᵇ; V S. 219ᵇ. Demosth. geg.
Euerg. u. Mnesib. 52 πρόβατα μαλακά. Plutarch de aud. 9. Plinius
Naturgesch. XXIX, 9 § 33. — Vom Polykrates Athen. XII S. 540ᵈ.
9) Theokrit VII, 71 Ἀιλησίωτι δέ μοι δύο ποιμένες· τίς μὲν Ἀχαρνεύς.

derung dieser Schafzucht scheint sogar von Seiten des Staates Sorge getragen worden zu sein; wenigstens wird ein altes Gesetz erwähnt, welches ein Schaf zu schlachten verbot, bevor es geschoren worden war und gelammt hatte.[1] Hauptsächlich waren es wohl die gebirgigen Gegenden im nördlichen Attika, welche sich mit der Schafzucht beschäftigten.[2] In Megaris weist schon die besondere Verehrung der *Δημήτηρ μηλοφόρος* auf das Alter und die Bedeutung der Schafzucht hin,[3] und für die Sorgfalt, welche man derselben dort widmete, ist die bekannte Aeusserung des Diogenes bezeichnend, dass es vortheilhafter sei, der Bock als der Sohn eines Megareers zu sein, weil dort die Schafe zum Schutze der Wolle mit Fellen bedeckt wurden, die Kinder aber nackt umherliefen.[4]

Im Peloponnes ist vor allem Arkadien zu nennen, das sich als das Land der Hirten und besonders der Schäfer durch den hier einheimischen Dienst des Pan charakterisiert[5] und von den homerischen Zeiten an den Ruhm des Reichthums au Schafheerden behauptete.[6] Auch hier und ebenso in Achaia erzielte man feinere Sorten von Wolle.[7] Auf den meist gebirgigen Inseln ist wohl fast durchgehends die Schafzucht ziemlich stark betrieben worden; unter denselben finden wir besonders hervorgeho-

---

1) Philochoros bei Athen. I 8. 9ᵃ; Androtion ebend. IX 8. 375ᵇ.

2) Ausser dem eben angeführten Schäfer von Acharnae vgl. die Erwähnung von Schafheerden zu Dekeleia bei Alkiphron Br. III, 41 und die Bemerkung in den Scholien zu Aristoph. Vögel 493 *Φρυγίαν ἐμίων*: ἢ ἀπὸ Φρυγίας ἢ ἀπὸ δήμου, ἐκεῖ γὰρ ἁπαλὰ καὶ καλὰ ἔρια. Phrygia ist aber nach Steph. Byzant. ein Ort auf der Gränze von Boeotien und Attika. Vgl. auch Plutarch Solon 23.

3) Pausan. I, 44, 4.

4) Aelian Verm. Gesch. XII, 56. Diogen. Laert. VI, 2, 41.

5) Ausführlich über den Pancultus Yates Textr. aqt. 8. 43 ff.

6) Ein Orakel in den Scholien zu Theokrit XIV. 48 Ἀρκαδίη πολύμηλος. Homer Ilias β, 605 Ὀρχομενὸς πολύμηλος. Hymn. XIX, 30 ἐς Ἀρκαδίην πολυπίδακα, μητέρα μήλων. Pindar Olymp. VI, 100 μητέρ' εὐμήλοιο λείπων' Ἀρκαδίας. Theokrit. XXII, 157 Ἀρκαδία εὔμηλος.

7) Polyb. IX, 17 sagt von der Stadt Kynaetha: ἔχων τις πρόβατα μαλακὰ τῶν εἰθισμένων περὶ πόλιν τρέφειν. Hesychios Ἀχαιὰ ἔρια μαλακά.

ben Samos, wo das Schaf sogar göttliche Verehrung genossen haben soll, Euboea und Kos.[1]

Die Gesammtzahl der in Griechenland gehaltenen Schafe ist jedenfalls sehr bedeutend gewesen, aber Mittheilungen, welche die Grundlage für eine Schätzung abgeben könnten, sind bei den Schriftstellern des Alterthums nicht zu erwarten. Zwar wird gelegentlich in Attika eine Heerde von fünfzig Schafen und in einem anderen Falle auf einem nicht unbedeutenden Gute eine Heerde von sechzig Stück,[2] in Boeotien, wie schon oben bemerkt, eine Weidegerechtigkeit für tausend Schafe und Ziegen erwähnt, aber aus diesen Angaben lässt sich weder ein Schluss auf das Verhältniss, in welchem die Zahl der Schafe zu der Grösse der ganzen Wirthschaft stand, noch auf die Gesammtzahl einer einzelnen Gegend machen.

Da die Schafe hauptsächlich der Wolle halber gezüchtet wurden, so wird sich der Preis der Thiere mehr nach der Güte der Wolle als nach dem Fleischgewichte gerichtet haben und deshalb bedeutenden Schwankungen ausgesetzt gewesen sein. In Solons Zeiten betrug der Durchschnittspreis eines Schafes eine Drachme, während in späterer Zeit bedeutend höhere Preise erscheinen.[3] Bei Menander wird ein Opferschaf zu zehn Drachmen veranschlagt, bei dem Redner Lysias ein Lamm, allerdings übertrieben hoch, zu sechszehn Drachmen berechnet[4] und aus einer Stelle des Demosthenes lässt sich der Werth eines edlen Schafes ungefähr auf zwanzig Drachmen bestimmen.[5] Als beson-

1) Vgl. die oben angeführte Stelle Etymol. Magn. S. 730, 27. Von Samos Aelian. Thiergesch. XII, 40; Clemens Alex. Protrept. 2 § 89 — In dem Festzuge des Ptolemaeos Philadelphos erwähnt Kallixenos von Rhodos bei Athen. V S. 201ᵉ 20 πρόβατα Εὐβοϊκά. Ob die ἕρια μῆλα aus Euboea bei Hermipp. in Athen. I S. 27ᶠ Schafe sind, ist mir zweifelhaft. — Kos heisst πολυπρό-βατος bei Eustath. zu Ilias β, 676 S. 316, 30; vgl. zu ξ, 255 S. 983, 32.

2) Demosth. geg. Euerg. u. Mnesib 52 Isaeos v. Hagnias Erbsch. 41.

3) Plutarch Solon 23. Im Allgemeinen s. über die Preise Böckh Staatsh. I S. 107.

4) Menander bei Athen. IV S. 146ᵉ und VIII S. 364ᵈ δραχμῶν ἄγω προβάτιον ἀγνηγὸν δέκα, wo freilich der Sinn von ἀγνηγὸν zweifelhaft bleibt. — Lysias geg. Diogeiton 21.

5) Demosth. geg. Euerg. u. Mnesib. 52. Der Kläger war dem Theo-

dern hohen Preis finden wir in derselben Zeit für ein Schaf mit
feiner Wolle eine Mine angegeben, ja in Spanien, wo die Vieh-
preise im Allgemeinen niedrig waren, bezahlte man in Strabos
Zeit Zuchtböcke sogar mit einem Talent.[1]

Ziegen wurden hauptsächlich ihrer Milch wegen gehalten,
doch benutzte man auch ihr Haar, um daraus Seile und grobe
Gewebe zu verfertigen, eine Verwendung, die hauptsächlich in
Lydien, Kilikien und an der Nordküste von Afrika allgemeiner
war,[2] Hirten trugen auch die Felle selbst als Bekleidung. Bei
der geringen Pflege, welche die Ziegen beanspruchen, war eine
Verbreitung derselben über alle Gegenden Griechenlands möglich, ja man benutzte selbst die kleinen unbewohnten Felseninseln,
wie Ikaria und die Arginusen, um dort Ziegen auf die
Weide zu schicken.[3] Ziegenheerden werden von Homer häufig

phanes 1813 Drachmen 1 Ob. schuldig (§ 64), wofür ihm dieser eine
Heerde von fünfzig Schafen edler Zucht (προβατα μαλακά), den Hirten
mit seinem Geräthe und einen Sklaven mit einem ehernen Kruge weg-
nahm, was alles zusammen mehr werth war, als die Schuld betrug (§ 81).
Böckh rechnet für die Schafe hiervon 1000 Drachmen, was freilich nur
auf einer ungeführen Schätzung beruht.

1) Tales bei Stob. Floril. V, 67 S. 124, 3 Mein. Vielleicht ist hier
sogar nur das Vliess gemeint. — Strabo III S. 144.

2) Varro v. Landb. II, 2. Ut fructum ovis e lana ad vestiendum,
sic capra pilos ministrat ad usum nauticum et ad bellica tormenta et
fabrilia vasa. Vergil. Georg. III, 312 f. Oeopon. XVIII, 9. — Aristot.
Thiergesch. VIII, 28 S. 606ª, 17 ἐν Λυκίᾳ αἱ αἶγες κείρονται, ὥσπερ
τὰ πρόβατα παρὰ τοῖς ἄλλοι; Kallisthenes bei Aelian. Thiergesch. XVI,
30. Varro a. a O. Tondentur quod magnis villis sunt in magna parte
Phrygiae, unde Cilicia et caetera eius generis ferri solent. Sed quod pri-
mum ea tonsura in Cilicia sit instituta, nomen id Cilicum adiecisse dicunt.
Vgl. Etymol. Magn. S. 513, 41 Κίλμιοι τράγοι λέγονται οἱ δασεῖς·
τοιοῦτοι γὰρ ἐν Κιλικίᾳ γίγνονται τράγοι· ὅθεν καὶ τὰ ἐκ τριχῶν συν-
τιθέμενα κιλίκια λέγονται. Plinius Naturgesch. VIII, 76 § 203 In Cilicia circaque Syrtis villo tonsili vestiuntur.

3) Strabo X S. 488 ἡ μὲν οὖν 'Ικαρία ἐρημός ἐστι, νομὰς δ' ἔχει
καὶ χρῶνται αὐταῖς Σάμιοι, und von derselben Insel Strabo XIV S. 639
εἰσὶ μέντοι λιππυδροῦσαν Σάμιοι νέμονται τὰ πολλὰ βοσκημάτων
χάριν. Etymol. Magn. S. 730, 28 αἱ ἀργιλώδεις (νῆσοι) ᾑκεῖλαι εἰς
καρπῶν ἀτέσιις, μηλόβοτοι δέ, καθάπερ Σάμφερ καὶ αἱ λεγόμεναι
Ἀργινοῦσαι.

erwähnt; in Attika war die Zucht von Ziegen uralt und so
ausgedehnt, dass sogar die eine alte Phyle des Volkes den Namen
Aigikoreis, Ziegenfütterer, führt.[1] Ganz besonders gerühmt werden die Ziegen von Naxos und Skyros, von welchen Inseln Polykrates dergleichen Thiere nach Samos kommen liess.[2] Die Zahl
der Ziegen, die in kleineren und grösseren Heerden gehalten
wurden, ist in den meisten Gegenden gewiss sehr beträchtlich
gewesen;[3] für Attika giebt einigen Anhalt die Erzählung, dass
die Athener vor der Schlacht bei Marathon das Gelübde gethan
hätten, der Artemis Agrotera so viel Ziegen zu opfern, als sie
Feinde erschlagen würden; nach der Schlacht wäre es aber
nicht möglich gewesen, die erforderliche Zahl Ziegen zu beschaffen und sie hätten deshalb beschlossen, zur Lösung des Gelüb-
des jedes Jahr fünfhundert zu opfern. Nach Herodots Angabe
waren aber in der Schlacht 6400 Perser gefallen.[4] Man wird
also nach dieser Erzählung annehmen dürfen, dass der Bestand
von Ziegen in Attika diese Zahl nicht erreicht hat. Preise der
Ziegen sind uns nicht bekannt.

Schweine scheinen nicht eben in grosser Zahl gehalten
worden zu sein, zum Theil wohl deshalb, weil die reichlichere
Nahrung, welche dieses Thier bedarf, nicht überall so zu beschaffen war, dass der Werth derselben zu dem Nutzen, welchen das
Thier gewährte, in rechtem Verhältnisse stand. Denn das Schwein
ist nur als Schlachtvieh nutzbar, bot aber als solches nichts als
sein Fleisch,[5] welches in der homerischen Zeit allerdings eine

---

1) Vgl. Aristoph. Wolk. 71. Isaeos v. Philokt. Erbsch. 33; v. Hagnias Erbsch. 41.

2) Athen. XII S. 540ᵈ. Pindar bei Athen. I S. 28ᵃ σκύψαι δ' ἐς
ἀμέλξιν γλάγινος αἴγος ἐξαχώταται. Alkaeos bei Zenob. II, 18 Αἴξ
Σκυρία. Strabo IX S. 437. Aelian. Thiergesch. III, 33. — Dass die
berühmten Ἔριφοι aus Melos bei Athen. I S. 4ᵉ, Pollux VI, 63, Clemens
Alex. Paedag. II, 1, 3 nicht Böcklein, sondern Fische sind, ergeben die
angeführten Stellen deutlich.

3) Eine Heerde von hundert Ziegen findet sich Isaeos v. Hagnias
Erbsch. 41.

4) Xenoph. Anab. III, 2, 12. Plutarch v. Herodot's Bosh. 26. —
Herodot VI, 117.

5) Porphyr. de abstin. I, 14 οὐδὲ γὰρ ἐστι χρήσιμον πρὸς ἄλλο

beliebte Nahrung bildete, später aber weniger genossen worden
zu sein scheint, während seine Haut nur ausnahmsweise von ärmeren
Leuten, z. B. in Phokis und Euböa zur Kleidung verwendet
wurde.[1] In Arkadien, wo die Eichenwaldungen wenigstens einen
Theil des Jahres hindurch reichliches Futter boten, mögen
Schweine in grösserer Zahl gehalten worden sein, ebenso wenigstens in älterer Zeit in Lakonien, Aetolien [2] und in anderen Gegenden vielleicht so viele als man hauptsächlich mit den in der Landwirthschaft aufkommenden Abfällen füttern konnte, wie dies auch
beispielsweise von dem athenischen Mühlenbesitzer Nausikydes
angeführt wird, dessen Gewerbebetrieb ihm die Mittel zur Mast
von vielen Schweinen lieferte.[3] Besonders stark aber scheint
in Sicilien die Schweinezucht betrieben worden zu sein.[4]
Von den Preisen kennen wir nur eine unzureichende Angabe bei
Aristophanes, bei welchem jemand drei Drachmen zu einem Fer-
kel borgen will.[5]

Was sonst noch von Hausthieren zu erwähnen ist, hat als
Besitz betrachtet seinem Werthe nach keine erhebliche Bedeutung. Von Hunden, die theils zur Jagd, theils zur Bewachung
der Heerden und des Hauses, aber auch zum Vergnügen gehalten wurden,[6] finden wir als vorzüglich genannt die starken molos-
sischen, die lakonischen Wolfshunde, kretische, lokrische und

---

τι ἐς ἢ πρὸς βρῶσιν. Vgl. Platon Republ. II 5. 373ᵉ; Artemidor I, 70.

1) Pausan. VIII, 1, 5 τοὺς χιτῶνας τοὺς ἐκ τῶν δερμάτων τῶν
ὑῶν, οἷς καὶ τὸν περί τι Εὔβοιαν ἔτι χρῶνται καὶ ἐν τῇ Φωκίδι ὁπό-
σοι βίον ἀπανίζουσιν, οἰτός ἐστιν ὁ ἐξευρών nämlich der Arkader
Pelasgos.

2) Als arkadisches Gericht nennt Schweinefleisch Hekataeos bei
Athen. IV S. 148¹, als allgemeines ὄψον bei den Lakedaemoniern der
früheren Zeit Dikaearch ebend. IV S. 141ᵇ. Aetolus aus Martial XIII, 41.

3) Xenophon Comment. II, 7, 6. Vgl. Photios Μιλησία κάπρος:
Ἀριστοφάνης ἐν Γήρᾳ λέγει ἀντὶ τοῦ Εὔπρᾱτης, ἐπεὶ δασύς ἐστιν· ἡ
ὅτι μηλώτα εἶχεν ἐν οἷς ἡσίχαντο σῦς.

4) Hermipp. bei Athen. I S. 27¹ αἱ δὲ Σιράκουσαι σῦς καὶ τυρὸν
παρέχουσιν. Vgl. Polyb. II, 15.

5) Aristoph. Frieden 874.

6) Artemidor II, 11.

15*

Indische Jagdhunde, und die kleinen maltesischen Schosshünd-
chen.[1] Bis zu welchen Preisen sich Liebhaberei bei diesen
Thieren verstieg, mag man aus dem bekannten Beispiele des
Alkibiades ersehen, der einen Hund mit siebzig Minen bezahlte.[2]
Geflügel wurde, weil es im Ganzen wenig als Nahrungsmittel diente, nur wenig gehalten.[3] Am zahlreichsten scheinen
noch die Hühner gewesen zu sein, welche meistens nur zum
Vergnügen gehalten wurden, obgleich man auch ihr Fleisch ass,
seitdem die Dollor, wie es heisst, angefangen hatten, dieselben
zu mästen.[4] Hähne aber zog man zum Zwecke der Hahnen-
kämpfe, an welchen die Griechen, wenigstens eine Zeitlang, ein
leidenschaftliches Vergnügen fanden.[5] Von solchen Kampfhühnen
wurden am meisten die aus Rhodos, Tanagra, Chalkis und Melos
geschätzt und gewiss mit verhältnissmässig hohen Preisen bezahlt.[6]
Zu gleichem Zwecke wurden auch Wachteln gehalten und abge-
richtet.[7] Was man sonst etwa noch einzeln an Vögeln hielt,
kommt für unsern Zweck gar nicht in Betracht.

Von Wichtigkeit sind endlich noch die Bienen; denn da
die Alten zwar den Zucker kannten, aber doch nur in Arznelen

---

1) Die verschiedenen Rassen s. bei Pollux V, 37 ff. Molossische
Hunde Aristot. Thiergesch. IV, 21 S. 529ᵇ, 21; IX, 1 S. 608ᵃ, 27 ff.
Aelian. Thiergesch. III, 2 Vergil. Georg. III, 404 ff.   Lakonische
Aristot. Thiergesch. VI, 20 S. 574ᵃ, 17; VIII, 28 S. 607ᵃ, 3; IX, 1
S. 608ᵃ, 28 ff. — Jagdhunde Xenoph. Kyneg. 10, 1. — Μελιταῖα κυνίδια
Aristot Thiergesch. IX, 6 S. 612ᵇ, 10. Artemidor II, 11. Strabo VI
S. 277.

2) Plutarch Alkib. 9. Pollux V, 44.

3) Porphyr. de abstin. I, 15 Ὅθεν οἱ Ἕλληνες οὔτε κυνοφαγήσειν,
οὐθ' ἵππους ἐσθίουσι — ὡσαύτως δὲ τοὺς ὄρνιθας.

4) Plinius Naturgesch. X, 71 § 139; Cicero Academ. II, 18, 57.

5) Ueber Hahnen- und Wachtelkämpfe vgl. Broker Charikles I,
S. 149 ff; über erstere auch Beckmann Beiträge zur Gesch. d. Erfind. V
S. 446—464. Stallbaum zu Platon Lysis S. 211ᵃ.

6) Plinius Naturgesch. X, 24 § 48 Iam ex his quidem ad bella tan-
tum et proelia odaidua nascuntur, quibus etiam patrias nobilitarunt, Rho-
dum aut Tanagram, secundus est honos habitus Meliciis et Chalcidicis.
Varro v. Landb. III, 9, 6. Columella VIII, 2, 13. Von Tanagra Pausan. IX, 22, 4. Lukian Hahn 4. Suidas Ταναγραῖον. Vgl. Jacobs An-
thol. Gr. VIII S. 82.

7) Vgl. Pollux IX, 107 ff.

von demselben Anwendung machten, so war der Honig für sie das einzige Mittel zum Süssen der Speisen.[1] Vor allem geschätzt wurde der attische Honig, namentlich derjenige, welcher vom Hymettos kam,[2] nächst diesem der von der Insel Kalymna, welcher dem attischen sogar an Güte gleichkommen sollte.[3] Auch andere griechische Inseln lieferten Honig, besonders Kreta und Kypros.[4] Nicht allein in diesen Gegenden, sondern auch an anderen Orten muss die Bienenzucht eine bedeutende Ausdehnung gehabt haben, da der Honig, der in ziemlicher Menge verbraucht worden sein mag, grösstentheils von zahmen Bienen gewonnen wurde, wenngleich es scheint als ob die einheimische Production den Bedarf nicht gedeckt hat und Zufuhr von dem Auslande her nothwendig gewesen ist. Ueber die Kapitalien, welche in den Anlagen der Bienenzüchter steckten, fehlt uns jede Kenntniss.

Wenngleich aus der hier gegebenen Uebersicht bestimmte Zahlen sich nirgends ergaben, so lässt sich doch im Ganzen mit Sicherheit der Schluss ziehen, dass der Viehstand in allen Landschaften Griechenlands und zu allen Zeiten einen bedeutenden Theil des Nationalreichthums ausgemacht hat. Freilich muss auch hier bemerkt werden, dass die Sicherheit dieses Besitzes oft genug gefährdet war. Feindliche Einfälle in das Land, die bei den fortwährenden inneren Kriegen durchaus nicht zu den Seltenheiten gehörten und stets die Plünderung zu ihrer Hauptaufgabe machten, haben oft die Heerdenbesitzer ihres Eigenthums beraubt, oder im günstigeren Falle dieselben gezwungen, ihr Vieh von den gewohnten Weiden entweder in die festen Städte oder an andere den Feinden unzugängliche Orte zu treiben, wobei es

---

1) Plinius Naturgesch. XII, 17 § 32. Dioskorid. II, 104.

2) Plinius Naturgesch. XXI, 31 § 57. Mellis Attici in toto orbe summa laus existimatur. Strabo IX S. 399. Pausan. I, 32, 1. Athen. XIII S. 582f. Dioskorid. II, 101. Geopon. XV, 7, 1.

3) Strabo X S. 489 und ihm folgend Eustath. zu Dionys. Perieg. 530 und Stephan. Byz. Κάλυμνα. Bei Plinius Naturgesch. IX, 13 § 32 steht Calydna.

4) Strabo X S. 489. Dioskorid. II, 101. — Plinius Naturgesch. XI, 13 § 32; XXIX, 38 § 119. Geopon. XV, 7, 1.

wohl selten ohne Verluste oder wenigstens bei längerer Besetzung des Landes nicht ohne Verschlechterung des Zustandes der
Thiere abgehen konnte.[1] Bei der Betrachtung des beweglichen Eigenthums wenden
wir uns ferner zu denjenigen Dingen, welche als Werkzeuge für
den Wirthschaftsbetrieb anzusehen sind. Die Ackergeräthschaften, von welchen weiter unten noch einige Worte zu sagen
sein werden, sind durchaus der einfachsten Art gewesen und zum
Theil im Hause selbst angefertigt worden, so dass der Kapital-
werth derselben für die einzelne Wirthschaft kein erheblicher
gewesen sein kann. Ueber die Werkzeuge, welche zum Betriebe
der verschiedenen Gewerbe erforderlich waren, fehlt es uns hinsichtlich ihres Kapitalwerthes an allen Angaben, aber es scheint
als wenn auch hier kostbare Einrichtungen in Maschinen und
sonstigen Anlagen kaum vorhanden gewesen wären, da vielmehr
alles, was wir über den Gewerbebetrieb wissen, voraussetzen lässt,
dass man überall nur über einfache Mittel verfügt habe. Auch
der Werth endlich derjenigen Dinge, welche zum Gebrauche des
gewöhnlichen Lebens dienen, der Hausgeräthe und Kleider,
kann im Allgemeinen nicht bedeutend gewesen sein. Denn da fast
überall mit wenigen Ausnahmen, wenigstens vor den makedonischen Zeiten, auf die innere Einrichtung des Hauses, wie dies
das mehr der Oeffentlichkeit als dem Hause angehörende Leben
mit sich bringt, kein grosses Gewicht gelegt wurde, so war
weder die Zahl der Stücke des Hausgeräthes noch der Werth jedes
einzelnen gross,[2] und es kann hierbei nicht in Betracht kommen,
dass namentlich in den späteren Zeiten von einzelnen auch in
diesen Dingen ein grösserer Aufwand gemacht wurde. Eine
gewisse Ausnahme bilden Gefässe von edlen Metallen, von denen
gleich noch genaueres anzugeben sein wird, während Hausge-

---

1) Vgl. Thukyd. II, 14. Xenoph. Hellen. IV, 6, 1; 6, 4 u. 6;
V, 4, 21; VII, 5, 14 f.

2) Die hauptsächlichsten Stücke zählt Xenoph. Oekon. 9, 6 f. auf.
Vgl. Wachsmuth Hellen. Alterth. II S. 420 ff. Hermann Griech. Antiq.
III § 20. St. John The Hellenes II S. 97 ff., der jedoch die einzelnen
Fälle von Pracht und Luxus als allgemeine Sitte ansieht. Preise von
einzelnen Gegenständen bei Böckh Staatsh. I S. 147 ff.

rathe von kostbareren Stoffen, ausländische Teppiche und dergleichen sicher nur im Besitze weniger Reichen zu finden waren. Auch hinsichtlich der Kleidung war wohl nur der namentlich von Frauen getragene Schmuck aus werthvolleren Stoffen kostbar, während im Uebrigen die Bekleidung einfach in Stoff und Ausstattung und nicht durch einen häufigen Wechsel der Mode kostspielig war. Ganz unabhängig hiervon bleibt es, dass die Griechen bei ihrem feinen Formsinn auch in den gewöhnlichsten Dingen eine Mannigfaltigkeit und Schönheit der Form entwickelt haben, die weder von anderen Völkern des Alterthums noch von der Neuzeit erreicht worden ist, ein Umstand, der allerdings viel dazu beigetragen hat, die Dinge, mit welchen sich die Griechen umgaben, kostbarer erscheinen zu lassen, als sie in der That für das Alterthum selbst gewesen sind.

Aus bestimmten Beispielen wird sich dies deutlich ersehen lassen. Der Vater des Redners Demosthenes, ein wohlhabender Mann, hinterliess einen Gesammtbesitz im Werthe von vierzehn Talenten; darunter belief sich das Hausgeräth und die Kleidung für die Familie, welche aus den Eltern und zwei jungen Kindern bestand, auf einen Werth von fünfzig Minen, also etwa auf den siebzehnten Theil vom Werthe des ganzen Nachlasses, einen gegenüber den heutigen Verhältnissen gewiss nicht eben beträchtlichen Theil. [1] In einer Rede des Lysias erscheint Hausgeräth im Werthe von tausend Drachmen als etwas aussergewöhnliches und der Sprechende bemerkt dabei, dass selbst Familien, welche seit alten Zeiten reich wären, kein Hausgeräth von hohem Werthe aufzuweisen hätten. [2] Goldsachen und Kleidungsstücke finden wir in einer gewöhnlichen Bürgerfamilie nicht höher als tausend Drachmen geschätzt. [3]

Eine besondere Betrachtung erfordern bei ihrer besonderen Wichtigkeit für den Besitz die edlen Metalle. Das griechische Land ist von der Natur mit diesen so bedeutungsschweren Stoffen nur kärglich ausgestattet. Gold fand sich auf dem griechi-

---

1) Demosth. geg. Aphob. I, 10 u. 13.
2) Lysias für Aristoph. Verm. 30 f.
3) Demosth. geg. Spudias 27.

schon Festlande gar nicht, dagegen auf den Inseln Siphnos und
Thasos, von denen die letztere jedoch in älteren Zeiten ihre
Schätze den Phönikiern lieferte.[1] Goldreich war die Südküste
von Thrakien, wo die ergiebigen Gruben am Pangaeos seit dem
fünften Jahrhunderte bis zur Herrschaft der Makedonier von den
Griechen ausgebeutet wurden.[2] Ausserdem führte dort der
Hebrosfluss Gold mit sich und auf dem gegenüberliegenden Festlande von Kleinasien werden Goldgruben im griechischen Gebiete
bei Abydos erwähnt.[3] Silber lieferten eine geraume Zeit hindurch die laurischen Bergwerke in Attika, die von den ältesten
Zeiten im Betrieb noch im vierten Jahrh. unerschöpflich schienen, die Strabo aber bereits verlassen fand;[4] ausserdem Gruben
am Pangaeos, bei Damastion in Epeiros und in Makedonien.[5]
Auch auf Siphnos und bei Trapezunt wurde wenigstens in älterer Zeit Silber gefördert.[6]

Diese Quellen fingen jedoch meist erst in späterer Zeit an
für Griechenland zu fliessen. Bei Homer findet sich noch keine
Spur von dem Betriebe von Bergwerken durch die Griechen und
es lässt sich annehmen, dass Gold und Silber in diesen Zeiten
kaum anders als in verarbeitetem Zustande nach Griechenland
kam und zwar aus dem Osten, wohin ebensowohl die Sage von
Alybe, der Heimat des Silbers[7] als die Sage vom Pelops weist,
der mit grossen Schätzen aus Asien nach Griechenland gekom-

---

1) Herod. III, 57. Pausan. X, 11, 2. Suidas unter Σίφνιοι. Vgl.
Movers Phoenizier II, 3 8. 60. — Thasos Herod. VI, 46 f.
2) Herod. IX, 75. Strabo VII Fragm. 33 u. 34. — Herod. VI, 46;
VII, 112. Thukyd. I, 100; IV, 105. Xenoph. Hellen. V, 2, 17. Diodor
XVI, 8. Vgl. Athen. II 8. 42b und im Allgemeinen Böckh Staatsh. I
8. 7 ff.
3) Xenoph. Hellen. IV, 8, 37. Strabo XIV 8. 680. Vgl. auch Stephan. Byzant. Δημόρησος: περὶ Χαλκηδόνα νῆσος — καὶ χρυσίον εὐφ-
σεται τίμιον.
4) Herod. VII, 144. Xenoph. v. d. Eink. 4, 3. Strabo IX 8. 399.
5) Herod. VII, 112. Strabo VII Fragm. 34. — Strabo VII 8. 326.
— Herod. V, 17.
6) Herod. III, 57. — Strabo XII 8. 549.
7) Homer Ilias β, 857 τηλόθεν ἐξ Ἀλύβης, ὅθεν ἀργύρου ἐστὶ
γενέθλη.

men sein soll.[1] Die Menge dieser edlen Metalle kann jedoch
bei weitem nicht so bedeutend gewesen sein, als man nach der
poetischen Darstellung Homers vermuthen möchte; denn noch
lange nachher, als bereits der Handelsverkehr sich beträchtlich
gehoben und erweitert hatte, war die Menge des in Griechenland vorhandenen Goldes so gering, dass zu Krösos Zeiten die
Spartaner das Gold, welches sie bedurften, um das Gesicht einer
Bildsäule des Apollon zu vergolden, aus Sardes holen liessen,
weil sie es in Griechenland nicht hatten auftreiben können.[2]
    Seit dem sechsten Jahrh. scheint jedoch der Zufluss edler
Metalle aus dem Oriente reichlicher geworden zu sein. Nach
dem delphischen Heiligthume, welches bis dahin weder Gold
noch Silber besessen hatte,[3] schickte zuerst Midas, des Gordias
Sohn, aus Phrygien Weihgeschenke, nächst diesem Gyges, der
Usurpator des lydischen Thrones, unter dessen Gaben Herodot
sechs goldne Mischkrüge im Gewichte von dreissig Talenten her-
vorhebt.[4] Ganz besonders reich aber waren die Geschenke des
Krösos, die allein in Delphi an Gold mehr als zweihundert und
siebenzig Talente betrugen, während auch andere Heiligthümer
in Theben, Ephesos und Milet bedeutende Gaben von ihm aufzuweisen hatten.[5] Diese Schätze lagen freilich todt in jenen
Heiligthümern, aber es muss in jener Zeit auch eine ziemliche
Menge edler Metalle aus dem Orient in Umlauf gekommen sein,
sei es durch den Handel, sei es auf andere Weise, wovon wir
an dem Golde, welches Krösos dem Alkmaeon schenkte, ein glänzendes Beispiel haben.[6]
    Unvergleichlich bedeutender sind die Massen Goldes und
Silbers, welche die Griechen aus ihren mannigfachen Beziehungen zu dem persischen Reiche in der folgenden Zeit gewannen.
Von den Schätzen, welche die Perser bei ihrem Zuge unter
Xerxes auf zwölfhundert Kamelen mit sich nach Griechenland

1) Thukyd. I, 9.
2) Theopomp bei Athen. VI S. 232. Herod. I, 60. Pausan. III, 10, 8.
3) Phanias und Theopomp. bei Athen. VI S. 231°.
4) Herod. I, 14.
5) Herod. I, 50 u. 92.
6) Herod. VI, 125.

führten,[1] ging ein ansehnlicher Theil als Beute in Privatbesitz über und von dieser Zeit an gelangten ausserordentliche Summen Geldes, theils in Form von Subsidien, theils als Geschenke und Bestechungen aus Persien nach Griechenland.[2] Die Spartaner allein sollen vom Perserkönige zum Kriege gegen Athen fünftausend Talente erhalten haben, von denen Lysander noch vierhundert und siebenzig Talente mit nach Hause brachte, während zeitweise auch die Athener von eben dorther Unterstützungen bezogen.[3] Im Jahre 395 v. Chr. wurde Timokrates von den Persern mit fünfzig Talenten nach Griechenland geschickt, um dieselben im Interesse eines gegen Sparta zu erregenden Krieges zu verwenden;[4] im J. 393 gab Pharnabazos Geld zum Wiederaufbau der athenischen Mauern;[5] während des heiligen Krieges im J. 351 sollen die Thebaner vom Artaxerxes dreihundert Talente erhalten haben[6] und auch während des letzten Kampfes gegen Philipp scheinen den Griechen Geldunterstützungen aus Persien zugegangen zu sein.[7] Alles bisherige aber übertrafen die Mengen edler Metalle, welche nach Griechenland flossen, als Alexander das persische Reich erobert und damit die ungeheuren Schätze, welche der Perserkönig und dessen Satrapen aufgehäuft hatten, gewann, die er nun mit freigebiger Hand ausstreute. Eine Vorstellung von diesen gewaltigen Summen erhalten wir, wenn wir hören, dass Alexander in Ekbatana einen Schatz von 180,000 Talenten gesammelt, ja Ptolemaeos II. 740,000 Talente hinterlassen habe.[8]

Jeder Schätzung entziehen sich die Summen, welche durch den Handel nach Griechenland aus dem Osten, namentlich aus

1) Demosth. über d. Symmor. 27.
2) Vgl. Herod. IX, 80. Plutarch Aristeid. 5. Scholien zu Aristoph. Wolk. 65. Athen. XII S. 536ᶠ.
3) Isokrat. v. Frieden 97. Xenoph. Hellen. II, 3, 8.
4) Xenoph. Hellen. III, 5, 1 u. Plutarch Ages. 15, der 10000 Dareiken angiebt, während Apophth. lakon. S. 211ᵉ 30000 Dareiken angegeben sind.
5) Xenoph. Hellen. IV, 8, 9.
6) Diodor XVI, 40.
7) Vgl. Aristot. Rhetor. II, 8 S. 1386ᵃ, 14.
8) Strabo XV S. 731. Applan. Praefat. 10. Vgl. Droysen Gesch. d. Hellenism. II S. 44. Böckh Staatsh. I S. 12 ff.

Ländern kamen, die auf einer tieferen Stufe der Cultur standen und die Producte und gewerblichen Erzeugnisse Griechenlands mit ihrem Golde weit über den Werth bezahlten, welchen dieselben in ihrer Heimat hatten, wie dies z. B. von dem als goldreich berühmten Kolchis anzunehmen ist. [1] Wenn auch dagegen ziemliche Summen aus Griechenland nach anderen Ländern durch den Handelsverkehr gingen, so mag doch immerhin in den Zeiten des blühenden Verkehrs der den Griechen bleibende Gewinn beträchtlich genug gewesen sein, während in späteren Zeiten, als in Folge der Ausbreitung der Römerherrschaft der Handel anderen Strassen folgte und der Gewerbfleiss in Griechenland sank, eher ein Abfluss als ein Zufluss edler Metalle anzunehmen ist.

Wenn wir nun zu der Verwendung des Goldes und Silbers übergehen, so ist zunächst zu bemerken, dass eine beträchtliche Menge desselben todt in zahlreichen Heiligthümern, namentlich in den grösseren, wie in Delos, Delphi, Olympia, theils als geprägtes Geld, theils zu mancherlei Geräthschaften und Kunstwerken verarbeitet lag. Beispiele der Art liefern sowohl einzelne Anführungen bei den Schriftstellern als auch namentlich im Einzelnen die Inventarien der heiligen Schätze der Athene auf der Burg von Athen, welche uns in Inschriften erhalten sind. [2] Allerdings wurde ein Theil dieser Reichthümer für den allgemeinen-Verkehr dadurch nutzbar gemacht, dass, wie später eingehender zu betrachten sein wird, von der Verwaltung der Heiligthümer Gelder an Staaten und an Privatleute ausgeliehen, ja selbst verarbeitetes Metall in ähnlicher Weise in Zeiten der Noth verwendet wurde, aber dessenungeachtet muss die Masse des Goldes und Silbers, welche durch die Schätze der Heiligthümer dem Verkehr dauernd entzogen wurden, eine ganz bedeutende gewesen sein. In den Zeiten des Verfalles griechischer Macht, in denen auch die Scheu vor dem Heiligen verschwand, sind allmählich auch diese Schätze ihrer ursprünglichen Destination entfremdet und in Umlauf gesetzt worden. Schon im J. 365 v. Chr. fingen die Arkader an, die heiligen Schätze von

---

1) Vgl. Strabo I S. 45; XI S. 499. Plinius Naturgesch. XXX, 15 § 52.
2) S. Böckh Staatsh. II S. 152 ff.

Olympia anzugreifen,[1] um die Mittel zum Unterhalte ihrer Truppen zu gewinnen, wenige Jahre später bemächtigten sich die phokischen Feldherren Onomarchos und Philomelos der Reichthümer des delphischen Heiligthumes, die so bedeutend waren, dass ausser den Gegenständen, welche unmittelbar verschleudert wurden, aus dem Golde für viertausend, aus dem Silber für sechstausend Silbertalente Münzen geschlagen worden sein sollen.[2] Im ersten Jahrh. v. Chr. wurden von den Seeräubern eine Menge von Heiligthümern geplündert, von denen allein das von Samothrake tausend Talente hergegeben haben soll.[3]

Unter den Gegenständen, welche aus den edlen Metallen verfertigt wurden, nehmen die erste Stelle die Gefässe mancherlei Art ein, welche theils zum Zierrath, theils dem gewöhnlichen Gebrauche dienten. Wollte man die zahlreichen goldnen und silbernen Becher, Kannen, Krüge, Schalen, deren bei Homer Erwähnung geschieht, in vollem Umfange für Wirklichkeit halten, so müsste man für jene Zeiten einen selbst später nicht erhörten Reichthum in Griechenland voraussetzen, dessen Quellen durchaus unerfindlich sind, zumal da man annehmen darf, dass der bei weitem grösste Theil jener Prachtstücke orientalische, namentlich phönikische Arbeit gewesen ist, deren Werth in Griechenland ein ausserordentlich hoher sein musste.[4] Man wird es der reichen Phantasie des Dichters zu Gute halten müssen, wenn er seine Helden mit einem reichen Besitze von kostbaren Gefässen ausstattet, deren jedes einzelne schon einen seltenen Schatz nicht bloss in den homerischen, sondern selbst noch in den späteren Zeiten bildete.[5] Denn es entbehrte gewiss nicht

1) Xenoph. Hellen. VII, 4, 33. Diodor XV, 82.

2) Diodor XVI, 56. Vgl. Athen. VI S. 231⁴.

3) Plutarch. Pomp. 24. Appian Mithrid. Krieg 63 καὶ τὰ ἱερὰ ἐσυλήθη τὰ Σαμοθρᾴκιον, χιλίων ταλάντων κόσμον, ὡς δρυίζειν. Eustath. zu Ilias τ, 12 S. 917, 10 Κίλικες γάρ, φησὶ (ὁ γεωγράφος) πειρατικῶ προσπεσόντες λάθρα τὸ ἐν Σαμοθρᾴκη ἐσύλησαν ἱερὸν καὶ ἀπήνεγκαν τάλαντα πλείω χιλίων.

4) Aus Sidon Homer Ilias ψ, 743; Odyss. δ, 617 ff. = ο, 117; aus Theben in Aegypten Odyss. δ, 126.

5) Vgl. Athen. VI S. 231ᵃ. Ἱπαξιμένης δ᾽ ὁ Λαμψακηνὸς ἐν ταῖς

ganz der Wahrheit, wenn der Komiker Philippides um 300 v. Chr., indem er sich über den Aufwand lustig macht, welchen reich gewordene Metöken mit Silbergeschirr trieben, die Bemerkung hinzufügt, früher habe man kaum unter den Weihgeschenken eine silberne Schale zu sehen bekommen;[1] ja der Geschichtschreiber Duris von Samos erzählt, Philipp von Makedonien, Alexanders Vater, habe eine goldne, fünfzig Drachmen schwere Schale, die er besessen, als einen grossen Schatz des Nachts stets unter seinem Kopfkissen verwahrt.[2]

Freilich finden wir schon in früherer Zeit Geräthe von edlen Metallen ziemlich verbreitet im Besitze von Privatleuten. Aus der bekannten Erzählung, dass Alkibiades dem Anytos die Hälfte seiner goldenen und silbernen Trinkgeschirre von der Tafel weggetragen habe, sehen wir, dass reiche Leute dergleichen Gefässe in ziemlicher Anzahl besassen.[3] Auch Lysias erwähnte in einer Rede gegen Alkibiades goldne Waschbecken und Rauchgefässe,[4] die freilich möglicherweise nicht Privatbesitz sondern heilige dem Staate gehörige Geräthschaften waren, deren ja, wie erzählt wird, Alkibiades sich zu seinem Privatgebrauche bediente.[5] In eben dieser Zeit scheint ziemlich allgemein eine besondere Liebhaberei für Trinkgeschirre, namentlich für solche aus edlen Metallen entstanden zu sein,[6] der Art, dass sogar ein gewisser Pytheas aus Arkadien in seiner Grabschrift bemerken liess, er habe eine ausserordentliche Menge Becher von Gold, Silber und Elektron besessen, mehr als irgend jemand vor ihm.[7] Daher erzählt auch Thukydides, dass bei der Abfahrt der grossen Flotte nach Sicilien[*] die Anführer und Soldaten aus goldenen und sil-

---

πρώταις ἐπιγραμμαφέραις ἱστορίαις τὸν Ἐριφύλης ὅρμον διαβόητον γενέσθαι διὰ τὸ σπάνιον εἶναι τότε χρυσίον παρὰ τοῖς Ἕλλησι. καὶ γὰρ ἀργυροῦν ποτήριον ἦν ἰδεῖν τότε παράδοξον.

1) Athen. VI S. 230^b.
2) Athen. IV S. 155^d; VI S. 231^b. Vgl. Arrian. Anab. VII, 9, 6.
3) Plutarch Alkib. 4. Satyros bei Athen. XII S. 534^c.
4) Lysias bei Athen. IX S. 408^c.
5) Plutarch Alkib. 13. Andokid. geg. Alkib. 29.
6) Vgl. Athen. XI S. 781^c.
7) Athen. XI S. 465^d.

bernen Bechern das Trankopfer gespendet hätten [1] und in der
nächsten Zeit finden wir unter dem Hausgeräth wohlhabender
Familien öfter Trinkgeschirre von edlem Metall erwähnt.[2] Auch
andere Tafelgeräthe wurden, wenn auch wohl in geringerer Zahl
aus Silber, selten aus Gold angefertigt [3] und wem es seine Mittel nicht gestatteten, kostbare Geräthe zu beschaffen, der prunkte
dennoch mit dem leichtesten und dünnsten Silbergeschirr.[4] Die
Menge der edlen Metalle, welche in solcher Form im Privatbesitz war, wird in den Zeiten blühenden Wohlstandes eine
ziemlich beträchtliche gewesen sein, da schon in den Händen
mancher Einzelnen derartige Geräthe von bedeutendem Werthe
waren, wie z. B. der Redner Deinarchos bei seiner Rückkehr
aus der Verbannung Silbergeschirr im Werthe von zwanzig Minen
bei sich gehabt haben soll.[5]

Eine umfangreiche Verwendung fanden die edlen Metalle
zu Schmuckgegenständen, und zwar Gold in grösserer Menge
als Silber. Dass man dergleichen Dinge von den ältesten Zeiten an selbst auf den niedrigsten Stufen der Cultur schätzte
und wo irgend möglich zu beschaffen suchte, liegt in der den
Menschen allgemein innewohnenden Eitelkeit begründet, und wir
finden daher beim Homer Gold und Silber ebenso wohl zur Ver-

---

1) Thukyd. VI, 32, 1.
2) Demosth. geg. Aphob. I, 10 *ἐκπώματα καὶ χρυσία*. Lysias geg.
Kratesth. 11 *φιάλας ἀργυρᾶς τέσσαρας*. Vgl. Demosth. geg. Meid. 133.
Deinarch geg. Demosth. 69; im Testamente des Lykon bei Diogen. Laert.
V, 4, 72.
3) Vgl. Athen. VI S. 230* u. *.
4) Athen. VI, 230*.
5) Dionys. Halikarn. Deinarch. 3. Die Behauptung von St. John
The Hellenes III S. 142, dass im Alterthume eine grössere Quantität von
edlen Metallen zu Gebrauchsgegenständen verarbeitet worden sei als in der
neueren Zeit, dürfte sich für Griechenland in keiner Weise beweisen lassen. Die Richtigkeit derselben lässt sich schon aus dem Grunde bezweifeln, weil die Arten von Gegenständen, zu denen Gold und Silber verwendet wurden, entschieden weniger zahlreich als heute waren. Deinarch geg.
Demosth. 69 zählt, wo von dem Vorschlage das verarbeitete Gold und
Silber im Interesse des Staates in die Münze zu schicken die Rede ist,
nichts auf als *τὸν ἴδιον κόσμον τὸν γυναικῶν καὶ τὰ ἐκπώματα καὶ
πάντα τὰ ἐν τῇ χώρᾳ ἀναθήματα τῶν θεῶν*.

zierung von den Waffen der Männer,[1] wie zu Ohrgehängen, Halsketten. Armbändern und Spangen zum Schmucke der Frauen verarbeitet.[2] Ganz besondere Neigung für solchen Schmuck scheint der ionische Stamm gehabt zu haben, der Art, dass in der früheren Zeit bis auf die Perserkriege in Athen sogar die Männer die Sitte hatten, das Haar mit goldenen Nadeln aufzustecken, eine Sitte, die auch bei den Kolophoniern und Samiern erwähnt wird;[3] ja diese letzteren pflegten selbst Armbänder zu tragen.[4] In späterer Zeit wurde von Männern wohl kaum irgend ein andrer Schmuck als Fingerringe getragen, diese aber wenigstens in den historischen Zeiten ganz allgemein, da bei der allgemeinen Sitte nicht bloss Briefe, sondern selbst Kasten, Thüren von Vorrathskammern u. s. w. mittelst eines Siegels zu verschliessen, Siegelringe fast von einem jeden tagtäglich gebraucht wurden. Wann diese dem Homer noch unbekannte Sitte aufgekommen ist, lässt sich nicht nachweisen;[5] in der späteren Zeit aber bildeten Ringe nicht bloss einen Gegenstand des Bedürfnisses, sondern man trieb mit denselben auch Luxus, der Art, dass manche selbst mehrere Ringe auf die Finger steckten.[6] Die in Lakedämon noch zu Plinius Zeiten fortdauernde Sitte, eiserne Ringe zu tragen,[7] ist wahrscheinlich ausschliesslich diesem Lande eigenthümlich gewesen; in den übrigen Landschaften Griechenlands trug man wohl in der Regel goldene Ringe, häufig mit geschnittenen Steinen zum Siegeln versehen.

---

1) Die goldenen Waffen des Glaukos Ilias ζ, 236; einzelne Zierrathen an Waffen Odyss. λ, 610; Ilias λ, 25 ff.; v, 272; ξίφος ἀργυρόηλον β, 45.

2) ἕρματα, ὅρμος, ἴσθμιον, περόναι. Odyss. σ 293 ff.; vgl. Ilias σ, 401. Hymn. auf Aphrod. (IV) 87 ff. V, 9 ff. Odym. σ, 460; τ, 226; Ilias ι, 425; ς, 182.

3) Thukyd. I, 6. Heraklid. Pont. bei Athen. XII S. 512ᵃ.

4) Xenophan. bei Athen. XII S. 526ᵇ; Asios ebend. S. 525ᵃ.

5) S. Becker Charikles I S. 311.

6) Aristoph. Ekklos. 332 mit den Scholien; Platon Hipplas min. S. 398ᵇ. Deimarch. geg. Demosth. 86. Diogen. Laert. V, 1 vom Aristoteles: ἐσθῆτί τε ἐπισήμῳ χρώμενος καὶ δακτυλίοις καὶ κουρᾷ. In den angeblichen Gesetzen des Zaleukos bei Diodor XII, 21 wird den Männern verboten, ein δακτύλιον ὑπόχρυσον zu tragen.

7) Plinius Naturgesch. XXXIII, 4 § 9.

Von den Frauen ist goldner Schmuck zu allen Zeiten überall, vielleicht nicht einmal Sparta ausgenommen, getragen worden; bei der Aufzählung der beweglichen Habe einer Familie erscheint derselbe fast regelmässig. [1]

Der Gesammtwerth dessen, was eine Familie an derartigen Schmuckgegenständen besass, ist natürlich je nach den Vermögensverhältnissen und den besonderen Neigungen der einzelnen Personen sehr verschieden gewesen. Die Mutter des Alkibiades, welche aus einer reichen Familie stammte, soll Schmuck im Werthe von etwa fünfzig Minen besessen haben; [2] in dem Nachlasse des Vaters des Demosthenes, eines sehr wohlhabenden Mannes, werden der Schmuck der Frau und die Trinkgefässe auf fünfzig Minen, etwa den siebzehnten Theil vom Werthe des ganzen Nachlasses geschätzt und an einer anderen Stelle finden wir Goldsachen und Kleidung in einem gewöhnlichen Bürgerhause zusammen auf zehn Minen berechnet, wovon der Schmuck wohl kaum mehr als die Hälfte betragen haben wird. [3]

Es bleibt noch übrig, den Besitz an baarem Gelde zu betrachten. In den homerischen Gedichten findet sich eine Erwähnung geprägten Geldes nicht, und auch die Verwendung von abgewogenen Massen rohen Metalles an Stelle desselben bleibt beschränkt. Nach der Angabe der Schriftsteller sollen die Griechen ihre ersten Münzen im achten Jahrh. v. Chr. geschlagen haben, wenigstens sind höchst wahrscheinlich bereits damals Münzen kleinasiatischen Gepräges in Griechenland im Umlauf gewesen, wenngleich man annehmen darf, dass die Gesammtmenge derselben nicht eben sehr bedeutend gewesen sein wird. Auch für die folgenden Zeiten, in welchen in zahlreichen griechischen Städten Münzstätten bestanden, kann nach dem, was oben über das Vorhandensein edler Metalle in Griechenland

---

1) Spangen an Frauenkleidern erwähnt aus der älteren Zeit bei den Athenern, Argivern und Aegineten Herod. V, 87 f. Vgl. Deinarch geg. Demosth. 69. Lysias geg. Eratosth. 19. Demosth. geg. Aphob. I, 10. Aristoph. Achurn. 258. Lysistr. 408. Aelian Verm. Gesch. I, 18. Die Einzelheiten weiblichen Schmuckes zählt Pollux V, 96 ff auf.

2) Platon Alkib. I S. 123°.

3) Demosth. geg. Aphob. I, 13; geg. Spudias 27.

gesagt worden ist, die Menge des vor den Zeiten Alexanders des Grossen circullerenden Geldes verhältnissmässig nicht sehr hoch angeschlagen werden, obwohl eine wenn auch nur annähernde Schätzung unmöglich ist, weil einerseits über die Höhe der Summen, welche die einzelnen Staaten prägten, nichts bekannt ist, andererseits für den Ab- und Zufluss gegenüber dem Auslande gar kein Massstab vorhanden ist. Schon aus der Höhe, auf welcher sich der Zinsfuss beständig hielt, lässt sich, obwohl dieselbe auch noch durch andre Verhältnisse bedingt wurde, entnehmen, dass die im Umlaufe befindlichen Summen im Verhältniss zu den Bedürfnissen des Verkehrs niedrig waren. Dabei ist noch zu berücksichtigen, dass von den vorhandenen Geldmitteln nicht unbeträchtliche Summen dem Verkehr entzogen waren. Denn in den meisten Staaten mit geregelter Verwaltung wird aus etwaigen Ueberschüssen der Einnahmen ein Staatsschatz gebildet worden sein, der um so mehr eine Nothwendigkeit war, je weniger Mittel es im Alterthume gab, bei augenblicklich eintretendem Bedürfniss für den Staat grössere Geldsummen in kurzer Zeit flüssig zu machen.[1] Genaueres wissen wir freilich nur von Athen, wo unter Perikles Staatsleitung der Staatsschatz bis auf die Höhe von 9700 Talenten gebracht wurde, aber Andeutungen von solchen Schätzen, die, wie es scheint, regelmässig in Tempeln niedergelegt und gewissermassen als der Gottheit geweiht angesehen wurden, finden sich auch bei anderen Staaten, selbst bei Sparta.[2] Auch in den den Heiligthümern eigenthümlich zugehörigen Schätzen mochten zeitweise nicht unbeträchtliche Geldsummen liegen und endlich müssen auch noch die Summen in Betracht gezogen werden, welche im Besitze von Privatleuten todt lagen, weil es an Lust oder sicherer Gelegenheit fehlte, dieselben nutzbar anzulegen.

----

1) Vgl. Böckh Staatsh. I S. 761 ff.

2) Thukyd. VI, 8 ἐψηφίσαντο πρέσβεις πέμψαι πρῶτον ἐς τὴν Ἔγεσταν περὶ τε τῶν χρημάτων σκεψομένους, εἰ ὑπάρχει ἐν τῷ κοινῷ καὶ ἐν τοῖς ἱεροῖς; vgl. Cap. 8, Derselbe VI, 20 χρήματά τ᾽ ἔχουσι τὰ μὲν ἴδια, τὰ δὲ καὶ ἐν τοῖς ἱεροῖς ἐστι Σελινουντίοις, wo die Scholien bemerken ἤγουν κοινά. Ἰθυς γὰρ τοῖς παλαιοῖς τὰ κοινὰ χρήματα ἐν τοῖς ἱεροῖς ταμιεύειν. Von Sparta Athen. VI S. 233′.

Dass die grössten Mengen Geldes an solchen Orten zusammenflossen, wo die Lebhaftigkeit des Verkehrs den schnellsten
Umlauf desselben bewirkte, ist wohl selbstverstäudlich. Wir werden daher den grössten Geldreichthum im Allgemeinen in den
Städten voraussetzen dürfen, in welchen Handel und Gewerbe
in hoher Blüthe standen. Beispiele im Einzelnen sind freilich
wohl nur von Athen zu finden. Im Nachlasse des Vaters des
Demosthenes fanden sich an baarem Gelde achtzig Minen vor,[1]
eine Summe, deren ansehnliche Höhe dadurch zu erklären ist,
dass jener Mann einen ziemlich bedeutenden Geschäftsbetrieb hatte,
wie dies auch bei dem Lysias der Fall war, in dessen Hause
die Häscher der dreissig Tyrannen an Geld drei Talente Silber,[2]
vierhundert Kyzikener und hundert Dareiken, also in Gold noch
etwa ein Talent und vierzig Minen in Beschlag nahmen. Ein
gewisser Diodotos, dessen in einer Rede des Lysias Erwähnung
geschieht, ein wohlhabender Mann, dessen Vermögen sich auf
vierzehn Talente berechnen lässt, liess, als er zum Heere abging,
seiner Frau zwanzig Minen und dreissig Kyzikener, die etwa
sechs Minen betragen, zu Hause zurück, und ein andrer wohlhabender Mann, von welchem derselbe Redner spricht, hatte
augenblicklich sieben Minen baares Geld im Hause.[3]

Eine ganz eigenthümliche Stellung zum Geldbesitze nahm
Sparta ein. Das Gesetz des Lykurgos hatte den Bürgern den
Besitz von Gold und Silber verboten und für den Verkehr eine
an sich werthlose eiserne Münze eingeführt, die natürlich nur
innerhalb des Landes Geltung haben konnte und durch ihre
Beschaffenheit die Möglichkeit ausschloss, grössere baare Kapitalien vorräthig zu halten. So lange jenes Gesetz galt, kann
demnach in Sparta von einem Geldbesitze eigentlich kaum die
Rede sein, aber es ist unzweifelhaft, dass man schon ziemlich
früh Mittel und Wege gefunden hat, dieses Gesetz zu umgehen,
namentlich dadurch, wie es scheint, dass man Gelder im Auslande, z. B. in Arkadien niederlegte.[4] Herodot erzählt von einem

---

1) Demosth. geg. Aphob. I, 10.
2) Lysias geg. Eratosth. 11.
3) Lysias geg. Diogeiton 6; für Aristoph. Verm. 22.
4) Athen. VI 8. 233'.

Spartaner Glaukos, dass er den Gedanken gehabt habe, das Geld,
welches ihm ein Milesier zur Aufbewahrung anvertraut hatte,
zu unterschlagen, und zeigt damit, dass schon um 500 v. Chr.
in Sparta die Möglichkeit vorhanden war, Geld zu besitzen und
zu benutzen.[1] Lysander, der selbst in Delphi eine bedeutende
Goldsumme niederlegte, soll durch das Gold, welches er aus dem
Auslande für den Staat mitbrachte, die Geldgier in Sparta so
angeregt haben, dass man, um die alte Mässigkeit aufrecht zu
erhalten, ein Gesetz erliess, welches den Besitz von Gold und
Silber den Privatleuten bei Todesstrafe verbot, ohne dennoch den
gewünschten Erfolg zu erreichen.[2] In einem platonischen Dia-
loge behauptet der Sophist Hippias, die Spartaner hätten Geld
genug, ja der Verfasser des angeblich platonischen Alkibiades
meint, in ganz Griechenland sei nicht so viel Gold und Silber
im Privatbesitz als in Sparta,[3] und wenn auch diese Angabe übertrieben sein mag, so giebt sie doch den Beweis, dass schon etwa
um 400 v. Chr. Geldbesitz vorhanden war, ja nicht einmal ver-
heimlicht wurde. Und wenn im Jahre 378 die Spartaner den
einen von den Befehlshabern, welche die Burg von Theben
geräumt hatten, mit einer hohen Geldstrafe belegten, so scheint
daraus hervorzugehen, dass der Geldbesitz sogar von Seiten des
Staates anerkannt wurde.[4] Den Königen muss der Besitz von
Gold schon früher gestattet gewesen sein, da selbst Pausanias,
der doch nur Vormund des minderjährigen Königs war, aus der
Beute, die man nach der Schlacht bei Plataeae gemacht hatte,
wie von allem andern zehn Stücke, so auch zehn Talente Geld
erhielt,[5] und da man im J. 418 v. Chr. den König Agis um
100000 Drachmen strafen wollte, so muss doch die Möglichkeit vorhanden gewesen sein, dass er im Besitze einer solchen
Summe war.[6]

---

1) Herodot VI, 86.
2) Anaxandridas bei Plutarch Lysand. 18; s. auch Cap. 17.
3) Platon Hipp. maior 8. 283ᵈ; Alkibiad. I 8. 122ᵉ.
4) Diodor XV, 27. Plutarch de genio Socr. 34 8. 598ᶠ.
5) Herod. IX, 81. Vgl. O. Müller Dorier II 8. 105 u. 209.
6) Thukyd. V, 63.

Von Geldsurrogaten ist im Alterthume sehr wenig Anwendung gemacht worden und in den einzelnen Fällen wo dergleichen erscheinen, sind sie nicht geschaffen worden, um den Verkehr zu erleichtern, sondern sie sind meist Produkte von Finanzspeculationen, durch welche Staaten und Fürsten in Zeiten der Noth Geldzeichen ohne Werth oder von geringerem als dem Nennwerthe herstellten. Da diese Geldzeichen nur durch Zwangscurs vorübergehend im Umlauf zu erhalten waren, so fallen dieselben nicht in den Bereich unserer Betrachtungen. Etwas anders verhält es sich mit dem Eisengeld der Klazomenier und der Byzantier. Die ersteren waren einst den Anführern ihrer Soldtruppen zwanzig Talente schuldig, die sie mit zwanzig vom Hundert verzinsen mussten. Um nun diese drückende Schuld zu tilgen, machten sie bei den reichsten Bürgern eine Anleihe, welche aus den Staatseinkünften verzinst und amortisiert wurde. Statt der Schuldscheine aber gaben sie Eisengeld zum Nennwerthe jener Schuld aus, welches im Lande Curs erhielt und so dieselbe Bedeutung hatte, wie ein zinstragendes Papiergeld der Neuzeit.[1] Das Eisengeld der Byzantier scheint nicht bloss vorübergehend, sondern längere Zeit im Gebrauch gewesen zu sein,[2] wahrscheinlich weil die vorhandenen Geldzeichen für den gesammten Verkehr nicht ausreichten und man, um für den Verkehr nach aussen die nothwendigen Geldmittel verfügbar zu haben, sich genöthigt sah, im eignen Lande sich willkürlich geschaffener Werthzeichen zu bedienen.

Es würde schliesslich von dem Preise der Edelmetalle zu handeln sein, dessen Bestimmung aus der Vergleichung der Preise der unumgänglich nothwendigen Lebensbedürfnisse, namentlich des Getreides gefunden werden muss, allein die vorhandenen Daten, auf welche sich eine solche Berechnung stützen müsste, sind gar zu unzureichend. Bei den Griechenland eigenthümlichen Verhältnissen hing, da die Getreideproduction des Landes im Ganzen den Bedarf bei weitem nicht deckte, die Höhe der

---

1) Aristot. Oekon. II S. 1348ᵇ, 28. Vgl. Böckh Staatsh. I S. 168.

2) Aristoph. Wolken 249; der Komiker Platon in den Scholien zu dieser Stelle: χαλκᾶς ἂν οἰήσαιμεν ἐν Βυζαντίοις, ὅπου σιδαρέοισι νομίσμασι χρῶνται. Pollux IX, 78.

Getreidepreise nicht allein von dem Ausfalle der Ernten, der in einer nicht allzulangen Reihe von Jahren den grösseren und geringeren Ertrag ausgleichen lässt, sondern auch von der grösseren und geringeren Leichtigkeit der Zufuhr ab, die bei den keineswegos geregelten Handelsverbindungen und den häufigen Störungen durch politische Einflüsse bedeutenden Schwankungen ausgesetzt sein musste. Zur Berechnung von Durchschnittspreisen, aus denen sich der Stand des Geldwerthes zu verschiedenen Zeiten mit einiger Sicherheit bestimmen liesse, würden daher viel zahlreichere Angaben von Einzelpreisen erforderlich sein, als uns zu Gebote stehen. Doch lässt sich ein allmähliches Sinken des Geldworthes wohl verfolgen, freilich ohne dass es möglich wäre, den Einfluss besonderer Vorgänge, z. B. der plötzlichen Vermehrung des umlaufenden Geldes nachzuweisen. Zu Solons Zeit soll der Medimnos, wahrscheinlich Gerste in Athen eine Drachme gekostet haben,[1] in der zweiten Hälfte des fünften Jahrh. v. Chr. zwei Drachmen,[2] ein Preis der noch in der zweiten Hälfte des vierten Jahrh. erwähnt wird,[3] obgleich in derselben Zeit auch ein Preis von sechs Drachmen vorkommt.[4] Der Weizen, dessen Preis zu dem der Gerste sich wahrscheinlich in Athen durchschnittlich wie 3 : 2 verhielt, galt um 400 v. Chr. etwa drei Drachmen,[5] gegen Ende des vierten Jahrh. fünf Drachmen.[6] Im Ganzen wird man hiernach annehmen dürfen, dass vom Jahre 600 bis 300 v. Chr. der Worth des Goldes bis auf ein Drittel herabgegangen ist. Einigermassen stimmt es auch

---

1) Plutarch Solon 23. Im Allgemeinen s. Böckh Staatsh. I S. 131 ff.
2) Stobaeos Floril. XCVI, 28. Plutarch v. d. Seelenruhe 10.
3) Diogen. Laert. VI, 35.
4) Demosth. geg. Phaenipp. 31 vgl. mit 20.
5) S. Böckh a. a. O.
6) Aristophan. Ekklos. 543. Demosth. geg. Phorm. 39. Ganz aussergewöhnliche Preise, wie die von sechs Drachmen für den Weizen in der Taxe von Opfergebühren einer Inschrift von etwa Ol. 100 (s. Böckh S. 132), sechzehn Drachmen für den Weizen und achtzehn für die Gerste in den angeführten Stellen des Demosthenes können hier nicht in Betracht gezogen werden. Ebenso wenig nützen uns andre Angaben, die man bei Böckh gesammelt findet, insofern dieselben theils Orte ausserhalb Griechenland, theils ungewöhnliche Verhältnisse betreffen.

damit überein, dass das Lösegeld für Kriegsgefangene, wie bereits früher ausgeführt worden ist, vom sechsten bis zum dritten Jahrh. von durchschnittlich zwei bis auf fünf Minen gestiegen ist.[1] Wichtig für unsern Zweck würde es noch sein, wenn wir im Stande wären, die Steigerung des Tagelohns, die mit der Entwerthung des Geldes gleichen Schritt gehalten haben muss, verfolgen zu können; allein leider ist, wie sich weiter unten zeigen wird, unsere Kenntniss von diesem Gegenstande durchaus unzureichend.

Die Bestimmung des Werthverhältnisses, in welchem Gold und Silber zu einander standen, bietet eine eigenthümliche Schwierigkeit, insofern sich der Curs der Goldmünzen mit anderweitigen Angaben über den Preis des Goldes nicht vollständig in Uebereinstimmung bringen lässt. An Goldmünzen sind in Griechenland in älteren Zeiten hauptsächlich solche persischen Gepräges, die sogenannten Dareiken, später namentlich makedonische Statere im Umlauf gewesen, während in Griechenland selbst Gold nur in geringer Menge ausgeprägt wurde. Da nun nach den in neuerer Zeit gemachten Analysen die Goldmünzen, ebenso auch die attischen Silbermünzen eine äusserst schwache Legirung zeigen, die nur dem mangelhaften Scheideverfahren, nicht der Absicht zuzuschreiben ist, so kann das Metall derselben als fein angesehen und das ganze Gewicht der Münzen der Berechnung zu Grunde gelegt werden.[2] Die vollwichtigen makedonischen Goldstatere haben ziemlich genau das halbe Gewicht der in Silber ausgeprägten attischen Vierdrachmenstücke, die persischen Dareiken ein etwas geringeres Gewicht.[3] Nach den durchgehenden Angaben der Grammatiker soll man im Verkehr die Goldmünzen zu einem Werthe von zwanzig Drachmen berech-

1) S. Anm. 4 zu S. 112.

2) Vgl. in der Kürze Hultsch Metrol. S. 169 ff; 182 f.; 279.

3) Die attischen Tetradrachmen wiegen im Mittel etwa 17,32 Gr., die makedonischen Goldstatere 8,55 bis 8,65 Gr., was in beiden Fällen für die Drachmen dem Normalgewicht von 4,32 Gr. ziemlich gleichkommt. Hultsch S 155 ff., 179 f. Das Durchschnittsgewicht der Dareiken beträgt nur 8,368 Gr. Hultsch S. 277.

not haben,[1] so dass der Preis des Goldes dem zehnfachen des Silbers gleich gewesen sein müsste, für welches Verhältniss auch seit der makedonischen Zeit sichere Beispiele vorhanden sind.[2] Dagegen setzt Herodot bei der Berechnung der im persischen Reiche eingehenden Tribute das Gold mit dem dreizehnfachen Werthe des Silbers an,[3] offenbar nach dem in Persien selbst geltenden Verhältniss; in einer Schrift aus dem platonischen Zeitalter wird das Verhältniss von 12 : 1 als das Üblicho angenommen,[4] aus einer Angabe bei dem Rodner Lysias lässt sich dasselbe ungefähr zu 11½ : 1 berechnen und ganz genau wird in einem inschriftlich erhaltenen officiellen Dokumente aus der Finanzverwaltung Lykurgs (338—326 v. Chr.) angegeben, dass für die athenische Staatskasse Gold, der Stater zum Preise von 22 Drachmen 5½ Obolen, also zum Curse von ungefähr 11½ angekauft werden sei.[5] Während nach diesen Daten ein allmähliches

1) Hesych. χρυσοῖς: Πολέμαρχός φησι δύνασθαι τὸν χρυσοῦν παρὰ τοῖς Ἀττικοῖς δραχμὰς δύο, τὴν δὲ τοῦ χρυσοῦ δραχμὴν νομίσματος ἀργυρίου δραχμὰς δέκα. Dem. unter δραχμή χρυσίον. Harpokrat. ἰσχνικός. Zonar. Annal. X 8. 640 παρὰ τοῖς Ἕλλησι εἴκοσι δραχμῶν ὁ Ἴων φησὶ τὸ χρυσίον ἀλλάττεσθαι νόμισμα.

2) Menander bei Pollux IX, 76 setzt ein Talent Gold gleich zehn Talenten Silber und in einem Vertrage der Römer mit den Aetolern vom J. 189 v. Chr. wird bestimmt, dass ein Drittel der festgesetzten Contribution in Gold zum Curse von 10 gezahlt werden könne. Wenn in Xenophons Anab. I, 7,18 8000 Dareiken gleich 10 Talenten gerechnet werden, so ist daraus nicht dasselbe Werthverhältniss von Gold und Silber zu berechnen, da hier der persische Münzfuss zu Grunde liegt, wie Queipo Essai sur les systèmes métriques et monétaires I S. 300 zuerst nachgewiesen hat. Vgl. J. Brandis das Münz-, Mass- und Gewichtsystem in Vorderasien S. 63.

3) Herodot III, 95. Vgl. Brandis a. a. O. S. 85.

4) Pseudoplaton. Hipparch 8. 231ᵈ. Lysias für Aristoph. Verm. 40 berechnet 6000 Stateren, ungefähr 10000 Drachmen und 20 Talente zusammen auf etwa 40 Talente. Nimmt man die runden Summen als genau angegeben, so sind 5000 Stateren = 110000 Drachmen, der Stater = 22 Drachmen, was unter der Annahme der Vollwichtigkeit des Goldes das Verhältniss von 11 : 1 ergeben würde, bei einem Durchschnittsgewicht des Dareikos von 8,35 Gr., wie es nach Brandis a. a. O. zu dieser Zeit anzunehmen ist, das Verhältniss von 11,55 : 1.

5) Ἐφημερίς Ἀρχαιολ. nr. 3462. — Wenn die Kyzikener nach

Sinken des Goldcurses von dreizehn bis auf zehn sich deutlich
zeigt, müsste nach den oben erwähnten Angaben der Grammatiker ein im gewöhnlichen Verkehr feststehendes Verhältniss
von 10 : 1 angenommen werden, und hierin liegt die oben angedeutete Schwierigkeit. Denn es scheint kaum möglich zu sein,
dass man im Verkehr den Goldstater der Bequemlichkeit wegen
zu zwanzig Drachmen gerechnet habe, während der genaue Han-
delscurs ein höherer war, da bei dem erheblichen Unterschiede
gewiss Speculanten die Goldmünzen, die sie zu höherem Curse
verwertben konnten, zu dem niedrigeren so lange aufgekauft
haben würden, bis sich nothwendig beide Curse ausgeglichen hätten. Man wird diese Schwierigkeit jedoch dadurch beseitigen
können, dass man jene Angaben der Grammatiker, die aus Un-
kenntniss eine allgemeine Geltung jenes Curses behaupten, auf
die Zeiten nach Alexander dem Grossen beschränkt.

Eine Darstellung der in Griechenland üblichen Münzsysteme
und der coursierenden Münzen kann als unserem Gegenstande
fern liegend, hier füglich unterlassen werden.

Hultsch Metrol. S. 268 das Gewicht von vier Drachmen hatten, aber stark
legiert waren, so lässt sich aus Demosth. geg. Phorm. 23, wonach damals
am Bosporos der Kyzikener 28 attische Drachmen galt, kein Schluss auf
den Goldpreis machen.

ZWEITES BUCH.
Erwerb.

Erstes Kapitel.

Diejenigen Thätigkeiten, durch welche sich der Mensch die zu seinem Bestehen erforderlichen äusseren Mittel beschafft, mögen sie nun darauf gerichtet sein, dauernden Besitz oder zum Verbrauch bestimmte Gegenstände zu erlangen, bezeichnen wir mit einem Gesammtnamen als Erwerb. Bei der hohen Wichtigkeit, welche der Erwerb überhaupt und insbesondere die Arten desselben in ihrer Verschiedenheit für den ganzen Staat nicht weniger als für den einzelnen Bürger haben, konnte es nicht fehlen, dass Theoretiker auf dem Gebiete der Staatswissenschaft und praktische Staatsmänner diesem Gegenstande ihre Aufmerksamkeit zuwendeten und für denselben bestimmte Grundsätze und Regeln aufzustellen suchten. Wie verschieden dieselben auch immerhin ausfallen mochten, so haben sie doch durchgehends zur nothwendigen Grundlage die festbegründeten Zustände ihrer Zeit und deren Anschauungen, über die sie nicht hinausgehen konnten.

Bei der Betrachtung der Theorien gehen wir zunächst von Platon aus. Die gesammte menschliche Thätigkeit, sagt derselbe, theilt sich in drei Richtungen, indem sie theils die Seele, theils den Körper, theils die äusseren Dinge zum Gegenstande nimmt; die letzte Art, die auch dem Range nach die unterste Stufe einnimmt, ist die Erwerbsthätigkeit.[1] Dieselbe wird nun

---

1) Platon Gesetze V S. 743ᵃ τελευταῖον καὶ τρίτον ἐστὶν ἡ τῶν χρημάτων ὀρθῶς σπουδαζομένη σπουδή. Erwerbsthätigkeit ist daher χρηματισμός; s. Ges. XII S. 949ᵃ.

näher als diejenige Thätigkeit charakterisiert, welche den Reichthum verschafft und die Armuth beseitigt.[1] Von einer Eintheilung der Erwerbsthätigkeit, je nachdem sie noch nicht vorhandenes hervorbringt oder bereits vorhandenes beschafft, welche
Platon an einer anderen Stelle bei Gelegenheit der Begriffsent-
wicklung einer ganz bestimmten einzelnen Thätigkeit macht,[2] sehen
wir ab, weil diese Eintheilung nicht vollständig entwickelt ist,
und wenden uns ausschliesslich dem System zu, welches er in
seinem Buche vom Staate aufstellt. Wir finden dort die sämmtlichen für die menschlichen Bedürfnisse schaffenden Thätigkeiten
auf Grund des Principes von der Theilung der Arbeit dargelegt.
Es findet aber dieses Princip seine Begründung in dem öfter
wiederholten Satze, dass jeder Mensch, um etwas tüchtiges zu
leisten, nur eine besondere Thätigkeit ausüben dürfe, da er so
nicht allein derjenigen Beschäftigung, für die er von Natur am
geeignetsten ist, seine ganze Kraft zuwenden, sondern auch
die äusseren Verhältnisse und Gelegenheiten für diese eine Thätigkeit am besten berücksichtigen kann.[3] So entsteht ein System
verschiedener auf verschiedene Personen vertheilter Thätigkeiten,
die sich gegenseitig ergänzen und für einander wirken.[4]

Zunächst bedarf der Mensch für sein Leben der Nahrung,
Wohnung und Kleidung; für die unmittelbare Beschaffung dieser Bedürfnisse ergeben sich die Thätigkeiten des Landmannes,
des Hirten, des Handwerkers. Da es aber fast unmöglich ist,
dass das Gebiet eines Staates das Material für alle diese Bedürfnisse liefere, so ist Einfuhr von ausserhalb und zum Austausch
gegen die eingeführten Gegenstände Ausfuhr nothwendig; es tritt
so die Thätigkeit des Kaufmannes und in Ländern, wo zur Vermittlung des Umtausches das Meer zu benutzen ist, die der Seeleute ein. Allein auch innerhalb des Landes müssen die ein-

---

1) Gorgias S. 452ᶜ ἢ σὺ τούτου (näml. τοῦ πλούτου) δημιουργός;
φαίη ἄν. τίς ὥν; χρηματιστής. S. 447ᵃ τίς οὖν τέχνη πενίας ἀπαλλάτ-
τει; οὐ χρηματιστική;

2) Sophist. S. 219ᶜ ποιητική und κτητική.

3) S. namentlich Republ. II S. 369ᵉ. Gess. VIII S. 846ᵈ.

4) Republ. II S. 369 — 371.

zelnen Personen den Ueberfluss ihrer Produkte gegen das, was ihnen mangelt, umtauschen, und da es für den Producenten, um die Zeit für seine Arbeit zu behalten, vortheilhaft ist, diesen Umtausch Leuten zu überlassen, die körperlich zu keiner Arbeit geeignet sind; so bildet sich die Thätigkeit der Krämer. Endlich giebt es Leute, denen es an geistigen Fähigkeiten gebricht, die aber Körperkraft besitzen und deshalb dieselbe anderen zur Benutzung verkaufen, dies sind die Lohnarbeiter.[1] Nimmt man nun noch diejenigen hinzu, welche den Staat regieren und diejenigen, welche den Besitz vertheidigen, so hat man die drei Klassen, aus welchen Platon seinen Staat bildet: die Regierenden, die Hüter, die Arbeiter, von welchen der letzten Klasse die gesammte Erwerbsthätigkeit zufällt.[2] Eine genauere Berücksichtigung hat bei der Betrachtung des besten Staates diese Klasse nicht gefunden.

In seinen Gesetzesentwürfen hat Platon die wirkliche Durchführung dieser Klasseneintheilung aufgegeben. Die Bürger sind sämmtlich die Besitzer des Landes, das sie jedoch nicht selbst bebauen, sondern von ihren Sklaven bestellen lassen, da ihr eigentlicher Zweck die Thätigkeit für den Staat ist[3]. Aus demselben Grunde dürfen auch die Bürger weder Gewerbe noch Handel treiben, ja da jeder nur eine ihm eigenthümliche Thätigkeit üben soll, auch nicht von ihren Sklaven betreiben lassen.[4] Hierzu kommt nun noch, dass ein jedes Streben nach Reichthum, der dem Staate schädlich ist, also jeder Erwerb um des Erwerbes willen ausgeschlossen bleibt,[5] und dass eben deswegen Platon es für das beste für den Staat hält, wenn in demselben so wenig als möglich Erwerbsthätigkeit in Handel, Wucher und

---

1) Republ. II S. 371ᵃ οἳ δὴ πωλοῦντες τὴν τῆς ἰσχύος χρείαν εἰκληνται μισθωτοί. Vgl. Sophist. S. 219ᵈ, wo die μισθωσις allgemein unter die μεταβλητική gerechnet wird.

2) Man vergleiche hiermit die Eintheilung des Pythagoreers Hippodamos bei Stob. Floril. XLIII, 92 in βουλευτικόν, ἐπίκουρον, βάναυσον πλῆθος.

3) Platon Ges. VII S. 806ᵈ.

4) Ebend. VIII S. 846ᵈ; XI S. 919ᵈ.

5) Ebend. VIII S. 831ᵃ.

sonstigem verächtlichen Erwerb zu finden ist.[1] So weit diese
Thätigkeiten überhaupt nothwendig und zulässig sind, denn
manche, wie z. B. Ausleihen von Geld auf Zinsen, sind gänzlich verboten, bleiben sie den Fremden überlassen,[2] jedoch auch
nur so, dass keiner von ihnen mehr als ein Gewerbe zu gleicher
Zeit betreiben darf.[3] Von diesen Fremden tauschen die Bürger
deren Erzeugnisse, welche sie für ihren Haushalt bedürfen, gegen
die Landesprodukte ein und zwar in einer gesetzlich fest bestimmten Weise. Von allen Feld- und Gartenfrüchten und den Produkten der Viehzucht behält jeder Bürger zwei Drittel für sich
und seine Sklaven, ein Drittel wird in monatlichen Raten an
bestimmten Tagen zum Umtausch auf den Markt gebracht.[4] Ein
weiterer Handelsverkehr ist den Bürgern und deren Angehörigen nicht gestattet; für den Handel der Fremden unter einander ist ein besonderer Markt eingerichtet.[5] Auch dieser Handel soll zum Zweck die Befriedigung der Bedürfnisse nicht den
Gewinn haben[6] und es ist deshalb von den dazu bestimmten
Behörden darauf zu sehen, dass der Vortheil, welchen der Kaufmann nimmt, ein mässiger sei,[7] damit auch diese Leute den
Grundsatz, dass Reichthum und Armuth gleichmässig ferngehal-
ten werden müsse, zu bethätigen suchen.[8]

Ausführlicher hat Aristoteles die Theorie des Erwerbes
behandelt. Die Oekonomik oder Wirthschaftskunst, welche unter
die Politik fällt,[9] besteht in der Wissenschaft, das Hauswesen
oder die Familie zu erhalten. Als Bestandtheile des Hauses
sind zu unterscheiden die Menschen, welche dann zu einander
in verschiedenen Beziehungen als Herr und Sklave, Gatte und

---

1) Platon Ges. V S. 743ᵈ; VIII S. 842ᵈ.
2) Ebend. V S. 742ᵉ; vgl. XI S. 931ᵉ.
3) Ebend. VIII S. 846ᵉ.
4) Ebend. VIII S. 848ᶠ.
5) Ebend. VIII S. 849ᵉ.
6) Ebend. VIII S. 847ᵈ.
7) Ebend. XI S. 920ᵉ.
8) Ebend. XI S. 919ᵇ.
9) Aristot. Nikom. Ethik I, 1 S. 1094ᵇ, 3 ὑφάμεν δὲ καὶ τὰς ἐντι-
μοτάτας τῶν δυνάμεων ἐπὸ ταύτην (τὴν πολιτικήν) οὔσας, οἷον στρα-
τηγικήν, οἰκονομικήν, ῥητορικήν.

Gattin, Vater und Kinder stehen, und der Besitz, zu dem allerdings, wie oben erörtert worden ist, auch Menschen, nämlich die Sklaven, gehören.[1] Der Besitz ist ein Theil, d. h. ein integrierender Bestandtheil des Hauswesens, denn ohne die nothwendigen äusseren Mittel ist es unmöglich zu leben und gut leben; daher ist die Ktetik, die Besitzkunst, ein Theil der Haushaltungskunst.[2] Die Ktetik hat die Aufgabe, den Besitz zu beschaffen, die Oekonomik im engeren Sinne die ihn zu gebrauchen.[3]

Der Besitz ist die Gesammtmenge von Werkzeugen, denn das einzelne Besitzstück ist ein Werkzeug zum Leben.[4] Unter diesen Werkzeugen ist aber die Nahrung das nächste, und daher die Sorge für die Nahrung die erste Aufgabe der Erwerbskunde. Da die zur Erhaltung des Lebens nothwendigen Dinge aber die Natur selbst unmittelbar liefert, so bilden diese Dinge den eigentlichen natürlichen Reichthum, dessen Grenzen bestimmt durch den Gebrauch vorgezeichnet sind. Die Erwerbsweisen, welche diese Dinge beschaffen, sind, weil sie in einer der Natur entsprechenden Weise sich äussern, die natürliche Art der Ktetik

---

1) Aristot. Polit. I, 2 S. 5 u. 6 Göttl. Vgl. Oekon. I, 2 Ἀλλ᾽ ἐπὶ οἰκίας ἄνθρωπός τι καὶ κτῆσίς ἐστι mit Polit. I, 2 S. 6 ἐπεὶ οὖν ἡ κτῆσις μέρος τῆς οἰκίας ἐστί.

2) Polit. I, 2 S. 6 ἡ κτητικὴ μέρος τῆς οἰκονομίας· ἄνευ γὰρ τῶν ἀναγκαίων ἀδύνατον καὶ ζῆν καὶ εὖ ζῆν.

3) Polit. I, 3 S. 12 ὅτι μὲν οὖν οὐχ ἡ αὐτὴ οἰκονομικὴ τῇ χρηματιστικῇ, δῆλον· τῆς μὲν γὰρ τὸ πορίσασθαι, τῆς δὲ τὸ χρήσασθαι. Es ist an dieser Stelle allerdings χρηματιστικὴ nicht κτητικὴ gesetzt, doch erhellt aus underen Stellen deutlich, dass Aristoteles den Unterschied, den einige machen und nach seiner Ansicht mit Recht machen (S. 16, 9), wonach nämlich die Chrematistik diejenige Art der Ktetik ist, welche die Dinge nicht zu dem ihnen von der Natur bestimmten Gebrauch verwendet, nicht eingehalten hat. Vgl. I, 3 S. 19 διὸ κατὰ φύσιν ἐστὶν ἡ χρηματιστικὴ πᾶσι ἀπὸ τῶν καρπῶν καὶ τῶν ζώων und I, 4 S. 20 τῆς μὲν οὖν οἰκειοτάτης χρηματιστικῆς im Gegensatz zu τῆς μεταβλητικῆς. Der Unterschied, welchen man wohl gemacht hat, dass χρηματιστικὴ Erwerbskunde überhaupt, κτητικὴ die Kunst sei, welche sich allein auf den Erwerb des natürlichen in den Erzeugnissen der Natur bestehenden Besitzes bezieht, ist nicht haltbar. Vgl. Susemihl im Rhein. Mus. XX S. 504 ff. und Jahrbb. f. class. Philol. 1867 S. 477 ff.

4) Polit. I, 2 S. 6 τὸ κτῆμα ὄργανον πρὸς ζωήν ἐστι, καὶ ἡ κτῆσις πλῆθος ὀργάνων ἐστί.

und weil die zum Leben erforderlichen Dinge ihr Object bilden, ein Theil der Oekonomik.[1] Unter diese Ktetik fallen Ackerbau, Viehzucht und Jagd, zu welcher letzten Räuberei, Fisch- und Vogelfang gehören. Eine zweite Art der Ktetik, welche man gemeiniglich und zwar mit Recht Chrematistik nennt,[2] hat ihr Wesen darin, dass sie die Dinge nicht zu dem ihnen von Natur bestimmten Gebrauche, sondern zum Umtausche gegen andere Dinge verwendet, so dass sie deshalb auch Metabletik, Umtauschskunst genannt wird und im Gegensatze zu jener ersten natürlichen Art als eine künstliche Ktetik bezeichnet werden kann. Die Nothwendigkeit derselben tritt erst ein, wenn sich die weitere Gemeinschaft, der Staat bildet, denn innerhalb der Familie haben alle an allem Besitz gemeinsam Theil, so dass keiner etwas anderes besitzt als der andere; im Staate dagegen besitzt der eine dies, der andere jenes, so dass nothwendiger Weise nach Bedürfniss ein gegenseitiges Mittheilen stattfindet. So lange sich dieser Austausch auf die zum Leben nothwendigen Bedürfnisse beschränkt und nur die Erlangung derselben zum Zweck hat, so lange ist die Metabletik nicht wider die Natur und überhaupt noch keine Art der Chrematistik. Diese letztere geht jedoch aus derselben hervor, indem wegen der Umständlichkeit der Ausfuhr des Ueberflüssigen und der Einfuhr des Mangelnden ein Zwischenglied des Umtausches in dem Gelde eingeführt wird, einem Gegenstande, der wegen seiner allgemeinen Gebrauchsfähigkeit überall gegen andere Bedürfnisse umgetauscht werden kann. So lange aber der Umtausch lediglich die Beschaffung der zum Leben und zum guten Leben nothwendigen Dinge bezweckt, ist die Chrematistik und überhaupt die Metabletik nothwendig und steht mit der Oekonomik in Verbindung, indem sie zwar kein Theil derselben, aber doch eine derselben dienende Kunst ist;[3] sie ist begränzt, insofern der Reichthum, den sie

---

1) Polit. I, 3 §. 13 ff.

2) Die Bezeichnung χρηματιστική ist gewählt, insofern sie ihr Object mit Rücksicht auf den durch den Geldpreis gemessenen Tauschwerth behandelt, denn χρήματα λέγομεν πάντα ὅσων ἡ ἀξία νομίσματι μετρεῖται, sagt Arist. Nikom. Ethik IV, 1 §. 1119ᵇ, 26.

3) Polit. I, 3 §. 17 ἔστι γὰρ ἑτέρα ἡ χρηματιστικὴ καὶ ὁ πλοῦ-

beschafft, ein begränzter ist. Dagegen gehört überhaupt nicht
zur Oekonomik die zweite nicht nothwendige Art der Chrematistik, die Kapelik oder Krämerkunst, welche Dinge gegen Geld
vertauscht, nicht um für dasselbe andere Dinge zum eignen
Gebrauch zu beschaffen, sondern um Geld zu erwerben. Diese
Chrematistik ist nicht naturgemäss, da der erstrebte Reichthum
nicht in den zum Leben nothwendigen Dingen, sondern in Geld
besteht und sie ist ohne Grenzen wie dieser Reichthum. Noch
weiter von der Natur entfernt sich das eigentliche Geldgeschäft,
welches das Geld nicht bloss zum Zweck, sondern auch zum Mittel des Erwerbes macht, das Geld also zu einem anderen als
seinem natürlichen Zwecke benutzt.

Diese beiden Arten der Erwerbskunst, die natürliche und
die nicht natürliche, gliedern sich nun in der Anwendung mehrfach.[1] In die erste Art gehören die Erfahrungen und Kenntnisse von den Besitzgegenständen, welche Arten derselben am
zweckdienlichsten, wo und wie sie es sind; hierher sind also
hauptsächlich Ackerbau und Viehzucht zu rechnen. Die Theile
der zweiten Art sind der Handel, Geldgeschäfte und Lohndienst,
welcher letzte die Thätigkeit der Handwerker und der Arbeitsleute umfasst. Zu diesen beiden Arten der Erwerbskunst kommt
noch eine dritte, die zwischen beiden steht und an beiden Theil
hat, indem ihre Thätigkeit zwar die Beschaffung von Naturprodukten betrifft, aber von solchen, die wenn auch brauchbar, doch
nach dem Ausdrucke des Aristoteles nicht Frucht sind, d. h.
nicht unmittelbar zur Erhaltung des Lebens dienen, z. B. das
Holzfällen und der Bergbau in seinem ganzen Umfange.[2]

Die Consequenzen dieses Systems für den Staat ergeben
sich leicht. Nehmen wir zunächst den idealen besten Staat des
Aristoteles, dessen Bestehen auf der Uebung der Tugend beruht,

τος ὁ κατὰ φύσιν· καὶ αὕτη μὲν οἰκονομική und 8. 18 καὶ περὶ τῆς
ἀναγκαίας (näml. χρηματιστικῆς εἴρηται) ὅτι ἑτέρα μὲν αὐτῆς, οἰκονομικὴ δὲ κατὰ φύσιν, ἡ περὶ τὴν τροφήν.

1) Polit. I, 4 S. 10.

2) Ebend. ἔχει γὰρ καὶ τῆς κατὰ φύσιν τι μέρος καὶ τῆς μεταβλητικῆς, ὅσα ἀπὸ γῆς καὶ τῶν ἀπὸ γῆς γινομένων ἀκάρπων μὲν
χρησίμων δέ.

so versteht es sich von selbst, dass die ganze Erwerbsthätigkeit
mit diesem letzten Ziele des Staates nichts zu thun hat. Der
Staat bedarf zu seiner Existenz allerdings einer Reihe von Hülfsmitteln: Nahrung, gewerbliche Erzeugnisse, Waffen, Geld,[1] aber
die Menschen, welche sich mit Beschaffung dieser Hülfsmittel
beschäftigen, können nicht als nothwendige Theile des Staates
angesehen werden, sondern sie sind nur Werkzeuge desselben.[2]
Die Bürger des besten Staates dürfen demnach weder Handwerker noch Kaufleute sein, denn ein solches Leben ist unedel
und der Tugend widerstrebend, noch Ackerbauer, denn es fehlt
diesen die Musse zur Ausbildung der Tugend.[3] In den wirklich
vorhandenen Staaten, in welchen auf die bestehenden Verhältnisse Rücksicht genommen werden muss, stellt sich die Sache
etwas anders. Von den Demokratien ist diejenige als die beste
anzusehen, welche aus Ackerbauern besteht, denn da diese kein
grosses Vermögen besitzen, so haben sie mit ihrer Arbeit zu thun
und denken weniger an andre Dinge, denn die meisten geben
mehr auf Erwerb als auf Ehre. Ausserdem kommen sie, da sie im
Lande zerstreut sind, nur selten zu Volksversammlungen zusammen. Die nächst beste Demokratie besteht aus Hirten, welche in
vielen Punkten mit den Ackerbauern übereinstimmen und körperlich kräftig am meisten für den Krieg geeignet sind. Die übrigen
Beschäftigungen, die der Handwerker, Kaufleute und Lohnarbeiter
sind viel geringer, denn keine dieser Thätigkeiten steht in Beziehung
zur Tugend, auch sind solche Leute wegen ihres beständigen Auf-
enthaltes in der Stadt viel leichter zu Volksversammlungen bereit.[4]
Für die übrigen Verfassungsformen hat Aristoteles die Betrachtung
nicht in gleicher Weise angestellt, aber es ergiebt sich leicht, dass
für diese die Erwerbsthätigkeiten noch weniger in Betracht kommen.

Von anderen Theorien ist uns nichts bekannt, mit Ausnahme der Andeutungen des Pythagoreers Hippodamos.[5] Dieser theilte die gesammte Bürgerschaft in drei Klassen, die bera-

1) Polit. VII, 7 S. 231.
2) Ebend. VII, 8 S. 234, vgl. 8. 231.
3) Ebend. 8. 233.
4) Ebend. VI, 2.
5) Stobaeos Floril. XLIII, 92 u. 93.

theude, die bewaffnete und die arbeitende, von denen die letzte, die er als die beherrschte bezeichnete, sich in Landleute, Handwerker und Kaufleute gliederte. Die beiden letzten Erwerbsthätigkeiten scheint er ebenfalls für die Bürger unangemessen erachtet zu haben, denn unter die Mittel, die Eintracht im Staate zu erhalten rechnet er es, dass die Bürger bei mässigem Besitz ihren Unterhalt aus dem Ackerbau ziehen, wobei freilich nicht angegeben ist, ob sie dieser Beschäftigung selbst obliegen oder dieselbe Sklaven überlassen sollen. Jedenfalls ist auch der Landbau unter die Thätigkeit der Banausen gerechnet. Der Handel scheint nach der Ansicht des Hippodamos hauptsächlich Fremden zuzufallen, wenigstens wird es als Grund zur Verschlechterung der Verfassung angesehen, wenn im Lande sich eine aus Fremden bestehende Menge findet, die ihr Trachten auf Wohlstand richtet, wie ihn der Handel gewährt. [1]

Wenn diese Theorien im Allgemeinen von dem Grundgedanken ausgehen, dass die Thätigkeit des Bürgers dem Staate angehöre und, wie dies schon früher erörtert ist, auf der Voraussetzung beruhen, dass jeder einzelne Bürger einen Besitz haben müsse, der ihm ohne eigentliche Erwerbsthätigkeit die Mittel zu seinem körperlichen Bestehen liefert, so stimmen dieselben im Ganzen mit den Ansichten überein, welche in den Zeiten, wo diese Theorien entstanden, die allgemein gültigen waren, aber doch hat es bei den Griechen einer langen Zeit bedurft, bis sich Verhältnisse entwickelt hatten, welche den Boden für solche Theorien in der Wirklichkeit boten und wenigstens bis zu einem gewissen Grade die Möglichkeit für deren praktische Durchführung gewähren konnten. Das goldene Zeitalter, in welchem die Menschen auf die Götter vertrauend ohne eigne Thätigkeit die Befriedigung ihrer Bedürfnisse von der Fruchtbarkeit der Erde erwarten durften, lebte nur noch in der Erinnerung der Sage, die Wirklichkeit war schon in den home-

---

1) Stobaeos Floril. XLIII. 93 αἶτα περὶ τὰς οὐσίας μέτρια καὶ ἀπὸ γεωπονίας ἔχοντι τὰν πρόσοδον. Vgl. 94 Θηλύτεραι γίγονται ταῖς ψυχαῖς — αἶτα ξενικὸς ἐπίδαμος ὄχλος γίνηται εὐαμερίαις εὐκοσμίαις χαίρων.

rischen Zeiten längst ein Leben voll Mühe und Arbeit.[1] Die
homerischen Gedichte zeigen ein Menschengeschlecht, das seine
Tage nicht weniger in der Sorge um den Erwerb als in Kampf
und Heldenthaten hinbringt. Bei den einfachen patriarchalischen
Verhältnissen, die selbst eine strenge Sonderung der Stände nicht
allseitig herausbilden konnten und nur über einen mässigen Vorrath von äusseren Hülfsmitteln gebieten liessen, war Scheu vor
der Thätigkeit, welcher Art sie auch sein mochte, nicht möglich,
und in der That finden wir bei Homer nirgend Verachtung gegen
irgend welche nützliche Thätigkeit ausgesprochen, ja noch Hesiod konnte behaupten, Arbeit sei keine Schande, aber Müssiggang sei eine Schande, ohne mit diesem Worte in Widerspruch
mit der allgemeinen Ansicht seiner Zeitgenossen zu gerathen.[2]
    Mit der strengeren Sonderung der Stände und den neuen
Grundsätzen der Staatenbildung, wie sie sich seit den grossen
Wanderungen in Griechenland feststellten, trat ein bedeutender
Umschwung auch in den Erwerbsverhältnissen ein. Die herrschende Klasse im Besitze des grossen Grundeigenthums und über
die Arbeitskraft der unterworfenen oder wenigstens beherrschten
Bevölkerung und der Kaufsklaven, die man in grösserer Anzahl
zu halten anfing, verfügend, zog sich von jeder Thätigkeit zurück,
welche den gewöhnlichen Lebensbedürfnissen galt, und drückte
dadurch, dass sie die Arbeit um den Erwerb den beherrschten
Klassen allein aufbürdete, derselben den Stempel des niedrigen,
eines freien Mannes unwürdigen auf. Daher finden wir in Staaten, welche die damals gebildete Verfassung einigermassen zu
bewahren vermochten, auch noch in der späteren Zeit für die
eigentlichen, vollberechtigten Bürger jede Erwerbsthätigkeit ver-
pönt. Die Spartiaten durften weder Ackerbau noch Gewerbe
betreiben,[3] in Thespiae galt es für schimpflich, sich mit Landwirthschaft oder Handwerk zu beschäftigen.[4]

1) Hesiod. Werke u. Tage 117 ff. Vgl. das Leben der Kyklopen
bei Homer Odyss. *, 107 ff.
    2) Werke u. Tage 311 ff.
    3) Plutarch Lykurg 4 u. 24 Apophth. Lakon. 8. 207. Xenophon
r. Staat d. Laked. 7. 2. Dionys. Halik. Röm. Alterth. II, 28. Vgl. Müller
Dorier II S. 397.
    4) Heraklid. Pont. Polit. 43. Vgl. im Allgemeinen noch Menander

Je mehr die Aristokratie der Demokratie Platz machen
musste, um so mehr gingen die Ansprüche, welche die Aristokraten für sich gemacht hatten, auf die Menge, welche gleichsam
das Erbe der Aristokraten antrat, über, so dass jeder Bürger
berechtigt zu sein meinte, ohne Erwerbsthätigkeit nur als Bürger, d. h. für den Staat zu leben. Das dem Sokrates zugeschriebene Wort: die Unthätigkeit sei die Schwester der Freiheit, giebt in der schroffsten Weise dieser Ansicht einen bezeich-
nenden Ausdruck. [1] Freilich reichten die vorhandenen Mittel
nicht durchweg aus, um diesen Ansprüchen in ihrem vollen Umfange Geltung zu verschaffen, namentlich bei den mit der Zeit
sich steigernden Bedürfnissen der Staaten und der einzelnen
Personen, aber so wie die Philosophen sich bemühten diese
Ansprüche zu begründen, so suchte auch im Leben jeder einzelne
nach Möglichkeit dieses einen freien Mannes einzig würdige Ziel
zu erreichen. Daher suchten denn auch die Tyrannen der älteren Zeit mit dem Freiheitssinn zugleich diese Abneigung gegen
werkschaffende Thätigkeit zu beseitigen. Denn nicht allein,
weil die Unthätigkeit Musse gewährt, auf Empörungen zu sinnen, sondern auch weil sie in jedem Bürger das Gefühl weckte
und nährte, er sei zur Unabhängigkeit und mehr zum Herrschen,
als zum Dienen bestimmt, war sie jenen Tyrannen zuwider. [2] Vom
Gelon, Periandrus, Peisistratus, den Tyrannen in Sikyon hören

in Stob. Floril. LVII, 3 *Ἐν τοῖς πολεμίοις ὑπάρχειν τὴν ἀρχὴν δεῖ·
τὸ γὰρ γεωργεῖν ἔργον ἐστὶν οἰκέτου.*

1) Aelian. Geboh. X, 14 Σωκράτης ἔλεγε, ὅτι ἡ ἀργία
ἀδελφὴ τῆς ἐλευθερίας ἐστί. Diogen. Laert. V, 2 § 31 καὶ ἐπῄρει
(Σωκράτης) σχολὴν ὡς κάλλιστον κτημάτων, καθά καὶ Ξενοφῶν ἐν
Συμποσίῳ φησίν, womit wohl auf das Wort des Antisthenes in Xenophons Gastm. 4, 44 καὶ μὴν ἐπὶ τὸ ἁβρότατόν γε κτῆμα τὴν σχολὴν
ἀεὶ ὁρᾶτέ μοι παροῦσαν hingedeutet ist. Vgl. auch Xenoph. Oekon. 2, 7
πρὸς δὲ τούτοις ὁρῶ σε οἰόμενον πλουτεῖν, καὶ ἀμελῶς μὲν ἔχοντα
πρὸς τὸ μηχανᾶσθαι χρήματα, παιδικοῖς δὲ πράγμασι προσέχοντα
τὸν νοῦν, ὥσπερ ἐξὸν σοι. Heraklid. Pont. bei Athen. XII, 8. 512ᵇ:
ἔστι γὰρ τὸ μὲν ἥδεσθαι καὶ τὸ τρυφᾶν ἐλευθέρων. ἀνίησι γὰρ τὰς
ψυχὰς καὶ αὔξει· τὸ δὲ πονεῖν δούλων καὶ ταπεινῶν· διὸ καὶ συστέλ-
λονται οὗτοι τὰς φύσεις.

2) Aelian. Verm. Gesch. IX, 25 vom Peisistratos: δεδιὼς μὴ ἡ
σχολὴ τούτων ἐπιβουλὴν τέκῃ u. s. w.

wir, dass sie die Bürger zwangen, das Land zu bauen und die
Frucht des Landmanns anzulegen,[1] und durch Gesetze dem
Müssiggange und der Verschwendung zu steuern suchten.[2] Aehnliches finden wir auch sonst in der älteren Zeit in Gesetzgebungen, welche auf aristokratischer oder timokratischer Grundlage
ruhten. Die Gesetzgebung des Drakon in Athen bestrafte den
Müssiggang mit Ehrlosigkeit, also dem Verluste der bürgerlichen
Ehrenrechte;[3] Solon setzte dieselbe Strafe für den fest, der zum
dritten Male des Müssigganges überführt war, worüber selbst
noch in späterer Zeit der Areopag zu erkennen hatte, wahrscheinlich in der Weise, dass der Nachweis eines genügenden
auf ehrlichem Wege erworbenen Einkommens geführt werden
musste, eine Anordnung, die in einem ähnlichen in Korinth
bestehenden Gesetze, wie uns ausdrücklich überliefert wird, enthalten war.[4] Damit stimmt es auch überein, wenn in der angeblichen Einleitung zu den Gesetzen des Katanäers Charondas verlangt wird, dass die Bürger dem helfen sollen, der durch Unglück,
nicht aber dem, der durch Trägheit und Verschwendung in Armuth gerathen ist.[5]

Die ausgebildete Demokratie nahm nicht allein die Theilnahme der Bürger für den Staat in erhöhtem Masse in Anspruch,

1) Pollux VII, 68. Plutarch Apophth. d. Könige S. 115ᵃ. Vom
Periandros Nikolaos Damask. Excerpts ed. Valen. S. 456 und bei Suidas
Ἡρώδης; vom Peisistratos vgl. noch Aristoph. Lysistr. 1160 ff. Darauf bezieht sich auch Dio Chrysost. VII, 107 εἴστε ἴσως ἐπιχειρήσεαι-
μεθα ἐμβαλεῖν ἐς τὸν πόλεμον τῷ λόγῳ τοὺς κομψοὺς πένητας. ἔτι
παρέχωμεν τῷ ὅτι καὶ Ὅμηρος τὰς πόλεις τὸ παιτενώσας, ὑπὸ μό-
των τῶν μακαρίων οἰκουμένας, ἐντὸς δὲ τείχους οὐδένα ἑάσωμεν, ὡς
ἔοικεν, ἐλεύθερον ἐργάτην· ἀλλὰ τοῖς τοιούτους ἅπαντας εἰ θεάσωμεν;
ἢ διασπείραντες ἐν τῇ χώρᾳ κατοικισοῦμεν· καθάπερ Ἀθηναίους φασὶ
νέμεσθαι καθ' ὅλην τὴν Ἀττικὴν τὸ παλαιὸν, καὶ πάλιν ἕστερον συναγ-
γείραντος Πεισιστράτου;

2) Heraklid. Pont. Polit. 5.
3) Pollux VIII, 42. Athen. IV S. 168ᵃ. Bekker Anecdd. Gr. S. 309.
Diogen. Laert. II, 13; VII, 168 f. Valerius Max. II, 61.
4) Diphilos bei Athen. VI S. 227ᶜ. Vgl. Plutarch Solon 22.
5) Stobäos Floril. XLIV, 40 ἀναμείνωσιν δὲ τοῖς διὰ τύχην
ἀπορομένοις, καὶ μὴ διὰ βίον ἀργὸν καὶ ἀσωτῇ· ἡ μὲν γὰρ τύχη πᾶσι
κοινόν, ὁ δὲ ἀργὸς καὶ ἀσωτῇ· βίος κακοῖς ἀνθρώποισιν ἴδιος.

sondern auch seine persönliche Thätigkeit, indem der ganze
Regierungsapparat, die Volksversammlungen, die Gerichte, der
Dienst in Heer und Flotte fast beständig eine nicht unbeträchtliche Anzahl von Bürgern beschäftigte. Dadurch wurde nun die
Möglichkeit einer regelmässigen Erwerbsthätigkeit für denjenigen,
welcher seinen Bürgerpflichten genügen wollte, ausserordentlich
erschwert, andrerseits aber wurde dadurch, dass der Staat die
Bürger für ihre Theilnahme an den öffentlichen Geschäften besoldete, die Möglichkeit gewährt, sich der Arbeit für den Erwerb
mehr und mehr zu entziehen, da ja die den meisten mehr zusa-
gende Thätigkeit für den Staat den Ausfall der Einnahmen
deckte. Kam nun noch, namentlich in Staaten, die wie Athen
auch nach aussen hin eine einflussreiche Stellung hatten, die
Möglichkeit hinzu, im Staatsdienste auf rechtmässige oder unrecht-
mässige Weise Geld zu erwerben, so darf man sich nicht wundern, dass sich jene Scheu vor jeder Erwerbsthätigkeit und jene
Verachtung derselben ausbildete, welche die Griechen in den
historischen Zeiten fast durchweg charakterisiert. Dass dieselbe
je nach den besonderen Verhältnissen der einzelnen Staaten sich
verschieden gestalten musste, ist selbstverständlich und wird im
Verlauf der Darstellung im einzelnen nachgewiesen werden.

Am meisten von allen Arbeiten zum Zwecke des Erwerbes
wurde der Ackerbau und die damit verbundene Viehzucht geachtet, die ja auch von uralten Zeiten mit dem staatlichen und häuslichen Leben der Griechen in der innigsten Verbindung standen.
Die Sage führt die Anfänge dieser Thätigkeiten in die allerältesten, sogenannten pelasgischen Zeiten zurück. Die Göttin Demeter, die Mutter Erde selbst ist es, welche dem Triptolemos das
Getreide schenkt und es ihn anbauen lehrt, damit von Attika
aus der Ackerbau sich über ganz Griechenland verbreite, und
ähnliche Sagen finden sich auch in anderen Landschaften.[1]
Namentlich machte den Athenern die Ehre, dieses Göttergeschenk
erhalten zu haben, Argos streitig, dessen Heros Pelasgos in
nahe Beziehung zur Demeter gebracht wird.[2] Pelasger erfinden

---

[1] Apollodor I, 5, 2. Pausan. I, 14, 3. Vgl. Preller Griech.
Mythol. I S. 471 ff. Duncker Gesch. d. Alterth. III S. 68 ff.

[2] Pausan. I, 14, 2 u. II, 22, 2 wo eine Δημήτηρ Πελασγίς genannt wird

den Stachel zum Treiben des Viehes, d. h. sie sind die ersten, denen die Zähmung der Thiere gelingt;[1] der attische Buzyges lehrt die Stiere zum Ackern in das Joch spannen.[2] So galt denn auch bei den Griechen der Landbau als die natürlichste von allen Erwerbsthätigkeiten. Die erste Sorge um den Erwerb, heisst es in der dem Aristoteles zugeschriebenen Oekonomik, ist die naturgemässe; naturgemäss ist aber zunächst die, welche sich mit dem Landbau abgiebt, demnächst die, welche den Erwerb aus der Erde zieht, wie der Bergbau und andere ähnliche Beschäftigungen. Der Landbau ist es am meisten, weil er gerecht ist, denn er gewinnt nicht von den Menschen, weder mit ihrem Willen, wie der Kaufhandel und der Miethhandel, noch gegen ihren Willen, wie kriegerische Thätigkeit; er gehört zu den naturgemässen Thätigkeiten, denn von Natur erhalten alle ihre Nahrung von der Mutter, so auch die Menschen von der Erde.[3] In ähnlicher Weise findet sich vielfach bei den griechischen Schriftstellern der Ackerbau als die Grundlage des Hauses und des Staates gepriesen[4] und als diejenige Beschäftigung gerühmt, welche nicht allein im Stande ist, Gesundheit des Körpers und Mannhaftigkeit der Gesinnung zu erzeugen und zu fördern, sondern auch die Grundlage für alle anderen Gewerbe und Künste bildet.[5]

Dem entsprechend war denn auch in der Wirklichkeit die Stellung des Ackerbaues. Bei Homer bildet derselbe mit der Viehzucht die Hauptbeschäftigung des friedlichen Lebens, die in eigner Person zu beaufsichtigen selbst der König nicht verschmäht und deren weite Verbreitung zahlreiche Bilder bezeugen, welche

1) Etymol. Magn. ἄροτρη. Bekker Anecdd. Gr. S. 357.

2) Etymol. Magn. Βουζύγης. Bekker Anecdd. Gr. S. 221. Plinius Naturgesch. VII, 57 § 199.

3) Aristot. Oekon. I, 2. Polit. I, 8. Plutarch Philopoem. 4 nennt den Ackerbau δικαιότατον τῶν χρηματισμῶν.

4) Xenophon Oekon. 5. Die Stellen in Stob. Floril. LVI, vgl. LXXXV, 21. Maxim. Tyr. 30.

5) Xenoph. Oekon. 5, 17; 4, 8—10. Plutarch Gastm. d. sieben Weisen 13 διαιρουμένη (γεωργία) — απαπόλλησι καὶ τέχνης πάσης καὶ ἐργασίας, ὧν Ἰσχυρός ἐστι.

der Dichter derselben entlehnt;[1] Hesiod basiert die Gründung eines Hausstandes auf den Ackerbau.[2] Damit im Einklange steht die Ueberlieferung, dass die Griechen in den ältesten Zeiten nur in unbefestigten Ortschaften nach Weise von Dörfern gewohnt haben,[3] so wie die alten Erzählungen, welche aus verschiedenen Gegenden von der späteren Zusammensiedelung mehrerer solcher Ortschaften zu einer geschlossenen Stadt berichten.[4] Noch in späterer Zeit gab die Stadt Sparta das Bild dieser alten Lebensweise von Männern, die sich vom Lande nicht durch Mauern abschliessen mochten, und noch im vierten Jahrh. v. Chr. fanden sich die Mantineer leicht darin, als ihre Stadt von den Spartanern wieder in Dorfschaften aufgelöst wurde.[5]

Es ist schon oben erörtert worden, dass auch in den historischen Zeiten die politischen Verfassungen mehr oder weniger in Beziehung zu dem Grundbesitze stehen und es lässt sich schon daraus der Schluss ziehen, dass in keinem griechischen Staate die Bürger dem Ackerbau gänzlich entfremdet worden sind. mochten sie nun je nach den politischen Verhältnissen und nach dem Vermögenszustande der einzelnen selbstthätig mitwirken oder die eigentlichen Arbeiten von Hörigen, Sklaven oder Tagelöhnern verrichten lassen. Dabei ist es nun ganz natürlich, dass

---

1) Homer Odyss. π, 140; vgl. ω, 226 ff. Ilias o, 556 f. S. auch Odyss. ξ, 222 ἔργον δέ μοι οὐ φίλον ἔσκεν οὐδ᾿ οἰκωφελίη, ἥ τε τρέφει ἀγλαὰ τέκνα. Bemerkenswerth ist auch, dass ἔργον schlechthin die Feldarbeit und die behauten Felder selbst bezeichnet. Ueber die vom Landbau hergenommenen Vergleiche s. A. Passow De comparationibus Homericis S. 8.

2) Werke u. Tage 405 f.

3) Thukyd. I, 10 κατὰ κώμας τῷ παλαιῷ τῆς Ἑλλάδος τρόπῳ οἰκισθείσης, vgl. Cap. 5 πόλεσιν ἀτειχίστοις καὶ κατὰ κώμας οἰκουμένοις. Pausan. X, 5, 2 τοῖς μὲν οὐν Δωσι κατὰ κώμας ἦσαν αἱ οἰκήσεις. Strabo VIII S. 336 ἧλις δὲ ἡ νῦν πόλις οὔπω ἔκτιστο κατ᾿ Ὅμηρον, ἀλλ᾿ ἡ χώρα κωμηδὸν ᾠκεῖτο, und weiter σχεδὸν δὲ καὶ τοῖς ἄλλοις τόποις τοῖς κατὰ Πελοπόννησον πλὴν ὀλίγων οἷς καιέλεξεν ὁ ποιητής, ὡς πόλεις ἀλλὰ χώρας νομίζειν δεῖ. S. 386 οἱ μὲν οὖν Ἴωνες κωμηδὸν ᾠκουν, οἱ δ᾿ Ἀχαιοὶ πόλεις ἔκτισαν. Plutarch Quaest. Gr 37.

4) S. Wachsmuth Hellen. Alterth. I S. 145 u. 393.

5) Curtius Peloponn II S. 229. — Xenoph. Hellen. V, 2, 7.

die Neigung für den Landbau und insbesondere für eigene Theilnahme an der Arbeit am meisten in den Staaten hervortrat,
welche sich am wenigstens an dem grossen Verkehr, namentlich
an Handel und Schifffahrt betheiligten, wie dies hauptsächlich in
Boeotien und den im Innern und an der hafenlosen Westküste
des Peloponnes gelegenen Landschaften der Fall war. Mit dem
Wachsen des Verkehrs dagegen und der Zunahme der Mittel,
auf anderen Wegen sich schneller und leichter zu bereichern,
nahm diese Neigung zum Ackerbau mehr und mehr ab, zumal
da, wo wie in Athen das Allgemeinerwerden einer höheren geistigen Bildung eine Abneigung gegen jene roheren Arbeiten forderte und einen schärferen Gegensatz zwischen Stadt und Land
ausbildete. In derselben Richtung hat aber auch die Entwicklung der politischen Verfassungen nicht wenig gewirkt. Wir
sehen an Athen ein deutliches Beispiel, wie die zunehmende
Demokratie die Bevölkerung des Landes mehr und mehr in die
Stadt zieht, von der nützlichen Thätigkeit des Ackerbaues ablenkt
und mit Geringschätzung gegen dieselbe erfüllt, dagegen mit dem
Zusammenbrechen der Machtstellung des Staates auch der Wohlstand mehr und mehr sinkt und ein städtisches Proletariat sich
bildet. In den Zeiten endlich des gänzlichen Verfalles und der
Entvölkerung Griechenlands scheint auch der Ackerbau in den
meisten Gegenden verkümmert zu sein. [1]

Die Beschäftigung mit der Viehzucht ist wohl in den historischen Zeiten in den meisten Gegenden Griechenlands mit dem
Ackerbau in Verbindung gewesen, die eigentliche Arbeit wohl
kaum von den freien Leuten verrichtet worden, ausgenommen
vielleicht den ärmeren Theil der Bevölkerung in solchen Land-
strichen, die wie einzelne Theile von Arkadien ausschliesslich
auf Viehzucht angewiesen waren. Für eine nähere Kenntniss
dieses Gegenstandes fehlen uns die Mittheilungen aus dem
Alterthum.

Ganz anders stellten sich die allgemeinen Ansichten den
Gewerben gegenüber. Ehe wir jedoch näher auf dieselben ein-

---

1) Man sehe die Schilderung, welche Dio Chrysost. VII, 54 ff. von
Euboea macht.

geben, wird es nothwendig sein, einen Blick auf die Benennungen zu werfen, welche für das Handwerk und die Handwerker bei den Griechen üblich waren.[1] Unter den mannigfaltigen und schwankenden Ausdrücken ist der umfassendste τέχνη, den die Alten selbst bald durch Kenntniss, bald durch methodisch zur Anwendung gebrachte Erfahrung erklären, der daher auch ein jedes durch Lernen und Uebung erworbene praktische Können auf allen Gebieten im Gegensatz zu den angeborenen Thätigkeiten des Menschen bezeichnet.[2] Es bedurfte daher genauerer Bezeichnungen, um das Handwerk von anderen Thätigkeiten, welche unter jenen Begriff fielen, zu unterscheiden. Ausser einer Reihe von Ausdrücken, welche die Beschäftigung der Handwerker als Handarbeit bestimmen sollen,[3] ist von Homer an das Wort δημιουργός häufiger gebraucht worden, offenbar um damit denjenigen zu bezeichnen, der nicht, wie der Diener oder Sklav für einen einzelnen, sondern für jeden im Volke arbeitet.[4] Daher fallen bei Homer unter diese Klasse Leute, die man nicht füglich Handwerker nennen kann, wie Wahrsager, Sänger, Aerzte und späterhin rechnete man auch die Tagelöhner zu derselben. Die Benennung aber, welche sich am allgemeinsten Geltung verschafft hat und als am sichersten charakterisierend angewendet worden ist, ist βάναυσος, nach der bei den Alten durchweg angenommenen Ableitung zunächst ein Feuerarbeiter, dann übertra-

---

1) S. das Verzeichniss bei Pollux 1, 50. Dramana Arbeiter und Communisten § 1.

2) Hesych. τέχνη: ἐπιστήμη. Phavorin. τέχνη ἐστὶν ἐμπειρία ὁδῷ καὶ τάξει βαδίζουσα. Vgl. Xenoph. Oekon. 1, 1 u. 2, wo derselbe Gegenstand mit τέχνη und ἐπιστήμη bezeichnet wird. Der Gegensatz ἡ φύσις ἢ τέχνη bei Platon Republ. II 8. 381ᵇ.

3) Häufiger gebraucht ist χειροτέχνης, einzeln χειρῶναξ und χειρωναξία bei Aeschyl. Prom. 45; Herod. I, 93; II, 141 u. 167; vgl. Pollux II, 151. Dahin gehört auch wohl die χειρώματα bei Plutarch. Quaest. Gr. 32. Die Ableitung von χειρός bei Aristot. Polit. III, 2 S. 78 und χειρῆτις bei Homer Ilias μ, 433 von χείρ, wie Aristoteles annimmt, ist zweifelhaft.

4) Homer Odyss. ϱ, 383; τ, 135. In Betreff der Bedeutung vgl. Aristot. Polit. III, 3 S. 79 τῶν δ' ἀναγκαίων οἱ μὲν ἑνὶ λειτουργοῦντες τὰ τοιαῦτα δοῦλοι, οἱ δὲ κοινῇ βάναυσοι καὶ θῆτες.

gen ein jeder Handwerker.[1] Endlich kommen noch Ausdrücke
zur Anwendung, mit denen man die Handwerker als solche
bezeichnete, die eine sitzende Lebensweise führen.[2] Dennoch sind
diese Benennungen keinesweges ihrem Inhalte nach so bestimmt
und ihrer Anwendung nach so begränzt, dass sie nicht auch
für andere Thätigkeiten als die, welche wir Handwerk nennen,
gebraucht worden wären,[3] und es mag zum Theil hierin seinen
Grund haben, dass eine genaue Definition des Handwerkes nirgends gegeben wird und namentlich die Scheidung desselben von
der Kunst auf der einen und von der Arbeit des Tagelöhners
auf der anderen Seite nicht scharf gemacht worden ist.[4]

Die Stellung, welche das Handwerk und die Handwerker in
der bürgerlichen Gesellschaft und im Staate eingenommen haben,
ist in Griechenland nach Zeit und Ort wesentlich verschieden
gewesen. Wie im homerischen Zeitalter eine eigentliche Scheidung der Stände nach keiner Seite hin vollständig vollzogen ist,
so finden sich auch von einem eigentlichen Handwerkerstande
kaum mehr als einzelne Anfänge. Die für die Wirthschaft und
den persönlichen Gebrauch nothwendigen Gegenstände wurden,

---

1) Etymol. Magn. u. Suidas βάναυσος: πᾶς τεχνίτης διὰ πυρὸς
ἐργαζόμενος· βαῦνος γὰρ ἡ κάμινος und unter βαῦνος: κάμινος, ἐξ οὗ
καὶ βάναυσοι. Vgl. Hesych. unter βαναυσία, βαύνη. Schol. zu Platon
Republ. S. 405°. Schol. zu Dionys. Thrax 654 und Bekker Anecdd.
S. 222. Pollux I, 64 ἐπὶ τῶν βαναύσων ὁ Πλάτων εἴρηκε πρὸς πῦρ
ἡμερεύοντας. Vgl. Etymol. Magn. βάναυσος: καταβλέπων δὲ ἡ λέξις εἰς
πάντα χειροτέχνην. Pollux I, 50 Ἔμπορος καὶ πήνηλοι καὶ μεταβο-
λεῖς οἱ ὠρθαί τι πράττοντες· οἱ δὲ καθήμενοι βάναυσοι, καὶ ἡ ἐργασία
αὐτῶν βαναυσία.
2) καθήμενοι Pollux I, 50. Vgl. Xenophon Oekon. 4, 2 ἑδραῖαι
Xenoph. v. Staat d. Laked. 1, 3. Aristot. Eudem. Eth. I, 4 S. 1215°, 30
λέγω βαναύσους (τέχνας) τὰς ἑδραίας καὶ μισθαρνικάς. Vgl. Pollux
VII, 6. Etymol. Magn. S. 188, 40 βάναυσοι, οἱ ἑδραῖοι τεχνῖται. Dionys. Hal. Röm. Alterth. II, 28 ἐπιδημίους καὶ βαναύσους τέχνας.
3) Der Pythagoreer Hippodamos bei Stob. Floril. XLIII, 93 rechnet unter das βάναυσον πλῆθος auch die Ackerbauer.
4) Beim Hippodamos a. a. O. heisst es: τὸ τεχνατικὸν ἔργον καὶ
ἐπιμηχανώμενα τοῖς τῷ βίῳ πράγμασιν ἐκπορίζόμενον. Arist. Polit. II,
4 scheidet die Lohnarbeit ἡ μὲν τῶν βαναύσων τεχνῶν, ἡ δὲ τῶν
ἀτέχνων καὶ τῷ σώματι μόνῳ χρησίμων.

wie es scheint, zum grossen Theile im Hause selbst verfertigt,
theils, wie die ganze Kleidung, von den Frauen und Mägden,
theils, wie die Haus- und Ackergeräthe, vom Hausherrn mit
Hülfe der Sklaven. So finden wir den Lykaon, den Sohn des
Königs Priamos beschäftigt, junge Baumzweige abzuschneiden,
um sie bei der Verfertigung eines Wagens zu verwenden;
Odysseus hat sich nicht allein das bekannte künstliche Bettge-
stell verfertigt, sondern zeigt sich auch im Schiffbau wohl bewan-
dert; Paris hatte in Gemeinschaft mit kundigen Bauleuten seine
Wohnung gebaut und unter den troischen Kämpfern findet sich
der Sohn des Zimmermanns Harmonides.[1] Für manche Arbeiten
wird allerdings eine grössere Geschicklichkeit und Fertigkeit
erfordert, als dass der freie Mann, dessen Hauptthätigkeit andrer
Art ist, sie zumal bei seltner vorkommender Anwendung erlangen kann. Daher werden denn auch die Demiurgen erwähnt,
die man zur Verrichtung gewisser Arbeiten um Lohn herbeiriet,
wie Seher, Aerzte, Zimmerleute, Sänger und Herolde, wobei
immerhin noch auffällig bleibt, wie schwach in dieser Aufzählung
das Handwerk vertreten ist. Da nun auch auderweitig, wie sich
weiter unten zeigen wird, die Arten der von Homer sonst erwähnten eigentlichen Handwerke sehr wenig zahlreich sind, also ein
grosser Theil der für die Lebensbedürfnisse erforderlichen Haud-
werksthätigkeit den Freien zufallen musste, so kann von einer
Verachtung derselben keine Rede sein. In der That finden wir
bei Homer von solcher Verachtung keine Spur; selbst der von
manchen Geschäften unzertrennliche Schmutz scheint so wenig
Anstoss erregt zu haben, dass or selbst dem schmiedenden Gotte
nicht erspart wurde.[2] Ebenso wenig wird irgendwie angedeutet,
dass im staatlichen Leben der Handwerker eine andere Stellung
eingenommen habe als jeder andere Bürger.

Mit den grossen staatlichen Veränderungen, welche in Folge
der Wanderungen eintraten, und mit der wachsenden Ausdehnung, welche von jener Zeit an der Verkehr gewann, trat auch

1) Homer Ilias γ, 37. Odyss. ύ, 189 ff.; ι, 943 ff.; Ilias ζ, 314;
ι, 59 ff.

2) Homer Ilias σ, 414 f.

das Handwerk in neue Verhältnisse. Die fast überall eintretende Aristokratie des grossen Grundbesitzes, welche selbst die
bis dahin zahlreichste Klasse der freien Ackerbauer in der Ausübung der bürgerlichen Rechte beschränkte, musste auf den Handwerker, der nur seine Arbeitsfähigkeit als Eigenthum besass,
mit noch grösserer Verachtung herabsehen als auf den kleinen
Grundbesitzer. Was Aristoteles als allgemeinen Satz aufstellt,
dass in Aristokratien, in welchen die Ehren nach der Tüchtigkeit und nach Verdienst gegeben werden, der Handwerker
unmöglich Bürger sein könne, [1] das trat in jener Zeit so vollständig in die Wirklichkeit, dass man von der früheren Gleichberechtigung sogar die Erinnerung verlor, dergestalt dass Herodot die Vermuthung aussprechen konnte, es möchten die Griechen vielleicht von den Aegyptern gelernt haben, die Handwerker geringer zu achten als die übrigen Bürger, namentlich als
die, welche sich mit kriegerischen Uebungen beschäftigen. [2] In
der allerstrengsten Form der Aristokratie wurden daher die Handwerker ganz vom Bürgerrechte ausgeschlossen und den Bürgern
die Erlernung und Ausübung eines Handwerkes untersagt; [3] so in
Sparta, dessen Verfassung auf der Herrschaft und Geltung des
Kriegerstandes beruhte, wo kein Spartiat überhaupt einer Erwerbsthätigkeit obliegen durfte, [4] so in Epidamnos, dessen Verfassung
ebenfalls aristokratisch war. [5] Bei einer milderen Form der
Aristokratie schloss man die Handwerker wenigstens von gewissen bürgerlichen Rechten aus, wie in Theben, wo niemand zu
einem öffentlichen Amte zugelassen wurde, der sich nicht wenigstens seit zehn Jahren des Handwerksbetriebes enthalten hatte. [6]
Jedenfalls genoss in allen solchen Staaten das Handwerk des

1) Aristot. Polit. III, 3 S. 60.

2) Herodot II, 167.

3) Xenoph. Oekon. 4, 3 καὶ ἐν ἐνίαις μὲν τῶν πόλεων, μάλιστα
δὲ ἐν ταῖς εὐπολέμοις δοκούσαις εἶναι, οὐδ' ἔξεστι τῶν πολιτῶν οὐδενὶ
βαναυσικὰς τέχνας ἐργάζεσθαι.

4) Plutarch Lykurg 4 u. 24; Ages. 26. Xenoph. v. Staat d. Laked.
7, 2. Aelian. Verm. Gesch. VI, 6 Schol zu Aeschin. geg. Tim. 27.

5) Aristot. Polit. II, 4 S. 48.

6) Aristot. Polit. VI, 4 S. 209; III, 3 S. 60 u. III, 2 S. 76.

allergeringsten Ansehens, [1] zumal da es in einzelnen derselben ausschliesslich den Sklaven überlassen war, z. B. in Epidamnos. [2] Da zu gleicher Zeit in solchen Staaten Handel und Verkehr eben so wenig in Ansehen stand, so fehlte die beste Grundlage für eine Entwickelung des Handwerkes, die demselben allmählich eine höhere Bedeutung hätte erzwingen können.

In Staaten, deren Verfassung weniger enge Gränzen für die Zulassung zum vollen Genusse des Bürgerrechtes zog, erhielt auch das Handwerk eine andere Stellung. In Timokratieen zunächst ist es, wie Aristoteles bemerkt, möglich, dass der Handwerker Bürger sei, da viele durch das Handwerk Reichthum erwerben, der doch die Grundlage jener Verfassung ist. [3] Hiervon liefert in gewissem Sinne die Gesetzgebung Solons ein Beispiel, die allerdings die bürgerlichen Rechte nach dem Masse des Grundbesitzes abstufte, aber weit entfernt, dieselben denen abzusprechen, welche Gewerbe trieben, vielmehr für den Handwerker die Möglichkeit erhöht zu haben scheint, Wohlstand und damit auch durch Erwerb von Grundbesitz den vollen Genuss des Bürgerrechtes zu erlangen. Denn wenn auch die Meinung, dass Solon die Athener auf den Betrieb von Handwerken habe hinführen und den Handwerken selbst Ansehen verschaffen wollen, eine schwach begründete ist, [4] und wenn auch die Gesetze, welche dieser Absicht Solons entsprungen sein sollen, wie dasjenige, welches den Sohn von der Verpflichtung entband, seinen Vater zu ernähren, wenn ihn derselbe in keiner Fertigkeit ($\tau \epsilon \chi \nu \eta$) hatte unterweisen lassen, [5] oder dasjenige, welches die Klage

<hr/>

1) Vgl. Heraklid. Pont. Polit. 43 *Παρὰ Θεσπιεῦσιν αἰσχρὸν ἦν τέχνην μαθεῖν.* Thespiae hat aber beständig eine Adelsherrschaft gehabt.

2) Aristot. Polit. III, 3 S. 79 *Ἐν μὲν οὖν τοῖς ἀρχαίοις χρόνοις παρ' ἐνίοις ἦν τοῦλον τὸ βάναυσον ἢ ξενικόν.* In Epidamnos waren die Handwerker Staatssklaven. Aristot. Polit. II, 4 S. 48.

3) Aristot. Polit. III, 3 S. 80.

4) Plutarch Solon 22 *πρὸς τὰς τέχνας ἔτρεψε τοὺς πολίτας* und *ταῖς τέχναις ἀξίωμα προσέθηκε.* Vgl. über diese Sache Jahrbb. f. Philol. 1867 S. 11 ff.

5) Plutarch a. a. O. *νόμον ἔγραψεν, ᾧ τρέφειν τὸν πατέρα μὴ διδαξάμενον τέχνην ἐπάναγκες μὴ εἶναι.* Galen. Protrept. 8 ὁ Ἀθήνησι

wegen Schmähung gegen denjenigen gestattete, der einen Bürger
wegen seines Erwerbes auf dem Markte schalt,[1] wenn auch, sage
ich, diese Gesetze nicht als eine unmittelbare Förderung des
Handwerkes angesehen werden dürfen, so zeigen sie doch so viel,
dass niemand eines ehrenhaften Erwerbes halber in politischer
Hinsicht im Nachtheile sein sollte, ja das Gesetz, nach welchem
auch der Handwerker nicht davon ausgeschlossen wurde als
Redner in der Volksversammlung aufzutreten,[2] liefert einen noch
deutlicheren Beweis für diese Absicht des Gesetzgebers. Es lässt
sich wohl annehmen, dass auch anderwärts in derselben Zeit
gleiche Ansichten und Grundsätze sich geltend machten und zwar
um so mehr, je mehr in den betreffenden Staaten Handel und
Verkehr zu blühen begannen.

Etwas haben auch die Tyrannen dafür gewirkt, um die Bürger dem Handwerk zuzuwenden. Es ist schon oben bemerkt
worden, dass dieselben dem Müssiggange ihrer Unterthanen überhaupt abhold waren und sie zu eigner Thätigkeit zwangen, es
sind aber auch Anzeichen davon vorhanden, dass dies den Gewerben zu gute kam. Vom Periandros wird erzählt, dass er den
Bürgern verboten habe, Sklaven zu halten,[3] ein Verbot, das in
einer Stadt wie Korinth, wo Handel und Industrie eine Haupt-
nahrungsquelle boten, den Gewerben im Allgemeinen nachtheilig
gewesen sein muss, aber die Bürger zwang, ihre Existenz durch
eigne Handarbeit zu sichern. Dagegen werden die Tyrannen
fast durchweg nicht blos als Beschützer der Kunst überhaupt,
sondern auch als die Urheber von bedeutenden Werken der Bau-
kunst gerühmt, wie namentlich Polykrates in Samos, die Peisistratiden in Athen, Kleisthenes in Sikyon, und diese Begünstigung der Kunstthätigkeit musste auch die gewerbliche Thätigkeit

---

τιμωθέτης τὸν μὴ διδάξαντα τέχνην ἐκώλυεν πρὸς τοῦ παιδὸς τρέφε-
σθαι. Vitruv. IV Vorrede.

1) Demosth. geg. Eubulid. 30.

2) Aeschin. geg. Timarch 27.

3) Heraklid. Pont. Polit. 5. Nikolaos Damask. S. 450 ἐκώλυέ τε
τοὺς πολίτας δούλους κτᾶσθαι καὶ σχολὴν ἄγειν, ἀεί τινα αὐτοῖς ἔργα
ἐξευρίσκων. εἰ δέ τις ἐπὶ τῆς ἀγορᾶς ἐκαθέζετο, ἐζημίου, Σμίλου. Suidas Ἡγή-
ανδρος.

fördern und eine allgemeinere Betheiligung an derselben ver-
anlassen.[1]

In demokratischen Staaten wurde wohl kaum irgendwo der
Handwerker in seinen bürgerlichen Rechten den anderen Bürgern in irgend einer Weise nachgesetzt; schon das Princip der
Gleichheit verlangte, dass die besondere Beschäftigung des Einzelnen ohne Einfluss auf seine Stellung im Staate blieb. Ein
grosser Theil der demokratischen Staaten war überdies so gestellt,
dass der Boden des Landes nicht genügte, um die Bewohner zu
erhalten oder gar wohlhabend zu machen, und dass eben dadurch
Gewerbe und Handel in die Reihe der das Leben erhaltenden
Thätigkeiten eintreten und zu höherer Geltung gelangen mussten. Darum konnte Thukydides den Perikles in der berühmten
Leichenrede von den Athenern rühmen lassen, dass auch denen,
welche sich nicht ausschliesslich den Staatsgeschäften widmen,
Ihre Erwerbsthätigkeit ihrer politischen Einsicht keinen Eintrag
thue und dass es bei ihnen eine Schande sei, der Armuth nicht
durch Arbeit entgehen zu wollen,[2] und auf allgemeinerer sittli-
cher Grundlage führt Sokrates beim Xenophon einen ähnlichen
Gedanken aus.[3] Aber diesen aus der Nothwendigkeit hervorgegangenen Zuständen stellte sich die allgemeine Meinung in einer
eigenthümlichen Weise gegenüber. Man darf zunächst nicht
übersehen, dass selbst in der äussersten Demokratie das Streben
nach Gleichheit nur einen Werth für die eigentlichen Bürger hat,
diesen gegenüber aber überall eine zahlreiche Menge von Fremden und Sklaven stand, welche bei aller möglichen Milde doch
in dem Verhältniss von Beherrschten blieben, so dass auch
in dem freisinnigsten Demokraten das Bewusstsein fest wur-
zelte, er sei etwas besseres als diese mit ihm im Staate lebenden Leute. Dieser aristokratische Sinn aber, der von den Aristokraten der älteren Zeit auf die gesammte Bürgerschaft übergegangen war, dokumentierte sich in hohem Grade in der Abneigung gegen eine regelmässige körperliche Arbeit, die, wie man

---

1) S. im Allgemeinen Aristot. Polit. V, 9 S. 186; vom Kleisthenes
Pausan. II, 9, 6; vom Polykrates Athen. XII S. 540^d.
2) Thukyd. II, 40.
3) Xenophon. Comment. II, 7. Vgl. I, 2, 56.

meinte, nur den Beherrschten zukomme. Daher finden wir denn
von den älteren Zeiten an durchgehend die Thatsache, dass man
auf die Handwerker mit einer gewissen Verachtung blickte und
ihre Thätigkeit als eine solche ansah, die sich für Sklaven
schicke. Freilich gestaltete sich diese Ansicht nach den socialen Verhältnissen der einzelnen Staaten verschieden, so dass
z. B. in dem gewerbfleissigen Korinth jene Verachtung sich am
schwächsten äusserte, aber gänzlich fehlte sie nirgends.[1] Die
Philosophen, welche sich in ihren Schriften mit den staatlichen
Verhältnissen beschäftigten, befinden sich daher sicherlich mit
der allgemeinen Meinung in Uebereinstimmung, wenn sie der
Verachtung des Handwerkes einen scharfen Ausdruck geben und
die Berechtigung derselben mit Gründen nachzuweisen suchen.
Allerdings ist hierbei nicht zu übersehen, dass Xenophon, Platon,
Aristoteles, auf die wir hier hauptsächlich angewiesen sind, einer
aristokratischen Richtung folgen, wenn auch im edlen Sinne des
Wortes einer solchen, die nach geistiger Tüchtigkeit strebend
diese allein zum Massstab der politischen Berechtigung nimmt
und die materiellen Interessen nicht nur hintenansetzt, sondern
selbst für ein Hinderniss bei der Erwerbung jener Tüchtigkeit
hält. Die Handwerke verderben, sagt Xenophon, den Körper
der Arbeitenden, indem sie sie nöthigen fest zu sitzen und im
Hause zu leben, manche auch, den Tag beim Feuer zuzubringen:
wenn aber der Körper geschwächt wird, so wird auch der Geist
schwächer.[2] Ganz in derselben Weise spricht sich Platon aus.
Die Gesinnung des Menschen wird bei einer solchen Thätigkeit
niedrig und sklavisch wie seine Beschäftigung,[3] und wenn auch
immerhin das Handwerk nützlich und nothwendig sein mag, so
schickt es sich doch nicht für jeden, am wenigsten für den Bürger.[4]

1) Herodot. II, 167.
2) Xenophon Oekon. 4, 2; 6, 5. Platon Republ. VI S. 495ᵈ.
Aristot. Polit. I, 4 S. 21. Vgl. Dionys. Halik. Röm. Alterth. II, 28.
3) Xenophon Comment. IV, 2, 22 αἱ γὰρ κλήσιαι τῶν γι τὰ τοιαῦτα (näml. χαλκεύειν, τεκταίνεσθαι, σκυτεύειν) ἐπισταμένων ἀνδραπο-
δώδεις εἰσίν. Aristot. Polit. VII, 8 S. 283 οὔτε βάναυσον βίον οὔτ'
ἀγοραῖον δεῖ ζῆν τοὺς πολίτας· ἀγεννὴς γὰρ ὁ τοιοῦτος βίος καὶ
πρὸς ἀρετὴν ὑπεναντίος. Vgl. VIII, 2 S. 258.
4) Platon Charmid. S. 163ᵇ.

Dazu kommt noch, dass jede Kunst für sich allein die volle Thätigkeit des Menschen in Anspruch nimmt, also der, welcher ein Gewerbe treibt, nicht zugleich seiner staatsbürgerlichen Thätigkeit die volle Sorgfalt widmen kann.[1] So finden wir denn auch das Handwerk schlechtweg als verachtet und geschmäht bezeichnet,[2] die Handwerker als diejenigen, unter denen die Robheit zu Hause ist,[3] ja die Benennung des Banausen als des niedrigen, geschmacklosen und dummstolzen überhaupt angewendet.[4] Ausserdem mochte diese Missachtung zum Theil dadurch hervorgerufen werden, dass die Handwerker nicht für sich selbst, sondern am Lohn für andere arbeiteten, während ein freier Mann, wenigstens nach gewissen Seiten hin, zu einer Arbeit für Lohn überhaupt nicht geneigt war, weil er sich durch eine solche Arbeit gleichsam in den Dienst eines anderen begab und damit einen Theil seiner Freiheit opferte.[5]

---

1) Platon Amat. 8. 136ᵇ; Ges. VIII 8. 846ᵈ. Aristot. Polit. III, 3 S. 80; VI, 2 S. 203.

2) Xenophon. Oekon. 4, 2 αἱ γε βαναυσικαὶ καλούμεναι καὶ ἐπίρρητοί εἰσι καὶ εἰκότως μέντοι πάνυ ἀδοξοῦνται πρὸς τῶν πόλεων. 8, 5 ἡμῖν ἐδόκει συναποδοκιμάζειν ταῖς πόλεσι τὰς βαναυσικὰς καλουμένας; εἴχετας. Platon Ges. V S. 741ᵃ ἐπονείδιστος λεγομένη βαναυσία. Republ. IX S. 590ᶜ βαναυσία δὲ καὶ χειροτεχνία διὰ τί, οἴει, ὄνειδος φέρει;

3) Aristot. Polit. VIII, 7 S. 272 ὁ φορτικὸς ἐκ βαναύσων καὶ θητῶν καὶ ἄλλων τοιούτων συγκείμενος.

4) Vgl. Aristot. Nikom. Eth. IV, 4 S. 1122ᵃ, 21 ἡ δὲ ὑπερβολὴ βαναυσία καὶ ἀπειροκαλία καὶ ὅσαι τοιαῦται οὐχ ὑπερβάλλουσι τῷ μεγέθει περὶ ἃ δεῖ, ἀλλ' ἐν οἷς οὐ δεῖ καὶ ὡς οὐ δεῖ λαμπρυνόμεναι. Ebend. S. 1123ᵇ, 19 ὁ δὲ ὑπερβάλλων καὶ βάναυσος τῷ παρὰ τὸ δέον ἀναλίσκειν ὑπερβάλλει u. s. w. καὶ πάντα τὰ τοιαῦτα ποιήσει οὐ τοῦ καλοῦ ἕνεκα, ἀλλὰ τὸν πλοῦτον ἐπιδεικνύμενος καὶ διὰ ταῦτα οἰόμενος θαυμάζεσθαι.

5) Aristot. Rhetor. I, 9 S. 1367ᵃ, 31 (ἐλευθέρου σημεῖον) καὶ τὸ μηδεμίαν ἐργάζεσθαι βάναυσον τέχνην· ἐλευθέρου γὰρ τὸ μὴ πρὸς ἄλλον ζῆν. Vgl. Nikom. Eth. IV, 6 S. 1124ᵇ, 31. Eustath. zu Ilias μ, 435 S. 912, 57 Τὸ δέ, διπλία μισθός, δηλοῖ μὲν μισθώτεραν καὶ τὴν χειρῶντιν εἶναι, εὐτελίζει δ' ἐν τῷ καθόλου τὸ τοῦ μισθοῦ χρῆμα, ὡς ἀνελεύθερον ὂν μισθαρνεῖν. Selbst die Kunst sinkt deshalb zum Handwerk herab, wenn sie für Geld geübt wird. Vgl. Platon Protag. S. 312ᵇ. Plutarch Kimon 4. Ὁ δὲ Πολύγνωτος οὐκ ἦν τῶν βαναύσων οὐδ' ἀπ'

Andererseits ist wohl nicht zu verkennen, dass man doch nach der Art des Handwerkes einen Unterschied machte. Denn freilich wurde selbst künstlerische Thätigkeit unter das missachtete, Handwerk gerechnet, weil es eben nur körperliche Thätigkeit zu sein schien, die noch dazu meist um Lohn geübt wurde, so dass von Plutarch und Lukian die Behauptung aufgestellt werden konnte, wenn man auch die Werke eines Pheidias und Polykleitos bewundere, so wünsche doch kein edelgesinnter einer von diesen Männern zu sein, die doch immer nur Handwerker wären;[1] aber es musste doch die Arbeit des Künstlers anders angesehen werden als solche Handwerke, welche eine geringe Einsicht und Fertigkeit beanspruchten oder gar solche, welche Schmutz und andere Widerwärtigkeiten in ihrem Gefolge hatten. Als ein Gewerbe, welches aus dem letzten Grunde besonderer Missachtung ausgesetzt war, wird das der Gerber angeführt, dessen Betrieb denn auch aus dem Bereich der Städte verwiesen war.[2] Vollends den Sklaven gleich geachtet wurden diejenigen Leute, welche um Tagelohn bei anderen gewöhnliche körperliche Dienstleistungen verrichteten.[3]

ἐργολαβίας ἕφαφι τὴν στοὰν ἀλλὰ προῖκι. Ueber die Stellung der Handwerker s. ausführlicher Drumann Arbeiter u. Communisten S. 23 ff. Frohberger De opificum apud veteres Graecos condicione. Grimae 1866. S. 10 ff.

1) Plutarch Perikl. 2. Lukian. Traum 9.

2) Pollux VI, 128. Artemidor Onelrokr. I, 51.

3) Die gewöhnliche Bezeichnung für Tagelöhner ist ϑῆτες und πελάται, zwischen denen ein Unterschied der Sache nach nicht zu finden ist. Pollux III, 82 πελάται δὲ καὶ ϑῆτες ἐλευϑέρων ἐστὶν ὀνόματα διὰ πενίαν ἐπ' ἀργυρίῳ δουλευόντων. Schol. zu Homer Odyss. δ, 644 ϑῆτες λέγονται οἱ ἐλεύϑεροι μὲν μισϑῷ δὲ δουλεύοντες. Etymol. Magn. S. 462, 13 ϑῆτες οἱ πένητες οἱ ἐπὶ συντάξεσί τισι καὶ ἐπὶ μισϑῷ δουλεύοντες u. Z. 21 ϑῆτες παρὰ τὸ τηϑᾶν, ὅ ἐστι σπανίζειν τροφῆς καὶ διὰ τοῦτο δουλεύειν ἐλευϑέρους ὄντας. Vgl. Photios unter ϑῆτται, ϑῆτις und ϑητικόν, Suidas unter ϑής und ϑητικόν. Hesychios ϑῆτες: ϑῆτας, τοὺς δούλους· οἱ Κύπριοι. Photios Πελάται οἱ μισϑῷ δουλεύοντες ἐπὶ τὸ πέλας ἐγγύς, οἷον ἔγγιστα διὰ πένιαν προσιόντες. Ἀριστοτέλης, und ähnlich Schol. zu Platon Euthyphron S. 4c; Timaeos Lex. Platon. Πελάτης. Bei Photios Πελάται heisst es auch geradezu καὶ ϑῆτες οἱ αὐτοὶ καὶ ἐπίμυροι. Bei Homer Ilias σ, 550 u. 560 findet

Auch der Kaufmannsstand genoss, trotzdem dass man die
Nothwendigkeit und Nützlichkeit desselben für den Staat keinesweges verkannte, durchaus nicht die Achtung und das Ansehen,
welches demselben in den modernen Staaten zu Theil wird. Es
ist schon vorher bemerkt worden, dass Platon und Aristoteles
dem Handwerker und dem Kaufmann gleiche Stellung anweisen,
indem sie beide gleichmässig von dem Antheile an dem Bürgerrechte in dem besten Staate ausschliessen, und dass Aristoteles
die Verachtung der Kaufleute für gerechtfertigt hält, weil ihr
Erwerb kein naturgemässer ist, sondern auf Kosten anderer
erreicht wird.[1] Die Gründe, aus welchen im wirklichen Leben
die Missachtung des Kaufmannsstandes hervorging, waren mancherlei, zum Theil freilich andere als die von den Philosophen
geltend gemachten. Zunächst musste viel dazu beitragen, dass
in den ältesten Zeiten der ganze Handel in den Händen fremder Völker, namentlich der Phœnikier gewesen war und dass
diese Kaufleute es nicht verschmäht hatten, möglichst hohen
Gewinn selbst auf unredlichem Wege zu erlangen. Selbst in der
späteren Zeit war ein grosser Theil der Kaufleute, welche in
Griechenland Handel trieben, Fremde, und die Missachtung,
welche man für die Barbaren hatte, mochte leicht, wenigstens
bis zu einem gewissen Grade, auf den Kaufmannsstand übergehen. Ausserdem erscheint in Zeiten, wo die Verkehrsverhält-

___

sich noch für Arbeiter in der Ernte die Benennung *Ἔριϑος*, ohne dass
jedoch aus diesen Stellen hervorgeht, ob darunter Lohnarbeiter zu verstehen sind, wie bei Hesiod. Werke u. Tage 602; Odyss. ζ, 52 wenigstens
steht *συνέριϑος* für Gehülfin überhaupt. Die Erklärungen Etymol. Magn.
S. 373, 59 *Ἔριϑος σημαίνει τὸν ἐργάτην καὶ τὴν γυναῖκα τὴν ἐργαζο-
μένην τὰ ἔρια· καὶ ἐπὶ τοῦ ἐργάτου, παρὰ τὴν ἔραν τὴν γῆν κατὰ
μετάϑεσιν τοῦ η εἰς ι. ἢ παρὰ τὸ ἔρις καὶ τὸ ϑής, ὃ σημαίνει τὸν
μισϑωτόν. ἐπὶ δὲ τῆς γυναικὸς ἀπὸ τοῦ ἔριον γέγονεν Ἔριϑος. κυρίως
δὲ ὁ τὴν γῆν ἐργαζόμενος ἐργάτης ἐπὶ μισϑῷ.* Photios *Ἔριϑος· ἡ
μισϑοῦ ἅμα ἐργαζομένη,* vgl. Eustath. zu Il. σ, 550 S. 1280 zeigen,
dass die Alten über das Wort nichts weiter wussten, als was aus dem
Gebrauche bei Homer sich ergiebt. Zu dem bei Theokrit III, 35 sich
findenden Worte *Ἐριϑακίς* bemerken die Scholien: *ἤγουν μισϑώτρια,
ἀπὸ τοῦ Ἔριϑος ὑποκοριστικῶς.*

1) Aristot. Polit. I, 3 S. 19.

18 *

nisse noch nicht bis zu einer sehr hohen Stufe entwickelt sind und eine klare Einsicht in dieselben bei der grossen Menge nicht vorhanden sein kann, der Gewinn, welchen der Kaufmann nimmt, dem Käufer als auf seine Kosten und zu seinem Nachtheil erworben, indem er nicht in Anschlag bringt, dass es billig ist, den welcher ihm die Möglichkeit verschafft, gewisse Bedürfnisse zu befriedigen, für die Arbeit und die Gefahren zu entschädigen, denen sich derselbe zu jenem Zwecke unterzogen hat. Rechnet man noch dazu, dass es der grossen Menge ebenso an einer Einsicht in die Natur der Preisschwankungen gerade der nothwendigsten Waaren fehlt, so wird man sich leicht die immer wiederkehrende Klage über die Gewinnsucht und Unredlichkeit der Kaufleute erklären können. Man kann es daher einem Redner wohl verzeihen, wenn er behauptet, es sei ein grosses Wunder, wenn unter den Handeltreibenden jemand zugleich betriebsam und redlich sei,[1] da doch selbst Platon sagt, die Handelsleute ständen in schlimmem Rufe, weil sie nach masslosem Gewinne trachteten, während sie sich doch mit einem angemessenen Verdienste begnügen könnten.[2] Gerade diese Bemerkung aber weist auf die eigenthümliche Stellung der Kaufleute deutlich genug hin. Denn die Angemessenheit des Verdienstes lässt sich nur nach den Verhältnissen bemessen, unter denen der Kaufmann sein Geschäft betreibt. Diese Verhältnisse waren aber sowohl in andren Hinsichten ungünstig, als auch wiederum durch die Missachtung erschwert, welcher sich die Kaufleute ausgesetzt sahen und die ihnen zur Erlangung einer gewissen gesellschaftlichen Stellung nur einen Weg liess, den Erwerb von Reichthum.[3] Dass sie es mit den Mitteln dieses Ziel zu erreichen denen gegenüber, auf deren Achtung sie doch nicht rechnen konnten, nicht immer allzu genau nahmen, darf nicht befremden und die Klagen

---

1) Demosth. für Phormion 44.
2) Platon Gess. XI S. 918ᵈ.
3) Demosth. für Phorm. 30 ὑμῖν μὲν γὰρ τοῖς γένει πολίταις οὐδὲ ἐν πλῆθος χρημάτων ἀντὶ τοῦ γένους καλόν ἐστιν ἑλέσθαι· τοῖς δὲ τοῦτο μὲν δωρεὰν ἢ παρ' ὑμῶν ἢ παρ' ἄλλων τινῶν λαβοῦσι, τῇ τύχῃ δ' ἐξ ἀρχῆς ἀπὸ τοῦ χρηματίσασθαι καὶ ἑτέρων πλείω κτήσασθαι καὶ αὐτῶν τούτων ἀξιωθῆναι ταῦτ' ἐστὶ φιλοτιμία.

über Uebertheuerung, über Betrug im Handel und Wandel mögen
nicht ungerechtfertigt und die Unredlichkeit griechischer Kaufleute nicht ohne Grund sprichwörtlich geworden sein.[1] Der von
den Kaufleuten erworbene Reichthum trug dann seinerseits wieder dazu bei, die Missachtung zu erhalten und zu steigern,
indem er den Neid in den übrigen Leuten erweckte.

Es darf jedoch nicht übersehen werden, dass die öffentliche
Meinung von den Kaufleuten je nach der besonderen Stellung
derselben sich verschieden gestaltete. Der Grosshandel, welcher
die Kaufleute am wenigsten mit dem grossen Publicum in unmittelbare Berührung brachte und dessen grosser Nutzen durch die
Herbeischaffung von Waaren, die man bedurfte, aber im Inlande
selbst nicht zu producieren vermochte, am deutlichsten in die
Augen sprang, war in dieser Hinsicht am günstigsten gestellt.
Zwar dürfte die Bemerkung Plutarchs,[2] dass derselbe in den
ältesten Zeiten geachtet worden sei, in dieser Allgemeinheit nicht
vollkommen richtig sein, aber man muss doch anerkennen, dass
in den Handelsstädten, namentlich in Kleinasien und auf den
Inseln, der Handelstand durch seinen Reichthum sogar bedeutenden politischen Einfluss erlangte und an manchen Orten selbst
eine Geldaristokratie bildete, die der Aristokratie des Grundbesitzes
erfolgreich gegenübertrat.[3] Viel schärfer aber machte sich alles dasjenige, was man den Kaufleuten überhaupt zum Vorwurfe machen
konnte, bei dem Kleinhandel geltend. Die Gewinnsucht hat hier
eine Menge niedriger Mittel bereit, die in Griechenland nicht minder als an allen Orten und zu allen Zeiten angewendet den Käufern
nicht unbemerkt bleiben konnten und auf eine unangenehme Weise
sich fühlbar machten. Uebervortheilung durch verkürztes oder
falsches Mass und Gewicht, durch Verfälschung der Waaren,
namentlich der Lebensmittel, die Anwendung von allerlei Kunst-
griffen, um der Waare bei schlechter Beschaffenheit ein gutes

---

1) Plautus Asinar. l. 3, 60 Graeca fide mercari.

2) Plutarch Solon 2 ἐν δὲ τοῖς τότε χρόνοις — ἐμπορία καὶ
δόξαν εἶχεν.

3) Dahin zu rechnen sind wohl die δεινάυτοι in Milet. Plutarch
Quaestit. Gr. 32.

Aussehen zu geben, bilden den Gegenstand allgemeiner Klage.[1]
Wir werden es nicht besonders auffällig finden, dass ein Klei-
derhändler seinen Kleidern durch künstlichen Anstrich eine trü-
gerische Weisse giebt,[2] dass ein Obsthändler die guten Feigen
obenauf legt, während die Mehrzahl der im Innern des Korbes
befindlichen Früchte unreif und schlecht ist,[3] wir wundern uns
nicht darüber, dass die Weinhändler den Wein mit Wasser oder
mit schlechtem Wein mischten und ihm dann auf künstliche
Weise Geschmack zu geben suchten,[4] aber wir finden es auch
natürlich, dass, je häufiger dergleichen vorkam, um so stärker
die allgemeine Abneigung gegen die Krämer werden musste.
Rechnen wir ferner hinzu, dass Betrug bei der Berechnung des
Preises und beim Wechseln des Geldes, wozu die Verschiedenheit des Münzfusses und des Curses der ziemlich zahlreichen
im Umlauf befindlichen Goldsorten reichlich Gelegenheit bot,[5]
nicht eben selten war, dass die Grobheit und Zungenfertigkeit
der Krämer, namentlich aber der Hökerinnen, mit denen der
Neuzeit jeden Vergleich aushalten kann,[6] so bekommen wir im
Ganzen kein besonders günstiges Bild von dem griechischen Krä-
merstande, und wenn wir endlich in Betracht ziehen, dass viele
Krämer zugleich Schenken für die niedrigsten Klassen hielten,
so werden wir zugeben müssen, dass die Krämer zum grossen

1) Aristoph. Plut. 435 f. Lukian. Hermot. 59 ὥσπερ οἱ κάπηλοι
κερασάμενοί γε οἱ πολλοὶ καὶ δολώσαντες καὶ κακομετροῦντες. Dio
Chrysost. XXXI, 37 ἀλλὰ τοὺς μὲν καπήλους τοὺς ἐν ταῖς μέτροις
κακουργοῦντας, οἷς ὁ βίος ἐστὶν αὐτόθεν ἀπὸ αἰσχροκερδείας, μισεῖτε,
καὶ κολάζετε. Artemidor IV, 57 stellt τελῶναι, κάπηλοι, λῃσταί und
ζυγοκρατούσται zusammen. Schol. Aristoph. Frösche 1423 ἐρισπωλικός·
ὡς οἱ τὰ ἔρια πωλοῦντες βρέχουσιν αὐτά, ἵνα βαρύνωσιν ἐν τῷ
σταθμῷ.

2) Schol. Aristoph. Plut. 1064 καπηλικῶς ἔχει· πανουργικός· ἐπεὶ
οἱ κάπηλοι χρίειν καὶ ἀνακοιεῖν τὰ ἱμάτια εἰώθασι.

3) Alexis bei Athen. III S. 76ᵈ.

4) Schol. Aristoph. Plut. 1064 καὶ τὸν οἶνον δὲ ἀνθελκέουσι,
συμμιγνύντες αὐτῷ σαπρόν. Vgl. Athen. X S. 431ᵈ u. ᵉ; Plutarch
Lysand. 13.

5) Artemidor IV, 57 παραλογιστής. Diphilos bei Athen. VI S. 225ᵇ.

6) Aristoph. Plut. 426 ff. Vgl. Athen. VI S. 224ᶠ.

Theile die Verachtung, ja den Hass wohl verdienten, mit welchem sie die öffentliche Meinung verfolgte, indem sie ihr Gewerbe geradezu unter die unehrlichen rechnete [1] und im Sprichworte den Krämer als den Vertreter niedriger und unredlicher Leute gelten liess. [2] Mädchen und Frauen vollends, welche sich mit dem Kleinhandel abgaben, wurden gewiss ziemlich allgemein der niedrigsten Klasse feiler Dirnen gleichgeachtet. [3] Zwei Klassen endlich von Handeltreibenden sind im griechischen Alterthume mit demselben Rechte und Unrechte wie zu allen Zeiten mit dem erbittertsten Hasse verfolgt worden, und gerade in Griechenland bestanden, wie sich weiter unten noch genauer herausstellen wird, Verhältnisse, welche das Publikum gegen diese Geschäfte, so unumgänglich nothwendig sie auch sein mochten, in hohem Grade aufbringen konnten, ich meine die Getreidehändler und die Wechsler. [4] Es wird nicht nöthig sein, die Beschuldigungen anzuführen, welche die Griechen gegen diese Leute erhoben, denn sie sind genau dieselben, wie sie zu allen Zeiten gehört worden sind und ihre Gründe liegen theils in denselben Thatsachen, theils in derselben mangelhaften Einsicht in die Natur der betroffenen Geschäfte, wie wir sie bei der grossen Menge aller Völker und Zeiten wiederfinden.

In einzelnen Gesetzgebungen, namentlich aristokratisch eingerichteter Staaten mag diese öffentliche Meinung gegen die Kaufleute Ausdruck gefunden haben, wenigstens erfahren wir, dass es in Theben ein Gesetz gab, nach welchem niemand zu einem Staatsamte zugelassen wurde, der nicht wenigstens seit zehn Jahren keinen Kramhandel getrieben hatte, und dass in Sparta keiner aus dem herrschenden Stamme sich mit Handel abgeben durfte, ist selbstverständlich. [5]

---

1) Vgl. Pollux VI, 128. Platon Charmid. S. 163ᵇ. Athen. VI S. 226ᵉ.

2) Aristoph. Plut. 1064 mit den Scholien; Frösche 1423. Vgl. Strabo XI S. 513 βίος πρὸς τὰ συμβόλαια ἁπλοῦς καὶ ἀπάτηλος.

3) Ausführl. behandelt diesen Gegenstand mit Bezug auf (Demosth.) gegen Neaera 67 Becker Charikles II S. 136 ff.

4) Vgl. Lysias gegen die Kornhändler. Demosth. geg. Pantaen.' 52.

5) Aristot. Polit. III, 3 S. 80 Ἐν Θήβαις δὲ νόμος ἦν τὸν δέκα ἐτῶν μὴ ἀπεσχημένον τῆς ἀγορᾶς μὴ μετέχειν ἀρχῆς.

Dem Widerwillen der freien Griechen gegen jede Arbeit,
welche man sich mit Geld zum Zwecke des Erwerbes bezahlen
liess, steht gegenüber die eigenthümliche Erscheinung, dass man,
wenigstens in demokratischen Staaten, kein Bedenken trug, jede
Thätigkeit, welche man im Interesse des Staates verrichtete, sich
von demselben bezahlen zu lassen und dass überhaupt vielleicht
in allen Staaten Griechenlands jeder einzelne Bürger, so wie
er seine Hauptthätigkeit dem Staate widmen zu müssen glaubte,
so sich auch wiederum als berechtigt ansah, vom Staate für sich
den möglichsten Vortheil zu ziehen.[1] Es ist schon anderweitig
betrachtet worden, wie von Seiten des Staates Massregeln getroffen wurden, um den Bürgern ausreichenden Besitz zu verschaffen oder zu sichern, aber man blieb bei diesen Massregeln
nicht stehen, namentlich da im Verlaufe der Zeit die Bedürfnisse und Ansprüche der einzelnen sich steigerten und man nach
weiteren Mitteln suchen musste, um dieselben zu befriedigen.
Es lässt sich allerdings mit Bestimmtheit voraussetzen, dass dies
nirgends in einem solchen Umfange geschehen sei, wie in Athen
in den Zeiten der entwickeltsten Demokratie, aber aus einzelnen Andeutungen der Schriftsteller geht doch hervor, dass die
Neigung in allen Staaten dieselbe gewesen ist, die angewendeten
Mittel, derselben zu genügen, je nach den Verfassungen und der
materiellen Stellung der Staaten sich verschieden gestalteten.
Als ein Kennzeichen der äussersten Demokratie führt Aristoteles
an, dass alle Bürger gleichmässig an den Staatsgeschäften Theil
nehmen, weil durch die ihnen gewährte Besoldung selbst die
Armen die dazu nöthige Zeit finden, und dieses Kennzeichen hatte
Aristoteles gewiss nicht allein der athenischen Demokratie ent-
nommen, die allerdings die einzige ist, von welcher wir bestimmte
Thatsachen, ja ein vollständig entwickeltes System kennen.[2] Bei

---

1) Vgl. (Demosth.) Philipp. IV, 41 ὥσπερ τοίνυν ἑνὸς ἡμῶν ἑκάστου τίς ἐστι γονεύς, οὕτω συμπάσης τῆς πόλεως κοινοὺς δεῖ γονέας
τοὺς σύμπαντας ἡγεῖσθαι, καὶ προσήκει τούτους οὐχ ὅπως ὧν ἡ πόλις
δίδωσιν ἀφελέσθαι τι, ἀλλ' εἰ καὶ μηδὲν ἦν τούτων, ἄλλοθεν σκοπεῖν
ὅπως μηδενὸς ὄντες ἐνδεεῖς περιωφθήσονται.

2) Aristot. Polit. IV, 8 S. 125; vgl. VI, 3 S. 208. Noch aus dem
zweiten Jahrh. berichtet Polyb. XX, 6 von Böotien: ἔνιοι δὲ τῶν στρα-

der Wichtigkeit, welche dieser Gegenstand für die politische
Geschichte Athens hat, ist derselbe nach allen Seiten ausreichend
erörtert worden und es bedarf für uns nur der Hinweisung, dass
seit Perikles der Dienst im Heere, die Thätigkeit im Rathe und in
den Gerichtshöfen, die Theilnahme an den Volksversammlungen
aus der Staatskasse bezahlt wurde [1] und dass eine beträchtliche
Anzahl von Bürgern in diesen Besoldungen ihre einzige Einnahmequelle fanden. [2] Ja, da diese den einzelnen gebotenen
Mittel zur Befriedigung ihrer Bedürfnisse nicht ausreichten, so
nahm man selbst zu Spenden seine Zuflucht, für die nicht einmal eine Gegenleistung für das Gemeinwesen gefordert wurde.
Obenan steht hier das berüchtigte Theorikon, welches ursprünglich dazu bestimmt, den Bürgern das Eintrittsgeld für die Theater-
vorstellungen zu erstatten, bald eine grössere Ausdehnung gewann
und auch bei anderen festlichen Gelegenheiten gezahlt wurde,
damit die Bürger sich eine Festfreude bereiten könnten. [3] Dazu
kamen dann noch Speisungen, die an gewissen Festen dem ganzen Volke oder einzelnen Theilen desselben gegeben wurden, [4]
und, besonders in Zeiten der Theurung, ausserordentliche Vertheilungen von Lebensmitteln, namentlich von Getreide, wovon
nicht allein aus Athen, sondern auch aus Rhodos eine Anzahl von
Beispielen bekannt sind. [5] Wir wollen nicht weiter davon spre-

---

τηγῶν καὶ μισθοδοσίας ἐποίοιτο ἐν τῶν κοινῶν τοῖς ἀπόροις τῶν ἀνθρώπων; in Rhodos war durch Demagogen ebenfalls dergleichen Besoldung eingeführt. Aristot. Polit. V, 4 S. 160.

1) Ausführliches s. bei Böckh Staatsh. I S. 316 ff.

2) Aristoph. Lysistr. 624 καταλαβεῖν τὰ χρήμαθ' ἡμῶν τῶν τε
μισθόν, ἔνθεν ἔζων ἐγώ. Isokrat. v. Frieden 160 τοὺς δ' ἀπὸ τῶν
δικαστηρίων ζῶντας καὶ τῶν ἐκκλησιῶν καὶ τῶν ἐντεῦθεν λημμάτων.
Vgl. dens. v. Cutausch 152 τῶν δὲ λημμάτων τῶν παρὰ τῆς πόλεως
ἀπισχόμην δεινὸν ἡγησάμενος, εἰ δυνάμενος ἐκ τῶν ἰδίων ἐρέχειν
ἐμαντὸν ἐμποδὼν τῷ γενήσομαι τῶν ἐντεῦθεν ζῆν ἠναγκασμένων
λαβεῖν τὸ διδόμενον ὑπὸ τῆς πόλεως.

3) S. Böckh a. a. O. S. 304 ff.

4) S. Böckh a. a. O. S. 296 ff. Vgl. das Beispiel aus Theopomp
bei Athen. XII S. 532ᵃ Χάριτι τῷ Ἀθηναίῳ διὰ Λυσάνδρου τάλαντα
ἑξήκοντα. ἀφ' ὧν ἐδείπνισεν Ἀθηναίους ἐν τῇ ἀγορᾷ θύσας τἀπινίκια
τῆς γενομένης μάχης πρὸς τοῖς Φιλίππου ξένοις.

5) Von Athen Böckh a. a. O. S. 125 ff.; von Rhodos Strabo XIV

chen, wie verderblich diese Gewohnheit dem Staate der Athener
dadurch geworden ist, dass man kein Bedenken trug, alle anderen
Bedürfnisse des Staates gegen diese Auforderung des Volkes zurük-
steben zu lassen,[1] wir müssen aber wenigstens audeuten, zu welchen Mitteln man griff, um die nöthigen Gelder für die dringend
fordernde Menge herbeizuschaffen, wenn die gewöhnlichen Quellen versagten. Es ist bekannt, wie man die Steuerfälligkeit der
sogenannten Bundesgenossen nach Möglichkeit ausbeutete, um
die von ihnen erhobenen Tribute unter das Volk zu vertheilen;
es mag bemerkt werden, dass nach Angabe des Thukydides der
gefährliche Krieg gegen Sicilien bei der Menge einen solchen
Anklang fand, weil sie nicht allein für den Augenblick klingen-
den Gewinn von denselben hoffte, sondern ein Gebiet zu erwerben meinte, das die Mittel zu Spenden an das Volk für ewige
Zeiten liefern würde.[2] Die traurigste Wirkung zeigte diese
Begierde sich auf Kosten des Staates ernähren zu lassen aber
darin, dass man, als die von aussen her fliessenden Quellen versiegt waren, deren im Innern des Staates eröffnete, indem man
unter jedem Vorwande das Vermögen wohlhabender Leute einzog. Isokrates sagt, es sei gefährlicher reich zu sein als ein
Verbrechen zu begehen, denn im letzteren Falle könne man
Verzeihung erlangen oder gelinde bestraft werden, im erstoren
Falle sei man dem sichoren Verderben preisgegeben;[3] ja man
hielt es so wenig der Mühe werth, die eigentlichen Absichten bei
einem solchen Verfahren zu verdecken, dass in öffentlichen Pro-

---

S. 653 σιταρχεῖται δὴ ὁ δῆμος καὶ οἱ εὔποροι τοὺς ἐνδεεῖς ὑπολαμβά-
νουσιν ἔθει τινὶ πατρίῳ, λειτουργίαι τέ τινές εἰσιν· ἀφωνικῶμενοι,
ὥσθ' ἅμα τόν τε πένητα ἔχειν τὴν διατροφὴν καὶ τὴν πόλιν τῶν
χειρῶν μὴ καθυστερεῖν καὶ μάλιστα πρὸς τὰς ναυστολίας.

1) Mit dem bekannten Gesetze, welches die Theorikengelder zu
Kriegszwecken zu verwenden verbot, mag man den Fall in Rhodos ver-
gleichen, wo eine Revolution dadurch herbeigeführt wurde, dass man den
Trierarchen ihre Forderungen an den Staat nicht zahlen konnte, weil die
Besoldungen des Volkes die vorhandenen Mittel in Anspruch nahmen.
Aristot. Pol. V, 4.

2) Thukyd. VI, 24 ὁ δὲ πολὺς ὅμιλος καὶ στρατιώτης ἔν τε τῷ
παρόντι ἀργύριον οἴσειν καὶ προσκτήσασθαι δύναμιν (näml. ἤλπισε),
ὅθεν ἀΐδιον μισθοφορὰν ὑπάρξειν.

3) Isokrat. v. Umtausch 160.

cessen die Ankläger die Nothwendigkeit der Verurtheilung des
Angeklagten den Richtern sogar dadurch zu erweisen suchten,
dass ohne dieselbe dem Volke sein Sold nicht ausbezahlt werden
könne.[1] Selbst Lykurgos, der jahrelang die athenischen Finanzen auf die löblichste Weise verwaltete, vertheilte das Vermögen
des verurtheilten Diphilos im Betrage von hundert und sechszig
Talenten an das Volk.[2]

In unmittelbaren Zusammenhang mit diesen Spenden kann
man die Vortheile setzen, welche einzelne Männer, um sich beim
Volke beliebt zu machen, ihren Mitbürgern boten; denn wenn
sie auch zunächst den erforderlichen Aufwand aus eignen Mitteln
bestritten, so wussten sie sich in der Regel auf irgend eine
Weise dafür auf Kosten des Staates schadlos zu halten. Schon
Peisistratos soll jedem gestattet haben, von den Früchten seiner
Aecker und Gärten zu nehmen, wessen er bedurfte,[3] und dasselbe wird von Ephialtes und vom Kimon erzählt, der aber
bereits weiter ging, indem er zahlreiche Arme in seinem Hause
speiste und auf den Strassen Geld an Bedürftige vertheilte, ja
dieselben sogar mit Kleidung beschenkte.[4] Die entwickelte
Demokratie machte aber auf das, was jene als eine Art von
Wohlthat gewährt hatten, wie auf ein Recht Anspruch, denn wer
im Staate etwas erreichen wollte, der fand nur Unterstützung,
wenn er das Volk bewirthete und beschenkte, und wer seinen
Reichthum nicht durch Gewaltthat verlieren wollte, der musste
freiwillig dem Volke davon mittheilen.[5] Die Wege, auf welchen
man dergleichen Gaben an die Bürger gelangen liess, waren ziemlich
mannigfaltig, indem man theils Vertheilungen von Geld, Getreide
u. dgl. an das ganze Volk vornahm, wie dies von Timolaos in

---

1) Lysias geg. Epikrat. 1. Vgl. Aristot. Polit. VI, 3 Οἱ δὲ τῶν
δημαγωγοί χαριζόμενοι τοῖς δήμοις πολλὰ δημεύουσι διὰ τῶν δικαστηρίων.

2) Leben der zehn Redn. S. 843ᵈ.

3) Theopomp bei Athen. XII S. 533ᵃ.

4) Vom Ephialtes Herakleid. Polit. 1; vom Kimon Theopomp a. a. O.
Plutarch Perikl. 9; Kimon 10. Nepos Cimon 4. Cicero de off. II, 18.

5) Xenophon Oekon. 2, 6 ἔπειτα δὲ πολίτας δειπνίζειν καὶ τὸ
ποιεῖν ἢ ἐρῆμον συμμάχων εἶναι. Vgl. Oekon. 4 zu Anfang. Lukian.

Kyzikos berichtet wird,[1] theils an einzelne Personen, deren man
bedurfte, wie Volksredner, Mitglieder der Gerichtshöfe, Schenkungen machte, die von Bestechungen in vielen Fällen nicht
eben gerade verschieden waren,[2] wie ja schon zur Zeit der Per-
serkrieger Pausanias hoffte, in Sparta die gegen ihn erhobenen
Beschuldigungen durch Geld niederschlagen zu können.[3]

Man wusste aber auch auf mancherlei andere Weise die
Thätigkeit im Staate für sich gewinnbringend zu machen, und
die allgemeine Meinung sah darin so wenig etwas ungehöriges,
dass der Redner Hypereides in öffentlicher Gerichtssitzung zu
den Richtern sagen konnte: „Ihr gestattet den Feldherrn und den
Rednern vielerlei Vortheile zu ziehen, indem nicht die Gesetze,
sondern eure Milde und Freundlichkeit Ihnen diese Erlaubniss
geben, vorausgesetzt dass es euretwegen und nicht zu eurem
Schaden geschehe."[4] Aber auch diese Beschränkung, dass ein
Vortheil, den der einzelne aus seiner Thätigkeit im Staate ziehe,
nicht dem Ganzen zum Nachtheile gereichen dürfe, ist nicht
streng eingehalten worden, geschweige denn dass der Grundsatz
Anwendung gefunden hätte, den Platon aufstellt: die welche dem
Vaterlande dienten, müssten ohne Geschenke zu nehmen dienen
und es dürfe kein Vorwand und nicht die gewöhnliche Rede gelten, dass man zu guten Zwecken Geschenke nehmen dürfe, zu
schlechten nicht.[5] Demosthenes klagt an mehr als einer Stelle
darüber, dass die, welche die Verwaltung des Staates führen,

Plato 23 τιμητήσεις τῶν πλουσίων, οἱ δὲ φρίττουσι καὶ ἐποπτήσ-
σουσι καὶ διαρομαῖς ἱλάσκονταί σε. Schiff 24 τῇ πόλει δὲ ταῦτα ἐξαί-
ρετα παρ᾽ ἐμοῦ ὑπῆρξεν ἄν, οἱ μὲν διαρομαὶ κατὰ μῆνα ἕκαστον δραχ-
μαὶ τῷ μὲν αὐτῷ ἑκατόν, τῇ δὲ μητοίκῳ ἥμισυ τούτων.

1) Athen. XI S. 509ᵃ. Vgl. einen Fall von Tenos Corp. Inscr.
Gr. nr. 2338.
2) Vom Charon Theopomp bei Athen. XII S. 532ᵉ.
3) Thukydid. I, 131.
4) Πολλὰ ὑμεῖς, ὦ ἄνδρες δικασταί, δίδοτε ἑκόντες τοῖς στρατηγοῖς καὶ τοῖς ῥήτορσι ὠφελεῖσθαι, οὐ τῶν νόμων αὐτοῖς διδοκότων
τοῦτο ποιεῖν, ἀλλὰ τῆς ὑμετέρας πραότητος καὶ φιλανθρωπίας, ἓν
μόνον παραφυλάττοντες, ὅπως δι᾽ ὑμᾶς καὶ μὴ καθ᾽ ὑμῶν ἔσται τὸ
λαμβανόμενον. S. Sauppe im Philol. III S. 689.
5) Platon Ges. XII S. 955ᵉ.

aus Bettlern reiche Leute geworden sind, Häuser besitzen prächtiger als die öffentlichen Gebäude und Ländereien von ausserordentlichem Umfange zusammengekauft haben, und es fehlt uns
auch nicht an bestimmten Beispielen von solchen, die sich durch
ihre staatliche Thätigkeit bereichert hatten.[1] Als Themistokles
in die Verbannung ging, nahm man bei ihm über hundert Talente in Beschlag, während sein ererbtes Vermögen nicht mehr
als drei Talente betragen hatte; Kleon soll während seiner politischen Thätigkeit fünfzig Talente erworben haben, vom Alkibiades, Lamachos und anderen, denen wir noch weiterhin begegnen
werden, wird dasselbe gesagt, weniger bekannter Namen gar
nicht zu gedenken.[2]

Die Wege, auf welchen man in dieser Weise zu Reichthum
gelangen konnte, waren sehr verschieden. Zunächst boten die
Beziehungen zu dem Auslande einzelnen mancherlei Gelegenheit,
Geld zu erwerben. Es war von jeher Sitte, dass Gesandte von
den Staaten und Fürsten, an welche sie abgeordnet waren, nicht
allein als Gäste aufgenommen und bewirthet wurden, sondern es
scheint auch nicht selten vorgekommen zu sein, dass sie noch
ausserdem mehr oder weniger reiche Geschenke erhielten.[3] Namentlich solldem die Perser politischen Einfluss auf Griechenland ausübten, waren die häufigen an den dortigen Hof geschickten Gesandtschaften für die an denselben Theil nehmenden beson-

1) Demosth. Olynth. III, 29; v. d. Angeleg. im Chersonn. 66; geg.
Aristokr. 208 ff.

2) Vom Themistokles Aelian Verm. Gesch. X, 17; Plutarch Themist. 25; vom Kleon Aelian ebend.; vom Alkibiades Andok. geg. Alkib.
11, vgl. die Rede des Niklas bei Thukyd. VI, 12, 2 u. 15, 2. — Schol.
zu Aristoph. Acharn. 614 Κοισύρα μήτηρ τοῦ Μεγακλέους ὡς καταρι-
βρωτὼς τὴν οὐσίαν καὶ ὕστερον πεπλουτηκὼς ἐκ τοῦ τὰ κοινὰ πράσ-
σειν λέγεται und zu 617 τοῦτο δὲ λέγει διασύρων Μεγακλέα καὶ Λά-
μαχον ὡς πρότερον μὲν πένητας ὄντας, εἶτα ἐξαίφνης πλουτήσαντας
ἀπὸ τῆς πόλεως. Lysias geg. Philokr. 2 Ἐργοκλέους διὰ τοῦτο ὑμεῖς
θάνατον κατεχειροτονήσατε ὅτι κακῶς διαθεὶς τὰ τῆς πόλεως πλέον
ἢ τριάκοντα ταλάντων οὐσίαν ἐκτήσατο.

3) Vgl. Demosth. v. d. Trugges. 166 ἐγὼ — παρ᾽ ἐμαυτοῦ τὰ
χρήματ᾽ ἀναλίσκων καὶ Φίλιππον δεσοῦν, ἂν ὑμῖν ἐδίδου ἐκεῖνοι, τούτους (τοὺς αἰχμαλώτους) λύσασθαι. Xenoph. Hellen. VII, 1, 38.

ders einträglich. Es mag immerhin übertrieben sein, wenn uns
berichtet wird, dass der Perserkönig jedem Gesandten ein baby-
lonisches Talent gemünzten Silbers (im Werthe von 72 attischen
Minen), zwei silberne Schalen im Gewicht von einem Talent,
Armbänder, ein Schwert und Ketten, alles zusammen im Werthe
von tausend Dareiken, dazu ein medisches Kleid geschenkt habe,[1]
aber wir hören doch von einzelnen Fällen, in denen Gesandte
vom Könige reiche Geschenke erhielten,[2] so dass einer derselben äussern konnte, die Athener sollten jährlich statt der neun
Archonten neun Gesandte an den Perserkönig wählen.[3] Freilich
mögen diese Geschenke oft genug die entschiedene Bedeutung
von Bestechungen gehabt haben, und so haben z. B. auch die
Athener die reichen Geschenke aufgefasst, welche im J. 367 der
Perserkönig einem ihrer Gesandten, dem Timagoras, gegeben
hatte, indem sie diesen Mann wegen Bestechlichkeit zum Tode
verurtheilten.[4] Nicht geringeren Vortheil werden die Spartaner
aus ihrem Verkehr mit den Persern gezogen haben.

Die Staatsmänner der herrschenden Staaten wussten auch
von den Bundesgenossen und Unterthanen nicht geringe Vortheile zu ziehen. Wir hören, dass während des Bestehens der
attischen Bundesgenossenschaft die Bundesgenossen an einflussreiche Leute in Athen bedeutende Geschenke gemacht haben,
um dieselben zur Förderung ihrer Angelegenheiten zu gewinnen.
In der dem Xenophon zugeschriebenen Schrift vom Staate der
Athener heisst es:[5] „Manche sagen, wenn jemand mit Geld vor
den Rath oder das Volk tritt, so werde seine Sache schon zur
Verhandlung kommen. Diesen möchte ich wohl darin beistimmen, dass man in Athen mit Geld viel ausrichtet und dass noch
mehr ausgerichtet werden würde, wenn noch mehrere Geld gäben;“
und bei Thukydides erklären die Mitylenæer als einen Grund,

1) Aelian Verm. Gesch. I, 22.
2) Vgl. Lysias für Aristoph. Verm. 25; der Komiker Platon bei
Athen. VI S. 229f.
3) Athen. VI S. 251a.
4) Xenoph. Hellen. VII, 1, 38. Athen. II S. 48d. Plutarch Arta-
xerx. 22. Pelopid. 30.
5) 3, 3. — Thukyd. III, 11, 5.

weshalb sie noch eine gewisse Selbständigkeit behalten haben,
ihre Dienstwilligkeit gegen den Staat und dessen Leiter. Namentlich scheinen die Feldherrn, welche an der Spitze einer Flotte
bei den Bundesgenossen erschienen, von diesen reiche Geschenke
nicht nur fast regelmässig erhalten, sondern auch sogar beansprucht zu haben. Die Bemerkung des Lysias, dass die Städte
dem Alkibiades doppelt so viel gegeben hätten, als irgend einem
anderen Feldherrn lässt die Sache als ganz gewohnheitsmässig
erscheinen, ja derselbe Redner spricht es ganz offen aus, dass
manche Leute sich Ausgaben machten, um ein Amt zu erlangen,
in der Absicht, dass ihnen das Amt das doppelte wieder einbringen solle.[1] Wir hören, dass, besonders in der späteren Zeit,
die athenischen Feldherrn die in ihren Händen befindliche
Macht benutzten, um für ihre eigene Rechnung bei Freund und
Feind Geld einzutreiben.[2] Nicht anders werden die spartanischen
Anführer verfahren sein. Goldene Kränze und andere Geschenke,
wie sie dem Lysandros von vielen Städten gegeben worden waren,[3]
werden auch andere genommen und vielleicht selbst gefordert
haben, wie dies wenigstens vom Kleonymos, welchen im J. 303
v. Chr. die Spartaner den Tarentinern zu Hülfe schickten, berichtet wird.[4] Die Söldnerführer namentlich der späteren Zeit,
welche aus der Kriegführung ein gewinnbringendes Gewerbe
machten, haben in dieser Hinsicht durchaus keine Bedenken
gehabt; man möge nur an den Chares, den in dieser Beziehung
am übel berüchtigtsten, denken, welcher nicht allein ohne Rücksicht auf die Zwecke, zu denen er von den Athenern ausgeschickt worden war, auf eigne Hand gegen Bezahlung den aufständischen persischen Satrapen Artabazos unterstützte, sondern
sogar die ihm zur Kriegführung vom Staate gezahlten Gelder für
seine Dirnen und zu Bestechungen des Volkes verwendete.[5]

---

1) Lysias für Aristoph. Verm. 52 u. 57.

2) Demosth. Olynth. II, 28; v. hierarch. Kranz 13; über die Angel.
im Chersonn. 24 f; geg. Meidias 173; geg. Timokr. 12.

3) Plutarch Lysand. 18.

4) Diodor XX, 104; vgl. Athen. XIII 8. 605°.

5) Diodor XVI, 23; Athen. XII 8. 532°. Vgl. Aeschin. v. d.
Truggen. 71.

In vielen Fällen wird sich ein Unterschied zwischen solchen
Geschenken, welche zunächst den Charakter von Ehrengaben
trugen mochten, und wirklichen Bestechungen nicht machen lassen,
denn selbst wenn die Staatsmänner durch Geschenke nicht zu
ungesetzlichen und dem Staate geradezu nachtheiligen Handlungen bewogen wurden, so liessen sie sich doch oft genug durch
dieselben zu einem Verhalten bestimmen, das mindestens nicht
gerade dem Ansehen des Staates förderlich war. „Das Bürgerrecht und alle anderen Ehren, welche der Staat ertheilt,“ sagt
Demosthenes, „sind durch die Redner, welche dergleichen bean-
tragen, ganz in den Schmutz gezogen, denn aus Habgier verkaufen sie dieselben wie eine feile Waare.“ [1] Bei den Unter-
suchungen über die Berechtigung zum Besitze des Bürgerrechtes war bei den Gauvorstehern durch Geld viel zu erreichen [2] und
dass einflussreiche Redner nicht bloss durch ihre Ueberzeugung
sondern auch durch Geld bestimmt worden sind, dem Volke
diese oder jene Politik nach aussen hin zu empfehlen, das zeigt
vor allem die Geschichte der Kämpfe, welche Athen gegen Philipp von Makedonien zu bestehen hatte. Schon vom Themistokles erzählt Herodot, dass er, als die Griechen bei Artemision
sich vor den Persern zurückziehen wollten, von den Euböern
dreissig Talente erhalten habe, damit er jenen Beschluss rückgängig mache; Themistokles, der jedenfalls von der Schädlichkeit
jenes Beschlusses ohnehin überzeugt war, nahm das Geld und verwendete davon acht Talente um den Spartaner Eurybiades und
den Korinther Adeimantos für seine Ansicht zu stimmen, den
Rest behielt er für sich. [3] Obgleich die Spartaner an und für
sich Grund hatten, in dem sogenannten heiligen Kriege auf Seiten der Phokeer zu stehen, so hielten es die letzteren doch für
rathsam, dem Könige Archidamos und seiner Gemahlin Geschenke
zukommen zu lassen; [4] ja die Geneigtheit der Griechen, derartige Geschenke anzunehmen, war so bekannt, dass im J. 395

---

1) Demosth. geg. Aristokr. 201.
2) Demosth. geg. Eubul. 60.
3) Herodot VIII, 4 u. 5.
4) Pausan. III, 10, 3; IV, 5, 4.

v. Chr. die Perser den Timokrates mit fünfzig Talenten nach Griechenland schickten, um durch dieses Geld in Theben, Korinth, Argos die einflussreichen Männer zu bestimmen einen Krieg gegen Sparta anzufachen.[1] In ähnlicher Weise mögen zu allen Zeiten die griechischen Staatsmänner für Geschenke zugänglich gewesen sein, so dass Thukydides in seiner Charakteristik des Perikles es für passend hält, von diesem grossen Manne ausdrücklich das Gegentheil zu versichern.[2]

Es fehlte aber auch nicht an solchen, welche für Geld den Vortheil des Vaterlandes preisgaben oder gar zu Verräthern wurden. Demosthenes sagt, es sei zu seiner Zeit nicht bloss bei einigen Griechen, sondern bei allen eine solche Fülle von Bestochenen und Verräthern gewesen, wie man sonst nie gehört habe[3] und einen Beweis dafür, dass diese Behauptung, wenn auch vielleicht auf die Spitze getrieben, aber nicht ganz grundlos ist, giebt das Verzeichniss von Verräthern aus dem Bereich der griechischen Geschichte, welches Pausanias aufgestellt hat, ein Verzeichniss, dem sich noch mancher andere Name anreihen liesse, selbst wenn man den Angaben der Redner und Komiker nicht unbedingt Glauben schenken will;[4] war doch selbst die Priesterin des delphischen Orakels mehr als einmal bestochen worden.[5]

Wie im Grossen, so zeigte sich auch die Bestechlichkeit im Kleinen. Die Wahlen zu den hohen Staatsämtern gaben Gelegenheit die Wähler zu bestechen, der Art, dass Isokrates sagt: „Trotzdem dass Todesstrafe darauf steht, wenn jemand sich auf

---

1) Xenoph. Hellen. III, 5, 1. Vgl. Herod. IX, 2.

2) Thukyd. II, 65 χρημάτων διαφανὼς ἀδωρότατος.

3) Domosth. v. Krans 61. Vgl. Diodor XVI, 54 von demselben Zeit: οὐ μὴν ἡ πόλις γε ἐναντίλλει τῆς ἐπὶ τὴν προδοσίαν ὁρμῆς ἡδυνήθη τοὺς πολίτας· τοιαύτη φορά τις προδοτῶν ἐπῆρξε τότε κατὰ τὴν Ἑλλάδα. — Pausan. VII, 10.

4) S. die lange Liste bei Demosth. v. Krans 48 u. 295, wogegen Polyb. XVII, 14 den Patriotismus vieler der dort als Verräther bezeichneten Männer zu retten sucht. Vgl. Aristoph. Ritter 438. Beispiele von Spartanern: Leotychides Herod. VI, 72; Pausan. III, 7, 9. Pleistoanax und Kleandridas Thukyd. II, 21; Plutarch Perikl. 22 vgl. 23. — Vgl. auch Böckh Staatsh. I S. 504 f.

5) Herodot V, 63 u. 90; VI, 66. Thukyd. V, 16.

Bestechungen betreten lässt, wählen wir die zu Feldherrn, die
ganz öffentlich so verfahren, und den, der die meisten Bürger
bestechen kann, erheben wir zu den wichtigsten Aemtern."[1] Nicht
minder boten die Volksgerichte zu Bestechungen Anlass, mit
denen Anytos in der Zeit des peloponnesischen Krieges den
Anfang gemacht haben soll.[2] Und dies alles geschah so unver-
hüllt, dass Demosthenes sagt, es habe Neid erregt, wenn jemand
etwas erhalten habe, Gelächter, wenn er es eingestanden, Verzeihung sei dem Ueberwiesenen zu Theil geworden, Hass denen,
welche sich tadelnd darüber ausgesprochen; und ähnliches habe
nicht bloss in Athen, sondern überall in Griechenland stattgefunden.[3]

Bei einer solchen allgemein verbreiteten Gesinnung dürfen
wir uns nicht wundern, wenn wir häufig der Klage begegnen
über Veruntreuungen, die von den Staatsbeamten an den öffentlichen Geldern begangen wurden. Schon Aristeides wies nach,
dass seine Vorgänger wie seine Zeitgenossen nicht reine Hand
gehalten hatten,[4] gleiche Beschuldigungen, von denen selbst Perikles nicht unangetastet blieb, wiederholen sich in der Zeit des
peloponnesischen Krieges[5] und ganz besonders in den Zeiten des
staatlichen und sittlichen Verfalles der Griechen.[6] Aristoteles
hält es für nothwendig, im Staate Massregeln zu treffen, welche
dergleichen Unterschlagungen vorbengen sollten,[7] und in der
That hat es wenigstens in Athen an Einrichtungen nicht gefehlt,

---

1) Isokrat. v. Frieden 50.
2) Diodor XIII, 64. Plutarch Coriolan 14. Harpokr .*ἐπαίζων*.
Etymol. Magn. S. 254, 29 . *ἑκάσαι: τὸ διαφθείρειν τοὺς δικάζοντας ἢ
τοὺς ἐκκλησιαστὰς χρήμασι καὶ δώροις. — πρῶτον δέ φησι δεκάσαι
Μέλητα.*
3) Demosth. Philipp. III, 39 u. 40.
4) Plutarch Aristeid. 4.
5) Plutarch Perikl. 32. Vgl. Xenoph. Hellen. I, 7, 2.
6) Aeschin. v. d. Trugges. 161 *ἠλυέταυν τιτὶ, ἐκ τοῦ πολέμου
αὐτὸ τῶν ἐμπείρων εἰσαγώγων καὶ τῶν δημοσίων προσόδων*. Schon
Solon bei Demosth. v. d. Trugges. 255 sagt: *οὐδ᾿ ἱερῶν κτεάνων οὔτε
τι δημοσίων φειδόμενοι κλέπτουσιν*. Xenoph. Anab. IV, 6, 16 *ἐγὼ
ὑμᾶς τοὺς Ἀθηναίους ἀκούω δεινοὺς εἶναι κλέπτειν τὰ δημόσια*.
7) Aristot. Polit. V, 7 S. 173.

welche dahin abzielten,[1] allein das Uebel nahm nur noch zu, so
dass Phokion äusserte, er werde den Athenern erst dann zum
Kriege rathen, wenn er sähe, dass die junge Mannschaft sich an
Disciplin gewöhnte, die Reichen Geld steuerten und die Redner
aufhören wollten, die Staatskasse zu bestehlen.[2] Vollends traurig ist das Bild, welches Polybios entwirft, wenn er sagt, wenn
bei den Griechen den Staatsbeamten auch nur ein Talent anvertraut werde, so könne man trotz zehn Controllbeamter und eben
so vieler Siegel und doppelt so vieler Zeugen die Treue nicht aufrecht erhalten.[3]

Am greliosten traten diese Zustände in Athen hervor, wo in
den blühendsten Zeiten der Demokratie durch die Einkünfte,
welche aus den Abgaben der Bundesgenossen, aus dem lebhaften
Handel und sonstigem Verkehr eingingen, die Mittel reichlich flossen,
um einer grossen Anzahl von Bürgern auch ohne ausreichenden
Besitz und ohne Arbeit die Existenz zu ermöglichen und dadurch
der Neigung, sich möglichst jeder Erwerbsthätigkeit zu entziehen,
bedeutenden Vorschub zu leisten. Das bekannte Wort Platons,
Perikles habe die Athener träge, feig, geschwätzig und geldgierig gemacht, indem er sie zuerst gewöhnte Sold zu empfangen,[4]
mag immerhin hart erscheinen, indem es jenem Manne allein
Schuld an dem giebt, was zum Theil andere Verhältnisse verschuldet haben, in der Sache aber ist es wohlbegründet. Denn
indem jeder einzelne sich gewöhnte, alles vom Staate zu erwarten, schwand nicht allein die Opferfreudigkeit für das Ganze, so
dass niemand mehr ohne Ehrenbezeugungen und ohne klingen-
den Lohn für das Gemeinwohl etwas thun mochte, sondern es
ging auch die Lust verloren, durch eigne Arbeit sich eine befrie-
digende Existenz zu verschaffen.[5] Die Folge war nicht allein
ein Zurückgehen der wirthschaftlichen Verhältnisse und ein Sin-

---

1) S. Böckh Staatsh. I S. 263 ff.
2) Plutarch Phokion 23.
3) Polyb. VI. 56.
4) Platon Gorgias S. 515ᶜ.
5) Vgl. Aristoph. Ritter 576 f. τῆν δ᾽ ἐάν μὴ προσδέξαι γέρουσι
καὶ τὰ σίτια, οὐ μαχεῖσθαι φασιν. Isokrat. Aeropag. 82 οὐδ᾽ τίς Ἱκε-
τάσεις ἔχοντι τολμᾶμεν, ἢν μὴ λαμβάνωσιν ἀργύριον.

ken des Wohlstandes im Allgemeinen, sondern auch die Nothwendigkeit, in der Wahl der Mittel, den Unterhalt zu beschaffen, nicht allzu genau und gewissenhaft zu sein, so dass selbst
Staatsmänner erklärten, sie seien durch die Armuth der Menge
zu einer ungerechten Behandlung der Unterthanen gezwungen.[1]
Aehnliche Zustände, wenn auch weniger scharf ausgeprägt,
mögen auch in anderen Staaten Griechenlands vorhanden gewesen sein.

Es bleibt uns noch übrig, mit wenigen Worten einer Seite
der Erwerbsthätigkeit zu gedenken, welche für das griechische
Alterthum nicht im entferntesten die Wichtigkeit besitzt, welche sie
in der Neuzeit gewonnen hat, der Arbeit der Frauen, natürlich
nur in so weit, als die Freien dabei in Betracht kommen. Die
allgemeine Sitte wies in Griechenland dem weiblichen Geschlechte
das Haus als die Stätte seiner Thätigkeit an, in welchem es
seine Aufgabe erfüllte, indem es die Ordnung aufrecht erhielt
und für die Erhaltung und Verwendung des vorhandenen Besitzes
sorgte.[2] An eigentlichen Arbeiten war den Frauen, vielleicht die
ärmsten Familien ausgenommen, nichts anderes übertragen, als
das Spinnen und Weben, diese Arbeit aber so allgemein, dass
wohl in keiner Zeit irgend eine Frau, selbst die der vornehm-
sten Häuser nicht ausgenommen, sich derselben entzug.[3] Wenn
so allerdings die Frauen mittelbar für den Erwerb arbeiteten,
indem sie dazu beitrugen den Besitz zu erhalten oder auch zu
vermehren und den Werth desselben zu erhöhen, so ist eine
unmittelbare Erwerbsthätigkeit denselben nur ausnahmsweise zuge-
muthet worden.[4] Schon bei Homer heisst der Lohn, den eine

---

1) Xenoph. v. d. Eink. 1, 1 ἐπεὶ δὲ τῶν Ἀθήνησι προεστηκότων
λέγοντά τινες ὡς γιγνώσκουσι μὲν τὸ δίκαιον οὐδενὸς ἧττον τῶν
ἄλλων ἀνθρώπων, διὰ δὲ τὴν τοῦ πλήθους πενίαν ἀναγκάζεσθαι ἐσμε-
σαν ἀδικώτεροι εἶναι περὶ τὰς πόλεις. Vgl. 6, 1. Isokrat. Areopag. 63
τῶν δὲ πλείους ἡμῖν οἱ σπανίζοντες τῶν ἐχόντων.
2) B. Xenophon Oekon. 7 ff. Platon Menon 8. 71*; Gess. VII
S. 806*.
3) Vgl. St. John The Hellenes I S. 376.
4) Auf einen solchen Ausnahmefall scheint das namenlose Citat bei
Suidas Ταλασιουργία zu gehen: Ὁ δὲ τὰς Ἰηγησίας ἐπιράτο ποιεῖν
ταλασιουργοὺς καὶ χερνήτιδας.

Frau durch Spinnen verdient, ein ungeziemender[1] und noch viel
mehr musste er in der späteren Zeit unter veränderten Verhältnissen unpassend erscheinen. Als Sokrates einem gewissen Ari-
starchos, der in der traurigen Zeit der Anarchie nicht wusste,
wovon er seine Familie ernähren sollte, den Rath gab, die
Frauen im Hause Gewebe zum Verkauf anfertigen zu lassen,
zeigte sich derselbe über diese an freie Frauen gestellte Zumu-
thung ausserordentlich erstaunt.[2] Freilich mochten solche Zeiten der Noth manche freigeborene Frau zwingen, als Amme,
Tagelöhnerin oder mit andrer ähnlicher Arbeit ihren Lebensunterhalt zu erwerben, wie die Frau in einer Komödie des Aristophanes, deren Mann im Kriege geblieben ist und die nun sich
und ihre fünf Kinder durch Kränzewinden ernährt, aber die
öffentliche Meinung fand doch in solchen Beschäftigungen etwas
entehrendes.[3] Das Geschäft der Hebammen scheint allerdings
von freien Frauen getrieben und auch wohl, wie andere ärztliche
Hülfsleistung bezahlt worden zu sein.[4]

- - - - - - -

Zweites Kapitel.

Unter den Erwerbsthätigkeiten, zu deren Betrachtung im
Einzelnen wir uns nun wenden, steht der Ackerbau oben an.
Es ist schon oben bemerkt worden, wie derselbe in den homerischen Zeiten eine Hauptbeschäftigung gebildet hat, nicht minder ist derselbe in den historischen Zeiten in den meisten Gegenden Griechenlands trotz des nicht durchaus günstigen Bodens, aber
unterstützt durch ein glückliches Klima mit Eifer betrieben worden.
Thessalien, welches unter die fruchtbarsten Gegenden Griechen-

---

1) Homer Ilias μ, 433.
2) Xenophon. Comment. II, 7.
3) Demosth. geg. Eubulid. 35 und 45. Aristoph. Thesmophor.
446 ff.
4) Vgl. Sokrates Mutter bei Platon Theaet. S. 149. Vgl. Welcker
Kleine Schr. III S. 195.

lands gerechnet wird, besass getreidereiche Ebenen;[1] Bœotien lieferte reichlich trefflichen Weizen, der noch schwerer ausfiel, als der sicilische;[2] im opuntischen Lokris und in Phokis waren die wenig umfangreichen Ebenen vortrefflich angebaut.[3] Attika trug wenigstens Gerste, für die sein Boden ganz besonders geeignet war,[4] und die Megareer suchten durch sorgsamen Anbau selbst ihrem felsigen Lande Frucht abzugewinnen.[5] Verhältnissmässig den reichsten Ertrag gab der Peloponnes, wo man allerdings mit dem höchsten Fleisse jedem nur einigermassen culturfähigen Flecke ohne Ernte abzuringen wusste und dessen Bewohner insgesammt von Thukydides geradezu als Ackerbauer bezeichnet werden.[6] Hier ist die Ebene zwischen Korinth und Sikyon wohl angebaut und als die reichste Gegend bekannt gewesen,[7] Phlius soll seinen Namen von dem Strotzen des fruchtbaren Landes erhalten haben.[8] In Argos war bei der Verschiedenheit

---

1) Thukyd. I, 2. — Homer Ilias β, 695 Πύρασον ἀνθεμόεντα, .ἱήμηνος τέμενος. Vgl. Strabo IX S. 435. Steph. Byzant. Ἀρμήτριον und Πύρασος. Athen. III S. 112ᵃ. Kriegk Die thessalische Ebene S. 40.

2) Euripid. Phoenis. 647 f. Theophr. Pflanzengesch. VIII, 4, 5. Dikæarch I, 21. Pausan. IX, 38, 4 Ἄσχρη μὲν πατρὶς πολυλήιος. Vgl. O. Müller Orchomenos S. 77.

3) Strabo IX S. 425 μεταξὺ Ὀποῦντος καὶ Κύνου πεδίον εὔδαιμον. S. 416 τὸ Κρισσαῖον πεδίον εὔδαιμον. Ueber die Kephissoebene in der Gegend von Elatein Theophr. Pflanzengesch. VIII, 8, 2; Pausan. X, 33, 7.

4) Theophr. Pflanzengesch. VIII, 8, 2 Ἀθήνησι μὲν αἱ κριθαὶ τὰ πλεῖστα ποιοῦσιν ἄλγιστα, κριθοφόρος γῆρ ἀρίστη.

5) Isokrat. v. Frieden 117 Μεγαρεῖς δὲ — πέτρας γεωργοῦντες μεγίστους οἴκους τῶν Ἑλλήνων κέκτηνται.

6) S. Curtius Peloponn. I S. 78. Thukyd. I, 142 γεωργοὶ καὶ οὐ θαλάσσιοι.

7) Auf die Frage Πῶς ἂν πλουτήσαιμι, Διὸς καὶ Ἀητοῦς υἱέ; gab das Orakel die spottende Antwort: Εἰ τὸ μέσον κτήσαιο Κορίνθου καὶ Σικυῶνος. Athen. V S. 219ᵃ. Lukian Charomen. 18. μέγη φρονοῦσι ἐπὶ τῷ τὸ Σικυώνιον πεδίον γεωργεῖν. Vgl. Curtius Peloponn. II S. 482.

8) Schol. zu Apollon. Rhod. I, 115 Φλιοῦς ἀπὸ τοῦ φλύειν τὸν οἶνον. Stephan. Byzant. Φλιοῦς: παρὰ τὸ φλεῖν, ὅ ἐστιν εὐκαρπεῖν. Aelian. Verm. Gesch. III, 41 τὸ πολυκαρπεῖν οἱ ἀρχαῖοι ὠνόμαζον φλύειν.

der Bodenverhältnisse in den einzelnen Landestheilen die Fruchtbarkeit ungleich, aber selbst in den wasserarmen Gegenden bebaute man fleissig das Land, indem man den natürlichen Mangel durch künstliche Bewässerung auszugleichen suchte.[1] Von Lakedæmon war nur die Eurotasebene fruchtbar, welche die Spartiaten für sich in Besitz genommen hatten, an den Bergabhängen suchten die Periöken mit mühevoller Arbeit dem Boden so viel als möglich abzugewinnen.[2] Am lohnendsten aber war der Ackerbau in der messenischen Ebene, wo das Getreide an manchen Stellen dreissigfältige Frucht gab;[3] auch Elis hatte trefflichen Boden und war schon in alten Zeiten durchgängig wohl angebaut.[4] In Achaia gaben wenigstens die schmalen Küstenebenen einen reichen Ertrag.[5] Die Inseln dagegen, welche meist gebirgig sind, hatten deswegen fast alle kein für die Devölkerung ausreichendes Ackerland;[6] doch war unter den grösseren Euböa an Fruchtbarkeit vor allen ausgezeichnet,[7] auch Zakynthos erfreute sich des Ruhmes der Fruchtbarkeit,[8] Korkyra war ganz vorzüglich angebaut.[9]

Mit nicht geringerem Eifer als dem Bestellen des Ackers hat sich auch die Thätigkeit der Griechen der Gärtnerei zugewendet. In diesem Zweige nimmt der Weinbau die erste Stelle ein, der ganz besonders stark und erfolgreich auf den Inseln, aber auch auf dem Festlande an den Abhängen der Berge sorg-

---

1) S. Curtius Peloponn. II S. 341.

2) Ebend. S. 209. Strabo VIII S. 366 τὴν γὰρ ᾳnxwτικήν ᾳησιν (Εὐριπίδης) ἔχειν πολὺν μὲν ἄροτον, ἱππότιν δ᾽ οὐ ὑράσιον.

3) Messenien ist bei Homer Odyss. γ, 495 πεδίον πυρηφόρον. Euripid. bei Strabo VIII S. 366. Pausan. IV, 4, 3. Vgl. Curtius Peloponn. II S. 122 f.

4) Pausan. V, 4, 1. Ἠλείαν — ἀγαθὴν οἶσαν καὶ ἐξειργασμένην διὰ πάσης. Vgl. S, 2; VI, 26, 6. Strabo VIII S. 344 εὐκαρπός ἐστιν ἡ Τριφυλία. — Curtius Peloponn. II S. 3 u. 20.

5) Curtius Peloponn. I S. 408.

6) Isokrat. Panegyr. 132 sagt von den Inselbewohnern: διὰ σπανιότητα τῆς γῆς ὀρη γεωργεῖν ἀναγκαζομένοις.

7) Herod. V, 31. Isokrat. Panegyr. 108.

8) Plinius Naturgesch. IV § 54. Zacynthus fertilitate praecipue.

9) Xenophon Hellen. VI, 2, 6.

sam betrieben, einen Ertrag gab, der nicht allein für den eignen Gebrauch genügte, sondern auch ein ansehnliches Material
für die Ausfuhr in das Ausland lieferte.[1] Beschränkter war
den natürlichen Verhältnissen gemäss die Cultur der Olivenpflan-
zungen; hier übertraf Attika alle anderen Gegenden Griechenlands, diesem Lande zunächst stand Sikyon, doch lieferten auch
Chalkis auf Euboea, Samos und Kypros einen nicht unbedeutenden Ertrag.[2] Unter dem Obste sind nur die Feigen von grösserer Bedeutung, die am besten in Attika gewonnen wurden, weniger angebaut wurden andere Obstsorten und Schalenfrüchte, wie
Mandeln und Nüsse. Küchengärtnerei wurde sehr lebhaft in
Boeotien betrieben;[3] Blumenzucht muss bei dem starken Verbrauch von Blumen wenigstens in der Nähe grösserer Städte
eine lohnende Beschäftigung gewesen sein.

Dass die zur Bebauung des Landes verwendeten Arbeitskräfte grösstentheils die von Sklaven und Leibeigenen waren,
ist schon oben bemerkt worden; die eigne Thätigkeit des Land-
besitzers war je nach dem Wohlstande desselben und der Grösse
des Gutes verschieden bemessen. Auf grösseren Gütern beschränkte
sich dieselbe auf die allgemeine Anordnung und Ueberwachung
der Arbeiten und vielleicht auf die etwa nothwendige Rechnungs-
führung,[4] während die Beaufsichtigung im Einzelnen Sklaven, die
besonders zu diesem Zwecke angestellt waren, überlassen blieb.[5]
In bescheideneren Verhältnissen war der Herr natürlich geno-
thigt, selbst bei den Arbeiten Hand anzulegen. Perikles bezeichnet in einer von Thukydides mitgetheilten Rede die Peloponne-
sier als solche, die keinen reichen Besitz hätten und mit eigner

1) Zu der von Hermann Griech. Alterth. III § 26, 2 angeführten
Literatur über die griechischen Weine sind noch hinzuzufügen die Abhand-
lungen von Osann im Rhein. Mus. 1835 S. 341 f. Klotz Archiv Bd. XVIII
S. 533. Casseler Philol. Vers. 1843 S. 24 ff. Philologus III S. 324.

2) Von Attika s. die Stellen bei Kruse Hellas II, 1 S. 45; von
Sikyon Gompff Sicyonica S. 16 ff.; von Chalkis Dikaearch 50; Samos
heisst bei Aeschyl. Pers. 879 εὐοίνοτος; vgl. Athen. II S. 66 f.; von
Kypros Strabo XIV S. 684.

3) Vgl. II. Wiskemann Die antike Landwirthschaft S. 8.

4) Xenoph. Oekon. 11, 16. Vgl. Oeopon. II, 1.

5) Xenoph. Oekon. 12, 2 ff. Vgl. auch Plutarch Perikl. 16.

Arbeit das Feld behauten,[1] und das Beispiel, welches Xenophon
in seiner Kyropädie aufstellt, indem er von einem Perser spricht,
der gezwungen von seiner Hände Arbeit zu leben selbst seinen
Acker bestellt und seinen Sohn, sobald derselbe herangewachsen
ist, zu gleicher Thätigkeit anhält, hat sich in Griechenland gewiss
oft genug wiederholt.[2] In Arkadien hatte sich die Sitte der Vorzeit,
den eignen Acker mit eigner Hand zu bauen bis in die spätesten Zeiten dergestalt erhalten, dass selbst Männer wie Philopoemen, die die ersten Stellen im Staate einnahmen, von dieser
Beschäftigung nicht abliessen.[3] Die besondere Vorliebe für das
Landleben, die wir auch anderwärts, z. B. in Elis, in Tanagra,
in der älteren Zeit wenigstens bis zum peloponnesischen Kriege
selbst in Attika erwähnt finden,[4] bethätigte sich in vielen Fällen
auch wohl in persönlicher Theilnahme an den Arbeiten der Landwirthschaft; Strepsiades in den Wolken des Aristophanes scheut
sich nicht vor dem Schmutze der Landwirthschaft, er riecht nach
Käse, Weintrübern und Wollvliessen.[5] Ausserdem hat man bei
dem Landbau noch eine ziemliche Zahl von Tagelöhnern beschäf-

---

1) Thukyd. I, 141 αὐτουργοί τε γάρ εἰσι Πελοποννήσιοι καὶ οὔτε
ἰδίᾳ οὔτ᾽ ἐν κοινῷ χρήματά ἐστιν αὐτοῖς, wo der Scholiast bemerkt,
αὐτουργοὶ δὲ ἐκεῖνό ν τὴν γῆν ἐργαζόμενοι πάντες δοῦλοι. Diese Bedeutung des Wortes αὐτουργός findet sich bestimmt auch bei Xenophon
Oekon. 5, 4; Kyrop. VII, 5, 67; Aelian Verm. Gesch. I, 31, vgl VII, 5,
während bei Thukyd. I, 142 die αὐτουργοί als Landleute schlechtweg den
seefahrenden, also handeltreibenden Nationen und bei Platon Sophist.
S. 223d als Producenten den Händlern entgegengesetzt sind. Vgl. Aelian
Verm. Gesch. XII, 43.

2) Xenoph. Kyrop. VIII, 3, 37.

3) Philostrat. Leben d. Apollon. v. Tyana S. 161 Kayser, wo von
den ländlichen Arbeiten, zu denen die Arkader vieler Sklaven bedurften,
die Rede ist, heisst es καὶ τοῦτο ἐκ παίδων γυμναζόντων. Plutarch
Philopoem. 4.

4) Von Elis Plutarch IV. 73, 7; von Tanagra Dikaearch 21 πάντες γεωργοί, οὐκ ἐργάται. Von Attika Thukyd. II, 14; Isokrat. Areopag. 52. Vgl. Reynier De l'économie publique et rurale des Grecs
S. 356.

5) Aristoph. Wolken 43 ff. Vgl Lukian Hetärengespr. 7, 3 wo der
Sohn eines Landmannes von Acharnae, der doch der Hetäre zwei Minen
zum Geschenk bringt, ἐργάτης κατάρρας ἀπόζων genannt wird.

ligt, namentlich wohl für solche Arbeiten, die wie die Ernte, in
bedeutendem Umfange in einer kurzen Zeit ausgeführt werden
mussten, so dass die gewöhnlichen Arbeitskräfte nicht ausreichten. Es wird weiter unten über diese Arbeiter genaueres beigebracht werden.

Der Ackerbau besteht, wie Theophrast sagt, in der Kunst
der Natur nachzuhelfen, indem derselbe da hinzuthut, wo die Verhältnisse von Natur mangelhaft erscheinen, und die vorhandenen
Hindernisse beseitigt.[1] Eine solche nachhelfende Thätigkeit fand
bei den Griechenland eigenthümlichen Bodenverhältnissen ein weites Feld. Der Ebenen zunächst, welche unmittelbar dazu geeignet sind, die Aussaat aufzunehmen und Frucht zu tragen, giebt
es verhältnissmässig wenig, vielmehr überwiegen die gebirgigen
und steinigen Landschaften, die grösserer oder geringerer Arbeit
und Sorgfalt bedurften, um zum Anbau fähig gemacht und erhalten zu werden. Und diese Arbeit, welche um so nothwendiger
wurde, da die Bevölkerung meist ziemlich dicht war und in vielen Gegenden wenig andere Hülfsquellen für ihre Existenz besass,
ist in hohem Grade angewendet worden. „Die künstlichen Ter-
rassen," sagt ein neuerer Schriftsteller, „welche man an allen
Berglehnen im Peloponnes findet, bezeugen dem Reisenden, wie
sorgsam und unverdrossen man einst jeden culturfähigen Platz
für den Anbau zu gewinnen suchte."[2] Es mag hier noch einmal
auf die oben angeführte Thatsache hingewiesen werden, dass
man selbst in Pachtcontracte die Bestimmung aufnahm, dass aus
dem verpachteten Grundstücke keine Erde weggeführt werden
dürfe. Nicht geringere Aufmerksamkeit und Anstrengung als der
Boden selbst erforderte die Bewässerung, indem man theils dem
Wassermangel, wie in Argos, auf künstlichem Wege abhelfen,
theils die Gefahren, welche die unregelmässig strömenden Gebirgs-
wasser brachten, durch Eindämmung und durch Regulierung der

---

1) Theophrast v. d. Ursachen der Pflanzen I, 16, 11 ἅμα γὰρ καὶ
τελείωσις γίνεται τῆς φύσεως ὅταν ὧν Ἕλληνες τυγχάνῃ ταῦτα προσ-
λάβῃ, διὰ τέχνης οἷον τροφῆς τε ποιότητα καὶ ἀφθονίαν καὶ τῶν
ἐμποδιζόντων καὶ τῶν κωλυόντων ἀφαιρέσεις. II. 1, 1 ἡ διάνοια βοηθεῖν θέλει τῇ φύσει. Vgl. Reynier a. a. O. S. 380.

2) Curtius Peloponnes I S. 78.

von der Natur gebildeten Abzüge abwenden musste.[1] Von den Anstrengungen, die man in dieser Hinsicht gemacht und die nur durch Aufbietung der vereinten Kräfte der gesammten Bevölkerung einer Landschaft möglich wurden, geben die Arbeiten in Argos, die man dem Danaos zuschrieb,[2] die in Arkadien, welche Herakles ausgeführt haben sollte,[3] und deren hohes Alter schon jene Verbindung mit den mythischen Heroen bezeugt, sowie die grossartigen Anlagen am kopaischen See in Boeotien ein glänzendes Zeugniss.[4] Auch die gehörige Vertheilung des vorhandenen Wassers an die einzelnen Grundstücke durch Kanäle und Gräben ist ein Gegenstand aufmerksamer Sorgfalt nicht bloss für die einzelnen Landbesitzer,[5] sondern auch für die Staatsregierungen gewesen, welche besondere Beamte mit der Aufsicht über die vorhandenen Anlagen betrauten und von alten Zeiten her durch Gesetze dahin wirkten, dass niemand zum Schaden eines andern unerlaubten Gebrauch von den Wasserzügen mache.[6] Die in Attika zum Theil noch erhaltenen und benutzten Anlagen, welche zur regelmässigen Bewässerung der Gärten dienten,[7] geben einen hohen Begriff von der Sorgfalt, die man diesem

1) S. Platon Ges. VI 8. 761ᵇ.

2) Hesiod. bei Eustath. zu Homer Ilias *d*, 171. Ἴργος ἄνυδρον ἐὸν Δαναός πο[ί]ησεν ἔνυδρον. Strabo I S. 23. Ἰαναὸν τὰ ὕδεια τὰ ἐν Ἄργει παραδείξαντα.

3) Von den Abzugshöhlen bei Pheneos Pausan. VIII, 14, 2; vgl. 13, 5 u. 20. Von einem Damm bei Stymphalos ders. VIII, 23, 2.

4) Ueber die Katabothren des kopaischen Sees Wachsmuth Hellen. Alterth. I S. 21. Lindermayer im Ausland 1865 nr. 17 S. 393 ff.

5) Homer Ilias *φ*, 257 ff. Theognis 682. Sophokl. Oedip. Kolon. 686. Platon Tim. S. 77ᵉ. Xenoph. Anab. II, 4. 13. Vgl. die hiervon genommenen Bilder bei Eurip. Bakch. 479. Schutzfl. 1111. S. auch St. John The Hellenes II S. 371.

6) κρηνῶν ἐπιμεληταί Aristot. Polit. VI, 5 S. 210. Platon Ges. VIII S. 844ᵃ ἐάν τις τῶν ὑδάτων πέρι γεωργοῖσι παλαιὰ καὶ κοινὰ νόμοι κείμενοι u. s. w. und giebt dann nähere gesetzliche Bestimmungen, die wahrscheinlich im Ganzen mit wirklich vorhandenen übereinstimmten. Plutarch Themistokl. 31. Suidas Παραχύτειοι — ὁ τὸ ἕτερον ἐδηγνὸ εἰς ἕτερον ἐπιφυλλεῖ, ἢ μεταφέρει τὸ ὕδωρ.

7) Böttieher im Philologus XXII S. 223 f. Vgl. auch Demosthen. geg. Polykl. 61.

Gegenstände zuwandte, und die Regeln, welche die landwirthschaftlichen Schriftsteller geben, um Wasser in der Erde ausfindig zu machen,[1] zeigen, wie sehr jeder einzelne Landwirth
unausgesetzt der Bewässerung seine Aufmerksamkeit schenken
musste. An anderen Stellen erforderte dagegen die Entwässe-
rung nassen Landes und die Ableitung stehender Gewässer nicht
weniger Arbeit.[2]

Durch das Zusammentreffen der Gebirge und der Seeküste
in den mannigfachsten Verhältnissen bildeten sich in den verschiedenen Gegenden Griechenlands sehr verschiedene natürliche
Bedingungen für die Cultur des Landes. Auf die Beobachtung
dieser Bedingungen und ihre Benutzung für den Landbau haben
die Griechen eine besondere Aufmerksamkeit verwendet. Ausser
der Sammlung von Excerpten aus landwirthschaftlichen Schriftstellern verschiedener Zeiten, welche unter dem Titel Geoponika
erhalten sind, enthalten namentlich die Bücher Theophrasts von
den Ursachen der Pflanzen eine grosse Anzahl bis in die kleinsten Einzelheiten gehender Bemerkungen über den Einfluss des
Landes nach Bodenbeschaffenheit und Klima, der Jahreszeiten,
der Witterungsverhältnisse in Wärme und Kälte, Wind, Regen
und Trockenheit auf die verschiedenen Gewächse und deren
Anbau und es fehlt dabei nicht an Hinweisungen, dass diese
Beobachtungen nicht bloss auf dem wissenschaftlichen Interesse
des Naturforschers beruhen, sondern ihre praktische Verwerthung
in der Landwirthschaft fanden, ja dass diese Beobachtungen viel
eher von den Landwirthen als von dem Naturforscher angestellt
worden sind.

Obwohl die Verfahrungsweisen bei der Bestellung des Ackers
im Einzelnen in verschiedenen Gegenden und auf verschiedenen
Gütern von einander abgewichen sein mögen, so ist doch im
Ganzen überall dasselbe System beobachtet worden. Ueber die
ältesten Zeiten fehlt es uns zwar an Andeutungen, in welcher
Weise der Ackerbau betrieben worden sein mag, doch ist die
von Roscher ausgesprochene Ansicht nicht unwahrscheinlich, dass

---

1) Geoponika II, 4 — 7.
2) Theophrast v. d. Urs. d. Pfl. III, 6, 3. Xenophon Oekon. 20, 12.

die Sage vom Augias, der den Jahre lang aufgelauflen Mist aus seinen Viehställen vom Herakles durch einen hineingeleiteten Fluss fortschaffen liess, auf eine Stufe des Ackerbaues hindeute, auf der man den Boden ohne weitere Bearbeitung und Düngung benutzte, so lange er Frucht zu tragen im Stande war.[1] Beim Homer finden wir bereits Düngung und Brachpflügung allgemein üblich, obwohl sich aus den wenigen Andeutungen nicht erkennen lässt, in welcher Weise der gesammte Acker für diese Bearbeitung eingetheilt wurde,[2] doch lässt sich annehmen, dass man stets jedes Ackerstück nach der Ernte das nächste Jahr hindurch habe brach liegen lassen. Denn wir finden, dass man noch bis in die späteste Zeit hinein dieses System befolgte, während von einem Dreifeldersystem oder gar von einer Wechselwirthschaft nur höchst unsichere Spuren entdeckt werden können.[3]

---

1) Roscher System der Volkswirthschaft II § 35.

2) Homer Odyss. ρ, 297 ff. von der Düngung; das Brachfeld, νειός, wird erwähnt Odyss. ε, 127; ν, 32; Ilias ι, 353; σ, 542.

3) Dass man für die Saat das Brachfeld vorbereiten muss, setzt Xenophon Oekon. 16, 10 als etwas allgemein bekanntes voraus. Vgl. Theophr. v. d. Urs. d. Pfl. III, 20. Geopon. II, 18, 1; III, 3, 10; 11, 8. Am deutlichsten ist Suidas Ἐᾶν καλάμῃ ἀροῦν· Ἔθος ἐστὶ τοῖς γεωργοῖς παρ' ἑαυτὸν ἀργὸν καταλείπειν τὴν γῆν, ὅπως ἀκεραίοις ἐντρέφῃ τοὺς καρπούς, ὡς μὴ κατ' ἔτος τοῖς σπέρμασι πονοῖτο. Ἀσίας ἐν τῷ πρὸς τὸν Πύλιμον λόγῳ διαβάλλων τινὰ τῶν ἀπλήστων γεωργῶν τὰ ἐν τῇ γῇ καταχρώμενον καὶ κατ' ἔτος ἐξαπαλίζοντα τὴν ἰσχὺν αὐτῆς φησίν. Οὗτοσὶ δὲ πυροῖς ἐπὶ καλάμῃ ἀροῖ, τοῦτ' ἔστιν ἀεὶ σπείρων οὐδεμίαν ἄνεσιν τῇ γῇ δίδωσιν. Vgl. Reymier a. a. O. S. 366 ff. Roscher a. a. O. sagt: „Hesiod schildert Wintersaat, Sommersaat und Bracho, also Dreifeldersystem; dagegen lehrt Xenophon eine hochcultivirte Wechselwirthschaft." An der für die Sommersaat angeführten Stelle Werke und Tage 445 ff. ist nur vom Pflügen die Rede; die Stelle bei Xenoph. Oekon. 17, 9 f. zeigt doch nur, dass man auf ärmerem Lande wohl die grüne Saat als Dünger unterpflügte, nicht aber, dass man einen regelmässigen Wechsel zwischen Getreidebau, Futterbau und Brachbearbeitung vornahm, zumal da jene Stelle, die ausdrücklich davon handelt, dem Lande gleichsam Nahrung zuzuführen (ἣν μὲν ἐμβαλὼν τὸ σπέρμα τῇ γῇ ἔπειτα ἐν ᾧ πολλὴν ἔχει τροφὴν ἡ γῆ ἀπὸ τοῦ οὐρανοῦ χλόης γενομένης ἀπὸ τοῦ σπέρματος καταστρέψῃς αὐτὸ πάλιν, τοῦτο γίγνεται σῖτος τῇ γῇ, καὶ ὥσπερ ὑπὸ κόπρου ἰσχὺς αὐτῇ ἐγγίγνεται), die

Die dichte Bevölkerung Griechenlands und die grosse Zerstückelung des Grundbesitzes musste von selbst darauf führen,
den Ackerbau möglichst intensiv zu betreiben, aber es lag in
der Natur der Verhältnisse, dass man dies weniger durch Zuführung von Kapitalien als durch Verstärkung der Arbeit zu erreichen suchte, da wie sich dies später zeigen wird, die Beschaffung von Kapitalien mit grossen Schwierigkeiten verbunden war,
Arbeitskräfte aber in den Sklaven in grösserer Menge leicht zu
erhalten waren. Es zeigt sich dies am deutlichsten darin, dass
selbst die nothwendigsten Ackergeräthschaften fortdauernd ausserordentlich einfach, ja mangelhaft geblieben sind. Der Pflug
zunächst scheint seit den Zeiten Homers keine oder nur sehr
unwesentliche Aenderungen erlitten zu haben.[1] Schon in jenen
Zeiten finden wir zwei Arten desselben in Gebrauch, den einfachen und den zusammengesetzten,[2] von denen der letztere nach
Hesiods Angaben aus einem Schaarbaum von Eichenholz und
einer Deichsel von Lorbeer- oder Ulmenholz besteht, die durch
ein aus dem Holze der Steineiche verfertigtes Krummholz verbunden sind.[3] Diese Theile sind durch Pflöcke zusammengefügt.[4]
An dem Schaarbaum ist die eiserne Pflugschaar befestigt, in
das Krummholz die Pflugsterze gesteckt, mit welcher der Pflüger
den Pflug führt und in die Erde drückt.[5] An der Spitze der

---

von Hoscher angenommene Möglichkeit, dass man die grüne Saat verfüt-
tert habe, ausschliesst. — Vgl. noch Plinius Naturgesch. XVIII § 176
novale est, quod alternis annis seritur.

1) Vgl. Ginzrot Die Wagen und Fuhrwerke der Griechen und Römer.
München 1817. Monget in den Mémoires de l'Institut, Abth. Histoire et
litér. anc. II 8, 616. 1815. Rau Geschichte des Pfluges Heidelberg 1840.
Richtsteig De aratro Hesiodeo et Virgiliano hinter der Abb. De nostrae
aetatis indole et conditione rerum rusticarum. Bresl. 1812.

2) Hesiod. Werke u. Tage 432 f. δοιὰ δὲ θέσθαι ἄροτρα · αὐτό-
γυον καὶ πηκτόν. Vgl. Homer Odyss. ν, 32; Ilias ρ, 303.

3) Schaarbaum ἔλυμα Hesiod. 436; Krummholz γύης 427 u. 436;
Deichsel ἱστοβοεύς 435. Vgl. auch zugleich für das Folgende Pollux I, 252.

4) Hesiod. 430 ἐν ἐλύματι πήξας γόμφοισιν πελάσσας προσαρήρει-
ται ἱστοβοῆι.

5) Pflugschaar ὕνις oder ὕννις, Artemidor II, 24; Geopon. II, 2, 3.
Die Spitze derselben hiess ῥύγχη, Pollux u. a. O. — Sterze ἐχέτλη

Deichsel wird vermittelst eines hölzernen Nagels das für beide
Zugthiere gemeinsame Joch befestigt.[1] das auf den Nacken gelegt
und durch einen Riemen unter dem Halse festgehalten und
zugleich wieder mit diesem an dem erwähnten Nagel festgebunden
wurde.[2] Der einfache Pflug dagegen bestand in einem gekrümmten Baume, wie ihn die Natur selbst bot, der zugleich Deichsel,
Krummholz und Schaarbaum bildete, so dass das untere Ende
nur mit Eisen beschlagen oder mit einer Pflugschaar versehen
wurde.[3] Ein Streichbrett scheint keiner von beiden Pflügen gehabt
zu haben. Eine weitere wesentliche Verschiedenheit haben die
Pflüge zu keiner Zeit bei den Griechen gehabt, ausser dass dieselben, je nachdem es die Beschaffenheit des Bodens verlangte,
kleiner oder grösser, und die Pflugschaar auf flacheres oder tie-
feres Pflügen eingerichtet war.[4] Dieses Werkzeug leistete nun keineswegs alles, was ein Pflug leisten müsste. Daher scheint man
noch neben demselben erforderlichen Falles grössere Erdschollen
mit einem besonderen Werkzeuge zerschlagen zu haben[5] und
statt des Pflügens wurde sehr häufig das Umgraben mit mannig-

---

Hesiod. 467. Der Griff, in welchen der Pflüger mit der Hand fasst, ist
χειρωλαβής, die Stelle, wo die Sterze befestigt ist, ἐλέη. Pollux a. a. O.

1) Die Spitze der Deichsel hinter dem Joch nennt Pollux κορώνη,
vgl. Apollon. Rhod. III, 1317; es scheint demnach, als ob dieselbe an
dieser Stelle gekrümmt war. Der Nagel heisst ἔνδρυον Hesiod. 469.
Pollux a. a. O.

2) Dieser Riemen wird von Hesiod. 469 μέσαβον. von Pollux a. a. O.
μεσάβοιον, ἱμάσθιον genannt, sonst auch ζυγόδεσμον Pollux I, 146;
ζευγλόδεσμος Homer Ilias ω, 270; ζευγλόδεσμον Hesych., ἀμφιδέτης Artemidor II, 24. Vgl. Pollux I, 252 καταλαμβάνουσι δ᾽αὐτόν, ὅταν
περιελίξωσιν, εἰς τὸ τοῦ ζυγοῦ τρύπημα κυρσίδα ξελίνην ἐμβαλόντες,
ἣ ἐπίσιται ἔνδρυον.

3) Vgl. Panofka Bilder antiken Lebens XIV, 6.

4) μικρὰ ἄροτρα werden erwähnt von Theophr. v. d. Urs. d. Pfl.
III, 20, 5; Geopon. II, 23, 9; III, 1, 10; βραχέα ἄροτρα Geopon. III,
1, 9; βαθέα III, 11, 8; vgl. Theophr. a. a. O. κατὰ βάθος ἀρόπας;
Geopon. II, 23, 14; ἵνα χρῆσθαι βαρυτέρῳ; Plinius Naturg. XVIII
§ 171 ff.

5) Pollux I, 245 erwähnt ein Werkzeug βωλοκόπος und VII.
141 nach Aristophanes das Verbum βωλοκοπεῖν; X, 129 σφῦρα βωλοκόπος. Vgl. Aristoph. Frieden 566 mit den Scholien.

farb gestalteten Hacken und Spaten angewendet, und zwar nicht bloss bei kleineren Grundstücken und in einem solchen Boden, der den Gebrauch des Pfluges nicht zuliess.[1] Namentlich wird das Graben zum tieferen Umarbeiten des Erdreiches empfohlen.[2] Von einer Anwendung der Egge zum Ebenen des aufgepflügten Erdreichs oder zum Unterbringen des Samens unter die Erde habe ich nirgends eine Andeutung gefunden; die Weise, welche Hesiod lehrt, es solle dem Säenden ein Sklave mit einer Schaufel folgen, um den Samen zu bergen, scheint die allgemein übliche geblieben zu sein;[3] noch in einem wohl aus später Zeit herrührenden Artikel der Geoponika heisst es, am besten werde der ausgestreute Same von Menschen untergebracht, damit alles vollständig bedeckt werde, sonst könne man auch mit Ochsen einscharren, worin die letztere Bemerkung allerdings auf den Gebrauch der Egge hinzuweisen scheint.[4] Zum Schneiden des reifen Getreides bediente man sich allgemein der halbkreisförmigen Sichel, eines Werkzeuges, welches nicht allein in seinem Gebrauche bei weitem mehr Arbeit verursacht als die Sense, sondern auch, weil die Arbeit langsamer fortschreitet, die Zeit der Ernte sich aber nicht beliebig ausdehnen lässt, eine grosse Zahl gleichzeitig beschäftigter Arbeiter nöthig macht. Beim Homer werden Kinder dazu verwendet, die einzelnen Bündel, welche die Schnitter mit einem Schnitte abgemäht, zu Garben zusammenzutragen;[5] ob man sich in späterer Zeit dazu geeigneter Werkzeuge bedient, ist nicht geradezu überliefert, aber wahr-

1) Beide Arten der Bodenbearbeitung sind von Alters her üblich gewesen. Vom Margites heisst es: τὸν δ'οὔτ' ἄρ σκαπτῆρα θεὸὶ θέσαν οὔτ' ἀροτῆρα. Vgl. Xenoph. Oekon. 16, 15; Pollux VII, 146.

2) Geopon. II, 23, 12. Theophr. a. a O. III, 20, 8, wo auch bemerkt wird, dass die Thessaler sich zu diesem Zwecke eines Werkzeuges bedienten, das stärker als die gewöhnliche zweizähnige Hacke war und μίσχος hiess. Vgl. Artemidor II, 24.

3) Hesiod. Werke und Tage 469 ff. Ἡσύχ. Ἐπισκαφήες: ὁ μετὰ τὸν ἀροτῆρα Ἐπισκάπτων.

4) Geopon. II, 24, 1 Τὰ σπαρέντα τὸ μὲν κάλλιστον δι' ἀνθρώπων Ἐπισκάπτεσθαι. Ἵνα πάντα καταχωσθῇ, εἰ δὲ μή, κἂν διὰ βοῶν σκαλίσθω.

5) Homer Ilias σ, 553 ff.

scheinlich, da man wenigstens abgeschnittenes Gras mit einer
Harke zusammenholte.[1] Zum Dreschen wurden Rinder, Pferde
und Maulesel verwendet, welche man über die auf der Tenne
ausgebreiteten Aehren trieb, während Leute die letzteren um-
wandten und den Thieren unter die Füsse schoben.[2]
Es geht aus dem eben gesagten deutlich hervor, dass auch
bei den Griechen der Grundsatz galt, den nach Plinius ein Orakel ausgesprochen haben soll, man baue am einträglichsten den
Acker mit dem billigsten Inventar,[3] wobei man freilich davon
absehen muss, dass die Sklaven als gekaufte Arbeiter eigentlich mit zu dem Inventare zu rechnen sind. Desto grösseres
Gewicht hat man aber nach allen Seiten hin auf die Arbeit selbst
gelegt. Durch Arbeit suchte man den Erdboden zu verbessern,
indem man zunächst verschiedene Erdarten mit einander mischte,
leichtere Erde mit schwererer, magero mit fetter, weisse mit
rother, um so die Mängel der einen durch die Vorzüge der anderen, die man durch Beobachtung wohl kennen gelernt hatte,
aufzuheben.[4] Zu demselben Zwecke wendete man in den meisten Gegenden von Griechenland in sehr ausgedehntem Masse die
Düngung an. Die allgemeine Ansicht von der Wirkung des
Düngers scheint dahin gegangen zu sein, dass derselbe das Erdreich lockere, erwärme und demselben Nahrung zuführe.[5] Daher
wusste man auch sehr wohl die verschiedenen Arten des Düngers für verschiedenes Erdreich zu verwerthen.[6] Hauptsächlich

---

1) Die Harke ἀγωνίστη nennt Suidas ein ἐργαλεῖον κηποτρικόν,
δι' οὗ σεράγοται τὸν χόρτον.

2) Homer Ilias ν, 495 ff.; Xenoph. Oekon. 18, 3—5. Vgl. Hesiod
Werke u. Tage 597 ff.

3) Plinius Naturgesch. XVIII. 6 § 39 Quonam igitur modo utilis-
sime coluntur agri? Ex oraculo scilicet, malis bonis; wobei er dann hinzufügt: cum diceret malia, intelligere voluere viliissimos.

4) Theophr. v. d. Urs. d. Pfl. III, 20, 3. Vgl. II, 4 und Plinius
Naturgesch. XVII, 7 § 42.

5) Theophr. a. a. O. III, 6, 1 ἡ δὲ κόπρος ὅτι μὲν καὶ μανοῖ τὴν
γῆν καὶ διαθερμαίνει, δι' ὧν ἀμφοτέρων ἡ εὐβλάστεια, φανερόν.
Geopon. II, 21, 2 γῆ δὲ μὴ κοπριζομένη, ἄγονί. — Theophr. a. a. O.
III, 20, 2; vgl. II, 4, 3. Geopon. II, 21, 5. Xenoph. Oekon. 17, 10.

6) S. Theophr. Pflanzengesch. II, 7, 4. Geopon. II, 21, 6 ff.

verwendete man den thierischen Dünger von Rindern und Maulthieren, welcher schon bei Homer erwähnt wird, von Eseln,
Ziegen. Schafen, Schweinen, Pferden, auch von Menschen,[1] daneben vegetabilische Stoffe, die man in Fäulniss übergehen liess
oder deren Asche man benutzte, nachdem man sie verbrannt,[2]
so wie Abgänge von der Lederbereitung.[3] Auch grüne Düngung
wendete man an, indem man gewisse Pflanzen, wie Erbsen, Bohnen, Lupinen, auch selbst Getreide aussäete, und wenn sie eine
gewisse Grösse erreicht hatten, unterpflügte.[4]

Einen wichtigen Theil der Arbeit bildete das Pflügen und
Umgraben. Man begann damit im Frühjahr und zwar zu der
Zeit, wo die ersten Blüthen der Meerzwiebel hervortraten,[5] und
pflügte in der Regel das Brachland dreimal, nach einem Gebrauch,
der schon in der homerischen Zeit allgemein üblich gewesen zu
sein scheint[6] und auch in den folgenden Zeiten durchweg galt,
sehr lockeres Erdreich etwa ausgenommen.[7] Das zweite Mal
pflügte man im Sommer, das dritte Mal im Herbst unmittelbar
vor dem Säen.[8] Man bezweckte mit dem Pflügen aber nicht
bloss die Auflockerung des Erdreiches, sondern auch die Erneuerung der fruchtbringenden Kraft desselben, in der Meinung, dass
die nährenden Bestandtheile mit der Feuchtigkeit sich nach der

---

1) Homer Odyss. ρ, 297 f. Theophr. u. Geopon. an den zuletzt
angeführten Stellen.

2) Xenoph. Oekon. 30, 11. Geopon. II, 22, 2. — Xenoph. a. a.
O. 18, 2.

3) κόπρος βυρσοδεψική, σκυτοδεψική Theophr. v. d. Urs. d. Pfl.
III, 9, 3; 17, 5. Geopon. II, 23, 1.

4) Theophr. Pflanzengesch. VIII, 9, 1. Xenophon Oekon. 17, 10.
Geopon. III, 10, 8.

5) ἅμα πολλεῖν Hesiod. Werke u. Tage 462. Xenoph. Oekon. 16, 12.
Vgl. Aristoph. Wolk. 1117 f. — Theophr. Pflanzengesch. VII, 13, 6
ποιεῖται δὲ (ἡ σκίλλα) τὰς ἀνθήσεις τρεῖς ὧν ἡ μὲν πρώτη δοκεῖ σημαί-
νειν τὸν πρῶτον ἄροτον, ἡ δὲ δευτέρα τὸν μέσον, ἡ δὲ τρίτη τὸν
ἔσχατον.

6) νειὸς τρίπολος Homer Odyss. t, 127; Il. σ, 542. Hesiod Theo-
gon. 971.

7) Vgl. Geopon. III, 3, 10. Theophr. v. d. Urs. d. Pfl. III, 20, 2.
Plinius Naturgesch. XVIII, 49 § 174 ff.

8) Theophr. a. a. O. III, 20, 2.

Tiefe senkten und wieder an die Oberfläche gebracht werden müssten. [1] Deshalb gruben auch die Megareer das Land alle fünf oder sechs Jahre so tief um, als das Wasser in die Erde drang und warfen die unteren Schichten nach oben. Zugleich wollte man das Erdreich der Einwirkung der Sonnenstrahlen aussetzen, damit, wie Xenophon sagt, das Rohe an demselben gekocht werde. [2] Ausserdem ward das Unkraut, welches in ziemlicher Menge hervorwuchs, dadurch beseitigt, dass es auf die Oberfläche geworfen und von der Sonne vertrocknet zugleich als Düngungsmittel dienen musste. [3]

Das Säen fand auf denjenigen Feldern, welche mit Halmfrüchten bestellt worden sollten, fast durchgängig im Herbste statt, und zwar begann man nach einer alten Regel mit dem Untergange der Pleiaden, d. h. etwa am elften November, weil nach der Erfahrung gewöhnlich am siebenten Tage nach diesem Termino die Regenzeit begann und man es für vortheilhaft hielt, auf trocknem Lande zu säen, jedoch so, dass bald nachher der Same Feuchtigkeit erhielt. [4] Um dies zu erreichen, säeten manche auch schon vor jenem Tage. Andere freilich meinten, es sei zweckmässig, dass das Land bereits vor der Saat Feuchtigkeit erhalten habe, doch nicht für die Gerste. [5] Theophrast lehrt, man müsse den Mittelweg einschlagen und die Zeit wählen, wo die Erde weder zu trocken noch zu feucht, den natürlichen Trieb habe, den Samen aufzunehmen. [6] Regelmässig im Herbste

---

1) Theophr. a. a. O. III, 20, 4 ἡ γὰρ πρόχμος ἀεὶ κατωρρεῖ ὑπὸ τοῦ ὕδατος.

2) Xenoph. Oekon. 16, 15 τὴν δὲ γῆν πρόχειν, ὡς ἡ ὠμὴ αὐτῆς ὑπτῆται. Vgl. § 13 u. 14.

3) Xenoph. Oekon. 16, 12 u. 13.

4) Hesiod Werke u. Tage 384. Theophr. Pflanzengesch. VIII, 1, 2; v. d. Urs. d. Pfl. III, 23, 1. Vgl. Geopon. I, 1, 6; II, 14. Plinius Naturgesch. XVIII, 10 § 49 in Graecia et in Asia omnia a Vergiliarum occasu seruntur.

5) Xenoph. Oekon. 17, 2; Theophr. v. d. Urs. d. Pfl. III, 23, 1. Plutarch Quaestt. natt. 16 Σῖτον ἐν πηλῷ φυτεύετε, τὴν δὲ κριθὴν ἐν κόνει.

6) Theophr. a. a. O. πρῶτον δὲ ἴσως καὶ ἀσφαλέστατον εἰς ἀργώ-

20 *

säete man Weizen, Gerste, Spelt, von Hülsenfrüchten Bohnen,
Lupinen;[1] im Frühjahr nur einzelne Früchte, wie eine gewisse
nicht näher bezeichnete Weizenart, die sogenannte dreimonatliche
Gerste, von Hülsenfrüchten Linsen. Wicken, Erbsen und noch
später Hirse und Sesam. Den Anfang scheint man ziemlich allgemein mit der Gerste gemacht zu haben.[2] Bei der Auswahl
des Samens ging man mit grosser Sorgfalt zu Werke, wobei
man denselben auch gern aus einer anderen Gegend, die nicht
zu verschiedenes Klima hatte, nahm,[3] jedoch wohl nie Samen
aus einem besseren Boden in einen schlechteren übertrug.[4] Au
Regeln für dieses Verfahren, selbst solchen, die einander wider-
sprachen, hat es nicht gefehlt. Ueber das Mass der Aussaat für
eine bestimmte Fläche finden sich keine Angaben, doch richtete man sich natürlich dabei nach der Beschaffenheit des Bodens.[5]

Mit der Saat war die Arbeit keineswegs beendet, sondern
man wendete den Aeckern fortdauernd grosse Sorgfalt zu. Sobald
die Saat aufgegangen war, wurde die Erde zu beiden Seiten der
Furche gehäuft, um die Wurzeln zu decken und das Unkraut zu
beseitigen und zwar nahm man diese Operation zu wiederholten
Malen vor, indem man sich dazu gewöhnlich der Hacken, hin
und wieder auch wohl eines leichten Pfluges bediente.[6] Das

οπε της γην ἐμβληθῆναι ἐλαβούμενον ὅπως μήτ᾽ ἐμβληθῇ πηλῷ μήτ᾽
ἐμβροχῇ καὶ ἡμέτιλον. Vgl. III, 2, 6 ὀργᾷ δ᾽ ὅταν ἴντιμος; ᾗ καὶ
ὑγρμὴ καὶ τὰ τοῦ ἀέρος ἔχῃ σύμμιτρα. Plinius Naturgesch. XVIII,
56 § 202.

1) Nach Theophr. Pflanzengesch. VIII, 1, 2—4 bilden die Wintersaat: πυρός, κριθή, ζεία, τίφη, ὄλυρα καὶ εἴ τι ἕτερον ὁμοιότερον,
κύαμος, ὠχρος, θέρμος; die Sommersaat: πυρῶν εἴ τι γένος καὶ κριθῶν ὃ καλοῦσι τρίμηνον, φακός, ἀράπη, πισός; in beiden Jahreszeiten
säete man ὄμηρος und ἐρίβινθος. Vgl. Geopon. II, 40, 2.

2) Geopon. II, 14, 3. Theophr. Pflanzengesch. VIII, 1, 3.
3) Vgl. Geopon. II, 10, 1—3; Plinius Naturgesch. XVIII, 54 § 196.
4) Theophr. v. d. Urs. d. Pfl. III, 24, 1 u. 2. Geopon. II, 17 u. 19.
Plinius Naturgesch. s. s. O. § 197.
5) Xenoph. Oekon. 17, 8. Theophr. Pflanzengesch. VIII, 6, 2; vgl.
v. d. Urs. d. Pfl. III, 20, 5.
6) Theophr. v. d. Urs. d. Pfl. III, 20 6 ἡ ἄλλη θεραπεία μετὰ
ταῦτα διαφυλαντικωτέρων ἤδη, οἷον σκάλαις καὶ ποιασμός. Vgl. § 9
und IV, 13, 3. Geopon. II, 24, 2. Xenoph. Oekon. 17, 12 ff.

Ausjäten des Unkrautes, welches häufig den Griechen grosse Noth gemacht hat, wurde auch im weiteren Verlaufe des Wachsthums fortgesetzt,[1] beides aber, Behacken und Jäten sowohl beim Getreide wie bei Hülsen- und Blattfrüchten angewendet.[2] Auf sehr gutem Boden, z. B. in Thessalien, liess man auch die aufsprossende Saat abschneiden oder abweiden, damit dieselbe nicht allzu sehr in das Stroh wuchse.[3]

Von der Ernte möge nur bemerkt werden, dass man die Halme nur dann an der Wurzel abschnitt, wenn dieselben kurz waren, bei längerem Stroh liess man einen ziemlichen Theil bis zur Hälfte als Stoppel stehen, die dann entweder verbrannt oder für den Dünger benutzt wurde.[4]

Der Wiesenbau war für Griechenland von keiner nennenswerthen Bedeutung, weil es ausserordentlich wenig Gegenden gab, deren natürliche Beschaffenheit denselben gestattet hätte, und wo wirklich Wiesen vorhanden waren, da sind dieselben viel mehr als Weiden benutzt worden, als dass man Heu auf denselben gemacht hätte. Schon die in gewissen Gegenden sprichwörtliche Redensart, schlechtes Wetter für die Heueinfuhr zu wünschen, weil man zu derselben Zeit Regen für das Ackerland nöthig hatte, zeigt, dass man auf eine Heuernte keinen Werth legte.[5] Dagegen sind einige Arten von Futterkräutern auf dem Ackerlande gebaut worden.

Grosse Sorgfalt ist auf die Pflanzungen und Gärten verwendet worden, unter denen namentlich die Wein- und Oelpflanzungen wegen des allgemeinen Bedürfnisses nach ihren Früchten von ausserordentlicher Wichtigkeit sind.[6] Das Umgraben, Düngen und Bewässern des Landes erforderte eine bedeutende Arbeit und eine noch grössere Aufmerksamkeit als sie bei dem Acker-

---

1) Geopon. II, 24, 3: III, 13, 3. Hesych. Ποάστραι.
2) Plinius Naturgesch. XVIII, 50 § 184 ff. Vgl. Theophr. Pflanzengesch. II, 7. 6.
3) Theophr. Pflanzengesch. VIII, 7, 4.
4) Xenoph. Oekon. 18, 2. Vgl. Hesych. Ποάστραι.
5) Plutarch Quaest. nat. 13 . ἵνα τί . ἐφεξῆς εὔχονται πρὸς φόρτου σιγκομιδῆς;
6) Vgl. St. John The Hellenes II S. 301 ff.

lande nothwendig war. Für die Behandlung der verschiedenen
Gowächse findet sich bei den betreffenden Schriftstellern eine
grosse Menge bis in die kleinsten Einzelheiten gehender Vor-
schriften, aus welchen sich ersehen lässt, dass man in jeder
Weise bemüht war, den Ertrag solcher Anlagen nach Menge
und Güte möglichst zu steigern. Es kann hier nicht unsre Aufgabe sein, auf Einzelheiten einzugehen, nur möge noch die Bemerkung gemacht werden, dass die Werkzeuge auch hier, selbst
bei der Wein- und Oelbereitung, ausserordentlich einfach waren.

Von einer irgendwie geregelten Forstwirthschaft findet sich
keine Spur, denn die Waldaufseher, welche Aristoteles im Vorbeigehen als Beamte des Staates erwähnt, hatten jedenfalls nur
eine Aufsicht über die Staatsforsten, insofern die Benutzung
derselben zur Weide oder das Holzschlagen in denselben verpachtet war.[1] Man sah offenbar die Waldungen als eine von
der Natur gebotene Gabe an, die man genoss, ohne dass es
nöthig schien, für deren Erhaltung und Erneuerung zu sorgen.
Es ist daher ganz natürlich, dass die Waldverwüstung unaufhaltsam vorschritt und sich in Attika schon zu den Zeiten Platons
so bemerklich machte, dass derselbe sagt, manche von den Bergen gewährten jetzt nur noch den Bienen Nahrung, während man
noch vor nicht langer Zeit dort Holz zu den grössten Bauten
fällte, in denen die daraus gearbeiteten Dachbalken noch vorhanden seien.[2]

Für eine Uebersicht dessen, was in der Landwirthschaft
durchschnittlich an Kapital und an Arbeit aufgewendet wurde,
fehlt uns für Griechenland jedes Material, indem sich weder eine
Aufstellung des Arbeitspersonals und des Inventars als allgemeine
Norm. wie sie für römische Verhältnisse Cato in seiner Schrift
über den Ackerbau gegeben hat, noch etwa für einen einzelnen
speciellen Fall findet. Dennoch kann man sicher annehmen, dass,
wie bei Cato, so auch auf den Landgütern der Griechen die
Zahl der Arbeitssklaven eine, mit den modernen Verhältnissen
verglichen, sehr hohe gewesen ist. Eben so wenig lässt sich
eine Berechnung, die auch nur einigermassen die Wahrschein-

1) Aristot. Polit. VI, 5 8. 211.
2) Platon Kritias 8. 111°.

lichkeit der Richtigkeit hätte, aber den Rohertrag oder gar über den Reinertrag der Güter ausstellen.

In einem unmittelbaren und nothwendigen Zusammenhange mit dem Ackerbau stand zu allen Zeiten, von denen wir Kunde haben, bei den Griechen die Viehzucht, die ihnen nicht allein in ihren Produkten einen ansehnlichen Theil der Nahrung und den wichtigsten Stoff für die Bekleidung, sondern auch die grösste Menge des für den Acker erforderlichen Düngers lieferte. Auf die Auswahl der zur Zucht gebrauchten Thiere wendete man grosse Aufmerksamkeit, namentlich scheinen Versuche die Racen zu veredeln schon ziemlich früh gemacht worden zu sein. Es ist schon an einer anderen Stelle bemerkt worden, dass Polykrates Schafe aus Milet und Attika, Ziegen aus Skyros und Naxos, selbst Hunde aus Epeiros und Lakedämon zu diesem Zwecke nach Samos bringen liess;[1] Philipp schickte 20000 skythische Stuten zur Zucht nach Makedonien und Alexander der Grosse soll aus Asien von Rindern, die ihm wegen ihrer Schönheit auffielen, eine Heerde nach Griechenland geschickt haben,[2] ja schon Theognis bemerkt als etwas ganz gewöhnliches, dass man edle Böcke, Esel und Pferde zur Zucht aussuche.[3] Es lässt sich auch annehmen, dass man ausserdem mancherlei Mittel angewendet habe, um bei jeder Thiergattung diejenigen Theile des Thieres, welche für den Gebrauch den höchsten Werth hatten, zu möglichster Vollkommenheit zu entwickeln, wenigstens führt darauf das Verfahren, welches man eine Zeit lang bei feinwolligen Schafen anwendete, indem man sie gegen die Einflüsse der Witterung, des Staubes u. s. w. dadurch zu schützen suchte, dass man sie mit Fellen bedeckte.[4]

Die Ernährung des Viehes fand zum allergrössten Theile auf der Weide statt, so dass man die Heerden nicht allein im Sommer, sondern, wenn es nur irgend thunlich war, auch im Winter austrieb, wobei man, wenn es nöthig war, mit den Wei-

---

1) Athen. XII S. 540⁴.
2) Justin. IX, 2. Reynier Econ. pol. S. 499.
3) Theognis 183 ff.
4) Varro v. Landb. II, 2, 18 Pleraque similiter faciendum in oribus pellitis, quae propter lanae bonitatem, ut sunt Tarentinae et Atticae, pellibus integuntur, ne lana inquinetur. Von Megara Diogen. Laert. VI, 2, 41.

deplätzen wechselte, indem man im Sommer die Heerden iu die Gebirge und Waldungen, im Winter in die Ebenen brachte.[1] Insbesondere ist dies mit den Rindern geschehen, bei denen jedoch, wenn sie zur Mast bestimmt waren, auch Stallfütterung zur Anwendung kam,[2] eben so wie bei den Schweinen, die man sonst gern in Eichenwaldungen weiden liess.[3] Bei weitem grössere Sorgfalt erforderte die empfindlichere Natur des Schafes. Die feinwolligen pflegte man deshalb wohl nicht in grosser Entfernung von den Städten und Dörfern auf die Weide zu schicken, um unter allen Umständen dieselben an einen geschützten Ort bringen zu können.[4] Ausserdem verfuhr man bei der Anlage der Ställe für diese Thiere mit grösserer Aufmerksamkeit als bei den übrigen Heerden.

Die Beschaffung ausreichender Weiden mag zuweilen erhebliche Schwierigkeiten gemacht haben, da es an Wiesen iu den meisten Gegenden von Griechenland mangelte, der Graswuchs der Brachfelder keine ausreichende Nahrung bot und Wälder nicht auf dem Eigenthume jedes Landmannes zu finden waren. Triften, welche einer ganzen Gemeinde gehörten und von den sämmtlichen Mitgliedern derselben benutzt werden durften, scheint es nicht gegeben zu haben, dagegen sind Beispiele vorhanden dass Viehweiden von Körperschaften an einzelne Personen verpachtet wurden.[5] Bei dem Mangel an eigenen Weiden sah man sich wohl nicht selten genöthigt, die Heerden nach ziemlich fern gelegenen Gegenden zu schicken, in denen solche zu haben waren,[6] und wir finden daher auch, dass zuweilen Staaten mit einander Verträge abschlossen, durch welche den Bürgern des

---

1) Dio Chrysost. VII, 13. Varro v. Landb. II, 5, 11; vgl. 2, 9. S. nach Sophokl. Oedip. Tyrann. 1136 f.

2) Aristot. Thiergesch. VIII, 7. Geopon. XVII, 12. Vgl. Xenophon Comment II, 7, 6.

3) Aristot. Thiergesch. VIII, 6. Geopon. XIX, 6, 12.

4) Polyb. IX, 17 προβατα μαλακα των εὐθενεινων περι πολιν τρέφειν. Im Allgemeinen s. Aristot. Thiergesch. VIII, 10. Geopon. XVIII, 2.

5) S. Böckh Staatsh. I S. 415.

6) Schon bei Homer Odyss. ξ, 100 hält Odysseus Heerden auf dem Festlande; bei Pausan. IV, 4, 6 schickt ein Messenier seine Rinderheerden nach Lakedaemon auf die Weide.

einen Landes gestattet wurde, die Viehweiden zu benutzen, welche
in dem andern gelegen waren.[1]

Die Zahl der Menschen, welche mit der Abwartung der
Heerden beschäftigt waren, ist eine im Verhältniss zu der Stückzahl der Thiere sehr grosse gewesen. In Epeiros pflegte man
einen Hirten für fünfzig feinwollige oder für hundert grobwollige
Schafe zu halten,[2] und dasselbe Verhältniss scheint wohl ziemlich überall das übliche gewesen zu sein, wenigstens finden wir
in einem speciellen Falle in Attika bei einer Heerde von fünfzig feinwolligen Schafen einen Hirten.[3]

Unter den mit der Viehzucht unmittelbar zusammenhängenden Prodnctionen mag hier noch die Milchwirthschaft erwähnt
sein. Als eigentlich milchgebendes Thier hielt man die Ziege,
denn die Kuhmilch ist im Allgemeinen wenig benutzt worden
und auch die Schafe sind in dieser Hinsicht wohl nur von unter-
geordneter Bedeutung.[4] Die Milch selbst wurde wohl in späteren Zeiten weniger genossen als früher, wo die Viehzucht den
Ackerbau überwog, aber immerhin mag namentlich auf dem
Lande ziemlich viel von derselben verbraucht worden sein; But-
ter diente bei den Griechen gar nicht als Nahrungsmittel,[5] aber
um so bedeutender ist der Verbrauch von Käse gewesen, welcher mit unter die gewöhnlichen Lebensmittel des gemeinen Mannes gerechnet wird.[6] Käse wurde daher nicht nur in jeder

---

1) Eine solche Berechtigung ist ἐπινομία. Pollux VII, 184 ἐπινομίαν δὲ Ξενοφῶν ἔφη τὸ ἐν τῇ ἀλλήλων ἐξεῖναι νέμειν. Xenophon
Kyrop. III, 2, 23. Vgl. Anm. 4 zu S. 41.

2) Varro v. Landb. II, 2, 20. Vgl. II, 10, 10. Ego in octogenas
hirtas oves singulos pastores constitui, Atticus in centenas. Auch Cato
v. Landb. 10 rechnet 100 Schafe auf einen Schäfer.

3) Demosth. geg. Euerg. u. Mnesib. 52. In den Geoponiris XVIII,
1, 75 wird gar für 20 Schafe ein Hirt und ein Hirtenknabe verlangt; doch
zweifele ich an der richtigen Ueberlieferung der Zahl.

4) Geopon. XVIII, 9. 8 von den Ziegen: σποράδοις δίδωσιν οὐκ
ὀλίγας, τὰς ἀπὸ γάλακτος καὶ τυροῦ. Vgl. im Allgemeinen über die
Milch Aristot. Thiergesch. III, 21.

5) Vgl. Plinius Naturgesch. XXVIII, 35 § 133; Athen. IV 8. 131ᵇ;
Plutarch geg. Kolot. 4, 5 von Lakonien. Vgl. Beckmann Gesch. d. Erf.
III S. 273 ff.

6) Plutarch v. Ruhm d. Athen. 6. Vgl. Aristoph. Fried. 250 m. d. Schol.

Landwirthschaft für den eignen Gebrauch gemacht, sondern auch
in manchen Gegenden für die Ausfuhr bereitet. Als der vorzüglichste galt der von Sicilien, nächstdem der von Kythnos, von
Keos; auch aus Lakonien, Achaia, Bœotien, von den Inseln und
vom Chersonnes wurde Käse verschickt.[1]

Rechnen wir endlich noch die Zucht von Geflügel, welches
man sowohl der Eier als des Fleisches wegen hielt, während
von den Federn kaum ein nennenswerther Gebrauch gemacht
wurde, und die Bienenzucht hierher, so haben wir die Beschäftigungen des Landmannes ziemlich vollständig. Die Bienenzucht
war den Griechen von solcher Bedeutung, dass die Sage ging,
die Nymphen hätten den Aristæos von Keos die Kunst derselben gelehrt,[2] und dass man sich durch die Erfahrung eine
Menge Regeln für die Behandlung der Bienen gebildet hatte.[3]
Im Ganzen ist das Verfahren von dem der Neuzeit nicht wesentlich verschieden gewesen.

An den Landbau schliessen wir noch die Jagd und die
Fischerei an. Ueber die erstere können wir schnell hinweggehen, da dieselbe zu keiner Zeit, von der wir Kunde haben,
bei den Griechen als ein Erwerbszweig angesehen wurde, sondern nur den Zweck hatte, die schädlichen wilden Thiere zu
beseitigen, oder als Vergnügung und körperliche Uebung für die
jungen Männer aus besser gestellten Familien behandelt wurde.[4]
Dagegen ist die Fischerei für die Griechen von hoher Wichtigkeit gewesen. Denn wenn auch in dem homerischen Zeitalter
die Fische nicht unter den gewöhnlichen Nahrungsmitteln erscheinen, so bilden sie doch später, namentlich eingesalzen, eine

---

1) Sicilien: Aristoph. Wesp. 838; Antiphanes bei Athen. I S. 27′;
Philemon ebend. XIV S. 658ᵇ; Pollux VI, 48 u. 63. Syrakus: Hermipp
bei Athen. I S. 27ᶠ. Kythnos: Alexis bei Athen. XII S. 516ᵉ; Pollux VI,
63; Steph. Byzant. Αἴθϱος. Keos: Aelian Thiergesch. XVI, 32. Gytheion
in Lakonien: Lukian Metserengespr. 14, 2 u. 3. Tromiloia in Achaia:
Athen. XIV S. 658ᵇ. Bœotien: Aristoph. Ritt. 480. τϱοφὸς τϱητεϱικός
Athen. XII S. 542ᶠ. Chersonnes: Athen. II S. 65ᶜ; IX S. 370ᵈ.

2) Herakleid. Pont. Polit. 9. Etymol. Magn. S. 213, 55. Sobolien zu
Apollon. Rhod. II, 498.

3) Geopon. XV, 2—9. S. St. John The Hellenes II, S. 280 ff.

4) Vgl. St. John a. a. O. I, 205 ff.

beliebte und wohlfeile Nahrung, die besonders von den weniger bemittelten in grosser Menge genossen wurde. Von Flussfischerei kann bei der Natur des griechischen Landes nicht viel die Rede sein,[1] aber Seefischerei wurde an allen Küsten betrieben,[2] in manchen Gegenden so stark, dass die Bewohner einzelner Ortschaften, z. D. von Anthedon, zum grossen Theil aus Fischern bestanden.[3] Den umfangreichsten Zweig bildete der Fang des Thunfisches, der an den Küsten des schwarzen Meeres, bei Sinope, Trapezunt, im grössten Massstabe aber bei Byzanz betrieben wurde.[4] Die von den Fischern gebrauchten Geräthe waren sehr mannigfacher Art, Angeln, Harpunen, grössere und kleinere Netze wurden je nach der Oertlichkeit und der Gattung der Fische in Anwendung gebracht;[5] auch scheint man an dazu geeigneten Plätzen besondere Anlagen für den Fischfang gemacht zu haben.[6] Die gefangenen Fische wurden theils frisch, theils eingesalzen in den Handel gebracht; namentlich von den letzteren lieferte das schwarze Meer und der Hellespont grosse Massen nach Griechenland.

Ausser dem Fischfang beschäftigte man sich mit dem Aufsuchen von Austern und anderen Schalthieren, die zur Nahrung dienten, ganz besonders aber mit dem Fange der Muscheln und Schnecken, welche den Farbestoff für die Purpurfärbereien lie-

---

1) Die Fische der Binnengewässer waren weniger beliebt als die Seefische; Philemon bei Athen. VII S. 288[f]; Artemidor II, 14. Eine Ausnahme machten die berühmten Aale aus dem kopaïschen See; Aristophan. Acharn. 880; Frieden 1005; Lysistrat. 857; Schol. zu Lysistr. 36; Athen. I S. 27[e]; II S. 71[b]; VII S. 297[e]; Pausan. IX, 24, 2.

2) S. Amcilhon Sur la pêche des anciens. Paris en XII. St. John a a. O. III S. 232 ff.

3) Dikaearch 24.

4) Strabo XII S. 545 u. 549. Aristot. Polit. IV, 4 S. 122. Oekon. II S. 1346[b], 20. Bekk. Athen. III S. 116[b]. Vgl. Köhler Τάριχος ou recherches sur l'histoire et sur les antiquités des pêcheries de la Russie méridionale. Nouveaux mém. de l'acad. impér. Petersb. 1832. Série VI. T. I S. 347—490. Ritter Geogr. XVIII S 794.

5) S. Platons Sophist. S. 220. Artemidor II, 14. Pollux I, 97 und X, 132 f.

6) Bei Sinope erwähnt Strabo XII S. 545 πηλαμυδεῖα θαυμαστά.

ferten.[1] Man fand diese Thiere vielfach an den Küsten des Peloponnes, am meisten an den Küsten von Lakonien und Kythera, von Argolis, am korinthischen Meerbusen, wo von den Bewohnern des phokischen Ortes Bulis sich über die Hälfte mit dem Suchen der Purpurschnecken beschäftigten, ferner an den Küsten von Euboea und von Kleinasien.[2] Bei dem starken Verbrauch dieses kostbaren und sehr gesuchten Farbestoffes lässt sich annehmen, dass die Purpurfischerei ein ziemlich einträgliches Gewerbe gewesen ist. Endlich beschäftigten sich auch Taucher mit dem Aufsuchen von Schwämmen.[3]

Dass sich mit der Fischerei, soweit sie nicht etwa von grösseren Unternehmern mit Hülfe von Sklaven betrieben wurde, hauptsächlich Leute aus der ärmeren Klasse beschäftigten, ergiebt sich wohl schon aus der Natur dieses mühseligen Gewerbes.[4]

Drittes Kapitel.

Die Gewerbe konnten, so weit man sie als selbständige dem Zwecke des Erwerbes dienende Thätigkeiten auffasst, eine allseitige und vollständige Entwicklung nicht erlangen. Schon der früher besprochene Umstand, dass in der Zeit, in welcher das griechische Volk seine höchste Blüthe erreicht hatte, das Handwerk mit einer gewissen Verachtung angesehen wurde, wirkte dahin, dass demselben die tüchtigsten Kräfte entzogen blieben und der Betrieb Personen überlassen wurde, welche zum aller-

------

1) Schon bei Homer Ilias π, 747 πολλοῖς ἄν χρήσαιεν ἀνήρ ᾧ τινθεν διχίωρ. Athen. III Cap. 30 ff., besonders S. 92ᵈ.

2) Die Hauptstellen über den lakonischen Purpur Plinius Naturgesch. IX, 60 § 127; Pausan. III, 21, 6. Kythera Stephan. Byzant. Κύθηρα. Argolis Aeschyl. Agam. 926. Steph. Byzant. Ἄλιεῖς. Strabo VIII S. 373. Bulis Pausan. X, 37, 3. Euboea Aristot. Thiergesch. V, 15 S. 547ᵃ, 6; Dio Chrysost. VII, 2; von Anthedon Dikaearch 24. Troas Aristot. a. a. O.

3) Vgl. Dikaearch 24.

4) Vgl. Theokrit. 21 am Anfang.

grössten Theile an dem Fortschreiten der allgemeinen geistigen
Entwicklung gar keinen oder nur geringen Theil hatten und
denen es an der genügenden Anregung zum eignen Vorwärts-
streben fehlte. Allerdings wurde dieser Uebelstand einigermassen
durch den Sinn für schöne Form ausgeglichen, welcher den Griechen, namentlich dem ionischen Stamme in so hohem Grade eigen
war und dessen Anforderungen selbst für die Gebrauchsgegen-
stände des gewöhnlichen Lebens das Handwerk gewissermassen
drängte, mit der Entfaltung der Kunst möglichst gleichen Schritt
zu halten. Ein zweiter Umstand, welcher einer umfänglichen
Entwickelung der Gewerbe hinderlich war, liegt in der zu allen
Zeiten beibehaltenen Gewohnheit, eine grosse Anzahl der gewöhnlichen Bedürfnisse, besonders an Kleidung, Nahrung, auch wohl
an Wirthschaftsgeräth durch Arbeit der Hausgenossen zu befriedigen; denn es liegt auf der Hand, wie viel schwerer Neuerun-
gen und Verbesserungen dieser vereinzelten und in den meisten
Fällen als Nebensache betriebenen Arbeit zu gute kommen konnten als der handwerksmässig betriebenen. Ein Beweis für die
Richtigkeit dieser Bemerkung liegt schon darin, dass von einer
eigentlichen Mode und deren raschem Wechsel bei den genannten Gegenständen kaum die Rede ist. Nicht wenig muss in dieser Hinsicht auch den beschränkten Verhältnissen des Handels
und der Mangelhaftigkeit der Transportmittel zugeschrieben werden, welche es nur gestatteten, für den Export solche Gegenstände anzufertigen, die wegen ihres an sich hohen Preises den
Aufschlag einer bedeutenden Fracht ertragen oder ihrer Beschaffenheit wegen leicht und ohne besondere Gefahr der Beschädigung transportiert werden konnten. Daher sind es denn auch
fast nur die Luxusgewerbe, welche es zu einem hohen Grade
von Vollkommenheit gebracht haben. Die Billigkeit der Arbeit
endlich, welche durch die Verwendung von Sklaven erzielt werden konnte, wurde reichlich durch die Mangelhaftigkeit dieser
Arbeit aufgewogen, und gerade der Gebrauch der Sklavenarbeit
war wenigstens zum Theil die Veranlassung, dass ein eifriges
Streben das Betriebskapital in besseren Werkzeugen und kostbaren Maschinen zu vergrössern sich nicht geltend machen
konnte.

Die Spuren von Gewerben, welche für die gewöhnlichen
Bedürfnisse des Lebens arbeiten, reichen bei den Griechen bis
in die mythischen Zeiten zurück. Denn nicht allein hat das
Handwerk unter den olympischen Göttern selbst in dem Hephæstos seinen Vertreter, sondern auch auf der Erde erscheinen die
ältesten Handwerker als göttliche Wesen, so namentlich die
idæischen Daktylen und die Telchinen auf Kreta, welche als die
ältesten Vertreter des Bergbaues und der Metallarbeit zugleich
als mit übernatürlichen Kräften begabte Zauberer angesehen
wurden. [1] Zu gleicher Zeit liegen aber auch in diesen Mythen
die deutlichsten Hinweisungen darauf, dass an eine bestimmte
Trennung einzelner Handwerke zu selbständiger Ausübung für
jene Zeiten nicht zu denken ist. Denn es erscheint nicht allein
Hephæstos zugleich als Metallarbeiter und als Baumeister, sondern auch die Kyklopen, welche ihm von der Sage als Gehülfen
beigegeben sind. [2] Noch in den homerischen Gedichten, welche
ein Zeitalter ziemlich vorgeschrittener Cultur darstellen, ist die
Zahl der eigentlichen Handwerke eine sehr beschränkte: Bau-
leute, Zimmerleute, die sich mit der Verfertigung von Wagen,
Schiffen und hölzernem Geräth beschäftigen, Metallarbeiter, unter
denen nur ein Goldschmied herausgehoben wird, Lederarbeiter
und Töpfer sind diejenigen Handwerker, deren Erwähnung
geschieht. [3]

Es ist unverkennbar, dass für die Entwicklung der Gewerbe
in Griechenland der Einfluss des Auslandes, namentlich der
östlichen Nachbarn, die eine bei weitem ältere Cultur aufzuwei-

1) Scholien zu Apollon. Rhod. I, 1126. Diodor V. 64 u. 55. Strabo
XIV S. 654. Vgl. K. F. Hermann Culturgesch. d. Griechen u. Römer.
I. S. 42 f.

2) Als Verfertiger von allerlei Metallgeräth finden wir den Hephaestos bei Homer Ilias β, 101; θ, 195; σ, 309; σ, 369 ff.; Odyss. δ, 617;
η, 92; als Baumeister Ilias α, 607 ff.; ξ, 166 u. 338; υ, 11. Ueber die
Kyklopen vgl. Hermann a. a. O. S. 43.

3) τέκτων Ilias ε, 59; σ, 411; π, 483; Odyss. ρ, 340; π, 56; ψ, 43.
τέκτων δούρων Odyss. ψ, 384. ἁρμιτοπηγὸς ἀνήρ Ilias δ, 485. περι-
σφόνς τέκτων Ilias δ, 110. Vgl. Odyss. ε, 249 ff. — χαλκεύς Odyss. γ,
432; σ, 327; Ilias δ, 187. χρυσοχόος Odyss. γ, 425. — σκυτοτόμος
Ilias η, 221. Gerber ρ, 389. — κεραμεύς Ilias σ, 601.

sen haben, in der älteren Zeit von ausserordentlicher Bedeutung gewesen ist. Schon die eben erwähnten Daktylen und Telchinen, deren Ursprung mit ziemlicher Sicherheit aus Phrygien und Lykien abgeleitet werden kann, weisen auf den Orient hin; dass die Phönikier in den älteren Zeiten im Besitze der werthvollsten Bergwerke Griechenlands gewesen sind, ist bereits angeführt worden, ebenso dass die kostbarsten Gegenstände von Homer als Erzeugnisse dieses Volkes bezeichnet werden. Phönikier haben, wie wir später genauer erörtern werden, bis zum achten Jahrhundert hin den bei weitem grössten Theil des Handels in den griechischen Gewässern in Händen gehabt und durch denselben meistens gewerbliche Erzeugnisse ihres Landes nach Griechenland gebracht; es müssen nothwendiger Weise diese Erzeugnisse den Griechen Muster zur Nachahmung geworden sein, sobald sie daran gingen, ihre eigne gewerbliche Thätigkeit zu erweitern und zu vervollkommnen. Dazu haben wir in den Ornamenten der ältesten Architectur und Gefässbildnerei eine so in die Augen springende Uebereinstimmung mit orientalischen Formen, dass der Zusammenhang beider über allen Zweifel erhaben ist.

Schwer ist es, bei dem Fortschreiten des griechischen Handwerkes zu trennen, was die Griechen an den nothwendigen Hülfsmitteln und Geschicklichkeiten von anderen Völkern übernommen und was sie selbst erfunden und ausgebildet haben. Die Sage lässt die nothwendigsten Werkzeuge in Griechenland erfinden: die Säge, die Axt, den Bohrer, das Loth vom Dædalos,[1] die Töpferscheibe und den Brennofen von den Athenern;[2] die Erfindung das Kupfer und Eisen in Formen zu giessen soll in ziemlich später Zeit vom Theodoros in Samos gemacht worden sein.[3] Allein auf jene Sagen ist nicht viel Werth zu legen, zumal da es erwiesen ist, dass selbst die Erfindung des Theodoros, welcher der historischen Zeit angehört, im Oriente längst bekannt gewesen ist. Doch lässt sich mit einiger Sicherheit annehmen,

----

1) Vom Dædalos Plinius Naturgesch. VII, 57 § 198.
2) Plinius a. a. O. Kritias bei Athen. I 8, 28°.
3) Pausan. VIII, 14, 8; X, 38, 9; III, 12, 10. Vgl. O. Müller Archäol. § 60.

dass etwa seit dem sechsten Jahrhundert der bestimmende Einfluss des vorderasiatischen Handwerkes geschwunden ist, und das
griechische Handwerk an die einheimische, schnell zur Blüthe
sich entwickelnde Kunst sich anlehnend seinen eigenen Weg
genommen hat.[1] Ganz ohne Beziehung zu dem Auslande ist das
griechische Gewerbe freilich nie geblieben, einmal weil der Verkehr mit demselben, vermittelt durch die Kolonien, stets rege
gewesen ist, andrerseits weil fremde Handwerker in Griechenland
in ziemlicher Zahl ihren dauernden Aufenthalt nahmen. Denn
wenn wir auch von dem mauerbauenden Stamm der tyrrhenischen Pelasgor absehen wollen, der in älterer Zeit in Attika wie
anderwärts bereitwillige Aufnahme fand, so haben doch in Städten wie Athen und Korinth die Metoeken, die zum Theil nicht
griechischen Völkerschaften angehören, sich eifrig an dem Gewerbebetrieb betheiligt. Beide Umstände mögen immer einen
gewissen Einfluss des Auslandes vermittelt haben, wenngleich
derselbe wohl kaum genauer nachgewiesen werden kann. Eine
weitere Geschichte des griechischen Handwerkes in Bezug auf
seine Technik zu geben, würde nur bei einem Eingehen auf die
einzelnen Zweige möglich sein, welches unserer Aufgabe fern
liegt, abgesehen davon, dass für die meisten Handwerke das vorhandene Material zu einer solchen Geschichte ein höchst unzu-
reichendes ist.

Von Wichtigkeit für die Kenntniss der Stellung, welche bei
den Griechen das Handwerk einnahm, ist die Beantwortung der
Frage, welche Klassen der staatlichen Gesellschaft den Handwerkerstand bildeten und wie zahlreich derselbe im Verhältniss zur
Gesammtbevölkerung vertreten war. Aristoteles verwies das
Handwerk unter die Sklavenarbeiten, indem er sagte, es gebe
mehrere Arten von Sklaven, denn die Arbeiten seien mannig-
fach; einen Theil derselben bilden die Handarbeiter und zu
diesen gehöre der Handwerker,[2] und weiterhin bemerkt er: die
welche die nothwendigen dienstlichen Verrichtungen einem Einzelnen leisten, sind Sklaven, die welche der Gesammtheit Hand-

---

1) Vgl. II. Weiss Kostümkunde. Alterthum S. 445 u. 866.
2) Aristot. Polit. III, 2 S. 77 f.

werker und Tagelöhner;[1] daher darf in dem besten Staate der
Handwerker nicht Bürger sein. Auch Platon hatte in dem Staate,
der in seinen Gesetzen dargestellt ist, das Handwerk den Fremden und deren Sklaven zugewiesen, und Phaleas von Chalkedon
wollte, dass alle Handwerker Staatssklaven seien.[2] Damit stimmte
die Wirklichkeit zum Theil überein. In alten Zeiten waren
nach Aristoteles Zeugniss in einigen Staaten die Handwerker nur
Sklaven oder Fremde, und daher, fügt er hinzu, sind sie auch
jetzt meistentheils solche.[3] Dies kann, so weit es die Sklaven
betrifft, natürlich nur von den Zeiten an gelten, in welchen der Gebrauch von Kaufsklaven eine grössere Ausdehnung erlangt hatte;
in den homerischen Gedichten finden wir Sklaven als Handwerker noch nicht. Ob es wirklich Staaten gegeben hat, in welchen die Handwerke ausschliesslich von Sklaven betrieben wurden, ist nicht zu ermitteln; denn wenn auch eine flüchtige Bemerkung bei Aristoteles zu der Annahme führen könnte, dass dies
in Epidamnos der Fall gewesen sei, so steht dem doch das
Zeugniss entgegen, dass man dort den Metoeken gern den Zuzug
gestattet habe,[4] welchen man doch den Betrieb eines Handwerkes gewiss nicht versagen konnte. Ohnehin scheint die praktische Durchführung einer solchen Einrichtung insofern Schwierigkeiten zu unterliegen, als man wohl nur wenig darauf rechnen
konnte, stets Sklaven zum Kaufe zu erhalten, welche bereits ein
Handwerk verstanden, so dass die Unsicherheit des regelmässigen Ersatzes des Abganges und die Ungewissheit des Erfolges,
den die Anlernung neu erworbener roher Sklaven haben mochte,
es sehr zweifelhaft machen musste, ob zu allen Zeiten dem all-
seitigen Bedürfnisse würde genügt werden können. Ein wie es
scheint dahin zielender Vorschlag eines gewissen Diophantos, in
Athen Staatssklaven als Handwerker einzuführen,[5] ist daher nichts
weiter als ein sonderbarer Einfall ohne praktische Folgen geblieben. Etwas anderes ist es dagegen, wenn, wie wir schon früher

---

1) Aristot. Polit. III 3 S. 79.
2) Platon Ges. VIII S. 846[6]. — Aristot. Polit. II, 4 S. 47 f.
3) Aristot. Polit. III, 3 S. 79.
4) Aristot. Polit. II, 4 S. 48. Aelian Verm. Gesch. XIII, 16.
5) Aristot. a. a. O. Die Notiz ist sehr unbestimmt gehalten.

bei der Behandlung der Sklavenverhältnisse gesehen haben, Sklaven als Gehülfen eines freien Meisters oder als Fabrikarbeiter
gehalten wurden.

Einen grossen Theil der gewerblichen Thätigkeit hatten die
Fremden in Händen, die sich als Metœken in vielen Staaten
Griechenlands aufhielten. Trotz mancher drückenden Bedingungen, welche sich dieselben gefallen lassen mussten, finden wir
sie doch in grosser Zahl vertreten. In Athen gab es Ol. 117, 4
etwa 10000 Metœken gegenüber einer Zahl von 21000 Bürgern,[1] ein Verhältniss, das sich in anderen Staaten mit lebhaftem Verkehr vielleicht ähnlich gestellt haben wird. Vom Solon
wird erzählt, er habe bestimmt, dass Fremde nur dann athenl-
sche Bürger werden dürften, wenn sie entweder aus ihrer Heimat auf ewig verbannt wären, oder mit ihrer ganzen Familie zur
Ausübung eines Gewerbes nach Athen übersiedelten,[2] letzteres
offenbar, um tüchtige Handwerker durch die Aussicht auf das
möglicherweise zu erlangende Bürgerrecht nach Athen zu ziehen;
Themistokles rieth dem Volke, die Metœken und Handwerker
steuerfrei zu machen, damit eine grosse Menge solcher Leute
herbeigezogen würde und diese die Gewerbe zu einem höheren
Aufschwung brächten.[3] Schon aus diesen Massregeln erhellt die
Nothwendigkeit dieser Klasse von Gewerbtreibenden für den
Staat; ausdrücklich anerkannt wird sie in der dem Xenophon
zugeschriebenen Schrift vom Staate der Athener,[4] und sie steigerte sich, je mehr die Athener sich jeder nützlichen Thätigkeit
entwöhnten, in ihrer Stadt in dem Masse, dass Xenophon in
einem anderen Buche unter anderen Vorschlägen zur Hebung der
Finanzen des Staates den Athenern auch den Rath giebt, den Metœken noch ganz besondere, freilich in Wirklichkeit wohl kaum durch-
führbare Vergünstigungen zu Theil werden zu lassen, um dadurch
eine grössere Anzahl zur Ansiedelung in Athen zu bestimmen.[5]

1) Athen. VI S. 272ᵇ.
2) Plutarch Solon 24.
3) Diodor XI, 43. Ueber die angebliche Steuerfreiheit vgl. Böckh
Staatsh. I S. 447 f.
4) Xenoph. v. Staat d. Athen. 1, 12.
5) Xenoph. v. d. Eink. Cap. 2.

Es lässt sich annehmen, dass in den Zeiten, wo die Industrie am meisten blühte, der grösste Theil des selbständigen Gewerbebetriebes in Athen in den Händen von Metœken gewesen ist. Der Redner Andokides bemerkte von dem bekannten Demagogen Hyperbolos als selbstverständlich, dass er als Lampenmacher ein Fremder, ein Barbar sei.[1] In den inschriftlich erhaltenen Bruchstücken von Rechnungen, welche öffentliche Bauten in Athen om Ol. 93 betreffen, ist unter den aufgeführten Handworkern die Zahl der Metœken mehr als doppelt so stark als die der athenischen Bürger.[2]

Von anderen Städten, selbst von gewerbfleissigen, wie Korinth, Aegina, den Handelsstädten der Inseln und Kleinasiens fehlt es uns an jeglichen Nachrichten, doch ist kaum zu bezweifeln, dass auch dort ähnliche Verhältnisse bestanden haben; in Staaten vollends, deren Bürger sich gänzlich des Handwerkes enthielten, wie in Tanagra,[3] werden neben den zu gewerblichen Arbeiten gehaltenen Sklaven auch Metœken Handwerke betrieben haben, in so weit nicht eine einheimische minder berechtigte Bevölkerung vorhanden gewesen ist. Dieso letztere aber fand sich vorzüglich in solchen Ländern, welche eine dorische Einwanderung erlitten hatten; unter diesen sind aber am meisten noch die Verhältnisse in Lakonien bekannt. Das Handwerk, von dessen Betrieb die Spartiaten gänzlich ausgeschlossen waren, war nach der lykurgischen Gesetzgebung und wahrscheinlich schon vor derselben durch die Stammessitte auf die Befriedigung der nothwendigsten Bedürfnisse beschränkt, konnte aber doch nicht gänzlich beseitigt worden.[4] Die Ausübung desselben war den Heloten und den Periœken überlassen, von denen die ersteren wahrscheinlich nur für die Bedürfnisse ihrer Herren, die letzteren

---

1) In den Scholien zu Aristoph. Wesp. 1007 ὡς δὲ ξένος ὢν καὶ βάρβαρος λυχνοποιεῖ.

2) Bei Rangabé Antiq. hellén. I nr. 56 u. 57. Die näheren Nachweise über die Sache s. Jahrbb. f. Philol. 1867 S. 17 ff.

3) Dikaearch 1, 9 sagt von den Tanagraeern: πάντες γεωργοὶ οὐκ ἐργάται.

4) Plutarch Lykurg. 9.

21*

aber für ihren eigenen Erwerb arbeiteten[1] und es sogar, wenigstens in älterer Zeit, zu einer namhaften Kunstübung brachten.[2]
Dasselbe gilt von den dorischen Staaten in Kreta, wo die Unterthanen unter weniger drückender Herrschaft standen als in Lakedämon, also auch gewiss in der Wahl ihres Erwerbes keine
Beschränkung erlitten. Die eigentlichen Leibeignen scheinen
dort wohl nur mit dem Ackerbau beschäftigt gewesen zu sein,
so dass die Handwerke den Periöken, d. h. den freien aber
zinspflichtigen Gemeinden zugefallen sein werden. Auch hier
lässt eine schon frühzeitig blühende Kunstübung auf rege Gewerb-
thätigkeit schliessen. Ueber die Verhältnisse in Thessalien fehlt
es uns an Nachrichten.

Es bleibt noch die Betheiligung der Bürger selbst am
Gewerbebetriebe zu betrachten. Bei den wenigen Andeutungen,
welche sich in den homerischen Gedichten über das Handwerk
finden, ist eine genauere Einsicht in die Verhältnisse jener Zeit
nicht zu gewinnen. Da jedoch, wie wir oben sahen, eine Missachtung des Handwerkes sich nirgend äussert und der Herrscher
selbst kein Bedenken trägt, für seinen Gebrauch Gegenstände zu
verfertigen, welche sonst von Handwerkern gemacht werden, da
ferner von dem Vorhandensein von Metöken nichts zu bemerken ist, so müssen die Handwerke von den freien Bewohnern
des Landes betrieben worden sein. Dass die Handwerker nicht
gerade zahlreich waren, lässt sich daraus schliessen, dass man
die Demiurgen, wenn man ihrer bedurfte, selbst von auswärts herbeirief. In den Städten mochten dieselben zahlreicher sein, als
auf dem Lande, wenigstens hören wir, dass ein Goldschmied,
welcher nach dem Hause des Nestor gerufen wird, schnell
erscheint, also in der Nähe ansässig ist und auch in der Stadt
Ithaka wird eine Schmiede erwähnt; wenn es jedoch in der

---

1) Plutarch Vergl. des Lykurg u. Numa 2 αἰσπηρὰ δὲ ἡ Αὐτούρ-
γειος καὶ ἀριστοκρατικὴ (nāml. διάταξις) τὰς μὲν βαναύσους ἀποκαθαί-
ρουσα τέχνας εἰς οἰκετῶν καὶ μετοίκων χεῖρας. Unter den Metöken
können nur die Periöken verstanden sein, da von einer Ansiedelung von
wirklichen Metöken in Lakedämon nicht die Rede sein kann. Freilich
ist auf den ganzen Satz im Einzelnen nicht viel Werth zu legen.

2) Vgl. O. Müller Archaeol. § 82 Anm.

Ilias heisst, wer den als Kampfpreis ausgesetzten eisernen Dis-
kos erhalte, werde in fünf Jahren nicht nöthig haben, nach der
Stadt zu gehen, um Eisen einzukaufen, so lässt sich daraus
abnehmen, dass Schmiede, die jenes Material vorarbeiten konnten, auch auf dem Lande zu finden waren.[1]

Dass auch noch in den folgenden Zeiten die Freien dem
Handwerke fleissig obgelegen haben, beweisen die schon angeführten Erfindungen von Werkzeugen und anderen Hülfsmitteln
für mechanische Arbeiten, welche man Männern mit berühmtem
Namen beilegte. In solchen Staaten, welche wie Lokris und
Phokis noch bis in spätere Zeiten keine Sklaven hatten, muss
jene alte Weise des Handwerksbetriebes durch Freie lange üblich
geblieben sein, und man sah dies so sehr als den regelrechten
Zustand an, dass die Phokier dem Mnason, dem Freunde des
Aristoteles, einen Vorwurf daraus machten, dass er tausend Sklaven angeschafft hatte und dadurch den Bürgern die Nahrung
entzog,[2] und da Mnason für eine so grosse Zahl von Sklaven
doch keine andere Verwendung haben konnte, als dass er sie
als Handwerker oder Tagelöhner arbeiten liess, so ist jener Vorwurf nur erklärlich, wenn die Handwerker in Phokis dem Bür-
gerstande angehörten. Aber auch in den Zeiten und in den
Ländern, in welchen die Sklaven allgemein gehalten wurden,
konnten sich die Bürger der Betheiligung am Handwerke nicht
ganz entziehen. In Athen, welches mit zu den gewerbfleissigsten
Städten Griechenlands gehört, finden sich davon deutliche Spuren.
Dort hatte ein ganzes Stadtviertel nach den Töpfern den Namen
Kerameikos erhalten, denn gerade dieses Handwerk welches in
mancher Beziehung der Kunst nahe stand, ja selbst in der Athene,
dem Hephaestos und dem Prometheus seine Schutzgottheiten hatte,
stand von Alters her zu Athen in hoher Blüthe, die wohl kaum
anders als bei einer dauernd ansässigen Handwerksgenossenschaft,
die wenigstens in ihrem Kern aus Bürgern gebildet war, erreicht
werden konnte.[3] Ebenso charakteristisch ist es, dass in dersel-

---

1) Homer Odyss. ρ, 393 ff. — γ, 425. — σ, 328. — Ilias ψ, 832 ff.
2) Athen. VI 8. 264ᵈ.
3) Platon Gess. XI 8. 920ᵈ ʿΗφαίστου καὶ Ἀθηνᾶς ἱερὸν τὸ τῶν
δημιουργῶν γένος. Solon bei Stob. Floril. IX, 25 V. 49 f. Von den

ben Stadt dem Hephaestos ein Fest unter dem Namen der Chalkeia gefeiert wurde, und zwar in früheren Zeiten von dem ganzen Volke, späterhin nur von den Handwerkern,[1] woraus hervorgeht, dass ursprünglich unter den Metallarbeitern die Bürger
stark vertreten gewesen sein müssen. Dass nach der oben angeführten Bestimmung des Solon Metoekon, die Handwerke trieben,
das Bürgerrecht erlangen konnten, beweist, dass Handwerker
unter den Bürgern nichts ungewöhnliches waren. Der Aufschwung, welchen in Athen unter Perikles Staatsleitung die
Künste, insbesondere die Architektur und die Plastik nahmen,
bewirkte und bedingte eine weit reichende Theilnahme an den
künstlerischen Schöpfungen von Seiten der Handwerker und hob
dieselben in einer so ausserordentlichen Weise, wie sie Plutarch
im Leben des Perikles schildert. Die Bemerkung, welche derselbe Schriftsteller bei dieser Gelegenheit macht, dass Perikles
bei seinen Prachtbauten auch die Absicht gehabt habe, die
arbeitende Klasse zu beschäftigen und an den Vortheilen, die er
der Stadt verschaffte, Theil nehmen zu lassen,[2] lässt voraussetzen, dass diese Arbeiterklasse zum Theil aus Bürgern bestand,
die, nach einer unverdächtigen Aeusserung Xenophons sogar
ziemlich zahlreich gewesen sein müssen. Er lässt den Sokrates
an den Charmides, welcher sich vor der Volksversammlung zu
reden fürchtet, die Frage richten: „Schämst du dich denn vor
den Walkern oder Schustern oder Zimmerleuten oder Schmieden
oder Landleuten oder Kaufleuten oder Krämern? denn aus die-

Töpfern Lukian Prometh. in verb. 2. καὶ αὐτοὶ δὲ Ἀθηναῖοι τοὺς χυτρέας
καὶ ἐπινοιοσοίς καὶ πάντας ὅσοι πηλουργοὶ Προμηθέας ἀπεικάλουν ἐπι-
σκώπτοντες ἐς τὸν πηλὸν καὶ τὴν ἐν πυρὶ οἶμαι τῶν σκευῶν ὄπτησιν.
Im Kerameikos fanden Fackelläufe zu Ehren der Athene, des Hephaestos
und des Prometheus statt. Etymol. Magn. S. 504, 17. Vgl. Harpokrat.
λαμπάς.

1) Etymol. Magn. S. 805, 43 Χάλκεια· ἑορτὴ ἀρχαία καὶ πάλαι
δημώδης· ὕστερον δὲ ὑπὸ μόνων ἤγετο τεχνιτῶν, ὅτι ὁ Ἥφαιστος ἐν
τῇ Ἀττικῇ χαλκὸν εἰργάσατο. ἔστι δὲ ἔτη καὶ τῇ τοῦ Ἡφαιστείωνος.
Eustath. zu Homer Ilias β, 552 Pollux VII, 105. Harpokrat. und Suidas
Χαλκεῖα. Ein ähnliches Fest bei Hesych. χειμωπόνια: ἑορτή, ἐν ᾗ τεχνῖται Θύουσιν.

2) Plutarch Perikl. 12.

son allen besteht die Volksversammlung." [1] An den Volksversammlungen nahmen aber doch nur Bürger Theil. Aehnliche Aeusserungen aus späterer Zeit beweisen, dass dieses Verhältniss sich erhalten und nicht bloss auf Athen beschränkt hat. Indem Diodor die Einrichtungen der Aegypter rühmt, welche alle Beschäftigungen der Menschen durch das Gesetz regelten, sagt er im Gegensatze dazu, bei den andern Völkern könne man sehen, wie die Handwerker nicht bei der ihnen zukommenden Arbeit blieben: die einen machten sich an Landwirthschaft, die anderen an Handel, andere trieben zwei oder drei Gewerbe und in demokratischen Staaten liefen die meisten in die Volksversammlungen zum Nachtheil des Staates. [2] In der Rede, welche Platon im Menexenos den Sokrates für die im Kriege gefallenen Athener halten lässt, wird gerühmt, dass die Götter für die Athener besonders gesorgt hätten, indem sie dieselben ebenso in den für den täglichen Lebensbedarf nöthigen Thätigkeiten unterwiesen hätten, wie im Gebrauch der Waffen. [3] Eine solche Theilnahme der Bürger an der selbstthätigen Ausübung der Handwerke lässt sich auch an einzelnen Fällen nachweisen. Der Almosenempfänger, für den eine Rede des Lysias geschrieben ist, der ausser dem Gewerbe, welches er in einer Werkstätte in der Nähe des Marktes betreibt, keine Einnahmequellen besitzt, [4] ist ein Bürger, ebenso wie die Kohlenbrenner von Acharnæ, die Aristophanes in einer Komödie auftreten lässt. Namentlich mögen in Gewerben, welche sich der Kunst mehr oder weniger näherten, zahlreiche Bürger beschäftigt gewesen sein. Es ist bekannt, dass Sokrates einer Bildhauerfamilie angehörte und in seinen früheren Lebensjahren selbst dieses Geschäft betrieb; [5] In den schon

---

1) Xenophon Comment. III, 7, 6. Dieselbe Anecdote erzählt Aelian Verm. Gesch. II, 1, indem er den Alkibiades statt des Charmides nennt. Vgl. auch Platon Protag. S. 319ᵉ.

2) Diodor I, 74. Bei Lukian Hahn 22 sagt der Hahn zu dem Schuster Mikyllos, indem er ihm die Vortheile der Armuth auseinandersetzt: Im Frieden wirst du als Mann aus dem Volke in die Volksversammlung gehen und dort die Reichen tyrannisieren. Vgl. Platon Apol. des Sokrat. S. 22ᵉ.

3) Platon Menexen. S. 238ᵇ.

4) Lysias περὶ τοῦ ἀδυνάτου 6 u. 24.

5) Platon Euthyphr. S. 11ᵇ. Pausan. IX, 35, 7.

erwähnten Baurechnungen findet sich eine ziemliche Anzahl von
Bürgern unter den Bildhauern und Steinmetzen.[1]

Mit dem sinkenden Wohlstande wuchs in Athen die Zahl
der Bürger, die durch ihrer Hände Arbeit ihr Brod erwerben
mussten. Während des dekeleischen Krieges waren sogar freie
Frauen genöthigt gewesen, als Ammen und Handarbeiterinnen
um Lohn zu dienen oder im Hause für den Erwerb zu arbeiten,[2] und als vollends durch die Niederlage bei Aigospotamoi
alle auswärtigen Besitzungen mit den Kleruchien verloren gegangen waren und von Seiten des Staates den einzelnen keine
Unterstützungen gewährt werden konnten, da war mancher Bürger zu Arbeiten genöthigt, die er früher von sich gewiesen
hatte. Nach der Anarchie fanden sich in Athen 5000 Bürger,
die keinen Grundbesitz hatten, also wo nicht sämmtlich, doch
zum grössten Theil auf Erwerb durch eigene Arbeit angewiesen
waren.[3] Als im J. 322 v. Chr. in Folge des Friedens mit den
Makedoniern alle Bürger, welche weniger als 2000 Drachmen
im Vermögen hatten, ihres activen Bürgerrechts beraubt wurden,
traf dies Loos 12000 Athener unter einer Gesammtzahl von
ungefähr 21000 Bürgern; von dem Einkommen aber, das ein
Vermögen von 2000 Drachmen gewährte, konnte in jenen Zeiten nicht einmal eine einzelne Person, geschweige denn eine
Familie sich erhalten,[4] so dass alle, welche nicht mehr als diese
Summe besassen und gewiss noch viele andere, deren Vermögen dieselbe nicht erheblich überstieg, zu eigner Arbeit gezwungen waren, soweit sie nicht etwa auf Kosten des Staates leben
konnten, wozu es aber in jener Zeit meistens an Staatsmitteln fehlte.

In den Staaten, welche eine ähnliche Verfassung wie Athen
hatten und bei ähnlichen natürlichen Verhältnissen des Landes
wie dieses auf das Meer und den Verkehr nach aussen hinge-

1) Rangabé Antiq. hellén. 1 nr. 57. Vgl. Jahrbb. f. Philol. 1867 S. 16.
2) Demosth. geg. Eubul. 45. Xenophon Comment. II, 7, 4; 8, 1
3) Dionys. Halikarn. Lysias 32.
4) Diodor XVIII, 18. Plutarch Phokion 28. S. Böckh Staatsh. 1
S. 160 f.

wiesen waren, lassen sich ähnliche Zustände voraussetzen,[1] ja jo
weniger solche Staaten ohne eine Seeherrschaft zu besitzen im
Stande waren, ihre Bürger in der Weise wie Athen auf Kosten
des Auslandes zu versorgen und zu ernähren, um so mehr musste
gewerbliche Thätigkeit auch für die Bürger nothwendig erscheinen. In Korinth, dessen Bevölkerung von der Natur auf Handel und Industrie angewiesen war, da das Land nur geringen
Ertrag gab, wurden die Handwerker am wenigsten unter allen
griechischen Staaten missachtet[2] und es lässt sich schon aus dieser
Thatsache ersehen, dass dort viele Bürger ein Handwerk trieben; ähnliches gilt von Megara, Aegina, Rhodos und anderen
Handelsstädten auf den Inseln und Kleinasien, deren Handel
ohne eine einheimische Industrie kaum bestehen konnte.[3] Wie
zahlreich selbst im Peloponnes, der doch in vielen Gegenden gar
keinen auswärtigen Handel besass, die Handwerker vertreten
waren, ergiebt sich aus einer artigen Erzählung vom Agesilaos.
Um zu zeigen, wie viel bessere Krieger die Spartaner wären als
ihre Bundesgenossen, liess er das ganze Heer sich niedersetzen;
alsdann rief er die einzelnen Arten von Handwerkern auf und
hiess sie aufstehen. Da erhoben sich bei den Bundesgenossen
fast alle Anwesenden, von den Spartanern kein einziger.[4] Mag
diese Erzählung auch erfunden sein, so konnte sie doch überhaupt nur auf Grund wirklicher Verhältnisse entstehen und kann
immer als ein Beweis dienen, wie viele Bürger, denn aus solchen müssen doch die Bundescontingente der einzelnen Staaten
zum grössten Theile bestanden haben, dem Handwerkerstande
angehörten. Dass hin und wieder hochgestellte Männer sich aus

---

1) Vgl. Aristot. Polit. VI, 2 8. 103 τὰ δὲ ἄλλα πλήθη πάντα σχε-
δόν, ἐξ ὧν αἱ λοιπαὶ δημοκρατίαι συνεστᾶσι, πολλῷ φαυλότερα τού-
των· ὁ γὰρ βίος φαῦλος καὶ οὐδὲν ἔργον μετ' ἀρετῆς ὧν μεταχειρίζε-
ται τὸ πλῆθος τό τε τῶν βαναύσων καὶ τὸ τῶν ἀγοραίων ἀνθρώπων
καὶ τὸ θητικόν.
2) Strabo VIII S. 382.
3) Xenoph. Comment. 11, 7, 6. Von Rhodos Strabo XIV S. 653
πάντα δ᾽ ὅσπερ ἐν Μασσαλίᾳ καὶ Κυζίκῳ τὰ περὶ τοὺς ἀρχιτέκ-
τονας καὶ τὰς ὀργανοποιΐας καὶ θησαυροὺς ὅπλων τε καὶ τῶν ἄλλων
ἐσπούδασται διαφερόντως καὶ ἔτι γε τῶν παρ᾽ ἄλλοις μᾶλλον.
4) Plutarch Agesil. 26. Apophth. Lakon. S. 214. Polyaen. Strat II, 1.

Liebhaberei mit handwerkmässigen Arbeiten beschäftigten, kann
hier natürlich nicht in Betracht gezogen werden, da der Zweck
des Erwerbes in solchen Fällen wegfiel. [1]

Von einer allgemeinen Organisation der Arbeit, namentlich
des Handwerkes sind nur unsichere Spuren vorhanden. Es finden
sich in dieser Hinsicht zunächst Andeutungen, wenn auch nur
spärliche, von geschlossenen Kreisen, in welchen die Ausübung
gewisser Beschäftigungen gleichsam fest umgränzt war. In
Sparta war das Geschäft der Herolde, Flötenspieler und Köche
erblich;[2] doch waren diese Thätigkeiten freilich nicht mit dem
Handwerk gleichstehend, da sie nicht im Dienste jedes beliebigen, der sie für Bezahlung in Anspruch nehmen wollte, sondern
im Dienste des Staates geübt wurden. In ähnlicher Weise kam
es wenigstens in den älteren Zeiten wohl auch anderwärts in
Griechenland vor, dass gewisse Kenntnisse und Kunstfertigkeiten
in gewissen Familien erblich waren, ja dass eine solche Erb-
lichkeit sogar unter dem Schutze gesetzlicher Bestimmungen stand.
Beispiele davon finden wir für die Arzneikunde in Kos, Epidauros, Lebedos und Knidos,[3] für die Plastik in dem Geschlechte
der Daedaliden in Athen. [4] Wenngleich sich nicht nachweisen
lässt, ob gleiche Erscheinungen auch auf dem Gebiete des eigentlichen Handwerkes vorkamen, so ist es doch ganz naturgemäss,
wenn auch hier eine solche erbliche Ueberlieferung sich bildet,
zumal in Zeiten, in welchen alle Kenntnisse und Fertigkeiten
sich auf den ersten Stufen ihrer Ausbildung befanden, da der
Sohn zu dem Geschäfte, durch welches er seinen Vater Ehre
oder Wohlstand erwerben sah, leicht hingezogen wurde, während
andererseits der Vater, um die ihm eigenthümlichen Fertigkeiten nicht verloren gehen zu lassen, dieselben am liebsten auf
den Sohn übertragen mochte. War es doch selbst später noch
ganz gewöhnlich, dass der Sohn das Geschäft des Vaters erlernte.[5]

---

1) Beispiele s. bei Drumann Arbeiter u. Commun. S. 34 f.
2) Herodot VI, 60; vgl. VII, 134.
3) S. Sprengel Gesch. der Arzneikunde I S. 215 ff. Vgl. Wachsmuth Hellen. Alterth. I S. 373.
4) Platon Euthyphr. S. 11*; Alkibiad. S. 121*.
5) Vgl. Platon Republ. IV S. 421*.

Bei weiterer Entwicklung der Gewerbe musste sich eine solche Geschlossenheit, wo sie nicht etwa durch Gesetze aufrecht erhalten wurde, mehr und mehr lösen. Von einer wirklichen kastenartigen Absonderung der Handwerker von den anderen Ständen ist wohl in Griechenland zu keiner Zeit die Rede gewesen. Unter den vier attischen Stämmen, welche ihre Namen nach den Söhnen des Ion erhalten haben sollen, finden sich die Ergadeis oder Argadois, welche freilich im späteren Alterthume auf den Handwerkerstand gedeutet wurden;[1] allein wenn auch diese Eintheilung in Phylen mit ihren Namen bis auf Kloisthenes bestand, so lässt sich doch historisch von einer mit derselben verbundenen Trennung der Beschäftigungen nichts nachweisen. Für eine ähnliche dem Thesous zugeschriebene Eintheilung des Volkes in Eupatriden, Geomoren und Demiurgen, d. h. in Adlige, Ackerbauer und Handwerker spricht nicht einmal ein historisch nachweisbarer Bestand.[2] In anderen griechischen Ländern finden sich nicht einmal Spuren, die auf eine kastenartige Abgeschlossenheit der Handwerker gedeutet werden könnten.

Auch Innungen und Zünfte lassen sich aus den Zeiten, in welchen die griechischen Institutionen ohne fremden Einfluss bestanden und im eigentlichen Griechenland überhaupt nicht nachweisen,[3] obgleich sich aus gemeinschaftlich gefeierten Festen, wie die schon erwähnten Chalkeia in Athen waren, vielleicht auf gewisse Verbindungen der Mitglieder desselben Handwerkes schliessen lässt, die aber gewiss in keiner Weise auf irgend eine Abschliessung der Theilnahme gegen aussen oder auf irgend welchen Zwang im Gewerbebetriebe abzielten und weder mit den römischen noch mit den mittelalterlichen Zünften zu vergleichen

---

1) Strabo VIII 8. 383 sagt vom Ion: πρῶτον μὲν εἰς τέσσαρας φύλας διεῖλε τὸ πλῆθος, εἶτα εἰς τέσσαρας βίους· τοὺς μὲν γὰρ γεωργοὺς ἀπέδειξε, τοὺς δὲ δημιουργούς, τοὺς δὲ ἱεροποιούς, τετάρτους δὲ τοὺς φύλακας und Plutarch Solon 23 erklärt die Ἐργάδεις durch τὸ ἐργατικόν. Die weitschichtige Literatur über den Gegenstand s. bei Wachsmuth Hellen. Alterth. I S. 362; vgl. Hermann Staatsalterth. § 94. 8. noch Drumann Arbeiter 8, 14 ff.

2) Plutarch Theseus 25. Diodor I, 28.

3) Vgl. Frohberger de opificum cond. S. 24 ff.

sind. Aus den ersten Jahrhunderten nach Chr. Geb. haben wir
durch Inschriften Kunde von dem Bestehen solcher Genossenschaften in asiatischen Städten, namentlich in Thyateira erhalten,[1]
die eine feste corporative Gestaltung gehabt haben müssen, da
in eben jenen Inschriften Beschlüsse derselben überliefert sind,
auch Vorsteher derselben erwähnt werden, aber es fehlt uns an
einer Einsicht, wie weit diese Verbindungen griechischen Ursprunges sind, oder ob etwa römischer Einfluss die Entstehung
derselben veranlasst hat.

Beschränkungen des Gewerbebetriebes von Seiten des Staates, z. B. wie Platon in seinem Staate den Betrieb von mehreren
Gewerben durch dieselbe Person verbieten wollte,[2] sind nur ausnahmsweise vorgekommen. In Sparta soll die Anfertigung von
wohlriechenden Oelen, so wie das Färben der Wolle verboten
gewesen sein;[3] ersteres würde man ebenso als ein gegen den
Luxus gerichtetes Gesetz aufzufassen haben, wie das, durch welches Solon angeblich den athenischen Bürgern verbot, mit wohlriechenden Oelen zu handeln,[4] letzteres hat wenig Wahrscheinlichkeit für sich, da die scharlachrothen Kriegskleider der Spartaner gewiss im Lande angefertigt worden sind. Die vermuthlich
überall geltende Bestimmung, dass Gerbereien nicht innerhalb der
Städte angelegt werden sollten,[5] ist aus sanitätspolizeilichen Gründen erlassen worden, und wenn die Sybariten alle lärmenden

1) Solche Innungen finden wir in Hierapolis in Phrygien Corpus
Inserr. Gr. nr. 3924 τοῖτο τὸ ἡρῷον στεγανοὶ ἡ ἐργασία τῶν βαφέων;
in Laodikeia am Lykos nach ziemlich zuverlässiger Ergänzung nr. 3938
ἡ ἐργασία τῶν γναφέων καὶ βαφέων τῶν ἀλουργῶν; in Thyateira
nr. 3498 τὸ ἔργον βαφέων; nr. 3480 οἱ ἱματευόμενοι; nr. 3485
οἱ κεραμεῖς; nr. 3496-3498 οἱ βαφεῖς; nr. 3493 οἱ ἀρτοκόποι; nr. 3499
οἱ βυρσεῖς; nr. 3504 οἱ λιτουργοί; in Smyrna nr. 3154 οἱ ἀργυροκόποι:
in Magnesia nr. 3408 οἱ κοραλλιοπλάσται. Die ἱερὰ γελὴ τῶν ἐριουρ-
γῶν in Philadelphia in Lydien scheint sogar auf einen Zusammenhang dieser Zünfte mit der städtischen Verfassung hinzuweisen. Nr. 3422.

2) Platon Ges. VIII S. 846d.
3) Athen. XV S. 686f.
4) Athen. a. a. O. S. 687a.
5) Artemidor Oneirokr. I, 51; II, 20. Vgl. Scholien zu Aristoph.
Acharn. 724.

Handwerke aus ihrer Stadt verbannten, damit die Ruhe der Bürger nicht gestört werde,[1] so setzten dies schon die Alten auf Rechnung ihrer verrufenen Weichlichkeit.

Von Steuern, welche auf den Betrieb einzelner Gewerbe gelegt worden wären, finden sich nur höchst unbestimmte Spuren,[2] wenn man nicht etwa die Hurensteuer in Athen und die Abgabe, welche man sich in Byzanz mit dem dritten Theile des Erwerbes und vielleicht auch anderwärts von den herumziehenden Wahrsagern, Gauklern und Wunderkünstlern zahlen liess, hierher rechnen will.[3]

Dagegen ist auch eine Förderung der Gewerbe von Seiten des Staates wohl nur in sehr beschränktem Umfange anzunehmen, wenn man von allgemeineren Massregeln absieht, wie die schon erwähnten Begünstigungen waren, welche in Athen zeitweise der Zuzug von Metœken erfuhr und die Isotelie, welche man ebendort den bergbautreibenden Metœken gern gewährte, oder der hohe Lohn, durch welchen Polykrates fremde Handwerker nach Samos gezogen haben soll.[4] Denn diese Begünstigungen sind durchaus im Interesse des Staates oder des Herrschers im Allgemeinen, nicht zu dem Zwecke gewährt worden, den Gewerben als solchen eine Förderung zu Theil werden zu lassen. Als etwas aussergewöhnliches wird berichtet, dass die Sybariten den Purpurfärbern, so wie denen, welche Purpur einführten, Abgabenfreiheit schenkten,[5] und den Kochkünstlern, welche eine

---

1) Athen. XII S. 518°.

2) Solche Spuren finden wir in den von Wescher u. Foucart veröffentlichten Inscriptions Delph. nr. 8 in einem Ehrendecret, durch welches Jemandem Ateile u. s. w. verliehen wird, wo es heisst διτι δὲ τοῦ χειροτεχνίου τὸ προσκήπον ἱστάτω Ἡρακλείοις und nr. 16 ἴδοξε τῇ πόλει — Φιλιστίωνι καὶ ἐκγόνοις ἀτέλειαν εἶμεν χορηγίας καὶ τοῦ ἰστρικοῦ. Das χειροτέχνιον des ersten Falles lässt wohl keine andere Deutung als auf eine Gewerbesteuer zu, und auch in dem anderen Falle muss ἰστρικόν wohl eine Abgabe für die Berechtigung zur Ausübung der Arzneikunst sein.

3) Aristot. Oekonom. II S. 1346ᵇ, 21. Vgl. Böckh Staatsh. I S. 450.

4) Athen. XII S. 540ᵈ.

5) Athen. XII S. 521°.

besonders ausgezeichnete und eigenthümliche Speise erfanden,
für die alleinige Bereitung derselben auf ein Jahr ein Patent
gaben.

Dass irgend welche industrielle Unternehmungen durch den
Staat selbst betrieben worden, scheint kaum denkbar, da sogar
die Ausbeutung der Regalien, z. B. der Bergwerke und Salinen
verpachtet zu werden pflegte und in der Regel auch selbst die
für das gemeine Wesen erforderlichen Arbeiten von den Staatsbehörden ganz oder zum Theil an Unternehmer verdungen wurden. Die Vorschläge der xenophonteischen Schrift über die Einkünfte, welche den Staat in die Reihe der Industriellen einführen wollten, indem sie riethen, für Rechnung des Staates Sklaven anzukaufen und an die Bergwerksunternehmer zu vermiethen, haben keine praktische Ausführung gefunden, so wenig wie
die Ansicht des Phaleas von Chalkedon, dass alle Handwerker
dem Staate gehörige Sklaven sein sollten, verwirklicht worden
ist.[1] Wie weit der schon erwähnte Versuch des Diophantos in
Athen in derselben Richtung gediehen ist, wissen wir nicht, vielleicht haben wir aber etwas ähnliches in Epidamnos, wo nach
einer nicht ganz klaren Notiz die Handwerker Staatssklaven waren,
die, wenn sie nicht etwa bloss die Arbeiten ausführten, welche
für den Staat nöthig waren, möglicher Weise auf Staatskosten
angeschafft und an solche, welche ihrer Arbeit bedurften, vermiethet wurden, da ein umfangreicher Gewerbebetrieb auf Rechnung des Staates wenig wahrscheinlich ist.

Im Einzelnen haben wir den selbständigen Betrieb der
Gewerbe durch Freie und durch Sklaven zu unterscheiden. Die
letzteren worden zum Theil so verwendet, dass sie selbständig

---

1) Aristot. Polit. II, 4 8. 17 f. φαίνεται δ'ἐκ τῆς νομοθεσίας
κατασκευάζων τὴν πόλιν μικράν, εἰ γ'οἱ τεχνῖται πάντες δημόσιοι
ἔσονται καὶ μὴ πλήρωμά τι παρέξονται τῆς πόλεως. Ἀλλ' εἴπερ δὴ
δημοσίους εἶναι τοὺς τὰ κοινὰ ἐργαζομένους δεῖ καθάπερ ἐν Ἐπι-
δάμνῳ τε καὶ ὡς Διόφαντός ποτε κατεσκεύαζεν Ἀθήνησι, τοῦτον ἔχειν
τὸν τρόπον. Es ist hier zweifelhaft, ob οἱ τὰ κοινὰ ἐργαζόμενοι in
dem Sinne von δημιουργοί steht oder nur solche bedeutet, die für den
Staat arbeiten; ausserdem aber lässt sich aus der Stelle weder über die
Verhältnisse in Epidamnos noch über die Unternehmung des Diophantos
im Einzelnen etwas entnehmen.

für ihre eigne Rechnung arbeiteten und von ihrem Verdienste
eine bestimmte Abgabe an ihren Herrn zahlten, oder so dass
sie für Rechnung ihres Herrn arbeiteten, ohne dass dieser jedoch
an dem Geschäfte selbst einen thätigen Antheil nahm, wie wir
z. B. im Hause eines wohlhabenden Atheners eine Verfertigerin
amorginischer Gewänder und einen Buntwirker erwähnt finden,
die ihre Waaren zum Verkaufe anfertigten.[1] Dass ferner diejenigen Bürger und Metœken, welche selbst ein Handwerk trieben, Sklaven als Gehülfen hielten, ist selbstverständlich und auch
an einzelnen Beispielen nachzuweisen.[2] Die bei weitem grösste
Zahl von Sklaven aber wurde, wenigstens in gewerbfleissigen
Städten, in Fabriken beschäftigt. Ueber die Stellung, welche sie
in denselben einnahmen, ist schon in dem Kapitel von den Sklaven das nothwendige beigebracht worden; was den Besitzer der
Fabrik betrifft, so lässt sich annehmen, dass derselbe an dem
Betriebe selbst nur ausnahmsweise einen anderen thätigen Antheil
genommen hat, als dass er die erforderlichen Dispositionen traf
und vielleicht die kaufmännische Seite des Geschäftes führte,[3]
dass er dagegen die technische Seite einem Werkführer überliess, der in vielen Fällen ebenfalls ein Sklave, zuweilen ein
Freigelassener, selten wohl ein andrer um Lohn angestellter
Freier war.[4] Wenn Männer wie Kleon, Hyperbolos und andere,
die solche Fabriken besassen, geradezu als Gerber, Lampenmacher u. dgl. bezeichnet werden, so geschieht dies nur zum
Spott, indem man die Verächtlichkeit des Gewerbes auf den übertrug, in dessen Hause es betrieben wurde und dem der Ertrag

---

1) Aeschin. geg. Timarch 97 γυναῖκα ἀμόργινα ἐπισταμένην ἐργάζεσθαι καὶ ἔργα λεπτὰ εἰς τὴν ἀγορὰν ἐκφέρουσαν, καὶ ἄνδρα ποικιλ-
τήν, womit zu vgl. Suidas Εἰς ἀγορὰν ὑφαίνειν: τὸ εἰς τὴν ἀγορὰν
ἐκφέρειν τὰ ὑφαινόμενα. οὕτω Μένανδρος.
2) S. Buch 1 S. 192 Anm. 5.
3) Vgl. Platon Ges. VIII S. 846ᵃ.
4) Aeschin. geg. Timarch 97 wird der ἡγεμὼν τοῦ ἐργαστηρίου
neben die Sklaven gestellt. Demosth. geg. Aphob. I, 19 ὁ δ'ἐπίτροπος
Μιλύας ὁ ἀπελεύθερος. Bei Xenophon Comment. II, 8, 4 sagt der ver-
armte Athener, dem Sokrates räth, einen Dienst als ἔργων ἐπιστατῶν
oder eine ähnliche Stellung zu suchen: χαλεπῶς ἄν ἐγὼ δουλείαν ὑπο-
μείναιμι.

desselben zu Gute kam, auch ohne dass er selbst Hand angelegt hätte.

Dass die Fabriken in den industriellen Städten sehr zahlreich gewesen sind, beweisen schon die grossen Sklavenmengen, welche in Athen, Korinth, Aegina, Chios gehalten wurden; von den 20000 Sklaven, welche während der Besetzung von Dekeleia durch die Spartaner den Athenern entliefen, waren die meisten Handwerker.[1] Auf eine grosse Ausdehnung dieses Geschäftsbetriebes weist auch der Umstand hin, dass selbst solche Gegenstände, welche für gewöhnlich in den Haushaltungen selbst hergestellt wurden, von einer fabrikmässigen Anfertigung nicht ausgeschlossen waren. Müllerei betrieb beispielsweise ein gewisser Nausikydes in Athen in solchem Umfange, dass er von der dabei aufkommenden Kleie einen bedeutenden Viehstand unterhalten konnte und mit seinem Geschäfte in der Stadt allgemein bekannt war;[2] ähnliches wird von einem gewissen Eukrates aus derselben Zeit berichtet.[3] Bäckerei trieb in derselben Weise Kyrebos in Athen;[4] aus solchen Bäckereien ging das weit und breit berühmte athenische Brot hervor, welches die öfter erwähnten Brotverkäuferinnen auf dem Markte zu Athen feil hielten. Namentlich erfreute sich in Platons Zeitalter ein Bäcker Namens Thearion eines hohen Rufes.[5] Kleidungsstücke wurden ebenfalls fabrikmässig angefertigt und zwar, wie es scheint, so, dass man sich in jeder Werkstätte auf eine bestimmte Gattung beschränkte; denn Xenophon erwähnt eine Werkstätte in Athen, in der man eine besondere Art Mäntel, eine andere, in der man eine

1) Thukydid. VII, 27.

2) Xenophon Comment. II, 7, 6. Aristoph. Ekkles. 426.

3) Aristoph. Ritter 254 mit den Scholien. Photios Μελιτία κάπρον.
Vgl. Suidas Πυθέας Ἀθηναῖος ῥήτωρ, υἰὸς δὲ ἦν μυλωθροῦ u. Deinarch
geg. Demosth. 23.

4) Xenophon a. a. O. — Archestratos bei Athen. III S. 112ᵇ τὸν
δ᾽ εἰς ἀγορὰν ποιεύμενον ἄρτον οἱ κλεινοὶ παρέχουσι βροτοῖς κάλλιστον Ἀθῆναι. Matron ebend. IV S. 134ᵉ und die ἀγοραῖοι ἄρτοι III
S. 109ᵉ.

5) Platon Gorgias S. 518ᵇ Θεαρίων — ἄρτοις θαυμαστοὺς παρασκευάζων. Antiphanes u. Aristophan. bei Athen. III S. 112ᵈ u. ᵉ.

bestimmte Art Oberkleider anfertigte. Zugleich bemerkt er, dass in Megara sich sehr viele vom Anfertigen von Arbeitskitteln ernährten, die sogar dort einen ansehnlichen Ausfuhrartikel gebildet zu haben scheinen.[1] Wahrscheinlich sind auch die berühmten Webereien in Milet, Kos und Thera fabrikmässig betrieben worden, ebenso wie die Tuchwebereien in Palleue, deren Fabrikate in bohem Rufe standen.[2] Eine Fabrik in Athen, in welcher Tücher durch Sklaven gewebt wurden, erwähnt Demosthenes.[3] Die Weiber in Patræ, welche aus dem elischen Dyssos Schleier verfertigten, waren gewiss Sklavinnen, die fabrikmässig arbeiteten, denn nur so ist es möglich, dass ihre Zahl doppelt so gross als die der männlichen Bevölkerung am Orte war, und nur daraus erklärt sich die Beziehung, in welche sie Pausanias zur Aphrodite setzt.[4] Neun oder zehn Sklaven, die unter einem Werkführer mit Lederarbeiten beschäftigt waren, finden wir bei Aeschines erwähnt.[5] Gewiss noch ausgedehnter war der Fabrikbetrieb für Gegenstände, die nicht in den Haushaltungen angefertigt werden konnten. Der Besitz einer Gerberei hat dem Demagogen Kleon die bekannten Spöttereien der Komiker zugezogen, nicht minder dem Anytos, dem Ankläger des Sokrates.[6] Erzarbeiter in einer Fabrik werden von dem Redner Lykurgos erwähnt, und auch der wohlhabende Kupferschmied, den wir bei dem Komiker Machon finden, wird eine solche Werkstätte gehabt haben.[7] Die Messerfabrik, welche der Vater des Demosthenes mit dreissig Sklaven betrieb, gehört zu den bedeutenderen und es ist anzunehmen, dass die zahlreichen Metall-

1) Xenoph. a. a. O. χλαμυδουργία, χλανιδοποιία, ἱξοιρισδοποιία. Aristoph. Achara. 519.
2) Strabo VIII 8. 366. Pollux VII, 67. Hesychios u. d. W
3) Demosth. geg. Olympiod. 12 σακχυφάντω.
4) Pausau. VII, 21, 14. Plinius Naturgesch. XIX § 21.
5) Aeschin. geg. Timarch 97.
6) Aristoph. Ritter 44 ff. 136. Wesp. 88. — Xenoph. Apol. d. Sokrat. 29. Scholien zu Platons Apol. d. Sokrat. 8. 18ᵇ οὗτος ὁ Ἄνυτος — πλούσιος ἐκ βυρσοδεψικῆς — Θεόπομπος δὲ Στρατιώτισιν Ἐμβάδων αὐτὸν εἶπε παρὰ τὰς ἐμβάδας, ἐπεὶ καὶ Ἄρχιππος Ἰχθύσιν εἰς σκυτία αὐτὸν σκώπτει.
7) Lykurg geg. Leokrat. 58. — Machon bei Athen. XIII 8. 581ᶜ.

waaren und namentlich Waffen, welche von Athen ausgeführt
wurden, in solchen Fabriken verfertigt worden sind; wenigstens
finden wir einer Schildfabrik Erwähnung gethan, die einen bedeutenden Umfang gehabt haben muss, da sie jährlich ein Talent
einbrachte. [1] Eine gleiche Fabrik besass der Redner Lysias,
ein Metœke, gemeinschaftlich mit seinem Bruder im Peiraeeus,
in welcher hundert und zwanzig Sklaven beschäftigt wurden.[2]
Wenn es auch an direkten Nachrichten fehlt, so kann man doch
mit Sicherheit annehmen, dass Metallarbeiten auch in Korinth
eine grosse Anzahl von Fabriken beschäftigt haben, da ja die
massenhafte Produktion der ausserordentlich berühmten korinthischen Erzgefässe sich nur durch diese Art der Herstellung erklären lässt;[3] ähnliches wird von den æginetischen Metallwaaren
gelten.[4] Fabriken von Möbeln aus Holz sowohl als aus anderen
edleren Stoffen werden gleichfalls erwähnt, wie die, welche der
Vater des Demosthenes mit mehr als zwanzig Stuhlmachern
betrieb;[5] auch in Milet und in Chios mögen dergleichen Fabriken gewesen sein.[6] Die Töpferei, welche in Athen einen ausserordentlich bedeutenden Industriezweig bildete, wurde dort, wie
auch in Korinth, Chios, Samos, Rhodus, wo dasselbe Gewerbe
blühte, gewiss nicht bloss von Meistern in kleineren Werkstätten,
sondern auch fabrikmässig betrieben. Zum Theil gehört in dieses Gewerbe wohl auch die Lampenfabrik des Hyperbolos, wiewohl es möglich ist, dass in derselben auch metallne Lampen
verfertigt wurden.[7] Wir hören ferner von der Fabrikation musi-

---

1) ασπιδοπηγεῖον Demosth. für Phormion 4 u. 11.
2) Lysias geg. Eratosth. 8 u. 19.
3) Strabo VIII S. 381. Eustath. zu Homer Ilias β, 570 S. 290, 29.
4) Plinius Naturgesch. XXXIV, 3 § 8 u. 5 § 10.
5) κλινοποιοί Demosth. geg. Aphob. I, 19.
6) κλίνη μιλησιουργής und χιουργής, δίφρος μιλησιουργής Kritias bei Athen. XI S. 486*; κλίναι μιλησιουργείς und χιουργεῖς auch bei Rangabé Antiq. hellén. I S. 116 ff. Vgl. Böckh Staatsh. II S. 153 ff. Eine τράπεζα ῥηνιουργής bei Athen. a. a. O.
7) Aristoph. Frieden 681 ff. Scholien zu Aristoph. Ritter 1315 κεραμεύς δὲ ὁ Ὑπέρβολος und zu den Wolken 1055 Ὑπέρβολος — υἱός λυχνοπωός ὤν πάνυ πανούργος ἦν, οὐ γὰρ χαλκῷ μόνον ἐχρῆτο πρὸς τὴν τῶν λύχνων κατασκευήν, ἀλλὰ καὶ μόλυβδον ἐνεῖθει.

kalischer Instrumente; Theodoros z. B., der Vater des Redners Isokrates, besass Sklaven, welche Flöten verfertigten[1] und wenn der Demagoge Kleophon ein Leiermacher genannt wird, so kann dies keine andere Bedeutung haben, als dass er in einer Fabrik Leiern anfertigen liess.[2] Die Bereitung von wohlriechenden Oelen und Salben, welche an vielen Orten Griechenlands blühte, wird gewiss nicht selten in dieser Weise betrieben worden sein,[3] wurden doch selbst Arzneiwaaren in fabrikmässiger Weise hergestellt.[4]

Neben diesen grösseren Werkstätten muss auch der kleine Handwerksbetrieb nicht unbedeutend gewesen sein. Denn zunächst konnten in kleineren Städten und besonders solchen, welche keinen Handel nach aussen trieben, doch die Gewerbe nur einen geringen Umfang erreichen, wofür Xenophon ein bemerkenswerthes Zeugniss abgiebt, wenn er sagt, dass in kleinen Städten ein und derselbe Handwerker Stühle, Tische, Pflüge, Thüren, oft sogar Dauerbett mache und dann noch zufrieden sei, wenn er stets hinreichende Arbeit habe;[5] aber es wird auch in grösseren Städten nicht an kleinen Handwerkern gefehlt haben, die nicht Kapital oder Kredit genug besassen, um ihr Geschäft so weit auszudehnen, dass sie es mit Gehülfen hätten betreiben können, wie sich von einem solchen Handwerker ein schon angeführtes Beispiel in einer Rede des Lysias, ein anderes in einer Schrift des Lukianos findet.[6] Ob es Handwerksgesellen freien Standes gegeben habe oder ob nur Sklaven als solche beschäftigt worden seien, lässt sich aus keiner Angabe der alten Schriftsteller ermitteln,[7] doch kann man nach der Natur der Sache vermuthen, dass ersteres der Fall gewesen. Denn dass nicht bloss die Söhne der

---

1) Dionys. Halikarn. Isokrat. 1. Leben d. zehn Redn. S. 836'.
2) Andokid. v. d. Myster. 146. Aeschin. v. d. Trugges. 76.
3) Vgl. von dem Sokratiker Aeschines Athen. XIII S. 611'.
4) φαρμακοτρίβαι bei Demosth. geg. Olympiod. 12.
5) Xenophon Kyrop. VIII, 2, 5.
6) Lysias περὶ τοῦ ἀδυνάτου 6. Lukian Hahn.
7) Ein Gehülfe συνεργός eines Steinsägers, πρίστης, findet sich bei Rangabé Antiq. hellén. I nr. 58; doch lässt sich nicht erkennen, ob es ein Sklave war.

340   Zweites Buch.   Erwerb.

Handwerker das Gewerbe ihres Vaters erlernten,[1] sondern dass
auch sonst junge Leute, deren Verhältnisse sie zwangen, sich
durch Arbeit zu ernähren, aus dem elterlichen Hause zu Handwerkern in die Lehre gegeben wurden, würde selbstverständlich
sein, auch wenn sich nicht ausdrückliche Zeugnisse dafür fänden;[2]
dass solche aber nach überstandener Lehrzeit in den meisten
Fällen nicht sofort selbständig ein Geschäft anfingen, sondern
bei anderen Meistern um Lohn arbeiteten, kann kaum zweifelhaft sein.

Diesen kleinen Handwerksbetriebe gehören die Werkstätten an, welche wenigstens in Athen öfter als Lokale erwähnt
werden, in denen sich die Bürger und namentlich die jüngeren
Leute auch ohne anderen Zweck einzufinden pflegten, als um
dort Bekannte anzutreffen und mit ihnen zu plaudern. Da diese
Werkstätten grösstentheils in der Nähe des Marktes belegen
waren, so scheint es, dass sie zugleich als Verkaufsstätten für
die fertigen Arbeiten gedient haben.[3] Ausser den kaum hierher gehörigen Barbierstuben, die am häufigsten erwähnt werden,
kommen so auch die Werkstätten von Sattlern und anderen Leder-
arbeitern vor, mit denen die jungen Leute in Folge der Pferde-
liebhaberei wohl auch in geschäftlichen Beziehungen standen,[4]
aber es ist natürlich, dass es eine viel grössere Mannigfaltigkeit
derartiger Werkstätten gegeben hat, wie auch zum Beispiel die
eines Goldarbeiters am Markte von Demosthenes erwähnt wird.[5]

1) Platon Republ. IV S. 421ª; Protag. S. 328ª ...
2) Platon Menon S. 90ª. Lukian Traum 1.
3) ἐργαστήρια der Art bei Demosth. geg. Aristog. 1, 52; Isokrat. Areopag. 15; geg. Kallim. 9. Theophrast. Charakt. 9. Von der Stadt Panormos in Sicilien Polyb. I, 40 ...
4) ἡνιοποιίων Xenoph. Comment. IV, 2, 1. σκυτοτομείον Lysias περὶ τοῦ ἀδύν. 20. Machon bei Athen. XIII S. 581ᵈ, σκυτίον Stob. Floril. XCV, 21.
5) Demosth. geg. Meld. 22.

Von allgemeinen Grundsätzen, die für die Art und Weise
des Betriebes im Einzelnen gültig gewesen wären, dürfte nur
wenig zu sagen sein. Die Theilung der Arbeit musste sich mit
der Entwicklung des Gewerbes von selbst einstellen und namentlich bei dem Betriebe durch Sklaven bis in das Kleinste vollziehen, da es leichter war jeden Sklaven nur zu einer bestimmten und beschränkten Arbeit anzuhalten und in dieser zu einer
möglichst hohen Fertigkeit auszubilden, als ihn etwa in dem ganzen Umfange eines Handwerkes zu unterweisen. Die Grundzüge
der Theilung der Arbeit, dass in jeder Sache die am vollkom-
mensten werden, welche von der Beschäftigung mit vielerlei Dingen absehen und sich auf eine Arbeit beschränken, so wie dass
solche Arbeiter die günstige Zeit für jede Einzelheit am besten
wahrzunehmen im Stande sind, hat schon Xenophon angedeutet,
dieselben sind von Platon ausführlicher erörtert und auch von
Aristoteles angenommen worden. [1] Wie weit diese Grundsätze
aber praktisch durchgeführt wurden, geht schon zum Theil aus
den oben angeführten Beispielen von Kleiderfabriken hervor und
ist noch deutlicher von Xenophon an einem verhältnissmässig
wenig complicierten Handwerke, dem der Schuhmacherei, nachgewiesen worden, [2] in welchem bei dem Betriebe, wie er in
grossen Städten üblich ist, die einzelnen Theile der Arbeit an
demselben Schuhe von verschiedenen Personen gemacht wurden.
In gleicher Weise verfuhr man gewiss in allen Handwerken und
daraus ist es zum Theil zu erklären, dass trotz der Mangelhaftigkeit der Arbeiter und der verhältnissmässig grossen Einfachheit der Werkzeuge, die technische Ausführung der Arbeit an
vielen Gegenständen der Architektur und der Plastik, die uns
noch vorliegen, einen bewundernswerthen Grad der Vollendung
erreicht hat. Eben daher ist auch die Zahl der einzelnen Handwerke, welche genannt werden, eine ziemlich bedeutende; [3] eine

---

1) Xenophon Kyrop. II, 1, 21. Platon Republ. II S. 369 f.; III
S. 394ᵉ τίς ἕκαστος ἐν μὲν ἂν ἐπιτήδευμα καλῶς ἐπιτηδεύοι. Vgl. IV
S. 443ᵉ; Ges. VIII S. 846. Aristot. Polit. II, 6 S. 65 ἐν γὰρ ἐφ' ἑνὸς
ἔργον ἄριστ' ἀποτελεῖται.

2) Xenoph. Kyrop. VIII, 2, 5.

3) Man sehe namentl. Pollux VII u. vgl. Aristoph. Plut. 162 ff.; 513 ff.

genauere Betrachtung derselben, so wie eine Untersuchung über
die Orte, an welchen gewisse Gewerbe vorzugsweise getrieben
wurden, geht über unsre Aufgabe hinaus.

Schwer ist es, über die Erträglichkeit des Handwerkes
irgendwie genauere Angaben zu machen. Dass durch dasselbe
viele nicht allein ihren Lebensunterhalt, sondern sogar Reichthum erwarben, bemerkt Aristoteles und dieselbe Bemerkung finden wir noch in den spätesten Zeiten des griechischen Alterthums wiederholt.[1] Namentlich wurden die Fabriken in den
industriellen Städten für viele eine Quelle des Reichthums. Xenophon giebt an, dass von den Megareern die meisten von der
Anfertigung von Kleidungsstücken lebten,[2] dass in Athen ein
gewisser Keramon durch eine nicht näher bezeichnete Fabrik,
Nausikydes durch Müllerei, Kyrebos durch Bäckerei, Demeas
und Menon durch Kleidermacherei reich geworden seien, und
dies sind nicht die einzigen Beispiele, die wir kennen. Die schon
gelegentlich als Fabrikanten angeführten Demagogen müssen, um
ihre Stellung behaupten zu können, wohlhabende Leute gewesen
sein; von den Fabriken, welche des Demosthenes Vater besass,
warf die eine, in welcher dreissig Sklaven mit Messerschmiede-
arbeiten beschäftigt wurden, einen jährlichen Reingewinn von
dreissig Minen ab, die andere, in welcher zwanzig Sklaven Bett-
gestelle verfertigten, trug jährlich zwölf Minen ein, das hinter-
lassene Vermögen des Mannes belief sich auf fünfzehn Talente.[3]
Lysias und sein Bruder, die eine umfangreiche Schildfabrik
besassen, waren sehr reiche Leute,[4] Theodoros der Vater des
Isokrates, hatte mit einer Flötenfabrik Wohlstand erworben.[5]

---

1) Aristot. Polit. II, 5 S. 50 πᾶσα γὰρ δεῖται πόλις τεχνιτῶν,
καὶ δύναται διαγίγνεσθαι, καθάπερ ἐν ταῖς ἄλλαις πόλεσιν, ἀπὸ τῆς
τέχνης. III, 8 S. 80 πλουσίοι οἱ πολλοὶ τῶν τεχνιτῶν. Dio Chrysost.
VII, 109 αἱ μὲν δὴ σύμπασαι κατὰ πόλιν ἐργασίαι καὶ τέχναι πολλαὶ
καὶ παντοδαπαὶ σφόδρα τε λυσιτελεῖς ἕνεκα τοῖς χρωμένοις. ἐάν τις τὸ
λυσιτελὲς σκοπῇ πρὸς ἀργύριον.

2) Xenophon Comment. II, 7, 3 ff.

3) Demosth. geg. Aphob. 1, 9.

4) Lysias geg. Eratosth. 8 ff.

5) Dionys. Halikarn. Isokrat. 1. Leben d. zehn Redn. 8. 836ᵉ.

Die Preise von einzelnen Arbeiten geben uns jedoch durchaus
kein Bild von der Höhe des Verdienstes, welchen ein Handwerker gehabt haben mag, da uns durchweg der Massstab für die
aufgewandte Zeit und Mühe fehlt. Beispiele von solchen Preisen
finden sich in den schon mehrfach von uns benutzten Baurechnungen. Unter denselben sind namentlich zu erwähnen die Preise
für die Anfertigung der im Friese des Poliastempels befindlichen
Figuren, welche 0,6 Meter hoch hinten flach an die Wand anlehnten, während die zur Ansicht kommende Seite sehr sauber gear-
beitet war; jede dieser Figuren, Mensch, Pferd oder Wagen,
anzufertigen kostete sechzig Drachmen.[1] Die Kosten der Veröffentlichung eines Volksbeschlusses durch eine in Marmor gegra-
bene Inschrift betragen gewöhnlich dreissig Drachmen für Arbeit
und Material.[2] Für das Walken eines Oberkleides zahlte man
im Zeitalter des Aristophanes drei Obolen.[3] Einen Schluss auf
die durchschnittliche Höhe des Verdienstes eines gewöhnlichen
Handwerkers lässt der Tagelohn von fünf Obolen bis zu einer
Drachme machen, welcher nach jenen Rechnungen Zimmerleuten,
Steinsägern, Steinmetzen gezahlt wurde, wobei zur Bestimmung
des relativen Werthes dieses Lohnes hinzugefügt worden mag,
dass die allernothwendigsten Lebensbedürfnisse eines einzelnen
erwachsenen Menschen in jener Zeit etwa ein Viertel bis ein
Drittel jener Summe beanspruchten, eine Familie also mit diesem Verdienste nur nothdürftig erhalten werden konnte.[4]

Trotzdem dass nach dem eben angeführten unsre Kenntniss
der Lohnverhältnisse für Handwerker eine höchst mangelhafte
ist, werden wir doch annehmen dürfen, dass die Höhe der Arbeits-
preise je nach der Art der Arbeit und nach den Zeitverhältnissen sich verschieden gestellt hat, dass aber im Allgemeinen solche Arbeiten, bei denen die Sklaven concurriren konnten, verhältnissmässig niedrig bezahlt worden sind, der Art dass
es dem freien Arbeiter in vielen Zweigen des Handwerks schwer

---

1) Rangabé Antiq. hellén. I S. 71 f. Böckh Staatsh. I S. 161.
2) Genaueres über diesen Gegenstand s. bei Böckh a. a. O. S. 167.
3) Aristophanes Werpen 1128.
4) Vgl. Böckh a. a. O. S. 157.

geworden sein wird, für sich und seine Familie den Lebensunterhalt zu erwerben, und dass man aus diesem Grunde eine
ansehnliche Zahl solcher Arbeiter unter einzeln dastehenden
Metœken zu suchen haben wird.

Viertes Kapitel.

Ausser den Handwerkern sind zu verschiedenen Arbeiten
noch eine Menge von Arbeitern erforderlich, welche ohne irgend
welche besondere Geschicklichkeit oder Fertigkeit zu besitzen
ihre Körperkräfte anderen zum Gebrauch vermiethen; wir bezeichnen dergleichen Leute mit einer allgemeinen Benennung als
Lohnarbeiter. Der grösste Theil derartiger Dienstleistungen,
besonders solcher, welche für den Haushalt gethan werden müssen, wurde in Griechenland von Sklaven verrichtet, sei es dass
sie unmittelbar für ihren Herrn arbeiteten oder von demselben
an andere zur Arbeit vermiethet wurden; dennoch gab es auch
zu allen Zeiten freie Leute, welche durch ihre Armuth und weil
sie auf keine andere Weise ihr Brot zu verdienen wussten, zu
solchen Arbeiten gezwungen waren. Eine grosse Zahl dieser
letztern werden wir unter den Nichtbürgern zu suchen haben,
die vielleicht selbst ohne einen dauernden Wohnsitz zu haben,
jedes Mal dorthin zogen, wo sie am leichtesten Arbeit finden
konnten, wie sich dies schon aus dem Rathe des Hesiod zu
ergeben scheint, man solle als Lohnarbeiter nur solche verwenden, welche keine eigne Familie besässen.[1] Dennoch hat es auch
Bürger und Frauen derselben gegeben, welche zu solchem
Erwerbe greifen mussten,[2] ja es kam selbst vor, dass Leute aus
den bessern Ständen durch Verhältnisse gezwungen wurden, um

---

1) Hesiod Werke u. Tage 602 Θῆτά τ'ἄοικον ποιεῖσϑαι καὶ ἄτεκ-
τον ἔριϑον δίζεσϑαι κέλομαι.

2) Aristot. Polit III, 3 S. 80 sagt, bei mancher Staatsverfassung
sei es nothwendig, dass der Tagelöhner Bürger sei. Vgl. auch Demosth.
geg. Eubulid. 45.

Lohn gemeine körperliche Arbeit zu verrichten. Xenophon führt einen athenischen Bürger vor, der durch den Ausgang des peloponnesischen Krieges seiner Kleruchie beraubt und ohne sonstige Subsistenzmittel als Tagelöhner arbeitet;[1] Menedemos und Asklepiades, die beide arm waren, arbeiteten, um am Tage ihre philosophischen Studien treiben zu können, des Nachts in einer Mühle,[2] Beispiele, die gewiss nicht vereinzelt dagestanden haben. Während des peloponnesischen Krieges liess selbst der spartanische Befehlshaber Eteonikos in Chios seine Soldaten am Tagelohn arbeiten, als es ihm an Mitteln zu ihrem Unterhalte fehlte, und ebenso verfuhr im J. 373 v. Chr. der Athener Iphikrates in Kerkyra mit seinen Seeleuten.[3]

Freilich gehörte solche Arbeit immer zu denen, welche am meisten von den Freien verachtet wurden, und im Allgemeinen scheint man auch solche Tagelöhner nicht besser behandelt zu haben als die Sklaven.[4] Ob von Seiten des Staates irgend welche Aufsicht über dieselben und namentlich über ihre Beziehungen zu den Arbeitgebern geführt worden ist, wissen wir nicht, doch scheinen an manchen Orten die Agoranomen eine gewisse polizeiliche Gewalt in dieser Richtung gehabt zu haben. Es lässt sich dies aus einem Ehrendecret von Paros schliessen, in welchem ein Agoranom belobt wird, weil er dafür Sorge getragen, dass weder Arbeiter noch Arbeitgeber in Schaden kämen, indem er die ersteren nach den Gesetzen anhielt, die Arbeit nicht zu verweigern, die letzteren den Lohn ohne Ausflüchte zu zahlen.[5] Dass ähnliches auch in anderen Staaten stattgefunden habe, kann man daraus abnehmen, dass Platon in seinen Gesetzen

1) Xenophon Comment. II, 8, 1. Bei Isaeos v. Dikaeogen. Erbsch. 39 sagt der Kläger τοἱς δὲ ἡμῶν περιιδῃ εἱς τοὑς μισθωτοὑς ἱόντας δι' ἐνδειαν τῶν ἐπιτηδείων.

2) Phaaodemos bei Athen. IV 8. 168ᵃ.

3) Xenophon Hellen. II, 1, 1; VI, 2, 37.

4) Vgl. Platon Euthyphr. 8. 4ᵉ.

5) Rangabé Antiq. hellén. II Nr. 770ᵃ περί τε τῶν μισθοῦ ἐργαζομένων καὶ τῶν μισθουμένων αὐτοὑς ὁπως μηδέτεροι ἀδικῶνται ἐφρόντιζεν, ἐπαναγκάζων κατὰ τοὑς νόμους τοὑς μὲν μὴ ἐθέλειν ἀλλὰ ἐπὶ τὸ ἐργον πορεύεσθαι, τοἱς δὲ ἀποδιδόναι τοἱς ἐργαζομένοις τὸν μισθὸν ἄνευ δίκης.

den Astynomen seines Staates die Befugniss beilegt, in Streitigkeiten über Lohnarbeit bis zur Höhe von fünfzig Drachmen selbst-
ständig zu entscheiden.[1]
Zahlreich sind die Arbeiter gewesen, welche man für Feldarbeiten am Lohn in Dienst nahm, da gerade bei diesen Arbeiten zeitweise, z. B. bei der Ernte und Weinlese, das Bedürfniss
einer grösseren Zahl von Leuten eintrat, als der Gutsherr für
die laufenden Arbeiten hielt.[2] Daher kommt es auch, dass
solche Tagelöhner geradezu mit den Penesten der Thessaler
verglichen werden konnten.[3] Schon bei Homer finden wir
Tagelöhner zu Feldarbeit verwendet, ebenso bei Hesiod, Männer sowohl wie Weiber.[4] Doch fand sich auch anderweitig
Veranlassung, die Dienstleistungen solcher Arbeiter für Verrichtungen in Anspruch zu nehmen, zu denen man keine eignen Diener hielt oder augenblicklich bereit hatte. Zum Aufwarten im Hause erbietet sich bei Homer Odysseus den Freiern
unter der Bedingung, dass ihm dafür Nahrung gewährt werde,
woraus sich abnehmen lässt, dass ein solches Dienstverhältniss
schon damals ebenso wenig unerhört war, wie in späteren Zeiten, wo man bei aussergewöhnlichen Gelegenheiten Leute zur
Bedienung im Hause und besonders bei Tafel zu miethen pflegte,
wenn das eigne Dienstpersonal nicht ausreichte.[5] Eine beträchtliche Zahl von solchen Dienstleuten fand in Handelsplätzen und
anderen Orten mit lebhaftem Verkehr als Lastträger Verwendung.
um beim Aus- und Einladen so wie beim Fortschaffen der Waa-

---

1) Platon Gesetze VIII S. 847ᵇ.
2) Vgl. Pollux VII, 142 ἐρίθοι δὲ καὶ ἐργηγέραι καὶ καλαμη-
τρίδες καὶ ποάστριαι καὶ φρυγανίστριαι. Hesych. ποάστριαι. Demosth.
geg. Eubulid. 45 ἐρίθοι καὶ ἐργῆσραι. Bei Platon Euthyphr. S. 4ᵉ
leistet ein Pelates zusammen mit Sklaven Dienste bei den Feldarbeiten.
Vergl. Theophr. Char. 4 τοῖς παρ' αὐτῷ ἐργαζομένοις μισθωτοῖς ἐν
ἀγρῷ πάντα τὰ ἀπὸ τῆς ἐκκλησίας διηγεῖσθαι.
3) Dionys. Halikarn. Röm. Alterth. II, 9.
4) Homer Odyss. ιℓ, 644 θητές τε δμῶες; ξ, 102; vgl. λ, 489 βου-
λοίμην κ' ἐπάρουρος ἐὼν θητευέμεν ἄλλῳ und σ, 357; Ilias φ, 444 ff.;
Odyss. κ, 84 f. — Hesiod Werke u. Tage 602.
5) Homer Odyss. ο, 316 ff. — Theophr. Char. 22 διακονοῦντας
ἐν τοῖς γάμοις οἰκοσίτοις μισθώσασθαι.

ren behülflich zu sein, den Käufern die Waaren vom Markte
nach Hause, Reisenden das Gepäck zu tragen u. s. w.[1] Ebenso
werden bei gewerblichen Arbeiten, namentlich bei Bauten, dergleichen Arbeiter vielfach beschäftigt worden sein.[2]
Zur Erleichterung für die Arbeiter und die, welche derselben bedurften, hatte sich in Athen die Gewohnheit gebildet, dass
Arbeitsuchende sich an einem besonderen Platze am Kolonos
Agoraeos aufhielten und dort Arbeitgeber erwarteten.[3]
Der Lohn, welchen dergleichen Arbeit einbrachte, war wohl
im Allgemeinen gering. In vielen Fällen mochte es, namentlich
in den älteren Zeiten, diesen Leuten genügen, wenn man ihnen
den Lebensunterhalt gewährte, und viel mehr scheinen auch die
später üblichen Lohnsätze in Geld nicht geboten zu haben.[4] Bei
Lukian gräbt Timon Ackerland für einen Tagelohn von vier
Obolen um,[5] ebenso viel erhält bei Aristophanes ein Lastträger,
ein andrer, wahrscheinlich ein Handlanger bei einem Bau, gar
nur drei Obolen.[6] In einer Baurechnung aus dem perikleischen
Zeitalter wird für Arbeiter, deren Beschäftigung nicht genannt
ist, die also nicht als Handwerker angesehen werden können, eine
Drachme als Tagelohn berechnet, was allerdings hoch erscheint,
da Handwerker und Techniker nicht besser bezahlt wurden.[7]
Dass unter Umständen, die für den Arbeiter besonders günstig
waren, ein höherer Lohn gefordert und gegeben wurde, liegt in
der Natur der Sache, und eine Scene, wie die des Aristophanes,

---

1) S. Pollux VII, 130 οἱ ἐξ ἀγορᾶς ἢ ἐκ λιμένος κομίζοντες
ἀχθοφόροι, der nach Aufzählung der einzelnen Arten die ganze Klasse
schliesslich zusammenfasst: τὸ δὲ σύμπαν εἰπεῖν, μισθωταί. Aristophan.
Frösche 173 ff. Scholien zu Aristoph. Ekkles. 77. Alkiphr. III, 7 ἐπ'
ἐργασίαν τρέψομαι καὶ Πειραιοῖ τὰ ἐκ τῶν νεῶν φορτία ἐπὶ τὰς ἀποθήκας μισθοῦ μετάθησω.
2) πλινθοφόροι u. πηλοφόροι b. Pollux s. a. O. Aristoph. Ekkles. 310.
3) Pollux VII, 132. Scholien zu Aristoph. Vögel 997; zu Aeschin.
geg. Timarch 125. Etymol. Magn. S. 525, 7. Eial. zu Sophokl. Oedip-
Kolon. S. 7 ed. Hermann.
4) Homer Odyss. σ, 318 ff.; φ, 323 ff. Vgl. Anm. 3 zu S. 74.
5) Lukian Timon 6 u. 12.
6) Aristophan. bei Pollux VII, 133. Ders. Ekkles. 310 τριώβολον
ζητοῦσι λαβεῖν, ὅταν πράττωσί τι κοινὸν ὥσπερ πηλοφορῶντες.
7) Rangabé Antiq. hellén. I nr. 87.

in welcher ein Schatten in der Unterwelt lieber lebendig werden will, ehe er dem ankommenden Dionysos sein Gepäck für
weniger als zwei Drachmen trägt und selbst auf das Gebot von
neun Obolen nicht eingeht, wird auf der Oberwelt oft genug ihr
Seitenstück gehabt haben.[1]

Zu der hier besprochenen Klasse von Arbeitern lassen sich
auch die Matrosen rechnen, welche als Bemannung der Kriegsflotten und der Kauffahrteischiffe dienten. Bürger sind für den
eigentlichen Seedienst auf den Kriegsschiffen nur ausnahmsweise
verwendet worden, wenn eben die Umstände nicht gestatteten,
eine andere Bemannung zu beschaffen.[2] In Athen wenigstens
bildeten die Metœken den bedeutendsten Theil der Bemannung,[3]
die auch durch angeworbene fremde Matrosen und durch Sklaven vervollständigt wurde;[4] auf der lakodæmonischen Flotte dienten als Matrosen die Heloten und angeworbene Seeleute,[5] die
thessalischen Penesten werden als solche bezeichnet, die ein
brauchbares Material für die Bemannung einer Flotte abgeben
konnten.[6] Hieraus lässt sich abnehmen, dass die Verhältnisse
auf den Kriegsschiffen andrer Staaten dieselben gewesen sein
werden. Je mehr die Taktik zur See sich vervollkommnete, um
so mehr ist gewiss der Matrosendienst für eine grosse Anzahl
von Leuten ein Gewerbe geworden, welches sie im Dienste jedes
Staates auszuüben bereit waren, der sie ihren Forderungen entsprechend besolden wollte; so dass schon im peloponnesischen
Kriege die Erscheinung sich zeigt, dass die kriegführenden Staaten dem Gegner durch höhere Lohnsätze die Matrosen abwendig
zu machen suchten.[7] Ueber die Bemannung der Handelsschiffe

---

1) Aristophan. Frösche 172 ff.
2) Vgl. Xenoph. Hellen. I, 6, 24. Demosthen Philipp. I, 36.
3) Thukyd. I, 143; III, 16; Xenoph. v. Staat d. Athen. 1, 12.
Demosth. a. a. O.
4) Thukyd. I, 143 εἰ μισθῷ μείζονι πειρῶντο ἡμῶν ὑπολαβεῖν
τοὺς ξένους τῶν ναυτῶν. Vgl. Xenoph. Hellen. I, 5, 4. — Thukyd. VIII,
73 wird es besonders hervorgehoben, dass die Bemannung der Paralos
aus Athenern und freien Männern besteht.
5) Xenophon Hellen. VII, 1, 12.
6) Xenophon Hellen. VI, 1, 11.
7) Thukydid. I, 143. Plutarch Lysand. 4.

fehlt es uns an Nachrichten, doch ist es wahrscheinlich, dass dieselbe zum grossen Theile aus Sklaven bestanden hat. [1] Der Sold, welcher den Matrosen auf der Kriegsflotte gezahlt wurde, trifft der Höhe nach ungefähr mit dem Lohne eines gewöhnlichen Arbeiters zusammen. Die Athener zahlten in dem Zeitalter des peloponnesischen Krieges gewöhnlich drei Obolen täglich für den Mann, [2] ein Sold der allerdings unter besonderen Umständen erhöht wurde, z. B. bei der Flotte, welche nach Potidaea und der, welche nach Sicilien geschickt wurde, wo in beiden Fällen vom Staat eine Drachme gezahlt ward, während in dem letzteren Falle die Trierarchen sogar noch aus eigenen Mitteln Zulagen gewährten. [3] In Folge des Vortrages, welchen die Perser und Lakedaemonier im J. 413 v. Chr. geschlossen hatten, gab Tissaphernes anfangs für jeden Matrosen eine Drachme, wollte aber weiterhin auf den Rath des Alkibiades nur drei Obolen geben und erhöhte auf die Einsprache seiner Bundesgenossen diesen Sold nur um ein Geringes; [4] Kyros endlich gewährte dem Lysandros vier Obolen. [5] Vier Obolen zahlten die Athener regelmässig an die Mannschaft der Paralos, einer zu besonderen Diensten bestimmten Triere; [6] auf eine gleiche Höhe zielt des Demosthenes Vorschlag, wenn er räth, jedem Matrosen zwei Obolen Verpflegungsgeld zu geben, da dieses letztere die Hälfte des gesammten Soldes auszutragen pflegte. [7] Ausserdem wurden nicht selten von Seiten der Trierarchen den Matrosen besondere Gratificationen gegeben, um sie auf den Schiffen zu erhalten. [8]

---

1) Vgl. Demosth. geg. Apatur. 8.

2) Thukyd. VIII, 45 Ἀθηναίοι ἐκ πλείστος χρόνου ἐπιστήμονες ὄντες τοῦ ναυτικοῦ τριώβολον τοῖς ἑαυτῶν διδόασιν. Vgl. Böckh Staatsh. I S. 382.

3) Thukyd. III, 17; VI, 31, 3, vgl. 8, 1.

4) Thukyd. VIII, 29 u. 45. Er gab für fünf Schiffe drei Talente, was bei der gewöhnlichen Bemannung von 200 Mann 3⁵/₆ Obolen für den Mann und Tag ausmacht. S. Böckh a. a. O. S. 382 f.

5) Xenophon Hellen. I, 5, 4. Plutarch Alkib. 35. Lysand. 4.

6) Harpokrat. Photios u. Πάραλος.

7) Demosthen. Phil. I, 28.

8) Demosth. geg. Polykl. 7 u. 18.

Eine gewisse Aehnlichkeit mit diesen Verhältnissen haben die, in welchen die Söldner standen.[1] Die Gewohnheit, im Dienste Fremder für Geld in den Krieg zu ziehen, finden wir schon frühzeitig bei den nichtgriechischen Karern, die von Jeher daran gewöhnt ein Seeräuberleben zu führen und ihren Erwerb mit den Waffen in der Hand zu machen, kein Bedenken trugen, ihre Tapferkeit an andere, die davon Gebrauch machen wollten, zu verkaufen.[2] Aehnlich verhält es sich mit den Kretern, die wir schon im ersten messenischen Kriege im Solde der Spartaner finden.[3] Bei den Griechen selbst wurde es jedoch erst in späteren Zeiten Sitte, Kriegsdienste um Sold zu nehmen. Denn wenn auch bereits in früheren Perioden Truppen erwähnt werden, welche Staaten oder Fürsten in Sold nahmen, so sind diese Leute doch nicht auf eigne Hand in solchen Dienst getreten, sondern von der regierenden Macht ihres Heimatlandes geschickt worden. In dieser Weise erscheinen besoldete Argiver im Dienste des athenischen Tyrannen Peisistratos[4] und häufiger während des peloponnesischen Krieges gemiethete Truppen.

Allein schon während dieses Krieges bildete sich der Anfang eines gewohnheitsmässigen Söldnerwesens, vor allem durch die Arkader. Das Land gewährte denselben durch seine eigenen Erzeugnisse nicht immer ausreichenden Unterhalt, und da es bei seiner Lage nur geringe Möglichkeit hatte, durch Handel dem Mangel abzuhelfen, so suchten die bedürftigen Einwohner desselben ausser Landes Erwerb, den sie bei ihrer Körperkraft und Tapferkeit in den ewigen Kriegen, die Griechenland zerrissen, am leichtesten als Kriegsknechte finden konnten. Schon zu Xer-

---

1) Vgl. L. Chevalier Entstehung und Bedeutung der griechischen Söldnerheere u. s. w. Progr. v. Kaschau 1859 und Pest 1860. Drumann Ideen zur Gesch. des Verfalls d. griech. Staaten S. 644. Dure. Arbeiter u. Comm. S. 113 ff. Weber Prolegg. zu Demosth. Rede geg. Aristokr. S. XXIX.

2) Scholien zu Platon Laches S. 187b Κᾶρες γὰρ δοκοῦσι πρῶτοι μισθοφορῆσαι. Herod. II, 152. Vgl. Strabo XIV S. 662 οἱ τοι δὲ (Κᾶρες) καθ' ὅλην ἐπλανήθησαν τὴν Ἑλλάδα μισθοῦ στρατεύοντες.

3) Pausan. IV, 8, 3.

4) Ἀργεῖοι μισθωτοί Herod. I, 61.

ten kamen aus diesem Grunde einzelne Arkader und boten ihre Dienste an,[1] und je mehr solche einzelne Söldner Erfolg hatten, um so mehr mussten sie ihre Landsleute zur Nachahmung reizen. In den ersten Jahren des peloponnesischen Krieges rief bei einem Aufstande in Kolophon die eine Partei arkadische Söldner herbei; mitylenäische Verbannte warben im J. 424 Söldner aus dem Peloponnes und ebendaher in demselben Jahre böotische Verbannte von Orchomenos, wahrscheinlich grösstentheils Arkader.[2] Zu der Sendung nach Sicilien im J. 413 nahmen die Korinther Hopliten aus Arkadien in Sold, während zu gleicher Zeit im athenischen Heere ebenfalls arkadische Söldner erscheinen.[3] Schon damals charakterisiert Thukydides die arkadischen Söldner als solche, die gewohnt wären, gegen jeden zu kämpfen, den man ihnen als Feind zeigte und die des Gewinnes halber ihre eignen im feindlichen Lager befindlichen Landsleute als Feinde ansähen. In der Blüthezeit des Söldnerwesens aber bildeten die Arkader in dem Masse den regelmässigen Bestandtheil der angeworbenen Truppen, dass ein Schriftsteller bei der Aufzählung der gewissen Ländern eigenthümlichen Erzeugnisse Arkadien mit seinen Söldnern aufführen konnte,[4] ja dass die Arkader sprichwörtlich für solche wurden, die zum Nutzen anderer mühselige Arbeiten verrichteten. [5] In dem griechischen Söldnerheere, welches den Feldzug des jüngeren Kyros gegen dessen Bruder mitmachte, bestand die grössere Hälfte aus Arkadern und Achäern.[6] Freilich hatten sich diese Söldner auch so bewährt, dass man behaupten konnte, wenn jemand der Söldner bedürfe, so nehme er niemand lieber als Arkader. [7]

Am Ende des peloponnesischen Krieges war das Söldnerwesen bereits in einem hohen Grade entwickelt. Eben dieser

1) Herod. VIII, 26 βίου δεόμενοι καὶ ἐνεργὰ βουλόμενοι εἶναι.
2) Thukyd. III, 34; IV, 52 u. 76.
3) Thukyd. VII, 19 und 57.
4) Hermipp. bei Athen. I 8. 27°.
5) Apostol. III, 73 Ἀρκάδας μιμούμενος: ἐπὶ τῶν ἄλλοις ταλαιπωρούντων. μαχιμώτατοι μὲν γὰρ ὄντες αὐτοὶ μὲν οὐδέποτε ἰδίαν νίκην ἐνίκησαν, ἄλλοις δὲ αἴτιοι νίκης πολλοῖς ἐγένοντο Vgl. 81°.
6) Xenophon Anab. VI, 2, 10.
7) Xenophon Hellen. VII, 1, 23.

lange dauernde und weit greifende Krieg hatte Gelegenheit und
Veranlassung zu einer solchen Entwickelung in reichem Masse
gegeben. Denn in seiner zweiten Hälfte war die Grundlage der
Kriegführung nicht sowohl die eigne Kraft der kämpfenden Staaten als die Geldmittel gewesen, welche man zu einem beträchtlichen Theile aus dem Auslande, namentlich aus Persien bezog.
Je reicher diese Quelle floss, um so mehr wurde die Theilnahme
an dem Kampfe für den einzelnen gewinnversprechend, zumal
wenn der eine Gegner den anderen überbieten konnte. Dazu
kam, dass es nicht an Leuten fehlte, welche gern solchen Aussichten und Anerbietungen folgten. Der Krieg hatte in vielen
Gegenden die Sicherheit des gewöhnlichen Erwerbes gestört, den
Ackerbau vernichtet und auf diese Weise viele Leute brotlos
gemacht, die mit dem Kriege Hand in Hand gehenden inneren
Unruhen in den einzelnen Staaten mit ihren schonungslosen
Kämpfen und Greueln die Menge der politischen Flüchtlinge zu
einer ausserordentlichen Höhe gesteigert, die im Auslande nicht
immer Unterstützung und die Mittel zur Existenz fanden, endlich hatte die lange Dauer des Krieges selbst die Lust an einem
abenteuerlichen und unstäten Leben mit seinen Aussichten auf
Ehre und Gewinn gesteigert; was Wunder, wenn die Werber
Schaaren von Männern fanden, die ihrem Rufe mit Freuden
folgten?[1]
    Recht deutlich zeigen sich diese Verhältnisse in der Schaar
der berühmt gewordenen Zehntausend, welche im Dienste des
jüngeren Kyros standen. Die Anführer sowohl wie ein grosser
Theil der gemeinen Soldaten sind solche, die weniger aus Mangel ihre Heimat verlassen hatten, als weil sie dort in den sinkenden und zerfallenden Staaten keine Befriedigung für ihre

    1) Isokrat. Paneg. 168 πολέμους καὶ στάσεις ἐμποιήσαντες, ὥστε
τοὺς μὲν ἐν ταῖς αὐτῶν ἀνόμως ἀπόλλυσθαι, τοὺς δ' ἐπὶ ξένης μετὰ
παίδων καὶ γυναικῶν ἀλᾶσθαι, πολλοὺς δὲ δι' ἔνδειαν τῶν καθ' ἡμέραν ἐπικουρεῖν ἀναγκαζομένους ὑπὲρ τῶν ἐχθρῶν τοῖς φίλοις μαχο-
μένους ἀποθνήσκειν. Dem. r. Frieden 44 ἀνθρώποις τοὺς μὲν ἀπό-
λιδας, τοὺς δ' αὐτομόλους, τοὺς δ' ἐκ τῶν ἄλλων κακουργιῶν συνερρυη-
κότας, οἷς ὁπόταν τις διδῷ πλείω μισθὸν μετ' ἐκείνων ἐφ' ἡμᾶς ἀκο-
λουθήσονται Vgl. § 79.

Thatenlust, ihre Ruhmsucht und ihre Habgier fanden,[1] Leute, die zum Theil selbst den besseren und gebildeteren Ständen angehörten. Und je schlimmer sich in Griechenland die politischen Verhältnisse gestalteten, um so günstiger wurde der Boden für das Aufblühen des Söldnerwesens. Die anhaltenden und zum Theil fern von der Heimat geführten Kriege waren mit Bürgerheeren nicht mehr durchzuführen, zumal da die Natur der Kämpfe eine Vergrösserung der Heeresmassen mit sich brachte. So ist denn die persönliche Theilnahme der Bürger an den Feldzügen im vierten Jahrhundert immer mehr geschwunden, die Heere sind immer mehr aus Söldnern gebildet worden. Einen Wendepunkt bildet der korinthische Krieg, in welchem zuerst Iphikrates den Söldnerschaaren eine Organisation gab und eine Taktik schuf, welche dieselben den Bürgerheeren überlegen machen musste. Während vorher geschlossene Söldnerheere nicht vorhanden gewesen waren, wurde es jetzt ein Geschäft, derartige Truppen zu bilden und sie an den, der ihrer bedurfte, im Ganzen zu vermiethen.[2] Die nächste Folge war, dass, seitdem das Kriegstheater nach der Gegend von Korinth verlegt worden war, man aufhörte mit grossen Bürgerheeren zu kämpfen und beide Parteien den Krieg mit Söldnern führten.[3] Die Versuche, welche Demosthenes machte, die Athener von diesem Unwesen abzubringen und die alte Heeresbildung zu erneuern, fanden in der Schlacht bei Chaeroneia ein trauriges Ende.

Es ist hier nicht der Ort, eine Geschichte des Söldnerwesens auch nur in Umrissen zu geben, es mag nur an die Heere erinnert werden, welche bekannte Söldnerführer wie Iphikrates, Chabrias und andere bildeten und befehligten;[4] aber es mag darauf aufmerksam gemacht werden, wie nicht allein die Griechen, sondern auch die Barbaren, namentlich die persischen Satrapen bei ihren Empörungen, ja selbst die Karthager sich der griechischen Söldner bedienten, und dass selbst Männer, denen ihrer anderen Thaten wegen die Geschichte einen hervorragenden

1) Xenophon Anab. II, 6, 16 ff.; VI, 4, 8.
2) Isokrat. Philipp 96; vgl. v. Frieden 44.
3) Xenophon Hellen. IV, 4, 14.
4) Vgl. Weber a. a. O. S. XXXVI.

Platz gesichert hat, wie Agesilaos und Philopœmen, es nicht
unter ihrer Würde hielten, an der Spitze von Söldnern für
Fremde zu kämpfen.

Ueber die Art und Weise, wie die Söldner von solchen
Führern geworben wurden, ist hier nicht erforderlich zu sprechen; das Land, in welchem stets dergleichen Leute zu finden
waren, ist der Peloponnes gewesen, wo zeitweise Tænaron ein
ausserordentlich besuchter Werbeplatz war.[1] Wichtiger ist es
für uns, von der Einträglichkeit dieses Gewerbes zu handeln.
Der gewöhnliche Lohnsatz für den gemeinen Mann ist im Allgemeinen derselbe wie der oben für die Matrosen angegebene
gewesen, nämlich vier Obolen für den Tag.[2] Nach diesem üblichen Satze wurde daher auch im J. 382 v. Chr. den Mitgliedern
des lakedæmonischen Bundes gestattet, statt der Gestellung eines
Schwerbewaffneten drei æginæische Obolen, welche etwa vier und
eine halbe attische Obolos betragen, für den Tag zu zahlen.[3]
Die griechischen Söldner wurden vom jüngern Kyros anfangs nach
diesem Satze besoldet, indem er jedem Mann monatlich einen
Dareikos — zwanzig Drachmen zahlte;[4] später, als dieselben
Schwierigkeiten machten, weiter zu gehen, versprach er ihnen
das anderthalbfache zu geben. Diejenigen, welche später von
derselben Truppe in die Dienste des thrakischen Fürsten Seuthes traten, erhielten von ihm monatlich einen Kyzikener, der
wohl nicht ganz den Werth eines Dareikos hatte, während ihnen
wiederum der Spartaner Thibron einen Dareikos bot.[5] Unter
besonderen Umständen erhöhte man natürlich diesen Sold. Schon
im J. 413 v. Chr. sollte von den thrakischen Peltasten, welche
die Athener in Sold genommen, jeder Mann täglich eine Drachme
erhalten;[6] in der zweiten Hälfte des vierten Jahrhunderts gab
Jason von Pheræ einzelnen Söldnern, die sich besonders hervor-

---

1) Diodor XVIII, 21. Vgl. Arrian Anab. 1, 24, 2; II, 20, 5.
2) Eustath. zu Odyss. α, 156 τετρωβόλου βίος; παρὰ Παυσανίᾳ,
ἀντὶ τοῦ στρατιώτου μισθός.
3) Xenophon Hellen. V, 2, 21.
4) Xenophon Anab. I, 3, 21.
5) Xenophon Anab. VII, 3, 10; vgl. V, 6, 23. Hultsch Metrol.
S. 269. — Xenophon Anab. VII, 6, 1.
6) Thukyd. VII, 27.

thaten, doppelten bis vierfachen Sold,[1] und in dem sogenannten
heiligen Kriege verdoppelte Phayllos, um eine desto grössere
Menge Söldner anzulocken, den gewöhnlichen Sold, nachdem schon
Philomelos das anderthalbfache gegeben hatte.[2] Für die Befehlshaber scheint gewöhnlich der Sold so gesetzt worden zu sein,
dass der Lochage doppelt, der Stratege viermal so viel als der
gemeine Mann erhielt; in den Anerbietungen des Seuthes und
des Thibron finden wir übereinstimmend dieses Verhältniss.[3]

Da die Leute von diesem Solde nicht allein ihren ganzen
Lebensunterhalt bestreiten, sondern auch ihre Ausrüstung erhalten mussten, so wäre der Stand eines Söldners nicht gerade ver-
führerisch gewesen, wenn nicht ausser dem zuchtlosen Leben die
Aussicht auf Beute verlockt hätte. Denn waren schon von jeher
die Kriege der Griechen stets mit Verheerungs- und Plünde-
rungszügen verbunden gewesen, auch ohne dass der einzelne Soldat
dabei auf Gewinn ausgegangen war, so dürfen wir uns nicht
wundern, dass die Söldner, die nur aus persönlichem Interesse
in den Krieg zogen, das Eigenthum weder bei Freund noch bei
Feind schloten, und dass bei den gleichzeitigen Schriftstellern
die bittersten Klagen über die Art und Weise laut werden, wie
die Söldner hausten.[4] Und was von den Soldaten gilt, das gilt
in erhöhtem Masse von den Führern. In der späteren Zeit, wo
diese mit vollständigen Heeren in den Dienst einer kriegführenden Macht traten, scheinen sie beim Abschluss eines solchen
Vertrages meist bedeutende Summen erhalten zu haben, aber
nicht zufrieden mit dem Ihnen so zufliessenden Gewinn, benutzten sie ihre Macht oft genug, auf alle Weise Geld zu erpressen
und zu rauben, wie dies an dem Beispiele des schamlosen Chares
am deutlichsten erscheint.

---

1) Xenophon Hellen. VI, 1, 6.
2) Diodor XVI, 30 u. 36.
3) Xenophon Anab. VII, 2, 36 u. 6, 1. 3, 10 heisst es mit Bezug
auf die erstere Stelle ὑπισχνοῦμαι ὑμῖν δώσειν τοῖς στρατιώταις κύ-
πηνόν, λοχαγοῖς δὲ καὶ στρατηγοῖς τὰ νομιζόμενα.
4) Demosth. Philipp. I, 24; vgl. v. den Angel. im Chersoan. 25;
Isokrates v. Frieden 45; Brief 9, 9.

---

23 *

Fünftes Kapitel.

So interessant und nützlich es für die Kenntniss der Erwerbsverhältnisse in Griechenland wäre, die Entwickelung des griechischen Handels von den ältesten Zeiten an genau zu verfolgen,
so wenig gestatten uns dies die für diesen Gegenstand ziemlich
spärlich fliessenden Quellen unmittelbarer Nachrichten. Wir können die Zeiten, welche dem homerischen Zeitalter voraufgingen,
ganz ausser Acht lassen, und uns der Mühe überheben, aus mythologischen Beziehungen Spuren von Handelsverbindungen der Griechen herauszudeuten, da uns in den homerischen Gedichten der
griechische Handel in Verhältnissen entgegentritt, die es unnütz
erscheinen lassen, forschend in ältere Zeiten hinaufzusteigen,
aber empfindlich ist für uns der Mangel an Nachrichten aus der
folgenden Zeit, namentlich derjenigen, in welcher der Passivhan-
del in den Activhandel überging und ein geschlossenes System
von Handelswegen und Handelsverbindungen sich zu bilden anfing.
Die Geschichte der Colonien, mit welcher die Geschichte der
Ausbreitung des griechischen Handels eng zusammenhängt, ist in
der Entstehung und Entwickelung, ja selbst in der Blüthe derselben uns nur höchst mangelhaft bekannt und giebt am allerwenigsten Aufschluss über die materiellen Interessen, von denen
der Handelsverkehr bedingt ist. Namentlich fehlt es schon von
vorn herein fast überall an einem zuverlässigen Anhalt für eine
Einsicht, ob und wie weit bei der Anlage von neuen Colonien
und ähnlichen Niederlassungen Handelsinteressen massgebend
gewesen sind. Daher kommt es, dass eine Geschichte des griechischen Handels für jene Zeiten den so nothwendigen Zusammenhang nicht überall wird finden können.

Die wirthschaftlichen Verhältnisse des griechischen Volkes,
wie sie uns in den homerischen Gedichten entgegentreten, lassen
ein grosses Bedürfniss nach Handel nicht voraussetzen. Denn da
Ackerbau und Viehzucht zum grossen Theil die einfachen Bedürfnisse befriedigten, indem sie der Familie den nothwendigen Lebensunterhalt gewährten und das Material zu der von den Frauen
verfertigten Kleidung, so wie zu den meisten Haus- und Wirth-

schaftsgeräthen lieferten, welche theils der Hausherr selbst mit
seinen Sklaven, theils die wenigen vorhandenen freien Handwerker herstellten, so konnte die Zahl der Dinge, welche von
aussen bezogen werden mussten, nur gering sein. Am meisten
machte sich das Bedürfniss an Metallen und Metallgeräthen geltend, von denen die ersteren nicht eben reichlich im Lande
selbst gewonnen wurden, die letzteren nicht dem Bedürfniss entsprechend im eignen Hause hergestellt werden konnten. Beides
wird daher auch als Gegenstand des überseeischen Handels
erwähnt und auch an einer Stelle bemerkt, dass der Landmann
nach der Stadt geht, um Eisen zu Ackergeräthen einzukaufen.[1]
Da sich das Bedürfniss an solchen Dingen ebenso wenig wie das
an Sklaven durch den allgemein üblichen Seeraub und das Beute-
machen im Kriege vollständig decken liess, so musste hier nothwendig der Handel eintreten. Was ausser diesen Gegenständen
durch den Handel geliefert werden konnte beschränkt sich durchaus auf Luxusartikel, die hauptsächlich in Gold- und Silberwaa-
ren, ausgezeichneten Waffen und Prachtgeweben bestehend an
Zahl nicht besonders erheblich sind.

Auf der anderen Seite waren die Gegenstände, welche hier-
für in Tausch gegeben werden konnten, an Zahl und grösston-
theils auch an Werth gering. Denn da im eigentlichen Griechenland der Boden weder ausserordentlich fruchtbar noch reich
an mineralischen Schätzen war, so konnte bei der schon damals
ziemlich dichten Bevölkerung der Ueberschuss der Produkte über
den Bedarf nicht eben gross sein, und da die Industrie noch völlig unentwickelt war, so konnte auch von dieser Seite her die
Erzeugung von Gütern, welche als Gegenstand des Handels zu
dienen geeignet gewesen wären, nur äusserst beschränkt sein.
Der Hauptgegenstand, den die meisten Griechen gegen ausländi-
dische Waaren zum Tausche bieten konnten, bestand in ihren
Heerden. Schon der Umstand, dass die Preisberechnung nach
Rindern bei Homer die gewöhnliche ist, zeigt an, dass man sich
vorzugsweise derselben als Zahlungsmittel bediente, und zwar auch
im Handel mit Fremden, wie dies ausdrücklich von den Griechen

---

1) Homer Ilias ψ, 834 f.

vor Troja erzählt wird, welche von den Lemniern Wein gegen
Stiere und Stierhäute einkauften.[1] Denn trotz der noch mangelhaften Einrichtung der Schiffe scheute man selbst den Transport
von Thieren zur See nicht; wenigstens erzählt ein alter Schriftsteller, Herakles habe Ziegen und Schafe aus Afrika nach Griechenland ausgeführt.[2] Getreide kann nur aus wenigen Gegenden ausgeführt worden sein; erwähnt wird solche Ausfuhr nicht,
wenn man nicht etwa die Bemerkung von einer Fahrt der handeltreibenden Thesproten nach dem weizenreichen Dulichion dahin
deuten will.[3] Von anderen Produkten des Ackerbaues ist überhaupt keine Rede, höchstens könnte man noch an eine Ausfuhr
von Wein und Oel denken. Metalle als Tauschmittel konnten
allerdings einzelne Gegenden Griechenlands, namentlich einige
Inseln liefern; dass dies aber bereits in jenen Zeiten geschehen
ist, muss bezweifelt werden. Denn von Bergbau und Hütten-
betrieb findet sich bei Homer nicht die geringste Andeutung,
dagegen ist es bekannt, dass die Gruben, deren Betrieb bis in
die ältesten Zeiten hinaufreicht, nicht im Besitz der Griechen,
sondern der Phoenikier waren, wie die Kupferbergwerke auf
Kypros, die Goldgruben in Thasos, und wahrscheinlich auch die
Kupferbergwerke in Euboea.[4] Das Erz und Eisen, welches die
Griechen vor Troja gegen Wein hingaben, rührte aus der Beute
her, welche sie bei der Zerstörung von Städten des umliegenden Landes gemacht hatten. Auch die Purpurschnecken, an
denen die Küsten des Peloponnes und der Inseln reich waren,
dürften für die Griechen keinen Handelsartikel abgegeben haben,
da es höchst wahrscheinlich ist, dass die Phoenikier an den betref-

---

1) Homer Ilias η, 474.

2) Varro v. Landbau II, 1, 6 aurea mala, id est, secundum anti-
quam consuetudinem, capras et oves [quas] Hercules ex Africa in Grae-
ciam exportavit.

3) Homer Odyss. ξ, 334. Don o, 446 u. 456 erwähnten βίοτος, welchen phoenikische Kaufleute einnehmen, für Lebensmittel anzusehen, ist
keine Nothwendigkeit vorhanden; es bedeutet überhaupt Güter.

4) Von Kypros s. Movers Phönizier II, 2 S. 224; von Thasos
Herodot VI, 47, vgl. II, 44. Von Euboea Dondorff Die Ionier auf Euboea S. 29.

fenden Orten selbst Stationen angelegt hatten, um den Fang dieser Thiere, deren sie in ihren Färbereien in ungeheurer Menge bedurften, zu betreiben.[1]

Wenn somit die Mittel, welche das eigne Land den Griechen zum Tausche gegen fremdländische Produkte bot, nicht erheblich waren, so ist dagegen nicht zu übersehen, dass Raubzüge, namentlich zur See, mancherlei zu diesem Zwecke lieferten. Thukydides giebt an, dass in den ältesten Zeiten Seeraub bei den Griechen gäng und gebe gewesen sei und diese Angabe findet in der Erwähnung, die bei Homer öfter von solchen Raubzügen gemacht wird, ihre Bestätigung.[2] Solche Unternehmungen galten aber keineswegs als ein Unrecht oder als unehrenhaft, sondern als ein Erwerbsmittel, zu dem man nicht weniger greifen durfte als zu jedem anderen.

Der Handel unter den Griechen selbst war jedenfalls noch unbedeutender als der mit dem Auslande, da bei der Gleichartigkeit der Landesprodukte in den verschiedenen Gegenden ein Umtausch sich hauptsächlich darauf beschränken musste, das Mehr und Minder der Erzeugnisse zwischen den einzelnen Orten auszugleichen. Unter diesen Verhältnissen kann von einem eigentlich griechischen Handel kaum die Rede sein. Griechische Kaufleute kommen in den homerischen Gedichten gar nicht vor, ja es fehlt in denselben sogar an einem bestimmten Namen, mit welchem der Kaufmann bezeichnet würde.[3] Vielmehr sind alle, die als handeltreibend erwähnt werden, Barbaren oder Halbbarbaren: Taphier, Phæaken, Lemnier, Kreter und vor allen Phœnikier. Die Taphier, deren Wohnsitze wahrscheinlich an den

1) Vgl. Movers a. a. O. II, 2 S. 19.

2) Thukyd. I, 5 u. 7. — Homer Odyss. ι, 40 ff. λ, 401 f. ξ, 83 ff. 263 ff. Vgl. Friedreich Italien S. 426.

3) Das später für den Kaufmann übliche Wort ἔμπορος wird von Homer Odyss. β, 319 u. ω, 300 für jemand gebraucht, der auf dem Schiffe eines anderen mitfährt; πρηκτήρ Odyss. θ, 162 ist nur eine allgemeine Bezeichnung für den Schaffenden (vgl. Ilias α, 443 πρηκτήρ ἔργων) und Erwerbenden überhaupt, die wie späterhin ἐργαστής auch von dem Handelsmanne gebraucht werden kann. Zu bemerken ist auch, dass Odyss. ρ, 383 unter den δημιοεργοῖς die Kaufleute sich nicht befinden.

Küsten von Akarnanien und auf den vorliegenden kleineren
Inseln zu suchen sind, trieben Seeraub und Handel,[1] zwei in
jenen Zeiten fast unzertrennlich verbundene Beschäftigungen, in
der Weise, dass sie nicht allein die gemachte Beute, Menschen
und Sachen verkauften, sondern auch Waaren von einem Orte
holten, um sie an einem anderen abzusetzen,[2] wie der Taphier-
fürst Mentes, der mit Eisen nach Temesa fährt, um dafür von
dort Erz zu holen.[3] Wenn man dieses Temesa mit Strabo wirklich nach Bruttien setzen darf, und wenn die von Homer als
Sklavenhändler erwähnten Sikeler mit den italischen Sikelern
identisch sind, so würden hier sogar Spuren eines Handels nach
dem Westen vorliegen, der immerhin durch die Taphier vermittelt
worden sein kann.[4] In denselben Gegenden sesshaft, vielleicht
derselbe Volksstamm wie die Taphier, sind die Teleboer,
welche gleiches Gewerbe betrieben.[5] In nahe gelegene Gegenden setzte der Glaube des Alterthums die Phaeaken, als
deren Nachkommen sich später die Kerkyraeer ansahen, deren
ganze Erscheinung aber beim Homer mit einem so wunderbaren
Zauber umgeben ist, dass man annehmen darf, sie seien schon in
dem Zeitalter des Dichters in Wirklichkeit nicht mehr aufzufinden gewesen.[6] Ihre ganze Thätigkeit ist, so weit sie nicht üppi-
gem Lebensgenuss fröhnen, auf Seefahrt gerichtet, und wenn auch
von einer eigentlichen Handelsthätigkeit nichts erwähnt wird, so
findet sich doch die Andeutung eines Raubzuges über das Meer.[7]
An der Westküste des griechischen Festlandes finden wir noch
die Thesproten als handeltreibendes Volk genannt.[8]

1) Vgl. Apollodor II, 4, 5; Strabo X S. 458 u. 459.
2) Homer Odyss. ξ, 426 u. 452; o, 427; π, 426.
3) Odyss. α, 181.
4) Strabo VI S. 255. — Homer Odyss. ε, 362; ω, 211, 366 u.
389 vgl. mit Thukyd. VI, 2.
5) Hesiod Schild d. Herakl. 19. Vgl. Apollodor a. a. O. Strabo X
S. 459.
6) Vgl. Apollodor I, 9, 25. Strabo I S. 26. — Homer Odyss. ζ,
265 ff. Daher die Beinamen φιλήρετμοι ε, 386; θ, 96 u. 386; ναυσί-
κλυτοι η, 39 und viele Namen einzelner Phaeaken θ, 111 ff.
7) Homer Odyss. η, 9 ff.
8) Homer Odyss. ξ, 335.

In den östlichen Meeren begegnen uns zunächst die Lemn i e r, die offenbar minyschen Stammes sind.[1] Sie bringen den vor Troja liegenden Griechen Wein zum Verkauf in das Lager, an ihren König Euenos hat Achilles den gefangenen Lykaon verkauft.[2] Seeraub treiben auch die Tyrrhener, welche aus Attika vertrieben sich auf Lemnos angesiedelt haben sollen.[3] Wenn Hekabe klagt, Achilles habe ihre Söhne, die er gefangen, nach Samos, Imbros und Lesbos verkauft,[4] so lässt sich daraus annehmen, dass auch die Bewohner dieser Inseln ähnliche Geschäfte betrieben. Sehr ausgedehnt ist die Thätigkeit der K r e t e r gewesen. Die Seemacht, welche der König Minos gegründet und mittelst deren er die Inseln des ægæischen Meeres unterworfen, seine Unternehmungen bis nach dem griechischen Festlande ausgedehnt und dem Treiben der Seeräuber ein Ende gemacht haben soll, ist von den Alten oft berührt worden.[5] Wir finden die Kreter schon in früher Zeit als weitgereiste Seefahrer berühmt, denn bei Homer hat man auf Kreta Kunde von dem weit entfernten Ithaka,[6] bei Herodot wird erzählt, dass die Therræer, welchen das Orakel eine Kolonie nach Libyen zu senden befohlen hatte, nach Kreta schickten, um sich zu erkundigen, ob vielleicht einmal ein Kreter nach Libyen gekommen wäre. Raub- und Handelszüge würden sich unter diesen Umständen von selbst verstehen, auch wenn die Kreter damals noch von der Gewinnsucht frei gewesen wären, welche später als angeboren an ihnen berüchtigt war.[7] Der angebliche Kreter bei Homer rüstet neun Schiffe zu einem Raubzuge gegen Aegypten aus, in einem der sogenannten homerischen Hymnen werden Kreter erwähnt, die in Handelsgeschäften nach Pylos fahren, und bei

---

1) S. Müller Orchomenos S. 300.
2) Homer Ilias η, 467 ff; φ, 40 f; ψ, 746 f.
3) Herodot IV, 145; VI, 138. Vgl. die Sage vom Dionysos bei Homer Hymn. auf Dionys. 7 ff. und Apollodor III, 5, 3.
4) Homer Ilias ω, 752 f. Samos ist Samothrake Strabo X S. 457.
5) Herod. I, 171. Thukydid. I, 4 u. 8. Strabo I S. 48.
6) Homer Odyss. ν, 256. — Herod. IV, 151.
7) Polyb. VI, 46, 9 ἔμφυτος πλεονεξία.

der Erzählung vom Raube der Europa spricht Herodot die Vermuthung aus, es möchten Kreter die Thäter gewesen sein.[1] Allein der grösste Theil des Handels befand sich in den Händen der betriebsamen und gewandten Phoenikier, die mit geübtem Blicke wie anderwärts so auch an den griechischen Küsten die für ihre Unternehmungen geeigneten Punkte zu finden wussten. Dass Phoenikier und Karier, wie Thukydides angiebt, die Inseln des ägæischen Meeres zum grossen Theile colonisirt haben, lässt sich, abgesehen von den Beweisen, welche jener Schriftsteller liefert, auch an einzelnen Beispielen nachweisen.[2] So scheint die älteste civilisierte Bevölkerung von Kypros phoenikisch gewesen zu sein, Ansiedelungen desselben Volkes sind auf Rhodos, Kreta, Thera, Melos, Kythera, Oliaros, Thasos, Samothrake, Lemnos nachweisbar[3], und der an den Küsten des griechischen Festlandes weit verbreitete Dienst der Aphrodite Urania deutet auf phoenikische Einflüsse hin. Dass aber solche Ansiedelungen Handelszwecke verfolgten, bedarf bei der bekannten kaufmännischen Thätigkeit jenes Volkes keines weiteren Beweises. Ueberdies fehlt es nicht an bestimmten Hinweisungen auf Handelsverbindungen mit Griechenland, wie eine solche namentlich in der Einführung der phoenikischen Buchstabenschrift durch die sogenannte Einwanderung des Kadmos gegeben ist.[4] Nach persischen Erzählungen giebt Herodot einen Bericht über die Entführung der Io, nach welchem Phoenikier bereits in den mythischen Zeiten des Inachos ægyptische und assyrische Waaren nach Argos gebracht haben sollen, ebenso wie in den Erzählungen Homers, namentlich in der Odyssee, uns öfter phoenikische Kaufleute begegnen, die auch hier, wie in jener Erzählung des Herodot, bei günstiger Gelegenheit Raub nicht verschmähten.[6]

---

1) Homer Odyss. ξ, 252 ff. Hymn. auf d. Pyth. Apoll. 218 ff. vgl. V. 291. Herodot 1, 2.
2) Thukydid. I, 8.
3) Näheres s. bei Movers Phönizier II, ᵃ S. 203, 246 ff., 258 ff.
4) Herodot II, 49; V, 58.
5) Herodot I, 1.
6) Homer Odyss. ρ, 271; ο, 415 ff.; vgl. Ilias ψ, 744.

Die Waaren, welche die Phœnikier nach Griechenland brachten, bestanden hauptsächlich in den Erzeugnissen der Industrie, ihrer eigenen sowohl als fremder. Hier sind vor allen die Metallwaaren des erzreichen Sidon zu nennen, unter denen wir besonders ein silbernes Mischgefäss mit goldenem Rande vom Homer erwähnt finden, der auch die Schönheit eines anderen ähnlichen Gefässes als die höchste auf Erden rühmt, weil es ja die kunstreichen Sidonier verfertigt hätten.[1] Dahin gehören ferner mancherlei Galanteriewaaren, bunte Gewebe von sidonischen Weibern verfertigt,[2] und wahrscheinlich auch die öfter genannten mit Purpur gefärbten Stoffe,[3] die entweder phœnikischen Ursprungs waren oder möglicher Weise aus Kleinasien stammten, wo nach einer Bemerkung Homers Purpurfärberei betrieben wurde,[4] während in Griechenland keine Spur von dem Betriebe derselben vorhanden ist. An fremden Waaren ist ausser den schon erwähnten ägyptischen und assyrischen Erzeugnissen das Elfenbein, dessen Gebrauch im homerischen Zeitalter ziemlich verbreitet war, sicher von Phœnikiern nach Griechenland gebracht worden,[5] ebenso wie das Elektron, in so weit unter demselben der Bernstein verstanden werden darf. Einen sehr wichtigen Gegenstand des Handels der Phœnikier mit Griechenland bildeten endlich die Sklaven. Denn wenn auch die Griechen durch Krieg und Seeraub nicht wenige Menschen zu Sklaven machten, so musste doch auch zur Ausgleichung des zeitweilig eintretenden Ueberflusses oder Mangels an Sklaven Handel mit denselben getrieben werden, und an diesem Handel haben sich die Phœnikier sehr lebhaft betheiligt,[6] indem sie eben sowohl Sklaven nach Griechenland zum Verkauf brachten als auch umgekehrt

---

1) Homer Odyss. ο, 425 Σιδών πολύχαλκο;. δ, 615 ff. — 113 ff. Ilias ψ, 741 ff.

2) ἀθρώματα Odyss. ο, 416. πέπλοι παμποίκιλοι Ilias ζ, 289.

3) Ilias ι, 200; ω, 645; Odyss. δ, 298; κ, 353; υ, 151.

4) Ilias δ, 141 f.

5) Von ägyptischen und assyrischen Waaren s. Movers Phönizier II, 3 S. 256 ff. 318 ff. — Elfenbein Homer Odyss. δ, 73; θ, 404; υ, 56; Ilias δ, 141 f.

6) Homer Odyss. ο, 415 ff. Herodot II, 54.

von dort solche wegführten, die sie sich entweder selbst durch
Raub verschafft oder von anderen eingehandelt hatten.[1] Namentlich
zu der letzteren Art des Handels mochten sie öfter Gelegenheit
finden, da die Sieger in einem Kampfe wohl nur selten ihre
Gefangenen unmittelbar an solche verkaufen konnten, die Sklaven zum eignen Gebrauche suchten.[2]

Schon aus diesem Ueberblicke ergiebt sich mit ziemlicher
Bestimmtheit, dass der Handel, welcher in den homerischen Zeiten von Griechen betrieben wurde, fast ausschliesslich Passiv-
handel war und nur einen sehr mässigen Umfang hatte, ein
Ergebniss, welches vollkommen mit der ausserordentlichen
Beschränktheit der für den Handel zu verwendenden Hülfsmittel
in Einklang steht. Geprägtes Geld kommt bei Homer gar nicht
vor, sondern die Preisberechnungen werden nach Rindern oder
nach einem bestimmten Gewichte der edlen Metalle gemacht,
welches für den gewöhnlichen Verkehr durchaus nicht ausreichend gewesen sein kann, da nichts anderes als ein Talent Goldes
erwähnt wird.[3] Auf die Angabe des Plutarch, dass Theseus
Geld geprägt habe,[4] ist diesen Thatsachen gegenüber so wenig
Werth zu legen, dass man für jene Zeiten sogar den Umlauf
fremder, etwa phoenikischer Geld- oder ähnlicher Werthzeichen
bestimmt in Abrede stellen kann. Mass und Gewicht werden
bei Homer nur flüchtig erwähnt.[5] Bei den Phoenikern aber,
von welchen doch der griechische Handel grossen Theils abhängig war, war dies alles längst systematisch ausgebildet,[6] und
gerade, dass man in Griechenland sich nicht veranlasst sah,
diese Einrichtungen herüberzunehmen, beweist, dass von einem
selbstthätigen Betriebe des Handels dort noch keine Rede war.
Auch die Lage der ältesten griechischen Städte fern von der

1) Homer Odyss. ξ, 297. Herodot I, 1. Euripid. Helen. 190. Vgl.
Ezechiel 27, 13.

2) Homer Il. η, 40 ff. ω, 751 ff. Movers Phönizier II, 3 S. 71 u. 80.

3) Homer Ilias ι, 122 u. 264; η, 507; ιη, 269; 614 u. 751. Odyss.
δ, 129; θ, 393; ι. 202; ω, 704. Vgl. Hultsch Metrol. S. 104.

4) Plutarch Theseus 25.

5) Vgl. Friedrich Reallen. S. 379 ff.

6) Movers Phönizier II, 8 S. 28 ff.

Meereskfiste giebt einen Beweis dafür, wie wenig in jenen Zeiten die Griechen auf Erwerb durch den Handel ausgingen, indem sie sich damit begnügten, den Ueberfluss des vorhandenen gegen Dinge, die sie nöthig hatten oder deren Besitz ihnen wünschenswerth erschien, umzutauschen, ohne durch den Handel selbst Gewinn zu suchen.[1] Was sie an Landesprodukten erübrigten oder im Kriege und auf Raubzügen erbeuteten und nicht zum eignen Gebrauche verwenden mochten, verhandelten sie, wie es gerade die Gelegenheit fügte, an fremde Kaufleute, die sich mit ihren Waaren einfanden, in der Heimat oder an anderen Orten, die sie etwa auf ihren Fahrten berührten oder auch wohl zu diesem Zwecke aufsuchten.[2] Die Art des Handelsverkehrs aber ist durchaus diejenige, welche überall die Kaufleute bei Völkern anwenden, die auf einer niedrigeren Culturstufe als sie selbst stehen. Am Strande des Meeres stellen sie ihre Waaren aus, zuweilen in Zelten, welche sie zu diesem Behufe aufschlagen und laden die Bewohner des Landes auf marktschreierische Weise zum Kaufe ein,[3] oder sie geben hausierend und ihre Waare feilbietend in die Wohnungen.[4] Der Aufenthalt wird so lange ausgedehnt, als ein Absatz zu erreichen ist und der Kaufmann für seine Waaren andere für ihn brauchbare Gegenstände erhalten kann, wie sich bei Homer ein Beispiel findet, dass ein solcher Händler ein ganzes Jahr auf der reichen Insel Syra bleibt;[5] dann fährt er weiter, um an einem anderen Orte sein Geschäft in derselben Weise fortzusetzen.

Von einem Binnenhandel ist ausser der schon berührten Stelle, an welcher bemerkt wird, dass der Landmann nach der Stadt gehe, um Eisen einzukaufen, bei Homer nirgends geradezu die Rede; doch lässt die Erwähnung der Reichthümer, welche in die Stadt Orchomenos eingeführt werden, so wie des Reich-

---

1) Thukydid. I, 7.
2) Homer Ilias γ, 40; ω, 751. — Odyss. ν, 383.
3) Homer Ilias η, 467 ff. Odyss. ο, 420 ff. Herod. I, 1. Skylax Peripl. S. 54 Huds. — Apollodor III, 13, θ σάλπιγγι χρησάμενος. Hygin. Fab. 98.
4) Homer Odyss. ο, 459 ff.
5) Ebend. 455.

thums von Korinth und das Vorhandensein von gebahnten Strassen
darauf schliessen, dass Handelsverkehr zu Lande bis zu einer
gewissen Ausdehnung stattgefunden haben muss.[1] Thukydides sagt
sogar, dass in den ältesten Zeiten der Landverkehr den Seeverkehr in Griechenland überwogen habe und Strabo scheint den
Landhandel über Korinth schon in diese Zeiten hinaufzurücken.[2]
Wie aber dieser Verkehr beschaffen gewesen und namentlich in
welcher Weise der Kleinhandel in den Städten betrieben worden, lässt sich nicht bestimmen, zumal da die Angaben über
das städtische Leben überhaupt bei Homer äusserst dürftig sind.

In den Jahrhunderten, welche zunächst auf das homerische
Zeitalter folgten, hat ein gewaltiger Umschwung in den Handels-
verhältnissen Griechenlands stattgefunden, ohne dass wir nach
unsern geschichtlichen Quellen den Verlauf desselben nur einigermassen genau verfolgen könnten. Die unruhigen Bewegungen, welche nach dem trojanischen Kriege die Länder des griechischen Festlandes mit wenigen Ausnahmen erschütterten und
einen Wechsel der Einwohnerschaft zur Folge hatten, waren nicht
geeignet, den Handel zu befördern, zumal da derselbe sich erst
aus den Fesseln der festbegründeten phönikischen Herrschaft
befreien musste.[3] Die ältesten Spuren selbständigen Handels
führen daher auch mehr auf die Inseln, welche zunächst weniger
von jenen Bewegungen getroffen wurden, als auf die Städte des
Festlandes hin.

Unter den Inseln muss A e g i n a in Seefahrt und Handel
schon frühzeitig eine bedeutende Stelle eingenommen haben. Während es noch in dem Schiffskataloge, dem höchst wahrscheinlich
jüngsten Theile der Ilias, als ein Anhängsel des argivischen Landes erscheint, werden in den etwas späteren Genealogien des
Hesiod die Myrmidonen auf Aegina als die Männer gepriesen,
welche zuerst die gewölbten Schiffe gebaut und die Segel, die
Flügel des Meerschiffes aufgezogen hätten;[4] ein deutlicher

1) Homer Ilias ι, 301. — β, 570.
2) Thukydid. 1, 13. Strabo VIII S. 378.
3) Vgl. Thukydid. I, 12.
4) Homer Ilias ,A, 562. Hesiod in den Schol. zu Pindar Nem. III, 21

Beweis, dass sie in jener Zeit als Seefahrer berühmt waren.
Pausanias berichtet, dass unter der Regierung des arkadischen
Königs Pompos, die etwa um das Jahr 1000 v. Chr zu setzen
ist, die Aegineten zur See nach dem elischen Hafen Kyllene
fuhren und von dort ihre Waaren auf Saumthieren nach Arkadien schafften,[1] eine Notiz, die wenn sie zuverlässig wäre, einen
bereits hoch entwickelten Handel der Aegineten voraussetzen
liesse. Denn wenn dieser Verkehr, wie man nach Pausanias
annehmen muss, ein regelmässiger war, so müssen die Aegineten bereits grosse Erfahrungen im Handelsbetriebe gemacht
haben, ehe sie einen so umständlichen Handelsweg um das gefährliche Vorgebirge Malea an der hafenlosen Westküste des Peloponnes entlang bis nach Kyllene und von dort zu Lande nach
Arkadien hinein gefunden und festgehalten hatten, während sie
doch wahrscheinlich dabei noch die Concurrenz der Korinther zu
bestehen hatten, die ihnen vielleicht den geraden Weg nach
Arkadien durch Argolis verschlossen,[2] eine Concurrenz, die ihnen
um so gefährlicher werden musste, als eine alte Verbindung
zwischen Argos und Arkadien bestand, der Art, dass nach dem
Schiffskataloge der Ilias Agamemnon den Arkadern die Schiffe
zum Zuge nach Troja geliefert hatte.[3]

Korinth war durch seine unvergleichliche Lage von Natur
darauf hingewiesen, sich an dem griechischen Handel, sobald nur
ein solcher begonnen hatte, mit Erfolg zu betheiligen. Denn
die Stadt beherrschte die Strasse, welche zu Lande den Peloponnes mit dem übrigen Griechenland verbindet, vollständig,[4] und

οἳ δή τοι πρῶτοι ζεῦξαν τῆς ἁμυελίσσας, πρῶτοι δ᾽ ἱστία λίντο
νηὸς πτέρα ποντοπόροιο.

1) Pausan. VIII, 5, 8.
2) O. Müller Aeginetica S. 77; vgl. Dorer II S. 212 f. Merkwürdiger Weise meint Dondorff (Die Ionier auf Euboea S. 46), Pompos habe
den Aegineten einen Weg durch sein Land nach dem Hafen Kyllene in
Elis geöffnet, wohin sie ihre Waaren auf Lastthieren schafften, und setzt
diese Strasse über Pheneos, Kleitor, Psophis zum Ladon, der sich in den
Pencios ergiesst, während doch Pausanias deutlich von einer Seefahrt nach
Kyllene spricht.
3) Homer Ilias β, 612 ff.
4) Plutarch Arat. 16. Dio Chrysost. VIII 5 ἡ πόλις ὥσπερ ἐν
τριόδῳ τῆς Ἑλλάδος ἴκειτο.

wenn nach Thukydides Angabe in den ältesten Zeiten der Landverkehr von viel grösserer Bedeutung war als der Seeverkehr,
so musste sie von selbst zu einem Platze werden, an welchem
die zum Austausch bestimmten Waaren von Norden und Süden
zusammenflossen. Allein auch als der Seehandel zu grösserer
Bedeutung gelangte, stellten sich für Korinth die Verhältnisse
nicht ungünstiger. Denn einerseits ist es ein Ort, nach welchem
die Landschaften des inneren Peloponnes am bequemsten ihre
Produkte schaffen konnten, um sie gegen fremdländische zur See
eingeführte Waaren abzusetzen, [1] andererseits hat es eine vortreffliche Lage, um die Vermittelung zwischen dem Osten und
dem Westen, zwischen Asien und Italien in weiterer Entfernung,
zu übernehmen, [2] namentlich so lange man bei der Unvollkom-
menheit des Seewesens den gefährlichen Weg um das Vorgebirge Malea zu vermeiden suchte. Zu gleicher Zeit wies das
unebene und felsige Land die Bewohner auf den Erwerb durch
den Handel hin, da es in sich für die Ernährung derselben
keine ausreichenden Hülfsmittel bot. [3] Daher bezeugt auch Thukydides das hohe Alter des korinthischen Handels, indem er sich
auf die Dichter beruft, welche die Stadt die reiche nennen [4] und
Strabo bemerkt, dass die Bakchiaden dort zweihundert Jahre
lang während ihrer Herrschaft den Nutzen gezogen hätten, den
Korinth als Handelsplatz gewährte. [5]

Es ist nicht unwahrscheinlich, dass schon in den ältesten
Zeiten die Phoenikier, welche, wie bekannt ist, die argolische
Küste besuchten, in Korinth Handel getrieben ja vielleicht dort

---

1) Vgl. Thukyd. I, 130.

2) Strabo VIII S. 378. Livius XXXII, 32 propter opportunitatem
loci per duo diversa maria omnium rerum usus ministrandis, humano
generi concilium, Asiae Graeciaeque is mercatus erat. Cicero de lege
agrar. II, 32. Erat enim posita in angustiis atque in faucibus Graeciae
sic, ut terra claustra locorum teneret, et duo maria maxime navigationi
diversa paene coniungeret. Vgl. C. Wegner Rerum Corinth. specim.
Darmstadt 1824. S. 1—4.

3) Strabo VIII S. 382. Theophrast v. d. Urs. d. Pfl. III, 20, 5.
Vgl. Curtius Peloponn. II S. 516.

4) Thukydid. I, 13. Homer Ilias β, 570. Pindar Olymp. XIII, 4.

5) Strabo VIII S. 378.

eine Faktorei gehalten haben, zumal da von alter Zeit her die Purpurschnecke bei Kenchreae gefischt worden zu sein scheint.[1] Ganz besonders deutet darauf der Cultus der Aphrodite Urania, der hier in der höchsten Blüthe stand, so wie der der phoenikischen Athene und unter den Ortsnamen der des Phoinikiaion. Auf Seefahrten in den allerältesten Zeiten lässt die Verbindung der Ephyraeer, der alten Bewohner von Korinth, mit den Argonauten schliessen, und ausserdem ist es in dieser Hinsicht wohl in Betracht zu ziehen, dass für den Agamemnon, der doch zur See mächtig gewesen sein muss, nur Korinth und Sikyon, vielleicht Aeglon passende Häfen bieten konnten,[2] so dass in den Zeiten, in welchen die Griechen den Handel selbständig in die Hand zu nehmen anfingen, für Korinth bereits eine grosse Vertrautheit mit dem Seewesen vorausgesetzt werden darf.[3]

Frühzeitig haben sich Seefahrt und Handel auf der Insel E u - b o e a gehoben, die zum Betriebe derselben von der Natur sowohl durch ihre Lage als durch ihre Produkte besonders begünstigt war. Denn während sie nur durch eine schmale Wasserstrasse vom Festlande getrennt ist, liegt sie mitten in der griechischen Inselwelt nach dem asiatischen Lande ebenso hinüberblickend wie nach den Nordküsten des ägeischen Meeres und nach den Inseln, welche die Brücke nach Aegypten bilden. Der Boden ist fruchtbar, für Ackerbau und Viehzucht gleich geeignet und birgt in seinem Schosse reiche Kupfer- und Eisenerze; an den Küsten wurde die Purpurschnecke in Menge gefangen.[4] Daher lassen sich denn auch Spuren eines frühen Verkehrs weit verfolgen, welchen die Bewohner dieser Insel, namentlich die Chalkidier besonders nach dem Westen hin unterhalten haben, wo schon im zweiten Jahrhundert nach der Eroberung Trojas die

---

1) S. Barth Corinthiorum commercii et mercaturae histor. part. Berol. 1844. S. 7. Curtius Peloponn. II S. 517 u. 590.

2) Homer Ilias β, 108. Thukydid. I, 9.

3) Barth a. a. O. S. 10 f.

4) Ueber die Produkte von Euboea s. Dondorff De rebus Chalcidenss. S. 19 ff. Vgl. Die Ionier auf Euboea S. 29.

Colonie Kyme von Chalkidiern angelegt worden war,[1] und wenn dies gemeinschaftlich mit den Bewohnern des äolischen Kyme ins Werk gesetzt worden ist, wie Strabo angiebt, so würde dadurch auch ein früher Verkehr von Euboea mit dem asiatischen Festlande erwiesen sein.[2]

Auch die Insel Delos ist gewiss bereits in sehr früher Zeit ein Handelsplatz, wenigstens in einem bestimmten Sinne, geworden. Die Feste zu Ehren des delischen Gottes, welche mit gymnischen und musischen Wettkämpfen verbunden, schon im hohen Alterthume einen lebhaften Besuch von Fremden herbeizogen, haben sicherlich auch zu Handelsverkehr Veranlassung gegeben, wie ein solcher bei den grossen griechischen Festversammlungen

1) Dondorff Die Ionier etc. S. 41 ff. hat es unternommen, zwei Strassen nachzuweisen, welche Chalkis mit der Westküste von Griechenland verbanden: die eine über Argolis, Arkadien und Elis, die wie schon Anm. 2 zu S. 367 bemerkt wurde, auf einem Irrthum beruht, die andere durch Boeotien nach dem korinthischen Meerbusen, während weiterhin die Insel Kerkyra die Verbindung mit den italischen Küsten vermittelt haben würde. Die Annahme dieser Strassen beruht auf dem unsichern Mythos von den Asopostöchtern; jedoch wenn man auch das Vorhandensein dieser Wege zugeben wollte, so können doch die Folgerungen nicht anerkannt werden. Denn wenn die Chalkidier auch ihre Waaren auf jenen Strassen nach den westlichen Meeren gebracht hätten, so wäre nicht abzusehen, wie sie von den dortigen Küsten aus weiter Schiffahrt getrieben haben sollten ohne dort Punkte im festen Besitz zu haben, die ihnen als Schiffstationen dienen konnten. Dergleichen sind aber nicht nachweisbar, selbst wenn man die von Dondorff angenommene Verbreitung euboeischer Stämme nach jenen Gegenden gelten lassen will, da dergleichen Ansiedelungen stets unabhängig vom Mutterlande ihr eigenes Leben geführt haben. Ueberhaupt würde die Beziehung von Mythen auf Handelsverbindungen nur möglich sein, wenn die Griechen nach Art der Phoenikier in den ältesten Zeiten einen ausgebreiteten Handel getrieben hätten, was nachweislich nicht der Fall ist. Namensgleichheiten endlich sind sehr trügerisch; z. B. der Name Chalkis braucht durchaus nirgends, wo er sich auch finden mag, im Zusammenhange mit der euboeischen Stadt Chalkis zu stehen, sondern kann überall selbständig von χαλκός oder χάλιξ gebildet sein.

2) Strabo V S. 243 Κύμη Χαλκιδέων καὶ Κυμαίων παλαιότατον κτίσμα· αὕτη γάρ ἐστι πρεσβυτάτη τῶν τε Σικελικῶν καὶ τῶν Ἰταλιωτίδων. Sie wurde nach Eusebios 131 Jahre nach der Eroberung Trojas gegründet. Nähere Nachweise bei Hermann griech. Staatsalterth. § 82, 1.

regelmässig stattfand.[1] Freilich ist hierbei von einem Handel
mit Produkten der Insel oder von einem Seehandel der Deller
nicht die Rede, sondern es kann die Insel nur als ein Messort
angesehen werden, zu dem ihre Lage in Mitten der Kykladen
sie besonders geeignet machte. Ob die Sage von den Hyperbo-
reern, welche aus dem hohen Norden alljährlich mit heiligen
Gaben nach dem delischen Tempel gekommen sein sollen, auf
Handelsverbindungen mit den Nordländern, namentlich den Bern-
steinküsten hinweist, lässt sich in keiner Weise mit Sicherheit
feststellen.[2]

Bemerkenswerth ist endlich für den Seeverkehr auf der
Ostseite von Griechenland noch die Nachricht von der Amphi-
ktyonie, welche in unbestimmter aber alter Zeit die Bewohner
von Hermione, Epidauros, Aegina, Praslæ, Nauplia, Athen und
dem minyschen Orchomenos gebildet hatten und deren Mittelpunkt das Heiligthum des Poseidon auf Kalauria bildete. Freï-
lich lässt sich über den Zweck dieser Verbindung nicht die min-
deste Sicherheit gewinnen, namentlich auch nicht darüber, ob
dieselbe irgendwie mit Handelsinteressen im Zusammenhange
gestanden habe.[3] Wenn man jedoch erwägt, dass die Griechen
damals erst in eine selbständige Handelsthätigkeit eintraten,
sowie dass der damalige Stand gewerblicher Production noch ein
äusserst niedriger und unentwickelter, also die Zahl und Menge
der Handelsgegenstände nicht gerade bedeutend war, so wird
man kaum der Annahme beitreten können, dass dieser Bund
zum Schutze von Handelsinteressen geschlossen worden sei, am
wenigsten aber ist es glaublich, dass derselbo in diesem Sinne
den Osten und Westen Griechenlands verband und seine Wirksamkeit von Sinope bis nach Italien erstreckte.[4]

---

1) Homer Hymn. auf Apoll. 146 ff.; vgl. Thukyd. III, 104.

2) Herodot IV, 33. Vgl. Wiberg Der Einfluss der klassischen Völker auf den Norden übers. v. Mestorf. Hamb. 1867 S. 33 f.

3) Strabo VIII S. 373 giebt darüber die einzige Notiz; ausführlich
handelt davon Müller Aeginet. S. 30 ff. Anderes s. bei Hermann Staatsalterth. § 12, 8—10.

4) Eine solche Annahme macht Dondorff Die Ionier S. 46 ff.

In dieser Zeit hat der griechische Handel vorwiegend die
Richtung nach Westen genommen, offenbar weil die Organisation
des phoenikischen Handels im Osten zu fest war, als dass die
Griechen schon jetzt eine Concurrenz gegen denselben mit Erfolg
hätten unternehmen können; dennoch treten die Handelsplätze
auf der Westseite von Griechenland wegen der natürlichen
Beschaffenheit dieser Küsten gegen die übrigen zurück. Wie
früh die Bewohner der Insel Kerkyra, welche so günstig gegenüber von Italien lag, an dem Handel dorthin und nach dem adriatischen Meere sich betheiligt haben, lässt sich nicht bestimmen,
doch geht aus ihrer Behauptung, dass sie Nachkommen der
Phaeaken seien, hervor, dass Seefahrt dort von jeher heimisch
gewesen ist. Die Bewohner der krisaeischen Bucht, namentlich
die Bewohner von Kirrha, in deren Hafen die Wallfahrten nach
Delphi schon frühzeitig ein reges Leben brachten, werden wahrscheinlich mit Italien in Handelsverbindungen gestanden haben,
wo sie in späterer Zeit die Colonie Metapontum anlegten.[1]

Zu einer freieren Entwickelung gelangte der griechische
Handel erst nach der sogenannten Rückkehr der Herakliden,
deren Einwirkung auf die staatlichen und Besitzverhältnisse schon
früher betrachtet worden ist. Für die Gewerbe und den Handel
kann dieselbe unmittelbar nicht anders als nachtheilig gewesen
sein, aber es wurde bewirkt, dass in Folge der bedrängten materiellen Lage einer ausserordentlich grossen Zahl von früheren
Bewohnern der occupierten Länder und in Folge der Unzufrie-
denheit vieler mit den neuen politischen Zuständen Massenaus-
wanderungen namentlich aus dem Peloponnes stattfanden, für die
das letzte Ziel nur jenseit des Meeres liegen konnte. Sichere
Spuren von solchen Zügen finden sich in der That erst seit der
Heraklidenwanderung, da die Anlage von Colonien in früherer
Zeit, insbesondere in den westlich gelegenen Ländern theils historisch nicht nachweisbar, theils, wenn man hiervon absieht, ohne
Einfluss auf die Verkehrsverhältnisse geblieben ist. Die Haupt-
züge der Auswanderer gingen nach der Richtung, welche ihnen

----

1) Homer Hymn. auf d. Pyth. Apoll. 259. Strabo VI S. 265; vgl.
IX S. 418.

durch die Stammverwandtschaft und die natürliche Lage der
zunächst erreichbaren Küste angedeutet war, nach dem Osten.
Diejenigen, welche dem æolischen Stamme angehörten, wandten
sich nach Dœolien und von da nach dem nördlichen Theile der
Westküste von Kleinasien, die, welche dem ionischen Stamme
angehörten, über Attika nach den Kykladen und dem mittleren
Theile jener Küste, die Dorer suchten noch weiter südlich Wohn-
plätze. Wie die dort gegründeten zahlreichen Niederlassungen
allmählich zur Blüthe gelangten, wie die Gewerbe und der Handel sich in denselben ausbildeten und ausbreiteten, darüber fehlt
es uns an allen Nachrichten. Doch ist klar, dass die Gründung
und Sicherung der Stadtanlagen nur unter heftigen Kämpfen
gegen die ursprünglichen Bewohner des Landes gelingen konnten,
und dass durch die Concurrenz des damals unter den tyrischen
Königen noch mächtigen phœnikischen Reiches die Errichtung
einer Seemacht und die davon abhängige Ausdehnung des Seehandels erschwert wurden, während doch ohne letzteren das Emporkommen der Städte unmöglich war, da sie nur in den seltensten Fällen ein Landgebiet erwerben konnten, dessen Bebauung
die Einwohner ernährt hätte. Daher ist es auch nicht zu bewundern, dass mindestens zwei Jahrhunderte erforderlich waren, um
diese Colonien auf den Gipfel ihrer Macht zu bringen, auf welchem sie sich frühestens seit dem Beginn der Olympiadenrechnung befanden. Zwar erzählt Strabo, dass die Rhodier schon
viele Jahre vor diesem Zeitpunkte weite Seefahrten unternommen und im fernen Westen Colonien, wie Rhode das spätere
Massilia, und Parthenope das spätere Neapolis und Elpiæ in
Daunien angelegt hätten,[1] ja Eusebios setzt die rhodische Seeherrschaft schon etwa um das Jahr 900 v. Chr.,[2] allein diese
Angaben stehen doch nur vereinzelt da, während man nach Herodots Erzählung, dass die Phokæer zuerst in das adriatische Meer,
nach Tyrrhenien und bis nach Spanien gefahren seien,[3] eine

1) Strabo XIV S. 654. Vgl. Müller Dorier I S. 111.

2) Castor Fragm. ed. Müller hinter der pariser Ausg. des Herodot
S. 180.

3) Herod. I, 163.

solche Ausdehnung der Schiffahrt vor den Zeiten des persischen Königs Kyros kaum annehmen darf.[1] Auch Thukydides giebt an, dass die Ionier erst in dieser zuletzt erwähnten Zeit eine grössere Seemacht geschaffen hätten, und bei Eusebios wird die Seeherrschaft der Milesier, wenn auch etwas früher, doch immer erst gegen 750 v. Chr. angesetzt.[2] Ohne eine grössere fest-gegründete Seemacht war aber an eigentliche Handelsverbindungen mit ferneren Ländern nicht wohl zu denken, wenn auch einzelne kühne Männer weitere Fahrten gewagt haben mögen.

Sehr hoch muss der Einfluss angeschlagen werden, welchen auf die industrielle Thätigkeit die Einwohner von Vorderasien, vor allen die kunstfertigen Lyder ausgeübt haben; von der Entwickelung der Gewerbe aber war zum grossen Theil die Entwickelung ihres Handels abhängig. In gleicher Richtung fördernd wirkte der Wetteifer mit den Phoenikiern gewirkt haben, denen jene Colonien einen Theil ihres Handelsgebietes streitig machen mussten. Eine ausserordentlich günstige Gelegenheit, ihre Seemacht zu erweitern und ihrem Handel eine dauernde sichere Grundlage zu verschaffen bot sich, als die Phoenikier durch das Vordringen der Assyrer gezwungen, um ihre Selb-ständigkeit zu kämpfen, für die Behauptung ihres Handelsgebietes im östlichen Theile des Mittelmeeres so wie an den Küsten der Propontis und des schwarzen Meeres und für die Erhaltung ihrer daselbst gegründeten Niederlassungen nicht mehr ausreichende Mittel zur Verfügung hatten.[3] Da nun die Assyrer selbst keine Seemacht besassen, auch bei der Besitznahme der vorderasiatischen Küstengebiete schwerlich die Absicht hatten, eine solche zu errichten, so fiel der Beruf, die Seeherrschaft und den Handel in jenen östlichen Gewässern zu übernehmen, natur-gemäss den Griechen, besonders den in Kleinasien ansässigen zu, die auch mit emsiger Betriebsamkeit begannen, sich dieses frei-gegebenen Gebietes zu bemächtigen.[4] Dies mochte nur allmäh-

1) Müller Etrusker I S. 193 setzt diese Fahrten um Olymp. 20—30 Vgl. Herod. IV, 152.
2) Thukydid. I, 13.
3) S. Movers Phönizier II, 1 S. 372 ff.
4) Movers a. a. O. S. 410 ff.

lich und vielleicht nicht ohne Kämpfe gelingen, von deren einem
die rhodische Sage erzählte, welchen die noch in Ialysos zurück-
gebliebenen Phœnikier gegen die Dorer bestehen mussten, als
die letzteren bereits von der übrigen Insel Besitz ergriffen hatten[1]
und welcher hierher zu rechnen sein wird, wenngleich über die
Zeit der dorischen Einwanderung in Rhodos, also auch über die
dieses später ausgefochtenen Kampfes nichts sicheres bekannt
ist.[2] Die Sicherung des Handels an den Küsten des Pontos, der
durchaus mit barbarischen zum grossen Theil nomadischen Volks-
stämmen betrieben werden musste, war nur durch Anlage von
Faktoreien und festen Ansiedelungen zu erreichen, und so wenig
bei den Gründungen von Colonien auf der Westküste von Kleinasien und auf den Inseln des ægæischen Meeres Handelsinteressen
massgebend gewesen sein können, eben so sehr müssen sie bei der
Einrichtung der pontischen Niederlassungen als bestimmend angesehen werden, wenngleich diese Beziehung von den alten Schriftstellern nur selten hervorgehoben worden ist.

Am allerthätigsten haben sich in dieser Richtung die Milesier, hauptsächlich von der Mitte des achten Jahrhunderts an,
erwiesen, indem sie mit ihren Colonien, deren Zahl wenigstens
fünfundsiebenzig betrug, ja bis auf neunzig angegeben wird, die
Küsten der Propontis und des Pontus besetzten.[3] Abydos, Amisos, Kyzikos, Prockonnesos, Sinope, Phasis, Dioskurias, Pantikapæon, Theodosia, Olbia, Istros, Tomoi, Odessos, Apollonia sind die
bedeutendsten von diesen Niederlassungen, mit welchen die Milesier innerhalb eines Zeitraumes von mehr als hundert Jahren bis in die entlegensten und bis dahin den Griechen völlig unbekannten Gegenden der pontischen Küsten vordrangen,
Gegenden, welche früher zu dem Handelsgebiet der Phœnikier
gehört zu haben scheinen.[4] Von Sinope aus wurde angeblich
schon um 756 v. Chr. Trapezunt angelegt. Dieselbe Richtung

1) Erxias von Rhodos bei Athen. VIII S. 360ᶜ.
2) Vgl. Müller Aeginet. S. 41; Dorier I S. 103. Movers II, 2
S. 249 ff. besonders S. 256.
3) Seneca an Helv. C. 6. Plinius Naturgesch. V § 112. Strabo
XIV S. 635. S. Rambach De Mileto eiusque coloniis. Halae 1790.
4) Movers Phönizier II, 2 S. 286 ff.

wurde auch von anderen eingeschlagen, namentlich von den Megareern, die nach Osten und Westen weit ausgedehntere Handelsverbindungen in jener Zeit als in der späteren unterhalten
zu haben scheinen.[1] Ihre Anlagen beschränkten sich auf die
Küsten der Propontis, wo Astakos schon um 710 v. Chr., im
folgenden Jahrhundert Kalchedon, Selymbria, Mesambria und vor
allen Byzantion gegründet wurden;[2] ob Herakleia am Pontos von
den Megareern oder Milesiern angelegt war, bleibt zweifelhaft.

Diese Colonien sind nur zum geringsten Theile als vollkommen neue Gründungen anzusehen, vielmehr sind fast an allen
jenen Orten Niederlassungen, freilich nicht griechische, bereits vorhanden gewesen, in denen sich nun griechische Kaufleute, gewiss
anfänglich nicht in bedeutender Zahl niederliessen, die theils durch
den Zuzug anderer Colonisten, theils durch Græcisierung der vorhandenen Bewohner den Ortschaften allmählich den Charakter von
griechischen Städten aufprägten.[3] Nur so ist die ausserordentliche
Zahl solcher Anlagen in verhältnissmässig kurzer Zeit von wenigen
Orten aus zu erklären. Der Einfluss dieser Colonien, welche den
Bezug zahlreicher Naturprodukte aus den reichen Pontosländern und
den Absatz griechischer Produkte und Industrieerzeugnisse an die
dort wohnenden weniger civilisierten Völkerschaften in höchst
gewinnbringender Weise sicher stellten, muss für die Entwickelung des ganzen griechischen Handels ein ausserordentlicher
gewesen sein.

Auch der Westen wurde von der sich rasch entfaltenden
Thätigkeit der Griechen nicht ausser Acht gelassen, wenn auch
nicht in dem Masse in dieselbe hineingezogen, wie der Osten,
da hier mit dem Sinken der phœnikischen Herrschaft Karthago
schnell emporkam und sein Handelsgebiet mit nicht geringerer

<hr />

1) Müller Dorier I S. 120 ff.
2) Xenophon Anab. VI, 2, 1. Diodor XIV, 31. Strabo XII S. 542.
3) Im pontischen Herakleia weist Movers II, 2 S. 301 ff. phoenikische Ansiedler nach und nimmt an, dass später auch Kimmerier sich
daselbst niedergelassen haben. Sinope war lange vor Ankunft der Griechen eine Ansiedelung von Syrern (Skymnos 943. Plutarch Lucull. 23),
oder nach Movers II, 1 S. 375 Anm. 3 und 2 S. 293 von Assyriern.
Kimmerische Ansiedler nennt Herod. IV, 12.

Eifersucht gegen das Eindringen von Fremden nachdrücklich
vertheidigte, als es einst die Phœnikier gethan.[1] Doch waren
schon frühe die Küsten von Unteritalien und Sicilien von den
Dorern colonisiert worden, woran auch die æolischen Lokrer
Theil genommen hatten.[2] Unter diesen Colonien ragen hervor
Syrakus, welches von den Korinthiern 734 v. Chr. angelegt worden war, Thapsos und Hybla Gründungen der Megareer, und
Naxos eine Pflanzstadt der Chalkidier; aber wenn auch diese
Städte in der Folgezeit durch Handel und Gewerbe blühten, so
ist doch die Veranlassung zu ihrer Gründung mehr in politischen
Verhältnissen zu suchen als in Handelsinteressen, die vollends
in lakonischen Niederlassungen wie Tarent und in dem unter
spartanischer Autorität mit Achæern bevölkerten Kroton gar nicht
vorauszusetzen sind. Selbst bei den Colonien der Chalkidier,
deren Handelsthätigkeit doch bekannt ist, können dieselben nicht
mit einiger Sicherheit nachgewiesen werden, da ja z. B. in dem
von ihnen gegründeten Rhegium Messenier das vorwiegende Element bilden, die aus politischen Gründen ihre Heimat verlassen
hatten.

Dagegen sind die im fernen Westen von Phokæa aus angelegten Colonien sicher aus Handelsverbindungen entstanden, die
man gewiss angeknüpft hatte, seit der Samier Kolœos am
Olymp. 37 mit seinem Schiffe durch Zufall bis nach Tartessos
gekommen und von dort mit reicher Ladung zurückgekehrt war.[3]
Von frühzeitigen Fahrten der Phokæer nach dem adriatischen
und tyrrhenischen Meere, ja bis nach Spanien erzählt Herodot;
auf Corsica legten sie in der Mitte des sechsten Jahrhunderts
v. Chr. eine Colonie Alalia an, und als sie bei dem Vordringen
der Perser in Kleinasien zum grössten Theile ihre Heimat aufgaben, gründeten sie zunächst in Unteritalien eine Niederlassung
in Elea[4] und liessen sich dann später in Massilia nieder, wo

---

1) Man vgl. die Handelsverträge der Karthager mit den Römern bei
Polyb. III, 22 u. 24. Im Allgemeinen s. Grote Gesch. Griechenl. II
S. 271 ff. der deutschen Uebers.
2) Strabo VI S. 259.
3) Herodot IV, 152.
4) Herod. I, 163 — 167.

sich schon vorher einzelne Phokaeer angesiedelt hatten.[1] Von
dort aus wurde dann an den gallischen Küsten eine Reihe von
Niederlassungen eingerichtet. Die Anlage derselben war mit
viel grösseren Schwierigkeiten verknüpft als die der Colonien im
Osten, weil man sich hier im Handelsbezirk der damals mächtigen Karthager befand, mit denen auch die ausgewanderten Phokaeer, als sie eine neue Heimat suchten, ebenso wie mit den
Tyrrhenern harte Kämpfe zu bestehen hatten. Daher hat auch
die Anknüpfung einer regelmässigen Handelsverbindung zwischen
Griechenland und dem äussersten Westen nie bewerkstelligt werden können.

Endlich wurden die nördlichen Küsten des ägeischen Meeres stark mit Colonien von Euboea, namentlich von Chalkis aus
besetzt und in Libyen, wohin vorher wohl kaum Griechen gefahren waren, wurde von Thera aus Kyrene gegründet. Aber noch
ein Gebiet blieb zu erobern, das für den Handel von ausserordentlicher Wichtigkeit werden konnte, Aegypten. Die Griechen
hatten seit alten Zeiten Kunde von diesem Lande der Weisheit
und der Wunder, ja sie müssen mit demselben in Verkehr
gestanden haben. Denn mag man auch über die angeblichen
Einwanderungen von Aegypten nach Griechenland, die sich an
die Namen des Danaos oder gar des Kekrops knüpfen, denken
wie man will, und mag man auch die Getreiderufuhr, welche
Erechtheus aus Aegypten nach Athen gebracht haben soll,[2] mit
Recht in das Gebiet spät erfundener Fabeln verweisen, so deutet doch die von Homer erzählte Fahrt des Menelaos nach
Aegypten, die allerdings nur ein Werk des Zufalls ist, und
noch mehrere absichtlich dorthin unternommene Fahrten, die
ebenfalls von Homer erwähnt werden,[3] so wie die Hindeutung auf
den als bekannt bezeichneten Reichthum des ägyptischen Theben[4]
auf Bekanntschaft und auf Verkehr mit diesem Lande. In
späterer Zeit wurde das Land den Fremden verschlossen, vielleicht zu Gunsten der Phoenikier, die, wie es scheint, seit alten

1) Thukyd. I, 13. Justin. XLIII, 3.
2) Diodor I, 28 u. 29.
3) Homer Odyss. γ, 300; δ, 127 ff.; 351 ff. — ξ, 246 ff.; ι, 426 ff.
4) Homer Odyss. δ, 126 f. — Ilias ι, 381 f.

Zelten eine Niederlassung in Memphis hatten;[1] jedoch auch hier
brachen die Milesier für den griechischen Handel Bahn. Schon
um 750 v. Chr. sollen sich dieselben nach des Eusebios Angabe
an der kanobischen Mündung des Nils festgesetzt haben, und aus
Olymp. 23 wird eines Kaufmannes Herostratos aus Naukratis
Erwähnung gethan, der weite Meeresfahrten unternahm. Welche
Stellung die Kaufleute aber dort einnahmen, lässt sich aus einer
Notiz bei Herodot ersehen, welche vielleicht auf diese Niederlassung zu beziehen ist.[2] Dieser Geschichtschreiber erzählt nämlich, es sei in alter Zeit Naukratis der einzige Handelshafen
Aegyptens gewesen, der den Fremden geöffnet war; landete ein
Schiff an einer anderen Stelle, so mussten die Besitzer schwö-
ren, dass sie wider ihren Willen dahin gekommen und sich alsdann nach der kanobischen Mündung begeben, wenn dies aber
der Winde wegen nicht möglich war, so wurden die Waaren auf
Booten, also wohl durch die Kanäle nach Naukratis gebracht.
Nach diesen Beschränkungen zu urtheilen, wird diese Handelssta-
tion schwerlich an der Stelle des späteren Naukratis, sondern
näher der Meeresküste gelegen haben, zumal da nach einem
genaueren Berichte diese Stadt bedeutend später angelegt wurde.
Strabo erzählt nämlich, dass unter der Regierung Psammetichs
in der zweiten Hälfte des 7. Jahrh. v. Chr. Milesier mit dreissig
Schiffen in die bolbitinische Mündung eingefahren seien und dort
einen Platz befestigt hätten, den sie nach ihrem Namen benannten;
später wären sie weiter landeinwärts gefahren und hätten, nachdem sie den Inaros mit der Flotte geschlagen, die Stadt Naukratis
gegründet.[3] Wahrscheinlich geschah dies im Einverständniss mit
Psammetich, der sich bekanntlich in seinen Kämpfen um den Besitz
des Thrones fremder Krieger bediente, namentlich der Karier
und Ionier, denen er auch an beiden Ufern des Nils oberhalb
der pelusischen Mündung Land zur Anlegung fester Ansiedelungen überwies.[4] Nachdem sie dort lange gewohnt, wurden sie

1) Herod. II, 112. Vgl. Movers Phönizier II, 3 S. 329.
2) Polycharmos bei Athen. XV 8. 675°. Herod. II, 178.
3) Strabo XVIII S. 801 Μιλησίων τεῖχος. Vgl. auch Bähr zu
Herodot II, 178.
4) Herod. II, 152 u. 154. Diodor I, 67. Diese Ansiedelungen

von Amasis, also etwa hundert Jahre später, nach Memphis übergesiedelt.[1] Derselbe König, berichtet Herodot, habe auch den
nach Aegypten kommenden Griechen die Stadt Naukratis als
Wohnsitz angewiesen, und denen, die sich dort nicht fest nieder-
lassen, sondern nur im Lande Handel treiben wollten, die Anlage von Heiligthümern, d. h. fester Mittelpunkte für ihre Ver-
kehrsplätze, gestattet.[2]

Es scheint hiernach, als ob die Niederlassungen der Milesier an der kanobischen und bolbitinischen Nilmündung und in
Naukratis die ersten Plätze gewesen seien, an denen sich in
Aegypten griechische Kaufleute festsetzten, indem sie die ursprünglich beschränkte Handelsfreiheit unter Benutzung der politischen
Umwälzungen des Landes allmählich zu erweitern wussten, dass
eine zweite Ansiedelung an der pelusischen Mündung, deren
Bedeutung für den Handel allerdings fraglich erscheint, später
wieder eingegangen und der Verkehr auf Naukratis beschränkt
worden sei. An diesem letzteren Platze aber hob Amasis das
Handelsmonopol der Milesier auf, und in Folge dessen machten
sich dort Handelsgesellschaften ansässig, von denen die eine am
Chiern, Teern, Phokäern, Klazomeniern, Rhodiern, Knidiern,
Halikarnassoern, Phaseliten und Mytilenaeern bestehend ein
gemeinsames Heiligthum, das Helleulon, besass, während die
Aegineten, Samier und Milesier getrennt jede für sich ein Heiligthum besassen. Von diesen vier Faktoreien, welche ihre beson-
deren Vorsteher hatten und jedenfalls mit den Mutterstädten in
Verbindung standen, ist die erstgenannte die bedeutendste gewe-
sen. Unbestimmter sind die Angaben von einer Insel Samos im
Nilflusse und von einer Niederlassung der Samier in der grossen
Oase.[3]

---

heissen στρατόπεδα, ebenso wie die II, 112 erwähnte phoenikische Niederlassung Τυρίων στρατόπεδον genannt wird.

1) Vgl. Steph. Byzant. ʾΕλληνικὸν καὶ Καρικόν· τόποι ἐν Μέμφιδι. Ders. Καρικόν· τόπος ἰδιάζων ἐν Μέμφιδι, ἔνθα Κᾶρις οἰκή-
σαντες ἐπιγαμίας πρὸς Μεμφίτας ποιησάμενοι Καρομεμφῖται ἐκλή-
θησαν.

2) Herod. II, 178.

3) Stephan. Byzant. Ἴμεσος. Herodot III, 26.

So hatte bis zum sechsten Jahrhundert v. Chr. der Handel der Griechen eine solche Ausdehnung erreicht, dass er sich auf die Küsten des Mittelmeeres und der mit demselben zusammenhängenden Binnenmeere nach allen Richtungen, vorzüglich aber nach Osten hin erstreckte. Mit der Entwickelung des Handels hielt die der Industrie gleichen Schritt, indem sie nicht allein durch die Erweiterung des Absatzes gesteigert wurde, sondern auch durch die in fremden Ländern gefundenen Vorbilder neue Anregungen empfing, welche vorzüglich der bewegliche und betriebsame ionische Stamm auf sich einwirken liess und aufs beste zu verwerthen wusste. Dadurch dass nach den Wanderungen in Griechenland allmählich die politischen Verhältnisse sich befestigten und zu einer dauernden Gestaltung ausbildeten,[1] wuchs auch die Sicherheit des Besitzes, mit ihr die Lust am Erwerbe und das Streben nach einem sicheren vom Zufall möglichst unabhängigen Eigenthume und Erwerbe. Das Räuberleben, das im heroischen Zeitalter eine wichtige Quelle des Erwerbes gewesen war, wurde aufgegeben und die Schiffahrt dem Handel dienstbar gemacht. Dazu kommt, dass die Colonisation der Inseln und der kleinasiatischen Küsten, wenn sie auch keineswegs durch Handelsinteressen veranlasst war, dieselben doch hervorrufen musste, indem sie die Griechen theils in den Besitz, theils in nahe Verbindung mit produktenreichen Ländern brachte, deren Erzeugnisse nicht bloss zum Genusse, sondern auch zu anderweitiger Verwerthung des Ueberflusses einluden. Ganz besonders wirksam, ja die eigentliche Lebensbedingung für die Entwickelung des Handels wurde die Zunahme der Menge edlen Metalles und die allgemeine Einführung des geprägten Goldes. In Kleinasien hatten die Ionier mit den Lydern, welche sogar die Sage zu Erfindern der Geldprägung macht,[2] den Gebrauch des Gold- und Silbergeldes zuerst eingeführt,[3] während man vorher höchstens Barren von Eisen oder Kupfer, in geringerem Masse auch wohl

---

1) Thukydid. 1, 13.

2) Vgl. Salmasius De usuris S. 423 ff. Brandis Das Münz-, Mass- und Gewichtswesen S. 200 f.

3) Herodot I, 94. Xenophanes bei Pollux IX, 83.

von edlem Metall, nach dem Gewicht als Zahlungsmittel angewendet hatte.[1] Mit dem bei den Lydern gebräuchlichen Münzfusse hängt auch der älteste griechische, nämlich der äginetische
zusammen,[2] auf Aegina aber soll der argivische König Pheidon
um den Anfang der Olympiadenrechnung die ersten griechischen
Münzen haben schlagen lassen.[3] Es lässt sich voraussetzen, dass
die Griechen sich lange der kleinasiatischen Münzen bedient
haben, ehe sie mit eigner Prägung den Anfang machten; der
Zeitpunkt aber, mit welchem auf dem Festlande von Griechenland geschlagene Münzen zuerst erschienen sind, ist nicht festzustellen.[4]

Aus den eben gemachten Bemerkungen geht deutlich hervor, dass Gewerbe und Handel zunächst bei den Ioniern zu einer
höheren Ausbildung gelangte, deren Charakter auch eine solche
Beschäftigung unter allen Griechen am meisten zusagte, aber die
Einwirkung derselben auf ganz Griechenland war so bedeutend,
dass selbst die Dorer, welche nach den grossen Wanderungen
sich in solchen Gegenden niedergelassen hatten, die durch ihre
natürlichen Verhältnisse auf den Seeverkehr hingewiesen waren,
die ihrem Stammcharakter eigenthümliche Abneigung gegen dergleichen Beschäftigungen allmählich ablegten, so namentlich in
Aegina, Korinth, Megara und Argos.[5] Dass unter den ionischen
Städten Milet, welches überhaupt in diesen Zeiten im Osten
unter den Handelsstädten die erste Stelle einnahm, obenan steht,
ist schon vorher bemerkt worden.[6] Es war aber auch diese
Stadt von der Natur zu einem solchen Berufe trefflich ausgestattet, da vier gut gelegene und geschützte Häfen hinlänglich Raum
für zahlreiche Kauffahrteischiffe, einer derselben selbst für eine

1) Plutarch Lysand. 17. S. Hultsch Metrol. S. 106 Anm. 10.

2) Hultsch a. a. O. S. 131. Brandis a. a. O. S. 110.

3) Müller Aeginet. S. 57. Böckh Metrol. Unters. S. 76.

4) Vgl. Brandis a. a. O. S. 202.

5) Vgl. Müller Aeginet. S. 144 f. C. Wagner De Bacchiadis Corinthiorum. Darmst. 1856. S. 4.

6) Schröder De rebus Milesiorum. Sund. 1827. Soldan Rerum Mile-
siarum comment. I. Darmst. 1829. C. G. Schmidt De rebus Milesiis.
Gotting. 1855.

Kriegsflotte hat.[1] Die Landesprodukte mögen ausser etwas Wein für die Ausfuhr allerdings wenig geboten haben, aber desto mehr Gegenstände lieferte die Industrie.[2] Es ist schon oben angegeben worden, dass die Schafzucht von Alters her von den Milesiern betrieben wurde und eine hochfeine Wolle lieferte, aus der am Orte selbst kostbare Gewebe, namentlich Teppiche und Kleiderstoffe verfertigt wurden, die weit und breit des höchsten Rufes genossen.[3] Ausserdem scheinen viele Luxusgegenstände, namentlich an Möbeln und sonstigem Hausgeräth dort verfertigt worden zu sein.[4] Es ist aber auch nicht zu bezweifeln, dass die Milesier einen lebhaften Zwischenhandel mit den Erzeugnissen anderer Länder getrieben haben, wie dies ja bei ihren ausgedehnten Verbindungen natürlich ist, die sich nicht bloss auf den Osten beschränkten, sondern auch gegen Westen bis nach Sybaris und Tauromenium in Sicilien erstreckten.[5]

Die Samier, auf einer höchst fruchtbaren Insel wohnend, haben frühzeitig an Schiffahrt und Handel sich betheiligt.[6] Schon um Olymp. 18 liessen sie von einem Korinther Amelnokles Trieren bauen[7] und bald nachher finden wir sie mit den Aegineten in einen Seekrieg verwickelt; ein von Pausanias erwähntes Epigramm an einer Bildsäule in Olympia nannte sie die besten der Ionier im Seegefecht.[8] Gegenstände ihres Handels bildeten wohl zum grossen Theil die Erzeugnisse ihrer Industrie, unter denen

1) Strabo XIV S. 635.

2) Eubulos bei Athen. I S. 29ª.

3) Zahlreiche Stellen über die Wolle bei Yates Textrinum antiquorum S. 34 ff. — Teppiche Scholien zu Aristoph. Frösche 543. Kritias bei Athen. I S. 38ᵇ; Theokrit XV, 125. — Kleiderstoffe Plutarch de Alexandr. s. fort. I, 8. Horaz Epist. I, 17, 80.

4) Vgl Anm. 8 zu S. 338.

5) Herodot VI, 21 Σιβάριος γὰρ ἁλούσης ὑπὸ Κροτωνιητέων, Μιλήσιοι πάντες ἡβηδὸν ἀπεκείραντο τὰς κεφαλάς — πόλιες γὰρ αὖται μάλιστα δὴ τῶν ἡμεῖς ἴδμεν ἀλλήλῃσιν ἐξεινώθησαν. Vgl. Diodor Excerpt. Vatic. S. 10 ed. Rom. Excerpt. de virt. S. 549. Timaeos bei Athen XII S. 519ᵇ. Konon in Photii Bibl. S. 229 gegen Ende.

6) Panofka Res Samiorum. Berol. 1822. — Strabo XIV S. 637.

7) Thukydid. I, 13. — Herodot III, 59.

8) Pausan. VI, 2, 9.

lange die Thonwaaren die erste Stelle einnahmen,[1] wahrscheinlich aber auch Metallwaaren und Gewebe eine bedeutende
Rolle spielten. Dass ihre Handelsbeziehungen sich nach verschiedenen Richtungen erstreckt zeigen sowohl die schon berührten Thatsachen der Tartessosfahrt eines Samiers und der Faktoreien in Naukratis, als auch die Anlage einer Colonie Perin-
thos an der Propontis, die etwa um 600 v. Chr. gegründet wurde.

Unter den pontischen Städten ragte schon frühzeitig Sinope
ganz besonders hervor.[2] Die Stadt lag ausserordentlich günstig
auf einer in das Meer vorspringenden Landzunge, die durch
einen Isthmos von nur zwei Stadien Breite mit dem Festlande
zusammenhängt und wegen ihres steilen Abfalles zum Meere und
wegen der vorliegenden Klippen schwer zugänglich ist.[3] Zu
beiden Seiten der Landzunge befinden sich Häfen, das Land
selbst war gut angebaut, und die Hinterlandschaft reich an Getreide und Oel, die Bergwaldungen lieferten Bauholz und werthvolle Nutzhölzer, ausserdem Arzneistoffe.[4] Bei Sinope erschienen die Züge der Thunfische zu der Zeit, wo die Thiere die
erforderliche Grösse bereits erlangt hatten, zuerst und gaben
Gelegenheit zu einem einträglichen Fischfange, zu dessen Betrieb
man grossartige Anlagen gemacht hatte.[5] Ausserdem zog Sinope
aus weiterer Ferne die Produkte des Landes zum Zwecke der
Ausfuhr an sich, z. B. Stahl von den Chalybern, Röthel aus
Kappadokien, zwei Artikel, die weil sie von Sinope aus verführt

---

1) Vgl. Plinius Naturgesch. XXXV, 43 § 151. Ueber die billigen
samischen Thongeschirre zahlreiche Stellen insbesondere bei römischen
Schriftstellern. S. Panofka a. a. O. S. 16. Birch History of ancient pot-
tery II S. 348 ff.

2) Sengebusch Sinopicarum Quaestt. spec. Berol. 1846. Direuber
Sinope, ein historisch-antiquarischer Umriss. Basel 1853. Brauns Sinope
in Zschr. f. allgem. Erdk. N. F. II 1857. S. 27—34.

3) Polyb. IV, 56, 5. Strabo XII S. 545.

4) Strabo a. a. O. 546 nennt ausser Bauholz Ahorn (σφένδαμνον)
und Bergnuss (ὀροκάρυον), aus deren Holz Tischplatten verfertigt wurden. Vgl. Ritter Geogr. XVIII S. 777. — Rha ponticum, Phu ponticum,
Castorium ponticum als Handelsartikel bei Servilius Damocrates ed. Didot.
S. 121—135.

5) Strabo VII S. 320 und XII S. 545 πηλαμυδεία θαυμαστά.

wurden unter dem Namen von sinopischen im Verkehr bekannt
waren.[1] Die Bedeutung von Sinope war denn auch der Art,
dass es trotz der Beschädigungen, welche es im siebenten Jahrhundert durch den Einfall der Kimmerier erlitten zu haben
scheint, nach einer Ergänzung der Ansiedler, welche um 630
v. Chr. der Stadt von Milet aus zugeführt wurde, die Seeherrschaft im ganzen schwarzen Meere errang und auch ausserhalb
desselben sich an den Kämpfen der Griechen betheiligte.[2] Von
Sinope aus wurden Colonien in Trapezus, in Kerasus und in
Kotyora angelegt, welche noch um das Jahr 400 v. Chr. der
Mutterstadt tributpflichtig waren.[3]

Von den meisten griechischen Colonien am Pontos ist aus
älterer Zeit nichts bekannt, was einen Anhalt für die Kenntniss
ihres Handels und Verkehrs gäbe, doch wird man annehmen
können, dass Städte wie Dioskurias, Olbia und Herakleia, von
denen später bei Gelegenheit der Handelsstrassen mehr zu sprechen sein wird, schon früh zu einer verhältnismässig hohen
Bedeutung gelangt sind. Aehnliches gilt von den Städten an
der Propontis, unter denen Byzantion durch seine vortreffliche
Lage begünstigt den Vorrang gewann.[4] Unterstützt durch die
Meeresströmung beherrscht die Stadt den Bosporos, den Zugang
zu dem schwarzen Meere und somit die ganze Handelsverbindung
zwischen diesem und den griechischen Gewässern, während ihre
Lage am goldenen Horn ihr selbst einen von Natur trefflich
gebildeten Hafen gewährte. Die fruchtbare Umgegend gab den
Byzantiern bei den beständigen räuberischen Einfällen ihrer Nachbarn nur wenig Ertrag, um so reicheren Nutzen aber zogen sie aus
dem überaus ergiebigen und leichten Fange der Thunfische, deren
Züge regelmässig von der Meeresströmung in ihre Bucht getrieben wurden. Auf der Ausfuhr gesalzener Fische und dem Um-

---

1) Sinopischer Stahl Stephan. Byzant. Σινωπικὸς μόλυβος. Sinopischer
Röthel (μίλτος) Strabo XII S. 540. Theophr. v. d. Steinen 52. Dioskо-
rid. V, 111.

2) Strabo XII 6. 545. Vgl. Streuber Sinope S. 22 ff.

3) Xenophon Anab. V, 5, 10. Diodor XIV, 31.

4) S. vor allem Polyb. IV, 38 ff. Strabo VII S. 320. Vgl. Demosth.
v. Krans 87 u. 241.

tausch der pontischen Waaren gegen die von Griechenland hier-
hergebrachten, für welche sie den passendsten Stapelplatz bildete, beruhte daher hauptsächlich der Handel dieser Stadt, und
durch denselben ist sie trotz der ununterbrochenen Kämpfe mit
den umwohnenden Barbaren und anderer schwerer Unglücks-
fälle zu einer Blüthe gelangt, deren Höhe und Dauer gleich
bewundernswerth sind.

Unter den Städten, welche den Handel nach Westen betrieben, tritt am meisten Phokaea hervor, dessen Bewohner, wie
schon bemerkt, zuerst von den Griechen weite Seefahrten unternommen haben sollen, die sich nach dem adriatischen und tyrrhenischen Meere, ja darüber hinaus nach Gallien und Spanien
erstreckten.[1] Die Insel Rhodos, die nicht in einer einzigen
Stadt einen Mittelpunkt hatte, ist wohl erst später zu einiger
Bedeutung gekommen, wenngleich erzählt wird, dass ihre Bewohner schon vor der Zeit der Olympiadenrechnung weite Fahrten
gemacht und selbst eine Colonie Namens Rhode auf der Stelle
des späteren Massilia gegründet hätten und wenn auch wirklich
Ansiedelungen derselben in Italien vorhanden waren.[2] In der
nächstfolgenden Zeit wenigstens findet sich kein Anhalt für die
Annahme eines ausgedehnten Handels.

Ephesos nächst Milet die bedeutendste und berühmteste
unter den griechischen Städten Kleinasiens[3] richtete von Anfang
an sein Augenmerk mehr auf das Binnenland als auf den Seeverkehr. Es gelang den dortigen Ansiedlern ein bedeutendes
Landgebiet zu erwerben und dadurch wurden sie offenbar, ähnlich wie die Mehrzahl der aeolischen Colonien, mehr auf den Ackerbau und sonstige Benutzung des Landes hingeführt.[4] Da aber
von Ephesos aus die Hauptstrasse über Sardes nach dem innern

1) Herodot I, 163. Vgl. Aristoteles bei Athen. XIII S. 576ᵃ.

2) Strabo III S. 100; XIV S. 654. Skymnos 201 f.

3) Perry De rebus Ephesiorum. Gotting. 1837. Guhl Ephesiaca.
Berol. 1843. — Strabo XIV S. 634 ΑΙΟηνος και Ίαπετος· αύται γάρ
άρισται πόλεις και Ίνδικώταται. Plinius Naturgesch. V, 31 § 120 Ephesus alterum lumen Asiae.

4) Strabo XIII S. 620.

Asien führte,[1] so wurde diese Stadt der natürliche Stapelplatz für
die über Kleinasien kommenden orientalischen Waaren und für
die Erzeugnisse dieses Landes selbst ebensowohl wie für griechische Waaren, welche nach Asien bestimmt waren, so dass in
Ephesus selbst ein reger Verkehr herrschte.[2] Wie früh die
Ephesier diesen Binnenverkehr zur Blüthe gebracht, ist nicht
nachweisbar, doch bedienten sich schon 503 v. Chr. die Ionier,
welche gegen Sardes zogen, der Ephesier als Führer.[3]

An diesem regsamen Streben der Colonien nahmen die
Städte des Mutterlandes gleich eifrigen Antheil, so dass durch
die Wechselbeziehung zwischen beiden der geschäftliche Verkehr
nach allen Seiten den lebhaftesten Aufschwung gewann. Doch
sind die Bestrebungen, denen wir hier begegnen, zum Theil
etwas verschiedener Art. Die Zeit, in welcher die Küsten des
schwarzen Meeres colonisiert und so Asien und die östliche Tief-
ebene Europas in das Gebiet des griechischen Handels gezogen
wurden, sind im europäischen Griechenland die Zeiten des Stre-
bens Einzelner nach persönlicher Herrschaft. Eine bemerkenswerthe Erscheinung bildet hier der König Pheidon, der zehnte
aus dem Geschlechte der Temeniden in Argos, welcher um den
Beginn der Olympiadenzeitrechnung regierte.[4] Sein Bestreben,
seine Macht über den ganzen Peloponnes, ja noch über die Grenzen desselben hinaus auszudehnen, wird ganz deutlich von dem
Wunsche getragen, den Besitz einer grossen Seemacht und die
damit leicht zu verbindenden Vortheile eines geordneten Handels zu erwerben. Zu diesem Zwecke unterwarf er sich die
ganze östliche Küste des Peloponnes mit ihren Hafenplätzen und
die Insel Aegina, deshalb strebte er nach dem Besitze von Korinth und selbst nach einer dauernden Verbindung mit Makedonien, deshalb vielleicht suchte er den Einfluss der allem Verkehr

1) Strabo XIV S. 663 κοινή τις ὁδός τέτμηται ἅπασι τοῖς ἐπὶ
τὰς ἀνατολὰς ὁδοιπορούσιν ἐξ Ἐφέσου.
2) Strabo XIV S. 641 ἐμπόριον οἶσα μέγιστον τῶν κατὰ τὴν
Ἀσίαν τὴν ἐντὸς τοῦ Ταύρου. Vgl. XII S. 540 α. 577.
3) Herodot V, 100.
4) Eine ausführliche Untersuchung über den König Pheidon s. bei
Müller Aeginet. S. 51—03.

25*

mit der Fremde feindlichen Spartaner im Peloponnes zu brechen,
deshalb schuf er ein geordnetes Mass- und Münzsystem. Wenn
auch seine Unternehmungen nicht zu dem gewünschten Ziele
führten, so ist doch nicht zu übersehen, dass aus denselben dem
peloponnesischen Handel bleibende Vortheile erwuchsen. Die
Ausdehnung der gewonnenen Handelsverbindungen, deren Mittelpunkt Aeglua war, lässt sich schon daraus abnehmen, dass der
aeginaeische Münzfuss, der allerdings aus Asien abgeleitet ist, im
ganzen Peloponnes und einem grossen Theile von Nord- und
Mittelgriechenland angenommen war;[1] aber dass die Aegineten,
welche durch die geringe Ergiebigkeit ihres Landes auf die See
hingewiesen waren,[2] schon in dieser Zeit einen sehr bedeutenden
und weit verzweigten Handel trieben, beweist auch nicht allein
die schon erwähnte Faktorei, die sie in Aegypten angelegt hatten, sondern namentlich die bedeutende Seemacht, in deren
Besitze wir sie in der nächsten Zeit finden werden.

Nicht von viel geringerer Bedeutung scheinen für Korinth
die Bakchiaden gewesen zu sein, welche seit dem neunten Jahrhundert bis zum Jahre 658 v. Chr. anfangs mit königlicher
Gewalt, später in einer oligarchischen Regierungsform herrschten.
Dass zur Zeit derselben der korinthische Handel bereits in
Blüthe stand, ist schon angedeutet worden, und schon Strabos
Bemerkung, dass sie zweihundert Jahre lang den Nutzen aus dem
Handelsverkehr gezogen, lässt annehmen, dass sie denselben in
eigenem Interesse nach Kräften werden gefördert haben, wenngleich kaum zuzugeben sein wird, dass sie selbst sich mit Industriellen und commerciellen Geschäften abgegeben haben.[3] Die
Schiffbaukunst machte hier ausserordentliche Fortschritte, so dass
die Korinther von allen Griechen zuerst Trieren herstellten und
um 700 v. Chr. sogar ein Korinther Ameinokles für die Samier
Kriegsschiffe baute;[4] mit der Förderung dieser Kunst aber entstanden auch andere Einrichtungen, welche dem Verkehre dien-

---

1) Vgl. Hultsch Metrol. S. 132 f. Brandis Münzwesen S. 129.
2) Ephoros bei Strabo VIII S. 376.
3) Wagner De Bacchiadis S. 23 f. sucht dies wahrscheinlich zu
machen.
4) Thukyd. I, 13. Diodor XIV, 42.

ten. Die beiden Häfen der Stadt, Kenchreæ und Lechæon, haben in dieser Zeit ihre Bedeutung erhalten; der letztere, für den Handel unstreitig der wichtigere, war wegen der ungünstigen Beschaffenheit des flachen Strandes ganz mit künstlichen Mitteln angelegt, die Verbindung aber zwischen beiden wurde durch eine Strasse vermittelt, welche die Einsenkung des Isthmos kreuzte und vielleicht schon in jener Zeit wie späterhin benutzt wurde, um kleinere Fahrzeuge auf Walzen von einem Meere zum andern hinüberzuschaffen. [1] Um den Verkehr nach dem Westen hin zu sichern, dienten auswärtige Anlagen, unter denen namentlich wichtig die von Molykria am Eingange des korinthischen Meerbuseus ist, die wahrscheinlich bestimmt war, den Handel der Lokrer zu unterdrücken. [2] In grösserer Entfernung ist Syrakus als eine bedeutende Gründung der Korinther zu nennen. Unter den Kypseliden, welche den Bakchiaden in der Herrschaft folgten, wurden diese Bestrebungen fortgesetzt, indem zunächst vom Kypselos Colonien nach Leukas, Anaktorion und Ambrakia gesendet wurden, bei deren Anlage die Rücksicht auf den Handel nach dem adriatischen Meere und nach Italien nicht zu verkennen ist. [3] Sein Nachfolger Periandros hielt die Kerkyræer, welche aus Handelseifersucht sich seit der Gründung ihrer Stadt sehr feindlich gegen Korinth bewiesen, mit Gewalt in Unterthänigkeit. [4] Die von demselben Herrscher ausgehende Gründung von Potidæa [5] lässt auf eine Erweiterung des Verkehres nach Osten hin schliessen, nach welcher Richtung auch die vorher erwähnten Beziehungen zu Samos weisen. Dem Periandros wird

1) Scholien au Aristoph. Thesmoph. 654. Thukyd. III, 15; VIII, 7. Polyb. IV, 10. Strabo VIII 8. 335. Livius XLII, 16 Plinius Naturgesch. IV, 5 § 10.

2) Thukyd. III, 102. Wagner De Bacchiadis 8. 15 f.

3) Strabo X 8. 452. Nikolaos Damask. in Müller Fragm. Histor. Gr. III, 8. 392 ἔπεμψε δὲ (ὁ Κύψελος) εἴς τε Λευκάδα καὶ Ἀνακτόριον, οἰκιστὰς αὐτῶν Πυλάδην καὶ Ἐχιάδην τάξας, παῖδας αὐτοῦ νόθους. Skylax 34 mit Müllers Anm. in Geogr. Gr. min. I S. 36.

4) Herod. III, 48 f. Bemerkenswerth ist, dass die von Kypselos vertriebenen Bakchiaden nach Kerkyra gegangen waren. Nikol. Damask. a. a. O.

5) Sein Sohn Euagoras führte dieselbe aus. Nikol. Damask. 60. S. 393.

sogar der Man zugeschrieben, der in späterer Zeit mehrmals wieder aufgenommen worden ist, den Isthmos zu durchstechen,[1] um eine directe Verbindung des östlichen und westlichen Meeres herzustellen, die beide von seinen Schiffen befahren wurden.[2]

In Sikyon finden wir unter den Orthagoriden allerdings ein gewerbliches und künstlerisches Leben im Aufblühen, ob aber damit zugleich ein bemerkenswerther Handelsverkehr sich entwickelt hat, möchte zu bezweifeln sein, zumal da es der Stadt an einem guten Hafen fehlte.[3]

Erst spät trat Athen in die Reihe der handeltreibenden Städte ein. Wenn auch die ionischen Auswanderer zum grossen Theil ihren Weg über Attika nach den Inseln und nach Kleinasien nahmen, ja wenn selbst Mitglieder der alten Königsfamilie sich an ihre Spitze stellten, so ist daraus kein Beweis für den eignen Verkehr Athens zu gewinnen, vielmehr geht schon aus dem Umstande, dass noch unter den Peisistratiden der Haupttheil der Stadt nicht dem Meere, sondern mehr dem Binnenlande zugewendet war, hervor, dass der Seeverkehr nur eine untergeordnete Rolle spielte. Die Seemacht war unbedeutend und noch zu Solons Zeiten kaum im Stande, den Megarern wirksamen Widerstand zu leisten. Hauptzweige des Erwerbes bildeten vielmehr noch Ackerbau und Viehzucht, wie dies aus den solonischen Gesetzen früher nachgewiesen worden ist. Allerdings wurde, wie dies nicht anders sein konnte, Handel getrieben, ja Solon selbst soll sich nach Plutarchs Erzählung in seinen jüngeren Jahren mit Handelsgeschäften befasst haben;[4] allein wie unbedeutend dieser Handel sein musste, zeigt hinlänglich das Gesetz Solons, welches von Landesprodukten nur Oel zur Ausfuhr gestattete.[5] Da nun die gewerbliche Thätigkeit noch

---

1) Diogen. Laert. I, 99. Plinius Naturgesch. IV, 5 § 10.

2) Nikol. Damask. 59 S. 393.

3) Curtius Griech. Gesch. I S. 211 ff. geht in dieser Annahme zu weit; die Erwähnung tartessischen Erzes, mit welchem nach Angabe der Eleer zwei Kammern in dem von Myron errichteten Schatze zu Olympia gebaut sein sollten (Pausan. VI, 19, 2) ist doch nicht geeignet, um daraus Folgerungen für den Handel zu ziehen.

4) Plutarch Solon 2.

5 Plutarch Solon 24

nuentwickelt war, so fehlte es an eignen Produkten für den Handel, als Stapelplatz für fremde Waaren konnte Athen mit Korinth nicht concurrieren und für einen Transithandel fehlte ein Hinterland, für welches es die Verbindung mit der See hätte vermitteln können. Dazu kam noch die Nachbarschaft der Megareer und Aegineten, welche etwaige Versuche in Athen einen Handelsplatz zu bilden nicht unthätig mit ansehen konnten. Erst die Eroberung von Salamis gab der Entwickelung des attischen Seewesens etwas freieren Spielraum, den auch die Peisistratiden zu benutzen wussten. Bemerkenswerth erscheinen in dieser Hinsicht die Gründung einer athenischen Colonie auf dem thrakischen Chersonnes durch Miltiades um 560 v. Chr.,[1] der Zug des Peisistratos nach Naxos und die Reinigung der Insel Delos von den in der Nähe des Heiligthums befindlichen Gräbern,[2] welche die Richtung deutlich zeigen, die die Politik Athens einzuschlagen begann. Auch die Eroberung von Sigeion in Troas, welches Peisistratos den Mytilenaern abnahm, so wie die Verbindung dieses Tyrannen mit Thessalien und Makedonien[3] mögen, wenngleich diese Beziehungen im persönlichen Interesse der herrschenden Familie angeknüpft waren, nicht ohne Einfluss auf das Seewesen und den Handel der Athener geblieben sein.

Die Bewegungen, welche im sechsten Jahrhundert Vorderasien erschütterten, müssen auch den Handel in fühlbarer Weise getroffen haben. Schon im siebenten Jahrhundert waren kimmerische Schaaren raubend und plündernd in Kleinasien eingefallen und bis nach Ionien vorgedrungen und hatten erst nach längerer Zeit vertrieben werden können.[4] Zwar erlitten die griechischen Städte keinen bleibenden Schaden durch vollständige Zerstörung, aber doch gewiss schwere Verluste an Eigenthum;[5] jedoch bald

1) Herodot VI, 36.
2) Herodot I, 64. Thukydid. III, 104.
3) Herodot V, 63 u. 94.
4) Herodot I, 6 u 15 f. IV, 12. Vgl. Grote Griech. Gesch. II S. 192 d. deutsch. Uebers.
5) Die angenommene Zerstörung von Sinope (Curtius Griech. Gesch. I S. 469) ist nicht sicher beglaubigt; die Zeugnisse dafür sind nur Herod. IV, 12 φαίνονται δὲ οἱ Ἀμμύριοι φεύγοντες ἐς τὴν Ἀσίην τοῖς

nachdem diese Gefahr beseitigt worden war, entstand den kleinasiatischen Griechen ein andrer gefährlicherer Feind in den
Lydern. Denn seitdem bei diesem Volke die Mermnaden die
Herrschaft an sich gerissen hatten, trat das entschiedene Streben
hervor, das Reich bis an die Meeresküsten zu erweitern. Gleich
der erste König aus dieser Dynastie Gyges unterwarf die Gegenden am Hellespont, wo dann mit seiner Bewilligung die Milesier
Abydos anlegten.[1] Es geht daraus hervor, dass Gyges selbst
noch nicht im Stande war, eine Seemacht zu gründen und deshalb die Milesier benutzte, um durch diese einen gewissen Einfluss auf den Seeverkehr zu gewinnen. Diese Freundschaft der
Griechen hatten etwa hundert Jahre später die Lyder nicht mehr
nöthig; Sadyattes wandte sich gegen die Ionier, eroberte Smyrna,
griff Klazomenae wenn auch ohne Erfolg an und führte mit den
Milesiern einen jahrelangen Krieg, den erst sein Nachfolger
Alyattes beendete, indem er Frieden und Freundschaft mit denselben schloss.[2] Ein solcher Krieg musste dem Handel der
Milesier erheblichen Schaden zufügen, denn wenn auch das Meer
frei blieb, so waren doch die Verbindungen mit dem Binnenlande abgeschnitten und ihr eignes Gebiet, aus dem sie zum
Theil das Material für ihre Industrie, z. B. für ihre Wollenwebe-
reien, zogen, Jahr für Jahr verheert worden. Die lange Regierung des Alyattes (617—559 v. Chr.) gewährte den griechischen
Städten Kleinasiens Ruhe und schuf, wie es scheint, enge Handelsverbindungen derselben mit Lydien, auf die schon der Umstand schliessen lässt, dass Alyattes zu einem Kriege gegen
Karien in Ephesos eine Anleihe machte;[3] der Nachfolger desselben Krœsos nahm jedoch die früheren Pläne wieder auf, und
es gelang ihm, dieselben so weit zu verwirklichen, dass er die

Σκύθας καὶ τὴν χερσόνησον κτίσαντες, ἐν τῇ τὸν Σινώπη πόλις
Ἑλλὰς οἰκεῖται und Skymnos 948, wo es von dem Abrondas, dem milesischen Ansiedler von Sinope heisst: ὑπὸ Κιμμερίων οὗτος δ' ἀναιρεθ-
ῆναι δοκεῖ. Keines von beiden, so wenig wie die erneute Sendung von
milesischen Colonisten zwingt zur Annahme einer Zerstörung.

1) Strabo XIII S. 590 gegen Ende.
2) Herodot I, 16—22.
3) Nikol. Damask. 65 a. a. O. S. 397.

ionischen und æolischen Städte tributpflichtig machte.[1] Bei der
sonst selbständigen Stellung, welche diese Städte behielten, lässt
sich nicht vermuthen, dass Handel und Industrie dadurch beeinträchtigt worden sei; es mochte vielmehr auch für den Verkehr
durch die engere Verbindung mit den reichen Ländern des inneren Kleinasien mancher Vortheil entstehen, indem die Produkte
derselben mit grösserer Leichtigkeit und Sicherheit bezogen und
in erhöhtem Masse zum Gegenstande der Ausfuhr gemacht werden konnten. Bekannt ist es ja, dass in dieser Zeit nicht unbeträchtliche Mengen edler Metalle aus Lydien selbst nach Griechenland gelangten und auch für den Privatverkehr dürfte eine
Vermehrung der baaren Geldmittel auf demselben Wege anzunehmen sein, wenigstens waren die von Krœsos geschlagenen
Goldmünzen in Griechenland in Umlauf.[2] Ausserdem waren die
Lyder selbst ein industrielles und Handel treibendes Volk, das,
da es selbst keine Verbindungen zur See hatte, seine Luxus- und
Galanteriewaaren durch die Vermittelung der Griechen nach den
überseeischen Ländern vertrieb.[3]

Jedoch währte diese Blüthezeit nicht lange. In Persien
hatte Kyros ein neues Reich begründet und fing an die Gränzen desselben gegen Westen auszudehnen. Das lydische Reich
unterlag dem ersten Angriff der Perser, die nun der natürliche
Zug gegen die Küsten trieb. Priene wurde von ihnen zuerst
erobert und dessen Einwohner in die Sklaverei geschleppt, die
Bewohner von Phokœa und Teos wanderten aus, ja einsichtsvolle
Männer wie Bias riethen den Ioniern Asien ganz aufzugeben
und neue Wohnsitze im Westen zu suchen, allein vergeblich.
Bei dem Mangel an gemeinsamem Widerstande fielen die ionischen Städte allmählich theils durch Gewalt bezwungen, theils
durch freiwillige Ergebung in die Hände der Perser und zwar
sowohl die auf dem Festlande wie die auf den Inseln, namentlich Lesbos und Chios.[4]

1) Herodot I, 28.
2) Pollux IX, 84 Κροίσιοι στατῆρες.
3) Herodot I, 50 u. 94. Vgl. Heeren Ideen über Politik u. s. w.
I, 1 S. 155 f.
4) Herodot I, 161—170.

Gerade in der Zeit, in welcher für die blühenden Handelsstädte zum Theil in Folge ihrer Uneinigkeit und vielleicht auch
ihrer Handelseifersucht[1] die Freiheit und mit derselben ein grosser
Theil ihres Wohlstandes verloren ging, machte auf Samos ein
thatkräftiger Mann den Versuch, eine Seemacht zu bilden, welche
die gesammten Kräfte der asiatischen Städte und der Inseln vereinigen sollte. Den Persern gegenüber hatten die Samier ihre
Freiheit bewahrt, allein jetzt warf sich einer ihrer Mitbürger
Polykrates, der sich durch seinen Reichthum die Gunst des Volkes zu erwerben gewusst hatte, zum Tyrannen auf.[2] Sein ganzes Streben richtete sich sofort auf die See, er vergrösserte die
Flotte, die er mit einer neuen Form von Schiffen bereicherte,
welche grosse Tragfähigkeit und Schnelligkeit in sich vereinigten;[3] er war es wahrscheinlich, welcher den berühmten Hafen-
damm von Samos anlegte.[4] Von einer ziemlich bedeutenden
Heeresmacht unterstützt organisierte er ein vollständiges Raub-
und Eroberungssystem gegen die übrigen Seestaaten und gegen
die einzelnen Kauffahrer mit solchem Glücke, dass er die Herrschaft über das ganze ägæische Meer ausübte[5] und den Plan
fassen konnte, Ionien und die Inseln zu einem Reiche zu vereinigen.[6] Während daher der Handel in den übrigen Städten
sank, wuchs derselbe auf Samos zur höchsten Blüthe empor,
zumal da Polykrates auf jede Weise Kunst und Gewerbe als die
Grundlagen des Handels zu fördern suchte. Es ist bekannt, dass
er Künstler und Gewerbtreibende durch reiche Belohnung nach
Samos zog,[7] dass er zur Veredlung der Schafzucht aus Milet und

---

1) Den Phokaeern, welche nach der Auswanderung aus ihrer Heimat
den Chiern die Oenussae-Inseln abkaufen wollten, verweigerten diese den
Verkauf, aus Furcht, sie möchten einen Handelsplatz anlegen und ihrem
eignen Handel Schaden zufügen. Herodot I, 165.
2) Bause De Polycrate Samiorum tyranno. Warendorf 1859. S. 7.
Panofka Res Samiorum S. 39 ff.
3) σάμαινα Plutarch Perikl. 26. Athen. XII S. 540°. Vgl. Suidas
unter σαμαίνη.
4) Herod. III. 60. S. Hause a. a. O. S. 15. Panofka a. a. O. S. 35.
5) Thukydid. I, 13; III, 104. Strabo XIV S. 637.
6) Herodot. III, 122.
7) Athen. XII S. 540°. Vgl. Hause a. a. O. S. 16.

Attika die ihrer feinen Wolle wegen berühmten Schafe einführte und dadurch den Ruhm der samischen Wollenmanufacturen begründete,[1] dass er einen reichen Zusammenfluss der Produkte aller Länder nach Samos veranlasste.

Freilich war dies nur ein vorübergehender Glanz, denn schon in den letzten Jahren seiner Regierung wurde des Polykrates Macht schwer erschüttert, und als er im Jahre 522 v. Chr. einen schrecklichen Tod gefunden hatte, gingen auch seine Schöpfungen zu Grunde; innere Unruhen auf der Insel zogen die Perser herbei, welche die Stadt Samos verheerten und die Insel entvölkert dem Tyrannen Syloson überliessen.[2]

Die griechischen Städte Kleinasiens erholten sich unter der Herrschaft des Dareios, der ihnen in ihren eignen Angelegenheiten eine gewisse Selbständigkeit liess, wenn er auch ihrer politischen Freiheit namentlich dadurch Fesseln anlegte, dass er die Tyrannenherrschaft einzelner Männer aufrecht erhielt. Jedoch gerade diesen musste daran gelegen sein, den materiellen Wohlstand zu fördern, theils um Gelegenheiten zu inneren Unruhen fern zu halten, theils um die Mittel zu beschaffen, mit welchen sie den Persern, ihren Beschützern, nützlich sein und sich beliebt machen konnten, wovon die Flotte, welche die Griechen dem Dareios zu seinem Zuge gegen die Skythen stellten, ein Beispiel giebt.[3] Dass aber den Tyrannen auch persönlich solche Interessen nicht fremd waren, zeigte Histiaeos von Milet, als er sich vom Dareios zur Belohnung für seine Dienste eine Landstrecke am Strymon erbat und dort einen befestigten Platz Myrklnos in einer Gegend anlegte, die durch ihren Reichthum an Schiffbauholz und an Metallen ausgezeichnet war, wahrscheinlich in der Absicht einen Handelsplatz zu schaffen, der mit den ionischen Städten wetteifern könnte.[4] In der kurzen Zeit seit der Unter-

1) Athen. a. a. O. Vgl. Aelian Thiergesch. XVII, 34. Theokrit. 15, 125.

2) Herod. III, 147 ff. Strabo XIV 8. 638. Vgl. Apostol. XV, 32 οἱ γὰρ Σάμιοι καταπολεμήσαντες ὑπὸ τῶν τυράννων ἀπάντων τῶν πολιτευομένων ἐπέγραψαν τοῖς δούλοις ἐκ πέντε στατήρων τὴν ἰσοπολιτείαν, ὡς Ἀριστοτέλης ἐν τῇ Σαμίων πολιτείᾳ.

3) Herodot IV, 89.

4) Herodot V, 11 u. 23.

werfung unter die Perser hatten sich die kleinasiatischen Städte
so erholt, dass Herodot von Milet wenigstens und Naxos die
Zeit vor dem ionischen Aufstande als die der höchsten Blüthe
schildert.[1] Unter den Inseln, die schon damals einen lebhaften Handel getrieben zu haben scheinen, stehen Naxos und
Chios oben an, von denen die erstere durch ihre Fruchtbar-
barkeit ausgezeichnet von Herodot als reich an Sklaven und
anderem Besitz geschildert wird, so dass sie eine Heeresmacht
von achttausend Hopliten und vielen Kriegsschiffen besass,[2] ja
sogar unter die seebeherrschenden Inseln gerechnet wurde.[3]
Chios gleichfalls fruchtbar und namentlich durch seinen Wein
zu allen Zeiten berühmt,[4] besass einen guten Hafen, der achtzig
Schiffe fassen konnte, und in damaliger Zeit eine solche Seemacht, dass sie zum Kampfe gegen die Perser hundert Schiffe
und auf jedem vierzig auserlesene Bürger stellen konnte.[5] Der
Handel war für die Bewohner ein so wichtiger Erwerbszweig,
dass sie eine Ansiedelung der Phokäer in ihrer Nachbarschaft
nicht zulassen mochten, aus Furcht, es möchte ihrem Handel
Abbruch geschehen. Wein, Manufacturwaaren und vielleicht
Sklaven scheinen die Hauptgegenstände desselben gewesen
zu sein.[6]

Leider traten bald Ereignisse ein, welche diese Blüthe vernichteten. Die Ionier empörten sich gegen die Perser, anfangs
mit solchem Glück, dass sie selbst Byzanz und die anderen
Städte am Hellespont, welche um 506 v. Chr. ebenso wie Lemnos und Imbros von dem Perser Megabazes erobert worden
waren, in ihre Gewalt brachten,[7] allein die Seeschlacht bei Lade
führte einen jähen Umschlag der Dinge herbei. Milet wurde von

---

1) Herodot V, 28.
2) Herodot V, 28, 30 u. 31. Vgl. Plinius Naturgesch. IV, 22 § 67.
Curtius Naxos. Berlin 1846. 8. 13 ff.
3) Diodor V, 52. Eusebios um 510 v. Chr. Vgl. Müller hinter der
Pariser Ausg. d. Herodot S. 180.
4) Whitte De rebus Chiorum. Hafn. 1838. Eckenbrecher Die Insel
Chios. Berlin 1845.
5) Strabo XIV S. 645. Herodot VI, 8 u. 15.
6) Herod. I, 165. — Athen. VI S. 265.
7) Herodot V, 26 u. 103.

den Persern erobert, die Einwohner theils getödtet, theils nach
dem innern Asien in die Sklaverei geschleppt; ein gleiches
Schicksal erfuhren Chios, Lesbos und Tenedos und auch Samos
und die ganze Küste Kleinasiens wurde wieder der persischen
Herrschaft unterworfen. Ein Theil der Samier und einige Milesier, die dem allgemeinen Unglück entronnen waren, wanderten
nach Sicilien aus, die Byzantier und Kalchedonier gaben bei der
Annäherung der feindlichen Flotte ihre Heimat preis und zogen
nach dem Osten, wo sie am schwarzen Meere Mesambria gründeten.[1] Doch wurde für die Unterworfenen der Zustand der Ruhe
bald wiederhergestellt ohne dass die frühere Last der Abgaben
vermehrt worden wäre, ja die Perser trafen Einrichtungen, dass
Streitigkeiten zwischen den Städten künftighin auf friedlichem
Wege geschlichtet würden. Ephesos, welches sich an dem Aufstande nicht betheiligt hatte, erlitt keinerlei Schaden.[2]

Dasselbe Schicksal, welches die Griechen in Kleinasien
betroffen hatte, drohte in den nächsten Jahren auch denen auf
dem Festlande und den Inseln von Europa, indem die Perser
zunächst ihren Angriff gegen Euböa und Athen richteten, weil
von dort aus den aufständischen Ioniern thätige Hülfe geleistet
worden war. Die Macht der Athener hatte indessen seit der
Vertreibung der Peisistratiden mit der Ausbildung der demokratischen Verfassung sichtlich zugenommen und mit derselben hatten sich auch Handel und Verkehr bedeutend gehoben, so dass
der Wettkampf gegen die ansehnlichsten Handelsstädte aufgenommen werden konnte. Zunächst benutzten die Athener eine
günstige Gelegenheit, welche ihnen von den Chalkidiern geboten
wurde, als diese sich mit den Feinden Athens zur Wiederherstellung der Tyrannis verbanden, und besetzten nach einem glänzenden Siege das Gebiet von Chalkis, aus dem sie durch Ansiedelung von viertausend Kleruchen gleichsam eine athenische Kolonie machten, indem sie so einen Punkt gewannen, der für die
Seeherrschaft und den Handel durch seine den Euripos beherr-
schende Lage von hoher Wichtigkeit war.[3]

---

1) Herodot VI, 33. Nach Strabo VII, S. 319 ist Mesambria eine
Colonie der Megareer.

2) Herodot VI, 42.   3) Herodot V, 77.

Der zweite gefährliche Nebenbuhler der Athener war A e -
g i n a , das seinen Handel zu hoher Blüthe entfaltet hatte, so
dass nach Herodot der reichste Gewinn, den jemals eine Han-
delsunternehmung abgeworfen hatte, dem Aegineten Sostratos zu
Theil geworden sein soll.[1]   Den samischen Seeräubern, welche
zu Polykrates Zeit den Handel gefährdeten, leisteten sie erfolgreichen Widerstand, ja es gelang ihnen, Kydonia auf Kreta, das
jene besetzt und zum Stützpunkte ihrer Unternehmungen gemacht
hatten, zu erobern und dort im Jahre 519 v. Chr. eine Colonie
anzulegen.[2]   Ihre Seemacht war im Verlauf der Zeit so bedeutend geworden, dass sie sich aus der ursprünglichen Abhängigkeit von den Epidauriern hatten befreien können.[3]   Auf der
Insel blühten Künste und Gewerbe und mit unermüdlicher Thätigkeit giugen die Bewohner jedem Handelsgeschäfte nach, welches Gewinn versprach. Dass Eifersucht gegen den aufblühen-
den Verkehr des so nahe benachbarten Athen entstand und endlich zum offenen Ausbruche von Feindseligkeiten führte, war
unvermeidlich.   Den Ursprung der Feindschaft zwischen beiden
Städten sucht Herodot in Streitigkeiten wegen gottesdienstlicher
Verpflichtungen,[4] allein schon der Umstand, dass die Aegineten
den Gebrauch attischer Gefässe wenigstens beim Gottesdienste
verboten, deutet auf Handelseifersucht und Abbruch der Handelsverbindungen.   Wann diese Feindseligkeiten ihren Anfang nahmen, lässt sich nicht bestimmen, doch wissen wir, dass sie zur
Zeit der Peisistratiden fortbestanden.[5]   Nach der Vertreibung
der Tyrannen aus Athen verbündeten sich die Aegineten mit
Theben und verheerten die attischen Küsten, ja sie machten
selbst den athenischen Hafen Phaleros unsicher.[6]   Daher ist es
nicht zu verwundern, dass, als der Perserkönig während seiner
Rüstungen zum Zuge gegen Eretria und Athen Gesandte nach

---

1) Herodot IV, 152.
2) Herodot III, 59. Strabo VIII S. 376. Müller Aeginet. S. 112 f.
3) Herodot V, 83; nach Müller a. a. O. S. 72 um Olymp. 60.
Eusebios setzt die aeginetische Seeherrschaft um 485 v. Chr.
4) Herodot V, 82 u. 88.
5) Polyaen. Strateg. V, 14, 2.
6) Herodot V, 81 u. 89.

Griechenland schickte, die Aegineten sich den Barbaren anschlossen, ein Schritt, von dem die Athener wohl einsahen, dass er gegen sie gerichtet sei.[1] Es kam endlich zum offenen Kriege, der zum Nachtheil der Aegineten auszuschlagen schien, als er durch das Heranrücken der Perser unterbrochen wurde.[2]

Dieser Krieg schwächte einerseits die Aegineten, welche bis dahin den Athenern an Macht so weit überlegen waren, dass letztere von den Korinthern zwanzig Schiffe leihen mussten,[3] andererseits wurde er für die Athener die Veranlassung ihre Kriegsflotten zu vermehren. Denn Themistokles rieth in Voraussicht der kommenden Ereignisse, zunächst aber mit Rücksicht auf den aeginetischen Krieg, den Athenern, die Einkünfte aus ihren Silberbergwerken auf den Bau von Kriegsschiffen zu verwenden,[4] die freilich nicht gegen die Aegineten gebraucht wurden, denn mit diesen schlossen die Athener beim Nahen der drohenden Gefahr Frieden, sondern dazu dienten, die Griechen vor Knechtschaft zu bewahren.[5]

In den übrigen Theilen des europäischen Griechenlands hatte sich nach der Vertreibung der Tyrannen ein freieres und regeres Leben entwickelt, welches auch zu erhöhtem Wohlstande führte, namentlich war Korinth auf dem eingeschlagenen Wege rüstig weiter fortgeschritten. Mit dieser Stadt aber hatte den Handel nach Westen und nach dem adriatischen Meere Kerkyra aufgenommen, eine Insel, die durch ihre glückliche Lage für den Verkehr mit Italien von der Natur bestimmt zu sein schien, da bei der Gewohnheit der Alten, mit ihren Seefahrten möglichst den Küsten zu folgen, jedes von Griechenland nach Italien fahrende Schiff diese Insel berühren musste.[6] Sie war vorzüglich fruchtbar und sehr gut angebaut,[7] ihre Hauptstadt

1) Herodot VI, 49.

2) Herodot VI, 86 — 93.

3) Herodot VI, 89. Thukyd. I, 41 u. 14.

4) Herodot VII, 144. Plutarch Themistokl. 4.

5) Herodot VII, 145.

6) Thukydid. I, 36 τῆς τε γὴν Ἰταλίας καὶ Σικελίας καλῶς προσπλέον κτίται. Vgl. Xenoph. Hellen. VI, 2, 9. Isokr. v. Umtausch 108.

7) Dionys. Perieg. 411 λιπαρὴ Κέρκυρα wozu Eustath. bemerkt:

besass drei Häfen, die für die Aufnahme der Schiffe sehr gut
gelegen waren und von denen der eine in unmittelbarer Nähe
des Marktplatzes sich befand.[1] In Folge dieser günstigen örtlichen Verhältnisse war denn auch von den Bewohnern, die sich
ja als Nachkommen der seefahrenden Phraaken ansahen,[2] von
Alters her Handel getrieben worden. Im achten Jahrhundert
v. Chr. hatten die Bakchiaden von Korinth hier eine Colonie
angelegt, die aber schon um 664 v. Chr. mit dem Mutterlande
in offenen Krieg gerieth[3] und, wie schon bemerkt, vom Periandros in Abhängigkeit gehalten wurde. Dass diese Feindselig-
keit zum grossen Theil aus Handelseifersucht entsprang, kann
nicht bezweifelt werden, da beide Städte auf dasselbe Handelsgebiet hingewiesen waren; ganz deutlich zeigt sich dieselbe später in dem Streite um Leukas, den Themistokles als Schieds-
richter in der Weise beilegte, dass beide diese Niederlassung
gemeinschaftlich besitzen, die Korinther aber eine Entschädigungs-
summe von zwanzig Talenten zahlen sollten.[4] Aus jener Abhängigkeit von Korinth befreit erweiterte Kerkyra seine Macht so,
dass es schon zur Zeit der Perserkriege eine der grössten Flotten in Griechenland besass, und behauptete diese Macht durch
eine lange Reihe von Jahren.[5]

Von den pontischen Colonien fehlt es an historischen Nachrichten aus dieser Zeit, doch scheint es nicht, als ob durch die
Vorgänge in Kleinasien und auf den Inseln ihr Handel wesentlich
beeinträchtigt worden sei, wenngleich die an der Südküste des
schwarzen Meeres belegenen gleichfalls den Persern unterthan
wurden.[6] Ihre Handelsverbindungen mit den europäischen Grie-

Linagár δὲ τὴν Κέρκυραν λέγει διὰ τὸ πολύπορνον καὶ εὔκαρπον
Vgl. Xenoph. Hellen. VI, 2, 8.
   1) Skylax 29. Thukydid. III, 72.
   2) Thukydid. 1, 25. Strabo VI 6. 269.
   3) Thukydid. I, 13.
   4) Plutarch Themistokl. 24.
   5) Herodot VII, 168. Thukydid. I, 14; vgl I, 25. Strabo VII
S. 329 Fr. 6.
   6) Bei der Flotte, die Xerxes gegen Griechenland führte, befanden
sich achtzig Schiffe der hellespontischen und pontischen Städte nach
Diodor XI. 3, hundert nach Herodot VII, 95.

eben wenigstens sind schwerlich unterbrochen worden, denn als
Xerxes auf seinem Zuge gegen Griechenland sich in Abydos
befand, sah er Getreideschiffe, die aus dem Pontos nach Aegina
und dem Peloponnes bestimmt waren.[1]

Eine durchgreifende Veränderung der Verhältnisse in Griechenland brachten die sogenannten Perserkriege hervor, namentlich dadurch dass ein Staat, der bis dahin in allem, was das
Seewesen betraf, nur den zweiten Rang eingenommen hatte,
durch seine Thätigkeit und Opferfreudigkeit zu einer vorher
kaum geahnten Höhe emporgehoben wurde. Dies war Athen.
Themistokles wies das Volk auf das Element hin, durch welches der athenische Staat allein gross werden konnte und wusste
die zur Erfüllung seiner dahin gehenden Absichten erforderlichen
Massregeln durchzusetzen. Zunächst galt es an Stelle des bis
dahin benutzten ungeschützten Hafens von Phaleros einen bessern
Hafen zu schaffen. Zu diesem Zwecke wählte Themistokles die
Bucht des Peiraeeus, welche von der Natur bereits trefflich vor-
gebildet nun durch grossartige Bauten zu einem unvergleichlichen
Hafen hergerichtet wurde. Die nothwendigen Arbeiten wurden
seit dem Jahre 493 v. Chr. in Angriff genommen, aber freilich
sehr bald durch die Annäherung der Perser unterbrochen. Zwar
wurde die erste von dieser Seite her drohende Gefahr durch den
glänzenden Sieg bei Marathon abgewendet, aber man fühlte, dass
damit den persischen Unternehmungen noch kein Ziel gesetzt
sei und Themistokles erkannte, dass ein nachhaltiger Widerstand
nur mit einer achtunggebietenden Flotte geleistet werden könnte.
In wenigen Jahren wurde dieselbe auf zweihundert Dreirudrer
gebracht, während man noch im Kriege gegen die Aegineten
nicht mehr als fünfzig auszurüsten im Stande gewesen war.[2]
Diese Flotte hauptsächlich war es, welche den Persern bei Salamis die entscheidende Niederlage beibrachte. Als nun der Feind
durch die Schlacht bei Plataeae auch vom Festlande verdrängt
worden war, mussten die Athener gleichsam von Neuem beginnen, denn ihre Stadt lag in Trümmern, das Land rings umher

---

1) Herodot VII, 147.
2) Herodot VI, 89.

war verwüstet. Dennoch ging man mit unermüdlichem Eifer
an das Werk;[1] die Stadt wurde wieder aufgebaut und mit Mauern
versehen, der unterbrochene Hafenbau wieder aufgenommen und
in grossartigem Massstabe ausgeführt, für die Belebung des Handels und der Gewerbe dadurch gesorgt, dass man den Fremden,
die sich zur Ausübung solcher Geschäftsthätigkeit in Athen nie-
derlassen wollten, Steuerfreiheit anbot;[2] endlich trug man für die
Erhaltung der Flotte in der umfassendsten Weise Sorge.

Der Einfluss, welchen der Sieg über die Perser unmittelbar auf ganz Griechenland ausübte, muss für alle Verhältnisse,
insbesondere aber die des Besitzes und Erwerbes ausserordentlich gross gewesen sein.   Schon die Beute, welche man nach
der Schlacht bei Plataeae machte, war unermesslich, so dass die
Aegineten allein durch den Ankauf der Beutestücke, welche die
spartanischen Heloten beim Aufsammeln unterschlagen hatten,
sich grossen Reichthum erwarben, nicht minder bedeutend war
die Beute, welche die Griechen den Persern bei Mykale, in
Sestos und Byzanz abnahmen.[3]   Man kann daher mit Sicherheit
annehmen, dass durch die ansehnliche Vermehrung der Masse
edler Metalle in Griechenland der Handel einen erneuten Aufschwung erhielt.   Dazu kam, dass durch die Eroberung von
Sestos und Byzanz die Fahrt nach dem schwarzen Meere und
damit wieder die wichtigste Handelsstrasse der Griechen dem
persischen Einflusse entzogen wurde.   Von noch grösserer Wichtigkeit aber war es, dass die Seeherrschaft entschieden an einen
Staat überging, der durch die Mittel, welche eine ausgedehnte
Bundesgenossenschaft aufbrachte, in den Stand gesetzt wurde,
eine Flotte zu bilden und zu unterhalten, wie sie vor ihm kein
griechischer Staat besessen hatte, und in dessen eigenem Interesse es lag, dem Handel nach allen Seiten hin Ausbreitung und
Sicherheit zu verschaffen, wie letzteres beispielsweise durch die
Vertreibung der Doloper von der Insel Skyros geschah, welche
durch Seeraub das aegeische Meer unsicher gemacht hatten.[4]

1) Thukydid. I, 89 ff.
2) Diodor XI, 43.
3) Herodot IX, 80 ff. 106.
4) Plutarch Kimon 8.

Indem ferner die Bundesgenossen zum grösseren Theile es vorzogen Geld zu zahlen, statt ihr Contingent an Schiffen zu stellen, wurde ihnen die Möglichkeit gewährt, den Geschäften des
Friedens ungestörter nachzugehen, während die Athener es übernahmen, die Schiffahrt wieder frei und sicher zu machen, dadurch
dass sie die Operationen gegen die Perser mit Eifer fortsetzten,
bis dieselben gänzlich aus den griechischen Gewässern verdrängt
waren. Den Athenern aber wurden dadurch bedeutende Geldmittel zur Verfügung gestellt, die sie nicht bloss zum Vortheil
der ganzen Bundesgenossenschaft, sondern noch mehr zum Vortheil ihres eigenen Staates verwendeten, ja die sie benutzten,
um mehr und mehr aus den gleichberechtigten Bundesgenossen
Unterthanen zu machen. Die allmähliche Unterwerfung der Bundesgenossen hatte allerdings ihren Grund in dem Streben der
Athener zu der politischen Herrschaft über ganz Griechenland,
namentlich aber über die Seestaaten zu gelangen, allein die Verbindung der politischen Herrschaft zur See mit der Handelsherr-
schaft war unter den damaligen Verhältnissen eine zu natürliche,
als dass die Athener den Vortheil der letzteren nicht hätten an
sich ziehen und ausbeuten sollen. „Wenn ein Staat," sagt der
Verfasser der Schrift vom Staate der Athener,[1] „reich an Schiffsbauholz ist, wohin soll er es zum Verkaufe bringen, wenn er
nicht die Genehmigung des Herrschers zur See erhält? wie?
wenn einer reich ist an Eisen oder Kupfer oder Flachs, wohin
soll er es zum Verkaufe bringen, wenn er nicht die Genehmigung des Herrschers zur See erhält?" Und dass die Athener
sich mittelst ihrer Seeherrschaft nicht bloss jene Materialien zum
Bau und zur Ausrüstung ihrer Flotte, sondern auch andere Gegenstände sicherten, die für den Lebensbedarf oder für den Gewerbebetrieb ihrer Stadt nothwendig waren, beweisen ihre Gesetze
über den Getreidehandel, so wie der Vertrag, den sie mit den
Städten der Insel Keos wegen Lieferung des dort gegrabenen
Röthels schlossen.[2] Wenn man auch nicht glauben mag, dass
der von Demokraten ausgesprochene Grundsatz, es sei besser,

---

1) Xenophon v. Staat d. Athener 2, 11.
2) B. Böckh Staatsh. d. Athen. II S. 345 ff.

26 *

wenn die einzelnen Athener das Eigenthum der Bundesgenossen in Besitz nähmen, diese selbst aber nur so viel hätten, dass sie leben und arbeiten könnten und nicht die Macht hätten, sich zu empören,[1] in seinem vollen Umfange zur Durchführung gekommen ist, so mögen doch manche Empörungen der abhängigen Bundesgenossen ihre Veranlassung in Beschränkungen der Erwerbs- und Handelsfreiheit gehabt haben.

Nicht ohne gerechten Grund erhoben sich die bittersten Klagen über die Kleruchien, die von den Athenern nicht allein angelegt worden, um ihre Mitbürger zu versorgen, sondern auch um die davon betroffenen Länder in jeder Hinsicht in Abhängigkeit zu erhalten. Aehnliche Stützpunkte der Herrschaft und weitgreifende Verbindungen wurden durch feste Niederlassungen geschaffen. Lemnos und Imbros waren schon unmittelbar vor den Perserkriegen von den Athenern in Besitz genommen worden, und gleich nachher im J. 476 v. Chr. Skyros; die erneuten Versuche am Strymon eine Colonie zu gründen, führten erst im J. 437 v. Chr. zu einem bleibenden Ergebniss, der thrakische Chersonnes aber kam schon nach der Schlacht am Eurymedon 469 v. Chr. in den dauernden Besitz der Athener, selbst in Sinope wurden sechshundert attische Colonisten angesiedelt.[2]

Von den Kämpfen, welche Athen zu bestehen hatte, um zur anerkannten Herrschaft über das Meer zu gelangen, kann hier nur so weit die Rede sein, als sie zur Beseitigung von Nebenbuhlern im Handelsverkehr beitrugen. Dahin gehören vor allen die Kriege gegen Euböa und Aegina. Dass in das Gebiet von Chalkis schon früher Kleruchen geschickt worden waren, ist bereits erwähnt worden;[3] dieselben scheinen jedoch bei dem Ausbruche der Perserkriege ihren dortigen Besitz aufgegeben zu haben. Gegen die Karystier führten die Athener um 474 v. Chr. einen glücklichen Krieg, und im J. 445 wurde die ganze Insel Euböa unterworfen und durch die Besetzung der Stadt Histiäa mit Kleruchen die Herrschaft über die nördliche Einfahrt in den

---

1) Xenoph. a. a. O. 1, 15.
2) Plutarch Perikl. 20. Geschah dies um 445 v. Chr.?
3) Vgl. für das folgende Böckh Staath. 1 S. 557 ff.

Euripos sicher gestellt.[1] Aegina war schon vorher im J. 456 besiegt und tributpflichtig gemacht worden.[2] Bemerkenswerth ist hierbei, dass Korinth, welches einst aus Eifersucht gegen die Aegineten auf Seiten der Athener gestanden hatte, in den letzten Kämpfen aus Furcht vor der wachsenden Macht Athens sich mit den Feinden desselben verbündet hatte. Beim Beginne des peloponnesischen Krieges besassen nun ausser Athen nur Korinth und Kerkyra eine nennenswerthe Seemacht,[3] denn Samos, das vielleicht noch in dieser Reihe hätte gestellt werden können, war im J. 440 von den Athenern unterworfen worden;[4] von den athenischen Bundesgenossen waren Chios und Lesbos die einzigen, welche noch Kriegsschiffe stellten.[5] Es war somit eine Vereinigung um einen Mittelpunkt geschaffen, welche die Staaten beinahe aller Küsten des aegæischen Meeres und die in demselben gelegenen Inseln umfasste.[6]

Dadurch dass Athen den Euripos, die thrakischen und makedonischen Küsten, die Städte am Hellospont und an der Propontis, endlich Byzanz und Kalchedon beherrschte, hatte es den wichtigen Handel nach dem schwarzen Meere vollständig in seiner Hand und zur Behauptung desselben hatte man offenbar weitreichende Massregeln getroffen. In einem Volksbeschlusse, der wahrscheinlich im J. 423 v. Chr. gefasst worden ist, wird eine besondere Behörde, die Hellespontophylakes erwähnt, welche die Controlle über die den Hellospont passierenden Kauffahrteischiffe zu führen hatte;[7] in demselben Beschlusse wird den Me-

---

1) Thukydid. I, 96 u. 114.
2) Thukydid. I, 108.
3) Thukydid. I, 36.
4) Thukydid. VIII, 76; I, 115.
5) Thukydid. II, 9.
6) Vgl. Poppo Prolegomm. zum Thukyd. I, 2 S. 37 ff. Böckh Staatsh. I S. 341.
7) Bei Rangabé Antiq. hellén. I nr. 250 und zuletzt bei Böckh Staatsh. II S. 748, nach dessen Ergänzung die betreffende Stelle lautet: Μιθωναίοις ἐξεῖναι ἐξάγειν ἐν Βυζαντίῳ σίτου μέχρι . . . . κισχιλίων μεδίμνων τοῦ ἐνιαυτοῦ ἑκάστου, οἱ δὲ Ἑλλησποντοφύλακες μήτε αὐτοὶ κωλυόντων ἐξάγειν, μήτε ἄλλον ἐώντων κωλύειν· ἢ εὐθυνέσθων μυρίαισι δραχμαῖσιν ἕκαστος. γραψαμένους δὲ πρὸς τοὺς Ἑλλησπον-

thonseern gestattet, aus Byzanz jährlich bis zu einer bestimmten
Menge Getreide auszuführen, woraus hervorgeht, dass die Athener sich die Verfügung über die wichtigen Produkte der Pon-
tosländer ausschliesslich angeeignet hatten. Im Jahre 411, als
die Kosten des langwierigen Krieges und die Verschlechterung
der Finanzen es geboten, auf neue Hülfsmittel zu sinnen, legten
die Athener sogar eine Zollstätte in Chrysopolis am Bosporos an
und erhoben dort einen Zoll von einem Zehntel des Werthes von
allen durchgehenden Waaren.[1]   Auch der Handel, welcher zwischen Athen und den im Süden gelegenen Küstenländern getrieben wurde, war sehr bedeutend. Denn wenn auch der sogenannte kimonische Friede, durch welchen den Persern angeblich
die griechischen Gewässer verschlossen wurden, nicht wirklich,
am allerwenigsten aber im Interesse des athenischen Handels
abgeschlossen worden ist,[2] so war doch faktisch durch die Ueber-
legenheit der athenischen Seemacht ein solcher Zustand hergestellt, und wir finden regelmässigen Handelsverkehr zwischen
Phaselis, Phoenikien, Kypros und Aegypten einerseits und Athen
andrerseits aus dieser Zeit erwähnt.[3]   Ebenso suchten die Athener, wie gleich näher zu erörtern sein wird, den Westen in den
Bereich ihres Handels zu ziehen.

Die Verhältnisse im Innern des athenischen Staates förder-
ten das Gedeihen des Handels auf eine ausserordentliche Weise,
seitdem Perikles die Leitung des Staates in die Hand genommen hatte, der durch die grossartigen Bauten und Kunstwerke,
mit denen er die Stadt schmückte, eine rege Thätigkeit in Athen
unterhielt und dasselbe zum Mittelpunkte aller künstlerischen und
wissenschaftlichen Bestrebungen machte.   Indem so eine grosse
Menge von Arbeitern dauernd beschäftigt wurde, indem Perikles

---

τοφύλακας ἐξάγειν μέχρι τοῦ ιιτασγμένου. ἀξήμιος δὲ ἔστοι καὶ ἡ ναῦς
ἡ ἐξάγουσα. — Schon im Jahre 424 war eine athenische Flotte im Pontos bei Herakleia gewesen. Thukydid. IV, 75.

1) Xenophon Hellen. I, 1, 22. Polyb. IV, 44.
2) Diese Behauptung ist aufgestellt von Hiecke De pace Cimonica.
Greifsw. 1863; vgl. Sybels Historische Zeitschr. 1864 Heft I S. 190.
Dagegen Bettmann Recognitio quaestionis de pace Cimonica. Greifsw. 1864.
3) Thukydid. II, 69. — Kypros Andokid. v. d. Rückkehr 20. Leben
der zehn Redn. S. 834° — Aegypten Thukydid. VIII, 35.

persönlich Sorge trug, dass Fremde, die sich durch künstlerische oder gewerbliche Thätigkeit oder durch Reichthum auszeichneten, sich bereit finden liessen, ihren bleibenden Aufenthalt in Athen zu nehmen,[1] indem jene Werke die Zufuhr einer nicht unbedeutenden Masse von Material nothwendig machten, endlich indem der wachsende Einfluss und die erhöhte allseitige Bedeutung Athens einen Zufluss von Fremden zu vorübergehendem Aufenthalte herbeizog, entstand in Athen und in seiner Hafenstadt eine ausserordentliche Belebtheit des Verkehrs, von welcher uns Plutarch im Leben des Perikles eine glänzende Schilderung gegeben hat.[2] Reiche Geldmittel flossen aus diesem Verkehr und aus den Tributen der Unterthanen und Bundesgenossen nach Athen, bereicherten den Staat und die einzelnen Bürger und schufen einen allgemeinen Wohlstand, der wiederum eine Vermehrung der Lebensbedürfnisse und mit dieser die Zunahme von Gewerbe und Handel herbeiführte, die obgleich grösstentheils von Nichtbürgern betrieben dennoch auch den athenischen Bürgern Gelegenheit gaben, ihre Kapitalien gewinnbringend zu verwerthen, indem sie dieselben an Handeltreibende zu hohen Zinsen ausliehen oder zur Einrichtung von Fabriken verwendeten. Ein solcher Wohlstand und ein solcher Verkehr verbunden mit der höchsten politischen Macht erhob Athen zum Mittelpunkte des ganzen griechischen Handels; sein Hafen, in der Mitte von Griechenland gelegen, hatte an allem einen solchen Ueberfluss aufzuweisen, dass man alle Waaren, die in einzelnen an den einzelnen Orten schwer aufzutreiben waren, hier vereinigt mit Leichtigkeit erhalten konnte;[3] „was es in Sicilien süsses giebt," sagt Xenophon,[4] „oder in Italien, oder in Kypros, oder in Aegypten, oder in Lydien, oder im Pontus, oder im Peloponnes, oder anders wo, das alles kommt hier auf einen Punkt zusammen," und Thukydides lässt den Perikles zu den Athenern sprechen: „Es strömt uns in Folge der Grösse unsrer Stadt von der gan-

---

1) Man vgl. das Beispiel des Kephalos. Lysias geg. Eratosth. 4 Platon Republ. 1 S. 330. Leben d. zehn Redn. S. 835°.

2) Plutarch Perikl. 12.

3) Isokrat. Panegyr. 42.

4) Xenophon v. Staat d. Athener 2, 7.

zon Erde alles zu und wir geniessen die heimischen Güter in
nicht höherem Grade als unser Eigenthum als die der übrigen
Welt." [1] Nicht minder aber als Athen den Stapelplatz für fremde
Waaren bildete, sandte es seine eigenen Produkte und Fabrikate
weithin in das Ausland.

Dass unter diesen Verhältnissen die übrigen Handelsstädte
Griechenlands von ihrer früheren Bedeutung einbüssen mussten,
liegt in der Natur der Sache. Die ionischen Städte Kleinasiens und die Inseln hatten sich von den Unfällen, welche sie
im Kampfe mit den Persern erlitten hatten, wohl allmählich
erholt, aber zum grossen Theil den früheren Glanz nicht wieder
erreichen können, zumal da die einstige Thatkraft bedenklich
geschwunden war. Milet hat seine frühere Grösse nicht annähernd wiederhergestellt und erscheint noch während des peloponnesischen Krieges völlig unbedeutend; Chios dagegen, das seit
den Perserzeiten frei von Unfällen geblieben war, hatte sich bei
der ruhigen Besonnenheit seiner Bewohner eine angesehene Stellung und Wohlstand erworben, und es lässt sich auf einen verhältnissmässig bedeutenden Seehandel daraus schliessen, dass es
sich auch als Bundesgenosse von Athen seine Kriegsflotte erhielt. [2]
Dasselbe gilt von der Insel Lesbos, die wir in den ersten
Jahren des peloponnesischen Krieges in engen Handelsverbindungen mit den pontischen Ländern finden. [3] Von den meisten
Städten dieser Gegend fehlt es uns an genügenden Nachrichten.

Der Handel mit dem Westen blieb hauptsächlich in den
Händen der Kerkyraeer und der Korinther. Die ersteren
wussten namentlich den Produktenreichthum der illyrischen Küsten
auszubeuten [4] und zwar mit solchem Erfolge, dass sie sehr bald
eine selbständige Stellung einnahmen, die es ihnen möglich
machte, sich bei dem Kampfe der Griechen gegen die Perser
abwartend zu verhalten und auch später ausserhalb der beiden

---

1) Thukydid. II, 38.
2) Thukydid. VIII, 24; 45 πλοιαιτατοι ὄντες τῶν Ἑλλήνων
3) Thukydid. III, 2. Ueber die Selbständigkeit beider Inseln vgl.
III, 10 f.
4) Aristotel. de mirab. ausc. 104. Vgl. Barth De Corinth. commerc.
S. 44 f.

grossen griechischen Bundesgenossenschaften zu bleiben.[1] Ihre
Seemacht bestand am Anfange des peloponnesischen Krieges aus
hundertzwanzig Dreirudrern; ihrem Reichthume nach zählten sie
zu den ersten in Griechenland, ihre Aristokratie war eine Geld-
und Handelsaristokratie.[2]

An die Kerkyräer hatten die Korinther einen Theil
ihres Handelsgebietes an den Küsten des adriatischen Meeres
verloren, dennoch war ihre Verbindung mit den Barbaren an der
Ostküste desselben noch beim Beginne des peloponnesischen Krieges eine enge.[3] Noch mehr wurde aber ihr Handel nach dem
Norden und Westen beschränkt, als die Athener ihr Augenmerk
auf das westliche Meer richteten. Um 455 v. Chr. hatten diese
Naupaktos am Eingange des korinthischen Meerbusens den Lokrern abgenommen und dort die heimatflüchtigen Messenier
angesiedelt, die ihnen treue Bundesgenossen blieben und später
dort wichtige Dienste leisteten. Etwa um dieselbe Zeit nahmen
sie Chalkis in Aetolien, einen Punkt, dessen Besitz für den
korinthischen Handel von hoher Bedeutung war.[4] Am meisten
aber bedrohte den Handel der Korinther nach dem Westen die
Verbindung, welche die Athener im J. 433 v. Chr. mit Kerkyra
eingingen, wie auch der Anschluss von Megara an Athen und
die Aufnahme der korinthischen Colonie Potidäa in den athenischen Bund nicht gleichgültig für den korinthischen Handel gewesen sein mag. Dennoch behauptete Korinth eine der ersten
Stellen unter den Handelsplätzen Griechenlands schon dadurch,
dass es für den Peloponnes das Hauptemporium war, nach welchem die Binnenlandschaften desselben den Ueberfluss ihrer Produkte schafften, unter denen die Wolle Arkadiens einen bedeutenden Platz eingenommen haben mag,[5] und von welchem sie wie-

1) Herodot VII, 168.   Thukydid. I, 31.
2) Thukydid. I, 25 u. 38.   Die Aristokraten wohnten grösstentheils
am Markte, wo sich auch die grossen Waarenlager befanden.   Thukydid.
III, 72 u. 74.   Die Verbindung der Aristokraten mit den Illyriern bei
Thukydid. I, 26 mochte auf Handelsverkehr gegründet sein.
3) Thukydid. I, 47.
4) Thukydid. I, 103 u. 108.
5) Bei Thukydid. I, 120 sagen die Korinther: τοὺς δὲ τὴν μεσό-

derum diejenigen Artikel bezogen, welche sie selbst nicht zu
produciren im Stande waren. Ausserdem scheinen die Handelsverbindungen mit Sicilien und vielleicht mit Italien bedeutend
gewesen zu sein.[1]

Auf das äusserste nachtheilig für den gesammten griechischen Handel war der peloponnesische Krieg, welcher sieben und
zwanzig Jahre mit Anspannung aller Kräfte geführt wurde und
kaum irgend eine Gegend von Griechenland verschonte. Unbe-
rechenbar ist der Verlust an Menschenleben und an Eigenthum,
den während desselben gerade die wohlhabendsten Städte erlitten, und mit diesem die Einbusse, die der Kaufmannsstand
durch die von einem jeden Kriege unzertrennliche Geschäfts-
stockung und durch die Unsicherheit des Verkehrs erlitt, welche
namentlich die von den Lakedämoniern mit der schonungslose-
sten Grausamkeit gegen Menschen und Sachen geübte Kaperei
hervorbrachte. Am Anfange des Krieges, wo die Lakedämonier
gegen die Athener die See nicht halten konnten, hatten sie alle
Kaufleute, die sie auf dem Meere aufgriffen, getödtet, mochten
sie nun dem Bundesgenossengebiete der Athener oder neutralen
Ländern angehören und es ist kaum zu bezweifeln, dass die
Athener bei Gelegenheit Repressalien geübt haben werden.[2]
Dazu kommt ferner, dass die Seestaaten, welche die Bundesgenossenschaft der Athener bildeten, von diesen mit schweren
Kriegssteuern belegt wurden,[3] und als auch diese Einnahmen
den Bedürfnissen nicht mehr genügten, trafen die Athener im J.
413 v. Chr. eine Maassregel, welche gerade dem Handel einen
schweren Schlag versetzte, indem sie statt des Tributes den

γιιον μάλλον καὶ μὴ ἐν πόρῳ κατεσκηυένους εἰδέναι χρῆ ὅτι, τοῖς
κάτω ἦν μὴ ἀμύνωσι, χαλεπώτεραν ἕξουσι τὴν κατακομιδὴν τῶν ὡραίων καὶ πάλιν ἀντίληψιν ὧν ἡ θάλασσα τῇ ἡπείρῳ δίδωσιν. Nach Pausan. II, 3, 4 befand sich in Korinth an der Strasse nach Lechaeon ein
ehernes Bild eines sitzenden Hermes, neben dem ein Widder stand, Ystes
Textrin. antiq. S. 64 hat dies nicht unwahrscheinlich auf den Wollhandel
der Korinther gedeutet, die wohl dieses Produkt vertreiben mochten.

1) Vgl. Diodor XV, 74.
2) Thukyd. II, 67; vgl. 69.
3) S. Böckh Staatsh. I S. 763.

Zwanzigsten von allen zur See verführten Waaren erhoben.[1] Ferner ist es nicht zu übersehen, dass dieser Krieg die Perser mit ihrem Einfluss wieder an die Meeresküste zog, über die sie fortdauernd die Herrschaft beansprucht hatten, so dass die griechischen Städte an der See in Wirklichkeit zu ihnen in ein Abhängigkeitsverhältniss kamen, das nicht ohne nachtheilige Einwirkung auf Handel und Verkehr blieb, wenn auch andrerseits eben dadurch bedeutende Geldsummen als Subsidien aus Persien nach Griechenland flossen, die freilich doch zum Theil als Tribut aus den griechischen Städten erhoben wurden.[2]

Während des Krieges bildete Sparta, ein Staat dem bis dahin das Seewesen fast vollständig fremd gewesen war, eine Flotte, die allmählich in den Stand gesetzt wurde, gemeinschaftlich mit der der verbündeten Staaten den Athenern die Spitze zu bieten, und es ist kaum denkbar, dass dies Emporkommen einer Seemacht in den Händen eines Volkes, welches Handelsinteressen nicht kannte und zunächst auch nicht zu würdigen verstand, dem Handel im Allgemeinen nicht sollte nachtheilig gewesen sein. Dagegen haben wir aus dem Jahre 408 v. Chr. eines Ereignisses zu gedenken, welches für den Handel und die Schifffahrt in der späteren Zeit von ausserordentlichen Folgen sein sollte, der Gründung der Stadt Rhodos. Denn wenn auch die Bewohner der Insel Rhodos bereits in den früheren Jahren lebhafte Schifffahrt und einträglichen Handel getrieben hatten, so schwang sich doch erst seit der Gründung eines gemeinsamen Mittelpunktes die Insel zu der ungewöhnlichen Bedeutung empor, die sie für alles, was die Schifffahrt betraf, tonangebend machte.[3]

Für Athen war mit dem Ende des peloponnesischen Krieges die Blüthezeit vorüber. Seine Flotte war vollständig vernichtet, seine Bundesgenossenschaft aufgelöst, seine auswärtigen Besitzungen verloren gegangen. Die Wohlhabenheit der Bewoh-

---

1) Thukydid. VII, 28. Böckh a. a. S. 440.

2) Vgl. Poppo Prolegomm. zu Thukyd. I, 2 S. 429; die Subsidienverträge bei Thukydid. VIII, 18; 37 u. 58. Xenoph. Hellen. I, 5, 5. Ueber die Tribute Thukydid. VIII, 5.

3) Strabo XIV S. 654.

ner des Landes war durch den langen Krieg geschwunden, und
die Herrschaft der Dreissig, welche dem freien Leben auf der
See so feindlich waren, dass sie, um die Wiederherstellung der
Flotte unmöglich zu machen, die Werfte und die Schiffshäuser
zerstörten, vernichtete den letzten Rest von Wohlstand, der
geblieben war, durch willkürliche Vermögenseinziehungen und die
daraus entspringende Unsicherheit des Eigenthums, die einen
Jeden, insbesondere aber die Metoeken traf, in deren Händen
sich doch hauptsächlich der Handel befand.[1] Die inneren Unruhen bis zur Vertreibung der Dreissig trugen dazu bei, den
traurigen Zustand zu vollenden, in welchem bei zunehmender
Verödung der Stadt jeder Geschäftsverkehr stockte.[2]

Die Inseln und Städte an der kleinasiatischen Küste, die
durch den in den letzten Jahren in ihrer unmittelbaren Nähe
geführten Seekrieg sehr gelitten hatten, blieben den Persern
überlassen, ein Zustand, der nur vorübergehend durch den Feldzug des Agesilaos in Asien eine Aenderung erfuhr, aber durch
den sogenannten antalkidischen Frieden schliesslich für die Dauer
als zu Recht bestehend festgestellt wurde. Wie traurig die Lage
jener Orte war, lässt sich schon daraus entnehmen, dass die persischen Statthalter jener Gegenden selbst unter einander in Feindschaft lebten, ja sich gegenseitig befehdeten, und dass die Städte
nicht ohne Theilnahme an jenen Zwistigkeiten blieben, ersehen
wir daraus, dass Milet bei solcher Gelegenheit eine Belagerung
durch Kyros aushalten musste und das Land Verheerungen ausgesetzt war.[3] Am wenigsten hatten noch die pontischen Städte
gelitten, da sie thätigen Antheil an dem Kriege nicht genommen
hatten, und wenn auch die Zeitverhältnisse auf ihren Handel
nach dem ägeischen Meere störend eingewirkt haben werden, so
scheint doch kein nachhaltiger Schaden für sie daraus erwachsen
zu sein. In Xenophons Anabasis erscheint Sinope als eine Stadt

---

1) Xenophon Hellen. II, 3, 40.
2) Xenophon Comment. II, 7, 2.
3) Xenophon Anab. I, 1, 7; 4, 2. Hellen. III, 1, 3 wo es heisst.
αἱ δὲ (Ἰωνικαὶ πόλεις) φοβούμεναι τὸν Τισσαφέρνην, ὅτι Κύρου, ἕω-
ἕ, ἀντ᾽ ἐκείνου ἐγηρῶντο ἦσαν u. s. w.

von nicht unbedeutender Macht, Heraklein mit lebhaftem See-
verkehr.¹ Der pontische Handel war überhaupt der Art, dass
die durch ihn nach Griechenland gelieferten Waaren, wie Getreide,
Salzfische und Sklaven, zum grossen Theil überhaupt dort nicht
entbehrt werden konnten, und in jenen Kriegszeiten, wo in Folge
der Verheerungen der Bodenertrag sank, noch in grösseren Mengen begehrt werden mussten, so dass der Handel auch während
des Krieges mit ziemlicher Lebhaftigkeit betrieben wurde.²
Daher konnten es auch die Athener für einträglich ansehen, seit
dem Jahre 411 einen Sundzoll im Bosporus zu erheben. Ausserdem blieb den meisten von diesen Städten an ihren Hinterländern ein Gebiet, mit welchem ungestört ein gewinnbringender
Landhandel getrieben wurde.

In Westen hatte die Insel Kerkyra, von welcher der
Anstoss zu dem Kriege ausgegangen war, nicht durch diesen
allein, sondern auch durch die innerhalb des Staates zwischen
den Parteien mit der grössten Erbitterung ausgefochtenen Kämpfe
auf das entsetzlichste gelitten. Während derselben war ein Theil
der Stadt mit reichen Waarenlagern in Flammen aufgegangen
und die Aecker verwüstet worden, so dass eine Hungersnoth entstand, und diese Kämpfe fanden erst im J. 425 ein Ende.³
Inzwischen war die Macht der Insel so gesunken, dass sie sich
genöthigt sah in die athenische Bundesgenossenschaft einzutreten und ihre Schiffe an der unglücklichen Unternehmung gegen
Sicilien Theil nehmen zu lassen.⁴ In der zweiten Hälfte des
Krieges, als dessen Schauplatz nach dem Osten verlegt war, werden die Kerkyraer in keiner hervorragenden Weise erwähnt;
doch scheint es nicht als ob sie in der nächsten Zeit ihren früheren Wohlstand, sicher nicht ihre ehemalige Macht wiederer-
langt hätten.

Auch die Korinther, deren Reichthum sich allein auf
ihren Handel und ihre gewerbliche Thätigkeit gründete, haben
durch den Krieg schwere Nachtheile erlitten, denn offenbar war

---

1) Anabas. V, 5, 10; 6, 10.
2) Thukydid. III, 2, 1. Xenophon Hellen. I, 1, 35.
3) Thukydid. III, 74 u. 85; IV, 2.
4) Thukydid. III, 75; VII, 31 u. 57.

ihr ganzer Handel gestört, so lange die Athener nicht bloss im
ægæischen, sondern auch im ionischen Meere die Herren waren.
Im Jahre 430 v. Chr. finden wir den korinthischen Meerbusen
von athenischen Schiffen gesperrt, eine Massregel, die den Athenern durch den Besitz von Naupaktos, wo sie sich noch im J.
413 befanden, ausserordentlich erleichtert wurde; ja im J. 419
suchte Alkibiades diese Sperre durch Anlegung einer Feste auf
Rhion noch vollständiger zu machen, woran ihn jedoch die Korinther und Sikyonier mit den Waffen in der Hand hinderten.[1]

Aegina war aus der Reihe der selbständigen Staaten
gestrichen worden, indem die Athener 431 v. Chr. die Einwohner mit Weib und Kind vertrieben und die Insel mit attischen
Kleruchen besetzten; die Vertriebenen erhielten von den Lake-
dæmoniern Wohnsitze in Thyrea. Der Handel der Insel, der
noch immer lebhaft war, scheint von den Athenern nicht gerade
begünstigt worden zu sein, vielleicht weil dieselbe zum heim-
lichen Verkehr mit den Feinden sehr günstig lag und diesen
leicht Kriegscontrebande zuführen konnte,[2] aber auch weil die
Athener den Handel möglichst nach dem Peiræeus hinlenken
wollten. Inzwischen fanden die in Thyrea angesiedelten Aegineten auch dort keine Ruhe, denn während sie sich damit beschäftigten dort einen festen Platz anzulegen, vielleicht um in Sicherheit ihre frühere Thätigkeit wieder aufnehmen zu können, wurden sie im J. 424 von den Athenern überfallen, ein Theil nie-
dergemacht, ein Theil gefangen nach Athen geführt und dort
hingerichtet.[3] Nach der Niederlage der Athener bei Aigospotamoi gab Lysandrus den Aegineten, welche noch aufzufinden waren,
die Insel zurück.[4]

Auf die Leiden des peloponnesischen Krieges folgten für
Griechenland einige Jahre der Ruhe, welche wie den wirthschaftlichen Verhältnissen überhaupt, so namentlich dem Handel zu
gute kamen. Athen erholte sich, nachdem die dreissig Tyrannen beseitigt und die Eintracht im Innern leidlich hergestellt

1) Thukydid. VII, 36; V, 52.
2) Aristophan. Frösche 362 ff. Vgl. Müller Aeginet. S. 183 f.
3) Thukydid. IV, 57.
4) Xenophon Hellen. II, 2, 9.

war, allmählich, sein Einfluss auf die maritimen Verhältnisse nahm
wieder zu und gelangte namentlich wieder zu einer gewissen
Höhe, seitdem im Jahre 394 v. Chr. Konon mit einer aus persischen Mitteln beschafften Flotte die spartanische Flotte bei
Knidos vernichtet hatte und nun, gleichfalls mit persischem
Gelde, der Anfang gemacht wurde, die Befestigungen Athens
wiederherzustellen, eine Arbeit, die freilich erst mit der vollständigen Sicherung des Hafens im J. 377 zu Ende geführt wurde.[1]
Man benutzte auch sofort diese Vortheile, um die für die Stadt
nothwendigen Handelsverbindungen zu sichern, indem schon
im J. 393 Konon die für den Handel nach Aegypten und Kyrene höchst wichtige Insel Kythera besetzte und unter die Verwaltung eines athenischen Statthalters stellte; im Osten aber war
die Bedeutung Athens so schnell gewachsen, dass im J. 390 die
Athener in Byzanz eine demokratische Verfassung einrichten und
den Sundzoll im Bosporos wiederherstellen konnten.[2] Der Verkehr, welcher sich in der kurzen Zeit ausserordentlich gehoben
hatte, erhielt freilich durch den im J. 394 ausgebrochenen Krieg
empfindliche Störungen. Die Insel Aegina, welche zwar nicht
wieder zu ihrer ehemaligen Bedeutung gelangte, aber doch wieder lebhaften Handel trieb und selbst mit den Athenern Verbindungen angeknüpft hatte, wurde von den Lakedämoniern zum
Standorte von Kapern gemacht, welche Athen in förmlichen Blo-
kadezustand versetzten, indem sie nicht nur die aus- und einlaufenden Schiffe aufbrachten, sondern auch die attischen Küsten
beunruhigten.[3] Auch der Handel mit den pontischen Ländern
wurde gestört, seit der Spartaner Antalkidas mit seiner Flotte
am Hellespont die Oberhand erlangte.[4] Dazu kam noch, dass
seit keine herrschende Seemacht nachdrücklich aufzutreten vermochte, die Seeräuber, gegen welche die Athener früher strenge
Polizei geübt hatten, wieder in bedenklicher Weise Oberhand

---

1) Xenophon Hellen. IV, 8, 10; V, 4, 34.

2) Xenophon Hellen. IV, 8, 8 u. 27.

3) Xenophon Hellen. V, 1, 1 u. 23; 4, 61. Ueber Aegina vgl. Pausanias II, 29, 5.

4) Xenophon Hellen. V, 1, 28.

nahmen und das Meer unsicher machten.[1]   Nach dem sogenannten antalkidischen Frieden trat insofern eine Besserung der Verhältnisse ein, als es den Athenern gelang, im J. 377 eine neue
Bundesgenossenschaft zu bilden und namentlich an der thrakischen Küste festen Fuss zu fassen.[2]   Die Schlacht bei Naxos
machte dem Einflusse der Spartaner zur See ein Ende, die
Kämpfe in den westlichen Gewässern vertrieben sie fast ganz
vom Meere und die Hegemonie Athens zur See wurde im J. 371
v. Chr. im Frieden des Kallias auch officiell anerkannt.[3]   Wenn
die Athener auch nicht vollständig ihre frühere Macht wieder
erlangen konnten, so finden wir doch ihre Flotte herrschend in
allen griechischen Meeren und der Handel war wieder zu einer
solchen Ausdehnung und einer solchen Blüthe gelangt, dass schon
um 370 v. Chr. bei Xenophon die Bemerkung gemacht wird,
dass die meisten Athener ihren Erwerb von dem Meere zögen.[4]
Schon zur Zeit des korinthischen Krieges finden wir ein ausserordentlich reges Leben in dem Hafen von Athen,[5] das sich auch
selbst dann noch erhielt, als der sogenannte Bundesgenossenkrieg
ausbrach, welchen Byzanz, Rhodos, Chios, Kos mit solchem Erfolge
gegen Athen führten, dass den Athenern ihre Bundesgenossen
bis auf einige unbedeutende Inseln entzogen blieben.[6]   Die
unmittelbar darauf folgenden Kämpfe gegen Philipp von Makedonien, welche schliesslich die politische Bedeutung Athens vollständig vernichteten, beschädigten natürlich den Handel Athens
ausserordentlich, indem sie nicht allein durch Kaperei den Verkehr zur See unsicher machten, sondern auch die auswärtigen
Besitzungen der Athener zum Gegenstande des Angriffs nahmen[7]
und gerade diejenigen Gegenden an den nördlichen Meeresküsten
in die Gewalt der Makedonier brachten, welche für die Einfuhr
der nothwendigsten Waaren den Athenern fast unentbehrlich

---

1) Vgl. Isokrat. Panegyr. 115.
2) F. Schultz De Chersonneso Thracica. Berol. 1853. 8. 87 ff.
3) Xenophon Hellen. V, 4, 60. — Diodor XV, 38.
4) Isokrat. v. Untausch 108 ff. — Xenophon Hellen. VII, 1, 4
5) Xenophon Hellen. V, 1, 23.
6) Demosthen. v. Kranse 236.
7) Vgl. Demosthen. Philipp. 1, 34.

waren. Die verringerte politische Bedeutung der Stadt musste nothwendiger Weise eine Verringerung des Fremdenverkehrs in derselben zur Folge haben, die auch dadurch nicht ausgeglichen werden konnte, dass gerade seit diesen Zeiten Athen zu einem Hauptsitze wissenschaftlicher Thätigkeit wurde. Dazu kam noch, dass seit der makedonischen Herrschaft der Orient auch für den Handel eine erhöhte Bedeutung gewann, und dass in Folge dessen die Haupthandelsstrassen eine andere Richtung erhielten, namentlich als Alexandria emporblühte und einen neuen Mittelpunkt für Handel und Verkehr bildete.

Etwas günstiger scheinen sich die Verhältnisse für den korinthischen Handel gestaltet zu haben. Zwar war Korinth bald nach dem peloponnesischen Kriege, in dem es sehr gelitten hatte, der Mittelpunkt eines mehrjährigen Kampfes geworden, in welchem das Gebiet der Stadt verheert und diese selbst der Schauplatz erbitterter Parteikämpfe wurde,[1] und in welchem namentlich die lange währende Besetzung des Hafenplatzes Lechäon durch die Spartaner den Handel nach dieser Seite hin gänzlich unterbrechen musste; zwar beschädigte der einige Jahre später zwischen den Spartanern und den Thebanern geführte Krieg die Korinther so sehr, dass sie zu einem Separatfrieden mit den Thebanern genöthigt wurden;[2] aber von dieser Zeit an scheinen Gewerbe und Handel wieder schnell aufgeblüht zu sein und der Stadt den vorwiegenden Charakter eines belebten Handelsplatzes verliehen zu haben, den sie bis zu ihrer Zerstörung durch die Römer bewahrte.[3]

Die grösste Bedeutung für den griechischen Handel erlangte im Laufe des vierten Jahrhunderts v. Chr. Rhodos, welches trotz vielfacher Wirren im Innern sich zu der ersten Seemacht Griechenlands ausbildete.[4] Es ist hier nicht der Ort, näher auf die politische Machtstellung des Staates einzugehen, zumal da die eigentliche Blüthe desselben über die Grenzen der Zeit hin-

---

1) Xenophon Hellen. IV, 4, 1 ff.; 5, 19; V, 1, 29.
2) Xenophon Hellen. VI, 4, 18; 5, 29; VII, 4, 9 ff.; vgl. Isokrat. Archidam. 91.
3) Vgl. Strabo VIII S. 378 u. 381. Lukian. Todtengespr. 11, 1.
4) Diodor XIV, 79 u. 97.

anliegt, deren Betrachtung wir uns zur Aufgabe gemacht haben; es mag hier nur auf die erfolgreichen Kämpfe hingedeutet werden, welche Rhodos für seine Unabhängigkeit gegen Demetrios Poliorketes durchfocht; für die Bedeutung, welche diese Stadt für das Seewesen erlangte, mag es genügen daran zu erinnern, dass ihr Seerecht in seinen Grundzügen bis in die spätere römische Zeit das allgemein gültige blieb. Ihr Handelsverkehr erstreckte sich schon in der zweiten Hälfte des vierten Jahrhunderts über die ganze bekannte Welt,[1] und um die Freiheit desselben zu schützen, führten sie um 219 v. Chr. selbst einen Krieg gegen die Byzantier, welche wiederum einen Sundzoll im Bosporos zu erheben angefangen hatten.[2] Erst durch das schnelle Aufblühen des Handels in Delos um die Mitte des zweiten Jahrhunderts v. Chr. ging ihr Handel sehr bedeutend zurück.[3] Von der Macht und dem Reichthum, welchen die Stadt in ihrer Blüthezeit besass, machen die Schriftsteller glänzende Schilderungen.[4]

Die ehedem für den Handel wichtigen griechischen Städte Kleinasiens haben zum Theil in der späteren Zeit den grössten Theil ihrer Bedeutung eingebüsst, vor allen Milet, welches, seitdem es in den Händen der Perser war, den alten Ruhm nicht wieder erlangen konnte und endlich von Alexander dem Grossen zerstört wurde.[5] Dagegen sind Byzanz und Kyzikos zu einer erhöhten Bedeutung gelangt, von denen namentlich das letztere in der römischen Kaiserzeit seine Handelsverbindungen vom äussersten Ende des schwarzen Meeres bis nach der Strasse von Gibraltar ausgedehnt hatte.[6]

---

1) Lykurg geg. Leokrat. 15 f. τὴν πόλιν τὴν τῶν ʼΡοδίων καὶ τῶν ἐμπόρων τοῖς ἐπιδημοῦσιν ἐκεῖ, οἳ πᾶσαν τὴν οἰκουμένην περιπλέοντες δι' ἐργασίαν ἀπήγγειλον u. s. w.

2) Polyb. IV, 47.

3) Polyb. XXXI, 7.

4) Dio Chrysost. XXXI, 55 ὑμεῖς μὲν καὶ πρότερον ἦτε πλουσιώτατοι τῶν ʼΕλλήνων καὶ νῦν ἔτι μᾶλλόν ἐστε; vgl. § 101. Ganz besonders Aristeides XLIII ed. Dind. Vol. I S. 797 f.

5) Arrian Anabas. I, 19. Strabo XIV, S. 635.

6) Aristeides ed. Dind. Vol. I S. 584. Marquardt Cyzicus S. 83.

Sechstes Kapitel.

Die Natur des griechischen Landes hat dem Handel seine Strassen mit Nothwendigkeit vorgezeichnet; denn während das Innere desselben gebirgig ist und Ebenen von einiger Ausdehnung nur in geringer Zahl, schiffbare Flüsse aber fast gar nicht besitzt, ist es beinahe auf allen Seiten vom Meere umspült, welches namentlich auf der Ostseite tiefe Buchten einschneidend eine so reiche Küstenbildung geschaffen hat, wie sie kein zweites Land in Europa aufweisen kann. Schon durch diese natürliche Beschaffenheit des Landes war der Handel, wenn derselbe sich überhaupt bis zu einem solchen Grade entwickeln sollte, dass er über den Austausch von Naturprodukten zwischen Nachbarbezirken hinausging, auf das Meer hingewiesen, nicht weniger aber durch den Umstand, dass die griechische Halbinsel sich nicht an ein Festland anlehnt, welches bei reicher Produktion dem Landverkehr einen bequemen Zugang geboten hätte. Das Meer, welches Griechenland bespült, ist ausserdem der Art, dass es seine Anwohner zur Schiffahrt einladen musste. Ueberall liegen den Gestaden in unmittelbarer Nähe Inseln gegenüber und zwar in der Weise, dass sie nicht allein das Festland mit einer fast nirgends durch weite Zwischenräume unterbrochenen Kette umschliessen, sondern auch gleichsam eine Brücke nach einem anderen Festlande, vorzüglich im Osten nach Asien bilden. Die Küsten selbst sind wenigstens auf der Ostseite in ihrer ganzen Ausdehnung mit einer reichen Fülle von mehr oder weniger tiefen Einschnitten ausgestattet, welche theils durch ihre natürliche Gestalt, theils durch die davor liegenden Inseln gegen Sturm und Wogen geschützt die trefflichsten Ankerplätze darbieten, in vielen Fällen selbst ohne bedeutender Nachhülfe durch Menschenhand zu bedürfen. Dieselben Vortheile haben die Küsten von Kleinasien, welche von den Griechen mit Colonien besetzt worden waren, während zugleich diese Gegenden sich an reiche und hochcivilisierte Binnenländer anlehnten, zu denen seit alter Zeit gebahnte Strassen führten; die Colonien an den Küsten des schwarzen Meeres aber hatten im Rücken zum grossen Theil

27 *

weite fruchtbare oder von Nomaden durchstreifte Landstrecken,
aus denen eine Fülle von Naturprodukten zu ziehen war.
Aus diesen Verhältnissen ergab es sich von selbst, dass ein
bedeutenderer Landhandel nur von den Colonien, namentlich den
am schwarzen Meere gelegenen, betrieben werden konnte, während Seefahrt und Seehandel überall in Aufnahme kam. Die
Entstehung des Seeverkehrs reicht daher auch bis in die mythischen Zeiten hinauf, und in den homerischen Gedichten, welche
die erste historische Gewähr geben, erscheint die Schiffahrtskunst
schon auf einer ziemlichen Stufe der Vollkommenheit. Die dort
übliche Weise, auf der Fahrt den Küsten zu folgen, finden wir
auch in den späteren Zeiten durchgängig beibehalten, da ein
Bedürfniss, sich dem offenen Meere anzuvertrauen, in den griechischen Gewässern fast nirgends vorhanden war, überdies bei
den mangelhaften Hülfsmitteln für die Orientirung eine Fahrt
im freien Meere grosse Bedenklichkeiten hatte.[1] Die Seefahrten
beschränkten sich aber durchweg auf die Sommermonate vom
April bis zum September,[2] und selbst in dieser Zeit legten die
nördlichen und nordwestlichen Passatwinde, welche im Juli den
Tag über zeitweise mit grosser Heftigkeit zu wehen beginnen,[3]
den Fahrten in nördlicher Richtung Schwierigkeiten in den Weg,
während sie wiederum die Fahrten in umgekehrter Richtung
besonders begünstigten. Die Kauffahrteischiffe im Gegensatze
zu den Kriegsschiffen, welche lange Schiffe hiessen, runde Fahrzeuge genannt, weil sie, um einen grösseren Raum im Innern zu
haben, kürzer, breiter und bauchiger als jene gebaut wurden,[4]
waren je nach Bedürfniss an Grösse und Bauart verschieden.
Lukian giebt die Beschreibung eines Kauffahrers, dessen Länge
hundert und zwanzig Ellen (ungefähr 176,8 preuss. Fuss) betrug,

---

1) Bei Xenoph. Hellen. II, 1, 17 erscheint es als etwas aussergewöhnliches, nur durch die Feindschaft der Küstenbewohner motivirtes, dass
die Athener von Chios aus nach dem Hellesponte zu πελάγιοι fahren.

2) Vom Boedromion bis Munychion ruht die Schiffahrt. Demosth.
geg. Apatur. 23.

3) Ueber die Passate s. Wachsmuth Hellen. Alterth. I S. 768 ff.

4) Bekker Anecdd. Gr. S. 279 μακρὸν πλοῖον τὸ πολεμικόν,
στρογγύλον δὲ τὸ ἐμπορικόν. Vgl. Pollux I, 82. Die Lastschiffe heissen
auch ὁλκάδες.

während es über dreissig Ellen breit und an der tiefsten Stelle
vom Verdeck aus neun und zwanzig Ellen tief war, bei Demosthenes wird ein Schiff erwähnt, welches ausser einer Waaren-
ladung noch über dreihundert Menschen an Bord hatte,[1] doch
waren die meisten Fahrzeuge von geringeren Dimensionen.
Nach einzeln vorkommenden Ausdrücken, deren Bedeutung allerdings nicht sicher bestimmt werden kann, scheint es, als ob man
zur Bestimmung der Tragfähigkeit der Schiffe sich ähnlicher
Bezeichnungen wie der heut üblichen nach dem Tonnengehalte
bedient habe.[2] Die Kauffahrteischiffe waren theils mit einem
Verdecke versehen, theils ohne ein solches, zur Bewegung derselben wurden theils Ruder theils Segel angewendet.[3]

Wenn wir im Folgenden versuchen, die Hauptstrassen des
griechischen Seehandels darzustellen, so werden wir am passendsten damit zugleich eine Betrachtung der an diesen Strassen

---

1) Lukian Schiff 5. — Demosth. geg. Phorm. 10.

2) ταῖς μυριοφόροις Thukydid. VII, 25. Ktesias in Photios Biblioth.
S. 67 ff. Pollux I, 82. πλοῖα πλεῖα φορτικοῦ ἑνὸς χιλιοφόρου Casius
Dio LVI, 27. μυριαγωγός Strabo III S. 151. Pollux a. a. O. μυριαγω-
γοῖσαι bei Pollux IV, 165. Welche Mass- oder Gewichtseinheit dabei still-
schweigend vorausgesetzt sei, ist zweifelhaft. Die auf Pollux IV, 165
μυριάνδρος, μυριοφόρος als Συναρίθης zurückgehende Erklärung: ein
Schiff, das 10000 Mann trägt, hat Lobeck zu Phrynich. S. 662 mit Recht
als unmöglich zurückgewiesen, er selbst hat es als gleichbedeutend mit
μυριάμφορος verstanden, wie von Aristophan. Frieden 321 ῥῆμα μυρι-
άμφορον gesagt ist. Auch diese Erklärung kann nicht richtig sein, denn
da ein ἀμφορεὺς etwa 13½ Kubikfuss fasst, so würde der Rauminhalt
von 10000 ἀμφορεῖς = 135000 Kubikfuss schon ein Schiff von ganz
ausergewöhnlicher Grösse, etwa von 140 Fuss Länge, 30 Fuss gleich-
mässiger Breite und 30 Fuss durchgehender Tiefe voraussetzen, wenn sein
völlig leerer innerer Raum diesem Inhalte gleichkommen sollte, viel
grössere Dimensionen müsste also ein Schiff haben, das wirklich eine
Fracht von 10000 Amphoren bergen sollte. Böhme zu Thukydid. VII, 25
nimmt als Masseinheit das Talent an, wie es bei Herodot 1, 194 τὰ δὲ
μέγιστα (πλοῖα) αὐτῶν καὶ πεντακισχιλίων ταλάντων γόμον ἔχει, II,
36 ἄγει ἕνια (πλοῖα) πολλὰς χιλιάδας ταλάντων und Thukydid. IV, 118
πλοίῳ ἐς πεντακόσια τάλαντα ἄγοντι μέγα angewendet worden ist. Es
würde demnach die ναῦς μυριοφόρος ein Schiff von etwa 250 Tonnen
Gehalt sein.

3) Antiphon v. Morde d. Eratosth. 22. Plautus Bacchid. II, 3, 45.

liegenden Handelsplätze, so weit sie nicht in der voranstehenden
Entwicklungsgeschichte des griechischen Handels berücksichtigt
worden sind, und der wichtigsten Handelsartikel, welche auf diesen Strassen verführt wurden, verbinden.[1] Es ergeben sich aber
diese Hauptstrassen aus dem bisher angeführten leicht. Von
denen, welche von Griechenland aus die Richtung nach Osten
einschlugen, ging die nördlichste nach den Häfen des schwarzen
Meeres.[2] Die Produkte der dieses Meer umschliessenden Länder, welche die Griechen nicht bloss zu Handelsgeschäften, sondern auch zu dauernden Ansiedelungen dorthin lockten, sind
solche, welche Griechenland selbst nicht in hinreichender Menge
für seine Bewohner hervorbrachte und welche dennoch zur Befriedigung der nothwendigsten Bedürfnisse erforderlich waren,
vor allem Getreide, hauptsächlich Weizen, der allerdings zu den
leichtesten Sorten gehörte,[3] aber erfahrungsmässig sich länger
aufbewahren liess, als der aus südlichen Gegenden bezogene.[4]
Wenn auch die Südküsten fruchtbar an Getreide waren, so lieferten doch die grössten Quantitäten die taurische Halbinsel und
die oberhalb derselben gelegenen Gegenden des Festlandes, wo
schon in Herodots Zeiten skythische Völker am Borysthenes Getreide ausschliesslich zum Zwecke der Ausfuhr bauten.[5] Von
hier bezog Athen den grössten Theil seines Bedarfs an fremdem
Getreide, von hier aus gingen Sendungen nach den Inseln und

---

1) Die Vorarbeiten über die Handelsartikel, welche Hüllmann Handelsgesch. der Griechen S. 14—87 und St. John The Hellenes III S. 320
—414 gegeben haben, entbehren leider zu sehr der Uebersichtlichkeit und
der Genauigkeit in den Angaben der Orte, von wo jene Gegenstände ausgeführt und wo sie eingeführt wurden, um besonders brauchbar zu sein.

2) S. Hüllmann Handelsgesch. S. 134 ff. Preller Ueber die Bedeutung des schwarzen Meeres für den Handel und Verkehr der alten Welt.
Dorpat 1842; auch in Ausgewählte Aufsätze u. s. w. v. L. Preller herausgeg. v. R. Köhler. Berlin 1864. S. 441 ff.

3) Vgl. H. Wiskemann Die antike Landwirthschaft S. 15 ff.

4) Theophr. Pflanzengesch. VIII, 4, 5. Aristot. Probl. XIV, 2
S. 909ᵃ, 18.

5) Ueber die Gegend um Amasia Strabo XII S. 560, Kolchis dert
XI S. 498, auch Bithynien Xenophon Anab. VI, 4, 6 u. 6, 1. Von der
Krim Strabo VII S. 309 u. 311. Herodot IV, 17 u. 54.

dom Peloponnes.[1] Die in den weiten Ebenen Südrusslands lebenden Nomaden lieferten von den Produkten ihrer Hoerden Felle in grossen Mengen,[2] dieselben Gegenden eine beträchtliche Zahl der nach Griechenland zu verkaufenden Sklaven;[3] auch Bauholz, namentlich zum Schiffbau taugliches wurde von hier ausgeführt.[4] Von nicht geringerer Bedeutung für die Ausrüstung der Schiffe waren andere Produkte, die man von dort bezog, Flachs und Hanf, Theer und Pech so wie Wachs;[5] eine untergeordnete Stelle nahmen Honig und mancherlei Arzneimittel ein.[6] Dagegen gaben einen Ausfuhrartikel, der in sehr grossen Mengen nach Griechenland gebracht wurde, die eingesalzenen Fische ab, unter denen, wie schon bemerkt, die Thunfische von Byzanz die vorzüglichsten waren.[7] Dazu kommen dann noch die Waaren, welche auf den tief in die Binnenländer führenden Handelsstrassen in die pontischen Häfen gelangten und von hier aus nach Griechenland gebracht wurden, und von welchen weiter unten noch einiges zu bemerken sein wird. Die Waaren, die aus Griechenland hierher eingeführt wurden, bestanden theils in Naturprodukten, theils in

---

1) S. namentlich Demosth. geg. Leptin. 31. — Herodot VII, 147. Thukyd. III, 2. Vgl. Rangabé Antiq. hellén. 1 nr. 850.

2) Strabo XI S. 493. Demosth. geg. Phorm. 10; geg. Lakrit. 34. Vgl. Polyb. IV, 38.

3) S. Buch I S. 118.

4) Arrian Periplus 5, 2 ξύλων ναυπηγησίμων, ὧν ἀφθονία ἐστὶ κατὰ τὸν Πόντον. Theophr. Pflanzengesch. V, 2, 1. — Von Kolchis und dem Kaukasos Strabo XI S. 497; von der Gegend von Herakleia Xenophon Anab. VI, 4, 4; von Sinope Strabo XII S. 546.

5) Flachs und Hanf von Kolchis Strabo XI S. 408, dergl. die übrigen Gegenstände; Wachs lieferte das pontische Volk der Sanni den Römern als Tribut, Plinius Naturgesch. XXI, 45 § 77.

6) Honig Polyb. IV, 38; Stob. Floril. XIII, 18; vgl. Plinius a. a. O. — Wermuth Dioskorid. III, 23 u. 24. Ἀψόρωον aus Kappadokien und Galatien ders. III, 26. Ῥᾶ aus den Gegenden am kimmerischen Bosporos ders. III, 2. Vgl. Anm. 4 zu S. 384.

7) Strabo III S. 144; XI S. 493. Demosthen. geg. Lakrit. 31 u. 34. Athen. III S. 116; VII S. 278ᵉ. Plinius Naturgesch. IX, 20 § 50 ff. Vgl. Köhler Τάρζος ou Recherches sur l'histoire et sur l'antiquité des pêcheries de la Russie méridionale in den Mém. de l'acad. de St. Peterb. 8ᵉ. VI, 1. 1832. S. 347—490.

Fabrikaten. Unter den ersteren nimmt den Hauptplatz der Wein ein,[1] der an den pontischen Küsten gar nicht gewonnen wurde, und der nicht bloss zum Verbrauch in den Hafenstädten selbst und deren nächster Umgebung bestimmt war, sondern von dort aus weit in die Binnenländer versandt wurde.[2] Die grösste Menge desselben scheint von den Inseln, namentlich dem weinreichen Chios und Thasos, entweder direct oder durch die Vermittelung von Händlern, welche ihn an den Produktionsorten aufkauften, dorthin eingeführt worden zu sein.[3] Nächstdem erhielten die pontischen Länder von Griechenland aus Oel, welches die meisten derselben nicht selbst erzeugten,[4] Gewebe, Kurzwaaren und allerlei Arten von Hausgeräth.[5]

Bei dem Werthe, welchen die pontischen Produkte für die Griechen hatten, und bei der Grösse des Gewinnes, welchen der Handel mit den uncultivirten Völkern abwarf, ist es nicht zu verwundern, dass dahin bereits sehr früh Fahrten unternommen worden sind. Man hat die nach dem Pontos gehende Handelsstrasse bereits in der Argonautensage bezeichnet finden wollen, indem man meinte, die Argonauten seien nach dem kolchischen Golde oder gar nach Pelzwerk gegangen, allein abgesehen von der Unwahrscheinlichkeit, dass die Argonautenfahrt in irgend welchem Zusammenhange mit Handelsunternehmungen steht, ist derselben die Richtung nach dem schwarzen Meere offenbar erst in später Zeit zugeschrieben worden, zumal da es nicht einmal

---

1) Polyb. IV, 38. Strabo XI 8. 493. Dio Chrysostom. XXXVI, 11 u. 35. Vgl. von Sinope Polyb. IV, 56.

2) Aristot. de mirabb. ausc. 104. Vgl. Strabo V 8. 214.

3) Demosthen. geg. Lakrit. 35, vgl. 10, 18 u. 30. Auf diese Einfuhr sind auch die Bruchstücke von Thongefässen zurückzuführen, welche in pontischen Hafenplätzen, namentlich in Olbia, gefunden durch die darauf befindlichen Stempel als aus Rhodos, Knidos, Thasos stammend zu erkennen sind. Vgl. Franz zum Corpus Inscrr. Gr. III Praef. 8. V ff.

4) Polyb. IV, 38. Vgl. Xenoph. Anab. VI, 4, 6. F. Spiro De Clazomeniorum mercatura 8. 6 ff.

5) Strabo XI 8. 493 ἐσθῆτα καὶ τἆλλα ὅσα τῆς ἡμέρου διαίτης οἰκεῖα. Vgl. Xenoph. Anab. VII. 5. 14 ἐνταῦθα ηὐφραίνοντο πολλοὶ μὲν κλῖναι, πολλὰ δὲ κιβώτια, πολλαὶ δὲ βίβλοι γεγραμμέναι καὶ τἆλλα πολλά ὅσα ἐν ξυλίνοις τεύχεσι ναύκληροι ἄγουσιν.

feststeht, ob in der ältesten Form der Sage jener Zug in westlicher oder östlicher Richtung gedacht war.[1] In der älteren
historischen Zeit fuhren nach dem Pontos hauptsächlich die Milo-
sier an der kleinasiatischen Küste entlang zum Hellespont, Mo-
gareer und später athenische Kaufleute durch den Euripos von
Euboea an den thrakischen Küsten vorbei ebendahin, im dritten
Jahrhundert v. Chr. scheinen die Rhodier das Uebergewicht
gehabt zu haben.[2]

An der Strasse vom Mittelpunkte des griechischen Festlandes aus lag zunächst am Euripos auf Euboea Eretria, sechzig
Stadien von der zwischen Attika und Boeotien streitigen Gränz-
stadt Oropos entfernt,[3] welcher Ort für die jedenfalls starke
Einfuhr von Lebensmitteln nach Attika von hoher Wichtigkei
war.[4] Von noch grösserer Bedeutung war Chalkis, an der engsten Stelle des Euripos so gelegen, dass es die Durchfahrt vollständig beherrschte und dadurch unter Umständen den ganzen
Verkehr in dieser Richtung, da man die Fahrt um die äussere
hafenlose Küste von Euboea mit ihren gefährlichen Klippen möglichst vermied. Auf die Bedeutung, welche Chalkis mit seinem
trefflich gelegenen Hafen schon frühzeitig für den Handel gehabt
hat, ist bereits aufmerksam gemacht worden.[5] Die nördliche
Einfahrt in den Euripos beherrschte Histiaea (Oreos), für die
Schifffahrt der Athener von solcher Bedeutung, dass sie im J. 445
v. Chr. durch Ansiedelung von Kleruchen den Platz in ihre
Gewalt brachten.[6] Auf der anderen Seite der Strasse lag in
einer tiefen Bucht der Haupthafen von Thessalien, Pagasae, der
schon in der Sage als der Ausgangspunkt des Argonautenzuges
genannt, in späterer Zeit hauptsächlich für die Ausfuhr von Getreide und Sklaven bestimmt gewesen zu sein scheint.[7] Weiter

1) Vgl. O. Müller Orchomenos S. 269 ff. d. zweiten Ausg. Neumann Die Hellenen im Skythenlande I S. 336 f.
2) Vgl. Polyb. IV, 47.
3) Thukydid. VIII, 95. Strabo IX S. 403.
4) Thukydid. VII, 28. Vgl. Aristoph. Wesp. 715 f. Dikaearch 7.
5) Vgl. Dikaearch 29.
6) Thukydid. I, 114. Vgl. auch Xenophon Hellen. V, 4, 56.
7) Xenoph. Hellen. V, 4, 56. Hermipp. bei Athen. I S. 27f. Vgl
auch Strabo IX S. 436.

nördlich auf der Halbinsel Chalkidike lag die korinthische Colonie
Potidaea, den Athenern für den Besitz und die Ausbeutung der
thrakischen Küsten ausserordentlich wichtig,[1] und die im vierten
Jahrhundert v. Chr. mächtige Stadt Olynth, die in einem fruchtbaren Landstriche gelegen mit den Erzeugnissen desselben ansehnlichen Handel getrieben zu haben scheint.[2]   An der thrakischen Küste finden wir Amphipolis mit seinem Hafenplatz
Eïon, eine Stadt, die in einer ausserordentlich fruchtbaren Gegend
belegen zugleich für die Ausnutzung der benachbarten Goldbergwerke und die Ausbeutung einer produktenreichen Hinterlandschaft eine unvergleichliche Lage hatte,[3] namentlich den Atho-
nern für den Bezug von Schiffsbauholz aus Makedonien uner-
setzlich war.[4]   Unter diesen günstigen Verhältnissen musste die
Stadt, zumal da sie den Hauptübergang über den Strymon in
ihrer Gewalt hatte und so eine sehr wichtige Strasse beherrschte,
zu einem blühenden Handelsplatze werden.   Der thrakischen
Küste gegenüber lag die Insel Thasos, reich nicht allein durch
ihre Goldbergwerke, sondern auch durch den Ertrag ihrer Weinpflanzungen, deren Gewächs zu den besten in Griechenland
gezählt wurde,[5] in weiterer Entfernung die Inseln Samothrake,
Imbros, Lemnos und Tenedos vor dem Eingange zum Hellesponte,
von denen die beiden mittleren lange im Besitze der Athener waren.   Am Hellesponte selbst hatten die Städte Sestos und
Abydos für den Handel geringere Bedeutung als das weinreiche
Lampsakos;[6] an der Propontis überragte alle Städte Kyzikos,
von dessen Seemacht und Handel in späterer Zeit schon oben
das nothwendige bemerkt worden ist, für dessen frühen Eintritt
in die Reihe der bedeutenderen Handelsstädte die hier geprägten Goldmünzen sprechen, welche schon im fünften Jahrhundert

---

1) Thukydid. 1, 68.
2) Xenophon Hellen. V, 2, 16.   S. Vömel Prolegg. zu Demusthen.
Philipp. I S. 20 ff.
3) S. Näheres bei Vömel a. a. O. S. 42 ff.
4) Thukydid. IV, 108.
5) Aristoph. Plutus 1022: Lysistr. 196. Athen. I S. 28° ff. Vgl.
Demosth. geg. Lakrit. 35.
6) Strabo XIII S. 589. Vgl. Athen. I S. 29°.

v. Chr. weit und breit im Umlauf waren.[1] Die Bedeutung von
Byzanz am Eingange des Bosporos ist schon von uns genauer
erörtert worden;[2] weniger von der Natur begünstigt war das auf
der andern Seite der Meerenge gelegene Kalchedon. An der
Südküste des schwarzen Meeres gelangen wir zunächst nach dem
pontischen Herakleia, einer Colonie der Megareer oder nach
anderen der Milesier, die mit einem guten Hafen versehen,
einen sehr lebhaften Verkehr hatte.[3] Die Handelsverbindungen
dieser Stadt gingen ebensowohl nach den anderen Häfen des
schwarzen Meeres wie nach Griechenland; wir finden Herakleoten in Olbia, Proxenen derselben in Athen und in Argos wohn-
haft; ein herakleotischer Kaufmann, von welchem ein Geschäfts-
theilhaber in Skyros ansässig ist, macht eine Handelsreise nach
Athen und von dort nach Libyen, und aus seinen Beziehungen
zu einem athenischen Bankier lässt sich schliessen, dass dergleichen Handelsreisen den gewöhnlichen Betrieb seines Geschäftes
bilden.[4] Nächst dieser Stadt lag an derselben Küste Sinope,
deren Wichtigkeit für die Ausbreitung des Handels im Pontos
bereits betrachtet worden ist. Auch hierher scheinen zahlreiche
Handelsverbindungen athenischer Kaufleute gegangen zu sein.
Der Hafen von Amisos, welcher durch mächtige Dammbauten
gesichert war, galt nächst dem von Sinope als der beste an der
ganzen Südküste des schwarzen Meeres.[5] Die Stadt war zuerst
von Milesiern colonisiert worden, später waren ausser anderen
Ansiedlern auch Athener hinzugekommen.[6] Trapezus, eine Colo-

---

1) Strabo XII S. 575. Xenophon Anab. V, 6, 23; VI, 2, 4; VII,
2, 86 u. 3, 10. Vgl. Marquardt Cyzicus S. 160. Hultsch Metrol. S. 268.
2) Polyb. IV, 44. Vgl. jedoch Lukian. Alexandr. 9.
3) Xenophon Anab. VI, 2, 1. Diodor XIV, 31. Scholien zu Apollon. Rhod. II, 747, wo auch Boeoter als Theilnehmer der Colonie genannt
werden. Strabo XII S. 542. Ueber die frühere Zeit vgl. Movers Phönizier II, 2 S. 301 ff. — Vom Hafen Strabo a. a. O. Arrian Peripl. d.
Pontos 16. Vgl. Ritter Geogr. XVIII S. 762. — Lebhafter Verkehr Xenophon Anab. V, 6, 10.
4) Corpus Inscr. Gr. II nr. 2059. Demosth. geg. Kallipp. 3,
5 u. 10.
5) Ammian. Marcell. XXII, 8, 33. Vgl. Ritter Geogr. XVIII S. 803.
6) Strabo XII S. 547. Arrian Peripl. 22.

nie von Sinope und, wie schon bemerkt, dieser Stadt tributpflichtig, hat erst in ganz später Zeit eine grosse Bedeutung
für den Handel erlangt. Phasis an der Ostküste des schwarzen
Meeres, gleichfalls eine Colonie der Milesier, war für den Handel mit orientalischen Waaren von hoher Wichtigkeit, weil es
den Ausgangspunkt einer grossen Strasse bildete, welche aus dem
Innern und dem östlichen Asien nach dem Westen führte. Für
den ansehnlichen Verkehr der Stadt spricht schon der Umstand,
dass die Gastfreiheit der Bewohner und ihre Freundlichkeit gegen
Schiffbrüchige besonders gerühmt werden. [1] An Ausfuhrartikeln
werden besonders Bauholz, das auf dem schiffbaren Flusse auch
aus weiterer Entfernung hierhergebracht wurde, Wachs, Pech,
Flachs, Hanf, vor allem aber die berühmte kolchische Leinwand
erwähnt. [2] Der Hauptplatz, an welchem sich die Nomaden der
Umgegend einfanden, war Dioskurias, so stark besucht, dass man
nach einer Angabe dort gegen dreihundert verschiedene Sprachen hörte und die Römer in späterer Zeit für ihren dortigen
Verkehr hundert und dreissig Dollmetscher nöthig hatten. [3] Hier
tauschten jene Nomaden ihre Produkte gegen die Artikel, deren
sie benöthigt waren, namentlich gegen Salz um. [4] An dem kimmerischen Bosporos, der in die mæotische See führt, lag auf
der asiatischen Küste Phanagoreia, auf der europäischen Pantikapæon, die bedeutendsten Handelsplätze für die Barbaren der
dortigen Gegend, von denen der letztere den Stapelplatz für die
aus der Mæotis und den anliegenden Ländern kommenden Waaren bildete, der erstere für die, welche über das schwarze Meer
her eingeführt wurden. [5] Pantikapæon, mit einem Hafen für
dreissig Schiffe, war die Hauptstadt des bosporanischen Reiches,
welches sich über einen Theil des taurischen Chersonnes und ein
Stück Landes auf der anderen Seite des Bosporos erstreckte.

1) Heraklid. Polit. 18. Φιλόξεινοι δ'εἰσίν, ὥστε τοὺς ναυηγοὺς
ὑποδείζειν καὶ τριῖς μὴ ὄς διδόντας ἀπονεῖν.
2) Strabo XII S. 498. Von der Leinwand auch Herodot II, 105.
Garne zu Jagdnetzen Xenophon Kyneg. 2, 4. Pollux V, 26.
3) Strabo XII S. 498. Plinius Naturgesch. VI, 5 § 15.
4) Strabo XII S. 506.
5) Strabo VII S. 310; XI S. 495.

Mit den Fürsten dieses Reiches haben die Athener wenigstens
im vierten Jahrhundert v. Chr. In nahen Beziehungen gestanden,
hauptsächlich wegen des ausserordentlich starken Bedarfes an
Getreide, welches sie aus diesen Gegenden bezogen.   Zur Förderung dieses Handels hatte der bosporanische Fürst Leukon I.
(393—353 v. Chr.) den Hafen von Theodosia angelegt, welcher
Raum für hundert Schiffe darbot und denselben vorzügliche
Sicherheit gegen Unwetter gewährte.[1] Der Getreidehandel führte
nach diesen Häfen zahlreiche Kaufleute von Athen sowohl als
von anderen Orten herbei, wie wir z. B. von Handelsverbindungen von Lesbos, Chios und Thasos mit diesen Gegenden Kunde
haben;[2] andrerseits gingen auch von dort einheimische Kaufleute
mit Getreideschiffen nach Griechenland, so dass wir selbst den
Sohn eines Statthalters des bosporanischen Fürsten Satyros mit
einer Getreideladung in Athen finden.[3] In Strabos Zeiten scheint
dieser Kornhandel nicht mehr den früheren Umfang gehabt zu
haben.[4] Im äussersten Winkel der Mæotis lag die Stadt Tanais,
bedeutend durch den Verkehr zwischen den umwohnenden Nomaden und den Griechen; es scheint jedoch, als ob hierher nur
Kaufleute aus Handelsstädten des schwarzen Meeres, nicht aus
dem eigentlichen Griechenlande kamen.[5] Minder bedeutend für
den Handel war die an der Südspitze der taurischen Halbinsel
belegene Stadt Chersonnesos, ausserordentlich wichtig dagegen in
der nördlichsten Bucht des schwarzen Meeres Olbia (Borysthenes)
durch ihre Lage an der Küste eines Landes, dessen skythische
Bevölkerung schon in Herodots Zeiten Getreide zum Zwecke der
Ausfuhr baute, und an dem Ausgange einer Handelsstrasse,
welche über Land bis in die baltischen Länder führte.[6] Die

---

1) Demosth. geg. Leptin. 33. Strabo VII S. 309. Neumann Die
Hellenen im Skythenlande I S. 468 f.

2) Isokrat. Trapezit. 57. Thukydid. III, 2. Vgl. Demosthen. geg.
Phorm. 38. Aristot. de mirabb. ausc. 104.

3) Isokrat. Trapezit. 4.

4) Strabo VII S. 311 κἀν τοῖς πρόσθεν χρόνοις ἐσιτόθεν ἦν τὰ
σιτοπομπεῖα τοῖς Ἕλλησιν.

5) Strabo XI S. 498.

6) Herod. IV, 17 f. Vgl. Strabo VII S. 306.

Stadt war zur Zeit der medischen Herrschaft, also in dem Zeit-
raume zwischen 665 und 560 v. Chr. von Milesiern gegründet worden,[1] und trotz der heftigen Kämpfe, welche sie gegen die Barbaren zu bestehen hatte und welche schliesslich zur Zerstörung
der Stadt durch die Geten und zur gänzlichen Vernichtung des
Handels führte, den die Bewohner der wieder aufgebauten Stadt
nicht wieder anzufangen im Stande waren, gelangte Olbia zu
einer hohen Blüthe.[2] Von dem ausgedehnten Verkehr giebt
eine Inschrift aus der Zeit von Christi Geburt Kunde,[3] in welcher Bürger von Herakleia, Tomoi, Milet, Chersonnesos, Niko-
medeia, Byzanz, Prusa, Istros, Kyzikos, Bosporos, Nikaea, Amasia, Odessos, Kallatia, Apameia, Tyras und Sinope aufgeführt
werden, welche sich an einer Ehrenbezeugung für einen Bürger
von Olbia betheiligten, die also dort entweder ansässig oder doch
durch einen Proxenos vertreten waren. Unter den auf der
Stätte von Olbia gefundenen Ueberresten von Thongefässen finden sich solche von Rhodos, Knidos und Thasos.[4] Auf der Westküste des schwarzen Meeres endlich sind noch die Städte Odessos und Apollonia, beide Colonien der Milesier zu bemerken.

Eine zweite Handelsstrasse lässt sich von Athen aus in östlicher Richtung verfolgen, welche um das euböeische Vorgebirge
Geraestos auf Chios und von dort nach Lesbos führte und welche
die an der Ostküste des Peloponnes entlang gehende Strasse
aufnahm.[5] Dass von den beiden genannten Inseln Chios schon
frühzeitig sich an dem griechischen Handel betheiligt hat und
selbst noch unter der athenischen Bundesgenossenschaft als Seemacht eine angesehene Stellung hatte, ist schon oben angeführt

---

1) Anonym. Peripl. Ponti Eux. 60 in Geogr. Gr. min. ed. Müller I
S. 417.

2) Dio Chrysost. XXXVI, 4—6, der dies Ereigniss hundert und
fünfzig Jahre vor seiner Zeit setzt.

3) Corpus Inscrr. Gr. II nr. 2058.

4) B. Corpus Inscrr. Gr. III S. 678. P. Becker in Jahrbb. f. class.
Philol. Suppl. IV, 3. 1862 S. 453 ff. nr. 1—31; S. 499 nr. 32—43;
S. 457 ff. nr. 1—8; S. 458 ff. nr. 3—5, 6, 10—13; S. 501 nr. 14 15.

5) Arrian Anabas. II. 1, 2 sagt von dem lesbischen Vorgeb. Si-
grion: ἵνα ἡ προσβολὴ μάλιστά ἐστι ταῖς ἀπό τε Χίου καὶ Γεραι-
στοῦ καὶ Μαλέας ὁλκάσιν.

worden; noch im vierten Jahrhundert v. Chr. gehörte sie zu den
bedeutendsten Handelsplätzen Griechenlands.[1] Unter den Gegenständen ihres Handels ist vor allen der Wein zu nennen, der im
ganzen Alterthume berühmt war, und von dem die Sorte, welche
in der ariusischen Landschaft wuchs, als der beste von allen
griechischen Weinen erklärt wird.[2] Dieser Wein wurde nicht
allein nach allen griechischen Landschaften, sondern auch nach
dem Pontus, nach den Küstenländern des adriatischen Meeres
und wenigstens in späterer Zeit nach Rom und dem übrigen
Italien ausgeführt.[3] Zu gleicher Zeit war auf der Insel ein
reger Gewerbebetrieb, auf den schon die grosse Sklavenmenge,
welche seit alten Zeiten hier gehalten wurde, schliessen lässt.
Schon die Anfertigung der für die Weinausfuhr erforderlichen
Fässer muss eine Menge von Händen beschäftigt haben; ausserdem lässt eine frühzeitige Kunstübung annehmen, dass hier Metallarbeiten in grosser Vollkommenheit angefertigt wurden, von
Geweben wurden die chiischen Teppiche selbst den milesischen
gleichgestellt.[4] Auf der Insel Lesbos wuchs ein Wein, welcher
die nächste Stelle nach dem chiischen einnimmt und wie dieser
einen werthvollen Handelsartikel bildete.[5] Von Erzeugnissen der
Gewerbe haben namentlich kunstvoll gearbeitete Metallgefässe,
besonders, wie es scheint, in edlen Metallen einen hohen Ruf
gehabt.[6] An der kleinasiatischen Küste dieser Gegend ist noch

---

1) Aristotel. Polit. IV, 4 S. 123.

2) Strabo XIV S. 657; Athen. I S. 28f. Ariusischer Wein Strabo
XIV S. 645; vgl. Pollux VI, 15. Plinius Naturgesch. XIV, 9 § 73.
Meineke zu Steph. Byzant. Ἀρουσία.

3) Aristotel. de mirabb. ausc. 104. Strabo VII S. 317. Plinius
Naturgesch. XIV, 17 § 96 f.

4) Kritias bei Athen. I S. 28ᵇ.

5) Strabo XIV S. 657. Athen. I S. 28ᵃ ff. u. 30ᵇ. Plinius Naturgesch. XIV, 9 § 73.

6) Paulus Diacon. S. 115 M. Lesbium genus vasis caelati a Lesbiis
inventum. Nach Athen. XI S. 486ᵃ hiess ein Trinkgefäss Λέσβιον, wovon
dort ein Beispiel eines aus Glas gefertigten angeführt wird; bei Herodot
IV, 61 werden Λέσβιοι κρητῆρες erwähnt. Unter den Tempelschätzen im
Parthenon werden Λέσβιοι κότυλοι ἀργυροῖ aufgeführt. Böckh Staatsh. II
S. 165, 30.

Klazomenae zu bemerken, welches schon unter den in Aegypten
Handel treibenden Städten genannt worden ist; Gegenstände
des Handels waren besonders Wein und Oel.[1] Weiter nach Norden hinauf lag die in älterer Zeit blühende Handelsstadt Phokaea.

Ebenfalls nach dem Osten führte in mehr südlicher Richtung als die eben bezeichnete Strasse ein anderer Handelsweg
von Athen über die Kykladen, auf welchem ein ausserordentlich
lebhafter Verkehr stattfand. Hier war zunächst von jeher ein
sehr besuchter Messplatz auf der Insel Delos gewesen, an deren
gottesdienstliche Versammlungen und Feste sich ein lebhafter
Handel anschloss; nach der Zerstörung von Korinth durch die
Römer zog sich wegen der günstigen Lage der Insel und der
Sicherheit, welche die Heiligkeit derselben bot, der Haupthandel
Griechenlands hierher.[2] Auf der directen Strasse von Griechenland so wohl wie von Italien nach Asien belegen musste
Delos, sobald es einmal zum Handelsplatz geworden war, zu
hoher Blüthe gelangen, so dass denn auch, namentlich seitdem
ein starker Verkehr zwischen Rom und Asien angeknüpft worden war, der Reichthum und die Frequenz der Insel sehr gerühmt
werden. Eine Zeitlang war sie der Centralpunkt für den Sklavenhandel, wo, wie Strabo[3] bemerkt, leicht an einem Tage ein
Umsatz von zehntausend Sklaven zu machen war. Dazu kam
noch, dass sich hier Werkstätten gebildet hatten, aus denen Arbeiten in Erz hervorgingen, welche auf gleiche Linie mit den
berühmten korinthischen Arbeiten gestellt werden.[4] Wenn es
hiernach nicht unmöglich scheint, dass manche Korinther nach
der Zerstörung ihrer Stadt nach Delos übergesiedelt sind und
ihre emsige Betriebsamkeit dorthin verpflanzt haben, so haben
andrerseits auch die Athener, welchen im J. 166 v. Chr. die

---

1) F. Spiro De Clazomeniorum mercatura. Berol. 1865.
2) Strabo X 8. 486. Pausan. VIII, 33, 2 ,ἡλος τὰ κοινὸν Ἑλλήνων ἐμπόριον. Cicero de imper. Cn. Pomp. 18, 55. Plinius Naturgesch.
IV, 22 § 66. Vgl. Kriton bei Athen. IV 8. 173ᵇ u. V 8. 212ᵈ, Paulus
Diac. S. 122, 19 M.
3) XIV 8. 668.
4) Cicero geg. Verres IV, 41; für Roscius Amer. 46, 133. Plinius
Naturgesch. XXXIV, 4 § 9. Vgl. auch Cicero geg. Verres II, 72.

Römer die Insel zum Eigenthum gaben, durch ihre Thätigkeit in Gemeinschaft mit der Abgabenfreiheit, welche der Insel von den Römern verliehen war, dazu beigetragen, den Handel von Delos so umfangreich zu machen, dass die Rhodier sich in Rom über die Abnahme beklagten, welche ihr Handel dadurch erlitt.[1] Im mithridatischen Kriege wurde die Insel von Menophanes, dem Feldherrn des Mithridates vollständig verwüstet und verödet und blieb von da ohne irgend welche Bedeutung.[2] Es folgen zunächst auf der hier besprochenen Strasse die Inseln Paros mit zwei Häfen und Naxos,[3] von denen die erstere an ihrem Marmor einen werthvollen Ausfuhrgegenstand besass, die letztere, wie schon angegeben, wenigstens in älterer Zeit ein ansehnlicher Handelsplatz war. Der kleinasiatischen Küste gegenüber lag die Insel Samos, am Festlande selbst Milet und Ephesos, drei Handelsplätze ersten Ranges.

Diese Strasse setzte sich weiter südlich fort nach Kypros, Aegypten und Kyrene. Von Athen aus wenigstens scheint man den Weg nach Aegypten regelmässig über Rhodus, Phaselis, Kypros und die phönikische Küste entlang genommen zu haben, ein Weg, der einen um so lebhafteren Verkehr aufzuweisen hatte, als man nach den an demselben liegenden Plätzen einen starken Handel von Athen aus betrieb und eben derselbe von den Schiffen eingeschlagen wurde, welche von den Handelsplätzen Kleinasiens und den vorliegenden Inseln nach Aegypten fuhren.[4] Dass man von Athen aus den Cours nach Aegypten über Rhodus zu nehmen pflegte, ergiebt sich unter anderem theils schon daraus, dass die Lakedemonier während des peloponnesischen

1) Polyb. XXX, 18; XXXI, 7, 10; XXXV, 17.

2) Pausan. III, 23, 4. Strabo, X S. 486. Appian Mithridat. Krieg 28.

3) Skylax Peripl. 58. — Pindar Nem. IV, 81; Strabo X S. 487.

4) Wir finden Schiffahrt von Rhodos nach Athen bei Lykurg geg. Leokr. 15; 55; ebendahin von Kypros Andokid. v. d. Rückkehr 20; Leben d. zehn Redn. S. 834°; von Phaselis und Phoenikica Thukydid. II, 69; Demosth. geg. Lakrit. zu Anfang; von Aegypten Demosth. geg. Dionysod. 3. Vgl. Aristides Rhod. ed. Dindorf I S. 798. Verkehr zwischen Rhodos und Aegypten Diodor XX, 81.

Krieges den Versuch machten, die aus Aegypten nach Athen
bestimmten Getreideschiffe an dem Vorgebirge Triopion im Gebiete von Knidos aufzufangen,[1] theils aus einem in einer Rede
des Demosthenes behandelten Falle, in welchem ein Kaufmann
es vorzieht, das für Athen in Aegypten verladene Getreide bei
einer sich bietenden vortheilhaften Gelegenheit in Rhodos zu verkaufen.[2] Die Insel Rhodos, auf welcher seit alten Zeiten die
Gewerbe blühten, unterhielt, seitdem die Stadt Rhodos zum Handelsplatz geworden war, die ausgedehntesten Verbindungen nach
allen Richtungen, mit Athen ebensowohl wie mit Aegypten,
Sicilien und den pontischen Städten;[3] mit Samos, Ephesos and
Knidos hatte Rhodos am Anfange des vierten Jahrhunderts v. Chr.
einen Münzverein abgeschlossen.[4] Besondere Wichtigkeit erlangten wahrscheinlich die Rhodier für den Absatz orientalischer
Waaren nach Griechenland, seitdem dieselben zum grossen Theil
ihren Weg über Alexandria nahmen. Phoenikien hatte allerdings in späterer Zeit einen grossen Theil seiner Wichtigkeit
für den griechischen Handel verloren, dennoch blieben eine ziemliche Anzahl Waaren, welche die Griechen bedurften oder verlangten, in dem ausschliesslichen Besitz der Phoenikier. Dahin gehören
ausser den Galanteriewaaren und Erzeugnissen der tyrischen Purpurfärbereien die Gewürze, welche über Arabien kamen, vor allem
der Weihrauch, welcher in Griechenland in ziemlicher Menge gebracht wurde.[5] Die Insel Kypros, welche einen grossen Reichthum
an Naturprodukten besass, war ganz besonders wichtig durch das

---

1) Thukydid. VIII, 35.

2) Demosthen. geg. Dionysod. 3 u. 9. — Ilei Philostratos Leben
d. Apoll. V. 20 ff. fährt Apollonios von Athen nach Alexandria über
Chios und Rhodos. Vgl. Skymnos 493 f.

3) Im Allgemeinen Polyb. V, 88; XXVIII, 2. Handel mit Athen
Demosth. geg. Dionysod. 3; mit Aegypten Diodor XX, 81; mit Sicilien
Polyb. XXVIII, 2; mit Sinope Polyb. IV, 56; XXIV, 10; Livius XL,
2. — Ueber die Gewerbe Strabo XIV S. 653.

4) S. Waddington in der Revue Numism. 1863 S. 223—235. Brandis Das Münz-, Mass- u. Gewichtswesen in Vorderasien S. 262 u. 325.

5) Eustath. zu Dionys. Perieg. 912; Heliodor Aethiop. V, 19; 29.
Herodot III, 107; Plinius Naturgesch. XII, 55 § 124 Vgl. Movers
Phönizier II, 3 S. 99.

Kupfer, welches ihre Bergwerke lieferten,[1] ausserdem standen
aber auch die Erzeugnisse ihrer Industrie, besonders der Bunt-
weberei, in grossem Ansehen, und bildeten noch in der römischen Kaiserzeit einen Ausfuhrartikel.[2] Auch gröbere Gewebe
scheinen dort in grösserer Menge verfertigt worden zu sein.[3]
Bei dem Reichthum der Insel an guten Häfen musste sich dort
ein reger Verkehr bilden,[4] doch fehlt es an Nachrichten, um ein
genaueres Bild desselben zu gewinnen, wenngleich es höchst
wahrscheinlich ist, dass die Kaufleute von Kypros nicht bloss mit
dem Vertrieb der Produkte der Insel sich beschäftigten, sondern
auch die Vermittlung zwischen Griechenland und Aegypten
wenigstens theilweis übernahmen.[5] Aegypten war für Griechenland ausserordentlich wichtig durch sein Getreide, welches von
dort in grossen Mengen wie später nach Rom so in den früheren Zeiten nach den griechischen Ländern ausgeführt wurde,
und lange Zeit hindurch den Bedarf nicht nur in Athen, sondern auch anderweitig decken half.[6] Ziemlich ansehnlich muss
auch die Ausfuhr an Gegenständen gewesen sein, welche aus der
Papyrusspflanze verfertigt wurden, wozu ausser dem Schreibpapier

---

1) Strabo XIV S. 684   Vgl. Xenophon Staat d. Athener 2, 7.
Engel Kypros II S. 519 f.

2) Aristophm. bei Pollux X, 32. Athen. II S. 48ᵇ. Plutarch Alex.
32. Treboll. Poll. Claudius § 13.

3) Curtius IX, 1. Vopiscus Aurel. § 12.

4) Strabo XIV S. 681 ff. Vgl. den Kittier in Athen bei Demosth.
geg. Lakrit. 35.

5) Die Kornflotten von Kypros nach Athen bestimmt, deren Andokid. v. d. Rückkehr 20 ff. Erwähnung thut, führten höchst wahrscheinlich
grösstentheils aegyptisches Getreide. Vgl. auch Lukian Schiff 7—10 und
die Cypriae merces bei Horaz Od. III, 29, 60.

6) Schon Bakchylides bei Athen. II S. 39ᶠ πυρηφόρω δὲ κατ'
αἰγλάεντα καρπὸν τῆς ἄγουσιν ἀπ' Αἰγύπτου, μέγιστον πλοῦτον.
Im J. 445 v. Chr. erhielten die Athener eine Sendung von 40000 Medimnen aus Aegypten, Philochoros in den Schol. zu Aristoph. Wesp. 716;
Plutarch Perikl. 37. Im J. 395 machte der König Nephoreus den Spartanern ein Geschenk von 500000 Medimnen, Diodor XIV, 79. Bezeichnend ist die Klage, welche Demosthen. geg. Dionysod. 7 ff. über den
Schaden erhebt, den Kleomenes, Alexanders Statthalter in Aegypten, allen
Griechen durch seine Getreidespeculationen auflügte.

28 *

auch Taue, Flechtwerke und starke Gewebe zu rechnen sind;[1] ebenso werden die ägyptischen Leinenwebereien ihre Fabrikate, welche weit und breit versendet wurden, nach Griechenland geliefert haben.[2] Ausserdem kamen mancherlei Waaren von geringerer Bedeutung aus Aegypten nach Griechenland, namentlich Glaswaaren, Salben, Heilmittel verschiedener Art, vielleicht auch Farbstoffe.[3] Aus Griechenland dagegen brachte man hierher Oel,[4] welches in Aegypten gar nicht gewonnen wurde und Wein,[5] der wenigstens in früherer Zeit im Lande nicht gezogen wurde. An der Nordküste von Libyen ist noch die blühende Colonie der Theräer Kyrene zu bemerken, welche mit Griechenland in mannigfachen Handelsbeziehungen stand. Ausschliesslich von hier bezog man das aus der Pflanze Silphion gewonnene hochgeschätzte Gewürz,[6] dessen Verkauf für die Kyrenäer lange die Hauptquelle ihres Reichthums war, ausserdem kamen von dort nach Griechenland Getreide, Rinderhäute und auch Rosenöl.[7]

Vom Peloponnes aus nahmen die Schiffe wohl regelmässig ihren Weg nach Aegypten und Libyen über Kreta, wenigstens hören wir, dass die von dort nach Lakonien bestimmten Fahrzeuge an der Insel Kythera anlegten.[8] Die Bewohner von Kreta, welche schon in den ältesten Zeiten als berühmte Seefahrer

1) Theophrast Pflanzengesch. IV, 8, 4. Hermipp bei Athen. I S. 27f. Näheres bei Movers Phönizier II, 3 S. 321.

2) Herodot II, 105. Pollux VII, 71. Vgl. Stephan. Byzant. Κάνωπος.

3) Herodot I, 1 φορτία Αἰγύπτια. Hesych. Αἰγυπτία ἐμπολή, ὁ ῥῶπος· καὶ τὰ ἐπίσημα φορτία. Glas Athen. XI S. 784°; Strabo XIV S. 758. Salben Athen. II S. 66⁴; XII S. 553⁴; XV S. 689⁴. S. im Allgemeinen Movers a. a. O. S. 322 ff.

4) Strabo XVII S. 809. Plutarch Solon 2. Vgl. Spiro De Clazomen. mercat. S. 9 ff.

5) Herodot II, 77; III, 6. Strabo XVI S. 752; XVII S. 808.

6) Ausführlich handelt über das Silphion Thrige Res Cyrenensium ed. Bloch. Hafniae 1828 S. 304 ff.

7) Theophrast. Pflanzengesch. VIII, 4, 3. — Hermipp. bei Athen. I S. 27°. — Theophrast. VI, 8, 5. Athen. XV S. 680ª. Vgl. Thrige a. a. O. S. 316 ff.

8) Thukydid. IV, 53 Vgl. Philostrat. Leb. d. Apoll. IV, 34, 2 οὐδὲ ἦν Μαλέα ταῦτα πλεύσαντι, εἰ μὴ Ἀιγύπτῳ ἀγοράζειν ἔμελλεν. Strabo X S. 475.

genannt werden, und deren Habgier und Gewinnsucht zu allen
Zeiten bekannt und selbst als eine solche sprichwörtlich geworden war, welche es mit den Mitteln nicht eben genau nahm,
werden unter den Kaufleuten einen bedeutenden Platz eingenommen haben, wenngleich von ihren Geschäften näheres uns nicht
bekannt ist.[1]

Auf der Westseite Griechenlands ist zunächst die Strasse zu
bemerken, welche vom Vorgebirge Malea aus an die von Athen
und vom Süden herkommenden Wege sich anschliessend dieselben in nördlicher Richtung fortsetzte. Die zunächst an derselben gelegenen Küstenländer Messenien und Elis, denen es, mit
Ausnahme von Methone, an einem guten Hafen fehlt, haben sich
an Schifffahrt und Handel wenig betheiligt; jenseit derselben
biegt die Strasse zunächst in den korinthischen Meerbusen ein,
dessen Südküste zwar einen fruchtbaren, gut angebauten Land-
strich begränzt, aber keinen guten Hafen besitzt, nur die Rhede
von Patrae im äusseren und die von Aegion im innern Theile
des Meerbusens sind von einiger Bedeutung.[2] An der nördlichen Küste war in älteren Zeiten die Bucht von Krissa mit
dem Hafen von Kirrha für den Verkehr wichtiger, als sie es
später geblieben ist, dagegen nimmt in dem inneren Winkel
des Meerbusens Lechaeon, der Hafen von Korinth, eine hervorragende Stelle ein. Ausserhalb des Meerbusens setzt sich die
Strasse in nördlicher Richtung nach den Küsten des adriatischen
Meeres fort, an welcher die wichtigsten griechischen Stationen
Leukas und Kerkyra waren.[3] Trotz der Gefahren, welche das
adriatische Moor besonders von Seiten der barbarischen Seeräuber bot,[4] war doch der Gewinn, welchen der Handel mit den
anwohnenden Völkerschaften, namentlich den Bewohnern des rei-

---

1) Polyb. VI, 46. Diogenian V, 32 Ἀρῆς πρὸς Ἀιγινήτην: ἐπὶ
τῶν πανουργίᾳ χρωμένων πρὸς ἀλλήλους λέγεται.

2) Vgl. Strabo IX S. 400.

3) Lykurg geg. Leokrat. 26 ἐκ τῆς ἠπείρου παρὰ Ἀλεξάνδρας
εἰς ᾿Λευκάδα ἐσήγητο καὶ ἐντεῦθεν εἰς Κόρινθον.

4) Lysias bei Athen. XIII S. 612ᵈ οὕτω δὲ οἱ ἐν τῷ Πειραιεῖ
διάκεινται, ὥστε πολὺ ἀσφαλέστερον εἶναι δοκεῖν εἰς τὸν Ἀδρίαν πλεῖν
ἢ τούτῳ συμβάλλειν. Vgl. Diodor XVI, 5.

chen Epeiros und den Illyriern bot, lockend genug, um auch hierher Kaufleute hauptsächlich von Korinth und Kerkyra, ja selbst
von Athen zu ziehen. [1] Es handelte sich hier wahrscheinlich
darum, griechischen Wein und Manufacturwaaren gegen Produkte des Ackerbaus und der Viehzucht umzutauschen, [2] vielleicht hat man auch aus dem Hafen von Adria den Bernstein,
der über Land hierher gelangte, nach Griechenland gebracht. [3]
Befahrener war die Strasse, welche von der Insel Kerkyra aus
gegen Westen nach Italien und Sicilien führte, die Hauptstrasse
für den Verkehr der Griechen mit jenen Ländern, da man auch
vom Vorgebirge Malea aus nur ausnahmsweise in gerader Richtung über das offene Meer nach Sicilien fuhr. [4] In älterer Zeit
waren es hauptsächlich korinthische, später auch athenische Kaufleute, welche diese Strasse befuhren. [5] Unter den Produkten,
welche Sicilien lieferte, steht das Getreide oben an, mit welchem
man nach dem Peloponnes einen regelmässigen Handel getrieben
zu haben scheint, [6] das aber auch bei günstigen Conjuncturen
weiter in solchen Mengen versendet wurde, dass in einem uns
bekannten Falle in Athen in Folge eines sicilischen Getreide-
transportes die künstlich emporgetriebenen Preise wichen. [7] Dieser Getreidehandel muss lange in Blüthe gestanden haben, denn
während schon der ältere Hiero für das Gold, welches ihm der
Korinther Architeles geliefert, als Gegengeschenk ein Schiff mit
Getreide schickte, erhielten noch im Jahre 169 v. Chr. die Rhodier von den Römern die Erlaubniss, hunderttausend Medimnen
Getreide aus Sicilien auszuführen. [8] Von anderen Naturprodukten ist Bauholz in einzelnen Fällen aus Italien nach Griechen-

---

1) Lysias geg. Diogeit. 35. Die Athener hatten sogar Ol. 115, 4
den Beschluss gefasst, eine Colonie nach dem adriatischen Meere auszu-
senden. S. Böckh Urk. üb. d. Seewesen S. 457 ff.

2) Vgl. Pausan. IV, 35, 6.

3) Vgl. Hüllmann Handelsgesch. S. 79 f. Wiberg Einfl. d. klass.
Völker auf den Norden S. 15 ff.

4) Thukydid. I, 36, 3; Xenophon Hellen. VI, 2, 9.

5) Vgl. Xenophon Oekon. 20, 27.

6) Theophrast. Pflanzengesch. VIII, 4, 4. Thukydid. III, 86.

7) Demosthen. geg. Dionysod. 9.

8) Athen. VI S. 232ᵇ; Polyb. XXVIII, 2.

land gebracht worden,[1] Wein, der in der älteren Zeit nicht
daher bezogen wurde, wird späterhin zuweilen erwähnt,[2] und der
sicilische Käse galt als der vorzüglichste.[3] Aus Griechenland
wird mit Ausnahme von etwas Wein an Naturprodukten kaum
etwas hierher geliefert worden sein; dagegen lässt sich mit
Sicherheit annehmen, dass Fabrikate, namentlich Luxusartikel
von beiden Seiten her in zahlreichen Arten in den Handel
gebracht worden sind. Ob über Sicilien hinaus ein regelmässiger Handel von Griechenland aus betrieben worden ist, muss
bezweifelt werden. Die schon erwähnten Fahrten der Phokäer,
die in älterer Zeit bis nach Spanien ausgedehnt wurden, müssen
als vereinzelt angesehen werden, da hier das Handelsgebiet der
Karthager und der Tyrrhener lag, das dieselben eifersüchtig
hüteten, wie schon ihr feindliches Zusammentreffen mit den Phokäern beweist, welche in jenen Meeren eine neue Heimat suchten. Bestimmte Angaben von Handelsverbindungen der Griechen mit jenen Gegenden sind nicht vorhanden, ebenso wenig
von Waaren, welche man von dort bezogen hätte. Aus späteren Zeiten, als Karthago beseitigt war, berichtet Strabo, dass
der ganze Handel von Turdetanien in Spanien nach Italien und
insbesondere nach Rom gegangen sei.[4]

Gewissermassen im Mittelpunkte aller dieser Handelswege
lagen auf dem griechischen Festlande die Städte, welche in der
Entwicklungsgeschichte des griechischen Handels die hervorra-
gendste Rolle gespielt haben, Athen und Korinth, über welche
ausser dem schon bemerkten noch einiges, besonders in Bezug
auf ihre Handelsartikel zu sagen sein wird. In Athen war die Anlage des grossen Hafens am Peiraeeus nicht allein der Kriegsflotte,
sondern auch den Kauffahrteischiffen zu gute gekommen, da man
für diese die eine Bucht des grossen Hafenbassins ausschliesslich
eingeräumt und, wie es scheint, durch besondere Marken abge-

---

1) Thukydid VI, 90, 3; VII, 25, 2.

2) Pollux VI, 16 οὐ γὰρ οἱ παλαιοὶ τὸν Ἰταλιώτην ᾔδεσαν
ἀκριβῶς. — Galen bei Athen. I S. 26ᵉ. Lukian Schiff 23.

3) Aristoph Wesp. 838 Antiphan. und Hermipp. bei Athen. I
S. 27ᵃ u. ᶠ; Philemon ebend. XIV S. 658ᵇ; Pollux VI, 48 a, 63.

4) Strabo III S 144.

gränzt, zugleich aber auch am Lande mit den nöthigen Einrichtungen für das Verladen, das Unterbringen und den Verkauf der
Waaren versehen hatte. Es mag hier genügen, auf diese Anlagen hingewiesen zu haben, da wir bei einer anderen Gelegenheit weiter auf dieselben zurückkommen müssen. Der Verkehr
in diesem Hafen umfasste theils Waaren, welche für den Verbrauch der Landesbewohner eingeführt wurden und Produkte,
welche aus dem Lande ausgeführt werden sollten, theils solche
Gegenstände, für welche der Peiraeeus nur den Stapelplatz bildete.[1] Unter den ersteren nimmt den wichtigsten Platz das
Getreide ein, dessen die Athener in grosser Menge bedurften,
da ihr Land nicht im Stande war, durch seine Produktion den
Bedürfnissen zu genügen;[2] demnächst der grösste Theil der Materialien, welche zum Bau und zur Ausrüstung der Schiffe erforderlich waren. Höchst ansehnlich ist ausserdem die Einfuhr von
Fischen gewesen, namentlich von gesalzenen, so wie von mannigfachen anderen Arten von Lebensmitteln, welche mehr zur Befriedigung des verfeinerten Geschmackes als des dringenden Bedürfnisses dienten, von Sklaven und endlich von Luxusgegenständen
der verschiedensten Art. Auch die Fabrikanten und die Handwerker bezogen einen bedeutenden Theil der Materialien, die
sie verarbeiteten, von aussen, namentlich alles Metall vielleicht
mit Ausnahme des Silbers, edlere Hölzer, Elfenbein, Farbstoffe
und Thierhäute. Dieser Einfuhr gegenüber steht die Ausfuhr
nur weniger Naturprodukte, vor allem des Oels, der Feigen und
des Honigs, die eines hohen Rufes genossen und weit und breit
begehrt wurden; Wolle ist vielleicht in unverarbeitetem Zustande
kaum ausgeführt worden. Dagegen mag der Versand von Erzeugnissen der Industrie sehr bedeutend gewesen sein, unter denen
die Thonwaaren, welche bis in die entferntesten Gegenden der
bekannten Erde gingen, wohl die wichtigsten gewesen sind.[3] Ob

1) S. A. Lange Darstellung des athenischen Handels vom Ende der
Perserkriege bis zur Unterjochung Griechenlands durch die Römer. Chem-
nitz 1862. Goguel Le commerce d'Athènes après les guerres médiques.
Strasbourg 1866.
2) Ausführlich H. Winkemann Die antike Landwirthsch. S. 13 fl.
3) Nach Skylax 112 in Müller Geogr. Gr. I S. 04 wurden diesel-

Metallwaaren, unter denen die Panzer einen gewissen Ruf gehabt
zu haben scheinen,[1] und Gewebe einen nennenswerthen Gegenstand der Ausfuhr bildeten, lässt sich nach den wenigen Notizen,
welche wir über diese Dinge haben, nicht mit einiger Sicherheit
feststellen; auch der Handel mit selbstverfertigten Galanteriewaaren, Salben und ähnlichen Dingen dürfte keinen grossen Umfang gehabt haben. Im Ganzen wird man annehmen dürfen,
dass das Verhältniss von Ausfuhr und Einfuhr für Athen ein
ziemlich ungünstiges gewesen sein würde, wenn nicht einerseits
sehr beträchtliche Summen baaren Geldes sowohl durch die Zahlungen der Bundesgenossen als auch durch die in Athen verkeh-
renden Fremden in das Land gekommen wären, andrerseits der
Handel mit solchen Waaren, die von ausserhalb kommend hier
ihren Markt für alle Gegenden Griechenlands fanden, einen hohen
Gewinn für das Land abgeworfen hätte. Wenn man aber Athen
in der Zeit seiner höchsten politischen Macht als den Mittelpunkt alles griechischen Verkehres ansehen darf, so wird man
die von uns schon früher angeführten Behauptungen athenischer
Schriftsteller, dass man im Peiraeeus alle Waaren der Welt
leichter und reichhaltiger als an irgend einem anderen Platze
erhalten könne, nicht übertrieben finden.[2] Dazu kommt noch,
dass das eigentliche Geldgeschäft in Athen zu einer ausserordentlichen Höhe gestiegen war.

Auch die zweite der genannten Städte, Korinth,[3] bedurfte
einer ansehnlichen Einfuhr an Lebensmitteln, welche der starken
Bevölkerung das eigne wenig umfangreiche und nicht durchweg fruchtbare Landgebiet nicht zu liefern im Stande war.[4]
Wenn wir hier weniger von Getreidezufuhren hören als in Athen,
so mag dies zum Theil seinen Grund darin haben, dass in Ko-

ben von phoenikischen Kaufleuten bis nach Kerne in Libyen zum Verkauf gebracht.
1) Aelian Verm. Gesch. III, 24; Pollux 1, 149. Vgl. Xenophon
Comment. III, 10, 9; Aristophan. Frieden 1255.
2) S. S. 407 Anm. 3 ff.
3) Im Allgemeinen H. Barth Corinthiorum commercii et mercaturae
historiae particula. Berol. 1844.
4) Strabo VIII S. 382.

rinth wahrscheinlich der Bedarf durch regelmässige Zufuhren, welche hauptsächlich auf dem Landwege aus dem Peloponnes kamen, gedeckt wurde, wodurch der Getreidehandel bei seiner Stätigkeit nicht so in die Augen fiel wie in Athen. Die Materialien für den umfangreichen Gewerbebetrieb mussten ebenfalls zum grossen Theile von aussen beschafft werden, namentlich Eisen und Kupfer, von denen es zweifelhaft ist, ob sie aus der Nachbarschaft zu beziehen waren, ebenso wie Wolle, die vielleicht Arkadien lieferte. Die Ausfuhr kann kaum etwas anderes als Erzeugnisse der Industrie zum Gegenstande genommen haben; unter diesen aber stehen oben an Metallwaaren, besonders die aus dem in späterer Zeit hochberühmten korinthischen Erze gefertigten Gegenstände, Thongefässe und Gewebe, die man auch, wie es scheint, hier in vorzüglicher Weise zu färben verstand.[1] Seine Hauptbedeutung aber erhielt der Handel von Korinth offenbar dadurch, dass hier der Markt war, auf welchem die Bewohner des Peloponnes ihre Produkte absetzten und was sie an fremden Waaren bedurften, einkauften, während zugleich die günstigste Gelegenheit geboten war, die Waaren des Ostens und des Westens hier auszutauschen. Noch bleibt einiges über den Handel der in derselben Gegend gelegenen Insel Aegina zu bemerken, welche eine Zeit lang in ihren beiden Häfen einen lebhaften Verkehr sah.[2] Au Gegenständen, mit welchen die Aegineten Handel trieben, sind zunächst die Thongefässe zu nennen, welche wahrscheinlich auf der Insel selbst verfertigt wurden und von hier aus in grosser Menge zum Verkauf kamen;[3] in späterer Zeit nahmen Erzarbeiten einen wichtigen Platz ein.[4] Am meisten aber handelten sie mit kleiner Kramwaare,[5] besou-

---

1) S. die Anführungen bei Barth a. a. O. S. 15 ff.
2) Skylax 53. Vgl. Pausan. II, 29, 6.
3) Stephan. Byzant. Γάζα — σίγαμοι Γαζῖται καὶ Αἰγιναῖοι; ders. unter Αἴγινα. Photios Ἰχὼ πιγηνία: ἡ Αἴγινα, ἐπειδὴ πιγμώδης ἐστὶ καὶ πολλὰ ἔχει πιγμήπια. Hesych. Ἰχαῖ. Nach Pollux VII, 197 hatte die Insel den Beinamen χυτρόπωλις.
4) Plinius Naturgesch. XXXIV, 3 § 8 u. 5 § 10. Derselbe erwähnt § 11 besonders Candelaber, die hier verfertigt wurden.
5) Strabo VIII S. 376 sagt von Aegina: ἐμπόριον γὰρ γενέσθαι,

ders wie es scheint, mit Galanteriewaaren, Salben, Farben, die
theils in Aegina verfertigt, theils ausserhalb eingehandelt, von
hier aus im Einzelverkauf vertrieben wurden.[1]

Auf allen diesen eben bezeichneten Handelsstrassen und in
den an denselben gelegenen Handelsplätzen verkehrten nicht bloss
Griechen sondern auch nichtgriechische Kaufleute, von denen
selbst eine grosse Menge ihrer Geschäfte halber sich in den
griechischen Städten angesiedelt hatte. In Athen finden wir
Phoenikier in grosser Zahl und zwar nicht allein unter den verrufenen Krämern, sondern auch unter den Grosshändlern, den
Rhedern und den Wechslern,[2] in Delos wird eine Genossenschaft
von tyrischen Kaufleuten und Rhedern angeführt.[3] Noch viel
mehr war dies in den Colonien der Fall, wo ja zum Theil die
griechischen Ansiedler eine barbarische Bevölkerung vorgefunden
hatten, mit welcher sie den Wohnplatz und die Handelsgeschäfte
theilen mussten. Aber auch in ihrer Heimat ansässige phoenikische Kaufleute haben noch in der späteren Zeit, als längst der
griechische Handel selbständig geworden und zur Blüthe gelangt
war, mit ihren Waaren griechische Häfen und Märkte aufge-
sucht; namentlich scheint der Handel mit ludischen und arabi-

---

διὰ τὴν λεπρότητα τῆς χώρης τῶν ἀνθρώπων θαλαττουργούντων ἐμ-
πορικῶς, ἀφ' οὗ τὸν ῥῶπον Αἰγιναίων ἐμπολὴν λέγεσθαι. Hesych.
Αἰγιναῖα: τὰ ῥωπικὰ φορτία, καὶ αἱ πιπράσκοντες αὐτὰ Αἰγινοπῶλαι
ἐλέγοντο. Ueber die Bedeutung von ῥῶπος Eustath. zu Homer Il. ν,
199 S. 927, 54 ῥῶπος μέντοι λεπτὸς καὶ ἀτελὴς φόρτος, ὡς δὲ Αἴλιος
Διονύσιος λέγει καὶ ποικίλος. Hesych. 'Ρῶπος: ῥωπικὸν ἀντὶ τοῦ οὐδενὸς ἄξιον· ὁ γὰρ λεπτὸς ῥῶπος, ἤγουν ὁ φόρτος, μίγματα, χρώματα,
ὅσα ζωγράφοις, βαφεῖσι, μυρεψοῖς χρήσιμον. Vgl. Bekker Anecd.
Gr. S. 299, 27 ῥῶπος ὁ παντοδαπὸς φόρτος. Diogenian VIII, 3.

1) Salben Theophr. de odorr. 6, 27. Vgl. Hesych. ἱπποπῶλαι:
μυροπῶλαι.

2) Vgl. Demosth. geg. Phorm. 6; geg. Lakrit. 32; die Grabschrift
eines Sidoniers in Athen Corpus Inscr. Gr. 1 nr. 894; eines Kittiers
ebend. nr. 859; auch nr. 87 einen Beschluss, der den Sidoniern in Athen
Freiheit vom Metoekion und anderen Abgaben gewährt.

3) Corpus Inscr. II nr. 2271 τὸ κοινὸν τῶν Τυρίων Ἡρακλει-
στῶν ἐμπόρων καὶ ναυκλήρων. Vgl. nr. 2290 u. 2319 Movers Phönizier II, 3 S. 117.

schen Waaren noch lange ausschliesslich in den Händen phoenikischer Kaufleute geblieben zu sein.[1]

In gleicher Weise kauften auch phoenikische Kaufleute in
den griechischen Häfen Waaren ein, um sie an anderen Orten
wieder abzusetzen.[2] Phaseliten scheinen in Athen häufig ver-
kehrt zu haben,[3] Illyrier und Tyrrhener betheiligten sich an dem
Handel in den westlichen Gewässern Griechenlands,[4] dass Karthager dahin gekommen seien, erscheint sehr zweifelhaft.

Dagegen haben in späteren Zeiten, namentlich seitdem in
Aegypten ein griechisches Reich gegründet worden war, griechische Kaufleute noch ein weiteres Feld für ihre geschäftlichen
Unternehmungen gewonnen, indem sie bis in die arabischen und
indischen Gewässer hinausgingen.[5] Wie weit hier nicht bloss
ein sporadisches Auftreten griechischen Handels, sondern ein
systematischer Zusammenhang mit der Heimat stattgefunden hat,
kann hier nicht weiter untersucht werden.

Nicht im entferntesten kommt in Griechenland dem Seeverkehr der Landverkehr gleich; denn wenn auch Thukydides[6]
bemerkt, dass der letztere den ersteren in den ältesten Zeiten
bei weitem überwogen habe, so gilt dies nur von den Zeiten, in
welchen der Handel mit dem Auslande sich in den Händen von
Fremden befand, während der binnenländische Verkehr sich hauptsächlich auf den Marktverkehr und den Handel zwischen benachbarten Städten und Landschaften beschränkt haben wird. Für
einen bedeutenderen Landverkehr ist ohnehin die Natur des Landes nicht besonders günstig, da es zunächst an Wasserstrassen
innerhalb desselben gänzlich fehlt. Denn die Flüsse gestatten
bei ihrer geringen räumlichen Entwicklung und der fast allen

---

1) Herod. III, 107 τὴν ετέραια — τὴν ἐς Ἕλληνας ποίησιν ἐξή-
γοισι; vgl. 111 u. 136, Hüllmann Handelsgesch. S. 94 ff.

2) Skylax 112 in Müller Geogr. Gr. I S. 94. Ein phoenikischer
Kaufmann mit seinen Schiffen im Peiraeeus, Kriton bei Athen. IV, S. 173b.

3) Demosthen. geg. Lakrit. 1.

4) Pausan. IV, 35, 6.

5) Vgl. (Arrian) Peripl. d. Erythr. Meeres 30 bei Müller I S. 281;
§ 52 S. 295; § 54 S. 297. Pausan. III, 12, 4.

6) I, 13.

eigenthümlichen Natur von Gebirgsflüssen, die im Sommer wasserarm und im Winter reissend sind, eine Flussschifffahrt nur ausnahmsweise, wie der Acheloos, welcher von seiner Mündung zweihundert Stadien aufwärts bis Stratos befahren werden konnte, der Eurotas, der Pamisos in Messenien, dessen Schiffbarkeit gar nur zehn Stadien weit sich erstreckte.[1] Auch selbst in anderen Gegenden, wo die Griechen bei ihren Ansiedelungen die Mündungen schiffbarer Flüsse fanden, scheinen sie sich wenig mit der Flussschifffahrt abgegeben zu haben.

Es blieben demnach für den Landverkehr die Landstrassen beinahe das einzige Mittel, und auf deren Anlage und Unterhaltung hat man von den ältesten Zeiten an grossen Werth gelegt. Schon bei Homer geben dergleichen Anlagen weit über das äusserste Bedürfniss hinaus, denn wir finden dort nicht allein eine Bahn, auf welcher Holz vermittelst Wagen aus dem Gebirge nach der Stadt geschafft wird, sondern auch eine Heerstrasse erwähnt, und die Reise, welche Telemachus quer durch den Peloponnes von Pylos nach Sparta zu Wagen macht, lässt auf einen weit vorgeschrittenen Wegebau schliessen.[2] Auch die Einrichtung, dass die spartanischen Könige die Gerichtsbarkeit in denjenigen Sachen hatten, welche die öffentlichen Strassen betrafen, ist ein Beweis für das Vorhandensein gebahnter Wege in sehr alter Zeit.[3] Wenn es nun auch scheint, als ob zum Theil zur Anlegung solcher Strassen die gottesdienstlichen Wallfahrten nach gewissen Heiligthümern Veranlassung gegeben haben,[4] wie dies z. B. bei den schon in sehr früher Zeit nach Delphi hingeführten Strassen der Fall ist, so hat doch auch bestimmt das Bedürfniss des gewöhnlichen Lebens, das sich für grössere Städte stets herausstellen musste, zu demselben Ziele hingewirkt, während andrerseits jene heiligen Strassen auch dem kaufmänni-

---

1) Vom Acheloos Strabo X S. 450; vom Pamisos Pausan. IV, 34, 1; vom Eurotas s. Curtius Peloponn. II S. 208.

2) Homer Odyss. x, 104; λαοφόρος ὁδός Ilias υ, 882. — Odyss. γ, 482 ff.

3) Herodot VI, 57 δικάζειν — καὶ δημοσίων ὁδῶν πέρι.

4) S. Curtius Geschichte des Wegebaues bei den Griechen. Berlin 1855. 8. 11 ff.

schen Verkehr dienten. Waarentransport zur Achse erscheint schon bei Hesiod als etwas ganz gewöhnliches[1] und ein Beispiel einer schon sehr früh regelmässig besuchten Handelsstrasse bietet der Weg, welcher aus dem elischen Hafen Kyllene nach Arkadien führte,[2] mit welchem die dem korinthischen Isthmos folgende Handelsstrasse zusammengestellt werden kann.[3] Auch in der späteren Zeit, als der Grosshandel überwiegend die Seewege benutzte, konnte der Landverkehr nicht vernachlässigt werden, durch welchen ebensowohl der Vertrieb der eingeführten Waaren nach dem Inneren des Landes als umgekehrt der Absatz der zur Ausfuhr bestimmten Produkte des Binnenlandes nach den Seeplätzen hin erfolgte.[4] Ueberdies ist auch der Marktverkehr zwischen den benachbarten Ortschaften nicht unbedeutend gewesen.

Zum Transporte der Waaren zu Lande bediente man sich meistentheils der Saumthiere oder der vierrädrigen Wagen,[5] welche in der Regel mit Maulthieren bespannt wurden, und das Fortkommen derselben war in hohem Grade durch die ausserordentliche Sorgfalt erleichtert, mit welcher durchweg in Griechenland selbst bei schwierigen Terrainverhältnissen die Strassen angelegt worden waren. Die grosse Zahl der Strassen, von welchen das griechische Festland nachweislich durchschnitten wurde, zeigt, dass es an genügenden Communicationsmitteln für den

1) Hesiod. Werke u. Tage 692 f
2) Pausan. VIII, 5, 8.
3) Vgl. Strabo VIII 8, 376.
4) Platon Politik. 8. 269ᵃ τά τε γεωργίας καὶ τὰ τῶν ἄλλων τεχνῶν ἔργα διακομίζοντες ἐπ᾽ ἀλλήλους καὶ ἀντισοῦντες, οἱ μὲν κατ᾽ ἀγοράς, οἱ δὲ πόλιν ἐκ πόλεως ἀλλάττοντες κατὰ θάλατταν καὶ πεζῇ Thukydid. I, 120, 2 χαλεπωτέραν ἕξουσι τὴν κατακομιδὴν τῶν ὡραίων καὶ πάλιν ἀντίληψιν ὧν ἡ θάλαττα τῇ ἠπείρῳ δίδωσι. Dionys. Halik. Röm. Alterth. I, 37 κομιδὴ καὶ ἀμείψεις τῶν ἐκ τῆς γῆς φυομένων. Vgl. Xenoph. v. d. Eink. 1, 7 ἐτησίῃ κατὰ γῆν δὲ πολλὰ δέχεται ἐμπόρια· ἤπειρος γάρ ἐστιν.
5) Homer Ilias ω, 324 τετράκυκλος ἀπήνη. Odyss. ι, 241 ἁμάξαι τετράκυκλοι. Vgl. Pollux IV, 51. Xenoph. Hellen. VII, 2, 17 u. 23. Auch bei den Heeren bestanden die Transportmittel für das Gepäck in Wagen und Saumthieren, ἁμάξαι und ὑποζύγια. Vgl. Xenoph. Anab. III, 2, 27; Staat der Laked. 11, 2.

Waarentransport im Innern keineswegs fehlte; in welchem Masse dieselben von den Handeltreibenden benutzt worden sind, lässt sich freilich bei dem Mangel an allen Nachrichten durchaus nicht bestimmen. Daher wird es auch bei dem folgenden Versuch, die Hauptstrassen Griechenlands zu verzeichnen, nur selten möglich sein, ihren Werth für den Handel anzugeben.

Im Peloponnes führte in Lakonien von der Hauptstadt zunächst eine Strasse an Amyklæ vorbei über Krokeæ nach Gytheion,[1] der Hafenstadt der Spartaner, und von dort nach der östlichen Landspitze über Helos, welches auch durch eine directe Fahrstrasse mit Sparta verbunden war,[2] und Akriæ nach Epidauros Limera und Boæ,[3] während man in westlicher Richtung an der Küste des messenischen Meerbusens von Gytheion nach Pheræ in Messenien gelangte.[4] Von hier aus setzte sich die Strasse der Küste folgend über Korone, Asine, Methone, Pylos und Kyparissiæ fort,[5] eine zweite führte von eben dort über Thuria nach der Hauptstadt Messene.[6] Ferner lief von der Hauptstadt Sparta aus eine andere Strasse nach Arkadien über Pellana, Belemina und Phalæsia auf Megalopolis,[7] eine dritte in nördlicher Richtung über Sellasia, von wo aus sie sich in zwei Arme, nach Argolis und nach Arkadien theilte.[8] Im südlichen Arkadien bildete wenigstens in späterer Zeit Megalopolis einen Knotenpunkt, von welchem sich Strassen nach den verschiedensten Richtungen hin erstreckten: ausser der bereits erwähnten, welche nach Sparta führte, ging in südlicher Richtung eine Strasse nach Messene,[9] In westlicher dagegen über Lykosura und Phigalia nach Triphylien,[10] gegen Nordwesten über Melænæ nach

1) Pausan. III, 21, 4. Curtius Peloponn. II S. 265 ff.
2) S. Losko Morea I S. 194. Curtius II S. 269.
3) Pausan. III, 22. 3—13.
4) Pausan. III, 26.
5) Pausan. IV, 34, 3 u. 9; 35, 1; 36, 1 u. 7. Curtius II S. 167 ff.
6) Pausan. IV, 31, 1—4 Curtius II S. 161 f.
7) Pausan. III, 20. 8; 21, 2 u. 3; VIII, 35, 3. Curtius II S. 254 ff.; I S. 289 f.
8) Pausan. III, 10, 7 u. 11. 1. Curtius II, 259 ff. u. I S. 261.
9) Pausan. IV, 33, 2 u. 84, 1. Curtius II S. 135; I S. 290.
10) Pausan. VIII, 35 u. 39. Curtius I S. 294.

Herea und von dort weiter in das elische Land;[1] nach Norden
führte eine Strasse in das Innere von Arkadien auf Methydrion,[2]
endlich gegen Osten ein Weg über Pallantion nach Tegea.[3]
Von dieser letzten Stadt ging man nach Thyrea und über Hysiä
nach Argos auf einer bequemen Heerstrasse,[4] gegen Norden verband eine Strasse Tegea mit Mantineia.[5] Auch von Mantineia
aus führten zwei verschiedene Strassen nach Argos,[6] eine andere
nach Methydrion im inneren Arkadien,[7] nach dem Norden aber
liefen zwei Wege auf Orchomenos[8] und von dieser Stadt eine
Strasse über Amilus nach Stymphalos,[9] wo auch die Strasse mündete, welche den Westen und Norden Arkadiens von Herea
aus über Telpusa, Psophis, Kleitor und Phoneos durchzog und
über Stymphalos hinaus bei Titane an die Strasse sich anschloss,
welche Phlius mit Sikyon verband.[10] In Elis bildete Olympia
einen Mittelpunkt, wo mit der von Herea herkommenden Hauptstrasse sich der von Süden über Lepreos und Skillus führende
Weg[11] und der, welcher von der Stadt Elis über Letrinoi ging,[12]
vereinigten; von der Stadt Elis, welche mit ihrem Hafenplatze
Kyllene durch eine Strasse in Verbindung gesetzt wurde,[13] ging
noch ein anderer Weg nach Dyme aus, welcher sich längs der
Küste von Achaia fortsetzte und nach Sikyon leitete.[14] In Argolis bildete die Stadt Argos den Mittelpunkt des Strassennetzes.
Ausser den schon erwähnten Wegen nach Mantineia und Tegea
finden wir eine Strasse, welche von hier nach Epidauros, Troezen

1) Pausan. VIII, 26, 8 u. ebend. § 3. Curtius I S. 347.
2) Pausan. VIII, 35, 5. Curtius I S. 307.
3) Pausan. VIII, 44, 1. Curtius I S 282 u. 316.
4) Pausan. VIII, 53, 11; Curtius I S. 261. Pausan. VIII, 54, 5 ff.
II, 24, 5. Curtius II S. 364.
5) Pausan. VIII, 10, 1. Curtius I S. 246.
6) Pausan. II, 25, 1; VIII, 6, 4. Curtius II S. 414 f. u. I S. 244.
7) Pausan. VIII, 12, 2. Curtius I S. 242.
8) Pausan. VIII, 12, 5; 13, 5. Curtius I S. 243 u. 224.
9) Pausan. VIII, 25, 1 u. 12; 17, 6; 19, 4; 22, 1 u. 16, 1.
10) Pausan. II, 11, 3; 12, 3. Curtius I S. 200.
11) Pausan V, 6, 1. Curtius II S. 50.
12) Pausan. VI, 22, 8. Curtius II S. 86 f.
13) Pausan. VI, 26, 4. Curtius II S. 72.
14) Pausan. VII, 17 — 26.

und Hermion führte,[1] woselbst auch eine zweite über Tiryns,
den Hafenplatz Nauplia und Asine laufende Strasse mündete.[2]
Gegen Norden gelangte man auf einem Wege nach Kleonae[3]
und von dort auf einem Fusswege und einer Fahrstrasse nach
Korinth,[4] wo auch in derselben Richtung eine Strasse von Tenea
her einlief und die den Norden des Peloponnes durchziehende
Strasse von Sikyon her sich dem Wege, welcher über den Isthmos nach Mittelgriechenland führte, anschloss.[5]

Die Hauptstrasse des Isthmos führte über Sidus und Krom-
myon auf beschwerlichem Pfade oberhalb der Skironischen Klippen nach Megara,[6] von wo ein Weg in nördlicher Richtung über
Tripodiskos, Pagae und Aegosthenae den Kithaeron überschritt
und nach Plataeae leitete,[7] während in östlicher Richtung die
Strasse nach Eleusis ging,[8] von wo man auf der heiligen Strasse
nach Athen gelangte.[9] In Attika führen weiter drei Hauptstrassen nach Boeotien: die eine von Eleusis über Eleutherae
und die Pässe des Kithaeron nach Plataeae,[10] die zweite von
Athen über Acharnae und Phyle direct nach Theben,[11] die dritte
ebenfalls von Athen ausgehend über Dekeleia nach Oropos und
von dieser zweigt sich ein Weg nach Tanagra und Theben ab.[12]
Für Boeotien bildete Theben den Mittelpunkt der Strassen, denn
ausser den eben erwähnten Wegen geht von hier aus eine Strasse

---

1) Pausan. II, 25, 7; 30, 5; 34, 6. Curtius II, S. 416 ff., 430 f., 451.
2) S. Curtius II S. 383 ff.
3) Pausan. II, 15, 1 f. Curtius II S. 513 f.
4) Pausan. II, 5, 4.
5) Pausan. II, 3, 6; 5, 5; 7, 2.
6) Pausan. I, 44, 6. Strabo IX S. 391. Vgl. Bursian Geogr. v.
Griechenl. I S. 367 u. 381.
7) Xenophon Hellen. V, 4, 14 u. 18 f. Bursian S. 380.
8) Pausan. I, 39, 1. Bursian S. 331.
9) Pausan. I, 36, 3.
10) Pausan. I, 39, 8. Vgl. Herodot IX, 39. Thukydid. III, 24.
Bursian S. 249 u. 331.
11) S. Bursian S. 332.
12) Dikaearch I, 8, welcher im Folgenden die Strassen von Oropos
nach Tanagra und von da nach Plataeae einschlägt. Vgl. Thukydid. VII,
28. Bursian S. 335 f.

nach Plataeae,[1] eine andere in östlicher Richtung nach dem Euripos und auf der über diesen geschlagenen Brücke nach dem jen-
seits gelegenen euböischen Chalkis,[2] eine dritte in westlicher
Richtung nach Thespiae und Thisbe,[3] die sich bis zum korinthischen Meerbusen fortsetzt, an welchem Kreusis den Hafenplatz für Thespiae bildete. Die Hauptstrasse nach dem nördlichen Griechenland führte in nordwestlicher Richtung über Hali-
artos, Koroneia und Chaeroneia auf Elateia hin,[4] welches den
Hauptzugang zu Mittelgriechenland von Norden her deckte. Von
Chaeroneia aus zweigte sich die Strasse nach Delphi ab, welche
Panopeus und Daulis berührte,[5] von dem letztgenannten Orte
ging ein Weg über Tithorea und Amphikaea nach Doris,[6] von
Delphi selbst ausser der kurzen Strasse nach dem Hafenplatze
von Kirrha gegen Westen ein Weg über Amphissa nach Naupaktos.[7]

Nach dem nördlichen Griechenland führte auf der Ostseite
nur eine Strasse von Elateia über Thronion durch den Thermo-
pylenpass nach Lamia, deren weitere Fortsetzung bei Thaumma-
koi in die thessalische Ebene eintrat. Durch Thessalien führte
eine Hauptstrasse nach Pagasae und über die im makedonischen
Zeitalter angelegte Stadt Demetrias nach dem Thale Tempe,[8]
dem einzigen Zugange, welchen Thessalien von Norden her
besass, eben dahin ging quer durch das Land eine andere Strasse
über Larissa, wo auch die von Westen her aus Epeiros über Dodona und Trikka führende Strasse einmündete. Von Dodona
aus aber lief eine Strasse nach dem adriatischen Meere, auf
welcher schon die alte Sage die Hyperboreer mit ihren für das

---

1) Pausan. IX, 4, 4. Thukydid. III, 24. Dikaearch I, 12.

2) Pausan. IX, 18, 1. Ueber die Brücke Strabo IX 8. 403. Livius
XXXI, 24.

3) Xenophon Hellen. V, 4, 15 f. Vgl. Strabo IX 8. 400. Skymnos 491 ff.

4) Strabo IX 8. 418 u. 424.

5) Pausan. X, 4, 1 u. 7; 5, 1; vgl. 35, 8. Hurtian 8. 168 ff.

6) Pausan. X, 32, 8.

7) Pausan X, 37, 4; 38, 4 ff.

8) Vgl. Strabo IX 8. 428.

delische Heiligthum bestimmten Geschenken nach dem malischen
Meerbusen hinüber gelangen lässt.[1] Ueber das Thal Tempe hinaus setzte sich die Strasse fort, indem sie hart an der makedonischen und thrakischen Küste sich haltend dort die zahlreichen
griechischen Städte berührte und nach dem thrakischen Chersone-
nes auf der einen und nach Byzanz auf der anderen Seite
auslief.[2]

Es würden endlich noch mit einigen Worten die Strassen
in den Barbarenländern zu erwähnen sein, auf welchen griechische Kaufleute ihren Geschäften nachgingen. Zunächst haben
wir von einer Strasse, welche gewissermassen eine Verbindung
zwischen den Küsten des adriatischen und des schwarzen Meeres gebildet hatte, eine freilich ziemlich dunkle Kunde in der
dem Aristoteles zugeschriebenen Schrift über wunderbare Sagen.[3]
Zwischen dem Gebiete der Istrier und Mentorer, heisst es dort,
befinde sich ein Berg Namens Delphion mit hoher Spitze. Wenn
die Mentorer auf diese stiegen, könnten sie die in den Pontos
einfahrenden Schiffe sehen. Es sei auch in dem Zwischenraume
in der Mitte ein Ort, an welchem ein Markt stattfände, und wo
von den Kaufleuten, die vom Pontos kämen, lesbische, chii-
sche und thasische, von denen, die vom adriatischen Meere
kämen, die kerkyräischen Krüge verkauft würden. Ohne auf
die fabelhafte Notiz von jenem Berge einzugehen, können wir
doch soviel sehen, dass es zwischen dem adriatischen und dem
schwarzen Meere einen Platz gab, der mit beiden Meeren
durch eine Strasse in Verbindung stand, auf welcher griechische
Kaufleute Wein zu den Barbaren brachten, eine Art des Han-
delsverkehres, die mit gleicher Waare bekanntlich auch von italischen Kaufleuten weit nach Gallien hinein getrieben wurde.
Wo jener Platz gelegen und ob die angedeutete Strasse mit der
späteren Egnatia der Römer zusammenfalle, ist nicht festzustellen.[4] Auf der durch Deutschland sich hinziehenden Strasse,

----

1) Herodot IV, 33.
2) Man vgl. den Marsch des Xerxes auf dieser Strasse bei Herodot
V, 58; 108 f.; 114; 121 u. 124; 128.
3) Aristot. περὶ θαυμασίων ἀκουσμ. 104.
4) Diese Ansicht spricht Curtius Gesch. d. Wegebaues S. 35 aus.

auf welcher der Bernstein in die Häfen des adriatischen Meeres
gelangte, werden wir griechische Kaufleute nicht voraussetzen
dürfen. [1]
Dagegen führten von den griechischen Städten am schwarzen Meere Handelsstrassen zu den in den Hinterländern wohnenden Barbaren, auf welchen nicht allein diese letzteren mit ihren
Produkten zu den Häfen kamen, um dafür das was sie nöthig
hatten einzutauschen, sondern auch die griechischen Kaufleute
selbst so weit in das Land gingen, als es die natürlichen Verhältnisse desselben und der Charakter der Bewohner zuliess. [2]
Von Olbia aus gegen den Norden hin kennt Herodot die
westlich am Borysthenos wohnenden Völkerschaften bis zu den
Neuren, deren Wohnsitze wahrscheinlich im innern Polen und
Littauen zu suchen sind; jenseit derselben nach Norden, sagt
Herodot, [3] ist menschenleeres Land so weit wir wissen. Nach
dieser und anderen Andeutungen lässt sich mit Hülfe der Funde
von Münzen und anderen Gegenständen griechischen Ursprunges
diese Strasse mit ziemlicher Sicherheit den Dniepr und Pripec
aufwärts am Weichselbug und der Weichsel entlang verfolgen
bis in die der Ostsee zunächst gelegenen Länder, [4] wo in der
Nähe von Bromberg neununddreissig Münzen des ältesten Gepräges von Olbia, Athen, Aegina und Kyzikos und im Samland eine
rhodische Münze gefunden worden sind. [5] Bis dahin also hat
sich mittelbar oder unmittelbar der Handel griechischer Kaufleute erstreckt, noch weiter aber in der Richtung nach Osten
hin. Denn bis zu den Argippaeern, deren Wohnsitze vermuthlich bis zu den Grenzen der Mongolei reichten, gingen griechische Kaufleute, ja bei einer der an dieser Strasse wohnenden

---

1) Müllmann Handelsgesch. S. 76 ff.
2) Herodot IV, 24.
3) Herodot IV, 17. Die Literatur über diesen Gegenstand s. bei
Bähr an der Stelle. Nicht so weit nach Norden setzt die Neuren Neumann Die Hellenen im Skythenlande I S. 201 ff.
4) Ptolemaeos III, 5. Ueber die Richtung der Strasse Wiberg Der
Einfluss d. klass. Völker. S. 38.
5) Lewezow Ueber mehrere im Grossherzogthum Posen in der Nähe
der Netze gefundene uralte griech Münzen. Abhandl. d. Berliner Akad.
v. J. 1833.

Völkerschaften, den Dudinern, erwähnt Herodot eine Ansiedelung von Griechen aus den pontischen Städten,[1] andrerseits kamen von jenen Völkerschaften Leute des Handels wegen in die pontischen Häfen. Ausser Olbia war es besonders Tanais am äussersten östlichen Winkel des mäotischen Sees, welche den Handel in dieser Richtung betrieb; Strabo nennt diese Stadt einen Handelsplatz gemeinsam den europäischen und asiatischen Nomaden und denen, welche zu Schiffe vom schwarzen Meere herkommen.[2] Von der Ostküste des schwarzen Meeres aus scheinen die Griechen in das Innere von Asien nicht vorgedrungen zu sein, wenn auch, wenigstens seit dem makedonischen Zeitalter, die Carawanenstrasse von Indien über Baktra nach Phasis mündete, denn diese wurde wohl nur von den Asiaten begangen.[3]

Auch von der Südküste des schwarzen Meeres aus muss nach dem Inneren von Kleinasien nicht unbedeutender Landhandel getrieben worden sein, am meisten wohl von Sinope aus, dessen Handelsverbindungen sich bis nach Kappadokien hinein erstreckten und das jedenfalls auch mit dem pontischen Komana, dem Haupthandelsplatz für die von Armenien herkommenden Waaren in Beziehung stand.[4] Dass auch Griechen in Handelsgeschäften diese Strassen gegangen sind, dürfte wohl kaum bezweifelt werden. An der Westküste von Kleinasien bildete, wie schon früher angegeben, Ephesos den Ausgangspunkt der Hauptstrasse, welche nach Persien führte, auf welcher in älteren Zeiten hauptsächlich durch Vermittlung der Lyder, später auch von den Griechen selbst ein reger Handelsverkehr mit den östlichen Ländern unterhalten wurde.

Von den Handelswegen auf der Südseite des mittelländischen Meeres können wir diejenigen übergehen, welche durch Aegypten nach dem Innern des Landes und nach den arabischen

1) Herodot IV, 18—24; 108. Heeren Ideen über Politik 1, 2 S. 372 ff.

2) Strabo XI 8. 493.

3) Strabo XI 8. 506. Vgl. Heeren Ideen I, 2 S. 311. Hüllmann Handelsgesch. 8. 243 ff.

4) Strabo XII 8. 540. Dioskorid. V, 111. — Strabo XII 8. 559.

Gewässern führten, da dieselben erst seit dem Aufblühen des
Handels von Alexandria von Griechen besucht worden sind, dagegen ist die Strasse zu erwähnen, welche von Kyrene in südlicher Richtung nach Angila führte, wo auch die Carawanenstrassen
vom Ammonium aud aus dem Innern Libyen mündeten.[1] Da
die Kyrenäer sich mit dem Seehandel wenig beschäftigt haben,
so lässt sich annehmen, dass diese Strasse von ihren Kaufleuten
stark besucht worden ist, welche hier die Erzeugnisse Libyens,
namentlich Gold und Edelsteine einhandelten und vielleicht auf
diesem Wege auch mit den Karthagern Handelsverbindungen angeknüpft haben.

Siebentes Kapitel.

Den ganzen Handel theilt Platon in zwei Arten: den, welchen die Producenten mit ihren eignen Erzeugnissen treiben und
den der Händler, welche die Produkte anderer kaufen, um sie
wieder zu verkaufen; die letztere Art aber scheidet er wiederum
in den Handel der Grosshändler, welche den Austausch der Waaren zwischen verschiedenen Ländern und Städten vermitteln und
den der Krämer, welche innerhalb des Landes den Verkauf an
die Consumenten besorgen.[2] Aristoteles hat nach einem anderen

---

1) Herodot IV, 182 f. Heeren Ideen II, 1 S. 231 ff. Thrige Res
Cyrenensium S. 324 ff.

2) Platon Sophist. S. 223 φήσομεν ἀγοραστικὴν διχῇ τέμνεσθαι,
τὴν μὲν τῶν αὐτουργῶν αὐτοπωλικὴν διαιρούμενα, τὴν δὲ τὰ ἀλλότρια ἔργα μεταβαλλομένην μεταβλητικήν· τῆς μεταβλητικῆς ἡ μὲν κατὰ
πόλιν ἀλλαγή, σχεδὸν αὐτῆς ἥμισυ μέρος ὄν, καπηλικὴ προσαγορεύε-
ται, τὸ δὲ γε ἐξ ἄλλης εἰς ἄλλην πόλιν διαλλαττόμενον ὠνῇ καὶ πρά-
σει ἐμπορική. Aehnlich wird Politik. S. 260ᶜ gesagt ἡ τῶν καπήλων
τέχνη τῆς τῶν αὐτοπωλῶν διώρισται τέχνης, wo freilich die κάπηλοι
nicht in dem beschränkten Sinne der vorigen Stelle gemeint sind, sondern
nach der nun folgenden Erklärung πωληθέντα ποτε πρότερον ἔργα ἀλλότρια παραδεχόμενοι δεύτερον πωλοῦσι πάλιν οἱ κάπηλοι die καπηλικὴ
gleich dem ist, was dort als μεταβλητικὴ bezeichnet wurde. Derselbe
Unterschied zwischen ἔμπορος und κάπηλος auch Republ. II S. 371ᵈ.

Prinzipe eine Eintheilung gegeben; er gliedert nämlich den ganzen Handel, den er als Metabletik, d. h. als Vertauschung eines Werthgegenstandes gegen einen anderen bezeichnet, in das Kaufgeschäft, das Zinsgeschäft und das Lohngeschäft, eine Eintheilung, die der von der neueren Nationalökonomie angenommenen nahe kommt, insofern seine erste Abtheilung dem Kaufhandel, die zweite und dritte dem Miethshandel als Vermiethung von Kapitalien (Geld, Land u. s. w.) einerseits und als Vermiethung von Arbeitskraft andererseits entspricht.[1] Den Kaufhandel theilt er übereinstimmend mit Platon in Grosshandel und Kramhandel, und diese Eintheilung ist auch die im gewöhnlichen Leben übliche gewesen,[2] wenn auch bisweilen von derselben abgewichen wird. Xenophon stellt Grosshandel, Kramhandel und Zinsgeschäft neben einander und anderweitig finden sich bei den Schriftstellern Versuche, den Handel noch genauer einzutheilen,[3] indem man den

---

1) Aristot. Polit. I, 4 S. 20 τῆς μεταβλητικῆς μέγιστον μὲν ἐμπορία, δεύτερον δὲ τοκισμός, τρίτον δὲ μισθαρνία. Vgl. Schulze Nationalökonomie S. 497 u. 551 ff.

2) Aristot. Polit. IV, 3 S. 119 λέγω δὲ ἀγοραίον τὸ περὶ τὰς πράσεις καὶ τὰς ὠνὰς καὶ τὰς ἐμπορίας καὶ καπηλείας διατρίβον. Platon Protag. S. 313 ὁ σοφιστὴς τυγχάνει ὢν ἔμπορός τις ἢ κάπηλος τῶν ἀγωγίμων, ἀφ᾽ ὧν ψυχὴ τρέφεται. Gesetze VIII S. 842d καπηλευτικῶν καὶ ἐμπορικῶν καὶ καπηλευτικῶν. Vgl. die umständlichen Ausführungen bei Salmasius De usuris S. 333 ff. Eine aller umfassende Bezeichnung für den Kaufmann hat man im gewöhnlichen Leben nicht gehabt, denn das in späterer Zeit gebräuchliche ἐργαστής ist auch nur für den ἔμπορος angewendet worden (vergl. Corpus Inscrr. III nr. 3920 Φιλωνίδης Ζεύξις ἐργατὴς πλεύσας ὑπὲρ Μαλέαν εἰς Ἰταλίαν πλοῦς ἑβδομήκοντα δύο, nr. 2285b), obwohl das Verbum ἐργάζεσθαι für alle Arten von Handel angewendet worden ist. Demosthen. für Phorm. 44; geg. Eubulid. 31.

3) Xenophon v. d. Eink. 4, 6. — Schol. zu Aristoph. Plut. 1156 πέντε δέ εἰσιν οἱ διαφοραὶ τῶν πωλούντων· αὐτοπώλης, κάπηλος, ἔμπορος, παλιγκάπηλος, μεταβλεύς. καὶ ἔστιν αὐτοπώλης μὲν ὁ ἐν τῇ ἰδίᾳ χώρᾳ πωλῶν τὴν ἑαυτοῦ πράσσον· κάπηλος δὲ ὁ ἀγοράζων ἀπὸ τοῦ αὐτοπώλου καὶ πωλῶν ἐν τῇ χώρᾳ, ὁ δ᾽ ἠγόρασεν· ἔμπορος δὲ ὁ ἀγοράζων καὶ ἐπὶ ξένης πωλῶν ἢ ἀπὸ τοῦ αὐτοπώλου ἢ ἀπὸ τοῦ καπήλου· παλιγκάπηλος ὁ ἀπὸ τοῦ ἐμπόρου ἀγοράζων καὶ πωλῶν· μεταβλεύς ὁ κατὰ τὴν κοτίλην πωλῶν ὥσπερ οἱ νῦν λεγόμενοι κάπηλοι. Aehnlich ist die Zusammenstellung bei Pollux I, 50 ἔμπορος καὶ κάπηλος καὶ μεταβλεύς, so wie die Steigerung bei Demosth. geg. Aristog. I, 46 κάπηλός ἐστι πονηρίας καὶ παλιγκάπηλος καὶ μεταβλεύς.

Handel mit eignen Produkten, den Einfuhrhandel, den Kramhandel, der seine Waaren von dem Producenten entnimmt, den Wiederverkauf, der die vom Grosshändler eingeführten Waaren vertreibt und die Hökerei, die im kleinsten Detail verkauft, von einander unterschied; allein diese Theilung, die durchaus nicht streng systematisch ist, zielte wohl nur darauf hin, gewisse im gewöhnlichen Leben gebrauchte Benennungen zu sondern und ihnen eine begrenzte Bedeutung anzuweisen, die im gemeinen Sprachgebrauch nicht eingehalten war. An dem Grosshandel hat Aristoteles drei Seiten der Thätigkeit unterschieden, die des Hieders, dessen der die Waaren an den Ort ihrer Bestimmung schafft und dessen der sie zum Vorkauf an die bringt, welche ihrer bedürfen.[1]

Wenn wir nun im Folgenden an die im gewöhnlichen Leben geltende Eintheilung uns anschliessend die Art und Weise betrachten wollen, wie der Handel betrieben wurde und die Klassen von Leuten, welche ihn betrieben, so beginnen wir mit denjenigen Personen, welche ihre eignen Erzeugnisse zum Verkaufe brachten, mochten dies nun Naturprodukte oder Erzeugnisse der Industrie sein.[2] Hierher gehören zunächst die Landleute, welche

Den κάπηλος und παλιγκάπηλος scheint man wohl unterschieden zu haben (Demosth. geg. Dionyrod. 7. Pollux VII, 13. Photios Παλιγκάπηλος), doch sind dergleichen Unterschiede im Sprachgebrauche nicht feststehend, wie schon der oben angedeutete Scholiast bemerkt καταχρηστικῶς πᾶς πωλῶν κάπηλος λέγεται.

1) Aristot. Polit. I, 4 8. 10 ἐμπορία· καὶ ταύτης μέρη τρία, ναυκληρία, φορτηγία, παράστασις. Die Bedeutung der beiden letzten Ausdrücke ist zweifelhaft, kann aber kaum eine andre als die im Texte gegebene sein. Denn da hier nicht von der Art des Verkaufens, sondern von der Handelsthätigkeit im Ganzen die Rede ist, kann παράστασις weder, wie die meisten annahmen, gleich der καπηλεία sein, noch, wie Hermann Privatalterth. § 45, 6 meinte, eine Commandite am Bestimmungsorte der Waare bedeuten, sondern muss das ganze Geschäft des Verkaufens im Ganzen wie im Einzelnen bezeichnen. Die φορτηγία ist das Geschäft dessen, der die Waaren am Produktionsorte einnimmt und nach dem Bestimmungsorte schafft, die ναυκληρία dessen, der die äusseren Mittel zum Transport hergiebt. Vgl. auch Salmasius De usuris S. 517 ff. Pollux VII, 131 τῷ μέντοι φορτηγῷ ἐπὶ τῶν τὰ φορτία ἀγόντων ἐμπόρων κέχρηται Αἰσχύλος, jedenfalls in ungewöhnlicher Weise.

2) Vgl. die Scholien zu Platon Politik. S. 360ª αὐτοπώλης πᾶς

den Ertrag ihrer Felder und Gärten an die Consumenten verkauften. Welchen Umfang dieser Handel gehabt hat, wird sich
allgemein nicht bestimmen lassen, da hierin je nach den örtlichen Verhältnissen und den Gebräuchen der einzelnen Gegenden
gewiss eine grosse Verschiedenheit stattfand. Bei den Lokrern
z. B. war diese Art des Verkaufes die ausschliesslich gebräuchliche, da Wiederverkauf durch Krämer und Höker dort nicht
getrieben wurde.[1] Allein schon der Umstand, dass uns dies
besonders berichtet wird, zeigt, dass diese Art des Verkaufes
nicht allgemein üblich war, und man wird auch der Sache nach
annehmen dürfen, dass an den meisten Orten die Producenten
den Vortheil zu wohl einsahen, welchen ihnen der Verkauf ihrer
Produkte im Ganzen gegen den Einzelverkauf bot, als dass sie
den letzteren nicht den Wiederverkäufern hätten überlassen sollen, um durch die Zeitersparniss reichlich einzubringen, was sie
etwa an baarer Einnahme einbüssten. Platon, mit dessen Au-
sicht, dass jeder nur ein Geschäft treiben solle, diese Erwägung
wohl übereinstimmt, bemerkt sogar, dass in den wohlgeordneten
Staaten stets das Verkaufsgeschäft den Producenten von solchen
abgenommen werde, die ihrer körperlichen Beschaffenheit wegen
nur zum Handel geeignet seien.[2] Wir hören auch, dass die Landleute mit dem Morgengrauen ihre Waaren zur Stadt bringen,[3]
und da gewöhnlich auf dem Markte die Verkaufszeit erst viel
später am Tage beginnt, so kann dies nur den Zweck haben, dieselben an Wiederverkäufer abzusetzen, damit diese rechtzeitig
mit dem Nöthigen versehen sind.

Unter dieselbe Klasse sind auch die Kranzbinderinnen und
Bindenverkäuferinnen zu zählen,[4] welche ihre selbstgefertigte

---

ὁ τὸ ἴδιον ἐργόχειρον ἢ οἶνον ἢ σῖτον ἐξ οἰκείον γεωργίαν πι-
πράσκων.

1) Herakleid. Polit. 30 von den Lokrern: καπηλείον οὐκ ἔστι πι-
ταβολικὸν ἐν αὐτοῖς, ἀλλ' ὁ γεωργὸς πωλεῖ τὰ ἴδια.

2) Platon Republ. II S. 371ᵉ.

3) Plutarch Arat. 8 ἡ δὲ ὥρα κατήπειγεν ἤδη φθεγγομένων ἀλε-
κτρυόνων καὶ ὅσον οὔπω τῶν ἐξ ἀγροῦ τι φέρειν εἰωθότων πρὸς ἀγορὰν ἐπεχομένων.

4) Pollux VII, 199 στεφανοπῶλαι, στεφανοπώλιδες, μιγανο-

Waare auf dem Markte feilhielten und die kleinen Gewerbtreibenden, welche ihre Fabrikate in ihren Werkstätten, die meist
am Markte oder in dessen Nähe belegen und unmittelbar von
der Strasse aus zugänglich waren, zum Verkauf ausgestellt hatten. Ueber die Art, wie grössere Fabrikanten ihre Fabrikate
absetzten, fehlt es uns an Nachrichten. In einem Falle freilich
erfahren wir, dass eine Sklavin, welche Gewebe anfertigt, dieselben für Rechnung ihres Herrn zum Verkauf nach dem Markte
bringt,[1] doch sind wohl, namentlich bei einem umfangreichen
Betriebe, solche Fabrikate meistentheils durch Wiederverkäufer
zum Einzelverkauf gebracht worden, wofür schon der Umstand
spricht, dass manche Händler mit Waaren handelten, die kaum
anders als in grösseren Werkstätten hergestellt werden konnten,
wovon weiter unten Beispiele zu geben sein werden. Ob in diesem Falle die Waaren, mochten sie nun zum Export oder zum
Einzelverkauf an Ort und Stelle bestimmt sein, von den Fabrikanten vorräthig gehalten oder auf Bestellung angefertigt wurden, habe ich nirgends erwähnt gefunden.

Unter den gewerbmässigen Kaufleuten, d. h. denen, deren
Geschäft ausschliesslich in dem Handel mit den Produkten anderer besteht, ist stets der Grosshändler von dem Krämer streng
geschieden worden. Das Geschäft des ersteren bildet die Verführung der Waaren von dem Produktionsorte nach dem Ver-
kaufsplatze, und da dieselbe in Griechenland fast ausschliesslich
auf dem Seewege stattfand,[2] so ist der Grosshandel unzertrennlich von der Rhederei, die deshalb auch, wie oben bemerkt,
von Aristoteles als ein Theil desselben bezeichnet wird.[3] Der
Kaufmann kann nun entweder selbst Eigenthümer des Schiffes
sein, dessen er sich zu seinen Geschäften bedient,[4] oder er ver-

πωλήτριαι. Demosthen. geg. Eubulid. 31 u. 34. Athen. VII S. 326ᵃ ται-
ρω παιλιδες.

1) Aeschin. geg. Timarch 97. Menander bei Suidas Εἰς ἀγορὰν
ἐφαίνειν.

2) Daher heisst ein Grosshändler Ἔμπορος, in den Schol. zu Aristoph. Vögel 828 μεγαλέμπορος, ein Handelshafen ἐμπόριον.

3) Ἔμποροι und ναύκληροι werden deshalb auch öfter zusammen
genannt. Vgl. Xenoph. v. d. Eink. 3, 4; 5, 3.

4) Vgl. Demosthen. geg. Lakrit. 33.

ladet seine Waaren auf ein Schiff, dessen Eigner ans dem Transporte von Gütern und Passagieren ein Geschäft macht.[1] Der Schiffseigner nimmt an der Fahrt entweder persönlich Theil, oder er vertraut die Sorge für dasselbe einem Bevollmächtigten an.[2]

Der Gang, welchen das Geschäft eines Grosshändlers nimmt, ist, da von einer Versendung von Waaren auf feste Bestellung nirgend eine Andeutung gefunden wird, regelmässig folgender.[3] Der Kaufmann verladet gewisse Waaren nach einem Platze, wo er dieselben abzusetzen sicher ist oder wenigstens gegründete Aussicht hat,[4] indem er entweder die Reise selbst mitmacht[5] oder die Disposition über die Waare einem zuverlässigen Men-

---

1) Hesych. ναύκληρος: ὁ δεσπότης τοῦ πλοίου. Ueber die Sache vgl. Demosth. geg. Lakrit. 33.

2) Demosth. geg. Lakrit. 20 διοπτεύων τὴν ναῦν. Harpokrat. διοπεύων: δίοπος λέγεται τινὸς ὁ διέπων καὶ ἐπολτείων τὰ κατὰ τὴν ναῦν. Pollux VII, 139 δίοπος δὲ ὁ ἐπόπτης τῆς νεώς. Suidas δίοπος: ὁ διέπων καὶ ἐποπτεύων, ὁ τῆς νεὼς ἐπιμελητής. Hesych δίοπος: ναύαρχος.

3) Den Gang des Geschäftes im Allgemeinen zeichnet Philostrat. Leben d. Apoll. IV, 32, 2 ἀλλ' ἐμπόρων τε καὶ ναυκλήρων κακοδαιμονέστερον τί ἐμεῖς ἴσμεν; πρῶτον μὲν περινοστοῦσι ζητοῦντες ἀγορὰν κακῶς πράττουσαν, εἶτα πωξένοις καὶ καπήλοις ἀναμιχθέντες πωλοῦσί τε καὶ πωλοῦνται. — Ausdrücke für die Waare: Pollux I, 98 τὰ δὲ ἐντιθέμενα ταῖς ναυσὶ φόρτος, φορτία, ἀγώγιμα, ῥῶπος, γόμος, παρενθῆκαι. Vgl. VII, 8. Ausserdem findet sich auch öfter χρήματα Thukydid. III, 74; Xenoph. Hellen. I, 6, 37; Demosth. geg. Lakrit. 24; ἐμπολή Xenoph. Hellen. V, 1, 23; vgl. Moeris ἐμπολή: τὰ φορτία. Hesych. ἐμπολή. Bel Xenoph. v. d. Eink. 3, 2 ἐμπορία. Ueber ῥῶπος s. Anm. 5 zu S. 412. γέλγη Pollux III, 127; VII, 9; Eupolis ebend. IX, 47. Lukian Lexiphan. 3. Hesych. γέλγη: ἡ ῥῶπος, καὶ ῥάμματα, ἄτρακτοι καὶ κτένες. Eustath. zu Homer Il. γ, 199 S. 827, 54 nach Aelios Dionys. γέλγην δέ, φησίν, αὐτὰν (τὸν ῥῶπον) ἔλεγον οἱ παλαιοί, wo die Form ἡ γέλγη statt τὰ γέλγη auf einem Irrthume zu beruhen scheint. Vgl. Hesych. γελγοπωλεῖν: ῥωπολωλεῖν, παυτοπωλεῖν. Moeris S. 115 γελγοπώλης: ῥωποπώλης. Pollux VII, 198 γελγοπώλαι, γελγόπωλις.

4) Vgl. Demosthen. geg. Lakrit. 10.

5) Xenophon Oekon. 20, 28. Demosth. geg. Apatur. 5; geg. Lakrit. 16; geg. Dionysod. 7. Pollux I, 95 εἴη δ' ἂν τῶν ἐμπλεόντων καὶ ἔμπορος.

schen übergiebt, welchen er mitsendet.[1] Allerdings läuft er
dabei Gefahr, unter Umständen an dem bestimmten Platze für
seine Waare keinen Markt zu finden,[2] so dass er genöthigt wird,
einen anderen Hafen aufzusuchen, der ihm bessere Aussichten
bietet, wenn er nicht schon während der Reise Nachrichten von
den eingetretenen Conjuncturen erhalten und danach seinen
ursprünglichen Plan geändert hat.[3] Es versteht sich von selbst,
dass die Kaufleute nach Mitteln suchten, um über die günstigen
oder ungünstigen Conjuncturen an den Plätzen, nach denen sie
Waaren senden wollten, zu erhalten, ebensowohl wie über die
Preisverhältnisse der Waaren, welche sie anderswo einzukaufen
beabsichtigten.[4] In der Rede gegen Dionysodoros entwirft Demosthenes ein genaues Bild, wie eine Gesellschaft von Kornhänd-
lern sich durch Correspondenz über die jedesmaligen Getreidepreise in Kenntniss erhält,[5] um danach den Ort zu bestimmen,
wohin ihre Ladungen aus Aegypten zu senden seien. Zur Vermittlung solcher Nachrichten wie zum Einkauf und Verkauf der
Waaren hielten Kaufleute auch an auswärtigen Plätzen Comman-
diten. Wir finden z. B. erwähnt, dass ein in Athen wohnhafter
Kaufmann an einen Geschäftstheilnehmer in Rhodos Nachrichten
sendet, welche über ein aus Aegypten kommendes Getreideschiff
Bestimmungen geben, welches in Rhodos anlegen soll;[6] ein
herakleotischer Kaufmann hat einen Compagnon in Skyros, der
von dort aus seinerseits Geschäftsreisen macht;[7] in einem anderen Falle befinden sich der Sohn und der Compagnon eines in
Athen wohnenden Kaufmannes den Winter über am Bosporos,
wahrscheinlich mit einem Waarenlager oder um Einkäufe zu
machen, wenigstens wird angeführt, dass sie beauftragt waren,
Zahlungen anzunehmen.[8]

---

1) Demosth. geg. Zenothem. 8 ὁ παρ' ἡμῶν συμπλέων.
2) Demosth. geg. Phorm. 8 f. καταλαβὼν τῶν φορτίων ὦν ἦγε
οὐδένα ἀγοραῖον.
3) Demosth. geg. Dionysod. 0.
4) Xenoph. Oekon. 20, 27.
5) Demosthen. geg. Dionys. 8 f.
6) Demosthen. ebend. 9.
7) Demosthen. geg. Kallipp. 3.
8) Demosthen. geg. Phorm. 8 u. 28.

Natürlich begnügten sich die Kaufleute nicht damit, die sich von selbst bietenden Conjuncturen nach Möglichkeit zu benutzen, sondern suchten dieselben mit mancherlei Mitteln für sich günstig zu gestalten. Die Speculation, die sämmtlichen Vorräthe einer Waare an einem Orte aufzukaufen, um dann, wenn das Bedürfniss derselben im Publikum unabweislich hervortritt, den Preis unbehindert von irgend welcher Concurrenz bestimmen zu können, ist zu allen Zeiten vorgekommen. Aristoteles erzählt vom Thales, er habe aus gewissen Anzeichen schon im Winter geschlossen, dass eine reiche Ernte an Oliven eintreten werde, und um zu zeigen, wie auch die Wissenschaft im Stande sei Geldgewinn zu bringen, habe er mit sämmtlichen Besitzern von Oelmühlen in Milet und Chios Miethsverträge abgeschlossen und so die Bestimmung des Preises für das Oel in seine Hand bekommen.[1] Aristoteles fügt noch hinzu, dass auch von den Staaten manche bei Geldverlegenheiten sich in dieser Weise das Monopol gewisser Waaren aneigneten, wie auch Demosthenes über die künstliche Preissteigerung des Getreides von Seiten des ægyptischen Statthalters Kleomenes klagt.[2] Auch Kaufleute haben dieses Mittel, wo es möglich war, in Anwendung gebracht, namentlich haben sich dergleichen Speculationen auf das Getreide geworfen, so dass weit verzweigte Verabredungen, wie die von Andokides erwähnte,[3] welche die Ankunft einer Getreideflotte nach Athen zu hindern bezweckte, im Alterthume nicht selten vorgekommen sein mögen. Daher hat auch die athenische Gesetzgebung, von der später zu sprechen sein wird, diesen Gegenstand nicht unberücksichtigt gelassen, indem sie ebenso dergleichen Speculationen für gemeingefährlich hielt, wie Dionysios von Syra-

---

1) Aristot. Polit. 1, 4, S. 21 und etwas anders Cicero de divin. I, 49. Diogen. Laert. I, 1, 5. Dasselbe erzählt Plinius Naturgesch. XVIII, 68 § 273 vom Demokritos.

2) Demosthen. geg. Dionysod. 7. Vgl. den bei Aristot. Oekon. II S. 1352ᵃ, 15 erwähnten Vorschlag des Atheners Pythokles, der Staat solle das in den laurischen Bergwerken gewonnene Blei von den Privatbesitzern zu dem Marktpreise von zwei Drachmen aufkaufen und zu sechs Drachmen wieder verkaufen.

3) Andokid. v. d. Rückkehr 20.

kus, der einen Kaufmann aus der Stadt verwies, als derselbe
sich durch den Aufkauf von Eisen bereichert hatte.[1] Etwas Ähnliches war es mit der von Strabo erwähnten Speculation der
Juden, welche einen ausgedehnten Anbau einer gewissen Dattel-
art und der Balsamstaude hinderten,[2] wie man es auch in Aegypten mit dem Papyrus machte, um den Preis der betreffenden
Produkte hoch zu erhalten. Auch durch Verbreitung falscher
Nachrichten, dass ein Waarentransport untergegangen oder geka-
pert, dass die Häfen blokiert oder ein Bruch des Friedens zu
erwarten sei, suchten die Kaufleute auf eine Preissteigerung der
Waaren hinzuwirken.[3]

War der Kaufmann mit seinen Waaren am Orte der Bestimmung angelangt, so legte er dieselben zum Verkaufe aus, zu
welchem Zwecke in vielbesuchten Häfen eigne Lokalitäten eingerichtet waren, die, wie im Peiraeeus, in Rhodos, in Olbia und auch
wohl anderwärts den Namen Deigma führten.[4] Eine besondere
Bequemlichkeit bot es daher auch den Kaufleuten, wenn, wie in
Chalkis und Kerkyra,[5] der Marktplatz sich in unmittelbarer Nähe
des Hafens befand, wodurch namentlich der Verkehr mit den
Kleinhändlern wesentlich erleichtert wurde. Doch ging der Kaufmann auch wohl mit Proben in die Häuser der Kunden, bei

---

1) Aristot. Polit. I, 4 8. 21 f.

2) Strabo XVII 8. 800. Vgl. Movers Phönisier II, 3 S. 228 ff.

3) Lysias geg. d. Kornhändler 14.

4) Pollux IX, 34 δεῖγμα τούτοισι ἀπὸ τοῦ δείγματα τῶν ἀγωγίμων τοῖς ὠνητίασι δίδοσθαι. Das Deigma im Peiraeeus Xenoph. Hellen. V, 1, 21; Aristoph. Ritter 978 mit den Scholien; Harpokrat. δεῖγμα:
τόπος τις ἐν τῷ Ἀθήνησιν λιμαρίῳ, εἰς ὃν τὰ δείγματα ἐκομίζετο.
Bekker Anecd. Gr. S. 237, 20 δεῖγμά ἐστι τόπος τις ἐν τῷ Πειραιεῖ,
ἔνθα ἐδείκνυτο σῖτος καὶ ἄλλα ὅσαπερ διὰ δείγματος. Timaeos Lex.
Platon. δεῖγμα. Vgl. Ulrichs in Zeitschr. f. Alterth. W. 1844 8. 35;
Schäfer zu Demosth. II 8. 364; IV 8. 576. Böckh Staatsh. I S. 84. In
Rhodos Polyb. V, 88, 8; Diodor XIX, 45; in Olbia Corp. Inscr. Gr. II
nr. 2058 B. Z. 49.

5) Dikaearch I, 29 von Chalkis: σύνεγγυς οὖν κείμενου τῆς ἀγορᾶς τοῦ λιμένος καὶ ταχείας τῆς ἐκ τῶν πλοίων γινομένης τῶν φορτίων ἐκκομιδῆς, πολὺς ὁ καταειλῶν ἐστιν εἰς τὸ ἐμπόριον. Von Kerkyra Thukydid. III, 72.

denen er auf Absatz rechnete.[1] Der Fall, dass der Grosshändler
die Ladung im Ganzen verkaufte, scheint der seltnere gewesen
und meistens nur dann eingetreten zu sein, wenn sie von einem
anderen Grosshändler zur weiteren Verschiffung übernommen
wurde;[2] für gewöhnlich ging sie in kleineren Partien in die
Hände von Wiederverkäufern über, die wohl meistens nicht die
Mittel besassen, grössere Vorräthe einzukaufen oder auch durch
andere Verhältnisse daran gehindert wurden, wie z. B. die Getreidehändler in Athen durch das Gesetz, welches das Aufkaufen
grösserer Mengen von Getreide über ein gewisses Mass hinaus
verbot. Mit dem Detailverkauf an die Consumenten selbst werden sich die Grosshändler nur ausnahmsweise und in der Regel
wohl nur da befasst haben, wo der Verkaufsplatz in wenig civilisierten Ländern belegen war und eine eigentliche Organisation
des Handels nicht besass.

Commissionäre und Makler, welche die Vermittlung des
Verkaufes übernahmen, sind dem Alterthume nicht unbekannt
gewesen,[3] ja dass Platon in seinen Gesetzesentwürfen den Ver-
mittler eines Verkaufes regresspflichtig für etwaigen Betrug bei
demselben macht,[4] beweist, dass solche Vermittelungen allgemein
üblich gewesen sind. Vielleicht haben die Proxenen derglei-

---

1) Plutarch Demosth. 23 ὡς τοῖς ἐμπόροις ὁρώμεν, ὅταν ἐν ἐμ-
βρίφ δείγμα πιμπρῶσι, δι' ὀλίγων πυρῶν τοῖς πολλοῖς πιπράσκοντας. Vom Weinhändler Diphilos bei Athen. XI S. 499ᵉ. Vgl. Harpokr.
δεῖγμα: πυρῶς μὲν τὸ δειχνύμενον ἀφ' ἑκάστου τῶν πωλουμένων.
Isokrat. τ. Umtausch 54 ὥσπερ δὲ τῶν καρπῶν ἐξετηγεῖν ἑκάστου
δεῖγμα πειράσομαι. Platon Gess. VII S. 788ᵉ οἷον δείγματα ἐξε-
νεγκόντα.

2) In einem besonderen Falle bei Aristot. Oekon. II S. 1347ᵇ, 8
heisst es: τοῖς ἐμπόροις καλῶς εἶχε μὴ κατελθεῖν ἀλλ' ἀφροῖ τὰ φορτία πεπράσθαι.

3) Pollux VII, 11 ὁ δὲ ταῖς προπάσκουσι προξενῶν προτρέπων,
ὡς Δείναρχος καὶ Ἰσαῖος εἴρηκεν' προπώλην δ' αὐτὸν Ἀριστοφάνης
καλεῖ, προπωλοῦντα δὲ Πλάτων. Vgl. Corp. Inscrr. nr. 1756 und ὁ
προπωλούντος μὴ προπωλείτω, zu welcher Stelle Philippi in d. Jahrbb.
f. Philol. XCIII S. 749 f., zu vergleichen ist, der den προπωλὴρ als denjenigen fasst, welcher an Stelle des Eigenthümers, beziehungsweise Ver-
käufers steht und von ihm bestellt ist.

4) Platon Gesetze XII S. 954ᵃ.

chen Geschäfte übernommen, zu denen sie ihrer Stellung nach
wohl geeignet waren.[1]
    Wenn der Kaufmann seine Waaren abgesetzt hatte, so nahm
er gewöhnlich andere Waaren ein, die er an dem Orte, von welchem er ausgefahren war, mit Vortheil absetzen konnte,[2] und dies
erwies sich eines Theils vortheilhaft, um auch die Heimfahrt
durch Rückfracht nutzbar zu machen, andrerseits mochte es in
vielen Fällen nothwendig sein, weil das eingenommene Geld nicht
immer an allen Orten ohne Verlust anzubringen war. Daher
konnte es Xenophon als einen ganz besonderen Vorzug des athenischen Handelsplatzes rühmen, dass kein Kaufmann dort genöthigt war Rückfracht zu nehmen, weil das gute attische Geld
überall hohen Cours hatte.[3] Falls sich nun zu einem solchen
Geschäfte keine günstige Gelegenheit bot, begab sich der Kaufmann wohl nach einem anderen Handelsplatze derselben Gegend,
um seine Einkäufe zu machen. Auch mochte der Kaufmann
wohl auf Zwischenstationen anlegen, sowohl um einen Theil seiner Ladung abzusetzen, als auch um solche Waaren einzukaufen, für die ihm im weiteren Verlaufe seiner Reise Absatz in
Aussicht stand.[4]
    Bei der hier geschilderten Weise des Grosshandels, dessen
Erfolg in hohem Grade vom Zufall abhängig war und zum grossen
Theile auf der geschickten Benutzung der sich gerade darbieten-
den Gelegenheiten beruhte, war die Ausbildung eines Geschäftes,
das sich auf eine bestimmte Gattung von Waaren beschränkte,
schwierig und vielleicht nur für solche Gegenstände möglich, die
an gewissen Plätzen einen regelmässigen Absatz finden mussten,
wie Sklaven und Getreide; die meisten Kaufleute werden jede
Waare, deren Vertrieb Gewinn in Aussicht stellte, in den Kreis
ihres Handels gezogen haben. Ebenso liegt es aber auch in

    1) S. die Anm. 3 zu S. 459 angeführte Stelle des Philostrat. Dar-
auf führt auch der entsprechende Gebrauch des Verbum προξενεῖν und
die Bezeichnung προξενητής.
    2) ἀντιφορτίζασθαι Demosth. geg. Lakrit. 11 u. 23. Xenoph. v. d.
Eink. 3, 2.
    3) Xenoph. a. a. O.
    4) Vgl. Demosth. geg. Lakrit. 10.

der Natur dieser Art von Handelsgeschäften, dass der Einkauf
und Verkauf nicht auf Credit, sondern nur gegen baare Zahlung
stattfinden konnte, zumal da bei der Unbekanntschaft mit
dem Wechselverkehr und dem äusserst beschränkten Gebrauch
von Anweisungen die Uebermachung von Geldsummen nach fremden Plätzen mit grossen Schwierigkeiten verbunden war. Dazu
kommt noch, dass bei der Unsicherheit der internationalen Verhältnisse man nicht immer ausreichende Mittel besass, einen
Schuldner im Auslande nöthigenfalls zur Zahlung zu zwingen.

Die Zahlung geschah in den ältesten Zeiten ausschliesslich
durch Tausch, d. h. durch Gegenlieferung von Gebrauchsgegenständen; Homer wenigstens kennt Geld, einen Werthgegenstand,
dessen Zweck einzig und allein die Preisausgleichung ist, noch
nicht, vielmehr tauschen bei ihm die Griechen von lemnischen
Kaufleuten Wein gegen Kupfer, Eisen, Felle, Rinder und Sklaven ein, Achilles verhandelt einen Gefangenen gegen ein Mischgefäss.[1] Die Abschätzung des Werthes der gegen einander zu
vertauschenden Gegenstände blieb dem Uebereinkommen der Handelnden überlassen. Doch musste sich bei einiger Steigerung
des Verkehrs die Nothwendigkeit herausstellen, den Werth eines
allgemein gangbaren Gegenstandes als feststehend anzunehmen,
um nach demselben den Werth aller übrigen in den Handel kommenden Gegenstände abzuschätzen. Diese Wertheinheit bildet
im homerischen Zeitalter bei den Griechen das Rind, offenbar
weil dies bei denselben am allgemeinsten zu haben und im
Tausche zu verwerthen war. Beispiele von der Verwendung
desselben zur Werthschätzung sind häufig; wir finden eine Sklavin auf vier Rinder geschätzt, eine andere für einen Werth von
zwanzig Rindern gekauft; hundert Rinder gilt an einer andern
Stelle ein Sklave und ebensoviel ist eine Troddel am Schilde der
Athene werth, ebensoviel die goldene Rüstung des Glaukos, während die eherne des Diomedes nur einen Werth von neun Rindern hat; zwölf Rinder gilt ein Dreifuss, ein Rind ein Kessel.[2]

---

1) Homer Ilias η, 473; ψ, 745.

2) Homer Ilias ψ, 705; Odyss. α, 431; Ilias φ, 79; β, 449;
ζ, 236; ψ, 703 u. 885. Vgl. auch Odyss. χ, 57.

Noch um die Mitte des achten Jahrhunderts kauften die Lake-
dæmonier das Haus des verstorbenen Königs Polydoros von der
Wittwe um Rinder,[1] ja es hat sich die Werthbestimmung nach
Rindern noch später in gewissen Fällen traditionell erhalten,
z. B. bei der Abschätzung der Bussen in den drakonischen Gesetzen und in der öffentlichen Bekanntmachung der Ehrengaben
bei den heiligen Festen in Delos.[2] Eine natürliche Veranlassung, die edlen Metalle allgemein zur Preisausgleichung zu verwenden, fehlte in jenen Zeiten bei den Griechen, da, wie
schon oben ausgeführt worden ist, die Menge des vorhandenen
Goldes und Silbers höchst unbedeutend und diese Metalle durchaus nicht allgemein verbreitet waren.[3] Unverarbeitetes Gold,
Silber und Kupfer, so wie Geräthschaften aus diesen Metallen
werden auch bei Homer in Zahlung gegeben, so dass wenigstens
in dem ersteren Falle ein Zuwägen nach dem bei Homer mehrfach allerdings nur für Geld erwähnten Talente stattfand.[4] Von
da bis zur Einführung des geprägten Geldes, d. h. eines Stückes
Metall von bestimmtem Gewichte, für welches der Staat durch
den aufgedrückten Stempel Gewähr leistet, war der Abstand
nicht mehr allzuweit.[5]

Jedoch auch noch nach der Einführung des geprägten Geldes ist bei den Griechen Tauschhandel unter bestimmten Verhältnissen üblich geblieben. Hauptsächlich fand derselbe Anwendung
im Verkehr mit den uncivilisirten Völkern, namentlich mit den
Ackerbauern und Nomaden, welche ihre Produkte in die Häfen
des schwarzen Meeres brachten, soweit sie noch auf einer solchen
Culturstufe standen wie die Albaner am kaspischen Meere, von
denen Strabo mittheilt, sie wären einfach und nicht krämerisch,
denn sie gebrauchten grösstentheils kein Geld und kennten keine
grössere Zahl als hundert, auch wären sie mit genauem Mass

---

1) Pausan. III, 12, 3.
2) Pollux IX, 61.
3) Pausan. a. a. O. ἀργύρου γὰρ οὐκ ἦν πω τότε οὐδὲ χρυσοῦ
νόμισμα, κατὰ τρόπον δὲ τὸν τῶν ἀρχαίον ἀντεδίδοσαν βοῦς καὶ ἀνδράποδα καὶ ἀργὸν τὸν ἄργυρον καὶ χρυσόν.
4) Homer Odyss. α, 184; ο, 403 ff.; Ilias ζ, 48; η, 473; ψ, 379.
5) Vgl. oben S. 240.

und Gewicht unbekannt.[1] So tauschten die Nomaden in Tanais
den Ertrag ihrer Heerden gegen Kleider, Wein und andere von
den Griechen eingeführte Waaren, in Dioskurias namentlich
gegen Salz um,[2] welches auch thrakische Völkerschaften gegen
Sklaven einhandelten,[3] und es fand gewiss auch an andern Orten
ein ähnlicher Verkehr statt, wie der welchen nach Herodots
Erzählung die Karthager mit den Bewohnern der Goldküste von
Afrika trieben, indem sie ihre Waaren am Meeresstrande aus-
stellten und dann abwarteten, bis ein Liebhaber für diesen oder
jenen Gegenstand eine ihnen genügende Menge Goldes bot.[4] Ja
noch im zweiten Jahrhundert n. Chr. erzählten Kaufleute, welche
nach Indien gekommen waren, dass die Inder griechische Waaren nur gegen andere Waaren, nicht gegen Geld eintauschten.[5]
Doch beweisen die schon erwähnten im nördlichen Europa gefundenen griechischen Münzen, dass auch die Zahlung in Geld in
dem Verkehr mit jenen barbarischen Völkerschaften schon frühzeitig üblich war.

Ein Tauschgeschäft der Art konnte für den Kaufmann unter
Umständen höchst einträglich sein, wenn er Gegenstände erhielt,
die er anderweitig wieder mit Vortheil abzusetzen die Möglichkeit hatte, oder solche, deren Werth für civilisierte Länder jene
rohen Völkerschaften nicht zu schätzen verstanden, so dass durch
diese Art von Geschäft selbst der unerhörte Gewinn von sechzig Talenten zu erklären ist, welchen einst Samier, die mit ihrem
Schiff zufällig nach Tartessos gekommen waren, davongetragen
hatten.[6] Dagegen konnte freilich unter weniger günstigen Verhältnissen ein solcher Verkehr das Zustandekommen eines Geschäftes wesentlich erschweren.

Bei der im gewöhnlichen Handelsverkehr allgemein üblichen baaren Bezahlung machte gewiss oft der Geldcours Schwie-

1) Strabo XI S. 503.
2) Strabo XI S. 493 u. 506.
3) Suidas Ἀλώμητος. Pollux VII, 14. Zenob. II, 19. Menander
bei Apostol. II, 27 Θρῆξ εὐγενὴς εἰ πρὸς ἅλας ὠνημένος.
4) Herodot IV, 196.
5) Pausan. III, 12, 4.
6) Herodot IV, 152.

30 *

rigkeiten, wenn der Kaufmann nicht wieder an Ort und Stelle
Waaren einkaufen konnte, für die er eine Verwendung hatte.
Denn der Cours der Münzen, die ja nicht an allen Orten nach
einem und demselben Münzfusse ausgeprägt wurden, musste an
den verschiedenen Handelsplätzen je nach den Umständen ein
verschiedener und der Zeit nach wechselnder sein, ausserdem
aber gab es Münzsorten genug, die nicht vollwichtig ausgeprägt
waren. Wenn das gute attische Geld besonders gerühmt und
bei Zahlungen sogar die Bedingung gestellt wurde, dass sie in
keinen schlechteren Münzsorten als die attischen geleistet werden sollten,[1] so lässt sich schon daraus abnehmen, wie viel schlech-
teres Geld im Umlauf sein musste, und wenn wir bei einer Gelegenheit hören, dass der kyzikenische Stater am Bosporos acht
und zwanzig attische Drachmen gegolten habe,[2] während er bei
vollwichtiger Ausprägung einen mindestens um ein Drittel höheren Werth haben musste, so können wir uns eine Vorstellung
machen, mit welchen Schwierigkeiten oft die Abwicklung der
Geschäfte verbunden sein konnte, da es sich nicht bloss um eine
Einigung über den Preis, sondern auch über die in Zahlung zu
gebende Münzsorte handelte.

Von einer Erschwerung des Verkehrs durch Verbot der
Geldausfuhr findet sich im griechischen Alterthume keine Spur;
dagegen fehlt auch die Erleichterung, welche die Ausstellung
von Wechseln gewährt, gänzlich, wiewohl man sich unter passen-
den Verhältnissen wohl der Anweisungen bedienen mochte und
auch die Geschäfte der Wechsler dem Geldverkehr manche Unterstützung gewährten.[3] Allein bei dem Mangel an Vertrauen,
welcher in Griechenland durchweg in dem Masse herrschte, dass
Demosthenes in einer gerichtlichen Rede behaupten konnte, es
sei ein grosses Wunder, wenn ein Kaufmann ein thätiger Ge-
schäftsmann und zugleich ein ehrlicher Mensch zu sein scheine,[4]

---

1) Xenoph. v. d. Eink. 3, 2. Aristoph. Frösche 720 ff. — Polyb.
XXII, 15 δότωσαν δ' Ἀιτωλοὶ ἀργυρίου μὴ χείρονος Ἀττικοῦ u. s. w.
2) Demosth. geg. Phormion 23.
3) Isokrat. Trapezit. 35.
4) Demosth. für Phorm. 44. Plautus Asinar. I, 3, 47 Graeca mer-
camur fide.

und welcher bei der sprichwörtlich gewordenen Treulosigkeit der Griechen in Handel und Wandel nur zu wohl begründet war, können derartige Hülfsmittel doch keine grosse Ausdehnung des Gebrauches gefunden haben.

Wesentlich verschieden von dem Geschäfte des Grosshändlers ist das der Krämer, die von den Alten im Allgemeinen als solche bezeichnet werden, welche die Erzeugnisse andrer im Einzelnen des Gewinnes halber verkaufen. Während das Reisen stets zu dem Geschäfte des Grosshändlers gehört, gilt es als charakteristisch für den Krämer, dass er fest an einem und demselben Orte bleibt, um sein Geschäft zu betreiben, wenngleich auch davon Ausnahmen zu machen sind. Denn es zogen auch in Griechenland durch Stadt und Land Hausierer mit mancherlei Kram, unter denen besonders die Phœnikier und Aegineten stark vertreten gewesen zu sein scheinen,[1] und in den Strassen der Städte, vielleicht selbst auf dem Lande, wanderten Höker umher, welche dort allerlei Waare, hauptsächlich solche Gegenstände, die zu den gewöhnlichen Lebensbedürfnissen gehörten, wie Lebensmittel, Blumen u. dergl. zum Verkauf ausriefen.[2] Der grösste Theil des Kramhandels jedoch fand in feststehenden Lokalen statt, entweder in Läden, die sich in den Häusern der Stadt befanden, oder in Ständen, die auf den Marktplätzen ihre Stelle hatten.

Die Kramläden, welche sich wohl auch zum grössten Theile in der Nähe der Märkte, auf denen ja tagtäglich die grösste

---

1) S. Movers Phönizier II, 3 S. 120. Apulejus Metam. I, 4 Aeginensis sum, Acineo melle vel casco et huluscemodi eaupouarum mercibus per Thessaliam, Aetoliam, Bocotiam ultro citro discurrens.

2) Diphilos bei Athen. II S. 55ᵃ κατὰ τὴν ὁδὸν πωλεῖν περιπατῶν βούλομαι ῥόδα ῥαφανίδας θερμοκυάμους στέμφυλα, ἁπλῶς ἅπαντα μᾶλλον ἢ ταύτας τρέφειν. Demosth. geg. Aristokr. 201 ὥσπερ οἱ τὰ μικρὰ καὶ κομιδῇ φαῦλα ἀποκηρύττοντες οὕτω καλοῦσιν ἐπινενεύζοντες καὶ βεστιμμτερ Dio Chrysost. LIV, 3 ὥσπερ οἱ τὰ ὤνια τὰ φαῦλα δεικνύντες ἐν τῇ ἀγορᾷ καὶ περιφέροντες ἐπὶ τὰς θύρας. Damit vergleicht Becker Charikles II S. 144 noch Plutarch Lakon. Apophth. 62 und Aristoph. Acharn. 33. — Auch auf das Land gingen solche Händler: Antiphanes bei Athen. VIII S. 358ᵉ εἰς ἀγρὸν ἦλθεν φέρων ποτ' ἰχθυοπώλης μαινίδας καὶ τριγλίδας.

Menge der Stadtbewohner zusammenkam,[1] weniger zahlreich in
den übrigen Theilen der Stadt befanden, boten sowohl die von
den Handwerkern, welche dort zugleich ihre Werkstätten hatten,
verfertigten Gegenstände,[2] als auch andere für den täglichen
Bedarf des Haushaltes nothwendigen Dinge, wie Wein, Essig,
Lichte u. dergl. dar.[3] Am allerhäufigsten werden von solchen
Krämern die Weinhändler erwähnt,[4] die nicht allein Wein in
kleineren Quantitäten über die Strasse verkauften, sondern auch
im Hause Schenkwirthschaften hielten, in welchen freilich nur
Leute der niedrigsten Klassen zu verkehren pflegten.[5] Ueber
die Einrichtung und äussere Ausstattung solcher Verkaufslokale
haben wir keine Kenntniss.

Der Hauptverkauf sowohl von den zur Verzehrung bestimmten Produkten der Landwirthschaft, Fischerei, Bäckerei als auch
von industriellen Erzeugnissen hat wohl fast überall auf den
Märkten der Städte stattgefunden, die auch deshalb an den meisten Orten einen verhältnissmässig beträchtlichen Raum einnahmen.[6] Wo nicht, wie dies in Thessalien üblich gewesen sein
soll,[7] der Versammlungsort der Bürger und der Kaufmarkt zwei
getrennte Plätze waren, und dies scheint nur selten der Fall

1) Lysias für d. Almosenempf. 10 ἕκαστος γὰρ ἡμῶν εἴθισται
προσφοιτᾶν ὁ μὲν πρὸς μυροπωλεῖον u. s. w. καὶ πλεῖστοι μὲν ὡς
τοὺς ἐγγυτάτω τῆς ἀγορᾶς κατεσκευασμένους, ἐλάχιστοι δὲ ὡς τοὺς
πλεῖστον ἀπέχοντας αὐτῆς.
2) σκυτοτομεῖον Lysias a. a. O. ἡνιοποιεῖον Xenoph. Commet.
IV, 3, 1.
3) Nikostrat. bei Athen. XV 8. 700ᵇ ὁ κάπηλος γὰρ οὐκ τῶν γει-
τόνων, ἄν τ' οἶνον ἄν τι φανὸν ἀποδῶταί τινι, ἄν τ' ὄξος, ὁπέπεμψ'
ὁ κατάρατος ἰοὺς ὕδωρ. Lysias a. a. O. μυροπωλεῖον; v. Mords d.
Eratosth. 24 ῥᾷδας λαβόντες ἐκ τοῦ ἐγγύτατα καπηλείου. Vgl. Lysias
bei Athen. XIII S. 612ᵉ οἱ κάπηλοι οἱ ἐγγὺς οἰκοῦντες.
4) Plutarch Timol. 14 καθήμενον ἐν μυροπωλίῳ πίνοντα κεκρα-
μένον ἀπὸ τῶν καπηλείων. Leben d. zehn Redn. S. 847ᵃ. Isokrat.
Areopag. 49. Daher heisst μίσηλος geradezu ein Weinschenker. Pollux
VII, 193; vgl. Platon Gorg. S. 518ᵇ.
5) Genaueres bei Hermann Gr. Privatalterth. § 53, 13 ff.
6) Vgl. Becker Charikl. II S. 126 f.
7) Aristot. Polit. VII, 11 S. 240. Dasselbe ist wohl unter der ἀρ-
δρία ἀγορά in Kyzikos zu verstehen. Corp. Inscrr. Gr. II nr. 8557.

gewesen zu sein, da war den Verkäufern ein besonderer Theil
des Marktplatzes angewiesen, der mit dem Namen der Ringe
bezeichnet wurde [1] und auf welchem immer, wie es scheint, für
jede besondere Art von Waare ein besonderer abgegränzter
Raum bestimmt war, der, wenigstens nach attischem Sprachgebrauche, unmittelbar mit dem Namen der dort zum Verkauf stehenden Waare, z. B. die Töpfe, der Käse u. s. w. benannt
wurde. [2] Auf diesen Plätzen nun hatten die Verkäufer ihre Waaren entweder frei ausgestellt oder unter dem Schutze von zelt-
oder budenähnlichen Baulichkeiten, die aus leichten Materialien
als Ruthengeflechten, Rohr, Lattenwerk und zum grossen Theile
aus Leinwand und ähnlichen Stoffen hergestellt waren und geradezu Zelte genannt werden. [3]

---

1) Pollux VII, 11 καὶ κύκλοι ἐν τῇ νέᾳ κωμῳδίᾳ καλοῦνται ἐν
οἷς πιπράσκεσαι τὰ ἀνδράποδα, ἴσως καὶ τὰ λοιπὰ ὤνια. Vgl X, 18;
Schol. zu Aristoph. Ritter 137; Hesych. und Harpokrat. unter κύκλοι.
Mehreres bei Becker Charikl. II S. 145 f.

2) Pollux IX, 47 οὕτω (näml. τὰ βιβλία) γὰρ τὸν τόπον οὗ τὰ
βιβλία οἱ Ἀττικοὶ ἐνόμαζον, ὥσπερ καὶ τοὺς ἄλλους τόπους ἀπὸ τῶν
ἐν αὐτοῖς πιπρασκομένων, ὡς εἰ γαίεν ἀπῆλθον εἰς τοὔψον καὶ ἐς τὸν
οἶνον καὶ ἐς τοὔλαιον καὶ ἐς τὰς χύτρας and ähnlich X, 18 und Scholien zu Aeschin. geg. Timarch 65. Vgl. Becker Charikl. II S. 148 ff.,
Hermann Gr. Privatalterth. § 18, 12. Beispiele finden sich zahlreich:
Aeschin. geg. Timarch 65 εἰς τοὔψον; Lysias geg. Pankl. 6 εἰς τὸν χλω-
ρὸν τυρόν; Aristoph. Ritter 1375; Lysistr. 557; Thesmoph. 454; Wesp.
789; Frösche 1068; Eupolis in den Scholien zu der letzten Stelle περι-
ῆλθεν εἰς τὰ σκόροδα καὶ τὰ κρόμμυα; Xenoph. Hellen. III, 8, 7 in
Sparta ἀγωγὴν εἰς τὸν σίδηρον. Für den Sprachgebrauch ist bemerkenswerth, dass diese Bezeichnungen nur mit den Präpositionen ἐν und
εἰς erscheinen. — Sonst wird in Athen eine ἱματιόπωλις ἀγορά Pollux
VII, 78, in Ephesos eine ὀψοπωλία Athen. I S. 6ᵃ erwähnt. Was es
mit der Κερκώπων ἀγορά in Athen, von der Eustath. zu Homer Odys.
β, 7 S. 1430, 35 sagt: ἦν δὲ καὶ ἀγορὰ Κερκώπων Ἀθήνησι πλησίον
Ἡλιαίας ἔνθα τὰ κλοπιμαῖα ἐπωλοῦντο, für eine Bewandniss hat, dürfte
bei den sonstigen seltenen Erwähnungen derselben nicht leicht zu finden
sein. S. Lobeck Aglaopham. II S. 1303 f.

3) Harpokrat. σκηνίτης: ἐν σκηναῖς ἐπιπράσειτο πολλὰ τῶν
ὠνίων mit Bezug auf Isokrat. Trapezit. 35. Demosth. v. Kranz 169 τοῖς
ἐκ τῶν σκηνῶν τῶν κατὰ τὴν ἀγορὰν ἐξείργον καὶ τὰ γέρρα ἐνεπίμ-
πρασαν, in welcher Stelle die Bedeutung von τὰ γέρρα grosse Schwierig-

In den grösseren Städten, namentlich solchen, welche mit grösserem Aufwande von Seiten der Gemeinde ausgestaltet waren, fanden sich am Markte auch bedeckte Hallen, welche für den Waarenmarkt benutzt wurden. Dahin gehört z. B. im Peiraeeus eine von Perikles erbaute Halle, in welcher Verkauf von Mehl stattfand, in Megalopolis eine Halle zum Handel mit wohlriechenden Oelen, ja selbst in Sparta gab es einen Platz mit Hallen, wo Waaren aller Art zum Verkauf standen.[1] In späterer Zeit wurden nach dem Vorbilde der reichen ionischen Städte in Kleinasien nicht bloss einzelne Hallen, sondern selbst zusammenhängende Reihen derselben zu solchen Zwecken aufgeführt, so dass Pausanias bei der Beschreibung von Marktplätzen an mehreren Stellen Gelegenheit nimmt, ausdrücklich zu bemerken, dass die Einrichtung derselben die der alterthümlichen Weise gewesen sei.[2]

keiten gemacht hat. S. Becker Charikl. II S. 146 ff. Es kann jedoch kaum zweifelhaft sein, dass dabei an Ruthengeflechte zu denken ist, welche die Wände oder auch die Dächer der Buden bildeten, nach Harpokrat. γέρρα: νῦν γοῦν τὰ τῶν σκηνῶν σκηνάσματα καὶ παρακαλύμματα ἐμπίμπρασθαί φησιν ὁ Δημοσθένης und Schol. zu Lukian Anachars. 33 γέρρον — Δημοσθένης δὲ ἐπὶ τῶν σκηνωμάτων καὶ τῶν περιφραγμάτων, οἱ δὲ τὰ γέρρα ἐπιτιμήρισαν. Aus ähnlichen Materialien verfertigten auch die Marktleute auf der Messe von Tithorea ihre Buden. Pausan. X, 32, 15 σκηνὰς οἱ πωλεύοντις ποιοῦνται καλάμου τε καὶ ἄλλης ὕλης αὐτοσχεδίου. — Vgl. noch Theokrit XV, 16 γέργον καὶ φῦκος ἀπὸ σκηνᾶς ἀγοράσδων.

1) ἀλφιτόπωλις στοά Schol. zu Aristoph. Acharn. 547. Vielleicht war dies dieselbe Anlage, welche Pausan. I, 1, 3 erwähnt: στοὰ μακρὰ ἔνθα καθίσταται ἀγορὰ τοῖς ἐπὶ θαλάσσης. Vgl. die bei Thukydid. VIII, 90 erwähnte Halle, welche im J. 411 von den Aristokraten zur Aufspeicherung von Getreide benutzt wurde. — In Megalopolis στοὰ μυρόπωλις Pausan. VIII, 30, 7. Curtius Peloponn. I S. 287 u. 334. — In Sparta Pausan. III, 13, 6 ἔστι δέ τι χωρίον ἔχον τὰς στοὰς ἐν τετραγώνῳ τῷ σχήματι, ἔνθα σφίσι ἐπιπράσκετο ὁ ῥῶπος τὸ ἀρχαῖον.

2) Pausan. VI, 24, 2 ἡ δὲ ἀγορὰ τοῖς Ἠλείοις οὐ κατὰ τὰς Ἰώνων καὶ ὅσοι πρὸς Ἰωνίᾳ πόλεις εἰσὶν Ἑλλήνων, τρόπῳ δὲ πεποίηται τῷ ἀρχαιοτέρῳ, στοαῖς δὲ ἀπὸ ἀλλήλων διεστώσαις καὶ ἀγυιαῖς δι' αὐτῶν. Vgl. VII, 22, 2 u. X, 35, 1; den Markt in Smyrna bei Aristeid. I S. 376 Dind. und Athen. XII S. 541ᵃ οἶδα δὲ κἀγὼ παρὰ τοῖς ἐμοῖς Ἀλεξανδρεῦσι Λαίραν τινὰ καλουμένην μέχρι καὶ νῦν εὐδαίμονα, ἐν ᾗ πάντα

Bestimmte Märkte scheinen an manchen Orten am ersten
Tage jedes Monats abgehalten worden zu sein, wie dies schon
bei einer früheren Gelegenheit von den Sklavenmärkten bemerkt
worden ist.[1] Die Tageszeit, zu welcher auf den stehenden Märkten hauptsächlich der Verkauf stattfand, bilden die Vormittags-
stunden,[2] in welchen sich die grösste Menge Menschen auch zu
anderen Zwecken auf den Marktplätzen einfand, obgleich sich
nicht bloss zu dieser Zeit, sondern selbst noch am Abend Verkäufer daselbst aufzuhalten pflegten.[3] Die Märkte grösserer
Städte wurden aber nicht bloss von den Einheimischen und den
Bewohnern der nächsten Umgegend, sondern auch von Fremden,
die selbst aus grösserer Entfernung kamen, zum Zwecke sowohl
des Einkaufes als des Verkaufes besucht, und zwar um so zahlreicher, je reichhaltiger die Waarenvorräthe und je lebhafter im
Allgemeinen der Verkehr zu sein pflegte. Dies zeigt unter anderem der bekannte Beschluss der Athener, welcher die Megareer
vom Besuche des athenischen Marktes ausschloss und dieso so
schwer traf, dass er von Seiten der Feinde Athens mit als Grund
für den Beginn des peloponnesischen Krieges geltend gemacht
wurde.[4] In Aristophanes Acharnern öffnet der Athener Dikæo-
polis seinen Markt allen Peloponnesiern, Bœotern und Megareern, und in dem Frieden desselben Dichters erscheinen mega-
rische und bœotische Waaren auf dem Markte von Athen, wie

τὰ πρὸς τρυγήν ἐπωλεῖτο. Hermann Gr. Privatalterth. § 16, 15. Curtius in Gerhard Archäolog. Zeitung 1848 S. 292 ff.

1) Aristoph. Wesp. 169 ἀποδόσθαι βούλομαι τὸν ὄνον ἄγων αὐ-
τοῖσι τοῖς κανθηλίοις· νουμηνία γάρ ἐστιν mit den Scholien. Auf vorhandene Einrichtungen weist sich aber auch wohl die Bestimmung in Platons
Ges. VIII S. 849ᵇ νόμος δὲ ἑκάστου μηνὸς τῇ τῆς ἂν δεῖ πραθῆναι
τὸ μέρος τοῖς ξένοις ἐξάγειν. In Alesiaeon in Elis wurde jeden Monat
von den Umwohnern eine προγή, jedenfalls ein Kaufmarkt, abgehalten.
Strabo VIII S. 341. Ueber Sklavenmärkte s. Buch I S. 193 f.

2) Die Zeit, welche oft als πληθούσα ἀγορά bezeichnet wird, und
die Suidas u. d. W. als die dritte bis fünfte Tagesstunde bestimmt. Bei
Xenoph. Oekon. 12, 1 ist ohne weitere Zeitbestimmung bemerkt πρὶν
παντάπασιν ἡ ἀγορά λυθῇ. Vgl. Becker Charikl. II S. 127 f.

3) Demosth. v. Kranz 169.

4) Thukydid. I, 67; Plutarch Perikl. 29.

es in Friedenszeiten in Wirklichkeit stets der Fall gewesen sein wird.[1] Ja es scheinen in früherer Zeit an Gränzorten besondere Märkte abgehalten worden zu sein,[2] auf welchen die Bewohner der dort aneinandergränzenden Länder zu gegenseitigem Verkehr sich einzufinden pflegten.

Ein sehr lebhafter Kramhandel entwickelte sich ferner an Orten und bei Gelegenheiten, wo ein zahlreicher Zusammenfluss von Menschen aus den verschiedenen Landschaften von Griechenland stattfand, vor allem bei den bedeutenderen Heiligthümern und während der grossen Nationalfeste. Es war theils die Nothwendigkeit für die aus der Ferne gekommenen, sich mit Opferthieren, Lebensmitteln und anderen für den augenblicklichen Gebrauch erforderlichen Gegenständen zu versehen,[3] theils die Unverletzlichkeit der heiligen Orte und der sichere Frieden der Festzeit, welcher durch besondere internationale Festsetzungen geschützt war, und die dadurch bewirkte Sicherheit des Reisens, die sonst nicht immer in Griechenland vorhanden war,[4] was Krämer aller Art herbeizog, und indem der Handel sich in natürlicher Entwicklung über das augenblickliche Bedürfniss hinaus erweiterte, gaben jene Festversammlungen die Gelegenheit zur Abhaltung ordentlicher Messen.[5] Je weniger systematisch

---

1) Aristophan. Acharn. 720 ff. Frieden 999 ff.

2) Ein Gesetz bei Demosth. geg. Aristokr. 37 nennt eine *ἐμπορία ἀγορά* und § 39 erklärt der Redner: *τί τοῦτο λέγων; τῶν ὅρων τῆς χώρας· ἐνταῦθα γάρ, ὥς γ' ἐμοὶ δοκεῖ, τάρχαῖα ἀντήθεσαν οἱ πρόσχωροι παρά τι ἡμῶν καὶ τῶν ἀστυγειτόνων, ὅθεν ἐνόμιζεν ἀγορᾶν ἐμπορίαν.* Pollux IX, 8 *τὰ μέρη τῆς πόλεως τὰ μὲν ἴξει πόλεως ὅροι, ἐμπορία ἀγορά* u. s. w. Etymol. Magn. S. 13, 10 *Ἀγορά ἐμπορία ἡ σύνοδος ἡ πρὸς τοῖς κοινοῖς ὅροις γιγνομένη τῶν ἀστυγειτόνων.* Photios *Ἐμπορία: ἀγορά Ἀθήνησιν οὕτω λεγομένη* und unter *Ἐμπορία: ἡ ἐπὶ τῶν ὅρων γιγνομένη προσαγόρευσις· ὡς Δημοσθένης ἐν τῷ κατὰ Ἀριστοκράτους.* Vgl. Weber zu der Stelle des Demosth.

3) Vgl. Isokrat. Panegyr. 43 ff.

4) Xenophon Comment. II, 1, 15.

5) Strabo X S. 486 *ἥ τε πανήγυρις ἐμπορικόν τι πρᾶγμά ἐστι.* Menander bei Stob. Floril. CXXI, 7* *πανήγυριν νόμισόν τιν' εἶναι τὸν χρόνον ὃν φημι τοῦτον, τὴν ἐπιδημίαν ἄνω· ὄχλος ἀγορά κλέπται κυβεῖαι διατριβαί.* Diogen. Laert. VIII, 8 *εἰς πανήγυριν οἱ μὲν ἀγωνισόμενοι, οἱ δὲ κατ' ἐμπορίαν, οἱ δὲ βέλτιστοι ἔρχονται θεαταί.*

aber die sonstigen Handelsverbindungen sind und je geringer die
Sicherheit ist, mit welcher man darauf rechnen kann, zu jeder
Zeit Gelegenheit zum Einkauf dessen, was man bedarf, zu finden, desto wichtiger sind solche regelmässig zu bestimmten Zeiten und an bestimmten Orten wiederkehrenden Gelegenheiten zu
Einkauf und Verkauf, und eben deshalb kann man mit Sicherheit annehmen, dass diese Messen ein sehr hohes Alter haben.
Von der Messe zu Olympia wird erzählt, dass sie vom Iphitos
zugleich mit den Spielen eingerichtet worden sei, [1] und schon in
dem homerischen Hymnus auf den delischen Apollon geschieht
der Schiffe mit den reichen Ladungen Erwähnung, die an der
Insel Delos landen. [2] Ausser diesen beiden Orten werden auch
bei der Feier der isthmischen, nemeischen und pythischen Spiele
dergleichen Messen stattgefunden haben, wenngleich es scheint,
dass nirgends eine ausdrückliche Erwähnung derselben zu finden
sei, und es lässt sich dies um so mehr annehmen, als Pausanias
mittheilt, dass bei den Festen der Isis, welche in Tithorea
jedes Jahr im Frühling und Herbste gefeiert wurden, eine regelmässige Messe abgehalten wurde, so dass man am zweiten Tage
der Feier die Buden aufschlug und am dritten mit dem Verkaufe von Sklaven, Vieh, Kleidung, Gold und Silber sich bis
zum Mittage beschäftigte. [3] In gleicher Weise waren die regelmässig wiederkehrenden Versammlungen der Amphiktyonen mit
grossen Märkten verbunden, [4] auf denen man den ganzen Appa-

---

Arrian Dissert. Epict. II, 14, 23 ὡς ἐν πανηγύρει τὰ μὲν κτήνη πρα-
Ͽησόμενα ἄγεται ἐπὶ τοῦ βόες, οἱ δὲ πολλοὶ τῶν ἀνθρώπων οἱ μὲν ὠνη-
σόμενοι οἱ δὲ πωλήσοντες. Vgl. Cicero Tuscul. V, 3, 8.

1) Velleius Patere. I, 8.

2) Hymn. auf Apoll. 146—156, besonders 154 νῆάς τ' εἰκίας, ἠδ'
αὐτῶν κτήματα πολλά.

3) Pausan. X, 32, 15.

4) Zenob. V, 36 οἶδε Πυλαία ταῦτα καὶ Τυττυγίας: ὁ Τυττυγίας
ἀνδραποδιστὴς ἦν ἐπώλει δ'ἐν τῇ Πυλαίᾳ τὰ ἀλλότρια. Auch der
Ausdruck ἀγορά, welcher von den Amphiktyonenversammlungen öfter
gebraucht wird, mag zum Theil auf den Marktverkehr zu beziehen sein.
Vgl. Sophokl. Trach. 638 ἵνθ' Ἑλλάνων ἀγοραὶ Πυλατίδες κλέονται mit
Henych. Πυλατίδες ἀγοραί. Skymnos 640 Ταύτης Πυλαία δ'ἐστὶν ἑξῆς
παράλιος, ἀγορὰ δ'ἐν αὐτῇ γίνετ' Ἀμφικτυονική. Noch im zweiten Jahr-

rat von Gauklern, Betrügern und liederlichen Dirnen antreffen
konnte, wie er sich neben den Handelsleuten bei dergleichen
Gelegenheiten einzufinden pflegte, der Art dass man das Wort
Pylaia, den Namen jener Amphiktyonenversammlungen, sogar als
bildlichen Ausdruck zur Bezeichnung eines gauklerischen Verfah-
fahrens anwendete.[1] Wie bedeutend aber der Handelsverkehr
in Delphi gewesen sein muss, geht schon daraus hervor, dass
die Bewohner von Krisa es einträglich fanden, selbst im Widerspruch mit den Anordnungen der Amphiktyonen in ihrem Hafen
einen Zoll von den Gegenständen zu erheben, die dort eingeführt worden, um nach Delphi gebracht zu werden.[2] Auch bei
Gelegenheit der jährlichen Bundesversammlungen der Aetoler in
Thermos wurden solche Märkte abgehalten.[3]

Als Gegenstände des Handels auf den stehenden Märkten
der Städte sowohl als auf den periodischen Messen haben wir
alles zu denken, was an beweglichem Gute zu den Lebensbedürfnissen gehört:[4] Nahrungsmittel aller Art, Kleidung und
Schmuck, Hausgeräth, Waffen, Vieh, Sklaven, selbst, wie es
scheint, Bücher. Mit dem Feilhalten dieser Waaren auf den
Märkten beschäftigten sich aber nicht bloss Männer, sondern
auch Frauen, und namentlich scheint der Handel mit Kränzen
und Blumen, Bändern, Näschereien, Gemüsen und Brot in den
Händen der letzteren gewesen zu sein.[5] Die Art des Verkehrs,

---

hundert n. Chr. erwähnt dies Treiben Dio Chrysost. LXXVII, 4. Vgl.
Tittmann Ueber den Bund der Amphiktyonen S. 69 ff.

1) Plutarch v. Ges. Im Monde 8 *θαυματοποιοῖ τινος ἀποσκευὴν
καὶ πυλαίαν*. Vom *E* in Delphi 4 *ταυτὶ μὲν παντάπασιν ἐν πίνακος
καὶ πυλαίας*.

2) Strabo IX S. 419. Tittmann a. a. O. S. 105.

3) Polyb. V, 8.

4) Man sehe die reiche Aufzählung der verschiedenen Klassen von
Händlern bei Pollux VII, 196 ff.; vgl. X, 18 u. Platon Gess. VIII S. 849.
Einzeln noch: *κάπηλος ἀπνίδων* Aristoph. Frieden 447; *ὅπλων κάπηλος*
ebend. 1210; *δημοκάπηλος* Alkiphr. III, 60; *προβατοκάπηλος* Plutarch
Perikl. 24; Lukian adv. ind. 24; Pollux III, 78; *ἀνδραποδοκάπηλος*, wo-
mit freilich auch der Kaufmann bezeichnet wurde, welcher Sklaven aus der
Fremde einführte, und den die spätere Sprache *σωματέμπορος* nannte;
s. Harpokrat. *ἀνδραποδοκάπηλος*. Eustath. zu Homer Odyss. σ, 261.

5) Vgl. Pollux VII, 196 ff., wo sich *λαχανόπωλις, ἰσχαδόπωλις*,

wie er auf den griechischen Märkten stattfand, ist gewiss in keinem wesentlichen Stücke verschieden von der Weise, wie sie bis auf den heutigen Tag sich im Ganzen überall findet. Ein Ausschreien der verkäuflichen Waaren, auch durch besonders dazu angestellte Ausrufer, scheint sowohl bei dem gewöhnlichen Verkauf als auch namentlich bei den Versteigerungen stattgefunden zu haben.[1] Der Beginn des Fischverkaufes wurde, wahrscheinlich nach einer allgemein verbreiteten Sitte, durch ein Zeichen mit einer Glocke angekündigt.[2] Der Verkauf selbst mit dem dabei entstehenden Lärmen, dem Fordern und Bieten der Verkäufer und der Käufer, der Grobheit und dem Schelten der ersteren, worin sich namentlich die Brotverkäuferinnen und die Fischhändler hervorgethan zu haben scheinen, dem Streit um die Münzsorte, in welcher der geforderte Preis gemeint sei,[3] bietet nichts besonders eigenthümliches, was sich nicht überall bei gleicher Gelegenheit wiederholte.

Nicht unbedeutend muss endlich das Geschäft gewesen sein, welches die Kaufleute mit den Soldaten im Felde machten. Denn da in der Regel der Soldat selbst für seine Verpflegung

---

μελιτόπωλις, συγκπύπωλις, γελγόπωλις finden; VII, 21 ἀρτόπωλις, vgl. Aristoph. Wesp. 1389; ἱππόπωλις Demosth. geg. Eubulid. 34. — Ob die Benennung γυναικεία ἀγορά bei Theophrast Charakt. 2 und nach Menander bei Pollux X, 18, von der nicht einmal sicher ist, ob sie gerade dem Kaufmarkte gegeben worden ist, mit diesen Verkäuferinnen in irgend welcher Beziehung steht, muss dahingestellt bleiben.

1) Aelian Verm. Gesch. II, 1 τοῦ ἐν τοῖς κύκλοις κηρύττοντος. Dio Chrysost. VII, 123 κήρυξις ὠνίων. Harpokrat. ἀποκηρύττοντες: ἀντὶ τοῦ πιπράσκοντες Δημοσθένης κατ' Ἀριστοκράτους (201). Πλάτων Πρώσβεις: σκεύαρια δὴ κλέρας ἀπεκήρυξ' ἱκγέρων. Vgl. Lukians βίων πρᾶσις. Pollux, X, 18 εἴποις ἂν τὴν πρᾶσιν τῶν ἐπίπλων τὴν ὑπὸ κήρυκι γινομένην, ἣν σὺν ἀπορίαν καλοῦσιν, ἀγοράν καὶ παμπρασίαν.

2) Strabo XIV 8. 658 von Iasos: ὁ κώδων ὁ κατὰ τὴν ὀψοπωλίαν ἐψόφησε. Plutarch Sympos. IV, 4, 2 τοῖς περὶ τὴν ἰχθυοπωλίαν ἀναδιδόντας ἑκάστοτε καὶ τοῦ κώδωνος ὀξέως ἀκούοντας.

3) Xenoph. Kyrop. I, 2, 3; Athen. VI 8. 224 C; vgl. 8. 228°; Aristoph. Frösche 857 λοιδορεῖσθαι δ' οὐ θέμις ἄνδρας ποιητὰς ὥσπερ ἀρτοπώλιδας. Von den Fischhändlern Athen. a. a. O., wo auch 8. 225ᵇ ein Streit, ob aeginäische oder attische Obolen gemeint seien.

zu sorgen hatte, so fanden sich in den Lagern und an den Rast-
plätzen die Handelsleute entweder von selbst, wenn sie von der
Anwesenheit eines Heeres Kunde erhalten hatten, oder auf eine
vom Feldherrn erlassene Aufforderung ein, um den Soldaten
Lebensmittel zu verkaufen.[1] Bei längerem Aufenthalte des Heeres an demselben Orte, z. B. bei Belagerungen, haben selbst
Grosshändler in der Zuführung derartiger Bedürfnisse ihre Rechnung gefunden.[2] Zugleich war es ein einträgliches Geschäft, die
im Ganzen oder von einzelnen Soldaten gemachte Beute aufzukaufen.[3] Denn da die Heere wegen der Schwierigkeit des Transportes dieselbe in der Regel sofort zu Gelde zu machen suchten, zu welchem Zwecke die Spartaner sogar besondere Beamte
mitschickten,[4] so wurde sie in den meisten Fällen gewiss bedeutend unter dem wirklichen Werthe losgeschlagen und der dabei
sich ergebende Gewinn war gross genug, um Handelsleute zu
bestimmen, den Heeren auf ihren Zügen zu folgen, zumal da sich
dabei oft eine günstige Gelegenheit bot, Kriegsgefangene als
Sklaven anzukaufen.[5] Daher begleiteten die Expedition der
Athener nach Sicilien eine Menge von Privatfahrzeugen in der
ausgesprochenen Absicht, Handelsgeschäfte zu treiben.[6]

Es bleibt uns noch übrig von einer Seite des Verkehrs zu
sprechen, die im Alterthume zwar nicht denselben Umfang wie
heutigen Tages erlangt hat, aber darum nicht von geringerer
Wichtigkeit war, von den Geldgeschäften. Es erschien bei diesem Gegenstande zweckmässig, eine Trennung der gewerbsmässig
betriebenen Geldgeschäfte von denen der Privatleute nicht zu
machen, sondern den gesammten Geldverkehr im Zusammenhange

---

1) Vgl. den häufig vorkommenden Ausdruck παρέχειν ἀγοράν in
Xenoph. Anab. II, 4, 9; III, 1, 2 u. s. w. Kyrop. VI, 2, 38. οἱ τὴν ἀγοράν παρισχανόντες Hellen. VI, 4, 9. Aristot. Oekon. II S. 1350ᵇ, 31.
2) Bei Aristot. Oekon. II S. 1350ᵃ. 25 finden sich im Lager ἔμποροι καὶ ἀγοραῖοι. Xenoph. Kyrop. VI, 2, 38. Hellen. I, 8, 37. Diod. XX, 84
3) Diodor XIV, 79 ἠκολούθει δ'αὐτοῖς ἀγοραίος ὄχλος τῆς ἁρπα-
γῆς χάριν.
4) λαφυροπῶλαι Xenoph. Staat d. Laked. 13, 11; vgl. Anab. VII,
7, 56; Hellen. IV, 1, 26. Agesil. 1, 18.
5) S. Xenoph. Agesil. 1, 21.
6) Thukydid. VI, 44, 1

zu behandeln, da nur so eine ausreichende Uebersicht gewonnen
werden konnte. Sobald Gewerbe und Handel wenigstens bis zu
einem gewissen Grade sich als selbständige Erwerbsthätigkeiten
entwickelt und einen Umfang von einiger Bedeutung erlangt hatten, konnte es nicht ausbleiben, dass das Geld nicht mehr auf
seine einfachste Verwendung als Preismesser und Preisausglei-
cher beschränkt blieb, sondern seine Natur als Waare deutlicher hervortreten liess, und so wie jede andre Waare die
Grundlage einer besonderen Art von Erwerbsthätigkeit wurde.
Gewerbliche und Handelsunternehmungen erforderten ein Capital,
mit dem sie betrieben wurden, mochte dieses nun in Waaren,
Rohstoffen oder Arbeitskraft bestehen; dieses Capital aber wurde
mittelst des Geldes beschafft, und so erschien das baare Capital
geradezu als die Voraussetzung jedes anderen, als die Grundlage
des Geschäftes überhaupt. Die griechische Sprache geht denn
auch von dieser Anschauung aus, indem die von ihr gebrauchte
Bezeichnung für das Capital nichts anderes als den Ausgangspunkt, die Grundlage des Geschäftes bedeutet.[1] So wie nun
Geschäftsleute das ihnen selbst fehlende Capital von anderen zu
erhalten suchten, so musste auch bei zunehmendem Wohlstande
und bei der Vermehrung der Menge edler Metalle, welche
grössere Summen baaren Geldes in den Besitz einzelner Personen brachte, für diese letzteren der Wunsch sich geltend machen,
diesen Besitz in gewinnbringender Weise zu verwerthen und falls
sie selbst nicht Lust oder Gelegenheit hatten, denselben als Capital für eigne Geschäftsunternehmungen zu verwenden, ihn an
andere Personen zu diesem Zwecke zu überlassen. Da dies
natürlich nur unter der Bedingung geschah, dass der Benutzende
einen Preis für die ihm überlassene Benutzung des Capitals
zahlte, so bildete sich naturgemäss das Zinsgeschäft. Die Älteren griechischen Philosophen, welche nationalökonomische Gegen-

1) ἀφορμή. Harpokrat. ἀφορμή: ὅταν τις ἀργύριον δῷ ἐνθήκην,
ἀφορμὴ καλεῖται ἰδίως παρὰ τοῖς Ἀττικοῖς. Xenoph. Commat. II, 7,
11 ἀντίπασθαι εἰς ἔργον ἀφορμήν. Vgl. v. d. Eink. 3, θ u. 12; 4, 34.
Lysias bei Athen. XIII 9. 611' κατασκευάσομαι τέχνην μυρεψικήν·
ἀφορμῆς δὲ δέομαι. Demosth. für Phorm. 11 ἦν ἰδία τις ἀφορμὴ τοί-
τῳ πρὸς τῇ τραπέζῃ.

stände berührt haben, fassten freilich grossentheils die Sache
anders auf und zwar in Folge der besonderen Ansichten, welche
sie von der Natur des Geldes hatten. Wegen seiner besondern
Anwendung gelangten sie nicht dazu, das Geld mit den übrigen
Waaren auf eine gleiche Stufe zu stellen, wenn auch sonst ihre
Ansichten von dem Wesen desselben weit auseinander gingen.
Aus einer Mittheilung des Aristoteles ersehen wir, dass manche
den Reichthum nur in der Menge des vorhandenen Geldes suchten,[1] also wohl demselben einen absoluten Werth beilegten, ohne
Rücksicht darauf, dass es nur als Waare, d. h. als ein zum Vertauschen bestimmtes Gut seine Bedeutung habe, während andere
ihm auch diesen Werth an und für sich absprachen und es als
etwas nichtiges und nur auf Uebereinkommen und Gesetz beru-
hendes erklärten. Platon nennt das Geld ein verabredetes Zeichen zum Zwecke des Tauschhandels, und bemerkt, dass ebenso
wie der Kaufmann die Aufgabe habe, die Ungleichheit des Vorrathes von irgend welchen Waaren auszugleichen, auch das Geld
dieselbe Aufgabe erfülle.[2] Auf dieser Theorie fussend hat er in
seinen Gesetzesentwürfen für den Gebrauch innerhalb des Landes eine Münze angeordnet, welche ausserhalb desselben werthlos ist, und untersagt den Bürgern seines Staates das Ansammeln von Geld gänzlich.[3] Xenophon hat sich über die Natur des
Geldes nicht direct ausgesprochen, doch bemerkt er in der
Schrift von den Einkünften,[4] dass beim Silber nicht wie bei
anderen Waaren eine Ueberproduktion und damit eine Verringerung des Werthes eintreten könne, denn niemand habe so viel

---

1) Aristot. Polit. I, 3 8. 17 Καὶ γὰρ τὸν πλοῦτον πολλάκις
τιθέασι νομίσματος πλῆθος, διὰ τὸ περὶ τοῦτ' εἶναι τὴν χρηματιστι-
κήν. Ὅτι δὲ πάλιν λῆρος εἶναι δοκεῖ τὸ νόμισμα καὶ εἰς νόμος παν-
τάπασι, φύσει δ' οὐδέν.

2) Platon Republ. II 8. 371ᵇ νόμισμα ξύμβολον τῆς ἀλλαγῆς
ἕνεκα. Ges. XI 8. 918ᵇ.

3) Platon Ges. V 8. 742.

4) Xenoph. v. d. Eink. 4, 6, wozu die Bemerkung Kyrop. VIII,
2, 23 οὐ τοὺς πλεῖστα ἔχοντας καὶ φυλάττοντας πλεῖστα εὐδαιμονε-
στάτους ἡγοῦμαι — ἀλλ' ὃς ἂν κτᾶσθαί τε πλεῖστα δύνηται οὖν τῷ
δικαίῳ χρῆσθαί τε πλείοσας οἷν τῷ καλῷ, τοῦτον ἐγὼ εὐδαιμονέ-
στατον νομίζω in einem greifbaren Widerspruche steht.

Geld, dass er nicht noch mehr wünsche, ja wenn jemand selbst
so viel besitze, dass er seinen Ueberfluss vergrabe, so freue er
sich daran nicht weniger als am Gebrauche. Die Unzulänglich-
keit der Theorie tritt bei beiden Schriftstellern sofort hervor,
indem Platon für den Verkehr mit dem Auslande die allgemein-
gültige griechische Münze zulassen muss, Xenophon aber selbst
bemerkt, dass das Gold bei vermehrter Produktion dem Silber
gegenüber im Werthe sinkt. Näher tritt Aristoteles der Sache,
indem er die Einführung des Geldes aus den Schwierigkeiten des
unmittelbaren Tauschhandels erklärt und bemerkt, man habe
deswegen für den Tausch sich über einen Gegenstand geeinigt,
der selbst zu den nutzbaren Dingen gehöre und für den Gebrauch
des Lebens leicht zu handhaben sei,[1] aber da er dem Gelde keine
andere Bedeutung als die eines Preismessers und eines Vermitt-
lers des Umtausches zugestehen will,[2] so ist ihm das eigentliche
Geldgeschäft widernatürlich, weil es seinen Erwerb unmittelbar
aus dem Gelde zieht und dasselbe so zu einem Zwecke benutzt,
zu welchem es nicht geschaffen ist.[3]

Im wirklichen Leben hat sich die Sache nach ihrem naturgemässen Entwicklungsgange, der durch gewaltsames Eingreifen
von irgend welcher massgebenden Seite nur wenig gehemmt worden ist, ganz anders gestellt, und wenn auch der Hass gegen

1) Aristot. Polit. I, 3 S. 16 . διὸ πρὸς τὰς ἀλλαγὰς τοιοῦτόν τι
συνέθεντο πρὸς σφᾶς αὐτοὺς διδόναι καὶ λαμβάνειν, ὃ τῶν χρησίμων
αὐτὸ ὂν εἶχε τὴν χρείαν εὐμεταχείριστον πρὸς τὸ ζῆν. Nikom. Eth. V,
8 S. 1133ᵃ, 28 οἷον δ᾽ ὑπάλλαγμα τῆς χρείας τὸ νόμισμα γίγονε κατὰ
συνθήκην· καὶ διὰ τοῦτο τοὔνομα ἔχει νόμισμα, ὅτι οὐ φύσει ἀλλὰ
νόμῳ ἐστί, καὶ ἐφ᾽ ἡμῖν μεταβαλεῖν καὶ ποιῆσαι ἄχρηστον.
2) Nikom. Eth. V, 8 S. 1133ᵃ, 19 διὸ πάντα σύμβλητά δεῖ πως
εἶναι, ὧν ἐστιν ἀλλαγή. ἐφ᾽ ὃ τὸ νόμισμ᾽ ἐλήλυθε καὶ γίνεταί πως
μέσον· πάντα γὰρ μετρεῖ, ὥστε καὶ τὴν ὑπεροχὴν καὶ τὴν ἔλλειψιν,
πόσα ἄττα δὴ ὑποδήματ᾽ ἴσον οἰκίᾳ ἢ τροφῇ. IV, 1 S. 1119ᵇ, 26
χρήματα δὲ λέγομεν πάντα ὅσων ἡ ἀξία νομίσματι μετρεῖται. Rhetor. II, 36 S. 1391ᵃ, 1 ὁ γὰρ πλοῦτος οἷον τιμή τις τῆς ἀξίας τῶν
ἄλλων, διὸ φαίνεται ὤνια ἅπαντα εἶναι αὐτοῦ. Polit. I, 3 S. 19 μετ-
αβολῆς γὰρ ἐγένετο χάριν.
3) Polit. I, 3 S. 19 εὐλογώτατα μισεῖται ἡ ὀβολοστατική, διὰ τὸ
ἀπ᾽ αὐτοῦ τοῦ νομίσματος εἶναι τὴν κτῆσιν, καὶ οὐκ ἐφ᾽ ὅπερ
ἐπορίσθη.

die Wucherer sich oft genug laut ausgesprochen hat, so hat doch
das Geldgeschäft nach allen Seiten hin einen ansehnlichen Umfang gewonnen.

Wenn wir zunächst diejenige Seite, welche in dem Ausleihen von Capitalien gegen Zins ihr Wesen hat, zur Betrachtung
ziehen, so kann nur im Vorübergehen, als nicht zum eigentlichen
Geldgeschäft gehörig, der Fall erwähnt werden, dass jemand
aus persönlicher Gefälligkeit ein Darlehen hergiebt, für welches
er weder Zinsen nimmt, noch eine andere Sicherheit verlangt,
als sie ihm das persönliche Vertrauen zu der Rechtlichkeit des
Darleihenden gewährt.[1]

Bei dem eigentlichen Darlehensgeschäft kam es zunächst
darauf an, für Capital und Zinsen die möglichste Sicherheit zu
erhalten.[2] Das einfachste Verfahren bestand darin, dass der
Schuldner einen Schuldschein ausstellte, in welchem die Höhe
des geliehenen Capitales, der Zinsfuss, die Zeit auf welche das
Darlehen gegeben war und sonstige etwa eingegangene Bedingungen verzeichnet wurden.[3] Da ein solcher Schuldschein erforderlichen Falls als Beweismittel dienen muss, so waren noch
gewisse Vorsichtsmaassregeln nöthig, um einem Abläugnen oder
Ausflüchten von Seiten des Verpflichteten, so wie Verfälschungen
des Documentes entgegen zu treten. Zu diesem Zwecke wurde

---

1) Vgl. Demosth. geg. Timoth. 2. Ein solches Darlehen heisst χειρόδοτον. Pollux II, 152 χειρόδοτον δὲ δάνειομα τὸ ἄνευ συμβόλου.
Hesych. χειρόδοτον· ἀχρημάτιστον δάνειον. Bekker Anecdd. Gr. S. 99,
23 διὰ χειρὸς δανείσαι· Τιμόστρατος Πανί. Schol. zu Aristoph. Vögel
1653 τὸ ἀργύριον δὲ τοῖς τόκοις διὰ χειρὸς ἐδίδοσαν, ἐπειδὴ οὐκ ἐξῆν
αὐτοῖς κληρονομεῖν. Vgl. Diodor I, 79 ἀσύγγραφα δανείσασθαι.

2) Das Capital gegenüber den Zinsen ist τὸ ἀρχαῖον. Vgl. Aristophan. Wolk. 1156 καὶ τἀρχαῖα καὶ τόκοι τόκων. Demosth. geg. Aphob.
I, 10. Der Zins ist ὁ τόκος oder τὸ ἔργον. Demosth. a. a. O.

3) συγγραφή Demosth. geg. Lakrit. 14; geg. Nikostrat. 10. χειρό-
γραφον, wofür Pollux II, 152 und Suidas aus Hypereides χείρ anführt.
Zwischen beiden Ausdrücken suchte Salmasius De modo usur. S. 391 ff.
vergeblich einen Unterschied festzustellen. Vgl. Gneist Die formellen Verträge des römischen Obligationsrechtes im Vergleich mit den Geschäfts-
formen des griechischen Rechtes. Berlin 1845. Bei den Spartanern κλάρια. Plutarch Agis 13 τὰ παρὰ τῶν χρεωστῶν γραμματεῖα ἃ κλάρια
καλοῦσιν.

die Aufzeichnung in Gegenwart von Zeugen vorgenommen, welche wenigstens zum Theil mitunterzeichneten.[1] In manchen Staaten mögen auch sonst noch bestimmte Formalitäten üblich gewesen sein, wie z. B. in Sparta, wo man vor zwei Zeugen ein Pergamentstück in zwei Theile riss und auf jedem derselben die Schuldurkunde niederschrieb; eine dieser Exemplare erhielt der Gläubiger, das andere einer der Zeugen.[2] Ein ähnliches Verfahren schlug man auch anderwärts ein, insofern man der grösseren Sicherheit halber die Schuldverschreibung in doppelten Exemplaren ausstellte und eines derselben bei einem zuverlässigen Manne deponierte,[3] wie dies auch, wenigstens in Athen, mit dem nur einmal aufgenommenen Originaldocument zu geschehen pflegte.[4] Nach einer freilich aus später Zeit herrührenden Notiz mögen auch an manchen Orten von Seiten des Staates Personen bestellt gewesen sein, vor welchen, wie heut zu Tage vor einem Notar, dergleichen Urkunden aufgenommen werden konnten.[5] Endlich suchte man noch dadurch, dass man auch bei der Auszahlung des Darlehens Zeugen zuzog, eine grössere Sicherheit zu erlangen.[6] Doch boten alle diese Massregeln keine ausreichende Bürgschaft für die Erfüllung der eingegangenen Verpflichtungen, wofern nicht ausserdem eine solche in der notorischen Redlichkeit des Schuldners und einer gewissenhaften Handhabung der Gerechtigkeitspflege von Seiten des Staates gegeben war, welche letztere selbst schriftliche Verträge überflüssig machen konnte, wie dies bei den Lokrern der Fall sein

---

1) Demosth. geg. Lakrit. 10 ff.

2) Schol. zu Aristoph. Vögel 1284. Διοσκορίδης δ᾿ ἐν τοῖς περὶ νομίμων τοὺς δανείζοντας ἐν Σπάρτῃ διαιρεῖν συντελῶν δύο παρόντων μαρτύρων καὶ γράφειν τὸ συμβόλαιον ἐν ἑκατέρῳ τμήματι, καὶ τὸ μὲν ἐπὶ τῶν μαρτύρων διδόναι, τὸ δὲ ἑαυτοῦ ἔχειν. ἐχρῶντο δ᾿ οὕτῳ καὶ ἄλλοι, ὡς Ἀριστοτέλης ἐν τῇ Ἰθακησίων πολιτείᾳ μβ'. Ebenso Photios Συντελῶν, der aber gegen Ende offenbar richtiger hat καὶ ἄλλοι ὡς Ἀριστοτέλης.

3) Demosthen. geg. Phorm. 32.

4) Demosth. geg. Lakrit. 14; geg. Phorm. 6.

5) Dio Chrysost. XXXI, 51.

6) Demosth. geg. Phorm. 30. Aristoph. Wesp. 1158.

musste, deren Gesetzgeber Zaleukos die Ausstellung von Schuld-
scheinen verboten hatte.[1] Und um selbst den Schutz, welchen
Gesetze und Gerichte gewährten, noch wirksamer zu machen,
scheint es an verschiedenen Orten mannigfaltige hierauf bezügliche
Formalitäten gegeben zu haben, unter denen Darlehnsgeschäfte
abgeschlossen wurden. Bei den Knossiern z. B. war es üblich,
dass der Leihende das Geld scheinbar raubte, damit im Falle
der Nichterstattung mit härteren gerichtlichen Massregeln gegen
ihn vorgegangen werden konnte.[2]

Erhöht wird die Sicherheit dadurch, dass ein Dritter für den
Schuldner Bürgschaft leistet, indem er sich anheischig macht,
falls jener seinen Verpflichtungen nicht nachkommt, dieselben
zu übernehmen.[3] Die Bestimmungen, welche die einzelnen
Gesetzgebungen hinsichtlich der Tragweite solcher Bürgschaftslei-
stungen getroffen haben, mögen sehr verschieden gewesen sein;[4]
in der attischen Gesetzgebung finden wir die eigenthümliche Anordnung, dass eine Bürgschaft der Art für die Dauer eines Jahres Gültigkeit haben solle, wahrscheinlich nur in dem Falle, dass
über die Dauer keine ausdrückliche Vorabredung getroffen war.[5]
Beim Ausbleiben der Zahlung konnte man mit gerichtlichen Massregeln unmittelbar gegen den Bürgen verfahren, ohne erst gegen
den Schuldner selbst klagbar zu werden.

Den höchsten Grad der Sicherheit bietet dem Gläubiger für
das gegebene Darlehen ein Pfand, aus dessen Werthe er sich
nöthigenfalls bezahlt machen kann. Die Verpfändung eines Ge-

---

1) Zenob. V, 4 Λοκροὶ τὰς συνθήκας· παρὰ Λοκροῖς τοῖς Ἐπιζε-
φυρίοις ἐγένετο Ζάλευκος νομοθέτης· ὃς νόμον ἔθηκε συγγραφὴν ἐπὶ
τῶν δανεισμάτων μὴ γίνεσθαι. Vgl. Strabo VI S. 260 (Ephoros) ἐπαι-
νεῖ δὲ τὸ ἁπλουστέρως αὐτὸν (Ζάλευκον) περὶ τῶν συμβολαίων
διατάξαι. Diodor XII, 21.

2) Plutarch Quaest. Gr. 53.

3) Demosth. geg. Lakrit. 15 ἐδάνεισα τὰ χρήματα Ἀρτέμωνι τῷ
τούτου ἀδελφῷ, κελεύοντος τούτου καὶ ἀναδεχομένου ἅπαντ' ἔσεσθαί
μοι τὰ δίκαια κατὰ τὴν συγγραφήν. Bekker Anecdd. Gr. S. 244, 25
Ἐγγυητής ὁ ἀναδερόμενος δίκην.

4) S. Meier u. Schömann Att. Process S. 504 ff., 515 ff. Platner
Process II S. 301 ff., 345 ff. Vgl. Platon Gess. XII S. 953°.

5) Demosth. geg. Apatur. 27.

genstandes kann aber entweder so geschehen, dass derselbe in
die Hände des Gläubigers gegeben wird (Faustpfand), oder so,
dass er zwar in den Händen des Schuldners bleibt, aber das
Anrecht auf denselben dem Gläubiger in irgend einer Weise
gesichert wird (Hypothek).[1] Als Faustpfand kann jeder bewegliche Gegenstand dienen, wenn derselbe überhaupt einen reellen
in Geld zu verwandelnden Werth hat; daher finden wir Erzge-
räthe, Gold- und Silbersachen, selbst ein Pferd und Sklaven verpfändet.[2] Waffen, Ackergeräth und andere für das Leben unent-
behrliche Gegenstände durften nach den meisten griechischen
Gesetzgebungen nicht als Pfand gegeben oder genommen werden.[3] In einzelnen Fällen mögen auch antichretische Pfandver-
träge geschlossen worden sein, nach denen die Benutzung des
verpfändeten Gegenstandes an die Stelle der Zinsen trat. Wurde
zur bestimmten Zeit das Darlehen nicht zurückgezahlt, so ging
nach attischem Rechte das Pfand ohne weiteres in den Besitz
des Gläubigers über.[4] Bei lebenden Pfändern war dagegen allerdings die Gefahr vorhanden, dass mit dem etwa eintretenden
Tode derselben die Sicherheit für das Darlehen oder gar dieses
selbst verloren ging.[5]

1) Faustpfand ἐνέχυρον, Hypothek ὑποθήκη, über deren Unterschied Salmasius De modo usurr. S. 486 ff. weitläufig handelt. Vgl. auch
Platner Process II S. 301 ff. — Verpfänden ist allgemein τιθέναι, als
Pfand nehmen τίθεσθαι. S. Lobeck zu Phryn. S. 468. Aristoph. Plutus
451. Platon Gess. VII 8, 820°. Inschrift aus Olbia Corp. Inscrr. II
nr. 2058 τῶν ἀρχόντων θέντων τὰ ἱερὰ ποιήσω εἰς τὴν τῆς πόλεως
χρείαν πρὸς Πολύχρμον πρὸς χρισοῦς ἑκατὸν καὶ οὐκ ἐχόντων λύσασθαι. Auch ὑποτιθέναι ἐνέχυρον Herod. II, 136, wiewohl dieses Verbum meistens vom Verpfänden als Hypothek gebraucht wird. Demosth.
geg. Aphob. I, 17.
2) Demosth. geg. Timoth. 21 ὑποθεῖναί φησιν αὐτὸν γαλκόν;
geg. Nikostr. 9 ἐπιπώματα καὶ στέφανον χρισοῦν. Hermipp. bei Athen.
XI S. 478° τόν τε κότυλον πρῶτον ἤνιγκ' ἐνέχυρον. Lysias κακολoy. 10. Demosth. geg. Aphob. I, 24. Vgl. auch Athen. XIII S. 585°.
3) Diodor I, 79. Aristoph. Plut. 450 ποῖον γὰρ οὐ θώρακα,
ποῖον δ' ἀσπίδα οὐκ ἐνέχυρον τίθησιν ἡ μιαρωτάτη; spricht nicht nothwendig gegen die wirkliche Durchführung dieses Gesetze.
4) Demosth. geg. Aphob. II, 18.
5) Lysias κακολoy. 10.

Grössere Wichtigkeit für den Geldverkehr auf der einen und für die wirthschaftlichen Verhältnisse auf der anderen Seite haben die Darleben gegen Hypotheken,[1] welche ebensowohl in beweglichem wie in unbeweglichem Besitze bestehen können. Von ersterem scheinen namentlich häufig Fabrikaklaven, in der Regel wohl zusammen mit der ganzen Fabrik, als Hypothek gegeben worden zu sein,[2] offenbar weil dieselben an und für sich ein zinsbringendes Capital bilden, an dem nöthigenfalls sich der Gläubiger ohne weiteren Zinsverlust sofort für seine Forderung bezahlt machen kann.

Unter die Hypothekengeschäfte gehören zunächst die Bodmereiverträge,[3] die bei der Eigenthümlichkeit des griechischen Handels für die Handelsplätze von besonderer Wichtigkeit waren. Da nämlich der Grosshändler seine Waaren nicht anders als gegen baare Bezahlung einkaufen konnte, so bedurfte er stets zu seinen Geschäften flüssiger Geldmittel im vollen Betrage der Waare, welche er aus- oder einführen wollte. Besass er diese nicht selbst, oder hatte er sie nicht durch Verbindung mit einem Gesellschafter beschafft, so suchte er sie durch Aufnahme eines Darlehens zu erhalten, und dazu bot sich in den grossen Handelsstädten stets Gelegenheit, da die reichen Bürger es meistens vorzogen, ihre Capitalien gegen hohe Zinsen andern zu überlassen, als selbst Geschäfte damit zu unternehmen. Gerade dadurch wurden aber viele strebsame aber mittellose Leute veranlasst, sich dem Geschäfte eines Grosshändlers zuzuwenden.[4]   Das Dar-

---

1) Als Hypothek verpfänden ist ebenfalls τιθέναι, Demosth. geg. Nikostr. 13. Bekker Anecdd. Gr. S. 263 f. θέσιν: τὴν ὑποθήκην, ὅταν δανείσηταί τις ἀργύριον ἐπὶ οἰκίᾳ ἢ χωρίῳ ἢ ἀνδραπόδῳ, οἱ ῥήτορες θέσιν καλοῦσιν.

2) Demosth. geg. Pantaenet. 4; geg. Aphob. I, 24 f.; vgl. geg. Nikostrat. 10.

3) S. über diese Geschäfte Hüllmann Handelsgesch. S. 167—174 und besser Böckh Staatsh. I S. 184—195.

4) Vgl Demosth. geg. Phorm. 51 αἱ γὰρ εὐπορίαι τοῖς ἐργαζομένοις οὐκ ἀπὸ τῶν δανειζομένων ἀλλ' ἀπὸ τῶν δανειζόντων εἰσί, καὶ οὔτε ναῦν οὔτε ναύκληρον οὔτ' ἐπιβάτην ἔστ' ἀναχθῆναι τὸ τῶν δανειζόντων μέρος ἂν ἀφαιρεθῇ.

lehnsgeschäft ist in einem solchen Falle stets ein Hypotheken-
geschäft,[1] indem dem Gläubiger als Sicherheit entweder das
Schiff bestellt wird, falls dasselbe dem Schuldner gehört,[2] oder
die Waare, welche der Kaufmann verladen will, oder beides,[3]
ja es scheint sogar vorgekommen zu sein, dass ein Schiffseigner
das einzunehmende Frachtgeld als Hypothek für ein Darlehen
stellte.[4] Ueber das Darlehen wurde ein schriftlicher Vertrag
aufgenommen,[5] in welchem zunächst der Ort genau bezeichnet
wurde, nach welchem das Schiff bestimmt war,[6] meistentheils
auch wohl mit genauer Angabe des Courses, welchen dasselbe
einzuhalten hatte, und der Zeit, innerhalb welcher die Fahrt
stattfinden sollte, da durch diese Verhältnisse, insbesondere auch
durch die Jahreszeit ein wesentlicher Einfluss auf die Grösse der
Gefahr, welche das Handelsunternehmen lief, ausgeübt wurde.
Dabei wurde ferner angegeben, ob das Darlehen bloss für die
Hinfahrt oder für Hin- und Rückfahrt gegeben werden sollte.[7]
Im ersteren Falle erfolgte die Rückzahlung des Capitales mit

1) Die allgemeine Bezeichnung für ein solches Geschäft ist δάνεισις.
Demosth. geg. Aphob. I, 11. Harpokrat. δάνεισις: τὸ ναυτικὸν δάνεισμα.
Pollux VIII, 141. Die Hypothek heisst ναυτικόν im Gegensatze zu
ἔγγυον oder ἔγγειον, der Hypothek die in Grundstücken besteht. Pollux
a. a. O.; III, 84. Vgl. Salmasius De modo usurr. V S. 192 ff.

2) ἐπὶ τῇ νηΐ δανείζειν Demosth. geg. Zenoth. 14; gegen Apatur. 6; geg. Dionysod. 8; ἐπὶ τῷ πλοίῳ geg. Lakrit. 32.

3) Demosth. geg. Phorm. 6; gegen Lakrit 10. Vgl. § 52 οὐ γιγνωσκον-
τος δὲ τοῦ Χίου δανείσειν, ἐὰν μὴ ὑποθήκην λάβῃ ἅπαντ' ὅσ' ἦν
περὶ τὸν ναύκληρον.

4) Demosth. geg. Lakrit. 32 ἢν ἕτερος ὁ δανειστικὸς ἐπὶ τῷ
γνώλῳ, wo es freilich nicht zu entscheiden ist, ob ναῦλον die Fracht
selbst oder das Frachtgeld bedeutet. S. Böckh Staatsh. I S. 184 Anm. e.

5) συγγραφὴ ναυτικὴ Demosth. geg. Lakrit. 1. Bekker Anecdd.
S. 283, 9.

6) Der Text eines solchen Vertrages findet sich bei Demosth. geg.
Lakrit. 10—13. Vgl. geg. Dionysod. 5 u. 6.

7) Jenes ist ἑτερόπλουν δανείζειν ἀργύριον Demosth. geg. Dionysod. 29; τὰ ἑτερόπλοα δανείζειν geg. Phorm. 8; 22 u. 26; diesem ἀμφο-
τερόπλοιν δανείζειν geg. Phorm. 4; 23 u. 26. Pollux VIII, 141. Suidas ἀμφοτερόπλουν: ὅταν τις ναυτικὸν δανείσῃ δάνειον, ἐπὶ τῷ καὶ
ἐνθένδε πλεῦσαι ποι κἀκεῖθεν ἐνθάδε, τοῦτο ἀμφοτερόπλουν καλεῖται.

den Zinsen am Orte der Bestimmung an den Gläubiger selbst,
wenn dieser, wie dies gewöhnlich der Fall gewesen zu sein scheint,
die Reise mitmachte,[1] oder an einen Bevollmächtigten, der dort
ansässig war oder den der Gläubiger zu seiner Vertretung mit-
geschickt hat.[2] Im anderen Falle war die Zahlung nach der
Heimkehr innerhalb einer festgesetzten Frist zu leisten.[3] In dem
Vertrage wurde ferner festgestellt, welche Waaren und in welchem Werthe der Schuldner verladen soll, wobei in der Regel
der Gläubiger sich Waaren von einem höheren Werthe, als
seine Forderung betrug, als Hypothek geben liess.[4] Denn da
der Preis der vertragsmässigen Waare in der Zwischenzeit sinken oder dieselbe sonst eine Werthverminderung erleiden konnte,[5]
so würde der Gläubiger möglicher Weise Verluste zu befürchten
gehabt haben, wenn er nur Waare von einem dem Darlehen
gleichen Werthe als Sicherheit hatte. In einer Rede des Demosthenes finden wir einen Fall erwähnt, dass auf eine Ladung
drei Hypotheken im Betrage von 7500 Drachmen aufgenommen
werden, wogegen sich der Schuldner verpflichtet, Waaren im
Werthe von 11500 Drachmen zu verladen, wovon speciell für
4000 Drachmen Waare als Hypothek für das eine Darlehen von
2000 Drachmen bezeichnet werden; an einer anderen Stelle hat
eine Ladung Wein, auf welche dreissig Minen geliehen sind, den
Werth von einem Talente.[6] War das Schiff selbst als Hypothek
gegeben, so mochte es genügen, wenn dessen Werth der Höhe
des Darlehens gleichkam, da hier ein Verlust durch Sinken des
Preises nicht zu befürchten war.[7] Endlich wurde in dem Vertrage die Höhe der zu zahlenden Zinsen angegeben. Dazu kommen dann noch in einzelnen Fällen besondere Bedingungen,
welche der Schuldner eingeben muss. So werden z. B. Conven-

---

1) Demosth. geg. Kallipp. 20.

2) Demosth. geg. Phorm. 8 u. 26.

3) Demosth. geg. Lakrit. 11.

4) Demosth. geg. Lakrit. 10.

5) S. Demosth. geg. Zenothem. 25 f.

6) Demosth. geg. Phorm. 6; gegen Lakrit. 10 f. vgl. mit 18.

7) Ein Beispiel bei Demosth. geg. Apatur. 6 u. 18, wo der Verkaufspreis des Schiffes dem Darlehen gleich ist.

tionalstrafen für den Fall der nicht pünktlichen Erfüllung des
Contractes festgesetzt,[1] die in einem bei Demosthenes vorkommenden Falle in der Zahlung der doppelten Schuldsumme,[2] in
einem zweiten in der Zahlung von 5000 Drachmen bestehen,
während das geliehene Capital 2000 Drachmen, die Zinsen 600
Drachmen betragen. Auch über die Hypothek hinaus suchte
man wohl noch Sicherheit zu erhalten, wie beispielsweise ausbedungen wird, dass, falls durch etwaigen Verkauf oder Verpfändung der Hypothek der Gläubiger nicht gedeckt sein sollte, er
das übrige Vermögen des Schuldners in Anspruch nehmen könne.[3]
Mit der Aufnahme und Aufbewahrung des schriftlichen Vertrages
verfuhr man in der oben für die Schuldscheine überhaupt angegebenen Weise.

Da die Hypothek in solchen Fällen nicht allein in den Händen des Schuldners blieb, sondern auch von dem Aufenthalts-
orte des Gläubigers entfernt wurde falls derselbe nicht an der
Reise Theil nahm, also zeitweise für ihn unerreichbar war, so
suchte man noch auf jede mögliche Weise Sicherheit für die Erfüllung des Vertrages zu erhalten, namentlich suchte der Gläubiger es zu erreichen, dass an dem Orte, wo der Vertrag
geschlossen war, jemand zurückblieb, an den er sich nöthigenfalls halten konnte.[4] In Athen standen ihm ausserdem auch
strenge Gesetze schützend zur Seite, welche denjenigen, der dem
Gläubiger unredlicher Weise die Hypothek entzog, selbst am
Leben straften.[5] Aehnliche Gesetze werden wir auch in andern
Staaten, wenigstens in solchen, für die der Handel von besonderer Bedeutung war, voraussetzen dürfen.

Die Gefahr für das Capital, welche das Unternehmen an
und für sich dadurch herbeiführt, dass die Hypothek gewissen
nachtheiligen Zufälligkeiten ausgesetzt ist, übernimmt der Gläubiger allein, so dass, wenn durch Unwetter, Seeraub oder andere

---

1) Ἐπιτίμια Demosth. geg. Phorm. 16; geg. Dionysod. 10.

2) Demosth. geg. Dionysod. 36 vgl. mit 20, 27, 41, 44 u. 45; geg.
Phorm. 33 vgl. mit 13.

3) Demosth. geg. Lakrit. 12.

4) Demosth. geg. Lakrit. 16.

5) Demosth. geg. Phorm. 50.

Unfälle Schiff oder Ladung verloren geben, derselbe Capital und
Zinsen einbüsst;[1] für den Fall eines theilweisen Verlustes traf
man besondere Verabredungen, z. B. in einem vorliegenden Falle,
dass das Gerettete Eigenthum des Gläubigers sein solle. Daher
pflegten auch die Schuldner bei der Abfahrt Zeugen hinzuzuzie-
hen, um festzustellen, dass jetzt die Hypothek auf Gefahr des
Gläubigers in See gehe.[2] So bildete diese Art des Darlehens
zugleich eine Assecuranz für Schiff und Ladung, und es ist kaum
zu bezweifeln, dass solche Darlehen oft nur zum Zwecke der
Assecuranz genommen worden sind, während sie andrerseits auch
wohl von Mitreisenden gegeben werden mochten, um das Geld,
welches sie für das Ziel ihrer Reise mitzunehmen hatten, während derselben nutzbar anzulegen.

Den höchsten Grad der Sicherheit bietet diejenige Hypothek, welche in unbeweglichem Eigenthume, Landbesitz oder
bebauten Grundstücken, besteht.[3] Das Anrecht des Gläubigers
an eine solche Hypothek wurde, wie es scheint, ziemlich allgemein in Griechenland dadurch gewahrt, dass man an dem betreffenden Grundstücke eine steinerne Tafel aufstellte, auf welcher der Name des Gläubigers und die Schuldsumme verzeichnet waren,[4] ohne dass es jedoch unbedingt der Aufstellung derselben bedurft hätte, um den rechtlichen Anspruch zu begründen.
Diese Tafeln gaben zugleich für etwa später eintretende Fälle

---

1) Demosth. geg. Lakrit. 13; geg. Zenothem. 5. Bekker Anecdd.
S. 863, 9 ναυτικὴ συγγραφή: ναυτικὸν δάνεισμα, ὃ ποιεῖται τις ἐπὶ
ὑποθήκῃ τῆς νεώς, ἐὰν ἄρα σωθείη· εἰ δὲ μὴ, ἀπώλετο τῷ δανειστῇ
καὶ τὸ κεφάλαιον.

2) Demosth. geg. Phorm. 28.

3) ἔγγυον oder ἔγγυον δάνεισμα Pollux III, 84; VIII, 141;
τόκος ἔγγυος. Vgl. über d. Ausdruck Salmasius De modo usurr. S. 78 ff.
Böckh Staatsh. I S. 181.

4) Eine solche Tafel heisst ὅρος. Pollux III, 85 ὅρους ἱφιστά-
ται χωρίῳ. Λίθος δ'ἣν ἡ στήλη τις δηλοῦσα εἰς ἔστιν ὑπόχρεών τινι
τὸ χωρίον. Harpokrat. ὅρος: οἵτως ἐκάλουν οἱ Ἀττικοὶ τὰ ἐπόντα τοῖς
ὑποκειμένοις οἰκίαις καὶ χωρίοις γράμματα δηλοῦντα ὅτι ὑπόκεινται
δανεισταῖς. Ders. unter ἄσειστον χωρίον. Bekker Anecdd. S. 199, 5
ὅρον ἐπιθεῖναι χωρίῳ: τοῦ δανεισαμένου τὸ ὄνομα ἐγράψετο εἰς σανίδα
καὶ ἐκρεμᾶτο ἐπὶ τοῦ ἀγροῦ. Vgl. über diese Tafeln im Allgemeinen
Wescher in der Revue archéol. 1867. Bd. XV S. 86 ff.

einem weiteren Gläubiger Anskunft, wie weit das Grundstück
bereits verschuldet war.[1] Eine Anzahl solcher Tafeln aus verschiedenen Gegenden haben sich aus dem Alterthume erhalten.[2]
An einigen Orten gab es auch unter Aufsicht des Staates
geführte Hypothekenbücher, in welchen die sämmtlichen Grundstücke des Ortes verzeichnet waren und in welche sowohl die
Besitztitel wie die auf dem Grundstück lastenden Schulden eingetragen wurden.[3] Bestimmte Nachricht über das Vorhandensein dieser Einrichtung haben wir von Chios und aus späterer
Zeit von Aphrodisias und Smyrna.[4] Die Hypothek gewährt aber
dem Gläubiger insofern Sicherheit für sein Darlehen, als er bei
Zahlungsunfähigkeit des Schuldners sich in den Besitz des Grundstückes setzt, und zwar, wenigstens nach attischem Rechte, ohne
erst ein gerichtliches Verfahren einleiten zu müssen;[5] ja es
scheint, als ob er nicht bloss aus dem beim Verkaufe des Grund-

---

1) Vgl. Demosth. geg. Phaenipp. 5.

2) Corp. Inscrr. I nr. 530 Ἐπὶ Θεοφράστου ἄρχοντος, ὅρος χωρίον τιμῆς ὑπογελαμένης φενοατρήτῳ Παιατ. XX. Die anderen s. bei
Böckh Staatsh. I S. 180 Anm. 6. — Vgl. Rangabé Antiq. hellén. II
nr. 886 ὅρος οἰκίας καὶ χωρίου Τιμοστράτης Ἀναπαίασθεν Τησιφῶντος
ἀδελφῆς Ἀνακέως, wenn dies nicht vielleicht bloss ein Gränzstein mit dem
Namen der Besitzerin ist.

3) Theophrast. bei Stob. Floril. XLIV, 22 οὐ χρὴ δ᾽ ἀγνοεῖν ὅτι
αἱ προγραφαὶ καὶ αἱ πρακηρύξεις καὶ ὅλως ὅσα πρὸς τὰς ἀμφισβητή-
σεις ἐστὶ πάντ᾽ ἢ τὰ πλεῖστα δι᾽ ἔλλειψιν ἑτέρου νόμου τίθεται· περ᾽
οἷς γὰρ ἀναγραφὴ τῶν κτημάτων ἐστὶ καὶ τῶν συμβολαίων, ἐξ ἐκείνων ἐστι μαθεῖν εἰ ἐλεύθερα καὶ ἀνέπαφα καὶ τὰ αὐτοῦ πωλεῖ
δικαίως.

4) Aristot. Oekon. II S. 1347ᵇ, 35 Χίοι δὲ νόμου ὄντος αὐτοῖς
ἀπογράφεσθαι τὰ χρέα εἰς τὸ δημόσιον u. s. w. — Inschriften von
Aphrodisias im Corp. Inscrr. II nr. 2826 und ff. erwähnen öfter ein χρεω-
φυλάκιον, in welchem offenbar ausser den die Grundstücke betreffenden Do-
cumenten auch Verzeichnisse von der Art der Hypothekenbücher aufbewahrt
wurden. Vgl. Böckh Staatsh. I S. 663. Ebenso in Smyrna nr. 3287;
ein χρεωφύλαξ in Philadelphia nr. 3420.

5) Bekker Anecdd. S. 249, 18 ἐμβατεία τὸ τὸν δανειστὴν ἐμβα-
τεῦσαι καὶ εἰσελθεῖν εἰς τὰ κτήματα τοῦ ὑποχρέου. Demosthen. geg.
Spud. 7 τὸν νόμον ὃς οὐκ ἐᾷ διαρρήδην, ὅσα τις ἀπετίμησεν, εἶναι
δίκας. Die ἀποτιμήματα sind aber in dieser Hinsicht den Hypotheken
gleich zu achten. Vgl Böckh Staatsh. I S. 200.

stückes gelösten Gelde sich für seine Forderung befriedigen
konnte, sondern in den vollen Besitz der ganzen Hypothek trat,
wenigstens finden wir in einer Erzählung bei Strabo, dass in
Kyme Gläubiger des Staates, denen die öffentlichen Hallen als
Hypothek gegeben waren, sich, als die Zahlung ausblieb, in
den unbeschränkten Besitz derselben setzten.[1] Daher steht auch
dem Schuldner über die Hypothek nur eine beschränkte Verfügung zu,[2] indem er dieselbe weder veräussern, noch ohne Genehmigung des Gläubigers weitere Schulden auf dieselbe machen
darf,[3] vielleicht nur insoweit, als der muthmassliche Werth der
Hypothek das Darlehen nicht überstieg. Hatten aber mehrere
Gläubiger auf dieselbe Hypothek Geld geliehen, so hatte, falls
der Erlös aus dem Verkaufe derselben nicht zur Befriedigung
beider ausreichte, der frühere Gläubiger das Vorzugsrecht.[4] Da
unter diesen Umständen ein unserem gerichtlichen Subhastations-
verfahren entsprechendes Vorgehen nicht möglich war, so konnte
eine Hypothek nur für diejenigen eine Sicherheit bieten, welche
wirklich im Stande waren, den Besitz derselben anzutreten, also
unter den gewöhnlich vorkommenden Verhältnissen diejenigen,
welche die zum Besitze von Grundeigenthum erforderlichen
Eigenschaften besassen, da sie ohne diese bei Zahlungsunfähigkeit des Schuldners ihr Recht nicht bis zur Besitznahme des
Pfandes verfolgen konnten.[5] Freilich wird uns der eigenthümliche Fall erzählt, dass die Lampsakener gegen ein Darlehen ihre
Burg verpfändet hätten, obgleich hier kaum anzunehmen ist, dass
der Gläubiger beim Ausbleiben der Zahlung in den Besitz derselben gesetzt worden wäre.[6] Wahrscheinlich war es hier mehr
um das Einhalten einer herkömmlichen Form als um eine wirk-

---

1) Strabo XIII 8. 622. Vgl. Demosth. geg. Apatur. 6; geg.
Lakrit. 12.

2) Demosth. geg. Nikostr. 10; vgl. geg. Timoth. 11.

3) Demosth. geg. Lakrit. 11 u. 32. Bekker Anecdd. S. 269, 1 ὅταν
διαπειπόντος τινός καὶ ἐπιχειρήσαντος οἰκίαν ἢ χωρίον ἐπιδανείσῃ τις
ἕτερος ἐπὶ τοῖς αὐτοῖς ἐπιχείροις, ἐπιδανείσαι λέγεται.

4) Demosth. geg. Aphob. I, 28.

5) Demosth. für Phorm. 6; vgl. Aristot. Oekon. II 8. 1347ᵃ, 3.

6) Athen. XI 8. 508ᶠ.

liche Verpfändung zu thun, da doch wohl die Gemeinde an sich
hinreichende Sicherheit bot. Es ist aber klar, dass bei den
angegebenen Verhältnissen es den Metœken, denen das Recht
des Grundbesitzes mangelte, unmöglich gemacht war, Gelder auf
Hypotheken auszuleihen.

Man bediente sich bei Hypothekengeschäften auch zuweilen
einer Vertragsform, durch welche ein Verkauf der Hypothek mit
dem Rechte des Rückkaufes innerhalb einer gewissen Zeit für
den Schuldner fingiert wurde,[1] wobei die beiderseitigen Rechte
wie bei dem gewöhnlichen Hypothekengeschäfte durch Aufstellung
von Tafeln gesichert wurden.[2] Hauptsächlich wurde diese Form
wohl in dem Falle angewendet, dass der Ertrag der Hypothek
dem Gläubiger statt der Zinsen überlassen wurde;[3] doch finden
wir auch erwähnt, dass bei einem solchen Vertrage die Hypothek in den Händen des Schuldners blieb, indem ihm dieselbe
der Form nach von dem Gläubiger gegen den Zinsbetrag des
Darlehens vermiethet wurde.[4] Dass man je nach den Umständen noch manche andere Formen gefunden hat, um Sicherheit
für ein Darlehen zu erhalten, lässt sich nicht bezweifeln. So
wird z. B. erzählt, dass die Abydener in einer Zeit der Noth
den Ertrag der Ernte im voraus gegen ein Darlehen verpfändeten.[5] Ja in älteren Zeiten setzte in der äussersten Noth der
Schuldner seine eigene Person zum Pfande,[6] so dass er im Falle
der Zahlungsunfähigkeit dem Gläubiger als Sklave anheimfiel;[7]
eine barbarische Sitte, welche in Athen durch die Gesetzgebung
Solons beseitigt wurde, während sie in anderen griechischen
Staaten noch länger bestanden zu haben scheint.[8]

---

1) πρᾶσις ἐπὶ λύσει. Vgl. Demosth. geg. Apatur. 8.
2) Rangabé Antiq hellén. II nr. 883 ὅρος οἰκίας πεπρημένης ἐπὶ
λύσει [H] Ἀρχεδήμῳ Αἰγιλιεῖ; desgl. nr. 884 u. 885. Böckh Staatsh. I
S. 180 Anm.
3) Demosth. geg. Spudias 5.
4) Demosth. geg. Pantaenet. 5.
5) Aristotel. Oekon. II S. 1349ᵃ, 5.
6) ἐπὶ σώματι δανείζεσθαι. S. Salmasius de modo usurr. S. 748 ff.
7) Plutarch Solon 15; Solon bei Demosthen. v. d. Trugges. 255
V. 84.
8) Diodor I, 79; Lysias geg. Eratosth. 98. Isokrat. Plataik. 48.

Die Rückzahlung des geliehenen Capitales, bei den Seever-
trägen unter Hinzufügung der Zinsen, fand gegen eine Quittung[1]
und wahrscheinlich mit Vernichtung der Schuldurkunde statt,
doch pflegte man auch hierbei der grösseren Sicherheit halber
Zeugen hinzuzunehmen.[2]

Es möchte an dieser Stelle nicht unangemessen sein, von
einer Art des Geldgeschäftes einige Worte zu sagen, welche freilich für das Alterthum nicht im entferntesten die Bedeutung
gehabt hat wie für die neuere Zeit, von den Staatsanleihen.
Obgleich die Finanzverwaltungen der griechischen Staaten durchaus darauf beruhten, den Bedarf des Staates, so weit nicht regelmässig laufende Einnahmen genügten, durch Besteuerung der
Bürger zu decken, so konnten dennoch ausserordentliche Umstände eintreten, unter denen die Ausführung einer solchen
Finanzoperation nicht möglich war und nur die Anleihe als Auskunftsmittel blieb.[3] Eine ziemliche Anzahl von Fällen aus verschiedener Zeit zeigen uns ungefähr das dabei eingehaltene Verfahren. Das nächste freilich tyrannische Mittel ist das der

<hr/>

1) Eine solche Quittung heisst wenigstens bei Späteren ἀποχή.
Artemidor IV, 80 ἐπιϑυμῶν τις τέκνων ἔδοξε χρεώστη συνιστήσας τὸ
χρέος ἀπολαβεῖν καὶ ἀποχὴν τῷ χρεώστῃ δοῦναι. Vgl. Salmasius de
usuris S. 181 f. Das Wort ἀποχή ist gebildet von ἀπέχειν — ἀπειλη-
φέναι, das sich oft in diesem Sinne findet. Kallimach. Epigr. 32 in An-
thol. Gr. ed. Jacobs I S. 217 τὸ χρέος ἀπέχεις. Corp. Inscrr. Gr. I
S. 745; III nr. 4886. Curtius Anecdd. Delph. S. 59 nr. 9 τὰν τιμὰν
ἀπέχει πᾶσαν. Inscrr. Delph. p. Wescher et Foucart nr. 383 τὰν τιμὰν
ἀπέχει. Noch häufiger findet sich mit gleicher Bedeutung ἔχειν. S. Suidas ἀπέχω: ἀπὸ τοῦ ἀπειληφὼς. Vgl. Wyttenbach zu Plutarch Th. VI
S. 614 und Sturz De dialecto Maced. S. 147.

2) Demosth. geg. Phorm. 30.

3) Wachsmuth Hell. Alterth. II S. 65 hat merkwürdiger Weise schon
in Homers Odyss. φ, 17 und Ilias I, 686 ff. die Erwähnung einer durch
die Gesammtheit verbürgten Schuld gefunden, obgleich es klar ist, dass
dort mit dem χρέος ὀφείλειν nichts gemeint ist, als durch einen Raubzug
einen anderen beschädigt haben, für welche Beschädigung jener andere Schadenersatz sucht. — Dagegen scheint die Zeit des Verfalls eine grosse Zahl
griechischer Städte in Schulden gestürzt zu haben. Vgl. von Knidos Plinius Naturgesch. XXXVI, 4 § 21; von Tenos Corp. Inscrr. II nr. 2335;
von den kleinasiatischen Städten überhaupt Cicero Br. an seinen Bruder I,
1, 9; aus noch späterer Zeit von Olbia Corpus Inscrr. II nr. 2058.

Zwangsanleihe, welche man zahlungsfähigen Bürgern auferlegte,
wobei es mit der Wiedererstattung nicht immer allzu genau
genommen worden sein mag.[1]   Ausserdem entnahm man Gelder
aus dem Eigenthume der Heiligthümer des eignen Staates unter
der Form einer Anleihe, wie dies z. B. in Athen unter gewissen Verhältnissen häufig geschehen ist.[2]   Häufig scheint es vorgekommen zu sein, dass Staaten bei den grossen Heiligthümern
in Delphi, Delos, Ephesos und anderen, von deren Geldgeschäften weiterhin noch einiges beigebracht werden wird, Anleihen
aufnahmen, deren pünktliche Zurückzahlung schon die Heiligkeit
jener Gelder, die ja Eigenthum des Gottes waren, zur Gewis-
senssache machte.[3]   In allen diesen Fällen wird kaum eine
andere als eine formale Sicherheit bestellt worden sein, was sich
auch in dem selteneren Falle annehmen lässt, dass ein Staat bei
einem anderen befreundeten Staate eine Anleihe machte.[4]   Anders
stellte sich die Sache, wenn ein Staat bei einem Privatmanne
Gold aufnahm, denn alsdann nahm das Geschäft durchaus denselben Charakter an, wie ihn das Darlehensgeschäft unter Privatpersonen hatte.   Es sind schon im Vorbeigehen die Beispiele
erwähnt worden, dass die Kymaeer ihre öffentlichen Hallen, die
Lampsakener ihre Burg als Hypothek gaben, in einer Inschrift
finden wir angegeben, dass die Bewohner von Olbia in der Noth
sogar die werthvollen Tempelgeräthe verpfändeten, und der
Sache nach stimmt es damit überein, wenn die Bewohner von
Oreos dem Demosthenes angeblich für eine Schuld ihre Einkünfte verpfändeten, wenngleich diese Schuld nicht aus einer
Anleihe erwachsen war.[5]   Kaum zu den Staatsanleihen sind Anleihen wie die zu rechnen, welche der Athener Kleisthenes in
Delphi zu seinen Unternehmungen gegen die Tyrannen,[6] oder

---

1. Von Chios Aristot. Oekon. II S. 1346ᵃ, 1; von Mende ebend.
S. 1350ᵃ, 13; von Dionysios ebend. S. 1349ᵃ, 20. Vgl. Böckh Staatsh.
I S. 767.

2) S. Böckh Staatsh. I S. 591 f.

3) Vgl. Thukyd. I, 121. Corpus Inscrr. I nr. 158.

4) Quintilian. Instit. Orat. V, 10, 111.

5) Corpus Inscrr. II nr. 2058. — Aeschin. geg. Ktesiph. 104.

6) Isokrat. v. Umtausch 232; vgl. Demosth. geg. Meid. 144.

die, welche die Dreissig in Athen bei den Spartanern machten,[1] wenn auch in dem letzteren Falle dieselbe später von den Athenern als Staatsschuld anerkannt wurde, und die erstere im Interesse des Staates aufgenommen worden war. Denn es kamen hier zunächst als Leihende nur die Personen in Betracht, gerade wie bei Depositen, welche reiche Athener dem Lykurgos während seiner Finanzverwaltung anvertrauten, nur das persönliche Vertrauen, welches jener Mann besass, massgebend war, wenngleich er von jenen Geldern für den Staat Gebrauch machte.[2]

Der Zinsfuss für ausgeliehene Capitalien war dem beliebigen Uebereinkommen der Betheiligten überlassen, denn von irgend welchen Beschränkungen von Seiten des Staates findet sich keine Spur; selbst in den solonischen Gesetzen, die doch unter Verhältnissen gegeben waren, welche leicht auf Zinsbeschränkungen führen konnten, finden wir eine Bestimmung, welche ausdrücklich gestattete Geld zu jedem beliebigen Zinsfusse auszuleihen.[3] Die gesammten wirthschaftlichen Verhältnisse brachten es aber mit sich, dass der durchschnittlich gegebene Zinsfuss verglichen mit dem heut üblichen hoch war. Denn einerseits war das baare Geld verhältnissmässig knapper und in Capitalmassen schwerer zu beschaffen, da es weder für den kleinen noch für den grossen Verkehr einen Ersatz desselben in Werthzeichen wie Banknoten, Wechseln und dergleichen gab und jedes Kaufgeschäft unmittelbare Zahlung in klingender Münze erforderte; andrerseits schuf die geringere Sicherheit, namentlich für Ausstände im Auslande, und die nicht zu verkennende Unzuverlässigkeit der Rechtspflege einen Mangel an Vertrauen, der die grössere Gefahr nur mit der Aussicht auf grösseren Gewinn wagen liess. Dass dieser letztere Umstand der einflussreichere gewesen ist, zeigt sich unter anderem auch darin, dass der Zinsfuss für ausgeliehene Capitalien bei weitem höher ist als

---

1) Xenoph. Hellen. II, 4, 28; Plutarch Lysand. 21. Demosth. geg. Leptin. 11.

2) Leben d. zehn Redn. S. 841ᵉ und Volksbeschluss ebend. S. 852ᵇ.

3) Lysias geg. Theom. I, 18 τὸ ἀργύριον στάσιμον εἶναι ἐφ' ὁπόσῳ ἂν βούληται ὁ δανείζων.

Hausmiethe und Pacht für Grundstücke, obgleich letztere ausser
dem Zinse für den vermietheten Capitalwerth naturgemäss noch
den Ersatz für die Abnutzung des vermietheten Gegenstandes
aufbringen müssen. Wir haben oben Beispiele eines Mieth- und
Pachtzinses von 8 bis 8 1/3 vom Hundert des Werthes angeführt,
zu diesem Zinssatze aber war in Griechenland niemals Geld zu
leihen; denn wenn bei einer zu heiligen Zwecken auf der Insel
Thera gemachten Stiftung testamentarisch ein Capital von dreitausend Drachmen ausgesetzt und auf die Hinterlassenschaft
hypothekarisch mit der Bedingung eingetragen wird, dass die
Erben davon an Zinsen zweihundert und zehn Drachmen, also
sieben vom Hundert jährlich an jene Stiftung zahlen sollen,[1] so
ist dies eine willkürliche Festsetzung der Erblasserin zu Gunsten
der Erben, die auf den gebräuchlichen Zinsfuss keinen Schluss
machen lässt. Ebensowenig geben aber auf der anderen Seite
Wucherzinsen dafür einen Massstab ab, wie wenn es in Theophrasts Charakteren als Zeichen eines ganz verworfenen Menschen angegeben wird,[2] dass er für die Drachme anderthalb
Obolen tägliche Zinsen nimmt, da schon Zinsen von achtundvier-
zig vom Hundert als Forderung des abscheulichsten Wuchers
bezeichnet werden[3] und wenn der Sokratiker Aeschines, welcher zu
seinem Gewerbebetriebe von einem Wechsler Geld zu sechsund-
dreissig vom Hundert geliehen hatte, klagte, er ginge bei diesen
Zinsen zu Grunde.[4] In Fällen der Noth musste der Geldsuchende
sich eben jede Bedingung gefallen lassen, wie ein Beispiel in
einer Rede des Lysias zeigt, wo ein gewisser Demos eine goldene Schale, ein Geschenk des Perserkönigs, für sechzehn Minen
verpfänden und binnen Kurzem für zwanzig Minen einlösen will,
um die Kosten der Trierarchie bestreiten zu können.[5] In einer

1) Corp. Inscrr. Gr. II nr. 2448, 1 Z. 30 — II Z. 10.
2) Theophrast Char. 6. Vgl. damit den Ausdruck ἡμεροδανειστής
bei Diogen. Laert. VI, 99.
3) Bei Lukian Lapith. 32 sagt von den zankenden Philosophen der
eine zum andern: ἀλλ' ἐγὼ οὐ μαστρωπὸς τῆς ἑαυτοῦ γυναικὸς ὥσπερ
σύ — οὐδ' ἐπὶ τέτταρσι δραχμαῖς δανείζω.
4) Lysias bei Athen. XIII 8. 611ᶠ.
5) Lysias für Aristoph. Verm. 25.

Urkunde des zweiten oder dritten Jahrhunderts v. Chr. von der Insel Kerkyra wird bestimmt, dass ein zu gottesdienstlichen Zwecken geschenktes Capital nicht anders als zu zwei Drachmen monatlich für die Mine, d. i. zu vierundzwanzig vom Hundert jährlich ausgeliehen werden soll,[1] und dies lässt voraussetzen, dass Geld zu einem so hohen Zinsfusse stets unterzubringen war. Unter zehn vom Hundert dürfte kaum jemals Geld in Griechenland ausgeliehen worden sein,[2] wenn es nicht etwa aus besonderer Gefälligkeit geschah, da schon zwölf vom Hundert im demosthenischen Zeitalter als ein niedriger Zinsfuss bezeichnet wird[3] und höhere Sätze bis zu achtzehn vom Hundert als ganz gewöhnlich nicht selten erwähnt werden.[4]

Noch höher stellen sich die Sätze bei den Seezinsen, weil dort der Verleiher die Gefahr in Anschlag bringen muss, nach dem Vertrage sein Capital ganz oder theilweis zu verlieren, und sie steigen um so höher, je grösser die Gefahr ist. In dem bei Demosthenes erhaltenen Contracte, den wir schon öfter benutzt haben, wird für eine Fahrt von Athen nach dem schwarzen Meere und zurück ein Zins von $22\frac{1}{2}$ vom Hundert festgesetzt, aber auf 30 vom Hundert für den Fall erhöht, dass die Abfahrt aus dem schwarzen Meere nach Herbstanfang, also in der gefährlichen Jahreszeit stattfindet.[5] Der zuletzt genannte Zinssatz wird auch in einem anderen Falle für eine Hin- und Rückfahrt auf derselben Tour ausbedungen.[6] Bei Xenophon finden wir als Durchschnittssatz für Seezins zwanzig vom Hundert angegeben, offenbar auch für die doppelte Fahrt;[7] denn für die einfache Fahrt wird etwa die Hälfte anzusetzen sein, wenigstens kommen für eine Fahrt von Sestos nach Athen $12\frac{1}{2}$ vom Hundert vor[8]

---

1) Corpus Inscrr. II nr. 1845 Z. 85.

2) Beispiele bei Demosth. geg. Onetor I, 7; Aristot. Rhetor. III, 10 S. 1411ᵃ, 17; Inschrift von Ilion Corp. Inscrr. II nr. 3599 Z. 13.

3) Demosth. geg. Aphob. I, 23 u. 35. Vgl. Aeschin. geg. Ktesiph. 104.

4) S. die Anführungen bei Böckh Staatsh. I S. 181 ff.

5) Demosthen. geg. Lakrit. 10.

6) Demosthen. geg. Phorm. 23.

7) Xenophon v. d. Eink. 3, 9.

8) Demosthen. geg. Polykl. 17 f.

und ein Gewinn von zehn bis zwölf vom Hundert für eine Fahrt
von Byzanz nach Athen wird als ein reicher bezeichnet.[1]

Beim Ausbleiben der fälligen Zinszahlungen wurde auch
Zinseszins berechnet. Zwar wird es in Theophrasts Charakteren
unter den Zügen eines knauserigen Menschen angeführt, dass er
dringend gegen säumige Zahler ist und Zinseszins fordert,[2] allein
wir finden auch in einer officiellen Urkunde von einer Staatsschuld, die allerdings über elf Jahre gestanden hat, Zinseszins
berechnet[3] und in einer anderen Inschrift werden die aufgelau-
fenen Zinsen einer Staatsschuld ausdrücklich als directe Zinsen
bezeichnet,[4] so dass sich annehmen lässt, es sei im Allgemeinen
üblich gewesen, bei längerer Nichtbezahlung der Zinsen auch
diese zusammen mit dem ursprünglichen Capitale zu verzinsen.

Für die Berechnung der Zinsen[5] bediente man sich zwei
verschiedener Weisen, indem man entweder die Summe angab,
welche monatlich an Zins von einer Mine Capital erhoben wurde
oder den Theil des Capitals, welcher jährlich als Zins zu zahlen
war.[6] Man sagte also im ersteren Falle, es sei ein Capital zu

---

1) Diphilos bei Athen. VII S. 292ᵇ. Vgl. Bekker Anecdd. Gr.
S. 253, 19 Ἐπόγδοον: ἐπὶ ὀγδόῃ. ἦν δὲ δάνεισμα εἰς ἐμπορίαν φορτίων und im Allgemeinen Böckh Staatsh. I S. 169 ff.

2) Theophrast Charakt. 10. Vgl. Aristoph. Wolken 1156.

3) Inschrift bei Ross Inscrr. inedd. nr. 146 und bei Rangabé Antiq.
hellén. II S. 603 mit den letzteren Ergänzungen: τοῖς Χίοις [λογισμῷ]
ἔτους τοῦ (ἀρχαίου δ] ἐδάνεισεν τῇ πόλει γίνεται τόκος [καὶ] ἀπὸ
τόκου τόκος ἐς τὸν χρόνον ἐν ᾧ ἡ ὁμολογία ἐγένετο περὶ τῆς ἀποδό-
σεως τῶν χρημάτων ἐτῶν ἕνδεκα καὶ τριάκοντα ἡμερῶν u. s. w.

4) Corpus Inscrr. II nr. 2335 Z. 24 f. τοῖς δὲ ἄλλως δανείοις
ἄνωθεν ἀπὸ τῶν συγγραφῶν δραχμαῖον τόκον ἐξ εἰδυτοκίας ὥρισεν.

5) Ausser den oben angeführten Bezeichnungen für Capital und Zins,
ἀρχαῖον und τόκος, findet sich für beides auch der in späterer Zeit für
Geld überhaupt übliche Ausdruck τὸ διάφορον. Bei Rangabé Antiq. hell. II
S. 266 nr. 689 heisst τὸ διάφορον das Capital und eben daselbst steht
ἀπὸ τοῦ πίπτοντος κατ' ἐνιαυτὸν τόκου, wofür in einer Inschrift aus
Thera bei Ross Inscrr. inedd. II S. 81 ἀπὸ τοῦ πίπτοντος διαφόρου
und Corp. Inscrr. II nr. 2448 ἡ πίπτουσα πρόσοδος gesagt ist.

6) S. die ausführliche Behandlung bei Böckh Staatsh. I S. 173 ff.
Beispiele sind zahlreich bei den Rednern: Demosth. geg. Aphob. 1, 9
ἀργυρίου εἰς τάλαντον ἐπὶ δραχμῇ δεδανεισμένου. Aristotel. Rhetor. III,

32 *

einer Drachme ausgelichen worden, wenn von jeder Mine (hundert Drachmen) namentlich eine Drachme, d. h. eins vom Hundert, jährlich zwölf vom Hundert an Zinsen gezahlt wurden, im anderen Falle spricht man von Achtel-Zinsen, wenn jährlich 12¼ vom Hundert an Zinsen zu zahlen waren. Bei den Seezinsen verstehen sich die Ausdrücke natürlich von der ganzen vertragsmässigen Zeit.

So wie nach der einen Weise bei der Berechnung der Zinsen als Zeiteinheit der Monat zu Grunde gelegt wurde, so scheint auch die Zahlung der Zinsen in den meisten Fällen monatlich und zwar am letzten Tage eines jeden Monats geleistet worden zu sein.[1] Gewiss geschah dies regelmässig bei solchen Capitalien, welche nur auf kürzere Zeit ausgelichen waren, während bei solchen, die auf eine längere Reihe von Jahren feststanden, die Zinszahlung auch in jährlichen Terminen erfolgen mochte.[2] Der Ansetzung von jährlichen Terminen mochte in vielen Fällen die bei den Griechen übliche Zeitrechnung Schwierigkeiten in den Weg legen, da durch die periodisch erfolgende Einschaltung von ganzen Monaten, welche zur Ausgleichung der Mond- und Sonnenjahre erforderlich war, Jahre von sehr ungleicher Länge eintraten und es gewiss nicht immer dem Gläubiger genehm war, für die um einen Monat längeren Jahre nicht mehr Zins zu erhalten, als für die gewöhnlichen Jahre. Im Allgemeinen fand die Zinszahlung postnumerando statt, Wucherer freilich brachten auch im voraus bei Auszahlung des Darlehens die Zinsen in Abzug.[3]

Kaufleute, welche sich ausschliesslich mit Geldgeschäften abgaben, Wechsler oder Banquiers, wurden von den Griechen Trapeziten genannt. Die einfachste und ursprünglichste Art ihres

---

10 S. 1411³, 17 τόκοι ἐπίτριτοι und ἐπιδέκατοι = 33¹⅓ und 10 vom Hundert; Demosth. geg. Polykl. 17 ἐπόγδοον = 12½ vom Hundert; geg. Phorm. 23 ἴσιος = 16⅔ vom Hundert; Xenoph. v. d. Eink. 3, 9 ἐπίπεμπτοι = 20 vom Hundert.

1) Aristoph. Wolken 17 mit den Scholien: ἐδίδυτο δὲ ἐν τῷ τέλει τῆς σελήνης οἱ τόκοι.

2) Vgl. Demosthen. geg. Polykl. 61.

3) Plutarch v. Vermeiden d. Schulden 4.

Geschäftes bestand in dem Umwechseln des groben Courantes
oder des Goldes in kleinere und Scheidemünze, so wie der verschiedenen Münzsorten gegen einander,[1] wozu bei der Verschiedenheit der üblichen Münzfüsse und bei dem Schwanken der
Ausprägung in Griechenland namentlich in den Handelsstädten
vielfach Bedürfniss vorhanden sein musste.[2] Ihren Gewinn haben
die Wechsler bei diesem Geschäfte in dem zu zahlenden Auf-
gelde,[3] und dass dieser Gewinn nicht unbedeutend gewesen sein
muss, geht daraus hervor, dass die Byzantier bei einer Finanz-
verlegenheit das Monopol des Geldwechselns an einen einzigen
Banquier verpachteten.[4] Noch einträglicher aber und umfangreicher war offenbar das Geschäft der Wechsler, welches im Ausleihen von Geldern, sowohl in kleineren Summen gegen Pfänder,[5]
als auch in grösseren Capitalien zu Handels- und anderen Unternehmungen bestand.[6] Insbesondere die erste Seite dieses Geschäftes, bei welcher oft genug den Geldsuchenden drückende
Bedingungen gestellt wurden, ist es, welche die Wechsler in den
bösen Ruf von Wucherern gebracht hat, während es doch erklärlich ist, dass sie höhere Zinsen als Privatleute nehmen mussten.[7]

------

1) Pollux III, 84 Τραπεζίτης, ἀργυρογνώμων, ἀργυραμοιβός. VII,
170. Bekker Aneodd. S. 19, 1 ἀργυραμοιβός ὁ ἀμείβων ἀντὶ τοῦ ἀργυρίου κέρματα. S. 442, 22 ἀργυραμοιβός: ὁ τραπεζίτης, ὁ ἀργυροπρά-
της. Suidas unter Κέρματα. Vgl. Demosth. v. d. Trugges. 114.
2) Vgl. Demosth. geg. Polykl. 30 οὐ μόνον αὐτά μοι τἀναλώματα
ἐγέγραπτο, ἀλλὰ καὶ ἡ τιμὴ τίς ἦν καὶ νόμισμα ποδαπόν, καὶ ὁπό-
σον ἡ καταλλαγὴ ἦν τῷ ἀργυρίῳ.
3) Das Aufgeld ist καταλλαγή Athen. VI S. 225b; XI S. 503a;
ἐπικαταλλαγή Theophrast Charakt. 30; κόλλυβος Pollux III, 84; VII,
170 ὁ νῦν κόλλυβος ἀλλαγή. Vgl. Corp. Inscr. II nr. 2334 Z. 4.
4) Aristotel Oekon. II S. 1346b, 24.
5) Demosth. geg. Nikostr. 9.
6) Isokrat. Trapezit. 7 u. 36.
7) In diesem verächtlichen Sinne sind die Wechsler oft als ὀβολο-
στάται bezeichnet worden. Etymol. Magn. S. 613, 20 ὀβολοστάτην: τὸν
τὰ μικρὰ δανείζοντα φίλους. S. 725, 13 ὀβολοστάτας γοῦν οἱ Ἀττικοὶ
τοὺς ὀλίγα δανείζοντας ἔλεγον ἐπερβολικῶς. Bekker Aneodd. S. 286, 31
ὀβολοστάτης: ὁ τοκογλύφος λεγόμενος. Harpokrat. ὀβολοστατοῖ, wo
aus Lysias angeführt wird: οἱδ' ἂν εἰ πολὺ ἐλάττονα τόκον λογίσαιτό
τις ἢ ὅσον οὗτοι οἱ ὀβολοστατοῦντες τοὺς ἄλλους πράττονται. Aristot.

Denn einerseits waren sie es, an welche sich zunächst solche
Leute wandten, die sich in drückender Geldverlegenheit befanden und deshalb gern auf härtere Bedingungen eingingen, um
nur überhaupt Geld zu erhalten, andrerseits mussten die Wechsler um deshalb höhere Zinsen nehmen, weil sie selbst fremde
Capitalien in ihrem Geschäfte hatten, die sie verzinsen mussten,
so dass ihr wirklicher Gewinn nur in der Differenz der Zinsen,
die sie nahmen und derer, die sie gaben, bestand.

Es scheint aber dass der grösste Theil der Wechsler die
zum Geschäftsbetriebe erforderlichen Capitalien nicht aus eigenen
Mitteln nahm, sondern von Capitalisten geliehen erhielt,[1] denen
sie bei dem Mangel an anderer Sicherheit Bürgen stellten.[2]
Ausserdem erhielten die Wechsler nicht unbedeutende Summen
durch die Depositen, welche von Privatleuten bei ihnen gemacht
wurden, sowohl um diese Gelder sicher aufzubewahren, als auch
um zu jeder Zeit über dieselben ganz oder theilweise verfügen
zu können,[3] indem der Eigenthümer nach Bedürfniss entweder
selbst Summen erhob oder Zahlungen, welche er an dritte Personen zu leisten hatte, auf den Wechsler anwies.[4] Wie weit

---

Polit. I, 3 §. 19 εὐλογώτατα μισεῖται ἡ ὀβολοστατική διά τό. ἀπ'
αὐτοῦ τοῦ νομίσματος εἶναι τὴν κτῆσιν. Lukian Nekyom. 2 ἁρπάζουσι,
ἐπιορκοῦσι, τοκογλυφοῖσι, ὀβολοστατοῖσιν. Vgl. Aristoph. Wolken 1155.
Antiphan. bei Athen. I S. 108ᵇ.

1) Stob. Floril. XCVII, 31 καὶ πῶς ἀπαντίζουσιν οὗτοι τοιάουσ' ὃ
ἔχουσι; πῶς δὲ οἱ τραπεζῖται, φησὶν ὁ Βίων, χρημάτων ἔχοντες αὐτά;
οὐ γὰρ αὐτῶν ὄντα ἔχουσιν. Demosth. für Phorm. 11.

2) Demosth. geg. Apatur. 10 ἐγγυηταὶ τῆς τραπέζης.

3) παρακαταθήκη nach Platon Defin. S. 415ᵈ δόμα μετὰ πίστεως.
Vgl. Demosth. geg. Stephan. I, 31. Isokrat. Trapezit. 45 u. 50. Lysias
geg. Diogeit. 5.

4) Demosth. geg. Kallipp. 3. Kebes Gemälde 21 γίγνεσθαι ὁμοίως
τοῖς κακοῖς τραπεζίταις· καὶ γὰρ ἐκεῖνοι, ὅταν μὲν λάβωσι τὸ ἀργύριον παρὰ τῶν ἀνθρώπων χαίρουσι καὶ ἴδιον νομίζουσι εἶναι, ὅταν
δὲ ἀπαιτῶνται, ἀγανακτοῦσι καὶ δεινὰ οἴονται πεπονθέναι, οὐ μνημονεύοντες ὅτι ἐπὶ τούτῳ ἔλαβον τὰ θέματα ἐφ' ᾧ οὐδὲν κωλύειν τὸν
θέμενον πάλιν κομίσασθαι. Theokrit Epigr. 21 in Antholog. Gr. ed.
Jacobs I S. 200 Ἀστοῖς καὶ ξείνοισιν ἴσον νέμει ἥδε τράπεζα· θὲς
ἀνελεῖ, ψήφου πρὸς λόγον ἐρχομένης. Diogen. Laert. VI, 2 § 42;
5 § 88.

die Wechsler von solchen Depositen Zinsen zahlten oder statt
derselben ihre Mühewaltung in der Aufbewahrung und in jenen
Anweisungsgeschäften anrechneten, lässt sich aus den uns bekannten Beispielen nicht entnehmen. Dass aber diese Capitalien bei
einigem Umfange des Geschäftes eine ansehnliche Höhe erreichten, zeigt das Beispiel des in den demosthenischen Reden öfter
vorkommenden Wechslers Pasion, welcher bei einem Geschäfts-
capitale von fünfzig Talenten elf Talente an Einlagen von Privatpersonen hatte.[1]

Die Geschäfte der Wechsler vertreten demnach, abgesehen
von dem Verwechseln des Geldes, die Stelle von Lombard-, De-
positen- und Girobanken, und namentlich muss diese letzte Seite
des Bankgeschäftes einen verhältnissmässig bedeutenden Umfang
gehabt haben. Denn es scheinen es nicht allein Einheimische
vorgezogen zu haben, grössere Geldsummen, welche sie in ihren
Geschäften umsetzten, einem Wechsler zu übergeben und vorkommende Zahlungen auf diesen anzuweisen,[2] sondern es boten
auch namentlich für Fremde diese Bankgeschäfte im Geldverkehr
wesentliche Erleichterung und wurden deshalb viel von denselben benutzt.[3]

Wie gering im Allgemeinen das Vertrauen in Griechenland
war, zeigt die Peinlichkeit, mit welcher die Wechsler bei diesen
Geschäften zu Werke gingen. Bei der Einzahlung prüften sie
genau die Richtigkeit und Vollwichtigkeit der Münzen, wobei
ihnen ihre besonders durch das eigentliche Wechselgeschäft
gewonnene Münzkenntniss zu Statten kam,[4] bei der Auszahlung
sorgfältig die Legitimation des Empfängers, die entweder in einer

---

1) Demosth. für Phorm. 5; geg. Stephan. 1, 81.

2) Ausser den schon angeführten Beispielen finden sich deren eine
ziemliche Anzahl bei Plautus, welche Fleckeisen in der Epistola crit. ad
Ritschel. S. XIII vor seiner Ausgabe des Plautus gesammelt hat. Vgl.
auch Polyb. XXXII, 13.

3) Demosthen. geg. Kallipp. 3 *Λύκων ὁ Ἡρακλεώτης τῇ τραπέζῃ
τῇ τοῦ πατρὸς ἐχρῆτο ὥσπερ καὶ οἱ ἄλλοι ἔμποροι*. Isokrat. Trapezit. 4.

4) Theokrit XII, 36 f. *ἰνδὴ ἴσον ἔχειν πέτρῃ στόμα, χρυσὸν
ὁποίῃ πεύθοντι μὴ ψαῖλον λήγιμον ἀργυραμοιβοί*. Daher heisst
auch bei Pollux III, 84 u. VII, 170 der Wechsler ἀργυρογνώμων,
δοκιμαστής.

schriftlichen Anweisung oder in einem Kennzeichen bestand,
welches der Deponirende mit dem Wechsler verabredet hatte,[1]
oder sie liessen, ebenfalls nach vorhergegangener Verabredung,
die Person des Empfängers durch einen ihnen bekannten Mann
recognosciren, wofern ihnen derselbe nicht persönlich bekannt
war oder durch den Anweisenden selbst zugeführt wurde. Alle
für die Controlle nöthigen Daten pflegten die Wechsler in ihren
Büchern zu vermerken,[2] in welche sie ausser der Summe und
dem Namen dessen, welcher sie deponirt hatte, auch den Namen
dessen eintrugen, welcher sie in Empfang nehmen sollte und
falls ihnen derselbe nicht persönlich bekannt war, auch den
Namen dessen, welcher jenen recognosciren sollte.[3] Die gesche-
hene Auszahlung wurde natürlich ebenfalls mit den darauf bezüglichen Angaben gebucht.[4] Ueber die Einrichtung dieser Bücher
haben wir keine Angaben, nur scheint aus einer Stelle des Plinius hervorzugehen, dass für Soll und Haben besondere Blattsei-
ten eingerichtet waren.[5]

1) Eine schriftliche Anweisung setzt Isokrat. Trapezit. 35 voraus.
Ein verabredetes Kennzeichen ist σύμβολον. Vgl. Plautus Bacch II, 3, 29.

2) Die Bücher nennt Demosth. geg. Timoth. 5 ὑπομνήματα, Plutarch v. Verm. d. Schulden 4, 3 ἐγγραμμίδες, Demosth. geg. Timoth. 59
γράμματα γράμματα. Vgl. § 43; für Phorm. 18 u. 36. Ueber die
Buchführung der Alten vgl Marquardt Röm. Alterth. III, 2 S. 57 f.

3) Demosthen. geg. Kallipp. 4 εἰώθασι δὲ πάντες οἱ τραπεζῖται,
ὅταν τις ἀργύριον τιθεὶς ἰδιώτης ἀποδοῦναί τῳ προστάττῃ, πρῶτον
τοῦ θέντος τοὔνομα γράφειν καὶ τὸ κεφάλαιον τοῦ ἀργυρίου, ἔπειτα
παραγράφειν· τῷ δεῖνι ἀποδοῦναι δεῖ, καὶ ἐὰν μὲν γιγνώσκωσι τὴν
ὄψιν τοῦ ἀνθρώπου ᾧ ἂν δέῃ ἀποδοῦναι, τοσοῦτο μόνον ποιεῖν γρά-
ψαι ᾧ δεῖ ἀποδοῦναι, ἐὰν δὲ μὴ γιγνώσκωσι, καὶ τούτου τοὔνομα
προσπαραγράφειν ὃς ἂν μέλλῃ συστήσειν καὶ δείξειν τὸν ἄνθρωπον,
ὃν ἂν δέῃ κομίσασθαι τὸ ἀργύριον.

4) Demosth. geg. Timoth. 5 οἱ τραπεζῖται εἰώθασι ἱπομνήματα
γράφεσθαι ὧν τε διδόασι χρημάτων καὶ εἰς ὅ τι καὶ ὧν ἄν τις τιθῆ-
ται, ἵν᾽ ᾖ αὐτοῖς γνώριμα τά τε ληφθέντα καὶ τὰ τεθέντα πρὸς τοὺς
λογισμούς.

5) Plinius Naturgesch. II, 7 § 23 Huic (fortunae) omnia expensa,
huic omnia feruntur accepta et in tota ratione mortalium sola utramque
paginam facit. Von dieser Buchung wird auch der Ausdruck διαγράφειν
übertragen auf die Bedeutung bezahlen, zunächst durch den Wechsler
auf Anweisung, dann in ganz allgemeinem Sinne. Harpokrat. διαγρά-

Die Geschäftslokale der Wechsler befanden sich auf dem
Markte, als demjenigen Theile der Stadt, in welchem sich fast
der ganze Geschäftsverkehr concentrierte.[1] Dadurch so wie durch
die Ausdehnung ihrer Geschäfte, welche sie in unausgesetzte
Berührung nicht bloss mit den Geschäftsleuten, sondern auch mit
dem übrigen Publikum brachten, wurden sie nicht allein allgemein bekannt, sondern erwarben sich, zum Theil durch ihre
Geschäftskenntniss, ein solches Vertrauen, dass man mit ihnen
Geschäfte ohne Zuziehung von Zeugen abschloss,[2] dass man bei
ihnen Contracte niederlegte[3] und sie zu Zeugen, vielleicht auch
zu Vermittlern bei dem Abschluss von Geschäftsverträgen nahm,[4]
dass man in ihrer Gegenwart über die Erfüllung von Verbindlichkeiten quittierte und ihnen streitige Summen in Verwahrung
gab.[5] Ja die Bekanntschaft und die Geschäftsverbindungen
grosser Bankhäuser erstreckten sich bis in das Ausland, so dass
auf ihren Credit leicht überall Geld zu erhalten war.[6] Dass
freilich dieses den Wechslern geschenkte Vertrauen zuweilen von
denselben gemissbraucht wurde, dass sie sich Betrügereien zu
Schulden kommen liessen,[7] dass Bankerute, selbst betrügliche,

---

καττος: μήποτε ἀντὶ τοῦ καταβαλόντος καὶ καταδότος. — ἴσως δὲ ἀντὶ
τοῦ διὰ τραπέζης ἀριθμήσαντος, ὡς λέγομεν ἐν τῇ συνηθείᾳ. Suidas
Διαγράψαντος: ἴσοι μὲν ἀντὶ τοῦ καταβαλόντος u. s. w. wie Harpokr.
Vgl. Hesych. παραγράψαι, ὃ ἡμεῖς λέγομεν διαγράψαι, τὸ ἐκ τραπέζης
ληφθέντα διὰ γραμμάτων τῇ τραπέζῃ πιστώσασθαι. In der Bedeutung
bezahlen findet sich das Wort bei Dionys. Halikarn. Röm. Alterth. V, 28,
Corpus Inserr. Gr. II nr. 3599 Z. 12. in den Quittungen III nr. 1864 ff.
Vgl. Polyb. XXXII, 13, ᾧ ποιοῦτος τὴν διαγραφὴν ἑκατέρῳ τῶν εἴκοσι
καὶ πέντε ταλάντων. Man vgl. das lateinische perscribere.

1) Platon Apol. d. Sokr. S. 17ᵉ ἐν ἀγορᾷ ἐπὶ τῶν τραπεζῶν,
ebenso Hippias min. S. 368ᵇ.

2) Isokrat. Trapezit. 2.

3) Demosth. geg. Phorm. 6.

4) Plutarch de vit. pud. 10 δι' ἀγορᾶς καὶ τραπέζης ἐποιεῖτο τὸ
συμβόλαιον. Vgl. Demosth. geg. Dionys. 15.

5) Vgl. Demosth. geg. Euerg. u. Mnesib. 51.

6) Demosth. geg. Polykl. 56.

7) Man sehe den Isokrates Trapezitikon, Plutarch v. Verm. d. Schulden 4, 8 ψεύδονται δὲ μᾶλλον οἱ δανείζοντες καὶ ῥᾳδιουργοῦσιν ἐν
ταῖς ἑαυτῶν ἐγκυκρίσι, γράφοντες ὅτι τῷ δεῖνι τοσοῦτον δίδοσι,
ἔλαττον διδόντες. Vgl. Antiphan. bei Athen. VI S. 226ᵉ.

bei ihnen vorkamen,[1] darf uns nicht wundern, zumal da solche
Erscheinungen nicht bloss dem griechischen Alterthume eigenthümlich sind und ihre Erklärung mehr in der zu allen Zeiten
vorhandenen Gewinnsucht als in besonderen Verhältnissen jener
Zeit finden. Man ist darum auch keinesweges berechtigt aus
einzelnen Fällen den Schluss zu machen, dass der Geschäftsbetrieb der Wechsler im Allgemeinen ein unredlicher gewesen sei,
ebenso wenig wie aus allgemein gehaltenen Klagen, die mehr
ihren Grund in der Gehässigkeit der sogenannten Wucher-
geschäfte als in durchgehender Betrüglichkeit der Wechsler
haben mögen.

    Eine Betheiligung des Staates an derartigen Geldgeschäften
durch Errichtung von Staatsbanken ist im griechischen Alterthume nicht nachweislich und nach der Stellung, welche der
Staat dem Handel und der Industrie gegenüber einnahm, auch
nicht gerade wahrscheinlich;[2] dagegen haben die grossen Heiligthümer in dieser Hinsicht eine nicht unwichtige Rolle gespielt.
Jedes Heiligthum hatte gewisse Einkünfte, die theils aus Ge-

---

    1) ἀποσκευάζεσθαι τὴν τράπεζαν Demosthen. geg. Apatur. 9; geg.
Timoth. 68; ἀνασκευῆναι τὰς τραπέζας Bebol. zu Demosth. geg. Timokr.
186. Dagegen heisst ein Bankgeschäft einrichten κατασκευάζεσθαι τράπεζαν Isaeos bei Dionys. Halikarn. Isaeos 5.

    2) In dem aus später Zeit stammenden athenischen Volksbeschluss
Corpus Inscr. I nr. 123 wird eine δημοσία τράπεζα erwähnt, ohne dass
über den Charakter dieses Institutes etwas festzustellen wäre. S. Böckh
Staatsh. II S. 356. Ebenso wenig lässt sich bestimmen, welcher Art die
im Corp. Inscr. II nr. 3599 u. 3600 aus Ilium u. I nr. 203 aus Tenos
erwähnten τραπεζῖται gewesen sind. Auch bei Diogen. Laert. VI, 2, 20
Διογένης Ἰκεσίου τραπεζίτου Σινωπεύς· φησὶ δὲ Διοκλῆς δημοσίαν
αὐτοῦ τὴν τράπεζαν ἔχοντος τοῦ πατρὸς καὶ παραχαράξαντος τὸ νόμισμα, φεύγειν giebt keinen Aufschluss über die δημοσία τράπεζα. Wahrscheinlich verhält es sich mit diesen Banken ebenso wie mit der in Tem-
nos in Aeolis bestehenden mensa publica, welche nach den Mittheilungen
bei Cicero pro Flacco 19 die Hauptstaatskasse war. Vgl. die dort gemachten Angaben: in qua (civitate) nummus commoveri nullus potest sine
quinque praetoribus, tribus quaestoribus, quattuor mensariis, qui apud
illos a populo creantur, und weiter: Si praetor dedit, ut est scriptum, a
quaestore numeravit, quaestor a mensa publica, mensa aut ex vectigali aut
ex tributo. S. auch Marquardt Röm. Alterth. III, 2 S. 54.

schenken, theils aus dem Ertrage verpachteten Grundbesitzes,
theils aus gewissen Antheilen an der im Kriege gemachten Beute
und an Strafgeldern flossen und aus denen, insofern sie nicht
vollständig für die eignen Bedürfnisse des Heiligthumes verbraucht
wurden, ein Tempelschatz gebildet wurde, der namentlich bei
grösseren und berühmteren Heiligthümern eine beträchtliche
Höhe erreichte. Diese Gelder liess man nicht nutzlos liegen,
sondern lieh sie gegen Zinsen an Staaten sowohl als an Privatpersonen aus. Aus dem Schatze des delphischen Heiligthumes
liehen die Amphiktyonen dem Athener Kleisthenes Geld zu seinen Unternehmungen gegen die Tyrannen[1] und bei den Bera-
thungen über den gegen die Athener zu beginnenden Krieg
bemerkten im Jahre 432 v. Chr. die Korinther in Sparta, dass
man zur Herstellung einer Flotte bei den Heiligthümern in Delphi und Olympia eine Anleihe machen könne.[2] In der sogenannten Sandwicher Inschrift finden wir eine ganze Reihe von
Städten und von einzelnen Personen aufgeführt, welche an das
delische Heiligthum Zinsen bezahlten,[3] in einer anderen Inschrift
erscheint ein Beispiel, dass dasselbe Heiligthum Geld auf fünf
Jahre zu zehn vom Hundert ausgeliehen hatte,[4] nach einer dritten Inschrift scheint eben dasselbe Geld in ein Wechselgeschäft
eingelegt zu haben.[5] Auch eine Inschrift von Mykonos enthält
in Bruchstücken Angaben über empfangene Zinsen für ein nicht
näher bezeichnetes Heiligthum[6] und gleiche Geschäfte lassen sich
mit Sicherheit von anderen Heiligthümern annehmen. Ueber
den Umfang dieser Geschäfte wissen wir nichts näheres; nach
der Sandwicher Inschrift lassen sich die ausgeliehenen Gelder auf
etwa vierzig Talente berechnen,[7] eine Summe, welche dem Ge-
schäftscapital des oben erwähnten athenischen Wechslers Pasion,

---

1) Isokrat. v. Umtausch 232. Demosth. geg. Meid. 144.
2) Thukydid. I, 121.
3) Corpus Inscr. I nr. 158 u. Böckh Staatsh. II S. 91 ff.
4) Böckh Erklärung einer Urkunde u. s. w. in den Schriften der
Berl. Akadem. d. Wissensch. 1834 S. 33.
5) Corp. Inscr. I nr. 159 u. Böckh Staatsh. II S. 323.
6) Ross Inscr. inedd. II nr. 145.
7) S. Böckh Staatsh. II S. 108.

welcher fünfzig Talente ausgeliehen hatte, nicht gleichkommt,
aber es kann nicht mit Sicherheit festgestellt werden, ob dies
wirklich die Summe aller ausstehenden Gelder ist.

Sehr bedeutend scheint ferner das Depositengeschäft der
Heiligthümer gewesen zu sein.[1] Die Unverletzlichkeit derselben,
die nur in seltenen und aussergewöhnlichen Fällen und auch nur
in der späteren Zeit angetastet worden ist, gewährte für die
Aufbewahrung von Geldern eine Sicherheit, wie sie irgendwo
anders nicht zu finden war. Daher wurden Heiligthümer zunächst
benutzt, um darin die baaren Bestände der Staatskasse nieder-
zulegen, und zwar ebensowohl an anderen Orten wie bei den
Atheneren, von deren Verfahren wir allein genauere Kenntniss
haben.[2] Und zwar vertraute man nicht bloss den Tempeln des
eigenen Landes Gelder an, sondern brachte diese auch in Heiligthümern ausserhalb des Landes unter. So befand sich die
Kasse der athenischen Bundesgenossenschaft bekanntlich in der
ersten Zeit in dem Heiligthume in Delos und in ähnlicher Weise
wurde im Jahre 371 in Sparta der Vorschlag gemacht, die Bundesgenossen sollten zu einem Schatze, aus dem man die Mittel
zu einem Kriege gegen die Friedensstörer entnehmen könnte,
Beiträge in den Tempel des Apollon, offenbar in Delphi, zahlen.[3]
Von Alexander dem Grossen wird berichtet,[4] dass er in einem

---

1) Dio Chrysost. XXXI, 54 ἔστι που τοῖς Ἐφεσίοις, ὅτι πολλὰ
χρήματα παρ’ αὐτοῖς ἐστι, τὰ μὲν ἰδιωτῶν ἀποκείμενα ἐν τῷ νεῷ τῆς
Ἀρτέμιδος, οὐκ Ἐφεσίων μόνον, ἀλλὰ καὶ ξένων καὶ ἀπόθεν δήποτε
ἀνθρώπων, τὰ δὲ καὶ δήμων καὶ βασιλέων, ἃ τίθεασι πάντες οἱ τιθέν-
τες ἀσφαλείας χάριν, οὐδενὸς οὐδεπώποτε τολμήσαντος ἀδικῆσαι τὸν
τόπον, καίτοι καὶ πολέμων ἤδη μυρίων γεγονότων καὶ πολλάκις ἁλούσης τῆς πόλεως. οὐκοῦν ὡς ὅτι μὲν ἐν κοινῷ κεῖται τὰ χρήματα δῆλόν
ἐστι· ἀλλὰ καὶ δημοσίᾳ κατὰ τὰς ἀπογραφὰς ἔθος αὐτὰ τοῖς Ἐφεσίοις
ἀπογράφεσθαι.

2) Von Athen S. Böckh Staatsh. I S. 575 ff. — Thukydid. VI, 20
χρήματά τ’ ἔχουσι τὰ μὲν ἴδια, τὰ δὲ καὶ ἐν τοῖς ἱεροῖς ἐστι Σελινουντίοις, wozu die Scholien: ἤγουν κοινά. ἔθος γὰρ τοῖς παλαιοῖς τὰ κοινὰ
χρήματα ἐν τοῖς ἱεροῖς ταμιεύειν. Vgl. Cap. 6 περὶ τῶν χρημάτων
σκεψομένους εἰ ὑπάρχει ἐν τῷ κοινῷ καὶ ἐν τοῖς ἱεροῖς.

3) Xenophon Hellen. VI, 4, 2.

4) Cicero de legg. II, 16. Von Ephesos Dio Chrysost. a. a. O. Strabo

Tempel bei Soli in Kilikien Geld niedergelegt habe und von
dem Tempel der Artemis zu Ephesos heisst es ausdrücklich, dass
Städte und Könige aus allen Gegenden dort ihre baaren Vorräthe niederlegten. Es lässt sich hiernach annehmen, dass die
in Delphi und in Olympia befindlichen nach einzelnen Staaten
benannten Schatzkammern nicht bloss die von jenen Staaten gespen-
deten Weihgeschenke, sondern auch Depositen an baarem Gelde
enthielten. Zu demselben Zwecke wurden auch die Heiligthümer
von Privatleuten benutzt. In Ephesos, welches seiner Handelsverbindungen mit dem Morgenlande und dem Abendlande wegen zu
einem Bankorte vorzüglich geeignet war, geschah dies in bedeutendem Umfange;[1] aber auch von andern Heiligthümern finden
sich Beispiele. Der Athener Kleisthenes soll die Mitgift für
seine Töchter dem Tempel der Juno zu Samos zur Aufbewahrung
gegeben haben, weil er seines Eigenthums in Athen nicht sicher
war, der Spartaner Lysandros legte im delphischen Heiligthume
eine Geldsumme nieder, da er sie nicht nach Sparta bringen
durfte.[2] Ob solche Depositen von den Tempelverwaltungen gleich
dem Eigenthume der Heiligthümer zinsbar angelegt wurden, lässt
sich nicht nachweisen.

Ueber die Einträglichkeit der Handelsgeschäfte lässt sich
natürlich nichts angeben, da wir weder von den Einkaufs- noch
von den Verkaufspreisen der gangbarsten Waaren ausreichende
Kenntniss haben, um Berechnungen anstellen zu können, die ein
nur einigermassen wahrscheinliches Ergebniss liefern könnten.
Dass der Bruttogewinn beim Grosshandel ein ziemlich bedeutender gewesen sein muss, ergiebt sich schon daraus, dass die Kaufleute ausser den sonstigen Geschäftsunkosten für geliehene Capitalien so hohe Zinsen zu zahlen im Stande waren, wie oben
angegeben ist.

Es bleiben uns noch wenige Worte über die Personen zu
sagen, welche sich mit Handelsgeschäften abgaben. Nach dem

XIV 8. 610. Vgl. Plautus Bacch. II, 3, 76 in capse aede deae Dianae
(Ephesiae) conditum est (aurum), ibidem publicitus servant.

1) Dio Chrysost. a. a. O. Vgl. Xenoph. Anab. V, 3, 6.
2) Cicero de legg. II, 16. — Plutarch Lysand. 18.

was bereits oben über die Stellung gesagt ist, welche die öffentliche Meinung dem Kaufmannsstande im Allgemeinen anwies, ist
es klar, dass Leute, welche sich den bessern Klassen der Gesellschaft zuzählten, Handel nicht erwerbsmässig getrieben haben,
ausgenommen natürlich solche Städte, deren materielle Existenz
durchaus auf dem Handel beruhte, wie dies mit Kerkyra, Byzanz,
zum Theil mit Korinth und der Mehrzahl der pontischen Colonien der Fall gewesen sein wird. Wenn auch von angesehenen
Männern, wie von den Philosophen Thales, Solon, Platon, Zenon,
dem Mathematiker Hippokrates ausdrücklich berichtet wird, dass
sie sich mit Handelsgeschäften befasst haben,[1] so lassen eben
jene Erwähnungen deutlich erkennen, dass dies nur vorübergehend und auf besondere Veranlassungen hin geschehen ist, während man beim Periandros und selbst bei den Bakchiaden von
Korinth vielleicht an einen regelmässigen Handelsbetrieb denken
darf.[2] In Athen setzten sich Leute wie Andokides, Eukrates,
Lysikles, Kallias, welche des Erwerbes halber Handel trieben,
dem Gespötte nicht weniger als die Fabrikbesitzer aus, wenn sie
in dem Staatsleben eine Rolle spielen wollten,[3] denn es zogen
dort, auch in den Zeiten wo der Handel in der höchsten Blüthe
stand, die wohlhabenderen und angesehenern Bürger es vor, nicht
selbst Handel zu treiben, sondern ihr Geld an andere zu diesem
Zwecke auszuleihen. Da nun ärmere Bürger den zum Betriebe
des Grosshandels ihnen nothwendigen Credit wohl nur selten fanden, so befand sich dieser Handel überwiegend in den Händen
der Metoeken. Xenophon hebt es besonders hervor,[4] dass die Stadt

---

1) Vgl. Aristot. Polit. I, 4 S. 21. Plutarch v. d. Seelenruhe 6;
Solon 2. Diogen. Laert. VII, 1, 6.

2) Auf Handelsverbindungen des Periandros mit Samos führt Herod. III, 43.

3) Vom Andokides Leb. d. zehn Redn. S. 834*. — Suidas Προσ-
τομώλης. ὁ Καλλίας καὶ ἡ ἐπ' αὐτοῦ πολιτεία· ἡ Λυσικλῆς υἱός Ἀσπα-
σίας. Στρατιοπώλης δὲ ὁ Εὐκράτης, ὅς καὶ Στύππαξ ἐκαλεῖτο. Ders.
Στύππαξ, στρατηγὸς Ἀθηναίων Εὐκράτης. Vom Eukrates Aristoph.
Ritter 129 mit den Schol., vom Lysikles das. ebend. 132 mit den Schol.
Plutarch Perikl. 24. Vgl. nach Demosth. geg. Phorm. 50.

4) Xenoph. v. Staat d. Athen. 1, 12. Ein Metoeke, der Kornhandel treibt bei Lysias geg. die Kornhändl. 5.

des Handels und der Schiffahrt halber der Metœken bedarf, und
Beispiele von solchen Handelsleuten finden sich bei den Schriftstellern. Dagegen lobt es Isokrates, wenn die Bürger Capitalien
zu Handelsgeschäften hergeben und Xenophon empfiehlt dies allgemein den Bürgern als ein Mittel den Wohlstand des Staates
zu fördern.[1]

Noch weniger leicht verstanden sich die Bürger zu dem
Gewerbe eines Krämers, wenn ihnen nicht etwa in der Noth kein
anderes Mittel zum Erwerbe übrig blieb; denn wenn auch ein
Gesetz des Solon eine Klage gegen den gestattete, der einem
Bürger seinen Kramhandel zum Vorwurf machte, und ein anderes
den Bürger in solchen Geschäften vor den Fremden bevorzugte,
indem es ihn von der Steuer befreite, welche von den Fremden
für den Handel auf dem Markte erhoben wurde, so war doch
die öffentliche Meinung so sehr gegen einen solchen Erwerb,
dass derselbe sogar zu der Voraussetzung berechtigte, ein Krämer müsse ein Metœke sein.[2] Auch die Wechsler scheinen in
Athen durchaus der Klasse der Metœken angehört zu haben.[3]
Mit geringerer Sicherheit lassen sich ähnliche Verhältnisse für
andere griechische Staaten annehmen, wenigstens für solche,
deren Bürgerschaft eine gewisse politische Rolle spielte und in
einer grösseren Hauptstadt ihren Vereinigungspunkt fand. Anders
mochte es freilich in kleineren Städten sein, zumal wenn die
Bevölkerung derselben nur einen mässigen Wohlstand besass und
keine Gelegenheit zum Erwerbe verabsäumen durfte, oder in
solchen Städten, deren Bürger zu ihrem Erwerbe auf den Handel angewiesen waren, wie die Aegineten, welche als Krämer
hausierend durch ganz Griechenland zogen. Aussergewöhnlich

---

1) Isokrat. Areopag. 32. Xenoph. v. d. Eink. 5, 7 ff.

2) Demosthen. geg. Eubulid. 30—34. Ein Metoeke als Fischhändler Athen. VI S. 227ᵃ.

3) Dionys. Halikarn. Isaeos ὁ ὑπὲρ Εὐμαθοῦς, μετοίκου τινὸς τῶν
τραπεζιτευόντων Ἀθήνησιν. Bei Demosth. geg. Lakrit. 32 leiht ein Kittier Antipatros Geld aus, geg. Phorm. 6 ein Phoenikier Theodoros, auch
der Wechsler Kittos ebendort ist, nach seinem Namen zu urtheilen, ein
Fremder. Der reiche Wechsler Pasion war ein eingebürgerter Fremder.
Vgl. Demosth. für Phorm. 30.

sind die Verhältnisse in Lakedämon, da die vollberechtigten Bürger von jeder Erwerbsthätigkeit ausgeschlossen waren, während
es kaum möglich war, dass Fremde in dem Lande dauernd ihren
Wohnsitz nahmen. Grosshandel ist von dem Lande selbst aus
gar nicht getrieben worden, von Geldgeschäften kann ebenso
wenig die Rede sein; der Kleinhandel aber, dessen man für
mancherlei Dinge nicht entbehren konnte, scheint in den Händen der Periöken, vielleicht theilweis in denen der Heloten
gewesen zu sein.[1]

Achtes Kapitel.

Wenn schon in mancher anderen Hinsicht die materiellen
Interessen der einzelnen Bürger und insbesondere die Erwerbsverhältnisse derselben nicht ohne Einfluss auf das politische Verhalten der Staaten in Griechenland geblieben sind, so konnte
dies am allerwenigsten mit dem Handel der Fall sein, der in
höherem Grade als jede andere Erwerbsthätigkeit für den ganzen Staat wichtig ja nothwendig war, zugleich aber sich nicht
durch die Gränzen des eignen Landes einschliessen liess, sondern
über dieselben hinweggehend den Staat und die einzelnen Mitglieder desselben mit dem Auslande in Berührung brachte. Die
Nothwendigkeit des Handels für den Staat ist von keinem derer,
welche sich mit staatsökonomischen Fragen beschäftigten, in Zweifel gezogen worden. Platon erklärt jeden, der den Vorrath
irgend welcher Dinge, die ungleich und unzweckmässig vertheilt
sind, ausgleiche, d. h. den Kaufmann, für einen Wohlthäter,
einen Ort aber für die Gründung eines Staates zu finden, der
alles was die Bewohner bedürfen, selbst liefert ohne zur Einfuhr seine Zuflucht nehmen zu müssen, hält er für durchaus
unmöglich,[2] und in derselben Weise spricht sich Xenophon aus.[3]

---

1) Vgl. O. Müller Dorier II S. 28.
2) Platon Ges. XI S. 918ᵇ; Republ. II S. 370ᵃ.
3) Xenoph. v. Staat d. Athen. 2, 3; v. d. Eink. 3, 4.

Auch Aristoteles erkennt es ausdrücklich an, dass es fast für alle Staaten nothwendig sei, das eine zu kaufen, das andere zu verkaufen, je nach dem beiderseitigen Bedürfniss, und findet in diesem Austausch das nächstliegende Mittel, um das Selbstgenügen, welches der Zweck des Staates ist, zu erreichen, daher hält er es auch für vortheilhaft für einen Staat, wenn derselbe am Meere liegt, weil so die Ausfuhr des Ueberflüssigen und die Einfuhr des Nothwendigen am leichtesten bewerkstelligt werden kann.[1] Die Rücksicht auf die Sicherung der Einfuhr solcher fremden Waaren, die das Land nicht entbehren konnte und auf die Sicherung des Absatzes derjenigen eignen Produkte, welche das Land ausführen konnte und musste, mussten schon einen merkbaren Einfluss auf die auswärtige Politik eines Staates ausüben. Unter diejenigen Gegenstände, welche zur öffentlichen Berathung gestellt werden, rechnet Aristoteles auch die Einfuhr und Ausfuhr; man müsse dabei wissen, sagt er, wie gross und welcher Art der Verbrauch des Landes ist, was davon im Lande selbst erzeugt wird und was eingeführt werden muss, von wem man der Ausfuhr und von wem man der Einfuhr bedarf, um mit den betreffenden Staaten Verträge abzuschliessen und Verbindungen anzuknüpfen.[2] Es ist dies jedoch nicht der einzige Gesichtspunkt, vielmehr kommen noch die mittelbaren Vortheile in Betracht, welche der Staat durch Begünstigung des Handels zieht, indem Zölle und andere Abgaben ähnlicher Art seine Einnahmen steigern und der Handelsgewinn seine Bürger wohlhabender und dadurch für das Ganze leistungsfähiger macht. Aristoteles weist allerdings diese Rücksicht ab, da er erklärt, der Staat müsse für sich, d. h. zur unmittelbaren Beschaffung des ihm nothwendigen, nicht für andere handeltreibend und nicht der finanziellen Einnahmen halber ein Handelsplatz für alle sein;[3] allein schon Xenophon hatte in seinen Vorschlägen für die Verbesserung der athenischen Finanzen bestimmt darauf hingewiesen, welche erheblichen Einnahmen der Staat aus einem blühenden

1) Aristot. Polit. VI, 6 S. 210, vgl. IV, 3 S. 119; VII, 6 S. 227 f.
2) Aristot. Rhetor. 1, 4 S. 1359b, 12.
3) Aristot. Polit. VII, 6 S. 226. — Xenoph. v. J. Eink. 3, 5.

Handel ziehen könnte, und in der Wirklichkeit hat diese Rücksicht oft schwer genug gewogen. Aehnliche Rücksichten wie für
den ganzen Staat mussten auch für die einzelnen Bürger sich
geltend machen, sei es dass es galt, ihren Erwerb durch Unterstützung des auswärtigen Handels zu fördern, sei es dass es darauf ankam, für ihre persönliche Sicherheit und den Schutz ihres
Eigenthums im Auslande zu sorgen.

Schon diese allgemeinen Betrachtungen führen zu der Annahme, dass in den griechischen Staaten die Rücksichtnahme auf
Handelsinteressen vielfach bestimmend auf die gegen andere Staaten zu verfolgende Politik eingewirkt habe, wenngleich der Nachweis, wie weit sich in den einzelnen Fällen dieser Einfluss geltend gemacht hat, meist nur unsicher zu führen ist, da die alten
Schriftsteller diesem Gegenstande eine äusserst geringe Aufmerksamkeit zugewendet haben und nur höchst selten bei den Ge-
schichtschreibern Aeusserungen angetroffen werden, wie die,
welche im Jahre 432 die Korinther auf dem Congress zu Sparta
machten, als sie unter den Motiven zum Kriege gegen Athen
auch hervorhoben, man dürfe die Athener zur See nicht über-
mächtig werden lassen, wenn nicht die Freiheit des Handels auch
für die Binnenstaaten des Peloponnes gefährdet werden solle.[1]
Die Stärke jenes Einflusses richtete sich natürlich nach der
Wichtigkeit, welche der Handel für den Staat und dessen Bewohner überhaupt hatte, so dass bei denjenigen Staaten, deren
Existenz ganz oder zum Theil vom Handel abhing auch die
äussere Politik im Ganzen von Handelsrücksichten geleitet werden musste. Im höchsten Masse werden wir dies bei den ionischen Seestaaten vorauszusetzen haben, deren ausgedehnte Colo-
niegründungen ebensowohl wenigstens theilweis auf Handelsinteressen beruhten wie ihr Verhalten gegenüber ihren stammverwan-
dten Nachbarn und den jedesmal in Vorderasien herrschenden
Völkern. Es ist daher anzunehmen, dass manche von den Fehden, welche zwischen den kleinasiatischen Städten schon in früher Zeit geführt worden sind, in Handelseifersucht ihren Grund
gehabt haben, wenn wir auch bei unserer mangelhaften Kennt-

---

1) Thukydid. I, 120.

niss von den inneren Verhältnissen jener Städte dies nicht mit
voller Sicherheit behaupten dürfen. Denn wenn die Chier den
heimatlosen Phokäern die Oenussae-Inseln nicht verkaufen wollten,
aus Furcht, sie möchten dort einen Handelsplatz anlegen, so darf
man auch glauben, dass gleiche Eifersucht ihren Krieg gegen die
Erythraeer[1] so wie die Kriege veranlasst habe, welche Milet gegen
Kos, Naxos, Erythrae, Samos, ja selbst gegen Karystos führte;[2]
namentlich aber möchten Feindseligkeiten zwischen weit von einander entfernten Städten, wie Samos und Aegina, die sich um
die fünfundzwanzigste Olympiade bekriegten,[3] auf solche Veranlassungen zurückzuführen sein. Auch die grosse Ausdehnung,
welche der einst zwischen Chalkis und Eretria um das lelanti-
sche Feld geführte Krieg gewann, so dass nicht nur Samos und
Milet, sondern ganz Griechenland Partei nahm, findet vielleicht
ihre Erklärung darin, dass der Ausgang desselben für allgemeine
materielle namentlich Handelsinteressen von Wichtigkeit zu werden schien.[4] Der Krieg, welchen in Solons Zeitalter die Athener gegen Megara um den Besitz von Salamis führten, kann nur
den Zweck gehabt haben, die freie Ein- und Ausfahrt der Schiffe
für den athenischen Hafen zu sichern und zwar hauptsächlich der
Handelsschiffe, da von einer Kriegsflotte der Athener um jene
Zeit kaum die Rede sein kann, und die lange dauernde Feindschaft zwischen den Athenern und Aegineten ist gewiss hauptsächlich in Handelseifersucht begründet, nicht minder als die der
Korinther und Kerkyraeer. Aus späterer Zeit wissen wir, dass
die Rhodier einen Krieg gegen die Byzantier begannen, weil
diese einen Sundzoll am Bosporos eingeführt hatten, der den rho-
dischen Handel schwer benachtheiligte.[5]

Wenn so die Staaten selbst mit Waffengewalt dem Handelsverkehr nach aussen hin Sicherheit und Selbständigkeit zu wahren suchten, so haben sie auch auf friedlichem Wege durch den

1) Herodot I, 18. Polyaen. Strat. VIII, 80.
2) Plutarch Solon 4; vgl. Diodor Excerpt. Vatic. S. 17 Dind.
3) Herodot III, 59.
4) Herodot V, 99. Thukydid. I, 15. Strabo X S. 447 f. Vgl. Dondorff De rebus Chalcidens. S. 15.
5) Um 220 v. Chr. Polyb. IV, 47 ff

Abschluss von Verträgen und Festsetzung gewisser Bestimmungen
unter den betheiligten Staaten dasselbe Ziel zu erreichen gestrebt.
Die Nachrichten, welche wir über diesen Gegenstand haben, sind
äusserst dürftig. Es scheint allerdings, als ob es gewisse, allgemein anerkannte Bestimmungen gegeben hätte, durch welche
die Freiheit des gegenseitigen Verkehrs zwischen den Angehörigen der einzelnen Staaten garantiert war, da die Megarer,
als sie von dem Besuche des athenischen Marktes ausgeschlossen
worden waren, sich beklagten, dass dies gegen das allgemeine
Recht und die von den Hellenen beschworenen Festsetzungen
geschähe, aber weiteres ist über die Sache nicht bekannt.[1] Bei
Friedensschlüssen zwischen einzelnen Staaten wurden wohl Artikel
zum Schutze des freien Verkehrs mit aufgenommen.[2] Besondere
Verträge, welche ausschliesslich dem Handel galten, sind wohl
nur in den seltensten Fällen zur Förderung des Handels selbst
oder im unmittelbaren Interesse der Handel- und Gewerbtreibenden abgeschlossen worden, vielmehr scheint man fast durchweg
nur das Interesse des ganzen Staates und der gesammten Bevölkerung dabei im Auge gehabt zu haben, indem dergleichen Verträge hauptsächlich darauf abzielten, dem Lande den Bezug der
ihm fehlenden nothwendigen Waaren und den Absatz seiner Produkte sicher zu stellen.[3] Der Vertrag zwischen Athen und den
Städten auf Keos, durch welchen Athen den ausschliesslichen
Bezug des keischen Röthels erhielt, mag allerdings zunächst im
Interesse der Gewerbtreibenden und Künstler geschlossen worden
sein,[4] allein es lässt sich doch nicht beurtheilen, ob nicht etwa
der Staat für eigene Zwecke, für die Marine und anderes, viel

---

1) Plutarch Perikl. 29. *Μεγαρεῖς αἰτιώμενοι πάσης μὲν ἀγορᾶς
πάντων δὲ λιμένων, ὧν Ἀθηναῖοι κρατοῦσιν, εἴργεσθαι καὶ ἀπελαύ-
νεσθαι παρὰ τὰ κοινὰ δίκαια καὶ τοὺς γεγενημένους ὅρκους τοῖς
Ἕλλησιν.*

2) S. die pseudodemosthen. Rede über den Vertr. mit Alex. 10 *ἔστι
γάρ που ἐν ταῖς συνθήκαις τὴν θάλατταν πλεῖν τοὺς μετέχοντας τῆς
εἰρήνης, καὶ μηδένα κωλύειν αὐτοὺς μηδὲ κατάγειν πλοῖον μηδένα
τούτων.*

3) S. Aristot. Rhetor. I, 4 S. 1360ᵃ, 14; Oekon. II S. 1345ᵇ, 25;
Polit. III, 5 S. 86.

4) Rangabé Antiq. hellén. II S. 846 ff. Böckh Staatsh. II S. 349 ff.

von diesem Materiale nöthig hatte. Dagegen zeigt ein Vertrag, welchen die Athener mit dem bosporanischen in Pantikapæon residierenden Fürsten Leukon geschlossen hatten,[1] deutlich, wie man das Interesse des Staates verfolgte. Nach demselben wurde den athenischen Kaufleuten in den bosporanischen Häfen der Ausfuhrzoll erlassen und das Vorrecht eingeräumt, zuerst vor allen anderen Kaufleuten Getreide zu laden. Die dadurch gewährten bedeutenden Vortheile, der Zoll allein betrug nämlich schon ein Dreissigstel des Werthes, kamen aber weniger den Kaufleuten als dem Staate zu Gute, da jene gehalten waren, ihre Ladung in die athenischen Häfen zu bringen und der Staat seine Bürger gegen ein willkürliches Hinauftreiben des Preises zu schützen wusste.

Von einzelnen Verträgen ist wenig bekannt. Eine uns erhaltene Inschrift giebt den Text eines Vertrages zwischen den Hierapytniern und den Priansiern auf Kreta, wodurch diese gegenseitig ihren Bürgern gleiche Rechte und darunter ausdrücklich volle Handelsfreiheit gewähren.[2] Ob die Freundschaft der Milesier und Sybariten, die allerdings auf Handelsverbindungen beruhte, durch Verträge nach dieser Seite hin gesichert war, lässt sich nicht mit Bestimmtheit behaupten,[3] und ebenso wenig ist zu erkennen, ob die öffentliche Bekanntmachung, durch welche der bosporanische Fürst Pareisades denen Zollfreiheit zusicherte, welche Getreide nach Athen laden wollten, die Folge eines Vertrages mit den Athenern oder ein Akt besonderer Freundschaft für dieselben war.[4] In einem Dekrete, dessen einzelne Bestimmungen aus den uns erhaltenen Resten allerdings nicht deutlich zu erkennen sind, trat das athenische Volk dem Perdikkas von Makedonien gegenüber für die Handelsfreiheit der Methonæer ein, wahrscheinlich veranlasst durch vertragsmässige Handelsverbindungen mit dieser Stadt.[5]

1) Demosthen. geg. Leptin. 31 f. Strabo VII S. 310.
2) Corpus Inscrr. Gr. II nr. 2556.
3) Herod. VI, 21; Athen. XII S. 519ᵃ. Der von Herodot gebrauchte Ausdruck ἐξεινώθησαν scheint allerdings auf bestimmte Verträge hinzuweisen.
4) Demosth. geg. Phorm. 36.
5) Rangabé Antiq. hellén. I nr. 250.

Hierher gehört auch eine besondere Art von Verträgen,
welche zwischen Staaten abgeschlossen wurden, um die rechtlichen Verhältnisse der beiderseitigen Staatsangehörigen in ihrem
Verkehre festzustellen und besonders die Formen zu bestimmen,
unter denen die Bürger des einen Staates ihre Ansprüche an
die des anderen auf gerichtlichem Wege verfolgen konnten.[1]
Zwar sind diese Verträge nicht speciell für die Handeltreibenden
abgeschlossen worden, aber sie kamen denselben in hohem Grade
zu Gute, da gerade diese Leute durch ihren Verkehr mit dem
Auslande häufiger als andere in die Lage kamen, von den
Bestimmungen solcher Verträge Gebrauch zu machen. Die
Einzelheiten derselben gehören der Behandlung in der Rechts-
geschichte zu.

Von ausserordentlichem Nutzen für die Handeltreibenden
waren auch die sogenannten Proxenoi,[2] Leute, welche von einem
Staate beauftragt waren, in der Stadt, in welcher sie ansässig
waren, die Interessen der Bürger jenes Staates, welche sich dort
vorübergehend aufhielten, in jeder Hinsicht, also auch namentlich im Verkehr mit den Behörden und vor Gericht zu vertreten. Eine solche Einrichtung, deren nähere Betrachtung unserem Gegenstande fern liegt, musste bei ihrer allgemeinen Verbreitung in Griechenland für die Förderung und Sicherung des
Handelsverkehrs ausserordentliche Hülfe leisten, da die Proxenen
dem Kaufmann in einer fremden Stadt einen Anhalt gewährten,
ihn mit den dortigen Geschäftsverhältnissen und Geschäftsleuten
bekannt machten, ja selbst, wie schon bemerkt worden ist, in
manchen Fällen die Vermittelung von Kaufgeschäften übernahmen.

---

1) Es sind dies die sogenannten σύμβολα. Harpokrat. σύμβολα:
τὰς συνθήκας ἃς ἂν ἀλλήλαις αἱ πόλεις θέμεναι τάττωσι τοῖς πολίταις
ὥστε διδόναι καὶ λαμβάνειν τὰ δίκαια. (Demosth.) über den Halonnes
9 — 12. Genaueres bei Hudtwalcker Ueber die Diäteten in Athen S. 128 f.
Meier u. Schömann Att. Process S. 773 ff. Hüllmann Handelsgesch.
S. 193 ff. Einen Vertrag der Art enthält eine lokrische Inschrift auf Erz
bei Rangabé Antiq. hellén. II S. 2.

2) Meier De proxenia Halle 1843. Hermann griech. Staatsalterth.
§ 116, 7. Vgl. Hüllmann Handelsgesch. S. 190 ff., wo eine Anzahl Beispiele aus Schriftstellern angeführt sind.

Dem gesammten Verkehr und insbesondere dem Handel nach aussen diejenige Sicherheit zu gewähren, welche die einzelne Person sich nicht zu schaffen im Stande ist, hat der Staat nicht allein im Interesse des Ganzen, soweit dasselbe von dem Handel berührt wird, sondern auch den einzelnen Staatsangehörigen gegenüber die Verpflichtung, da es seine Aufgabe ist, deren Person und Eigenthum nach allen Seiten hin zu schützen. Hier fallen zunächst die Massregeln ins Auge, welche zum Schutze der Reisenden und der von ihnen mitgeführten Güter, so wie der Waarensendungen gegen räuberische Angriffe, vorzüglich gegen Seeraub getroffen worden sind. Dieselben waren um so nothwendiger, als zu keiner Zeit die Sicherheit der Strassen und des Meeres eine ausreichende war. Seeraub ist in den ältesten Zeiten von den Griechen als ein keinesweges entehrendes Gewerbe angesehen und in ausgedehntem Massstabe gegen die Seefahrer und gegen die Küstenbewohner betrieben worden, wovon in den homerischen Gedichten zahlreiche Beweise vorhanden sind;[1] noch in viel späterer Zeit hatte Polykrates auf Samos einen wohlorganisierten Räuberstaat gebildet.[2] Noch viel stärker betheiligten sich an dem Seeraube die barbarischen Bewohner der Inseln und Küsten derjenigen Meere, welche von den Griechen befahren wurden. In älterer Zeit waren es Karer und Tyrrhener, welche das Meer unsicher machten, in Kimons Zeitalter besonders die Doloper auf Skyros, im schwarzen Meere die Heniocher, Taurer und Achäer.[3] Strabo schildert uns das ausgebildete System der Korykäer an der Westküste von Kleinasien, welche durch ein über alle dortigen Häfen ausgespanntes Netz von Spionen Kundschaft von allen Schiffen erhielten, welche eine lohnende Beute versprachen.[4] Besonders nahm in solchen Zeiten, wo nicht ein Staat mit starker Seemacht das Meer beherrschte, das Treiben der Seeräuber in erschreckender Weise zu,[5] bis zu der

---

1) Thukydid. I, 5. Vgl. Strabo X S. 477.
2) Herod. III, 39 u. 47. Vgl. Plutarch Quaestt. Gr. 55.
3) Herod. II, 152. Strabo X S. 477. Plutarch Kimon 8. Strabo XI S. 496 u. VII S. 308. Diodor XX, 25. Vgl. Herod. IV, 103.
4) Strabo XIV S. 644.
5) Vgl. Isokrat. Panegyr. 115. Demosthen. geg. Aristokr. 166.

Hôhe, auf welcher um die Mitte des ersten Jahrhunderts v. Chr.
das Raubwesen der kilikischen Seeräuber stand, die fast auf dem
ganzen mittelländischen Meere allen Verkehr hemmten.[1]
Gegen die Seeräuber verbanden sich nicht nur die Staaten
zu gemeinschaftlichen Massregeln, wie sie in Solons Zeitalter
die Amphiktyonen gegen die Bewohner von Kirrha ergriffen[2] und
wie sie Philipp von Makedonien gemeinschaftlich mit den Athenern durchzuführen vorschlug,[3] sondern es verfolgte auch jeder
Staat für sich nach Kräften ein gleiches Ziel. Die Melier wurden einmal von den Athenern mit einer Geldstrafe belegt,
weil sie Seeräuber bei sich aufgenommen hatten, der bosporanische Fürst Eumolos schaffte gegen Ende des vierten Jahrhunderts Sicherheit im schwarzen Meere vor den räuberischen An-
wohnern desselben[4] und namentlich wird es in späterer Zeit von
den Rhodiern gerühmt, dass sie das Meer von Seeräubern frei-
gehalten hätten.[5]   Mit Sicherheit kann man daher auch annch-
men, dass die Gesetzgebungen der meisten griechischen Staaten
das Verbrechen des Seeraubes mit den schwersten Strafen
belegt haben.[6]
Auch gegen die im Kriege von den Feinden geübte Kaperei suchte der Staat seine Angehörigen nach Möglichkeit zu
schützen, theils durch Aussendung von Kriegsflotten nach den
bedrohten Gegenden,[7] theils dadurch, dass er unter besonderen
Umständen den Kauffahrern Kriegsschiffe zum Geleite mitgab,
wie dies namentlich häufig von den Athenern bei den für das
ganze Land so wichtigen Getreideflotten geschah.[8]   In geringerem
Grade nothwendig war der Schutz für Waaren, welche auf den Land-
wegen verschickt wurden, aber doch nicht ganz entbehrlich, da

1) Strabo XIV S. 668. Appian Mithridat. Krieg 92 und besonders
Cicero de Cn. Pomp. imp. 31 ff.
2) Plutarch Solon 11. Aeschin. geg. Ktesiph. 107.
3) (Demosth.) über d. Halonnes 14.
4) Demosth. geg. Theokrin. 58. Diodor XX, 25.
5) Strabo XIV S. 652.
6) Vgl. Lukian Schiff 14 ἄπαγε πρὸς τὸν στρατηγὸν ὡς τινα
πειρατὴν ἤ καταποντιστήν.
7) Thukyd. II, 69; Xenoph. Hellen. I, 1, 36; vgl V, 4, 61.
8) Demosth. v. Kranz 77; geg. Polykl. 17.

auch auf diesen Strassen keineswegos überall vollkommeno Sicherheit war.[1]

Zur Förderung des Handels wurden aber auch von den Staaten im Innern alle die Einrichtungen und Massregeln getroffen, welche rücksichtlich der Einfuhr und Ausfuhr der Waaren, so wie des Verkaufes derselben nothwendig sind, ohne dass der einzelne Kaufmann dafür Sorge tragen könnte. Dahin gehört vor allem die Anlage und Erhaltung von Häfen, welche den ankernden Schiffen ausreichenden Schutz gegen Sturm und Wetter bieten. In dieser Hinsicht ist von den Griechen ausserordentliches geleistet worden, und wenn auch bei vielen von den grossen Hafenbauten zunächst die Bedürfnisse der Kriegsflotte ins Auge gefasst wurden, so ist doch auch für die Handelshäfen viel geschehen. Die griechischen Verhältnisse, welche ohne Seehandel nicht wohl denkbar sind, brachten die Nothwendigkeit solcher Anlagen in dem Masse mit sich, dass selbst Platon, der doch als Bürger seines Staates von der Berührung mit Fremden möglichst fern halten wollte, dieselbe anerkannte.[2] Zeugniss von der hohen Sorgfalt, welche man diesem Gegenstande zugewendet hat, geben die zahlreichen, oft grossartigen Hafenbauten, von denen theils die Schriftsteller des Alterthums berichten, theils die noch erhaltenen Reste eine Vorstellung gewinnen lassen. Zu diesen Bauten[3] gehören sowohl die Molen, welche zum Schutze der Rheden gegen Wind und Wellen aufgeführt wurden, als auch Leuchtthürme,[4] Uferbauten, welche das Ein- und Ausladen der Waaren erleichterten, und solche Anlagen, welche als Speicher und Verkaufsplätze dienten. Von diesen letzteren ist bereits

---

1) Xenoph. Comment. II, 1, 16 *ἐν δὲ ταῖς ὁδοῖς, ἔνϑα πλεῖστοι ἀδικοῦνται*. Räuber im Kithaeron Lukian Todtengespr. 27, 2; in Phokis Diogen. Laert. II, 136; in Megaris Alkiphr. III, 70. Dikaearch 8 hebt von dem Wege von Oropos nach Tanagra rühmend hervor, er sei *παντός καϑαρεύουσα τοῦ ἀπὸ τῶν κλωπῶν φόβου*.

2) Platon Gesetz. XII 8. 952ᵃ ὅν (ἔμπορον) ἀγοραῖς καὶ λιμέσι καὶ οἰκοδομήμασιν ἔξω τῆς πόλεως πρὸς τῇ πόλει ὑποδίχεσϑαι χρή.

3) Pollux IX, 84 τὰ δὲ περὶ τοὺς λιμένας μέρη δεῖγμα, χῶμα, ἐμπόριον, ὡς καὶ Ὑπερείδης φησίν, ἐξαίρεσις, ὅπου τὰ φορτία ἐξαιρεῖται.

4) Leuchtfeuer bei Lukian Nigrin. 7. Stob. Floril. XLV, 19. Plinius Naturgesch. V, 34 § 128.

früher das sogenannte Deigma im Peiraeeus und in anderen Häfen
erwähnt worden; es gehören ferner dahin die Lagerhäuser im
Peiraeeus,[1] wo sich ausserdem im Kreise um den Hafen fünf
Hallen befanden, von denen namentlich die lange Halle als Ver-
kaufsstelle genannt wird.[2] Aehnliche Einrichtungen werden wohl
in allen grösseren Handelshäfen gewesen sein; in Chalkis auf
Euboea befand sich ein mit Hallen versehener Marktplatz unmittelbar am Hafen, ein Vorzug, der viele Kaufleute dorthin zog.[3]
Auch in Kerkyra lag der Marktplatz in der unmittelbaren Nähe
des Hafens.[4] Für die Aufrechterhaltung der Ordnung in den
Häfen haben gewiss überall polizeiliche Verordnungen gewirkt,
von denen wir freilich nur eine zufällig erhaltene aus Rhodos
kennen, welche jedes Schiff mit Beschlagnahme bedrohte, sobald
es mit einem Stossschnabel versehen in den Hafen einlaufen
würde.[5] In ähnlicher Weise ist auch von Seiten des Staates
mit Rücksicht auf den Kleinhandel für die zweckmässige Anlage
und Einrichtung von Marktplätzen Sorge getragen worden.

Die Nothwendigkeit einer staatlichen Aufsicht über den Handelsverkehr nach den verschiedensten Richtungen hin machte sich
überall geltend, wo dieser Verkehr über die einfachsten Verhältnisse hinausging, so dass diese Nothwendigkeit ebenso bei den
Theoretikern wie in den wirklichen Gesetzgebungen ihren Ausdruck finden musste. Platon hat in seinen Gesetzesentwürfen[6]
eine Menge von ausführlichen Bestimmungen gegeben, die in
dieses Gebiet einschlagen, und wenn dieselben auch in ihren
Einzelheiten mit Rücksicht auf die eigenthümliche Form des

---

1) ἀποστάσεις. Etymol. Magn. S. 347, 30 ἰξαίρεσις, τόπος τις
Ἀθήνησιν, ἔνθα ἐπιξηρούμενα τὰ φορτία ἀπετίθεντο. Vgl. Ulrichs
in Zeitschr. f. Alt. 1844. Im Hafen von Alexandria erwähnt ἀποστάσεις
Strabo XVII S. 794. In der Bedeutung von Speicher findet sich ἀπό-
στασις auch bei Herakleid. Polit. 39; Suidas unter Ἀφρός.

2) Schol. zu Aristoph. Frieden 144; στοὰ μακρά Pausan 1, 1, 3
Demosthen. geg. Phorm. 37. Vgl. Photios Στοαί: τὰ ταμιεῖα· παρα-
μήκη γὰρ ἦν τοῖς παλαιοῖς.

3) Dikaearch 19.

4) Thukydid. III, 72 u. 74.

5) Cicero de invent. II, 31.

6) Platon Ges. XI S. 914 ff.

platonischen Staates entworfen sind, so lässt sich doch nicht zweifeln, dass die allgemeine Grundlage derselben den bestehenden Gesetzgebungen entnommen ist. Von den in den einzelnen Staaten geltenden Handelsgesetzen haben wir freilich nur sehr dürftige Kenntniss, allein da an der Gesetzgebung des Zaleukos besonders die Einfachheit der hierher gehörenden Bestimmungen gerühmt wird,[1] so lässt sich annehmen, dass in den meisten anderen Staaten die den Handelsverkehr betreffende Gesetzgebung ziemlich umfangreich und verwickelt gewesen ist. Ein werthvolles Bruchstück des Theophrast über die Rechtsverhältnisse bei Verkäufen und die dabei zu beobachtenden Formen, wie sie in verschiedenen Staaten üblich waren, ist uns erhalten.[2]

Es kommen hier zunächst die Bestimmungen in Betracht, welche das Eigenthumsrecht insofern berühren, als dasselbe die freie Verfügung über das Eigenthum in Kauf und Verkauf betrifft. Die Fähigkeit, rechtsgültige Kaufgeschäfte abzuschliessen, stand wohl überall jeder selbständigen Person zu; Weiber und Kinder, die im rechtlichen Sinne als unmündig galten, durften nach attischem Rechte keinen rechtsgültigen Vertrag über einen Gegenstand eingehen, dessen Werth den eines Scheffels Gerste überstieg.[3] In den anderen Staaten mögen ähnliche Beschränkungen gemacht worden sein, wenn auch die Tragweite derselben in den einzelnen Ländern verschieden gewesen sein wird, wie dies sich schon aus den öfter von uns benutzten delphischen Inschriften erweisen lässt, in denen eine ziemliche Anzahl Fälle vorkommt, dass Frauen unter der Form eines Verkaufes an den Gott Sklaven freilassen. Dass Kaufverträge, welche von geistig gestörten Personen abgeschlossen wurden, keine bindende Kraft hatten, ist selbstverständlich und lässt sich auch daraus abnehmen, dass in Athen schon seit Solon für letztwillige Verfügungen eine rechtliche Beschränkung in diesem Sinne bestand;[4]

---

1) Strabo VI 8. 260.
2) Stob. Floril. XLIV, 22.
3) Isaeos v. Aristarchs Erbsch. 10 ὁ νόμος διαρρήδην κωλύει παιδὶ μὴ ἐξεῖναι συμβάλλειν μηδὲ γυναικὶ πέρα μεδίμνου κριθῶν. Aristoph. Ekkles. 1025 mit den Scholien.
4) Plutarch Solon 21.

ja Theophrast verlangte selbst die Ungültigkeit eines Kaufes, der
von jemandem im Zustande der Trunkenheit, des Zornes, des
Streites, des Wahnsinns abgeschlossen worden war.[1] In Sparta
konnte als Schärfung des durch gerichtlichen Spruch verhängten
Verlustes der bürgerlichen Ehrenrechte die Unfähigkeit, rechtsgültige Käufe und Verkäufe vorzunehmen, ausgesprochen werden.[2]

Bestimmte Gegenstände scheinen nirgends vom Verkaufe
ausgeschlossen gewesen zu sein, mit Ausnahme des schon früher
behandelten Falles, dass aus politischen Gründen die Gesetze die
Veränderung bestimmter Grundstücke untersagten, und des Falles, dass der Staat, um für seinen Gebrauch gewisse Dinge mit
Sicherheit erlangen zu können, die Ausfuhr und vielleicht auch
den Verkauf derselben im Lande verbot.

Unter die hier zu betrachtenden rechtlichen Bestimmungen
gehören ferner die mannigfaltigen Gesetze, welche erlassen waren,
um den Käufer gegen Benachtheiligung zu schützen, und zwar
zunächst diejenigen, welche Sicherheit zu gewähren suchen, dass
der Verkäufer wirklich das Recht besitzt, den betreffenden Gegenstand zu veräussern. Dergleichen Gesetze betreffen ihrer
Natur nach hauptsächlich den Verkauf von Grundstücken. Es
ist schon angeführt worden, dass die Rechte der Hypotheken-
gläubiger theils durch aufgestellte Tafeln, theils durch Eintra-
gung in ein unter Aufsicht des Staates geführtes Hypotheken-
buch gesichert wurden; durch diese Einrichtungen wurde zugleich
einem Käufer die Möglichkeit gegeben, Einsicht in die Eigenthumsverhältnisse zu erlangen.[3] An manchen Orten wurde ein
Kaufgeschäft über Grundstücke vor einer Behörde abgeschlossen
und über dasselbe ein schriftlicher Akt aufgenommen, der dann

---

1) Theophr. bei Stob. a. a. O. ἀλλὰ τοῦτο προσδιορισίαν, ἐὰν μὴ
παρὰ μεθύοντος, μηδ' ἐξ ὀργῆς, μηδὶ φιλονικίας, μηδὶ παρατοοῦντος
ἀλλὰ φρονοῦντος.

2) Thukydid. V, 34 ἀτίμους ἐποίησαν, ἀτιμίαν δὲ τοιάνδε ὥστε
μήτε ἄρχειν μήτε πριαμένοις τι ἢ πωλοῦντας κυρίους εἶναι.

3) Theophrast. a. a. O. παρ' οἷς γὰρ ἀναγραφὴ ἢ τῶν κτημάτων ἐστὶ
καὶ τῶν συμβολαίων, ἐξ ἐκείνων ἐστι μαθεῖν εἰ ἐλεύθερα καὶ ἀνέπαφα
καὶ τὰ αὐτοῦ πωλεῖ δικαίως· εὐθὺς γὰρ καὶ μετεγγράφει ἡ ἀρχὴ τὸν
ἐωνημένον.

erforderlichen Falls den rechtmässigen Eigenthümer nachweisen
konnte; dies geschah z. B. in Mytilene nach einem Gesetze des
Pittakos.[1] Dasselbe mag auch dadurch erreicht worden sein, dass
man den Kaufcontract auf Stein schreiben und an dem betreffenden Grundstücke aufstellen liess.[2] In Thurii wurden beim Verkauf eines Grundstückes den nächsten drei Nachbarn kleine
Münzen gegeben, gleichsam als Erinnerungszeichen an den Verkauf und um diese Personen als Zeugen zu verpflichten und sie
dadurch verantwortlich zu machen, wenn sie einen Verkauf durch
jemanden geschehen liessen, von dem sie wussten, dass er nicht
der rechtmässige Eigenthümer des zu verkaufenden Grundstückes
war.[3] Sonst begnügte man sich auch, die Verkaufsberechtigung
in negativer Weise dadurch festzustellen, dass man den beabsichtigten Verkauf eines Grundstückes eine bestimmte Zeit vor
Abschluss des Vertrages zur öffentlichen Kenntniss brachte, damit
jeder, welcher an dem zu verkaufenden Gegenstande Rechte zu
haben meinte, sich melden und dieselben zur Geltung bringen
könnte.[4] Jene Bekanntmachung geschah entweder durch öffentliches Ausrufen oder durch Aufstellen einer Tafel mit der schriftlichen Anzeige oder durch Anmeldung bei der Behörde, die alsdann für die geeignete öffentliche Bekanntmachung Sorge zu

---

1) Dio Chrysost. XXXI, 51 σκοπεῖτε δὲ ὅτι πάντες ἡγοῦνται κυ-
ριώτερα ταῦτα ἔχειν, ὅσα ἂν δημοσίᾳ συμβάλωσι διὰ τῶν τῆς πόλεως
γραμμάτων· καὶ οὐκ ἔτι λυθῆναι τῶν οὕτω διηρημένων οὐδέν, οὔτ᾽
εἴ τις ἀπήσατο ἀγρὸν τὸν χωρίον ἢ πλοῖον ἢ ἀνδράποδον, οὔτ᾽ εἴ τῳ
δανείσειεν, οὔτ᾽ ἂν οἰκέτην ἀφῇ τις ἐλεύθερον, οὔτ᾽ ἂν δῷ τινα δω-
ρεάν. εἰ δήποτ᾽ οὖν συμβέβηκεν ταῦτ᾽ εἶναι βεβαιότερα τῶν ἄλλων;
ὅτι τὴν πόλιν μάρτυρα ἐποιήσατο τοῦ πράγματος ὁ τοῦτον τὸν τρόπον
οἰκονομήσας τι τῶν ἑαυτοῦ. Das Gesetz des Pittakos bei Theophrast
a. a. O.

2) Ein solcher Kaufcontract in einer Inschrift von Amphipolis im
Philistor 1862 S. 346.

3) Theophrast a. a. O.

4) Theophrast. a. a. O. προγράφειν, προκηρύττειν. Paroemiogr. Gr.
ed. Schneidew. I S. 405 Ἐν λευκώμασιν ἐγράφης: Ἴσος ἦν τὰ πιπρα-
σκόμενα χωρία ἢ σώματα δημοσίᾳ ἐγγράφεσθαι ἐν σανίσι λευκαῖς ἢ
πύξαις κεχρισμέναις λευκῇ γῇ καὶ τὰ ὀνόματα καὶ τῶν κτημάτων
καὶ τῶν ἀνθρωπόδων καὶ τῶν πριαμένων αὐτά, ἵνα εἴ τις αἰτιάσασθαι
βουληθείη δι᾽ αἰτίας ἔχῃ ἐντυχὼν τῷ λευκώματι.

tragen hatte. Erfolgte von irgend einer Seite Einspruch, so
wurde dadurch natürlich der Kauf gehindert, doch blieb es dem
Verkäufer freigestellt, wenn er den Einspruch für ungerechtfertigt hielt, gerichtliche Entscheidung anzurufen.[1] In einigen Staaten geschah die öffentliche Bekanntmachung nach abgeschlosse-
nem Verkaufe, jedoch ehe derselbe rechtliche Gültigkeit erlangte,
so in Kyzikos; in anderen, wie bei den Aeniern ging man so
weit, dass man Verkäufer und Käufer eines Grundstückes schwö-
ren liess, dass das Geschäft in jeder Hinsicht ehrlich und redlich sei.[2] Die Contrahenten sicherten sich ausserdem gegenseit-
tig durch einen schriftlichen Vertrag, der die genaue Bezeichnung des Grundstückes und des Kaufpreises enthielt,[3] und vor
Zeugen abgeschlossen, nach dem Rechte einzelner Staaten, wie
Ikrotien, Delos, Tenos, Amphipolis noch durch dritte Personen
gewährleistet wurde.[4]

Bei der Abwesenheit rechtlicher Hindernisse trat in der
Regel das Eigenthumsrecht für den Käufer ein, sobald der Preis
ausgezahlt und die gesetzlichen Formalitäten vollzogen waren,
bis dahin blieb dem Verkäufer das Recht an dem verkauften
Gegenstande,[5] wenn nicht, wie in der Gesetzgebung des Charon-

---

1) Bei Isacos v. Menckl. Erbach. 28 f. geschieht dies durch eine
δίκη τῆς ἀπορρήσεως, welche Platner Process II 8. 343 für eine Klage
auf Schadenersatz hält. Vgl. Meier u. Schömann Att. Process S. 524.
Das Erheben des Einspruches bezeichnet Theophrast a. a. O. durch δια-
μαρτύρεσθαι. Vgl. Demosth. geg. Nikostr. 10.

2) Theophrast a. a. O.

3) Die vorher erwähnte Inschrift von Amphipolis lautet: Ἀγαθῇ
τύχῃ· ἐπρίατο Θιοχάρης Νικία παρὰ Θεοδώρου τοῦ Πολέμαρχος τὴν
οἰκίαν, ἧς γείτων Μεννίας Ἀσάνδρου καὶ Θεόδωρος αὐτὸς καὶ Νικά-
νωρ Ἐπικράτους, χρυσῶν τριακοσίων. βεβαιωτὴς Ἀημόνικος Ῥίχνω.
μάρτυρες Σιηαίλιος Ὀργάκις, Ἰππτογένης Ἀσείνου. ἐπὶ ἱερέως τοῦ
Ἀσκληπιοῦ Ἑρμαγόρα, ἐπὶ ἐπιστάτου Ἀλαχέλου.

4) In einer Inschrift von Tenos Corp. Inscr. Gr. II nr. 2338
heissen diese Personen πρατῆρες. S. dort Böckh S. 273. Bekker Anecdd.
S. 193, 17 συμπρατήρ; ὁ τὰ πωλούμενα ὑφ' ἑτέρου βεβαιῶν. Corp.
Inscr. I nr. 1607, 1699 ff. βεβαιωτής in der Inschr. v. Amphipolis, auch
βεβαιωτήρ in Urkunden über Freilassung von Sklaven durch Verkauf an
eine Gottheit.

5) Theophrast. a. a. O. πότερον δὶ ἕως ἄν κομίσηται (näml. ὁ

das, welchem auch Platon in seinen Gesetzen folgt, ausdrücklich angeordnet war, dass die Zahlung des Kaufgeldes gleich beim Abschlusse des Kaufes erfolgen müsse.[1] Dieser letzteren Bestimmung aber gleich zu achten ist es, wenn einige Gesetzgebungen einen Prozess wegen nicht bezahlten Kaufgeldes nicht gestatteten,[2] da in dem einen wie in dem anderen Falle keine Möglichkeit vorhanden war, den säumigen Schuldner zur Erfüllung der eingegangenen Verpflichtungen auzuhalten. Wurde das Kaufgeld creditiert, so gab man wohl ein Aufgeld, welches dem Verkäufer blieb, falls der Käufer zurücktrat oder seinen Verpflichtungen nicht nachkam;[3] in manchen Orten war die Höhe desselben im Verhältnis zu der Höhe des Kaufpreises gesetzlich bestimmt.[4] Wollte der Verkäufer nach Annahme des Aufgeldes den Vertrag nicht erfüllen, so konnte er durch die Gerichte dazu angehalten[5] oder, wie dies bei den Thuriern Gebrauch war, genöthigt werden, den Kaufpreis als Conventionalstrafe zu zahlen.[6] Bei längerem Creditieren des Kaufgeldes wurde dasselbe verzinst, wenn der verkaufte Gegenstand dem Käufer übergeben worden war.[7]

Auch noch nach dem vollständigen Abschluss eines Kaufgeschäftes kann der Fall eintreten, dass ein Dritter irgend welche rechtliche Ansprüche an den verkauften Gegenstand macht.[8] Der Käufer konnte dann entweder, wenn er überzeugt war, dass

ἀποδόμενος τὴν τιμήν) κύριον εἶναι τοῦ κτήματος; οὕτω γὰρ οἱ πολλοὶ νομοθετοῦσιν.

1) Theophrast. a. a. O. Platon Gess. XI S. 915ᵈ.

2) Aristot. Nikom. Eth. IX, 1 S. 1164ᵇ, 13 ἐνιαχοῦ εἰσι νόμοι τῶν ἑκουσίων συμβολαίων δίκας μὴ εἶναι, ὡς δέον ᾧ ἐπίστευσε διαλυθῆναι πρὸς τοῦτον καθάπερ ἐκοινώνησε.

3) Etymol. Magn. S. 148 ἀρραβών ἡ ἐπὶ ταῖς ὠναῖς παρὰ τῶν ὠνουμένων διδομένη προκαταβολὴ ὑπὲρ ἀσφαλείας. Vgl. Isaeos v. Kirons Erbsch. 8. Pollux IX, 71.

4) Theophrast. a. a. O.

5) Harpokrat. βεβαιώσεως — ἔστι δὲ καὶ ἀρραβῶνος μόνου δοθέντος, εἶτα ἀμφισβητήσαντος τοῦ πεπρακότος. ἐλάγχανε τὴν τῆς βεβαιώσεως δίκην ὁ τὸν ἀρραβῶνα δοὺς τῷ λαβόντι.

6) Theophrast. a. a. O.

7) Demosthen. geg. Spudias 8.

8) Vgl. Demosthen. geg. Pantaenet. 12.

nöthigenfalls der Verkäufer ihn schadlos halten würde, den Prozess auf sich nehmen,[1] oder wenn er dies nicht wollte, den Kläger mit seinen Ansprüchen an den Verkäufer weisen und den letzteren selbst durch eine Klage zwingen, seine Verpflichtungen anzuerkennen.[2] Einen Regress an den Verkäufer konnte unter Umständen auch dann der Käufer nehmen, wenn der gekaufte Gegenstand die angegebenen Eigenschaften nicht besass, z. B. wenn ein Sklave krank war, ohne dass dies beim Verkaufe mitgetheilt worden war[3] und wahrscheinlich gab es auch für andere Gegenstände entsprechende gesetzliche Bestimmungen.[4]

Wichtig für den Handelsstand sind auch die Schuldgesetze, insofern sie dem Gläubiger behülflich sind, seine Forderungen einzutreiben. Ganz besonders hatte hier den Kaufleuten die attische Gesetzgebung wirksame Unterstützung gewährt,[5] welche

---

1) Bekker Anecd. S. 467, 1 αὐτομαχῆσαι: ὅταν ἀντιποιῆταί τις οἰκίας ἢ χωρίου καὶ εἴη ὁ πεπρακὼς μὲν ἀξιόχρεως, ὥστε δικεῖν ἀποτίσαι τὴν ζημίαν καὶ ἀντίστασθαι τὴν δίκην πρὸς τὸν ἀντιποιούμενον, βούλοιτο δὲ ὁ διακατέχων τὴν οἰκίαν ἢ τὸ χωρίον ἴδιον αὐτῷ γενέσθαι ἀγῶνα πρὸς τὸν ἀμφισβητοῦντα, τοῦτο αὐτομαχῆσαι λέγεται. Vgl. Harpokrat. αὐτομαχεῖν.

2) Bekker Anecdd. S. 214, 17 ὅταν ἀμφισβητῇ τις περὶ οἰκίου ὡς οὐ δικαίως πραθέντος, ὁ τὸν οἰκέτην διακατέχων παραγίνεται ἐπὶ τὸν πεπρακότα, καὶ ἀναγκάζει πάλιν συνίστασθαι τὴν δίκην πρὸς τοὺς ἀμφισβητοῦντας. καὶ τοῦτο καλεῖται ἀνάγειν εἰς πρώτην. Harpokrat. ἀνάγειν: τὸ μηνύειν τὸν πεπρακότα καὶ ἐπ' ἐκεῖνον ἰέναι. Pollux VIII, 34 ἡ δὲ βεβαιώσεως δίκη, ὁπότ' ἄν τις πριάμενος οἰκίαν ἢ χωρίον ἀμφισβητοῦντός τινος ἀνάγῃ ἐπὶ τὸν πρατῆρα· τὸν δὲ πρατῆρα βεβαιοῦν, ἢ μὴ βεβαιοῦντα ὑπεύθυνον εἶναι τῆς βεβαιώσεως. Harpokr. βεβαιώσεως. Bekker Anecdd. S. 219 f. Platner Prozess II S. 343. Meier und Schömann Att. Procom. S. 525 ff.

3) Bekker Anecdd. S. 214, 9 ἀναγωγὴ οἰκέτου: δίκης ὄνομα· ἀναγωγὴ γάρ ἐστι τὸ τὸν πωλοῦντα οἰκέτην νόσημα ἔχοντα, καὶ μὴ προειπόντα τῷ ὠνουμένῳ, ἐφεῖσθαι τῷ ὠνησαμένῳ διακρίνεσθαι πρὸς τὸν πεπρακότα. Vgl. S. 207, 23 Suidas ἀναγωγὴ οἰκέτου. Hesych. ἀναγωγή, ἡ τῶν πραθέντων ἀνδραπόδων ἀπόδοσις ἐχόντων αἰτίαν τινά. Schol. zu Platon Ges. XI S. 916ᵃ.

4) Platon Ges. XI S. 915 f. Dio Chrysost. X, 13 ἐὰν τις ἱμάτιον ἀποδῶται κίβδηλον ἢ σπεῖος ἢ κτῆνος νοσοῦν τι καὶ ἄχρηστον, ἀνάγκη αὐτὸ ἀπολαμβάνειν. Vgl. Cicero de off. III, 12 u. 13.

5) Demosth. geg. Phorm. 51 αἱ γὰρ εὐπορίαι τοῖς ἐργαζομένοις

sogar den Kaufmann, der widerrechtlich die für Geld, welches er
auf Seezins geliehen hatte, gestellte Hypothek dem Gläubiger
entzog, mit dem Tode bestrafte.[1] Ausser dem gewöhnlichen
Wege, ausstehende Forderungen gerichtlich einzuklagen,[2] bot das
attische Recht den Handeltreibenden noch besondere Vergünstigungen, namentlich die Anwendung der Schuldhaft gegen solche,
welche in Handelsprozessen zur Zahlung verurtheilt worden waren,[3]
während man unter anderen Verhältnissen nur das Vermögen,
nicht die Person des Schuldners in Anspruch nehmen durfte,[4]
wenngleich derselbe nöthigenfalls sein gesammtes Eigenthum hergeben musste.[5] Welches Verfahren eingeschlagen wurde, wenn
jemand, der mehrere Gläubiger hatte, in Zahlungsunfähigkeit
gerieth, wissen wir nicht, ebenso wenig ob bei einem betrüg-
lichen Bankrute der Wechsler in besonderer Weise gegen dieselben vorgegangen werden konnte. Bei den Bœotern und in Rhodos verhängte der Staat Strafen gegen den Insolventen Schuldner.[6]

Aus der attischen Gesetzgebung sind endlich noch einige
Verordnungen zu erwähnen, welche ausschliesslich mit Rücksicht
auf den Handelsstand erlassen waren. Dahin gehört das Gesetz,
welches schwere Strafen androhte, wenn jemand mit einem Schiffe,
auf welches er Geld geliehen, eine andere Fahrt machte, als
contractlich festgesetzt worden war;[7] dahin gehören die Gesetze,

οὐκ ἀπὸ τῶν δανειζομένων ἀλλ' ἀπὸ τῶν δανειζόντων εἰσὶ καὶ οὔτε
ταῦτ' οὔτε ταναλγηστ οἷς' ἐπιβάινη ἐστ' ἀναχθῆναι, τὸ τῶν δανειζόντων μέρος ἂν ἀγωριθῇ· ἐν μὲν, οὖν τοῖς νόμοις πολλὰ καὶ καλὰ
βοήθειαί εἰσιν αὐτοῖς.

1) Demosth. geg. Phorm. 50.
2) S. Platner Prozess II S. 361 f.
3) Demosth. geg. Apatur. 1; geg. Lakrit. 46; geg. Dionysod. 4.
S. Hudtwalcker Diäteten S. 153 f. Meier u. Schömann Att. Process S. 745.
4) Hudtwalcker a. a. O. S. 150 ff. Platner Prozess II S. 295 f.
5) Demosth. geg. Apatur. 25 δι' ἀπορίαν ἐξειστήκει τὸν ἑαυτοῦ;
für Phorm. 50 ἐπειδὴ διαλύειν ἐδέησεν οἷς ὤφειλον ἐξέστησαν ἁπάντων τῶν ὄντων; geg. Pantaenet. 49; geg. Stephan. 1, 64. Aristophan.
Acharn. 617 mit den Scholien. Vgl. Pollux VIII, 145. Meier u. Schömann Att. Process S. 511 f.
6) Nicol. Damask. in Stob. Floril. XLIV, 41. — Sextus Empir.
Hypot. I, 149.
7) Demosth. geg. Dionysod. 10.

welche sykophantische Anklagen gegen Kaufleute bestraften[1] und selbst die Krämer gegen Beschimpfungen schützten.[2] Dahin mag auch wohl der von Demosthenes erwähnte Volksbeschluss des Moirokles zu rechnen sein, welcher Strafbestimmungen gegen solche enthielt, die den Kaufleuten widerrechtliche Hindernisse in den Weg legen würden, und welcher selbst die Bundesgenossen verpflichtete, auf dergleichen Vergehen ein wachsames Auge zu haben.[3] Welcher Art Vergehungen in demselben besonders bezeichnet waren, wissen wir freilich nicht.

Zur Ausführung dieser den Handel betreffenden Gesetze leisteten theils eigens für diesen Zweck ernannte Beamte, theils die ordentlichen Gerichte ihren Beistand. Ueber die Art und Weise, wie dies geschah, sind wir fast nur in Betreff Athens unterrichtet. Von Beamten der gedachten Klasse finden wir dort die Vorsteher des Handelshafens, zehn durch das Loos gewählte Männer, welche für die Durchführung der den Handel betreffenden Verordnungen, namentlich der Aus- und Einfuhrverbote und des Umschlagrechtes zu sorgen hatten.[4] Bei ihnen wurden daher auch die Klagen wegen Uebertretung dieser Verordnungen angebracht.[5] Wir hören z. B. von einem Gesetze, welches verbot, Geld auf ein Schiff zu leihen, das nicht nach Athen Waaren lade,[6] die dawider handelnden sollten bei jenen Vorstehern des Handelshafens angezeigt werden; ebenso war bei ihnen die

---

1) Demosth. geg. Theokrin. 10 f.

2) Demosth. geg. Eubulid. 30 τοῖς νόμοις, οἳ κελεύουσι ἐπαγορεύειν τῇ κακηγορίᾳ τὸν τὴν ἐργασίαν τὴν ἐν τῇ ἀγορᾷ ἢ τῶν πολιτῶν ἢ τῶν πολιτίδων ὀνειδίζοντά τινι.

3) Demosth. geg. Theokrin. 53; vgl. geg. Apatur. 1.

4) ἐπιμεληταὶ τοῦ ἐμπορίου. Aristotel. bei Harpokr. ἐπιμεληταὶς ἐμπορίου — ἐμπορίου δ᾽ ἐπιμελητὰς ἱ κληροῦσιν, τούτοις δὲ προστέτακται τῶν τε ἐμπόρων ἐπιμελεῖσθαι καὶ τοῦ σίτου τοῦ καταπλέοντος εἰς τὸ Ἀττικὸν ἐμπόριον τὰ δύο μέρη τοῖς ἐμπόρους ἀναγκάζειν εἰς τὸ ἄστυ κομίζειν. Bekker Anecdd. S. 255, 22. Vgl. Meier u. Schömann Att. Process S. 86 ff. Baumstark De curatoribus emporii et naulodicis apud Athenienses. Freiburg 1828.

5) Pollux VIII, 47 φάσις — τὸ φαίνειν τοὺς περὶ τὸ ἐμπόριον κακουργοῦντας. Vgl. Meier u. Schömann S. 249.

6) Demosth. geg. Lakrit. 51. Bekker Anecdd. S. 313, 22.

Anzeige von Uebertretungen der für den Getreidehandel bestehenden Verordnungen zu machen.[1] Auch der Fall, dass jemand
während des Krieges mit den Feinden des Staates in Handelsverkehr trat, wird unter ihre Gerichtsbarkeit gefallen sein, so
dass Anzeigen von Waaren, die aus Feindesland eingeführt
waren und solche Anzeigen bei ihnen zu machen waren,
wie die von Isokrates erwähnte, dass jemand Geld auf ein deli-
sches Schiff geliehen habe, d. h. auf ein Schiff aus einem Lande,
das damals keinen freien Verkehr mit Athen hatte.[2]

Für die Prozesse, welche aus Handelsgeschäften entstanden,
fand in Athen ein besonderes Verfahren statt.[3] Schon Xenophon hatte darauf aufmerksam gemacht, wie förderlich für den
Handel es wäre, wenn man dergleichen Prozesse so schnell als
möglich entscheide, um nicht die Kaufleute die günstige Zeit zur
Ausführung ihrer Unternehmungen verlieren zu lassen,[4] und in
den Zeiten des Demosthenes bestand auch in der That eine Verordnung, dass diese Sachen in den Wintermonaten, wo die Schifffahrt ruhte, verhandelt werden sollten[5] und dass solche Prozesse
innerhalb eines Monats entschieden sein mussten.[6] Es soll sogar
gestattet gewesen sein, dass in diesen Prozessen Freunde in eigner Person vor Gericht auftraten,[7] während in anderen Sachen
die Nichtbürger vor Gericht der Vertretung durch einen athenischen Bürger bedurften, eine Vergünstigung, die ausschliesslich
im Interesse des Handels gewährt, aber auch um so nothwendi-

---

1) Demosthen. geg. Theokrin. 8 f.

2) Aristophan. Acharn. 827. Isokrat. Trapezit. 42.

3) Bekker Anecdd. S. 237, 30 *δίκη ἐμπορική*: ὄνομα δίκης, πρὸς
τοὺς ἐμπόρους περὶ ὁτουδὴ λαγχανοῦσιν. Meier u. Schömann S. 539 f.

4) Xenophon v. d. Eink. 3, 3.

5) Demosth. geg. Apatur. 23 αἱ δὲ λήξεις τῶν δικῶν τοῖς ἐμπόροις ἔμμηνοί εἰσι ἀπὸ τοῦ βοηδρομιῶνος μέχρι τοῦ μουνυχιῶνος, ἵνα
παραχρῆμα τῶν δικαίων τυχόντες ἀνάγωνται. Vgl. Lysias περὶ δημ.
χρ. 5 ἐν τῷ γαμηλιῶνι μηδὲ αἱ ναυτοδίκαι οὐκ ἐξεδίκαζον.

6) Ἔμμηνοι δίκαι Demosth. a. a. O. u. über d. Halonn. 12 ἐμπορικαὶ
δίκαι οὐκ ἦσαν ὥσπερ νῦν ἐπιμηθεῖς αἱ κατὰ μῆνα. Harpokrat. ἔμμηνοι δίκαι. Pollux VIII, 63 u. 101.

7) S. Baumstark Prolegg. Heidelberg 1826 S. 33. Platner Prozess 1 S. 89. Vgl. Demosth. geg. Meid. 176.

34 *

ger war, als der grössere Theil der Handeltreibenden aus Nichtbürgern bestand. Die Gegenstände, welche für dieses Verfahren
geeignet waren, bestimmte das Gesetz, von dem wir freilich nur
die allgemeinen Bestimmungen kennen, dass es dahin alle Klagen rechnete, welche von Rhedern und Kaufleuten oder gegen
dieselben auf Grund von Handelsgeschäften und Handelsverträgen
in Athen, von Athen nach ausserhalb und umgekehrt angestellt
wurden.[1] Die Instruction der Handelsprozesse kam den Thesmotheten zu,[2] während die Verhandlung und Aburtheilung bei einem
besonderen Richtercollegium, den Nautodiken, stattfand.[3]

Ein ähnliches schleuniges Verfahren in Handels- und Schif-
fahrtsangelegenheiten fand vielleicht auch ausser Athen an anderen Orten, wenigstens in dringenden Fällen statt. In einem uns
bekannten Falle versuchte ein Schiffseigenthümer, um das geliehene Capital zu unterschlagen, sein Schiff während der Fahrt zu
versenken, kam aber bei diesem Versuche ums Leben, während
das Schiff nach Kephallenia gerettet wurde. Ein dort unter den
Mitfahrenden entstandener Streit, wohin das Schiff weiter fahren
solle, wurde sofort von den Behörden in Kephallenia entschieden.[4]

Ausser diesen allgemeinen Massregeln zum Schutze und zur
Förderung des Handels sind auch im Einzelnen mancherlei Ein-

---

1) Demosth. geg. Zenothem. 1 *οἱ νόμοι κελεύουσι τὰς δίκας εἶναι
ταῖς ναυκλήροις καὶ τοῖς ἐμπόροις τῶν Ἀθήναζε καὶ τῶν Ἀθήηνθεν
συμβολαίων καὶ περὶ ὧν ἄν εἰσι συγγραφαί*, geg. Phorm. 43 *ὑπὲρ δὲ
τοῦ τὴν δίκην εἰσαγώγιμον εἶναι ὁ νόμος αὐτός διαρρήτορι, κε-
λεύων τὰς δίκας εἶναι τὰς ἐμπορικάς τῶν συμβολαίων τῶν Ἀθήνησι
καὶ εἰς τὸ Ἀθηναίων ἐμπόριον καὶ οὐ μόνον τῶν Ἀθήνησιν, ἀλλὰ καὶ
ὅσ' ἄν γένηται ἕνεκα τοῦ πλοῦ τοῦ Ἀθήναζε.* Vgl. 43 f.; geg.
Lakrit. 49.

2) Demosthen. geg. Apatur. 1.

3) Suidas *ναυτοδίκαι ἄρχοντες ἐπὶ τοῖς ναυκλήροις δικάζοντες καὶ
τοῖς περὶ τὸ ἐμπόριον ἡγαζομένους.* Bekker Anecdd. S. 283, 3 *ἄρχοντές εἰσι τοῖς ναυκλήροις u. s. w.* Vgl. Harpokrat. u. d. W. Lukian
Hetärengespr. 9, 2. S. Hermann Gr. Staatsalterth. § 146, 4. Platner
Process I S. 293. Meier u. Schömann Att. Process S. 85 nimmt an, die
Nautodiken hätten in früherer Zeit diese Processe gehabt, im philippi-
schen Zeitalter seien sie ihnen abgenommen und den Thesmotheten überwiesen gewesen.

4) Demosth. geg. Zenothem. 5—9 u. 14.

richtungen zu demselben Zwecke getroffen worden. Xenophon macht
den Vorschlag, man solle Kaufleuten, die durch ihre Geschäfte dem
Staate besonderen Nutzen zu gewähren schienen, gewisse Ehren
und Auszeichnungen von Seiten des Staates verleihen,[1] wie sie
solchen Leuten zu Theil wurden, die sich um das allgemeine
Wohl besonders verdient gemacht hatten. Wenn man nun auch
nirgends so weit gegangen ist, so sind doch manche andere Begünstigungen gewährt worden. Eine solche ist es schon, wenn
ein Staat fremden Kaufleuten die Anlage von Faktoreien gestattet und den Collegien durch die Ertheilung von corporativen
Rechten eine gewisse Selbständigkeit und Unabhängigkeit von
dem Staate zugesteht, wie dies in älterer Zeit den Griechen in
Aegypten, in jüngerer den Phoeniklern in Delos und in Puteoli
zu Theil geworden war.[2] Eine erhebliche Begünstigung besteht
ferner in der Befreiung von irgend welchen Lasten, welche
andere Staatsangehörige zu tragen haben. Nach einer allerdings
dings bedenklichen Angabe wären in Athen die Kaufleute von
der Vermögenssteuer,[3] nach einer anderen vom Kriegsdienste
befreit gewesen, letzteres wahrscheinlich nur in bestimmten Fäl-
ten, wo die Versäumniss ihrer Geschäfte dem Staate selbst nachtheilig gewesen sein würde.[4] Aus dieser letzteren Rücksicht
sind auch in Athen den Kaufleuten, welche mit Getreide handelten, gewisse nicht näher bekannte Leistungen an den Staat
erlassen worden.[5] Wohl nur im Scherz konnte der Komiker

1) Xenoph. v. d. Eink. 3, 4 ἀγαϑὸν δὲ καὶ καλὸν καὶ προσδέσαις
τιμᾶσϑαι ἐμπόρους καὶ ναυκλήρους καὶ ἐπὶ ξένιά γ᾽ ἔστιν ὅτι καλεῖ-
σϑαι, οἵ ἂν δοκῶσιν ἀξιολόγοις καὶ πλοίοις καὶ ἐμπορεύμασιν ὠφελεῖν
τὴν πόλιν.

2) Corpus Inscrr. Gr. I nr. 2271; II nr. 5853.

3) Schol. zu Aristoph. Plut. 905. Die Unrichtigkeit dieser Angabe
sucht Böckh Staatsh. I S. 122 zu erweisen.

4) Schol. zu Aristoph. Ekkles. 1027 οὐκ ἐστρατεύοντο οἱ ἔμποροι. Suidas ἐμπορός εἰμι σαηιτούμενος — ὡς τὼν ἐμπόρων μὴ ἐξιόν-
των ἐπὶ τὰς στρατείας διὰ τὸ εὔχρηστον τά πρὸς τροφὴν φέροντας.
Böckh a. a. O.

5) Theophilos I, 3 nach Salmasius de modo usurr. S. 193 Οἶνον ἡ
τῶν Ἀϑηναίων πόλις ἐπέχρητο ἐπεισάκτῳ οἴνῳ, οἷα λιπτόγεως οὖσα,
καὶ μέγιστον ἦν παρ᾽ αὐτοῖς ἐλάττωμα τὸ τῆς σιτοδείας πάϑος. Ὁ

Alexis sagen, die Athener hätten den Söhnen des Chaerephilos wegen ihres Handels mit Salzfischen das Bürgerrecht verliehen.[1] Nicht weniger als der Grosshandel war auch der Kleinhandel ein Gegenstand der Sorge und der Aufsicht des Staates. Da derselbe zu den dauernd an die Oeffentlichkeit tretenden Geschäften gehört und jeden einzelnen aus dem Volke in beständige Berührung mit den Händlern brachte, so bedurfte es überall für denselben, namentlich für den Hanptzweig, den Marktverkehr, gewisser gesetzlicher und polizeilicher Bestimmungen, bei denen es eben so wohl darauf ankam, die Beziehungen zwischen Verkäufern und Käufern zu regeln, als die äussere Ordnung aufrecht zu erhalten.[2] In ersterer Hinsicht scheinen insbesondere manche Vorkehrungen getroffen worden zu sein, um die Käufer gegen Uebertheuerung zu schützen. Schon unter den solonischen Gesetzen findet sich die Verordnung, im Marktverkehr die Wahrheit zu reden,[3] welche wahrscheinlich bezweckte, das Vorschlagen bei der Preisforderung zu verhüten, in demselben Sinne wie Platon in seinen Gesetzen vorschreibt, der Verkäufer auf dem Markte solle nie zweierlei Preise für seine Waare fordern.[4] In

τοῦτο τοίνυν βουλόμενος πεπαπεῖσθαί τι ἂν ἐπιποθήσειεν, ᾗ ὥστε τοὺς σιτεμπόρους ἀπελείας ἀξιοῖσθαι. Von dieser den Getreidehändlern zusaehenden Atelie macht Alexis eine scherzhafte Anwendung bei Athen. I S. 38ᵉ: ἡδύς γ' ὁ Πειραιεύς ἐστ' ἀπελεῖαν Πείσιον ποιεῖν τὸν οἶνον πλέον ὅς ἂν τις ἑτέραν ἀηχθῇ πάμποῦλλειν πόλιν πᾶν πέν-θον, ἱεράν ἐγγράψαι τὴν οὐσίαν. Dass die Analogie mit dem Getreidehandel in dem Scherze benutzt ist, zeigen die letzten Verse, und nach dem Ausdrucke ἀπελεῖαν Πείσιον möchte man doch an die Möglichkeit eines Zollerlasses für das eingeführte Getreide denken, die Böckh S. 191 in Abrede stellt.

1) Athen III S. 119 am Ende.
2) Aristot. Polit. VI, 8 S. 210 πρῶτον μὲν οὖν ἐπιμέλεια τῶν ἀναγκαίων ἡ περὶ τὴν ἀγοράν, ἐφ' ᾗ δεῖ τινα ἀρχὴν εἶναι τὴν ἠπορῶσαν περὶ τε τὰ συμβόλαια καὶ τὴν εὐκοσμίαν.
3) Demosth. geg. Leptin. 9.   Harpokrat. unter τὴν ἀγοράν ἀγαρ-δεῖν. Diogen. Laert. I, 104. Vgl. Petit. Leges Att. S. 495.
4) Platon Gess. XI S. 917ᵇ ὁ πωλῶν ὁτιοῦν ἐν ἀγορᾷ μηδέποτε δύο εἴπη τιμᾶς ὧν ἂν πωλῇ· ἀπλῆν δὲ εἰπὼν ἂν μὴ τυγχάνῃ ταύτης, ἀποφέρων ὀρθῶς ἂν ἀποφέροι πάλιν καὶ ταύτης τῆς ἡμέρας μὴ τιμήσῃ πλέονος μηδὲ ἐλάττονος. Vgl. den Schers des Alexis bei Athen. VI S. 226ᵃ.

Athen soll es auch eine Verordnung gegeben haben, welche den Fischhändlern verbot, die Fische zu begiessen, wahrscheinlich um dadurch, dass man ihnen die längere Erhaltung ihrer Waare erschwerte, sie an übermässigen Forderungen zu hindern, die gerade diese Art von Händlern zu stellen pflegte.[1] Aus den Bestimmungen, welche sich für dieses Gebiet in Platons Gesetzesentwürfen finden, lässt sich abnehmen, dass auch in der Wirklichkeit mancherlei Verordnungen der Art bestanden, namentlich in Betreff der nothwendigsten Lebensbedürfnisse.[2] In Athen galt dies vor allem vom Getreide. Denn da das Land bei weitem nicht genug Getreide erzeugte, um den Bedarf der Bevölkerung zu decken, so hielt man es für dringend nothwendig, von Seiten des Staates in jeder möglichen Weise dafür zu sorgen, dass keine Theuerung dieses nothwendigsten Lebensmittels entstände. Abgesehen davon, dass man zu Zeiten besondere Beamte, die Sitonen,[3] wählte, welche aus öffentlichen Mitteln Getreideankäufe für die Magazine zu machen hatten, damit aus diesen Getreide an das Volk verkauft werden könnte, wie dies ausser Athen auch in anderen Städten geschah,[4] gab es in Athen die Sitophylaken, eine Behörde zur allgemeinen Beaufsichtigung des Getreidehandels. In früheren Zeiten, denn schon in Perikles Zeitalter fand eine solche Beaufsichtigung statt,[5] scheinen drei Sitophylaken in Thätigkeit gewesen zu sein,[6] später wohl zehn in der Stadt selbst und fünf im Peiräeus.[7] Sie führten amtliche Listen über das von ausserhalb eingeführte Getreide, aus welchen die Quantität desselben zu ersehen war;[8] sie hatten dar-

---

1) Xenarch bei Athen. VI S. 225°; Alexis ebend. S. 226°. Vgl. Becker Charikl. II S. 163 ff.

2) Platon Gess. VIII S. 849; vgl. XI S. 917°.

3) Demosth. v. Kranz 248. Pollux VIII, 114.

4) σιτῶναι in Argos Corpus Inscr. I nr. 1125; in Lakedaemon nr. 1370. Ein öffentliches Getreidemagazin in Kyzikos erwähnt Strabo XII S. 575; ebenso finden wir in Olbia während einer Theuerung ein solches angelegt.

5) Plutarch praecepta polit. 15, 9.

6) Lysias geg. d. Kornhändl. 8.

7) Harpokrat. σιτοφύλακες. S. Böckh Staatsh. I S. 118 a.

8) Demosth. geg. Leptin. 32.

aber zu wachen, dass von Seiten der Händler beim Einkaufe
die höchste gesetzlich erlaubte Menge nicht überschritten wurde[1]
und darauf zu sehen, dass das zum Verkaufe gestellte Getreide,
Mehl und Brot von guter Beschaffenheit war und zu einem den
Verhältnissen entsprechenden Preise ausgeboten wurde.[2]

Die Aufsicht über den gesammten Marktverkehr führten die
Agoranomen,[3] eine Behörde, die wohl in allen griechischen
Städten von einiger Bedeutung bestand, in Athen aus zehn Männern, fünf für die Stadt und fünf für den Peiraeeus, gebildet
wurde.[4] Ihre Aufgabe war es zunächst, dafür zu sorgen, dass
auf dem Markte die äussere Ordnung erhalten und jede Stö-
rung des Verkehres vermieden würde,[5] zu welchem Zwecke sie
sogar die Befugniss besassen, körperliche Züchtigungen anzuwenden.[6] Ferner hatten sie darauf zu sehen, dass beim Kauf und
Verkauf keinerlei Betrug ausgeübt wurde,[7] mochte derselbe nun

---

1) Lysias geg. die Kornhändl. 16.

2) Harpokrat. σιτοφύλακες. Bekker Anecd. S. 300, 19 σιτοφύλακες: ἄρχοντες Ἀθήνησι κληρωτοί, οὗτοι δ᾽ ἐπεμελοῦντο ὅπως ὁ σῖτος
δικαίως πωλήσεται, καὶ τὰ ἄλφιτα καὶ οἱ ἄρτοι κατὰ τὰς ὡρισμένας
τιμάς καὶ σταθμόν. Nach den letzten Worten könnte man sogar an eine
Taxe denken.

3) Harpokrat. ἀγορανόμοι: οἱ τὰ κατὰ τὴν ἀγορὰν ὤνια διοι-
κοῦντες ἄρχοντες. Bekker Anecdd. S. 199, 24. Vgl. Corpus Inserr. II
nr. 2463 f. ἀγορανόμος — τῶν κατὰ τὰς ἀγορὰς πάντων ἐπιμελούμενος.
Platon Ges. VIII S. 849ᵃ τοῖς δὲ δὴ ἀγορανόμοις τὰ περὶ ἀγορὰν που
δεῖ ξύμπτα μέλειν. Ausser Athen finde ich dieselben erwähnt in Aegypa-
lara Corp. Inserr. II nr. 2463 u. 2484; in Mesembria ebend. nr. 2053; in
Kos ebend nr. 2508; in Paros Rangabé Antiq. hellén. II nr. 770*; bei Xenophon Anab. V, 7, 2 u. 33 im Lager der Griechen vor Kerasus, offenbar
aus dieser Stadt; in Smyrna Corp. Inserr. nr. 3201; in Tralles ebend,
nr. 2930ᵇ, S. 1123; in Andania in der oben S. 145 angeführten Inschr

4) Aristotel. bei Harpokrat. ἀγορανόμοι.

5) Aristoph. Acharn. 824 u. 968. Harpokrat. κατὰ τὴν ἀγορὰν
ἀφευδεῖν.

6) Aristoph. Acharn. 722 f. Pollux X, 177. Vgl. Platon Ges. VI
S. 764ᵇ.

7) Harpokrat. κατὰ τὴν ἀγορὰν ἀφευδεῖν: Θεόφραστος γοῦν ἐν
τοῖς περὶ νόμων φησὶ δεῖν τούτων ἐπιμελεῖσθαι δεῖν τοῖς ἀγορανόμοις, τῆς τε ἐν τῇ ἀγορᾷ εὐκοσμίας καὶ τοῦ ἀφευδεῖν μὴ μόνον τοὺς
πιπράσκοντας, ἀλλὰ καὶ τοὺς ὠνουμένους. Vgl. Xenophon Gastm. 2, 20·

im Gebrauche von unrichtigem Mass und Gewicht, in Verfälschung der Waaren, in Uebertheuerung oder irgend einer anderen Art von Uebervortheilung bestehen, und in Ausübung dieses
Amtes stand ihnen eine gewisse Gerichtsbarkeit zu.[1] In Athen
war, wie eben bemerkt, die den Getreidehandel angehende Seite
dieser polizeilichen Thätigkeit den Sitophylaken übertragen, während an anderen Orten der Amtskreis der Agoranomen noch weiter ausgedehnt war. In Astypaläa z. B. sorgten sie für den
Aukauf und Verkauf des für die Bürger über die eigne Ernte
etwa noch erforderlichen Getreides, wie anderwärts die Sitonen;[2]
iu Paros beaufsichtigten sie das Verhältniss der Arbeiter zu den
Arbeitsgebern.[3] In Athen waren sie ausserdem mit dem Einziehen der später zu erwähnenden Marktsteuer beauftragt, in welcher Amtsverrichtung sie auch als Logisten bezeichnet werden,[4]
und wenn in Mesembria von den Agoranomen Listen von allen
denen angefertigt wurden, welche des Handels wegen in die
Stadt kamen, so mag dies wohl zum Zweck einer ähnlichen
Steuererhebung geschehen sein.[5]

Dem Staate kommt es auch zu, über die Richtigkeit von
Geld, Mass und Gewicht, das im Handel gebraucht wird, genaue
Aufsicht zu führen. Die Gewissenhaftigkeit, mit welcher man in
Athen beim Ausprägen der Münzen verfuhr, so dass der Gehalt
derselben wirklich dem Nennwerthe entsprach, wird von Xeno

Aristoph. Wesp. 1406 f. προπηλακισθεὶ σ' ὅστις εἰ πρὸς ταῖς ἀγορανό
μους βλάβης τῶν φορτίων. Corpus Inscr. II nr. 2483 von Astypalaea:
Ἐπειδὴ Ἱμερταῖος Μαραγίντες αἱρεθεὶς ἀγορανόμος ἐπεμελήθη τοῦ
δήμου μετὰ πάσης φιλοτιμίας, τῶν τε κατὰ τὴν ἀγορὴν πάντων ἐπι
μελόμενος ὅπως ὡς εὐωνότατα καὶ δικαιότατα πωλῆται. Inscbr. v.
Andania Z. 101 ὁ δὲ ἀγορανόμος ὁ ἐπὶ πόλεος ἐπιμέλειαν ἐχέτω ὅπως
οἱ πωλοῦντες ἅδολα καὶ καθαρὰ πωλοῦντι καὶ χρῶνται σταθμοῖς καὶ
μέτροις σεσημασμένοις ποτὶ τὰ δημόσια. Vgl. Apuleius Metam. I, 18 f.

1) Näheres bei Platner Process II S. 338 ff. Meier u. Schömann
Att. Process S. 90 ff.
2) Corpus Inscr. II nr. 2483 f.
3) Rangabé Antiq. hellén. II nr. 770*.
4) Schol. zu Aristoph. Acharn. 724.
5) Corp. Inscr. II nr. 2053 ἀγορανόμοι τῆς λαμπροτάτης Μεσεμ
βριανῶν πόλεως — παρακαλοῦσιν πάντας τοὺς ἐπεργαζομένους τὴν πό
λιν ἔρχεσθαι καὶ ἀπογράψασθαι κατὰ τὸν νόμον τῆς πόλεως καὶ τὰ ἔθος.

phon so sehr als ein besonderer Vorzug dieser Stadt gerühmt,[1]
dass man schon daraus schliessen kann, es sei nicht überall dasselbe Verfahren beobachtet worden. Es lässt sich auch nicht
bezweifeln, dass in Finanzbedrängnissen die Staaten ihre Zuflucht
zu schlechter Ausprägung ebensowohl genommen haben, wie dies
die Tyrannen Hippias von Athen und Dionysios der ältere von
Syrakus in der gröbsten Weise gethan haben.[2] Falschmünzerei
aber wurde überall in Griechenland als ein schweres Verbrechen
angesehen und mit dem Tode bestraft.[3] Um die Richtigkeit der
im Handel benutzten Masse und Gewichte zu controlliren, gab
es in Athen eine besondere Behörde, die Metronomen, von denen
fünf in der Stadt und ebensoviel im Peiraeeus ihr Amt versa-
hen.[4] Ueber die diesen Gegenstand betreffenden gesetzlichen
Bestimmungen giebt näheren Aufschluss ein allerdings erst der Zeit
nach 300 v. Chr. Geb. angehörender Volksbeschluss der Athener,
in welchem sowohl die Masse für verschiedene Gegenstände
als auch das Handelsgewicht bestimmt werden; zur Controlle
sollten Mustermasse angefertigt und von den Behörden aufbewahrt, die im Verkehr zu verwendenden Masse nach diesen
Massen angefertigt und zur Beglaubigung ihrer Richtigkeit mit
einem Aichungsstempel versehen werden.[5] Zur Sicherung gegen
falsches Mass mögen in Athen auch die Prometroten angestellt
gewesen sein, welche auf dem Markte Getreide und andere
Samenfrüchte gegen Bezahlung vermassen.[6]

Wenn es hiernach die Staaten nicht an Massnahmen haben
fehlen lassen, durch welche der Handel im Interesse des Landes
beschützt und gefördert wurde, so sind dagegen aus verschiedenen Gründen und unter verschiedenen Formen, auch solche

---

1) Xenoph. v. d. Eink. 3, 2.

2) Aristot. Oekonom. II S. 1347ᵃ, 8; 1349ᵃ, 33 u. ᵇ, 31.

3) Demosthen. geg. Leptin. 167; geg. Timokr. 212.

4) Harpokrat. μετρονόμοι. Bekker Anecdd. S. 278, 25. Photios
μετρονόμοι. Böckh Staatsh. I S. 70 hält die Zahl von fünfzehn, die bei
Harpokrat. überliefert ist, für die richtigere. Vgl. Dindorf zu der Stelle.

5) Corpus Inscr. I nr. 123. Böckh Staatsh. II S. 356 fl. .

6) Bekker Anecdd. S. 290, 33 Προμετρηταί: ἄρχοντές τινες ἐπι-
μέλειοι ἦσαν οἳ τῷ δικαίῳ μέτρῳ διαμετροῦντες τὰ ὄσπρια καὶ τοὺς
πυροὺς ἐν τῇ ἀγορᾷ. Harpokrat. u. Suidas u. d. W.

getroffen worden, welche dem gesammten Verkehr und insbesondere dem Handel Beschränkungen auferlegten. In solchen Staaten, welche, wie Sparta und wenigstens in früheren Zeiten Kreta, in dem Abschliessen ihrer Bürger gegen die Aussenwelt ein Hauptmittel fanden, Aenderungen in der Staatsverfassung und in den Sitten des Privatlebens vorzubeugen, musste grundsätzlich der Verkehr jeder Art mit dem Auslande auf das möglichst kleinste Mass beschränkt werden.[1] Denn wenn auch eine vollständige Absperrung, wie sie wohl in der Theorie als das wünschenswertheste hingestellt wurde, in der Wirklichkeit nicht durchzuführen war, so erschwerte man doch durch das Verbot von Reisen in das Ausland, durch drückende Massregeln gegen Fremde, welche sich im Lande aufhalten wollten, ja selbst durch Ausweisen derselben nach Möglichkeit den Verkehr.[2] Freilich konnten auch Sparta und Kreta ihre Bürger nicht auf die Dauer hindern, in das Ausland zu gehen[3] und selbst der zunehmenden Reiselust nicht steuern;[4] Ausschluss der Fremden aus dem Lande, der überhaupt den Griechen als eine charakteristische Eigenthümlichkeit der Barbaren erschien, fand selbst in Sparta und in dem aristokratischen Apollonia in Illyrien, das sich dadurch vor dem Eindringen barbarischer Elemente schützen wollte, nicht durchweg, sondern nur unter Umständen nach dem Ermessen der zuständigen Behörden statt.[5] In Sparta machte ausserdem der Gebrauch des werthlosen Eisengeldes und das Verbot, edle Metalle zu besitzen, einen Handelsverkehr mit dem Auslande unmöglich und erhielt den inneren Verkehr fast auf der niederen Stufe des Tauschhandels;[6] aber auch diese Einrichtungen

---

1) Vgl. Platon Ges. XII S. 949° f.; Aristot. Polit. VII, 6 S. 287.
2) Platon Ges. XII S. 950.
3) Vgl. im Allgemeinen Hermann Gr. Staatsalterth. § 27, 14. Schömann Griech. Alterth. I S. 277 f. Müller Dorier II S. 7 f.
4) Xenoph. v. Staat d. Laked. 14, 4; Hellen. IV, 3, 2 heisst es vom Derkylidas ἀεὶ φιλαπόδημος ἦν.
5) ξεναλασίαι Thukydid. I, 144; II, 39; Platon Protag. S. 342°; von Apollonia Aelian. Verm. Gesch. XIII, 15. — Strabo XVII S. 802 ψησὶ δ' Ἐρατοσθένης τοῦτον μὲν εἶναι τοῖς βαρβάροις πάτριον ἔθος τὴν ξενηλασίαν.
6) Justin. III, 2.

waren auf die Dauer nicht aufrecht zu erhalten, und nachdem
einmal die widernatürlichen Schranken durchbrochen waren, trat
die verhaltene Gewinnsucht nur um so greller hervor und ver-
schmähte dann selbst die schimpflichsten Mittel zu ihrer Befriedigung nicht, wie dies ganz besonders den Kretern nachgesagt
wurde. Dieselbe Furcht vor Verderbniss der Bürger durch den
Verkehr mit dem Auslande hatte auch in Epidamnos zu der Einrichtung geführt, den Handel mit den umwohnenden Illyriern
unter die Leitung eines vom Staate bestellten Mannes zu stellen,[1] wenn man nicht etwa in dieser Anordnung ein Monopoli-
siren dieses Handels zum Vortheile des Staates suchen darf,
was mit der eben dort bestehenden Einrichtung, die Gewerbe für
Rechnung des Staates zu betreiben, im Einklange stehen würde.
Eine ganz besondere Bewandniss aber muss es mit einem Gesetze des Solon gehabt haben, welches Fremden verbot, auf dem
Markte von Athen Handel zu treiben. Von einer Anwendung
desselben lassen sich keine Fälle nachweisen; jedenfalls war es
bald ausser Gebrauch gekommen, da ein gewisser Aristophon es
für nöthig fand, auf die Erneuerung desselben anzutragen.[2]

Eine zeitweilige Unterbrechung des Verkehrs mit dem Auslande brachte überall selbstverständlich der Krieg hervor; aber
auch eine feindselige Stellung zweier Staaten, die nicht bis zum
Ausbruche einer offenen Fehde gediehen war, konnte eine solche
Unterbrechung herbeiführen, wovon der bekannte Volksbeschluss
der Athener ein Beispiel giebt, welcher die Megareer unter Androhung der Todesstrafe von jedem Verkehr mit Attika ausschloss.

Von Beschränkungen des Handels innerhalb der Bürgerschaft
eines Landes hören wir wenig. Im Interesse der Moral und der
Sittenstrenge war das solonische Gesetz erlassen worden,[3] dass

---

1) Plutarch Quaest. Gr. 29. Ἐπιδάμνιοι γειτνιῶντες Ἰλλυρίοις
ᾐσθάνοντο τοῖς ἐπιμιγνυμένοις αὐτοῖς πολίτας γιγνομένους πονηρούς,
καὶ φοβούμενοι νεωτερισμὸν ᾑροῦντο πρὸς τὰ τοιαῦτα συμβόλαια ἐπὶ
τὰς ἀμείψεις καθ᾽ ἕκαστον ἐνιαυτὸν ἕνα τῶν δεδοκιμασμένων παρ᾽
αὐτοῖς, ὃς ἐπιφοιτῶν τοῖς βαρβάροις παρεῖχεν ἀγορὰν καὶ διάθεσιν
πᾶσι τοῖς πολίταις, πωλήσης προσαγορευόμενος.

2) Demosthen. geg. Eubulid. 31.

3) Athen. XV 8. 687ᵃ.

kein Bürger mit Salben handeln sollte, und einen ähnlichen
Zweck mag das Gesetz des Zaleukos in Lokri verfolgt haben,
dass die Landesprodukte nicht durch Höker, sondern von den
producierenden Landleuten selbst verkauft werden sollten.[1]

Sobald nun von diesen einzelnen Ausnahmen, welche die in
bestimmten Staaten und zu bestimmten Zeiten herrschenden Ansichten im Interesse des Ganzen zu machen geboten, absieht,
kann man im Allgemeinen behaupten, dass bei den Griechen
volle Handelsfreiheit bestanden habe,[2] und zwar als ein natürlicher, sich von selbst ergebender Zustand, nicht als Produkt
einer auf ein bestimmtes volkswirthschaftliches System sich grün-
denden Ueberlegung, und gerade weil man von keinem ausgesprochenen System ausging, hat man sich je nach den eintretenden Verhältnissen im Interesse des Staates theils dauernde, theils
vorübergehende Beschränkungen erlaubt. Wenn Aristoteles unter
den wichtigsten Gegenständen, welche der Staatsklugheit anheim-
fallen, die Sorge für Einfuhr und Ausfuhr anführt,[3] so ergiebt
sich nicht allein aus seinen weiteren Erörterungen, sondern auch
aus den allgemein im Alterthume geltenden Grundsätzen, dass
diese Sorge nicht den Vortheil einzelner Personen oder Klassen
der Bevölkerung, sondern die Erhaltung und Sicherung des
gesammten Staates ins Auge zu fassen hat. Daher haben alle
in der hier besprochenen Richtung getroffenen Beschränkungen
den Zweck, entweder dem Lande die Zufuhr solcher Gegenstände
zu sichern, welche zur Erhaltung des Staates im Ganzen und in
seinen einzelnen Mitgliedern nothwendig sind aber im Lande
selbst nicht in genügender Menge erzeugt werden, oder die Ab-
satzquellen für solche Artikel, die es im Ueberflusse erzeugt offen
zu halten, oder dem Abflusse solcher nothwendigen Dinge vorzubeugen, die es eben nur in ausreichender Menge besitzt, oder
endlich für die Finanzen dauernd oder vorübergehend Einnahmequellen zu eröffnen. Da im Alterthume der Grundsatz unum-

---

1) Herakleid. Polit. 29.

2) Vgl. über den Gegenstand Heeren Ideen über die Politik u. s. w.
III, 1 S. 238 der vierten Aufl. Böckh Staatsh. I S. 73 ff. St. John
The Hellenes III S. 283 ff.

3) Aristotel. Rhetor I, 4 S. 1359ᵇ, 23 u. 1360ᵃ, 12.

stösslich galt, das Leben und Eigenthum der einzelnen Mitglieder des Staates als demselben gehörend erforderlichen Falls für dessen Zwecke ohne Rücksicht in Anspruch zu nehmen, so sind die eben angedeuteten Beschränkungen oft genug und gewiss zuweilen in sehr drückender Weise in Anwendung gekommen; einzelne Industrie- und Handelszweige dagegen durch Ausnahmebestimmungen wie Schutzzölle, Prämien u. dergl. zu fördern oder künstlich am Leben zu erhalten und die Producenten auf Kosten des Staates oder der Consumenten zu begünstigen, musste den Alten um so mehr fern liegen, als in vielen Staaten die, welche Gewerbe und Handel trieben, grösstentheils Mitglieder einer nicht vollberechtigten Klasse von Staatsangehörigen waren, welchen die Vollbürger, in deren Händen allein die Gesetzgebung lag, zu eignem Nachtheile solche Vortheile nicht gewähren konnten noch wollten. Mit welcher Rücksichtslosigkeit dagegen zum Vortheile des Staates auch auf dem Gebiete des Handels die politische Macht ausgebeutet wurde, ersehen wir deutlich aus der Bemerkung, welche der Verfasser der Schrift der Athener unumwunden ausspricht, indem er sagt:[1] „Von den Staaten auf dem Festlande, welche von den Athenern beherrscht werden, lassen sich die grossen die Herrschaft aus Furcht gefallen, die kleinen aus Bedürfniss, denn es giebt keinen Staat, der nicht etwas einführen oder ausführen müsste; das wird ihm jedoch nicht möglich sein, wenn er nicht den Herrschern des Meeres gehorsam ist.“ Und weiterhin heisst es: „Den Reichthum zu besitzen sind die Athener allein von den Hellenen und den Barbaren im Stande; denn wenn ein Staat reich an Schiffsbauholz, an Eisen oder Kupfer oder Flachs ist, wohin kann er es zum Verkauf bringen, wenn er nicht die Genehmigung von dem Beherrscher des Meeres hat?“

Dass man in dieser Hinsicht am allerwenigsten Rücksichten gegen die Feinde, ja schon gegen Fremde überhaupt beobachtete, ist nach den völkerrechtlichen Verhältnissen des Alterthums leicht begreiflich, zumal da das Kriegsrecht einen Unterschied zwischen Staats- und Privateigenthum nicht machte, und die Störungen und Beeinträchtigungen, welche der Handel durch

---

1) Xenoph. v. Staat d. Athen. 2, 3 u. 11.

deu Krieg erlitt, können bei den fast unaufhörlichen Fehden in Griechenland nicht hoch genug angeschlagen werden. Denn zunächst war es allgemeiner Gebrauch, die Häfen des feindlichen Landes zu blokieren und überhaupt, soweit man die Mittel dazu besass, den Einwohnern desselben jeden Verkehr zur See abzuschneiden.[1] Während des peloponnesischen Krieges hielten die Athener eine Flotte in Naupaktos, um kein Schiff in den korinthischen Meerbusen einfahren oder auslaufen zu lassen; später blokierten sie die Küsten Makedoniens,[2] mussten aber freilich in späteren Jahren, als ihre Macht gebrochen war, dasselbe von Seiten der Spartaner erdulden.[3] Ja dass man kein Mittel scheute, um den Verkehr der Feinde zu vernichten, zeigt das Verfahren des Makedoniers Demetrios, der den Eigenthümer und den Steuermann eines nach Athen bestimmten Getreideschiffes, das in seine Hände fiel, tödten liess, um andere davon abzuschrecken, Lebensmittel nach Athen zu führen.[4] Die Kauffahrteischiffe, welche dem feindlichen Lande angehörten, wurden auf dem Meere weggenommen[5] und zwar nicht bloss durch die Kriegsschiffe, sondern man organisierte zu diesem Zwecke eine förmliche Kaperei, indem kriegführende Staaten durch öffentliche Bekanntmachung die Erlaubniss gaben, gegen das feindliche Land oder selbst gegen einzelne bestimmt bezeichnete Personen mit Wegnahme der Schiffe und Waaren vorzugehen,[6] und zur

---

1) Lysias geg. die Kornhändl. 14 τὰ ἐμπόρια κεκλεῖσθαι. Demosthen. Olynth. II, 16 οἱ δ᾽ ὑπ᾽ ἂν ποιήσαιμεν οὕτως ὅπως ἂν δύνωνται, ταῦθ᾽ ἕξοντες διαθέσθαι κεκλειμένων τῶν ἐμπορίων τῶν ἐν τῇ χώρᾳ διὰ τὸν πόλεμον.

2) Thukyd. II, 69; V, 83 κατέκλησαν δὲ τοῦ αὐτοῦ χειμῶνος καὶ Μακεδονίας Ἀθηναῖοι, wozu die Scholien bemerken: τοῦτ᾽ ἔστι τῶν εἰσαγωγίμων ἢ τῆς θαλάσσης αὐτοὺς ἀπέκλεισαν.

3) Xenophon Hellen. V, 1, 23; 4, 61.

4) Plutarch Demetr. 33.

5) Bekker Anecdd. S. 269, 20 κατήγον τὰ πλοῖα· Λησταίετο, ἐπεὶ οἱ λησταὶ ἐκθησάμενοι τὰ τῶν πολεμίων πλοῖα κατάγουσιν εἰς τοὺς οἰκείους λιμένας καὶ ληστεύουσιν. Vgl. Lysias geg. d. Kornhändl. 14. Diodor XVI, 57. Liban. zu Demosth. geg. Timokr. S. 694.

6) Bekker Anecdd. S. 303, 27. Σύλα δοθεῖσα κατὰ τῆς Λακεδαιμονίων πόλεως· ἐπιγράψαι τὴν πόλιν ληστεύειν. Vgl. Demosth. geg.

Ausübung solcher Kaperei scheinen sich bisweilen ordentliche Gesellschaften gebildet zu haben.[1] Dasselbe geschah auch ausser dem Kriege, um für erlittene Beschädigungen Repressalien zu nehmen,[2] oder um den Staat für eine von anderen nicht bezahlte Schuld schadlos zu halten.[3] Obgleich auch für solchen Fall zwischen einzelnen Städten zum Schutze des Eigenthums Verträge bestanden zu haben scheinen[4] und obgleich über die Rechtmässigkeit der Wegnahme in jedem einzelnen Falle die Ent-

---

Lakrit. 26 στειλήμεθα τὰ ἡμέτερ' αὐτῶν ὑπὸ τούτων φυαηλτιῶν ὄντων, ὥσπερ δεδηρέτων σύλων φναηλίτοις κατ' Ἀθηναίων. Lysias geg. Nikom. 22. Liban. zu Demosth. geg. Timokr. 8. 695. Auch σύλαι Demosth. geg. Lakrit. 16; über d. trier. Kranz 13. Harpokrat. σύλας. Vgl. Xenoph. Hellen. V, 1, 1. Schol. zu Demosth. geg. Meid. 173 ἐν τῷ συμμιχικῷ πολέμῳ ἐψηφίσαντο Ἀθηναῖοι ληίζεσθαι τοὺς θαλάσσαν πλέοντας, κἂν ἔμποροι ὦσι, τῶν πολεμίων. Παρατυχὼν οὖν ἐμπόροις Κυζικηνοῖς ἀφείλετο αὐτῶν ὡς πολεμίων τὰ χρήματα. Οἱ δὲ ἐλθόντες εἰς Ἀθήνας ἀπεδείκνυαν αὐτοῖς φιλίαν ἐπάρχουσαν πρὸς τὴν πόλιν. Ὁ δὲ Ἀλκιβιάδης μέχρι τοσούτων ἀντεῖπεν, ἕως ἔπεισε μὴ ἀποδοῦναι αὐτοῖς τὰ χρήματα.

1) Demosth. ἢ ἐπὶ λείαν ἐρχόμενοι ἢ εἰς ἐμπορίαν, Gaius in Digest. IV de collegiis. Vgl. Petit. Leges Att. S. 524.

2) Aristot. Oekon. II S. 1347ᵇ, 22 εἴ τις τῶν ἀνδρῶν ἢ μετοίκων σύλον ἔχει κατὰ πόλεως ἢ ἰδιώτου ἢ βούλεται λαβεῖν. Polyb. IV, 53, 2 τὸ μὲν πρῶτον ῥύσια κατήγγειλαν τοῖς Ῥοδίοις, μετὰ δὲ τοῦτο πόλεμον ἐξήνεγκαν. XXXII, 17, 4 ἐγένετο ῥύσια τοῖς Ἀχαιοῖς οἱ Αἰλίου κατὰ τῶν Ἀθηναίων. Vgl. XXIII, 2, 12 f.

3) Lysias geg. Nikom. 22 ὁμοίως δὲ οὐδὲν πεποιημένοις, ὅτι οὐ δεήσεσθε δύο τάλαντα ἀποδοῦναι.

4) Dahin gehört offenbar der erste Theil der lokrischen Inschrift bei Rangabé Antiq. hellén. II S. 9 Τὸν ξένον μὴ ἄγεν ἐ τᾶς Χαλείδος τὸν Ολανθέα μηδὲ τὸν Χαλεῖα ἐ τᾶς Ολανθίδος, μηδὲ χρήματα αἴτι σύλῳ. Τὸν δὲ συλῶντα ἀπὸ τὸ σύλῃ τὰ ξενικὰ ἐ θαλάσσης ἄγεν ἄσυλον, πλὰν ἐ λιμένος τῶ κατὰ πόλιν· αἱ κ' ἀδίκως σύλῳ, τέτορες δραχμαί· αἱ δὲ πλέον δέκ' ἀμαρᾶν ἔχῃ τὸ σύλον, ἡμιόλιον ὀφλέτω ὅτι συλάσαι. Der Vertrag zwischen der lokrischen Stadt Olanthe und der boeotischen Stadt Chalcis geht dahin, dass kein Bürger der einen Stadt aus dem Hafen der anderen einen Fremden, d. h. den Bürger einer dritten Stadt, gegen den er Kapergerechtigkeit hat (αἴτι σύλῳ) wegführen oder sich an dessen Eigenthum vergreifen soll. Geschieht die Wegnahme auf dem Meere, aber ungerechtfertigter Weise, so wird der Thäter mit einer Geldstrafe belegt.

scheidung der Gerichte angerufen worden konnte, so war doch
auf diesen Schutz und auf die Gerechtigkeit des Urtheils im Allgemeinen kein grosses Vertrauen zu setzen,[1] zumal da die De-
fehlshaber der Kriegsschiffe oft die Gelegenheit benutzten, um
sich selbst zu bereichern, indem sie wirkliche oder angebliche
Feindschaft zur Kaperei gegen ganze Staaten so wie gegen einzelne Personen benutzten und alsdann in der Heimat ihren ganzen Einfluss verwandten, um ihren Raub auch durch ein gerichtliches Urtheil zu sichern.[2] Bei solcher Lage der Dinge liefen
die Kaufleute nicht allein für ihr Eigenthum, sondern auch für
ihr Leben die äusserste Gefahr[3] und zwar oft genug ebensowohl
die, welche neutralen Staaten angehörten als die, welche aus den
kriegführenden Ländern stammten, nicht bloss im Kriege, sondern selbst im Frieden, so dass sogar in Volksbeschlüssen,
welche einzelnen Personen das Bürgerrecht in dem betreffenden
Staate verleihen oder sonst eine bevorzugte Stellung einräumen,
es als eine besondere Vergünstigung ausgesprochen wird, dass
sie in den Hafen der Stadt ohne vorhergegangenen besonderen
Vertrag und ohne Gefahr der Wegnahme ihres Eigenthumes im
Kriege und im Frieden einlaufen und auslaufen dürfen.[4]

1) Demosth. geg. Timokr. 12. Liban. Einl. zu dieser Rede S. 694
ὁ δὲ δίκως ἔγνω πολέμια εἶναι τὰ χρήματα καὶ μὴ δεῖν ἀποδοθῆναι
τοῖς ἐμπόροις. Vgl. Aristot. Oekon. II 8. 1847ᵇ, 22 ff.

2) Demosth. v. trier. Kranz 13 ἐπειδάν γάρ τις μισθωσάμενος
τριηραρχίαν ἐκπλεύσῃ, πάντας ἀνθρώπους ἄγει καὶ φέρει, καὶ τὰς μὲν
ὠφελείας ἰδίᾳ καρποῦται, τὰς δὲ δίκας τούτων ὁ τυχὼν δίδωσιν ὑμῶν
καὶ μόνοις ὑμῖν οὐδαμόσε ἔστιν ἄνευ κηρυκείου βαδίσαι διὰ τὰς ὑπὸ
τούτων ἀνδροληψίας καὶ σύλας κατεσκευασμένας. Vgl. Olymb. Π, 28;
über die Angel. im Chersonn. 24; geg. Meid. 173; geg. Timokr. 12.

3) Thukydid. II, 67, 4.

4) Corpus Inscrr. II nr. 1793 von Actium: εἶμεν αὐτοῖς καὶ ἐκγόνοις ἐν Ἀκαρνανίᾳ ἀσφάλειαν καὶ αὐτοῖς καὶ χρήμασι καὶ κατὰ γᾶν καὶ
κατὰ θάλατταν πολέμου καὶ εἰράνας. Nr. 2058ᵇ von Mesembria: δεδόσθαι καὶ αὐτῷ καὶ ἐκγόνοις προξενίαν, πολιτείαν, ἀτέλειαν πάντων
καὶ πολέμου καὶ εἰράνας ἀσυλεὶ καὶ ἀσπονδεί. Nr. 2053ᵃ: Μεσσαμ-
βριανοὶ ἔδωκαν — προξενίαν u. s. w. καὶ εἴσπλουν εἰς πόλιν. Nr. 2056
von Varna: δεδόσθαι αὐτῷ καὶ ἐκγόνοις προξενίαν u. s. w. καὶ εἴσπλουν
καὶ ἔκπλουν καὶ πολέμου καὶ εἰρήνης ἀσυλεὶ καὶ ἀσπονδεί. Nr. 2447ᵇ
von Sikinos; nr. 2675—2678 von Iasos; nr. 3528 von Kyme; Ross Inscrr.

Zum grössten Nachtheile für die Kaufleute ergriffen zuweilen mit der äussersten Rücksichtslosigkeit und Härte die Staaten, um einem eingetretenen Mangel an nothwendigen Dingen namentlich an Lebensmitteln abzuhelfen oder um diese anderen Staaten zu entziehen, die Massregel, dass sie die Schiffe anhielten und sie zwangen in einem bestimmten Hafen ihre Ladung zu löschen.[1] Ein Beispiel der Art erzählt Demosthenes von den Byzantiern, Kalchedoniern und Kyzikenern, ebenso verfuhren in derselben Zeit auch die Rhodier mit den nach Athen bestimmten Getreideschiffen[2] und es ist nicht zu bezweifeln, dass dergleichen zu allen Zeiten oft genug vorgekommen sein wird. Dabei haben die Kaufleute, selbst wenn man ihr Eigenthum nicht als gute Prise betrachtete, gewiss meistens an dem erzielten Preise empfindliche Einbusse erlitten und es mögen die noch glimpflich genug weggekommen sein, welche die Byzantier bei Theuerung und Finanznoth zwangen, ihr Getreide nach Byzanz zu bringen und welchen sie, da ihnen zur sofortigen Bezahlung die Mittel fehlten, den Kaufpreis mit zehn vom Hundert verzinsten, indem sie diese Zinsen von den Consumenten als Aufschlag zu dem Preise einzogen.[3]

Eine ähnliche Massregel von ausserordentlicher Tragweite hatte man in Athen getroffen. Die Nothwendigkeit, dem Lande die Zufuhr sehr bedeutender Quantitäten Getreide zu sichern, hatte dort ein Gesetz veranlasst, welches den athenischen Kaufleuten verbot, Getreide nach irgend einem anderen Hafen als nach Athen zu führen,[4] so wie das damit in Verbindung stehende Gesetz, welches den Bürgern und den Metœken in Attika

---

inedd. II nr. 113 von Amorgos. Vgl. Ross in Acta Societ. Gr. Lips. II S. 75.

1) Harpokrat. κατάγειν τὰ πλοῖα· λέγεται ἀντὶ τοῦ βιάζεσθαι καὶ κωλύειν καὶ μὴ ἐᾶν τοῖς πλέοντας ὅποι βούλονται πλεῖν, ἀλλ᾽ εἰς τὰ οἰκεῖα χωρία τοὺς ληστεύοντας κατάγειν. Vgl. Xenoph. Hellen. V, 1, 28 Ἀνταλκίδας ἐκράτει τῆς θαλάσσης· ὥστε καὶ τὰς ἐκ τοῦ Πόντου ναῦς Ἀθήναζε μὲν ἐκώλυε καταπλεῖν, εἰς δὲ τοὺς ἑαυτῶν συμμάχους κατῆγεν. Anabas. V, 1, 11.

2) Demosth. geg. Polykl 5 u. 17. Lykurg geg. Leokr. 18.

3) Aristot. Oekon. II S. 1346ᵇ, 29.

4) Demosth. geg. Phorm. 37; geg. Lakrit. 50; Lykurg. geg. Leokr. 27.

verbot, Geld auf ein Schiff zu leihen, welches Getreide anders-
wohin als nach Attika brachte,[1] wenn nicht gar das Gesetz noch
weiteren Umfang hatte, und überhaupt Geld auf ein Schiff auszuleihen untersagte, das nicht wieder nach Athen zurückkeh-
ren sollte.[2]

Eine schwere Beschränkung des Handels, die zugleich oft
mit einer Benachtheiligung der Producenten und der Consumenten im eigenen Lande verbunden ist, bilden Monopole,[3] welche
sich entweder im Besitze der Staatsgewalt befinden oder von
derselben an Privatleute verliehen werden. Allerdings lässt
sich nicht nachweisen, dass irgendwo das Monopol als Quelle
dauernder Einnahme für den Staat benutzt worden wäre, wie
dies in den modernen Staaten oft geschehen ist, aber dass man
in Finanzverlegenheiten nicht selten zu diesem Auskunftsmittel
gegriffen hat, sagt Aristoteles ausdrücklich[4] und es darf nicht

1) Demosth. geg. Lakrit. 51 ἀργύριον μὴ ἐξεῖναι ἐκδοῦναι Ἀθηναίων καὶ τῶν μετοίκων τῶν Ἀθήνησι μετοικούντων μηδενί, μηδὲ ᾧ
οὗτοι κύριοί εἰσιν, εἰς ναῦν ἥτις ἂν μὴ μέλλῃ ἄξειν σῖτον Ἀθήναζε,
καὶ τἆλλα τὰ γεγραμμένα περὶ ἑκάστου αὐτῶν.

2) Dies behauptet Böckh Staatsh. I S. 79 f. gegen Salmasius de
modo usurr. S. 193 und Platner Prozess II S. 358 ff. mit Rücksicht auf
die letzten oben von uns angeführten Worte des Gesetzes, welche zeigen,
dass ausser dem Getreide noch andere Waaren genannt waren und mit
Rücksicht auf den weiteren Wortlaut: καὶ ἄλλῃ αὐτῷ μὴ ἐνῆν περὶ τοῦ
ἀργυρίου, ἢ ἂν ἐκδῷ ἄλλοσέ ποι ἢ Ἀθήναζε. Vgl. St. John The Hellenes III S. 292 ff. Eine Entscheidung wird kaum möglich sein, da nicht
festgestellt werden kann, in welchem Zusammenhange der vom Redner
angeführte Abschnitt des Gesetzes stand, und deshalb auch eine sichere
Erklärung der Worte καὶ τἆλλα τὰ γεγραμμένα περὶ ἑκάστον αὐτῶν
namentlich des beziehungslosen αὐτῶν nicht gegeben worden kann. Die
letzten vom Demosthenes angeführten Worte geben keinen sichern Anhalt,
das Gesetz so allgemein wie Böckh zu fassen, da es hier nicht mehr nöthig
war, die besonderen Umstände, unter denen kein Geld ausgeliehen werden
sollte, zu wiederholen, während die Worte καθὰ περὶ τῆς τιμῆς καὶ τοῦ
σίτου εἴρηται doch darauf zu führen scheinen, dass das mitgetheilte zu
der den Getreidehandel betreffenden Gesetzgebung gehörte.

3) Nach Pollux VII, 11 hat Hypereides die Form μονοπώλιον
gebrancht, sonst sei μονοπωλία üblich gewesen.

4) Aristot. Polit. I, 4 S. 21 ἐπεὶ καὶ τῶν πόλεων ἔνιαι τοῦτον
ποιοῦνται τὸν πόρον, ὅταν ἀπορῶσι χρημάτων· μονοπωλίαν γὰρ τῶν
ὠνίων ποιοῦσιν.

verkannt werden, dass solche vorübergehende Massregeln um so
härter drücken mussten, da sie plötzlich in den regelmässigen
Gang des Verkehrs eingriffen.   Von bestimmten Fällen sind uns
nur wenige bekannt. Die Selymbrianer kauften einmal sämmt-
liches in der Stadt vorräthige Getreide, soweit es nicht für den
eignen Verbrauch der Bürger bestimmt war, zu einem gewissen
Preise auf und verkauften es nachher zu einem höheren Preise,
wobei sie, um den Absatz zu befördern, das früher bestehende
Ausfuhrverbot aufhoben; der dadurch für den Staat erzielte Gewinn ging natürlich den ursprünglichen Besitzern verloren.[1]
Aehnliches geschah bei einem Bankmonopol, welches die Byzantier an einen einzelnen in der Art verpachteten, dass das Wechseln des Geldes, bei Strafe der Confiscation, von keinem anderen
betrieben werden durfte;[2] denn mochten sie nun die Bestimmung des Aufgeldes dem Inhaber des Monopols überlassen oder
dem Staate vorbehalten, so wurde immer das betheiligte Publikum um den Vortheil verkürzt, den die Concurrenz gewährt
haben würde. Bei dem Vorschlage, welchen ein gewisser Pythokles den Athenern machte, den Handel mit dem in den laurischen Silberbergwerken gewonnenen Blei in der Weise zu mono-
polisieren, dass der Staat dasselbe zu dem gewöhnlichen Preise
von zwei Drachmen übernähme und für sechs Drachmen verkaufte,[3] erlitten die Producenten keine Einbusse, in wie weit die
Consumenten benachtheiligt worden wären, lässt sich nicht beurtheilen, da wir nicht wissen, ob zugleich ein Einfuhrverbot beab-
sichtigt worden war.   Aehnlich war die Finanzspeculation der
Lampsakener, welche bei der Ankunft einer grossen Flotte den
Preis, zu welchem Lebensmittel an die Mannschaft verkauft werden sollten, über den Marktpreis festsetzten, während sie den
Kaufleuten nur diesen letzteren zahlten und den Mehrbetrag für
die Staatskasse einzogen.[4]   Als eine schamlose Erpressung aber

1) Aristot. Oekon. II 8. 1348[b], 33.

2) Ebend. 8. 1346[b], 25.

3) Ebend. 8. 1353[a], 15. Statt der Ueberlieferung τὸν μόλιβδον τὸν
ἐκ τῶν Τυρίων liest Böckh Ueber die laurischen Bergwerke 8. 95 τὸν
ἐκ τῶν Μαυρίων, Wordsworth τὸν ἐκ τῶν ἀργυρείων.

4) Aristot. Oekon. II 9. 1347[a], 82.

muss es angesehen werden, wenn Kleomenes, der Statthalter von
Aegypten, den Landleuten ihr Getreide zu dem Marktpreise von
zehn Drachmen abkaufte und dann den Verkaufspreis auf zwei-
unddreissig Drachmen bestimmte.[1]

Viel tiefer griffen Ausfuhrverbote in die Freiheit des Handels schon dadurch ein, dass sie bei weitem häufiger vorkamen.
Ihr Zweck war stets der, dem eignen Lande einen bestimmten
Artikel zu erhalten oder einem auswärtigen Volke den Bezug
desselben abzuschneiden. Im ersteren Falle war das Ausfuhrverbot ein für allemal erlassen oder vorübergehend durch einen
Nothstand hervorgerufen, im letzteren durch besondere Verhältnisse, namentlich durch einen Krieg bedingt, und man kann
daher annehmen, dass die erstere Art stets dem Interesse des
Landes unmittelbar zu dienen bestimmt war, während die zweite
unter Umständen demselben ebenso nachtheilig werden konnte
wie denen, gegen welche das Ausfuhrverbot gerichtet war. Fühlbar aber für den Handel sind diese Verbote hauptsächlich dadurch,
dass sie meistens Gegenstände betreffen, deren Verbrauch ein
starker ist und mit denen deshalb ein ansehnlicher Handel
getrieben wird, vor allem Landesprodukte und Rohmaterialien.[2]

In Athen soll Solon die Ausfuhr aller Bodenerzeugnisse mit
Ausnahme des Oels verboten haben und zwar so streng, dass
der Archon unter Androhung einer Geldbusse von hundert Drachmen verpflichtet war, den diesem Verbote zuwider handelnden
mit einem Fluche zu belegen.[3] Wie weit diese Nachricht
zuverlässig ist, lässt sich nicht mit Sicherheit beurtheilen; in
späteren Zeiten wenigstens bestand ein Ausfuhrverbot in diesem
Umfange nicht. Von den Feigen, für welche eben dort ein Ausfuhrverbot bestanden haben soll, lässt sich nachweisen, dass sie
in der That ausgeführt worden sind.[4] Die Ausfuhr des Oels

1) Aristot. Oekon. II S. 1352b, 14.
2) Die Gegenstände eines Ausfuhrverbotes heissen ἀπόρρητα. Bekker Anecdd. S. 434, 5 ἀπόρρητα πάντα τὰ ἀπειρημένα καὶ ἀπηγορευ-
μένα — διότιρ καὶ τὰ μὴ ἐξαγώγιμα ὀνομάζουσιν. Schol. zu Aristoph. Frösche 362 ἀπόρρητα τὰ ἀπειρημένα ἐξάγεσθαι.
3) Plutarch Solon 24. Vgl. Böckh Staatsh. I S. 60 f.
4) Plutarch a. a. O. Athen. III S. 74e; XIV S. 652b u. c.

mag auch nicht so beschränkt gewesen sein, wie man nach einer
Angabe glauben könnte, welche behauptet, es sei dieselbe nur
für das Oel gestattet gewesen, das als Siegespreis für gymnische
Wettkämpfe gegeben wurde,[1] allein wahrscheinlich fanden von
jeher Beschränkungen statt, die das Bedürfniss gebot; wenigstens
haben wir aus der Zeit des Kaisers Hadrian gesetzliche Bestimmungen, nach denen die Producenten von dem Ertrage ihrer
Pflanzungen ein Drittel oder bei gewissen Grundstücken ein Ach-
tel an den Staat verkaufen mussten, falls der Bedarf desselben
so gross war; das was ausgeführt werden sollte, musste unter
Angabe derer, von denen es bezogen war, declariert werden.[2]
Getreide durfte gar nicht aus Attika ausgeführt werden, ja es
war nicht einmal gestattet, fremdes Getreide, das in den Hafen
gebracht war, unbedingt wieder auszuführen, sondern es mussten
wenigstens zwei Drittel desselben im Lande bleiben, worüber die
Hafenvorsteher zu wachen hatten.[3] Diese Beschränkungen haben
die Athener, welche auf jede mögliche Weise dafür sorgen mussten, dass ihrem Lande die Getreidezufuhr nicht fehlte, auch auf
ihre abhängigen Bundesgenossen und Unterthanen ausgedehnt,
wie sich aus einem noch vorhandenen Volksbeschlusse ersehen
lässt, durch welchen den Methonäern die Ausfuhr von Getreide
aus Byzanz, dem Stapelplatze für pontisches Getreide, bis zu
einem gewissen, für das Jahr bestimmten Masse gestattet wurde.[4]
Auch in anderen Ländern finden wir, wenigstens für Zeiten
der Theuerung Ausfuhrverbote für Getreide erwähnt, z. B. in
Selymbria, in Aegypten[5] und es lässt sich nicht bezweifeln, dass
auch sonst für andere Landesprodukte dergleichen Verbote
bestanden.[6] Dass die Athener, um sich den Bezug des Röthels

---

1) Schol. zu Pindar Nem. X, 64 οὐκ ἔστι ἐξαγωγὴ ἐλαίου ἐξ Ἀθηνῶν εἰ μὴ τοῖς νικῶσι.

2) Corpus Inserr. I nr. 355. Böckh Staatsh. I S. 61 u. 75.

3) Schol. zu Demosth. geg. Timokr. 137. Harpokrat. ἐπιμελητὴς
ἐμπορίου. Bekker Anecdd. S. 255, 24. Etym. Magn. S. 369.

4) S. Böckh Staatsh. II S. 746 ff.

5) Aristot. Oekon. II S. 1346ᵇ, 34; S. 1352ᵃ, 19.

6) Nach Philomnestos bei Athen. III S. 74ᶠ müssten die vorher für
das Oel bemerkten Beschränkungen auch auf Feigen und Getreide ausgedehnt werden.

von der Insel Keos zu erhalten, den Städten derselben die Ausfuhr jenes Artikels nur nach Athen gestatteten, freilich unter der milderen Form eines Vertrages, ist schon oben angeführt worden.

In anderen Staaten war die Ausfuhr von Baumaterialien, insbesondere von Materialien zum Bau und zur Ausrüstung von Schiffen verboten, z. B. in Makedonien, das, wie es scheint, nur besonders begünstigten Staaten durch specielle Verträge die Ausfuhr von dergleichen Gegenständen gestattete. Durch einen solchen erlaubte Amyntas II von Makedonien den Chalkidiern die Ausfuhr von Pech und von Holz zum Häuserbau, zum Schiffbau aber mit Ausnahme des Tannenholzes, das nur für den Gebrauch des Staates und nach besonderer Uebereinkunft mit dem Könige ausgeführt werden sollte.[1] Dass die Holzausfuhr aus Makedonien nicht unbedingt gestattet war, lässt sich auch aus einer Bemerkung des Andokides abnehmen, welcher angiebt, dass zur Zeit der Vierhundert in Athen ihm der König Archelaos aus althergebrachter Gastfreundschaft die Ausfuhr von Ruderhölzern in beliebiger Zahl erlaubt hatte,[2] so wie aus dem Versprechen des Demetrios Poliorketes, dass aus Makedonien Holz zu hundert Trieren nach Athen gebracht werden solle.[3] Bei dem Holzreichthum Makedoniens ist man jedoch in gewöhnlichen Zeiten mit der Ausfuhrerlaubniss gewiss nicht gerade schwierig gewesen, denn wir finden eine ziemliche Anzahl von Beispielen, dass nicht nur die Athener, sondern auch andere Länder aus Makedonien Holz für den Gebrauch des Staates und der Privatleute bezogen.[4]

Häufig waren Ausfuhrverbote durch Kriegszustand hervorgerufen, indem man es verhindern wollte, dass dem Feinde

---

1) Olynthische Inschrift in Wien. S. Sauppe Inscript. macedon. IV S. 13. Vgl. Böckh Staatsh. I S. 76 f.

2) Andokid. v. d. Rückkehr 11. Vgl. auch Theophr. Charakt. 23.

3) Plutarch Demetr. 10. Diodor XX, 46.

4) Demosth. über d. Vertrag mit Alex. 28 τῇ Μακεδονίᾳ καὶ τοῖς ἄλλοις τοῖς βουλομένοις ἐπιτέλεσται (ξύλα ἐκπεπηγμένα) ἐπὶ σταφυλῆς, vgl. v. d. Trugges. 114; geg. Timokr. 26 u. 29. Plutarch v. d. Schwatzhaft. 15. Xenophon Hellen. VI, 1, 11.

Lebensmittel und Kriegsmaterial zukamen, eine Massregel, die
ihre Rechtfertigung in der Sache selbst findet.[1] In Athen war
die Ausfuhr von Flachs, Tauwerk, Askomen (d. h. den ledernen
Bekleidungen der Ruderpforten), Pech, Bauholz und wahrscheinlich von allem, was zum Bau und zur Ausrüstung von Schiffen
diente, in Kriegszeiten verboten. Natürlich beschränkten sich
diese Verbote nicht auf die Ausfuhr aus dem eigenen Lande,
sondern trafen auch die Zufuhr von Kriegsbedarf an die Feinde
überhaupt, wovon die Verordnung, die Timarchos beantragte, ein
Beispiel giebt, welche jeden mit der Todesstrafe bedrohte, der
dem Philipp von Makedonien Waffen oder Schiffsgeräth zuführte.[2]

Einfuhrverbote scheinen dagegen nicht besonders üblich
gewesen zu sein, eben weil dieselben dem Interesse des Staates
im Ganzen kaum irgend wie dienen können, an einen Ausschluss
fremder Produkte zum Vortheil der einheimischen Producenten
aber wohl nie gedacht worden ist. Wenn die Aegineten und
Argiver in ihrer Feindschaft gegen Athen einmal den Gebrauch
attischer Thonwaaren bei den Opfern verboten,[3] so ist man nicht
ohne weiteres berechtigt anzunehmen, dass dies geschehen sei,
um die heimische Industrie von der attischen Concurrenz zu
befreien. Einfuhrverbote von Waaren aus Feindes Land brachte
der Krieg von selbst schon dadurch mit sich, das solche Waaren
Gefahr liefen, als feindliches Eigenthum weggenommen zu werden, ohne dass ein specielles Verbot erforderlich war. Aus
Aristophanes Acharnern, wo Nikarchos den Böoter anzeigen will,
weil er Dochte aus Böotien nach Athen gebracht, mit denen
möglicherweise die Schiffswerfte angezündet werden könnten,[4]
lässt sich auf ein Einfuhrverbot nicht schliessen, da jene Denun-
ciation nicht der Einfuhr, sondern der in komischer Weise vor-
ausgesetzten feindlichen Absicht gilt.[5]

---

1) Aristoph. Frösche 363 ff.; Ritter 276 f. mit den Scholien. Suidas Ὑποζώματα — ἀπείρητο δὲ ἀπὸ Ἀθηνῶν ἐξάγειν ἔριά καὶ πίσ-
σαν ohne die Beschränkung auf die Kriegszeit.

2) Demosth. v. d. Trugges. 286.

3) Herodot V, 88.

4) Aristoph. Acharn. 860 ff. u. 910 ff.

5) Ebend. 916 ff.

Von Beschränkungen des Handels im Innern des Staates hören wir wenig. Die mit der Zahl der Bevölkerung wachsende Sorge für die Ernährung derselben hatte in Athen ein Gesetz hervorgerufen, welches den Getreidehändlern verbot, mehr als fünfzig Körbe Getreide aufzukaufen und zugleich anordnete, dass sie den Medimnos nicht theurer als einen Obolos über den Einkaufspreis verkaufen sollten.[1] Letztere Bestimmung wird wohl auch unter der einmal flüchtig erwähnten Taxe zu verstehen sein,[2] da ja sonst Beispiele genug von einer freien Bewegung der Getreidepreise vorhanden sind.[3] Wie es sich mit dem Volksbeschluss verhält, durch den einmal in Athen der Preis des Salzes herabgesetzt wurde, weiss ich nicht näher anzugeben.[4]

Eine Last, die der Handel noch zu tragen hat, bilden endlich die Zölle, die jedoch, wie schon oben bemerkt wurde, nur in der Absicht erhoben wurden, um eine Einnahmequelle für die Staatskasse zu bilden, keineswegs um die Ausfuhr oder Einfuhr irgend einer Waare zu erschweren. Daher finden wir denn auch von Zolltarifen, die für verschiedene Waaren verschiedene Zollsätze bestimmten, keine sichere Spur, vielmehr scheint es durchweg Sitte gewesen zu sein, von allen Waaren einen gleichen Procentsatz des Werthes als Zoll zu erheben. Dass aber die Zölle auch in dem Haushalte der Staaten des Alterthums eine wichtige Rolle spielten, sehen wir aus einigen uns erhaltenen Angaben. In Athen war die Erhebung des Hafenzolles in der Zeit des peloponnesischen Krieges für jährlich dreissig Talente verpachtet,[5] in Makedonien trug die Pacht des Hafenzolles gewöhnlich zwanzig Talente,[6] aber der eingehende Zoll muss erheblich höher gewesen sein, denn Kallistratos brachte durch Erleichterungen in den Formalitäten die Pacht auf vierzig Ta-

---

1) Lysias geg. die Kornhändl. 5 u. 8. Plutarch v. d. Neugier am Ende. Ob die dort erwähnten Körbe (φορμοί) den Medimnen an Mass gleich sind, ist zweifelhaft. Vgl. Pollux X, 169 ήλίòν τρία ήμιφόρμια.

2) Bekker Anecdd. Gr. S. 300, 19.

3) S. Böckh Staatsb. I S. 131 ff.

4) Aristoph. Ekkles. 814, wo die Scholien: έψηφίσαντο γάρ αύτοĩ ς (näml. τοĩς άλσι) τιμιωτέρους είναι.

5) Andokid. v. d. Myster. 133 mit Böckh Staatsb. 1 S. 427 ff.

6) Aristot. Oekon. II S. 1350^a, 16.

leute; Kersobleptes zog aus den Häfen des thrakischen Chersonnes in ruhigen Zeiten dreihundert Talente.[1] In Rhodos brachte
vor dem Jahre 164 v. Chr. der Hafenzoll durchschnittlich jährlich eine Million Drachmen ein, sank freilich durch das Aufblühen des delischen Handels auf hundertundfünfzigtausend Drachmen.[2] Bei der Ergiebigkeit dieser Einnahmequelle, die zugleich
für die Einwohner des Landes so wenig drückend war, kann
man mit Sicherheit annehmen, dass Zölle in allen Handelshäfen
und wahrscheinlich auch sonst an den Landesgrenzen erhoben
wurden, ja es erschien dieso Erhebung so natürlich, dass man es
den Kymäern als ein Zeichen von Dummheit auslegte, dass sie
erst dreihundert Jahre nach der Gründung ihrer Stadt einen
Hafenzoll einführten, indem man ihnen nachsagte, sie hätten erst
damals gemerkt, dass ihre Stadt am Meere läge.[3] Das Alter
solcher Zolleinrichtungen lässt sich nicht ermitteln, doch wird
berichtet, dass schon um 600 v. Chr. die Bewohner von Kirrha
Abgaben von den aus Sicilien und Italien her einlaufenden Schiffen so wie von den Wallfahrern erhoben hätten, welche nach
dem delphischen Heiligthumo gingen.[4]

Ausser den schon beiläufig erwähnten Orten finden sich
nicht wenige andere bestimmt als solche angeführt, in denen
ein Zoll erhoben wurde, z. B. Mende, die von Olynth abhängigen Städte, Abydos, die thessalischen Städte, Oropos, jedoch lässt
sich die Höhe dieser Zölle und die Art ihrer Erhebung nicht
nachweisen. [5] In den athenischen Häfen wurde von allen aus-
und eingehenden Waaren eine Abgabe von zwei vom Hundert
des Werthes ohne Unterschied der Gattung erhoben, so dass von
Rohstoffen, Landesprodukten, Vieh, Industrieerzeugnissen ein und

---

1) Demosth. geg. Aristokr. 110 u. 177.
2) Polyb. XXXI, 7, 12.
3) Strabo XIII 8. 622.
4) Strabo IX 8. 418.
5) Aristot. Oekon. II 8. 1350ᵃ, 6. — Xenoph. Hellen. V, 3, 16;
Athen. XIV 8. 641ᵉ. — Demosth. Olynth. I, 22. — Dikaearch 7 sagt
von den Bewohnern von Oropos: τελωνίσι γὰρ καὶ τὰ μέλλοντα πρός
αὐτοὺς εἰσάγεσθαι, womit, wenn auch der Sinn der Stelle im Uebrigen
nicht unzweifelhaft ist, doch bestimmt Eingangszölle gemeint sind. Vgl.
Böckh Staatsh. I 8. 431.

derselbe Satz zu zahlen war.[6] Daher konnten auch die Bücher
der Zollbeamten dazu benutzt werden, den Werth der Ladung
von einem jeden Schiffe, das im Hafen gewesen war, zu consta-
tieren, da zum Zweck der Zollerhebung eine genaue Declaration
gemacht werden musste.[1] In den Häfen der Bundesgenossen
erhoben während des peloponnesischen Krieges eine Zeitlang die
Athener statt der früher gezahlten Tribute einen Aus- und Ein-
gangszoll mit fünf vom Hundert.[3] Die bosporanischen Fürsten
erhoben in den Häfen ihres Reiches einen Ausgangszoll vom
Getreide, wahrscheinlich auch von anderen Waaren, der in
einem speciellen Falle auf $3\frac{1}{3}$ vom Hundert des Werthes angegeben wird.[4]

Seit dem Jahre 411 v. Chr. haben die Athener am Bosporos, wo sie zu diesem Zwecke eine Zollstätte in Chrysopolis
eingerichtet hatten, von den aus dem schwarzen Meere kommenden und von den dorthin fahrenden Schiffen einen Sundzoll von
zehn vom Hundert erhoben,[5] der zwar nach der Niederlage bei
Aigospotamoi wegfiel, aber um 390 v. Chr. vom Thrasybulos wieder hergestellt wurde.[6] Wahrscheinlich bestand dieser Zoll nicht
länger als bis zum antalkidischen Frieden; gegen Ende des dritten Jahrhunderts v. Chr. hatten ihn noch einmal die Byzantier
zum Vortheile ihrer Staatskasse eingeführt und erhoben ihn zur
grossen Benachtheiligung des Handels, bis sie durch einen Krieg
von den Rhodiern gezwungen wurden, ihn aufzugeben.[7] Natür-

---

1) πεντηκοστεύειν Demosth. geg. Lakrit. 29. Bekker Anecdd.
S. 192, 30; 201, 31 τῶν εἰσαγομένων εἰς τὸν Πειραιᾶ φορίων καὶ
ἀνθρωπόδων ἐκ τῆς ἀλλοδαπῆς πεντηκοστὴν ἔκλινον οἱ ἔμποροι. καὶ
τοῦτο ἐκαλεῖτο πεντηκοστεύεσθαι. Etym. Magn. S. 660, 29 πεντηκοστολόγος. Erwähnt wird der Zoll von eingeführtem Röthel in der
Inschrift bei Böckh Staatsh. II S. 352 Z. 23; von Getreide Demosth. geg.
Neaera 27; von Rindern in der Sandwicher Inschrift bei Böckh Staatsh. II
S. 95; von Kleidern, Bechern, Fässern Demosth. geg. Maid. 133.
2) Vgl. Demosth. geg. Phorm. 7.
3) Thukydid. VII, 28. Böckh Staatsh. I S. 440 u. II S. 588.
4) Demosth. geg. Phorm. 36; geg. Leptin. 33.
5) Xenophon Hellen. I, 1, 22; Polyb. IV, 44.
6) Xenophon Hellen. IV, 8, 27; Demosth. geg. Leptin. 60.
7) Polyb. IV, 47 ff.

lich konnte diese Zollerhebung, die man mit Recht als eine
Gewaltthat ansah, immer nur mit Hülfe einer Flotte von der
Macht durchgesetzt werden, welche den Bosporos beherrschte.
Durchgangszölle auf dem Lande scheinen ebenfalls üblich gewesen zu sein, denn wenn wir auch kein bestimmtes Beispiel kennen, so ist die Sache doch unzweifelhaft, einmal da die griechische Sprache eine bestimmte Bezeichnung dafür hat,[1] andrerseits durch eine Bemerkung Strabos, der für Korinth seiner Lage
wegen einen solchen Zoll als selbstverständlich annimmt.[2]

Von Zöllen, die an den Landgrenzen erhoben wurden, haben
wir keine Nachricht, doch lässt sich das Vorhandensein von solchen wohl vermuthen, wenigstens da, wo der Landverkehr ausgedehnt genug war, um aus einem derartigen Zolle eine nennenswerthe Einnahme zu erzielen. Dagegen scheint die Erhebung einer Marktsteuer ziemlich allgemein üblich gewesen zu
sein.[3] In Athen wurde dieselbe nicht als ein blosses Stättegeld,
sondern als eine Abgabe von den Waaren, gleichviel ob fremden oder einheimischen, und zwar nach einem anderen Grundsatze als der Hafenzoll erhoben, indem die Höhe derselben für
die verschiedenen Gegenstände verschieden bemessen war.[4] In

---

1) διαγωγικὴ τέλη in Gallien bei Strabo IV 8. 192; πρόσοδος
ἀπὸ ἐμποριῶν καὶ διαγωγῶν Aristot. Oekon. II 8. 1346ᵃ, 7. διαγώ-
γιον nennt Polyb. IV, 52 den Sundzoll, der IV, 47 προσγώγιον heisst,
wie auch IV, 44 das Zahlen desselben παραγωγιάζειν heisst. Vgl. Pollux IX, 30 ἢ που δὶ καὶ παραγώγιον τέλοις ὄνομα.

2) Strabo VIII 8. 378 καὶ πιςῇ δὲ τῶν ἐκκομιζομένων ἐκ τῆς
Πελοποννήσου καὶ τῶν εἰσαγομένων ἐπιπτε τὰ τέλη τοῖς τὰ κλεῖθρα
ἔχουσι.

3) ἀγοραῖα τέλη im Allgemeinen erwähnt Aristot. Oekon. II
8. 1346ᵃ, 2; Xenoph. v. d. Eink. 4, 49 nennt die πρόσοδοι ἀπ'ἀγορᾶς
als etwas ganz gewöhnliches. Bei Aristoph. Acharn. 896 kommt ein
ἀγορᾶς τέλος vor, wozu die Scholien bemerken: ἔθος ἦν τὸ παλαιὸν οἱ
καὶ μέχρι τοῦ νῦν, τοῖς ἐν τῇ ἀγορᾷ πιπράσκοντας τέλος δεδόναι τοῖς
λογισταῖς, und die folgenden Worte: τέλος λαμβάνει ταύτην ὑπὲρ ὧν
ἐπώλησας verbieten an ein blosses Stättegeld zu denken. Die ganze
Stelle weist auch darauf hin, dass die Abgabe gleich auf dem Markte
selbst erhoben wurde. Vgl. Böckh Staatsh. I 8. 438 f.

4) Scholien zu Homer Il. γ, 303 καὶ ἐν τῷ ἀγορανομικῷ δὲ νόμῳ
Ἀθηναίων δίδοσυλται ἰχθύων καὶ ἐγχελύων τέλη.

welcher Weise der Zolltarif aufgestellt war, ob nach dem Werthe
oder nach dem Masse und Gewichte der Waaren, und in welcher
Weise der Zoll von den damit beauftragten Agoranomen erhoben
wurde, ob von den zu Markte gebrachten oder nur von den verkauften Waaren, wird uns nicht angegeben. Ebenso wenig wissen wir, ob und in welcher Beziehung zu dieser Marktsteuer
eine Abgabe stand, welche an den Thoren von Athen ebenfalls
von den eingebrachten Waaren nach einem Tarife mit besonderen
Sätzen für verschiedene Gegenstände erhoben wurde.[1] Ausser
Athen finden wir Marktsteuern in den thessalischen Städten und
bei den mit den Festen verbundenen Messen in Mesogeia
erwähnt.[2]

Nach den Angaben der Lexikographen müssen auch sonst
noch bei gewissen Verkäufen Abgaben erhoben worden sein,[3]
allein wir wissen über dieselben nichts genaueres, ausser dass
in Athen beim Verkauf von Grundstücken ein Hundertstel vom
Werthe an den Staat entrichtet worden zu sein scheint.[4] Dass
endlich für die Benutzung der auf Staatskosten angelegten Bau-

---

1) S. die Erzählung bei Zenob. I, 74, Hesych. διαπύλιον: τέλος τι
παρ' Ἀθηναίοις οὕτως ἐκαλεῖτο. Böckh a. a. O. S. 439.

2) Demosth. Olynth. I, 22. Curtius Inscrr. Att. nr. 1.

3) Bekker Anecdd. S. 255, 1. Ἐπώνια τὰ ἐπὶ τῇ ὠνῇ προσκαταβαλ-
λόμενα, ὥσπερ ἐκατοσταί τινες. Harpokr. Ἐπώνια: τέλος ἐστὶ τὸ ἐπὶ τῇ
ὠνῇ διδόμενον, εἴη δ' ἂν ἴσως ἡ πέμπτη. Suidas u. Etym. Magn. ebenso.
Als Kaufsteuer fasst diese ἐπώνια auch Böckh a. a. O. S. 440, während
Bake Schol. Hyperom. IV S. 373 f. sie für einen Vorschuss hält, den die
Pächter von Staatsgefällen als Caution zu erlegen gehabt hätten, wobei
er allerdings προκαταβαλλόμενα in der ersten Stelle schreiben will. Vgl.
Pollux VII, 15 τὰ δὲ καταβαλλόμενα ἐπὲρ τῶν πιπρασκομένων τέλη
ἐπώνια λέγουσιν.

4) So Böckh Staatsh. I S. 440 nach der II S. 347 mitgetheilten
Inschrift, welche die Berechnung des Hundertstels von verkauften Grundstücken enthält. Allein nach Theophrast bei Stob. Floril. XLIV, 22 ἔνιοι
δὲ προγράφειν παρὰ τῇ ἀρχῇ πρὸ ἡμερῶν μὴ ἔλαττον ἢ ἑξήκοντα,
καθάπερ Ἀθήνησι, καὶ τὸν πριάμενον ἑκατοστὴν τιθέναι τῆς τιμῆς,
ὅπως διαμφισβητῆσαί τε ἐξῇ καὶ διαμαρτύρασθαι τῷ βουλομένῳ, καὶ
ὁ δικαίως ἐωνημένος φανερὸς ᾖ τῷ τέλει, womit offenbar dieselbe Sache
bezeichnet ist, möchte man glauben, dass es sich nicht sowohl um eine
Kaufsteuer als um eine Art von gerichtlicher Caution handle.

lichkeiten, die dem Handelsverkehr dienten, wie Häfen. Waaren-
speicher, Verkaufshallen, eine gewisse Abgabe entrichtet worden
sei, lässt sich mit Wahrscheinlichkeit vermuthen, aber nicht
geradezu nachweisen.[1]

Wenn beim Erheben der Zölle die Einnehmer mit grosser
Strenge, ja zuweilen mit der höchsten Rücksichtslosigkeit verfuhren, so liegt dies sowohl in der Sache selbst begründet, da
die Neigung dergleichen Abgaben zu umgehen überall vorhanden
ist und eine scharfe Controlle nothwendig macht, als auch in
dem Umstande, dass die Zölle von den Staatsbehörden im Ganzen
an Unternehmer verpachtet wurden, so dass es auch im eignen
Interesse dieser letzteren lag, keine Defraudation zu übersehen.
Ja wohl selbst, wenn es anging, den Zoll in einzelnen Fällen
höher zu berechnen, als es nach dem gesetzlichen Tarif gestattet
war. Daher kamen bei der Zollerhebung im Alterthume dieselben Belästigungen des Publikums wie zu allen Zeiten vor:
das Anhalten und Durchsuchen von Waaren und Gepäck, selbst
das Erbrechen von Briefen;[2] daher rührte denn auch der Ruf
der Habsucht und Unverschämtheit, in dem die Zollerheber
standen, daher allgemeiner Hass und Verachtung gegen dieselben.[3]

----

1) Böckh Staatsh. I S. 432 schliesst dies aus Xenoph. v. d. Eink. 3,
13 und 1, 17 und Pollux IX, 30. Ob aber das an der letzten Stelle
erwähnte ἐλλιμένιον, das auch sonst bei den Grammatikern ohne genauere
Bestimmung vorkommt, eine solche Abgabe bedeute oder gleich dem Aus-
und Einfuhrzoll sei, wie man aus Pollux VIII, 132 folgern könnte, ist
nicht entschieden. Vgl. auch Athen. XIV S. 641 τὸ ἄψανημον ἐπιφό-
ρημα τέλος εἰ ἔστι καὶ ἐλλιμένιον und die Unterscheidung bei Xenoph.
Hellen. V, 2, 16 πρόσοδοι ἐκ πολλῶν λιμένων, πολλῶν δ' ἐμποριῶν.

2) Demosth. geg. Meid. 133. Plutarch v. d. Neugier 7 καὶ γὰρ τοὺς
τελώνας βαρυνόμεθα καὶ δυσχεραίνομεν, οὐχ ὅταν τὰ ἐμφανῆ τῶν
εἰσαγομένων ἐκλέγωσιν, ἀλλ' ὅταν τὰ κεκρυμμένα ζητοῦντες ἐν ἀλλο-
τρίοις σκεύεσι καὶ φορτίοις ἀναστρέφωνται· καίτοι τοῦτο ποιεῖν ὁ
νόμος δίδωσι αὐτοῖς καὶ βλάπτονται μὴ ποιοῦντες. Plautus Trinumm.
III, 3, 64 Iam si obsignatas (epistulas) non feret, dici hoc potest apud
portitores eas resignatas sibi inspectasque esse. Vgl. V, 80; Menaechm.
I, 2, 8; Terent. Phorm. I, 2, 99 f.

3) Dikaearch 7 von Oropos τελωνῶν ἀνεπιφύβλητος πλεονεξία.
Artemidor. I, 23 χαλκοῦν δὲ ἢ σιδηροῦν ἢ λίθινον μέτωπον δοκεῖν
ἔχειν τελώναις καὶ καπήλοις καὶ τοῖς ἀναιδέσιν ζῶσιν μόνοις συμφέρει.

Neuntes Kapitel.

Der Erwerb durch Beschäftigungen, welche auf rein geistiger Thätigkeit beruhen oder bei welchen die mechanische Handarbeit gegen diese entschieden in den Hintergrund tritt, spielte bei den Griechen der bessern Zeit keine hervorragende Rolle. Denn wenn auch die Beschäftigung mit Kunst und Wissenschaft bei einem grossen Theile der Griechen in hoher Achtung stand, so nahm sie doch, sobald sie des Gelderwerbes halber getrieben wurde, den Charakter des banausischen an und zog sich damit die Missachtung zu, welche alle Lohnarbeit ohne Ausnahme traf. Erst die späteste Zeit des sinkenden Hellenenthumes hat auch darin eine Aenderung hervorgebracht.

Die Lehrer, welche die Knaben in den elementaren Kenntnissen des Lesens, Schreibens und der Grammatik unterwiesen, haben gewiss zu jeder Zeit, so weit nicht ein solcher Unterricht etwa von Angehörigen des Hauses ertheilt wurde, Bezahlung erhalten, mochten sie nun einzelne Schüler oder eine grössere Anzahl derselben gemeinschaftlich unterrichten.[1] Man setzte dies sogar von den ältesten Zeiten voraus, denn in der dem Herodot zugeschriebenen Lebensbeschreibung des Homer wird erzählt, dass Phemios in Smyrna eine Schule gehalten habe;[2] Kritheis, die Mutter des Dichters habe die Wolle gesponnen und gewebt, welche er von seinen Schülern als Bezahlung erhielt. Im platonischen Zeitalter gehörte das Ertheilen solchen Unterrichtes zu den gewöhnlichen Erwerbszweigen[3] und auch aus dem

---

Pollux VI, 128 rechnet unter die, welche man ihres Geschäftes halber schmäht: τελώνης, δεκατώνης, δεκατηλόγος, εἰκοστολόγος, πεντηκοστολόγος, ἐλλιμενιστής und giebt IX, 32 eine reiche Sammlung von Schmähworten gegen dieselben. Plutarch v. Verm. d. Schulden 5, 2 τὸ τελωνεῖν ὄνειδος ἡγούμεναι. Demosth. geg. Meid. 166; Stob. Floril. II, 34. Vgl. Salmasius De foenore trapez. S. 245.

1) S. F. A. Wolf Vermischte Schriften S. 42 ff. Welcker Kleine Schriften II S. 413 ff. Drumann Arbeiter und Communisten S. 84 ff. Becker Charikles II S. 25 ff. Pauly Realencycl. III S. 1449 ff.

2) (Herod.) Leb. d. Homer 4.

3) Pseudoplaton. Eryxias S. 402ᵈ ἆρ' εἰσί τινες ἄνθρωποι, οἵτινες

Vorwurf, welchen Demosthenes seinen Vormündern macht, dass
sie seinen Lehrern den schuldigen Lohn nicht bezahlt hätten,
ersieht man, dass der Elementarunterricht regelmässig von bezahlten Lehrern ertheilt wurde.[1] Das Honorar wurde von den
Angehörigen der Schüler in bestimmten Terminen, wahrscheinlich
meistens monatlich bezahlt, wenigstens rechnet es Theophrast
unter die Zeichen schmutziger Geldgier, wenn jemand in dem
Falle, dass seine Söhne wegen Krankheit nicht den ganzen
Monat die Schule besucht haben, einen Abzug an dem Schul-
gelde macht, oder dieselben einen Monat, in welchem viele Feste
sind, gar nicht in die Schule schickt, um das Schulgeld zu
sparen.[2] Doch mögen die Zahlungstermine ebenso wie die Höhe
des Honorars immerhin nach gegenseitigem Uebereinkommen
bestimmt worden sein. Wenn man nach einer Andeutung ein
Goldstück (zwanzig Drachmen) für das Jahr als den gewöhnlichen
Satz annehmen darf,[3] so mag bei einer geringen Schülerzahl die
Existenz des Elementarlehrers allerdings dürftig genug gewesen
sein;[4] allein tüchtigen Lehrern führte ihr Ruf mitunter eine
ansehnliche Zahl von Schülern zu,[5] wie beispielsweise in Astypalaea eine Schule erwähnt wird, in welcher sechzig, eine andere
in Chios, in welcher hundertundzwanzig Schüler zugleich unterrichtet wurden.[6]

Aehnlich werden sich die Verhältnisse bei dem Unterricht
in der Musik und in der Gymnastik gestaltet haben, von denen
die letztere wohl stets in den öffentlichen Ringschulen getrieben

μουσικὴν παιδεύουσιν ἢ γράμματα ἢ ἑτέραν τινὰ ἐπιστήμην, οἳ ἀντὶ
τούτων σφίσιν αὐτοῖς τὰ ἐπιτήδεια ἐκπορίζονται, τούτων μισθὸν
πραττόμενοι.

1) Demosth. geg. Aphob. I, 46.
2) Theophrast Charakt. 30. Palladas Epigr. 46 in Jacobs Anth.
Gr. III 8. 124 'Ενθάδι παιδεύονται ὅσοις νεχόλωτο Σάραπις τοῖσιν
ἀπ'οὐλομένης μήνιδος ἀρχομένοις, Ἰνθ ἱροφὸς κατὰ μῆνα φέρει
μισθὸν μετ' ἀνάγκης, βίβλῳ καὶ χάριτι θηναμένη πιτύην.
3) Palladas a. a. O. 'Ην δέ τις εἰς ἐπιπετὸν ἄγοι χρυσοῖο
νόμισμα, ἰνθιπάτῳ μηνὶ πρὶν πραφέρειν μιτίβη.
4) Demosthen. v. Kranz 368; v. d. Truggex. 349. Diogen. Laert. X, 4.
5) Aeschin. geg. Timarch 9.
6) Pausan. VI, 9, 6; Herodot VI, 27. Vgl. Thukydid. VII, 29.

wurde, während die erstere dem Privatunterrichte überlassen
blieb. Bezahlt wurde auch dieser Unterricht, in der Gymnastik
nach einer Anspielung zuweilen für einen ganzen Cursus.[1]

Eine Anstellung von Lehrern durch die Staatsbehörden hat
in den älteren Zeiten wohl nur stattgefunden, wo es sich um
Unterricht in Kenntnissen handelte, die unmittelbar im Dienste
des Staates verwendet werden sollten. Dahin zu rechnen sind
gewiss die Personen, welche die Chöre für die an den öffentlichen Festen zu veranstaltenden Aufführungen einzuüben hatten,
denn dieser Unterricht war wie andere Vorbereitungen zu solchen
Festen Sache des Staates, wo er nicht zusammen mit der Aufstellung des Chores, wie in Athen, einem einzelnen Bürger als
Liturgie zur Last fiel.[2] In den angeblichen Gesetzen des Charondas finden wir zwar die Bestimmung, dass alle Söhne der
Bürger in den Elementargegenständen unterrichtet und die Lehrer dafür vom Staate besoldet werden sollten, allein die Aecht-
heit dieses Gesetzes ist mehr als zweifelhaft.[3] In späteren
Zeiten freilich scheint solcher aus der Staatskasse bezahlter
Unterricht vorgekommen zu sein.[4] Dagegen war es ein Ausnahmefall, wenn die Trœzenier für die Kinder der Athener, die
zu ihnen während des Einfalles der Perser geflüchtet waren,
das Schulgeld bezahlten, denn hierbei handelte es sich um eine
Unterstützung der einzelnen Personen.[5] Bei den Spartanern war

1) Platon Ges. VII S. 804ᵈ; Theag. S. 126ᵉ. Athen. XIII S. 584ᵉ
ὥσπερ πρὸς Ἱππόμαχον τὸν παιδοτρίβην μνᾶν δούς ὅτι ἀεὶ φοιτήσειν;

2) Vgl. Demosth. geg. Boeot. über d. Nam. 23, mit Bezug auf
welche Stelle Böckh Staatsh. I S. 170 sagt: „Für einen Theil des Unter-
richts in der Tonkunst und Leibesübungen mussten in Athen die Stämme
sorgen, welche ihre Lehrer hatten, zu denen die Jugend des ganzen
Stammes ging", womit Welcker a a. O. S. 421 übereinstimmt. Becker
a. a. O. S. 25 dagegen bezieht wohl mit Recht die Stelle auf eine Choregie,
wozu der Chorege die Tänzer aus den Knaben der Phyle ausheben und
einüben lassen musste. Antiphon v. Choreut. 11.

3) Diodor XII, 12.

4) Vgl. Polyb. XXX, 17ᵃ οἱ Ῥόδιοι ἐδίξαντο μεγάλως αἰτοῦ
ὅπως καὶ εἴκοσι παρ' Εὐμένους χάριν τοῦ τὸ λογισθὲν ἐκ τούτων
διστέλεσθαι, τὸν δὲ τόκον εἰς τοῖς μισθοῖς ὑπάρχειν τοῖς παιδευταῖς
καὶ διδασκάλοις τῶν υἱῶν.

5) Plutarch Themistokl. 10.

Büchsenschütz, Besitz u. Erwerb.   36

zwar die Erziehung der Knaben eine öffentliche, aber dieselbe
wurde von den Bürgern selbst, ohne dass sie dafür Besoldung
erhielten, geleitet; Platon freilich, der ein ähnliches System in
seinem Staate befolgt, wollte Lehrer auf Staatskosten anstellen,
welche die Knaben in den zum Kriege erforderlichen Kenntnissen und in der Musik unterweisen sollten.[1]

Nach einem höheren Unterrichte trat ein Bedürfniss erst
ein, als die Beschäftigung mit der Philosophie allgemeiner
Anklang gefunden hatte und die Beredsamkeit Gegenstand
theoretischer Behandlung geworden war. Der Verkehr der
älteren Philosophen mit denen, die sich aus Wissbegierde an sie
anschlossen, war von beiden Seiten durchaus ein freier, bei
welchem weder von der einen Seite eine Verpflichtung zum
Unterricht noch von der andern zu irgend welcher Entschädigung
übernommen wurde, und wenn erzählt wird, dass Pythodoros und
Kallias dem Eleaten Zenon jeder hundert Minen für seinen
Unterricht gegeben haben,[2] so ist dies wahrscheinlich nicht ein
festgesetztes Honorar, sondern ein freiwilliges Geschenk gewesen,
wie dergleichen ja selbst Sokrates von seinen Zuhörern erhielt
und annahm,[3] obgleich er nach allen Zeugnissen keineswegs
mit seiner Lehre erwerben wollte.[4]

Erst mit dem Auftreten der Sophisten erscheint die Forderung eines bestimmten Honorares und zwar für die beiden
scharf von einander zu trennenden Seiten ihrer Thätigkeit, für
den Unterricht in den philosophischen und rhetorischen Discipli-
nen und für Vorträge und Vorlesungen, welche sie über Gegenstände der verschiedensten Art vor dem Publikum hielten. Der
erste, welcher für seinen Unterricht Geld nahm, soll Protagoras
gewesen sein[5] und ihm folgten darin die übrigen Sophisten nach,

---

1) Platon Gess. VII 8. 804ᵈ.
2) Platon Alkib. 8. 119ᵃ.
3) Diogen. Laert. II, 74. Quintilian Instit. XII, 7, 10.
4) Platon Apolog. 8. 19ᵈ; Euthyphr. 8. 8ᵈ; Hippias maior 8. 300ᵈ.
Xenophon Comment. I, 2, 5 u. 60; 6, 8 u. 11; Gastm. 1, 5; Apolog. 16.
5) Platon Protag. 8. 349ᵃ σεαυτὸν ἀπέφηνας παιδεύσεως καὶ
ἀρετῆς διδάσκαλον, πρῶτος τούτου μισθὸν ἀξιώσας ἄρνυσθαι. Diogen.
Laert. IX, 52; Philostr. Leben d. Sophist. I, 10; Suidas Πρωταγόρας.

indem sie es für ebenso angemessen erklärten, für die Mittheilung der Weisheit Zahlung zu verlangen, wie für die Mittheilung irgend eines anderen Besitzthumes.[1] Obgleich dieses Verfahren mannigfachen Anstoss erregt zu haben scheint und namentlich Sokrates und dessen Schüler Platon und Xenophon auch in diesem Punkte zu den Sophisten in einen entschiedenen Gegensatz traten, so dass Sokrates sie sogar mit feilen Dirnen verglich, so wurde doch bei dem allgemeinen Beifall, welchen die Vorträge der Sophisten fanden, diese Sitte bald so allgemein, dass auch die Nachfolger des Sokrates dieselbe annahmen.[2] Unter den Sokratikern war Aristippos der erste, welcher für Geld lehrte,[3] Aeschines hielt gegen Bezahlung in Athen Vorlesungen,[4] ein Schüler des Platon Pamphilos lehrte in Samos, um seinen Lebensunterhalt zu erwerben,[5] ja die Sache wurde in der platonischen Schule so weit getrieben, dass sie dem Spotte der Komiker anheimfiel[6] und dass der syrakusanische Herrscher Dionysios dem Speusippos seine Goldgier in einem Briefe vorwarf.[7]

Die Preise für die Vorlesungen waren je nach deren Umfange und Inhalte, jedenfalls auch nach der grösseren oder geringeren Berühmtheit des Vortragenden verschieden. Vom Prodikos wird erzählt, dass er Vorträge gegen Zahlung von einer halben, einer, zwei, drei, vier Drachmen, einen aber die Bedeutung der Wörter zu fünfzig Drachmen gehalten habe,[8] eine Verschiedenheit des Preises, die zum Theil darin ihren Grund gehabt haben mag, dass die billigeren Vorträge auf ein grösseres Publikum berechnet waren.

---

1) Xenophon Comment. I, 6, 11.
2) Xenophon a. a. O. I, 6, 13.
3) Diogen. Laert. II, 65; vgl. 74.
4) Diogen. Laert. II, 62 ἐμμίσθους ἀκροάσεις ποιεῖσθαι.
5) Cicero de nat. deor. I, 26.
6) Ephippos bei Athen. XI S. 509ᵉ.
7) Athen. VII S. 279ᵃ τὰ τῆς φιλαργυρίας, ἐμπλέκεσθαί τι παρὰ πολλῶν αὐτὸν διαλέγχων ὀνειδίζει. Diogen. Laert. IV, 2 Καὶ Πλάτων μὲν ἀτελεῖς φησιν τοὺς παρ' αὐτὸν φοιτῶντας ἐποίει· σὺ δὲ δασμολογεῖς καὶ παρ' ἑκόντων καὶ ἀκόντων λαμβάνεις.
8) Platon Axioch. S. 366ᵉ; Kratyl. S. 384ᵇ. Vgl. Aristot. Rhetor. III, 14 S. 1415ᵇ, 15.

36 *

Bedeutend höher stellten sich die Honorare für vollständige
Lehrcurse in der Rhetorik und Philosophie, welche von den
Lehrern mit einzelnen Schülern gehalten wurden. Protagoras
soll hundert Minen für einen solchen Cursus genommen haben
und es ist uns wenigstens als ein bestimmtes Beispiel überliefert, dass Euathlos diesen Preis gezahlt hat;[1] doch gehen
andere Angaben dahin, dass er am Schlusse des Unterrichtes
dem Schüler überlassen habe, zu bestimmen, wie viel ihm das
Erlernte werth sei, nach Platons Mittheilung wenigstens in dem
Falle, wenn der Schüler den geforderten Preis nicht habe zahlen
wollen.[2] Es könnte also dieses hohe Honorar möglicherweise
ein freiwillig gegebenes sein, wie dies vielleicht auch bei dem
Gorgias der Fall war, von dem es heisst er habe von jedem
Schüler hundert Minen genommen.[3] Und reiche Leute, welche
glaubten sich mit ihrem Gelde zu Weisen und Staatsmännern
machen zu können, zahlten an berühmte Lehrer gern hohe Summen und ehrten sie mit reichen Geschenken, wie der reiche
Kallias an Protagoras, Gorgias und Prodikos gab.[4] Daher heisst
es auch von den Sophisten und namentlich von dem geldgierigen
und vergnügungssüchtigen Prodikos, sie hätten die jungen Leute
aus reichen Häusern an sich zu ziehen gesucht.[5] Nachdem der
blendende Glanz, welchen die Häupter der Sophistik um sich
und ihre Lehre zu verbreiten gewusst hatten, einigermassen
erblichen und die Concurrenz gestiegen war, stimmten die Lehrer ihre Forderungen herab, während sie zugleich die Vor-
sprechungen, was sie lehren wollten, steigerten, um Schüler zu

---

1) Quintilian Instit. III, 1, 10.

2) Aristot. Nikom. Ethik IX, 1 S. 1164ᵃ, 24. Platon Protag. S. 328ᵇ.

3) Diodor XII, 53. Suidas Γοργίας.

4) Xenophon Gastm. 1, 5; 4, 62. Platon Apolog. S. 20ᵃ; vgl.
Protag. S. 315ᵇ. Aristoph. Wolk. 874 ff. πῶς ἄν μάθοι ποθ' οὕτος
ἀπύγερξιν δίκης ἤ κλῆσιν ἤ χαύνωσιν ἀναπειστηρίαν; καίτοι ταλάν-
του τοῦτ' ἐμαθεν Ὑπερβολος. Vgl. auch Athen. X S. 437ᵈ τῇ ἑορτῇ
τῶν χοῶν Ἴθος ἐστὶν Ἀθήνησι πέμπεσθαι δῶρά τι καὶ μισθοὺς τοῖς
σοφισταῖς.

5) Xenophon v. d. Jagd 13, 9 οἱ μὲν γὰρ σοφισταὶ πλουσίους
καὶ νέους θηρῶνται. Philostr. Leb. d. Sophist. I, 12.

erhalten. [1] Die Honorare, welche weiterhin vorkommen, sind daher auch meist erheblich geringer. Schon Euenos von Paros liess sich seinen Cursus nur mit fünf Minen bezahlen. [2] Aristippos nahm fünf, nach andrer Angabe zehn Minen für seinen Unterricht [3] und in Isokrates Zeitalter scheinen drei bis vier Minen der Satz für gewöhnliche Lehrer der Beredsamkeit gewesen zu sein. [4] Lehrer von Ruf erhielten wohl ein etwas höheres Honorar, wie Isokrates, welcher für einen Lehrcursus in der Beredsamkeit tausend Drachmen nahm, [5] aber ein Preis von hundert Minen, welchen Demosthenes dem Isaeos für seinen Unterricht gezahlt haben soll, wäre schon nach den damaligen Vermögensverhältnissen des Demosthenes nicht glaublich, selbst wenn nicht von anderer Seite berichtet würde, dass Isaeus ihn unentgeltlich unterrichtet habe. [6]

Die Angaben, dass die Sophisten ausserordentliche Reichthümer, die sogar sprüchwörtlich geworden waren, zusammengebracht hätten, sind wohl meistens übertrieben und wenigstens zum Theil auf die Andeutungen in Platons Hippias gegründet. [7] Wenn dort angeführt wird, dass Gorgias bei seiner ersten Anwesenheit in Athen viel Geld zusammengebracht, dass Prodikos von Keos und vor diesen noch Protagoras viel erworben und dass jeder derselben mehr als irgend ein anderer Künstler verdient habe, so stehen diese Aeusserungen mit den Prahlereien des Hippias in unmittelbarem Zusammenhange, welcher sich rühmt, er habe in Sicilien trotz der Anwesenheit des an Jahren älteren Protagoras in kurzer Zeit mehr als hundertundfünfzig Minen, aus dem ganz kleinen Orte Inykos allein über zwanzig Minen zusammengebracht. Hieraus und aus einer andern Bemerkung Platons, dass Protagoras mit seiner Kunst mehr

---

1) Isokrat. geg. d. Sophist. 9.
2) Platon Apolog. S. 20[b].
3) Diogen. Laert. II, 72. Plutarch v. d. Knabenerz. 7.
4) Isokrat. geg. d. Sophist. 3.
5) Leben d. zehn Redn. S. 837[d]; Plutarch Demosth. 5; Demosth. geg. Lakrit. 16 u. 42. — Vgl. auch Leben d. zehn Redn. S. 842[c].
6) Leben der zehn Redn. S. 839[b]; Suidas Ἰσαῖος.
7) Vgl. Athen. III S. 113[e]. Platon Hippias S. 282[b].

Geld erworben habe als Pheidias und zehn andre Bildhauer, scheinen dann die Angaben späterer Schriftsteller ihren Ursprung genommen zu haben.[1] Die Entstehung der Uebertreibungen lässt sich an einem Beispiele klar erkennen. Noch Pausanias sah in Delphi eine vergoldete Bildsäule des Gorgias, die dieser selbst geweiht hatte; diese Bildsäule, die gewiss nicht übermässig kostbar war, nannte der Peripatetiker Hermippos gelegentlich nach ihrem Aussehen eine goldene, Plinius aber berichtet, Gorgias habe sich in Delphi eine massiv goldene Bildsäule errichtet, so viel habe sein Unterricht eingebracht![2] Isokrates dagegen sagt, Gorgias habe trotz seiner günstigen Lebensstellung, die ihm vielerlei Ausgaben ersparte, doch nur tausend Stateren hinterlassen.[3] Isokrates stand schon bei seinen Zeitgenossen in dem Rufe, durch seine zahlreichen Schüler reich geworden zu sein, was er selbst für übertrieben erklärt; spätere geben an, er habe hundert Schüler gehabt, von denen jeder zehn Minen gezahlt habe.[4]

Das Verfahren der Sophisten, sich ihren Unterricht und ihre Vorträge bezahlen zu lassen, erregte, wie schon bemerkt, vielfach namentlich bei ihren Gegnern Anstoss; man warf ihnen in Folge dessen Geldgier und Misstrauen vor, welches so weit gegangen sein soll, dass sie sich theils das Honorar vorauszahlen, theils die Zahlung durch Bürgen sicher stellen liessen,[5] und man wiederholte mit einer gewissen Gehässigkeit die Erzählungen von Prozessen, welche Sophisten und Rhetoren mit ihren eignen Schülern des Honorars wegen geführt hatten, wie Korax mit dem Tisias und Protagoras mit Euathlos.[6] Sogar dass die Sophisten aus

---

1) S. namentlich Philostrat. Leb. d. Sophisten I, 11 u. 13, wo auch Polos unter die reich gewordenen Sophisten gerechnet wird.

2) Pausan. X, 18, 7. Hermipp. bei Athen. XI S. 505ᵈ. Plinius Naturgesch. XXXIII, 24 § 83.

3) Isokrates v. Umtausch 156.

4) Isokrates ebend. 5. Leben d. zehn Redn. 8, 837ᵉ u. 838ᵉ.

5) Aristotel. Nikom. Eth. IX, 1 S. 1164ᵃ, 28. Gellius V, 10, 6. Vgl. Aristoph. Wolken 1149. — Isokrat. geg. d. Sophist. 5.

6) Sextus Empir. II S. 307. Gellius V, 10. Diogen. Laert. IX, 8. Vgl. Lukian Hermot. 80.

Gewinnsucht einander die Schüler zu entziehen suchten, wird selbst von Zeitgenossen berichtet.[1]

Es mag hier noch kurz bemerkt werden, dass durch den Kaiser Hadrian dieser Unterricht, welcher bis dahin Privatangelegenheit war, zur Sache des Staates gemacht wurde, indem in Athen Lehrstühle der Philosophie und Rhetorik errichtet wurden, deren Inhaber aus der Staatskasse eine jährliche Besoldung von zehntausend Drachmen empfingen.[2]

Zu gleicher Zeit mit der Sophistik bildete sich auf dem Boden derselben ein anderer einträglicher Erwerbszweig, die Abfassung von Reden zum Gebrauche für andere. Je mehr sich im öffentlichen Leben der Einfluss der Rede geltend machte, um so mehr wurde es vorkommenden Falls für solche, die des Wortes selbst nicht hinreichend mächtig waren, nothwendig, sich bei anderen nach Hülfe umzusehen, namentlich für Gerichtsverhandlungen, in denen es das eigne Interesse wahrzunehmen galt. Der Athener Antiphon von Rhamnus, ein höchst schlagfertiger und redegewandter Mann,[3] soll der erste gewesen sein, der für andere Reden gegen Bezahlung schrieb,[4] wiewohl dasselbe auch schon vom Tisias berichtet wird.[5] Dem gegebenen Beispiele folgten viele und selbst die hervorragendsten Redner, wie Lysias, Isokrates, Isaeos, der Sokratiker Aeschines, griffen zu

---

1) Xenophon Comment. I, 6, 1.

2) Philostrat. Leb. d. Sophist. II, 2, 1 vom Theodotos zur Zeit des Herodes Attikus: προὐστη δὲ καὶ τῆς Ἀθηναίων νεότητος πρῶτος ἐπὶ ταῖς ἐκ βασιλέως μυρίαις. II, 20, 1 Ἀπολλώνιος — τοῦ πολιτικοῦ θρόνου προεστὼς ἐπὶ ταλάντῳ. Vgl. Lukian. Eun. 3 Συντέτακται μὲν — ἐκ βασιλέως μισθοφορά τις οὐ φαύλη κατὰ γένη τοῖς φιλοσόφοις.

3) Thukydid. VIII, 68 κράτιστος ἐνθυμηθῆναι γενόμενος καὶ ἃ ἂν γνοίη εἰπεῖν — τοῖς μέντοι ἀγωνιζομένοις καὶ ἐν δικαστηρίῳ καὶ ἐν δήμῳ πλεῖστα εἷς ἀνὴρ ὅστις ξυμβουλεύσαιτό τι δυνάμενος ὠφελεῖν.

4) Leben d. zehn Redn. S. 832ᵉ; Quintilian Institut. III, 1, 11. Philostrat. Leb. d. Sophist. I, 15, 2 καθάπτεται δ' ἡ κωμῳδία τοῦ Ἀντιφῶντος ὡς δεινοῦ τὰ δικανικὰ καὶ λόγους κατὰ τοῦ δικαίου ξυγκειμένους ἀποδιδομένου πολλῶν χρημάτων αὐτοῖς μάλιστα τοῖς κινδυνεύουσιν. Vgl. den Komiker Platon im Leben d. zehn Redn. S. 833ᵉ. Diodor bei Clemens Alex. Strom. I, 16, 79.

5) Pausan. VI, 17, 8.

diesem Erwerbszweige,[1] selbst Demosthenes, dem man sogar den
Vorwurf machte, er diene beiden Parteien.[2] Man beschränkte
aber die Anfertigung solcher Reden nicht auf gerichtliche Prozesse, sondern dehnte sie auch auf politische Angelegenheiten
aus. Als Lysander damit umging, die spartanische Verfassung
umzustossen, heisst es habe er sich von Kleon von Halikarnassos
eine Rede ausarbeiten lassen, die er auswendig lernte, um sie
vor dem Volke zu halten.[3]

Die Preise, welche für solche Reden gezahlt wurden, mögen
nicht unbedeutend gewesen sein, zumal wenn der Verfasser ein
Redner von besonderem Rufe war. Wenn auch die Erzählung,
dass Isokrates für die Rede, welche er an Nikokles den König
der Kyprier geschrieben, zwanzig Talente erhalten habe, erfunden oder übertrieben sein mag[4] und selbst im Falle der Wahrheit keinen Massstab für gewöhnliche Fälle geben würde, so
wird doch vom Antiphon angegeben, dass er seine Reden theuer
verkauft, vom Deinarchos, dass er mit Abfassung von Reden viel
Geld verdient habe, und auch Demosthenes scheint einen grossen
Theil seines Vermögens auf diese Weise erworben zu haben.[5]
Redner, welche in gerichtlichen Verhandlungen im Auftrage des
Staates sprachen, wurden in Athen für jeden Fall mit einer
Drachme bezahlt.[6]

In einem gewissen Zusammenhange mit dieser Erwerbsthätigkeit der Redner steht auch das Gewerbe der Sykophanten,[7]
welches von der Demokratie der Griechen überhaupt unzertrenn-

---

1) Cicero Brutus 12, 48. Leben d. zehn Redn. S. 838ᵇ. Dionys.
Halikarn. Lysias § 1; 14; 17; 90 f. — Leben d. zehn Redn. S. 887ᵃ.
Diogen. Laert. II, 62.

2) Plutarch Demosth. 15. Vgl. Aeschin. geg. Ktesiph. 165 u. 173.

3) Plutarch Lysand. 25, vgl. 30.

4) Leben der zehn Redn. S. 838ᵃ. Plinius Naturgesch. VII, 31
§ 110 sogar: viginti talentis unam orationem Isocrates vendidit. Vgl.
Isokrat. v. Umtausch 40.

5) Philostrat. Leb. d. Sophist. I, 15, 2. Leben d. zehn Redn.
S. 850ᵃ.

6) Aristoph. Wesp. 691 αὐτὸς δὲ φέρει τὸ συνηγορικὸν δραχμήν.
S. dazu die Scholien.

7) Drumann Arbeiter S. 96 ff.

lich, in der der Athener zur umfangreichsten Entwicklung
gelangte.[1] Denn da das Gesetz die Erhebung der Anklage
wegen eines begangenen Verbrechens in den meisten Fällen
jedem beliebigen Bürger gestattete, in manchen Fällen sogar
jeden, der von dem Verbrechen Kenntniss erhalten hatte, dazu
verpflichtete, so zeigte sich für dreiste und redefertige Leute
leicht Gelegenheit, auf diesem Wege Geld zu verdienen.[2]
Zunächst lockte die Aussicht auf den Antheil an der von dem
Verurtheilten zu zahlenden Busse, welcher in gewissen Fällen
dem Angeber gewährt wurde, dergleichen Verbrechen aufzu-
spüren und zur Anzeige zu bringen;[3] ausserdem aber liessen sich
auch gewandte Leute von anderen, die aus irgend einem Grunde
nicht selbst vor Gericht auftreten mochten, zu Anklagen dingen.[4]
Bei weitem bedeutendere Einnahmen aber erzielten die Sykophanten durch Erpressung, indem sie wohlhabende Leute
mit einer Anklage bedrohten.   Denn mancher gab schon um
nicht die Unannehmlichkeiten eines Prozesses zu haben, oder
um nicht durch einen solchen seine politische Stellung zu
gefährden, selbst wenn ein günstiger Ausgang desselben sicher
zu erwarten war, gern dem drohenden Ankläger Geld, damit er
von seiner Anklage abstehe;[5] in den meisten Fällen aber war,
besonders in Athen, bei der Unzuverlässigkeit der Rechtspflege
und den zahlreichen Mitteln, auf die Richter einzuwirken, selbst
für die beste Sache keine berechenbare Sicherheit für den Ausgang eines Prozesses vorhanden, und so waren Unschuldige wie
Schuldige häufig bereit, die Forderungen der Sykophanten zu
befriedigen, wenn sie sich auf keine andere Weise vor denselben schützen konnten.[6]

---

1) Plutarch Timol. 37 χρὴ ὡς ἔοικεν οὐ μόνον πᾶσι κυρισδάλλοῖς λήγον ἐγγίγνεσθαι, κατὰ Σιμωνίδην, ἀλλὰ καὶ πάσῃ δημοκρατίᾳ συκοφάντην.
2) Vgl. Plutarch Solon 18.
3) Vgl. Demosth. geg. Theokr. 13.
4) Andokides v. s. Rückkehr 4; v. d. Myster. 121. Lysias περὶ τοῦ σηκοῦ 39. Demosth. geg. Meid. 103.
5) Xenophon Comment. II, 9, 1.
6) Isokrat. geg. Kallimach. 9 f.

Es war aber eine solche Thätigkeit, wenn auch nicht ohne Gefahr, doch immerhin lohnend; denn ganz abgesehen davon, dass Sykophantie, namentlich wenn sie sich auf politische Angelegenheiten warf, Ruf und Macht im Staate verschaffen konnte, war sie auch einträglich an Geld, wie sich aus einzelnen Beispielen ersehen lässt. Ein gewisser Kephisios erhielt vom Kallias tausend Drachmen, um eine Anklage gegen Antiphon zu erheben; Kallimachos nahm ebensoviel dafür, dass er eine politische Anklage fallen liess, begnügte sich aber auch in einem anderen Falle mit zweihundert Drachmen; Lykurgos kaufte sich mit einem Talente von den Sykophanten los.[1] Bei der Einträglichkeit dieser Erpressungen, gegen welche sich nicht einmal die angesehensten Männer wie Nikias und Lykurgos schützen und denen Gesetze und strenge Massregeln von Seiten des Staates nicht steuern konnten,[2] ist es nicht zu verwundern, dass in Athen die Sykophantie geradezu als ein Gewerbe betrieben wurde, von dem nicht wenige lebten.[3]

Wir schliessen hieran noch einige Bemerkungen über den Erwerb durch anderweitige literarische Thätigkeit. Von einem Gelderwerb durch Schriftstellerei kann wohl kaum die Rede sein, da sich von irgend einer Einrichtung, welche unserm Bücherverlage ähnlich gewesen wäre, keine Spur findet und auch nicht nachgewiesen werden kann, dass Schriftsteller ihre eignen Werke etwa zum Zwecke des Verkaufes durch Abschriften hätten vervielfältigen lassen; höchstens mag es vorgekommen sein, dass Rhetoren ihre schriftlich abgefassten Lehrbücher gegen Bezahlung an andere überliessen.[4] Auch Fälle, wie der oben vom Isokrates mitgetheilte, dass hochgestellte Leute für Bücher, welche ihnen der Verfasser widmete, denselben reich belohnten, können,

1) Andokid. v. d. Myster. 121. Isokrat. geg. Kallim. 7. Leben d. zehn Redn. S. 842ª. Vgl. Philippides bei Stob. Floril. II, 10.

2) Plutarch Nikias 4; Vergl. d. Niklas u. Crass. 1.

3) Xenoph. Hellen. II, 3, 12 ἀπὸ συκοφαντίας ζώντας. Isokrat. v. Umtausch 164 Λυσίμαχος ὁ προγεγραμμένος ζῆν ἐκ τοῦ συκοφαντεῖν. Demosth. geg. Neaera 39. Vgl. Aristoph. Vögel 1430 ff.; 1694 ff.

4) Xenoph. v. d Jagd 13, 8 οἱ σοφισταὶ ἐπὶ τῷ ἐξαπατᾶν λέγουσι καὶ γράφουσι ἐπὶ τῷ ἑαυτῶν κέρδει braucht durchaus nicht in diesem Sinne verstanden zu werden.

wenigstens in der bessern Zeit des griechischen Lebens, nur selten vorgekommen sein. Eher liess sich die Dichtkunst benutzen, um nicht allein Ehre, sondern auch äusseren Lohn zu erwerben. Zwar sagt Pindar von der guten alten Zeit, die Muse sei noch nicht gewinnsüchtig und nicht auf den Erwerb bedacht gewesen[1] und schon die Alten fanden in dieser Bemerkung einen Vorwurf gegen den Simonides, der zuerst seine Siegeslieder für Bezahlung gedichtet haben soll,[2] aber schon Homer nennt den Sänger unter den Demiurgen, die man ihrer Leistungen halber von ausserhalb beruft und gewiss nicht ohne sie zu belohnen, ja Pindar selbst hatte von den Athenern für einen sie rühmenden Vers zehntausend Drachmen erhalten und auch wohl angenommen.[3] Freilich fand die allgemeine Meinung in dem Annehmen solcher Belohnungen keine Gewinnsucht und kein Trachten nach Erwerb, ebenso wenig wie in dem Genusse der Gunstbezeugungen, welche zahlreichen Dichtern an den Höfen der Fürsten von den ältesten Zeiten an zu Theil geworden sind. Ebenso nahmen in Athen und vielleicht auch anderwärts die Dichter der öffentlich aufgeführten Dramen ausser dem Preise, welcher dem Sieger zu Theil wurde, für ihre Dichtungen vom Staate Bezahlung.[4]

Im Anschluss hieran sind noch diejenigen Beschäftigungen zu berücksichtigen, welche sich mit der Verbreitung geistiger Erzeugnisse abgaben, insoweit dies zum Zwecke des Erwerbes geschah, und zwar mögen zunächst wenige Bemerkungen über die Vervielfältigung von Büchern und den Handel mit denselben stehen, welche sich aus den sparsamen Nachrichten der Alten

---

1) Pindar Isthm. II, 6 ἡ Μοῖσα γὰρ οὐ φιλοκερδής πω τότ’ ἦν οὐδ’ ἐργάτις.

2) Schol. zu Pindar a. a. O. νῦν, φησί, μισθοῦ συντάττουσι τοὺς ἐπινικίους, πρῶτον Σιμωνίδου προκαταρξαμένου· οὐδ’ ἐργάτις, ἢ ἐστιν αἰτοῦσα μισθὸν ἐφ’ οἷς ἐπράττεν. Ἴσθεν καὶ Καλλίμαχος· οὐ γὰρ ἐργάτιν τρέφω τὴν Μοῖσαν ὡς ὁ Κῖος Ὑλλίχου τέκνος. Schol. zu Aristoph. Frieden 698; Suidas Σιμωνίδης. Vgl. Aristot. Rhetor. III, 2 S. 1405ᵇ, 24.

3) Homer Odyss. ρ, 385. Isokrat. v. Umtausch 166.

4) Aristoph. Frösche 367 τοὺς μισθοὺς τῶν ποιητῶν ῥήτωρ ὢν ἀπ’ ἀποτρώγει. Vgl. die Scholien zu Ekkles. 102.

über diesen Gegenstand ergeben.[1] In der älteren Zeit, welcher
eine eigentliche Gelehrsamkeit fremd war, überwog die Lust am
Hören und an mündlicher Unterhaltung das Verlangen nach
Lecture so sehr, dass das Bedürfniss geschriebener Bücher nicht
gerade bedeutend sein konnte; indess setzt die schon in der
ersten Hälfte des fünften Jahrhunderts v. Chr. vorschreitende
Entwicklung der Prosa einen gewissen Leserkreis voraus, in
welchem die geschriebenen Werke verbreitet wurden. Abschriften derselben mögen anfangs meistentheils im Auftrage solcher
angefertigt sein, die sie zu besitzen wünschten, allein je grösser
die Zahl der veröffentlichten Bücher und der Kreis der Leser
wurde, um so mehr musste auch das Bedürfniss an Leuten
hervortreten, welche sich gewerbsmässig mit dem Abschreiben
von Büchern, sei es auf Bestellung, sei es auf eigne Hand zum
Zwecke des Verkaufes der Abschriften, beschäftigten. Damit
war dann die Entstehung eines Buchhandels nothwendig verbunden. Bücherabschreiber werden schon in der ältern Komödie
erwähnt,[2] und schon im fünften Jahrhundert v. Chr. gab es in
Athen einen Platz auf dem Markte, auf welchem Bücher, und
zwar offenbar geschriebene nicht bloss Schreibhefte, verkauft
wurden.[3] Aus derselben Zeit findet sich eine Andeutung bei
Platon, dass in der Orchestra des Dionysostheaters geschriebene
Bücher zum Verkauf gehalten wurden,[4] und um das Jahr 300
v. Chr. ist ein Büchermarkt in Athen mit Sicherheit nachzuweisen,[5] ja es scheint selbst nach dem Auslande Buchhandel getrieben worden zu sein.[6] Grösseren Umfang musste derselbe annoch-
men, seitdem man anfing Privat- und öffentliche Bibliotheken in

1) S. Böckh Staatsh. I S. 68 ff. Becker Chariklos II S. 113 ff.

2) Pollux VII, 211 führt βιβλιογράφος aus Kratinos, βιβλιογράφος aus Antiphanes an.

3) Eupolis bei Pollux IX, 47 οἱ τὰ βιβλί᾽ ὦνια. Dass βιβλίον
gewöhnlich ein geschriebenes Buch ist, zeigt Becker a. a. O. S. 115.

4) Platon Apolog. d. Sokr. S. 26ᵉ.

5) Diogen. Laert. VII, 2.

6) Bei Xenoph. Anab. VII, 5, 14 finden sich an der thrakischen
Küste unter den Waaren gescheiterter Schiffe βίβλοι γεγραμμέναι, wo
das letztere Wort wenigstens in den besten Handschriften steht. Aus dem
sprichwörtlich gewordenen λόγοισιν Ἑρμόδωρος ἐμπορεύεται bei Cicero

weiterem Umfango anzulegen. Ueber die Einträglichkeit dieser
Gewerbe ist nichts bestimmtes zu sagen, wenn auch Platons
Bemerkung, dass man das Werk des Anaxagoras für eine
Drachme kaufen könne, zeigt, dass der Preis der Bücher nicht
hoch war.

Da in den älteren Zeiten für die Verbreitung literarischer,
namentlich dichterischer Werke die mündliche Mittheilung von
viel grösserer Wichtigkeit war als die schriftliche, welche zum
Zwecke des Lesens gemacht wurde, so sind hier auch noch diejenigen Personen in Betracht zu ziehen, welche den Vortrag von
Gedichten zu ihrem Gewerbe machten. Es sind hier zunächst
die Rhapsoden zu erwähnen, welche nicht bloss in den ältesten
Zeiten, sondern auch späterhin öffentlich epische Gedichte vor-
trugen, wozu sich theils bei den Festversammlungen, bei denen
derartige Vorträge einen Theil der Wettkämpfe ausmachten,[1]
theils anderweitig mannigfache Gelegenheit fand.[2] Unter ihnen
hatte sich mit der Zeit ein vollständiges Virtuosenthum ausgebildet, das mit allem äusseren Prunk und aller Anmassung
auftrat, die solchen Leuten eigen zu sein pflegten, ohne dass
ihre Leistungen gerade mehr als handwerksmässig waren.[3]
Worin ausser den Preisen, die sie etwa bei den Festvorstellun-
gen gewannen, ihre Einnahmen bestanden, lässt sich nicht
nachweisen.

Ganz besonders aber sind hierher zu rechnen die Schauspieler. Zwar mögen in den früheren Zeiten die darstellenden
Personen in den Schauspielen aus ihrem Spiele kein Geschäft
gemacht haben und nicht gegen Bezahlung aufgetreten sein, wie
sich schon daraus abnehmen lässt, dass die Dichter selbst unter
den Mitwirkenden erscheinen, aber doch wurde allmählich aus
der Schauspielkunst mehr und mehr ein Berufszweig, der dem

ad Attic. XIII, 31, 5, Zenob. V, 6 dürfte freilich für eigentlichen Buchhandel wenig zu schliessen sein Vgl. Hermann im Charikles I S. 118 f.

1) Platon Ion S. 530ᵇ; Athen. XIV S. 620ᶜ.

2) Xenoph. Gastm. 3, 6 'Εκεῖνο δὲ Μ]ηθέ σοι ὅτι καὶ οἱ ῥαψῳ-
δοὶ πάντες Ἐπίστανται ταῦτα τὰ Ἔπη; Καὶ πῶς ἄν, Ἴφη, λιλήθοι ἀκρο-
ώμενόν γε αὐτῶν ὀλίγου ἀν' Ἰκάστην ἡμέραν.

3) Platon u. Xenoph. a. a. O.

Erwerbe diente,[1] und im ersten Jahrhundert v. Chr finden wir sogar zu festen Collegien verbundene Gesellschaften, z. B. eine, welche in Teos, später in Lebedos ihren Sitz hatte.[?] Die Stellung und die Einkünfte der Schauspieler waren je nach ihrer Geschicklichkeit und ihrem Rufe ausserordentlich verschieden, denn während beim Luklan von einem Schauspieler die Rede ist, welcher für sieben Drachmen gedungen wird, finden wir, dass berühmte Schauspieler auf ihren Kunstreisen nicht allein eine glänzende Aufnahme fanden, wie Aristodemos und Neoptolemos beim Könige Philipp von Makedonien, sondern auch hoch bezahlt wurden.[?] Polos und Aristodemos sollen für das Auftreten an zwei, oder nach anderer Angabe gar nur an einem Tage ein Talent erhalten haben;[4] in einer kerkyräischen Inschrift finden wir Bestimmungen über die Zinsen eines Stiftungscapitals, von denen für die Feier der Dionysien für drei Flötenspieler, drei Tragöden und drei Komödon fünfzig Minen nebst Verpflegung ausgesetzt sind.[5] Während eines Streifzuges, welchen der König Kleomenes in Arkadien machte, liess er von durchreisenden Schauspielern Vorstellungen geben und verwandto dafür vierzig Minen, wovon allerdings sämmtliche Kosten bestritten worden sein mögen.[?] Von der Mehrzahl der Schauspieler wird freilich das gelten, was Aristoteles von der ganzen Klasse sagt, dass sie bald im Ueberfluss, bald im Mangel lebten; meint doch Lukian sogar, die Schauspieler stellten auf der Bühne Könige vor und wenn sie von derselben abgetreten, wären sie Hungerleider.[7]

Kurz zu erwähnen sind noch diejenigen Leute, welche durch Stadt und Land zogen, um durch allerlei Schaustellungen ihren Lebensunterhalt zu erwerben, Thierbändiger, Jongleurs, Taschen-

---

1) Vgl. Demosth. v. Kranz 262. Die in späteren Zeiten für die Schauspieler übliche Bezeichnung οἱ τεχνῖται οἱ περὶ τὸν Διόνυσον giebt deutlich ihre Thätigkeit als wirklichen Beruf an.

2) Strabo XIV S. 643. Corpus Inscrr. Gr. II S. 656.

3) Inhaltang. zu Demosth. v. d. Trugges. S. 335. Vgl. auch in dieser Rede § 193 vom Satyros, Plutarch Alex. 29 vom Athenodoros.

4) Leben d. zehn Redn. S. 848[b]; Gellius XI, 9.

5) Corpus Inscrr. Gr. nr. 1845.

6) Plutarch Kleomen. 12.

7) Aristotel. Probl. XXX, 10. Lukian Schiff 46.

spieler, Marionettenspieler und ähnliche Künstler, welche theils in Privatzirkeln, theils öffentlich ihre Kunststücke und Merkwürdigkeiten sehen liessen,[1] und im letzteren Falle von dem zuschauenden Publikum kleine Münzen einsammelten.[2] Auf derselben Stufe stehen auch die zahlreichen Traumdeuter und Wahrsager aller Art, die für eine Kleinigkeit, in der Regel, wie es scheint, für zwei Obolen, die Neugierigen in die Zukunft sehen liessen,[3] trotz dieses geringen Preises aber doch unter Umständen einen recht ansehnlichen Verdienst hatten.[4]

Von den Männern, welche die Wissenschaft zu praktischer Anwendung brachten, sind hier die Aerzte zu nennen.[5] Obgleich die Arzneikunde im homerischen Zeitalter zu den Künsten gehörte, welche im Falle des Bedürfnisses von den angesehensten Männern selbst geübt wurden, so werden doch die Aerzte in der Odyssee unter den Demiurgen aufgeführt, die man von ausserhalb herbeirief, deren Dienstleistungen also auch wohl belohnt wurden. In der Folgezeit traten, so lange sich die Heilkunde fast ausschliesslich bei den Priestern der Asklepiosheiligthümer ausbildete, die Männer, welche dieselbe auf eigene Hand ausübten, jedenfalls in den Hintergrund und nahmen eine bedeutendere Stelle erst ein, als die Heilkunde aus jenen geschlossenen Kreisen herausgetreten war. Der Eintritt dieser Kunst in die eigentlichen Erwerbszweige muss schon ziemlich früh stattgefunden haben, denn es lässt sich annehmen, dass seit demselben eine geraume Zeit verging, bis die Städte sich veranlasst sahen, für diejenigen ihrer Bürger, welche nicht die Mittel besassen einen Arzt zu bezahlen, einen solchen auf öffentliche Kosten anzustellen, und doch finden wir diese Sitte schon im sechsten Jahrhundert v. Chr. verbreitet. Herodot erzählt, dass Demokedes aus Kroton, welcher später mit dem

---

1) S. Hermann griech. Privatalt. § 53, 13 ff.

2) Theophrast Charakt. 6.

3) Die verschiedenen Arten von Wahrsagern bei Pollux VII, 188. Ueber die Bezahlung Lukian Göttervers. 12; Alexand. 19.

4) Isokrates Aeginet. 5.

5) S. Welcker Kleine Schriften III S. 298 ff. Becker Charikles III S. 44 ff. Drumann Arbeiter S. 109 f.

Polykrates in persische Gefangenschaft gerieth, von den Aegineten mit einem Talent Gehalt als öffentlicher Arzt angestellt,
kurz darauf von den Athenern mit hundert Minen und dann vom
Polykrates mit zwei Talenten Gehalt berufen worden war.[1]
Ausser Athen, von welchem dieses Verfahren auch anderweitig
bekannt ist,[2] scheint die Anstellung solcher öffentlicheu Aerzte
bei den Griechen ziemlich allgemein üblich gewesen zu sein.[3]
Diese öffentlichen Aerzte erhielten von den Kranken, welche sie
behandelten, kein Honorar,[4] die anderen liessen sich von denselben bezahlen, und zwar, wie es scheint, so dass sie gewöhnlich selbst ihre Forderung stellten,[5] deren Befriedigung im voraus sie zuweilen verlangten,[6] während allerdings oft auch die
Höhe des Honorars dem Belieben des Kranken anheimgestellt
blieb.[7] Ueber die durchschnittliche Höhe des Honorars und die
etwa geltenden Grundsätze, nach denen dieselbe bestimmt wurde,
ist nichts bekannt; aus reichen Geschenken, wie sie Fürsten
machten, z. B. Ptolemaeos, der für die Wiederherstellung des
Königs Antiochos dem Kleombrotos aus Keos hundert Talente

---

1) Herodot III, 131.

2) Xenophon Comment. IV, 2. 5. Platon Gorg. 8. 455b u. 514d;
Polit. 8. 259a. Aristoph. Acharn. 1022.

3) Xenoph. Kyr. I, 6, 15. Diodor XII, 13. Teles in Stob.
Floril. XL, 8. Vgl. dasselbe von den Galliern, die von Massilia aus hel-
lenisiert waren Strabo IV 8. 181.

4) Schol. zu Aristoph. Acharn. 1029 οἱ δημοσίᾳ χειρατονούμενοι
ἰατροὶ καὶ δημόσιοι προῖκα ἐθεράπευον.

5) Platon Polit. 8. 298a sagt von den Aerzten: προστάττοντες
ἀπαλάγματα φέρειν παρ' ἑαυτοὺς οὖν φόρους u. s. w. Aristot. Polit. III,
11 S. 107, 24 ἄρχοντες τὸν μισθὸν τοῖς κάμνουσιν ἐγκάοιοντες. Achill.
Tat. IV, 15 αἰτεῖ δὲ χρυσοῦς τέτταρας ὑπὲρ τῆς ἰάσεως. Das Honorar
heisst ἰατρεῖα, σῶστρα, σωτήρια Pollux IV, 177; VI, 186.

6) Aelian Vorm. Gesch. XII, 1. Achill. Tat. IV, 4 οὐδεν οὐν τὴν
θεραπείαν καὶ προῖκα οὐκ ἀνοίγει τὸ στόμα, ἀλλ' ἔστιν ἰατρός καὶ
τὸν μισθὸν πρῶτος αἰτεῖ.

7) Dies geht hervor aus Krates bei Diogen. Laert. VI, 5 § 86.
Τίθει μαγείρῳ μνᾶς δέκ', ἰητρῷ δραχμήν, κόλακι τάλαντα πέντε κτλ.
und aus Aristoph. Plut. 407 τίς δῆτ' ἰατρός ἐστι νῦν ἐν τῇ πόλει; οὔτε
γὰρ ὁ μισθὸς οὐδὲν ἔστ' οὔδ' ἡ τέχνη. Vgl. auch Cicero epp. ad
fam. XVI, 14 Medico mercedis, quantum poscet, promitti iubeto und 4
Medico puto aliquid dandum esse, quo sit studiosior.

gab, lässt sich kein Schluss ziehen, doch kann man nach der oben angeführten Höhe der von den Städten gezahlten Besoldungen annehmen, dass dasselbe im Allgemeinen nicht gering gewesen ist. Auf ansehnliche Einnahmen deutet auch das bei vielen Aerzten übliche prunkende Auftreten hin.[1]

Die Aerzte gingen theils zu den Kranken in das Haus, theils hielten sie selbst Lokale, in welche die Kranken sich begaben,[2] die sogar auch, wie die Werkstätten und Läden der Handwerker, von müssigen Leuten besucht wurden, um dort Unterhaltung mit anderen zu finden.[3] Im Allgemeinen wurde die Heilkunde eben geschäftsmässig des Erwerbes halber getrieben, und damit hängt es auch zusammen, dass die Aerzte Gehülfen hielten, Freie sowohl wie Sklaven, wie dies schon früher von uns an Beispielen gezeigt worden ist.

An die Aerzte sind noch anzuschliessen die Quacksalber, unter denen die Specereihändler gewiss keine unbedeutende Rolle spielten, welche neben mancherlei anderen Dingen auch Heilmittel, namentlich wohl solche von wunderbarer Wirkung zum Verkauf hielten.[4] Das Wesen derselben ist hinreichend dadurch charakterisiert, dass Aristoteles sie mit den herumziehenden Gauklern auf eine Linie stellt.[5]

Es bleibt noch übrig, von dem Erwerbe der Künstler zu reden, der, wenngleich er nicht als Zweck der Ausübung der Kunst angesehen werden darf, doch auch bei den Alten ein nicht unwesentliches Moment abgiebt. Was zunächst die Musiker betrifft, so standen sie, sobald sie ihre Kunst öffentlich übten, in einem Range mit den Schauspielern, mit welchen sie ja auch meist zusammen auftraten. Auch bei ihnen gehörte äusserer

---

1) Vgl. Welcker a. a. O. S. 227 ff.

2) Platon Ges. IV S. 720ᵉ ἰατρεύουσι περιτρέχοντες καὶ ἐν ταῖς ἰατρείαις περιμένοντες. Vgl. I S. 646ᵉ. Aeschin. geg. Timarch 124. Xenoph. Hellen. II, 1, 3. Vgl. Pollux X, 46.

3) Aelian Verm. Gesch. III, 7. Vgl. Aeschin. geg. Tim. 41.

4) φαρμακοπῶλαι Teles bei Stob. Floril. XI., 8. Sextus Empir. geg. d. Math. II, 41 ὃν λόγον ἔχει φαρμακοπώλης πρὸς ἰατρόν, τοῦτον ὁ δημαγωγὸς πρὸς τὸν πολιτικόν. Vgl. Aristoph. Wolk. 767. Becker Charikles III S. 52 f.

5) Aristot. Oekon. II S. 1346ᵇ, 22.

Prunk gleichsam zu den Attributen ihres Gewerbes,[1] in denen
sie von Stadt zu Stadt zogen, um sich hören zu lassen.[2] Ihren
Erwerb fanden sie theils durch Ertheilen von Unterricht, theils
durch ihr öffentliches Auftreten, und beides brachte namhaften
Künstlern bedeutende Summen ein.[3] Schon in älterer Zeit soll
in Athen der Kitharoede Amoebaeos für jedes Auftreten im
Theater ein Talent erhalten haben,[4] und einzelne scheinen unter
günstigen Verhältnissen ein ansehnliches Vermögen gesammelt zu
haben, wie dies ja schon die Sage vom Arion erzählte.

Noch einträglicher waren die Arbeiten der bildenden Künstler. Denn es liessen sich die berühmten Maler nicht allein
ihren Unterricht theuer bezahlen, wie Pamphilos von Sikyon,[5]
der Lehrer des Apelles, der für einen Cursus ein Talent nahm,
sondern es wurden auch ihre Arbeiten von Liebhabern zu hohen
Preisen gekauft. Plinius giebt eine Anzahl von Beispielen, in
denen die gezahlten Summen fast ins Unglaubliche gehen:
zwanzig Talente für einen Alexander des Apelles, für eine Per-
serschlacht des Aristeides von Theben mit hundert Figuren tausend Minen, ja Attalos soll für ein Bild desselben Meisters
hundert Talente bezahlt haben.[6]

Nicht geringer waren die Preise, welche für plastische Kunstwerke berühmter Meister bezahlt wurden, wie dies schon aus
dem einen Beispiele sich ergiebt, dass der Preis für den Diado-
menos des Polykleitos hundert Talente betragen habe.[7] Freilich
lassen die gemachten Angaben durchaus nicht darauf schliessen,
dass der Erwerb der Künstler im Allgemeinen ein reicher
gewesen sei. Schon aus der ausserordentlichen Fülle von Werken
der bildenden Kunst, mit denen die Städte und Heiligthümer der
Griechen geschmückt waren, kann man abnehmen, dass solche

---

1) Xenoph. Comment. I, 7, 2. Plinius Naturgesch. XXXVII, 3 § 6 f.
2) Athen. VIII Cap. 41 ff.
3) Vgl. Quintilian Instit. II, 3, 3.
4) Athen. XIV 8. 624^d. Vgl. Plinius a. a. O.
5) Plutarch Arat. 13. Plinius Naturgesch. XXXV, 36 § 76, zu
welcher Stelle Sillig zu vergleichen ist.
6) Plinius a. a. O. § 92, 99 u. 100.
7) Plinius Naturgesch. XXXIV, 19 § 55.

Kunstwerke zum allergrössten Theile mit einem mässigen Kosten-
aufwande hergestellt werden konnten und es wird diese Annahme
durch die uns bekannten Preise für dergleichen Arbeiten, welche
schon oben angeführt worden sind, bestätigt. Namentlich wird
man annehmen dürfen, dass die Arbeiten solcher Künstler
niederen Ranges, deren Schaffen dem Handwerke nahe stand,
verhältnissmässig wenig einträglich gewesen sind. Dennoch muss
die Zahl der Künstler jeden Ranges, welche um des Erwerbes
willen arbeiteten, ziemlich bedeutend gewesen sein, zumal da
sogar zahlreiche Kunstwerke angefertigt wurden, um einen
Gegenstand des Handels und selbst der Ausfuhr zu bilden.[1]

Ich glaube die Betrachtung der Erwerbszweige hiermit
schliessen zu dürfen, ohne weitere Rücksicht auf die allerdings
auch in Griechenland zahlreichen Klassen von Leuten zu nehmen,
welche auf unehrliche und unredliche Weise, sei es in Uebereinstimmung, sei es im Kampfe mit Sitte und Gesetz ihr Brod
erwarben; denn wenn auch eine eingehendere Behandlung
dieser Erwerbszweige nicht ohne Interesse für die Kenntniss der
socialen Verhältnisse sein mag, so würde sie doch für die von
uns betrachtete Seite des Lebens kaum hinreichend nennenswerthe Ergebnisse liefern, als hier unternommen werden zu
können.

Zehntes Kapitel.

Obwohl der Wohlstand eines Volkes nicht allein durch den
Tauschwerth dargestellt wird, welchen die Summe des Besitzes
der einzelnen Familien und des ganzen Staates hat, so bildet
doch immerhin der Reichthum an Besitz eine nothwendige Vor-

1) Vgl. Philostrat. Leb. d. Apoll. V, 20 Καταβὰς δ᾽ ἐς Πειραιᾶ
τοῖς μὲν τις ὅρμει πρὸς ἑστίας οὖσα καὶ ἐς Ἰωνίαν ἀφήσοντα, ὁ
δ᾽ ἔμπορος οὐ ἐντυχὼν ἐμβαίνειν· ἰδιόστολον γὰρ αὐτὴν ἄγειν· ἱερο-
μένου δὲ τοῦ Ἀπολλωνίου τίς ὁ φόρτος; θεῶν, ἔφη ἀγάλματα ἀπάγω
ἐς Ἰωνίαν, τὰ μὲν χρυσοῦ καὶ λίθου, τὰ δ᾽ ἐλέφαντος καὶ χρυσοῦ.
ἱδρυσόμενος ἢ τί; ἀποδωσόμενος, ἔφη, τοῖς βουλομένοις ἱδρύσθαι.

37*

aussetzung desselben. Es tritt daher bei einer Betrachtung des
Volkswohlstandes zunächst die Frage auf, was unter Reichthum
zu verstehen sei. Die Ansicht, auf welche sich in neuerer Zeit
das sogenannte Merkantilsystem gegründet hat, dass nämlich der
Reichthum im Besitze von möglichst vielem Gelde bestehe, ist
auch im griechischen Alterthume weit verbreitet gewesen,[1] wenngleich einsichtige Männer von jeher die Unhaltbarkeit dieser
Ansicht erkannten, und den Besitz eines Gegenstandes nicht als
Reichthum gelten lassen wollten, der seinen Besitzer nicht einmal unter allen Umständen vor dem Verhungern schütze,[2] wie
dies schon die alte Sage vom Midas andeutet, dem sein Wunsch,
dass alles was er berührte sich in Gold verwandeln möchte,
erfüllt worden war. Die wichtigsten Gesichtspunkte für die
Begriffsbestimmung des Reichthums hat bereits Xenophon festgestellt, indem er zunächst diejenigen als reich bezeichnet,
welche mehr besitzen, als genügend ist, um die nothwendigen
Bedürfnisse zu befriedigen, so dass unter verschiedenen Verhältnissen die engste Gränze des Reichthums sehr verschieden sein kann.[3]
Dabei hat er nicht übersehen, dass der Erwerb des Besitzes ein
rechtlicher und der Gebrauch desselben ein vernünftiger sein
müsse,[4] auch nicht, dass der Reichthum nicht bloss darin besteht,
dass man für sich selbst mehr als zur Genüge habe, sondern
auch darin, dass man mehr als andere besitze.[5]

Aristoteles hat sich mit seinen Betrachtungen auf den ersten
Punkt beschränkt, indem er den wahren Reichthum als eine
Menge von Werkzeugen für den Haushalt und den Staat erklärt,
und da er das Charakteristische des Reichthums nicht im Besitz,

---

1) Platon Gess. V 8. 742ª. Aristot. Polit. I, 3 8. 17 Καὶ γὰρ
τὸν πλοῦτον πολλάκις τιθέασι νομίσματος πλῆθος.

2) Aristot. a. a. O. Vgl. Hipponax bei Stob. Floril. XCVII, 12.

3) Xenoph. Comment. IV, 2, 37 τοὺς μὲν μὴ ἱκανὰ ἔχοντας εἰς
ἃ δεῖ τελεῖν πένητας, τοὺς δὲ πλείω τῶν ἱκανῶν πλουσίους καλεῖ.
Hieron 4, 9; vgl. Oekon. 2, 4. Cicero Paradox. 6 Quem enim intelli-
gimus divitem? Opinor eum, cui tanta possessio est, ut ad liberaliter
vivendum facile contentus sit.

4) Kyrop. VIII, 2, 23; Hieron 4, 10.

5) Hieron 4, 8 ff.

sondern im Gebrauch jener Mittel findet, so meint er, es sei
demselben von Natur ebon durch die Anwendbarkeit eine Gränze
gezogen;[1] der Besitz von Geld, der eine solche Gränze nicht
kennt, ist kein naturgemässer Reichthum.[2]

Für eine Betrachtung des Volkswohlstandes im Allgemeinen
reichen nun freilich die gegebenen Bestimmungen nicht aus. Es
würde sich hierbei nicht allein darum handeln, ob das Gesammt-
vermögen im Lande zur Bestreitung der Bedürfnisse des Ganzen
und der Einzelnen im Allgemeinen hinreicht, sondern auch
darum, ob dasselbe so vertheilt ist, dass jeder Einzelne im
Volke ausreichende Mittel für eine angemessene Existenz hat,
ausserdem welche Mittel für Zwecke verwendbar bleiben, die
über die allernöthigsten Bedürfnisse hinausgehen. Da im Vor-
angehenden diese Mittel im Einzelnen betrachtet worden sind,
so bleibt uns nur übrig, so weit dies möglich ist, einen Ueberblick über das Ganze zu geben.

Es würde hier zunächst erforderlich sein, das Verhältniss
zwischen den Bedürfnissen und den zu ihrer Befriedigung vorhandenen Mitteln zu bestimmen, also für die verschiedenen
Perioden und Länder eine Berechnung dessen aufzustellen, was
die einzelne Familie zu ihrer Existenz bedurfte und was ihr zu
diesem Zwecke an Mitteln zu Gebote stand und ebenso die
Bedürfnisse des ganzen Gemeinwesens und die Deckungsmittel
nachzuweisen; allein die für eine solche Aufstellung erforderlichen Materialien sind äusserst unvollständig vorhanden, so dass
es fast überall wird genügen müssen, aus den Zuständen im
Allgemeinen eine oberflächliche Einsicht zu gewinnen.

Für die ältesten Zeiten bilden die homerischen Gedichte
fast die einzige Quelle, die aber, weil sie eine poetische ist,
nur mit äusserster Vorsicht benutzt werden darf. Die Bedürfnisse sind einfach in Wohnung, Nahrung und Kleidung und so

---

1) Aristot. Polit. I, 3 S. 13 ὁ δὲ πλοῦτος ὀργάνων πλῆθός ἐστιν
οἰκονομικῶν καὶ πολιτικῶν υ. S. 14 χρημάτων πρὸς ζωὴν ἀναγκαίων
καὶ χρήσιμων εἰς κοινωνίαν πόλεως ἢ οἰκίας. Καὶ ἔοικεν ὁ γ᾽ἀληθινὸς
πλοῦτος ἐκ τούτων εἶναι. Rhetor. I, 5 S. 1361ᵃ, 23 ὅλως δὲ τὸ πλουτεῖν ἐστιν ἐν τῷ χρῆσθαι ἢ ἐν τῷ κεκτῆσθαι.

2) Polit. I, 3 S. 17.

beschaffen, dass in ihrer Befriedigung bei den verschiedenen
Ständen keine besondere Verschiedenheit hervortreten kann.
Luxus erscheint nur in einzelnen kostbaren Geräthen, aus der
Fremde eingeführten Prachtgewändern, die ziemlich selten vorkommen, kunstreicher gearbeiteten Waffen und Hausgeräthen
und in der Verwendung werthvoller Stoffe zum Schmucke der
Wohnungen, ein Luxus, der mit der Einfachheit der Lebensweise und der übrigen Einrichtung einen so starken Gegensatz
bildet, dass man einen ansehnlichen Theil desselben auf Rechnung der dichterischen Phantasie setzen kann. Ein Luxus, der
auf Bequemlichkeit des Lebens und auf höhere, namentlich
geistige Genüsse berechnet wäre, ist nicht zu finden. Ein
bemerkbarer Unterschied nach der Verschiedenheit der Gegenden
und Stämme findet hierin nicht statt. Die Erscheinungen,
welche für den niederen Grad des Volkswohlstandes charakteristisch sind, hat schon Thukydides scharf hervorgehoben, indem
er bemerkt, dass in den älteren Zeiten, bei dem Mangel von
Handel und Verkehr die Griechen aus dem Lande gerade so
viel zogen, als sie zur Befriedigung ihrer Bedürfnisse gebrauchten und dass sie wegen der herrschenden Unsicherheit nicht
allein auf die Bebauung des Landes keine Sorgfalt verwendeten,
sondern auch dasselbe beim Eindringen anderer Stämme leicht
verliessen, in der Meinung, dass sie ihren täglichen Unterhalt
überall finden würden.[1]

Aermlicher noch erscheinen die Verhältnisse, sobald wir uns
den historischen Zeiten nähern, wozu allerdings die Unruhen der
Wanderungen beigetragen haben mögen. Bei Hesiod ist von
jener Pracht nichts mehr zu finden, obwohl doch der Handel in
die Reihe der gewöhnlichen Erwerbzweige eingetreten ist, und
dies ist freilich zum Theil daraus zu erklären, dass die Schilderungen in den Werken und Tagen jenes Dichters nicht über
den Kreis der häuslichen Verhältnisse hinausgehen. Aber was
Herodot noch aus der Zeit nach den grossen Wanderungen bei
der Schilderung ähnlicher Zustände in Makedonien bemerkt, dass
auch das Vermögen der Herrscherfamilien, nicht bloss das des

---

1) Thukydid. I, 2.

Volkes, ein geringes gewesen sei, wird auf Griechenland gleichfalls anzuwenden sein.[1]

Bedeutende Veränderungen traten ein, als nach Beendigung
der Wanderungen und der Anlegung zahlreicher Colonien der
Activhandel sich ausbildete und ausbreitete und die Gewerbthä-
tigkeit sich steigerte. Während im Allgemeinen durch die Eröff-
nung dieser neuen Quellen der Wohlstand wuchs, trat eine
grössere Ungleichheit des Vermögens hervor, als früher bestanden
zu haben scheint. Wir hören, dass in Sparta der ganze Reichthum in den Händen weniger gewesen sei, während die grosse
Menge arm war, ehe Lykurg seine Gütergleichheit einführte,
dass noch etwas später der grössere Theil der attischen Bevölkerung den reichen Grundbesitzern der Ebene tief verschuldet
war. Wodurch diese Zustände herbeigeführt worden sind, ist
uns historischen Zeugnissen nicht nachzuweisen, doch scheint
gerade das Zunehmen des Vorrathes von edlen Metallen und die
Einführung des geprägten Geldes einen grossen Theil der Schuld
zu tragen, indem dadurch nothwendig eine Vertheuerung der
Gegenstände verursacht wurde, welche der Landmann nicht selbst
gewinnen konnte. Während so Handel und Gewerbe einträglicher wurden, sank der Ertrag des Landbaues im Werthe, und
es geriethen nicht allein die kleinen Grundbesitzer in eine
bedrängte Lage, sondern es trat auch dem bis dahin fast ausschliesslich in Grundbesitz und Heerden bestehenden Reichthum
der adligen Geschlechter ein durch Gewerbe und Handel erworbener Geldreichthum gegenüber.

Der Erfolg war in verschiedenen Gegenden ein verschiedener. In Attika gewannen die Küstenbewohner, die den Seeverkehr in Händen hatten, durch ihre bessere Vermögenslage eine
unabhängige Stellung zwischen dem reichen grundbesitzenden
Adel und den armen Bauern und Hirten, in Megara und vielleicht auch an anderen Orten verlor der Adel gegenüber dem
Goldbesitz an Macht, wie dies die Klagen des Theognis deutlich
zeigen, und sah sich zum Theil genöthigt, die neuen Bahnen

---

1) Herod. VIII, 137 ἦσαν δὲ τὸ πάλαι καὶ αἱ τυραννίδες τῶν
ἀνθρώπων ἀσθενέες χρήμασι, οὐ μόνον ὁ δῆμος.

des Golderwerbes mit zu betreten;[1] an Orten, die wie Milet und andere Colonien durch Mangel an grossem Grundbesitz auf anderen Erwerb hingewiesen waren, bildete sich der Gegensatz zwischen einer Geldaristokratie und einem besitzlosen von seiner Hände Arbeit lebenden Proletariat.[2] Dass die Zustände sich in dieser Weise gestalteten, zeigen auch die Mittel, welche versucht wurden, den hervortretenden Schäden abzuhelfen. Solon suchte durch Herabsetzen des Münzfusses dem Steigen der Preise wenigstens für den Augenblick zu begegnen, Lykurg suchte den Landbesitz zu befestigen und den Geldbesitz fern zu halten, wenigstens für die Spartiaten, da bei den beengten Verhältnissen der Periöken für diese die Möglichkeit, einen grösseren Geldreichthum, der für das Ganze einflussreich werden könnte, zu erwerben, ohnehin kaum vorhanden zu sein schien.

Die Herrschaft der Tyrannen, welche in der folgenden Zeit in vielen griechischen Städten auftrat, scheint dem Wachsthume des Wohlstandes im Allgemeinen nicht hinderlich gewesen zu sein. Denn ausserdem dass dieselben nach mehreren Nachrichten die Bürger zur Thätigkeit anhielten, um sie von der Politik abzulenken, haben auch hin und wieder grössere Bauten und ähnliche Werke, welche einzelne von ihnen unternahmen, zur Förderung der Gewerbe und des Verkehrs beitragen müssen.[3] Wenn auch in manchen Fällen die Absicht dabei leitend gewesen sein mag, durch derartige Unternehmungen das Volk in Dienstbarkeit und Armuth zu erhalten,[4] und wenn sich auch nicht verkennen lässt, dass einzelne Tyrannen, wie Dionysios von Syrakus und die, welche nach Polykrates in Samos herrschten, durch ihr willkürliches Verfahren mit dem Vermögen der Unterthanen den Wohlstand beschädigten oder gar zu Grunde richteten,[5] so ist doch

1) Theognis 183 ff. Vgl. Müller Dorier II S. 10 ff.

2) Vgl. den Kampf der Πλουτ(ς und Χειρομάχα in Milet, Plutarch Quaest. Gr. 32, worauf auch wohl die Erzählung des Herakleid. Pont. bei Athen. XII S. 524 zu beziehen sein wird.

3) So die Peisistratiden in Athen, Polykrates in Samos, Kypselos in Korinth (vgl. Athen. XII S. 540*), die Orthagoriden in Sikyon, Lygdamis in Naxos, Symmachos in Thasos, Aulis in Phokis, Aristogenes in Milet. Vgl. Plutarch de mal. Herod. 21.   4) Aristot. Polit. V, 9 S. 188.

5) Aristot. a. a. O. u. Oekon. II S. 1349. — Panofka Res Sam. S.46.

schon die Anlage selbst von solchen Werken wie Tempel-
und Hafenbauten ein sicherer Beweis des Wohlstandes und
ein nicht geringerer Beweis der Umstand, dass selbst jene
drückenden Finanzmassregeln ertragen werden konnten. Wenn
Kypselos in zehn Jahren das gesammte Vermögen des Volkes zu
einem Weihgeschenke in der Art einzog, dass er ein Verzeichniss desselben anfertigen liess und danach jährlich den zehnten
Theil erhob, während die Korinther inzwischen mit dem übrigen
ein neues Vermögen erwarben,[1] so war dies nur unter Verhältnissen ausführbar, die einen leichten und schnellen Erwerb
ermöglichten, also dem Wohlstande in hohem Grade förderlich
waren. Ueberdies kann nach anderen Nachrichten nicht daran
gedacht werden, dass eine solche Bedrückung allgemein stattgefunden habe. Peisistratos z. B. erhob für die Bedürfnisse des
Staates nur den Zehnten vom Ertrage des Landes und seine
Söhne ermässigten diese Steuer auf den Zwanzigsten.[2] Ja selbst
bei starkem Steuerdrucke musste doch ein Theil des erhobenen
Geldes dem Volke wieder zu Gute kommen.

Wir finden denn auch in dieser Zeit und unmittelbar nach
der Vertreibung der Tyrannen keinesweges Verarmung, sondern
sogar manche Zeichen eines behaglichen Wohlstandes und selbst
des Reichthums. In Athen begegnen uns schon in den Gesetzen
des Solon Spuren einer Luxusgesetzgebung[3] und Thukydides
berichtet gerade aus jener Zeit, dass die Athener die alte rauhe
Lebensweise aufgegeben hätten und zu einer weichlicheren übergegangen wären, wofür er namentlich die damals aufgekommene
Sitte leinene Kleidung und goldene Haarnadeln zu tragen anführt.[4]
Ganz besonders aber zeigte sich damals der aufblühende Wohl-

1) Aristot. Oekon. II 8. 1346ᵃ, 32.
2) Thukydid. VI, 54. Diogen. Laert. I, 2, 53.
3) Diogen. Laert. I, 2, 55 ὁ τὰ πατρῷα κατεδηδοκὼς ἄτιμος
ἔστω — Αἰσίας φησὶ Σόλωνα τὸν ἡτωρηκότα εἴργειν τοῦ βήματος.
Aeschin. geg. Tim. 29 u. 30.
4) Thukydid. I, 6. Herakleid. bei Athen. XII 8. 512ᵇ. Aristoph.
Ritter 1331. Aelian. Verm. Gesch. IV, 22. Die Kleidung ist die der
Vorderasiaten; vgl. die Haartracht bei Homer Ilias ρ, 52 πλοχμοί 9'οἵ
χρυσῷ τε καὶ ἀργύρῳ ἐσφηκῶντο vom Euphorbos, von den Samiern
Asios bei Athen. XII 8. 525ᶜ.

stand in den griechischen Städten Kleinasiens, deren Reichthum die persischen Könige zur Unterwerfung dieses Landstrichs reizte und deren üppiges Leben schon damals wie später sprichwörtlich war.[1] Für das eigentliche Griechenland wird ein bedeutender Grad von Reichthum nicht anzunehmen sein, vielmehr wird von den meisten Städten höchstens das gelten können, was Isokrates von den Athenern sagte, dass zur Zeit der Perserkriege bei ihnen der Aufwand für das tägliche Leben weder von Mangel noch von Ueberfluss gezeugt habe.[2] Einen Beweis für die Richtigkeit dieser Behauptung giebt schon die Leichtigkeit, mit der die Athener beim Anrücken der Perser den Beschluss fassten, das Land den Feinden preiszugeben.

Eine bedeutende Veränderung brachten die Perserkriege hervor, durch welche zunächst nicht bloss Attika, sondern auch die Länder Nord- und Mittelgriechenlands überhaupt vorübergehend litten, für die Zukunft aber durch den augenblicklichen Gewinn an edlen Metallen und die von nun an dauernden Beziehungen zu dem Morgenlande materiell gewannen. Am deutlichsten tritt dies in Athen hervor. Die Verluste, welche die Perserkriege herbeigeführt hatten, wurden durch die energische Thätigkeit der Bürger bei einer einfachen Lebensweise bald wieder ersetzt,[3] so dass es damals, wie Isokrates sagt, in Athen niemanden gab, der nicht sein Auskommen gehabt und der dem Staate durch Betteln Schande gemacht hätte.[4] Das schnelle Aufblühen der athenischen Seemacht aber und der hierdurch angeregte und durch die Bildung der Bundesgenossenschaft geförderte Verkehr machte Athen bald zum Mittelpunkte des griechischen Handels und führte dem Staate wie den Privat-

---

1) Xenophanes bei Athen. XII S. 526ª. Theognis 1103 Ὕβρις καὶ Μάγνητας ἀπώλεσε καὶ Κολοφῶνα καὶ Σμύρνην. Aristot. Polit. IV, 3 S. 118. Vgl. Diogenian V, 79 Κολοφωνία ὕβρις: ἐπὶ τῶν πλουσίων καὶ ὑβριστῶν. Τοιοῦτοι γὰρ οἱ Κολοφώνιοι.

2) Isokrat. v. Frieden 90. Vgl. Athen. XII S. 533ᵈ.

3) Die Mahlzeiten der Athener waren einfach und ohne Aufwand (Lynkeus bei Athen. I S. 131ᶠ; Alexis ebend. S. 137ᵈ), das Hausgeräth nicht von grossem Werthe und eben für den Bedarf ausreichend (Xenoph. v. d. Eink. 4, 7. Vgl. Athen. VI S. 230).

4) Isokrat. Areopag. 83.

lenten bedeutende Einnahmen zu. Denn die Athener wussten
die Vortheile ihrer Herrschaft auch zu ihrem materiellen Nutzen
zu verwerthen, so dass durch den Handel, die Anwesenheit der
Bundesgenossen und Fremden und die vermehrte Ansiedelung
von Metoeken der Verdienst der Gewerbtreibenden und Kaufleute,
der Gewinn der Kapitalisten, der Werth des Grundbesitzes stieg.

Mit dem Wachsen der Mittel wuchs auch die Zahl der
Bedürfnisse und mit der Leichtigkeit dieselben zu befriedigen
die Lust ohne angestrengte Thätigkeit zu leben, mit dem Bewusstsein die Herrschaft über einen grossen Theil Griechenlands zu
besitzen entstand der Wunsch, auch materiell als der Herrscher
zu leben und die Ansprüche jedes einzelnen an den Staat mehr-
ten sich unaufhaltsam. Einen unberechenbaren Einfluss übte in
dieser Hinsicht die Politik des Perikles aus; denn wenn schon
früher einzelne Männer ihren Mitbürgern auf ihre Kosten materielle Vortheile geboten hatten, um sich die Volksgunst zu
erwerben, so griff Perikles, der selbst ohne grosses Vermögen
einem politischen Gegner von bedeutendem Vermögen gegenüber-
stand, zu den Staatsmitteln, um dieselben nicht bloss zum Vortheile des ganzen Staates, sondern auch der einzelnen Bürger
zu verwenden. Reich ausgestaltete Feste in einer Zahl, wie
sie keine andere griechische Stadt aufzuweisen hatte, nährten
die Vergnügungssucht des Volkes und gewährten durch die mit
ihnen verbundenen Spenden und Speisungen den Aermeren zeitweise selbst ihren Unterhalt;[1] die zahllose Menge von Volksversammlungen und Gerichtsverhandlungen, an denen das Volk
ganz oder zum grossen Theile thätigen Antheil zu nehmen hatte,
zog die Bürger von ihren häuslichen Geschäften ab und reizte
sie durch den bei solchen Gelegenheiten gezahlten Sold in einer
ihnen zusagenden mühelosen Beschäftigung ihren Erwerb zu
suchen; das bei mannigfachen Anlässen gezahlte Theorikon, das
die Staatseinkünfte verschlang, vervollständigte die Verführung
zum Müssiggang. Dazu kamen noch die bedeutenden Schenkungen von Land, welche in den Kleruchien einer beträchtlichen

---

1) Xenoph. v. Staat der Athen. 3, 2 u. 8; 2, 9. S. Böckh Staatsh. I
S. 393 ff.

Zahl von Bürgern gemacht worden und der während des grössten Theils des Jahres gezahlte Sold für den Heeres- und Flotten-
dienst, so dass es nicht zu hart zu sein scheint, wenn Platon
behauptet, Perikles habe die Athener faul und feige, geschwätzig
und geldgierig gemacht.[1]

Während so der Wohlstand vieler Bürger unmittelbar von
der finanziellen Stellung des Staates abhing, waren wiederum
die Einkünfte des Staates zum grossen Theil von seiner herrschenden Stellung in Griechenland abhängig. Die Geldbeiträge
der Bundesgenossen wurden, nachdem die Bundeskasse von Delos
nach Athen verlegt worden war, unbedenklich als Einnahmen
des athenischen Staates angesehen, über welche die Athener
nach Gutdünken verfügen könnten. Diese Beiträge, ursprünglich
auf vierhundertundsechzig Talente festgesetzt, wuchsen dadurch,
dass die meisten Bundesgenossen statt Schiffe und Mannschaften
zu stellen Geld zahlten, allmählich auf dreizehnhundert Talente
und es lässt sich danach schätzen, welche Summe diese Tribute
in den siebenzig Jahren, welche die Bundesgenossenschaft bestand,
nach Athen geliefert haben. Vor dem Beginne des peloponnesischen Krieges, wo die Tribute nur die Höhe von sechshundert
Talenten erreicht hatten, war aus den Ueberschüssen der athenischen Finanzverwaltung ein Schatz von neuntausendundsieben-
hundert Talenten gesammelt worden und ausserdem an ungepräg-
tem Gold und Silber, an Weihgeschenken und heiligen Geräthschaften ein Werth von fünfhundert Talenten vorhanden,[2] so
dass mit Recht bei den Verhandlungen vor dem Ausbruche des
Krieges der spartanische König Archidamos bemerken konnte,
dass Staat und Bürger der Athener reich seien.[3]

Für den Wohlstand des Landes im Ganzen legen einen
hinlänglichen Beweis die Werke ab, welche in dieser Zeit errichtet nicht bloss für die Sicherheit des Staates und zur Befriedigung äusserer Bedürfnisse unternommen wurden, sondern auch

1) Plutarch Perikl. 9 u. 11. Platon Gorg. S. 515".
2) Thukydid. II, 13.
3) Thukydid. I, 80; vgl. II, 40. Demosth. geg. Androt. 76 χρήματα μὲν γὰρ πλεῖστα τῶν Ἑλλήνων ποτὲ σχὼν (ὁ δῆμος ὁ Ἀθηναίων)
u. s. w.

zur Verschönerung der Stadt dienten und geistige Genüsse
gewährten. Ein Versuch, das gesammte Volksvermögen zu
berechnen, würde bei der Unsicherheit aller für eine solche
Rechnung zu verwendenden Daten zu keinem Ergebniss führen,
das nur einigen Werth hätte;[1] aber selbst wenn man den absoluten Geldwerth desselben finden könnte, so würde doch der
relative Werth, im Verhältniss zu den Bedürfnissen, der eine
klare Anschauung von dem wirklichen Wohlstande gäbe, damit
noch keineswegs gefunden sein. Eine Betrachtung im Einzelnen dürfte immer noch ein anschaulicheres Bild geben.

Dass die Menge der stehenden Kapitalien beim Beginne
des peloponnesischen Krieges bedeutend grösser war als beim
Ausbruche der Perserkriege, kann keinem Zweifel unterliegen,
wenn man vergleicht, wie leicht die Athener damals ihr ganzes
Land mit der Hauptstadt preisgaben, während jetzt Perikles sie
nur mit Mühe bewegen konnte, das platte Land den Feinden
zu überlassen; für die umlaufenden Kapitalien ergiebt sich der
bedeutende Wachsthum schon aus der gewaltigen Steigerung des
Verkehrs. Hinsichtlich der Vertheilung des Vermögens unter
die einzelnen Bewohner des Landes ist schon oben nachgewiesen
worden, dass der Grundbesitz sehr stark vertheilt und von den
Bürgern nur eine verhältnissmässig geringe Zahl ohne solchen
war, so wie dass selbst reiche Familien keine Grundstücke von
grossem Areal besassen. Stärker mag immerhin der Unterschied
des ganzen Vermögens bei den einzelnen Familien gewesen sein,
der wohl hauptsächlich durch den Besitz baarer Kapitalien
bedingt wurde; dennoch ist die Höhe eines Vermögens, das in
jener Zeit als ein grosses galt, an und für sich nicht bedeutend.

Alkmæon hatte, wie oben erwähnt, vom Kræsos ein reiches
Geschenk an Gold erhalten;[2] will man dasselbe mit Böckh auf
siebenzig Talente anschlagen und das Vermögen, welches er

1) Böckh Staatsh. I S. 636 ff. berechnet das attische Volksvermögen
ohne das steuerfreie Staatsgut auf 30 bis 40000 Talente. Schon der in
diesen Summen gelassene Spielraum ist sehr beträchtlich; betrachtet man
die einzelnen Posten, so wird man finden, wie fast alle in den angenommenen Zahlen durchaus unsicher sind.

2) Für das Folgende vgl. Böckh Staatsh. I S. 624 ff.

bereits vorher besass, hinzurechnen, so dürfte der Werth des
ganzen Besitzes hundert Talente nicht übersteigen; die Alkmæo-
niden zählten aber damals zu den reichsten Familien. Als die
reichste Familie in Athen aber galt die, aus welcher uns zuerst
Hipponikos genannt wird, einer von denen, die zu Solons Zeiten
mit geborgtem Gelde grosse Güter kauften und dadurch in Folge
der Münzherabsetzung reich wurden. Zu dieser Familie gehört
Kallias, Sohn des Phænippos, der grossen Aufwand für Rennpferde machte, jedesmal wenn der Tyrann Peisistratos aus Athen
flüchten musste, dessen Güter ankaufte und seine drei Töchter
reich aussteuerte.[1] Dessen Sohn Hipponikos mit dem Beinamen
Ammon vergrösserte das Vermögen noch. Ein Eretrier Diomne-
stos soll bei dem ersten Einfall der Perser in Euboea die Schätze
des persischen Feldherrn an sich gebracht haben, die er bei dem
zweiten Einfall derselben dem Hipponikos in Verwahrung gab.
Da nun die Eretrier sämmtlich gefangen nach Asien fortgeführt
wurden, blieb der Reichthum im Besitze des Hipponikos.[2] Dessen
Sohn Kallias Lakkoplutos hiess der reichste von den Athenern
und sein Vermögen schätzte man auf zweihundert Talente.[3]
Auch er soll sein Vermögen durch persisches Gold, welches in
einer Grube verborgen ihm nach der Schlacht bei Marathon von
einem Perser nachgewiesen wurde, vermehrt haben.[4] Hipponikos, dessen Sohn, heisst der reichste unter den Griechen,[5] der
sogar, weil sein Reichthum ihm in seinem Hause nicht sicher
genug schien, die Athener um einen Platz auf der Burg gebeten
haben soll, wo er sich ein Schatzhaus bauen könnte.[6] Er hatte
in den laurischen Silberbergwerken sechshundert Sklaven, seine
Tochter Hipparete erhielt bei der Vermählung mit Alkibiades
eine Aussteuer von zehn Talenten, wie sie noch kein Grieche

---

1) Herodot VI, 121 f.

2) Herakleid. Pont. bei Athen. XII S. 536ᶠ.

3) Plutarch Aristeid. 25. Lysias über Aristoph. Verm. 48.

4) Plutarch Aristeid. 5. Schol. zu Aristoph. Wolk. 65. Hesych.
Photios u. Suidas u. *Λακκόπλουτος*.

5) Isokrat. *περὶ τοῦ ζεύγ*. 31. Andokid. v. d. Myst. 120. Vgl.
Plutarch Alkib. 8.

6) Athen. XII S. 537ᵇ.

gegeben hatte, nach der Geburt eines Sohnes sollte sie noch zehn Talente erhalten.[1] Zu den reichsten Leuten Athens gehörte in diesen Zeiten auch Nikias, der als Feldherr in Sicilien seinen Tod fand.[2] Sein Vermögen, grösstentheils bewegliches Gut, worunter auch tausend Sklaven in den Bergwerken, wurde auf hundert Talente geschätzt.[3] Endlich können wir noch den Alkibiades erwähnen. Das Vermögen, welches er von seinem Vater ererbt, muss bedeutend gewesen sein, da dieser mit einer eigenen Triere an der Seeschlacht bei Artemision Theil nehmen konnte;[4] er selbst hat in den vier oder fünf Jahren, in welchen er hinter einander Feldherr war, viel Geld zusammengebracht, so dass man sein Vermögen auf hundert Talente schätzte. Freilich hinterliess er weniger, als er von seinen Vormündern in Empfang genommen hatte.[5]

Reichthümer in dieser Höhe kommen selbstverständlich nur einzeln vor, doch gab es in absteigender Reihe noch eine beträchtliche Anzahl von Bürgern, die man wohlhabend und sogar reich nennen konnte. Es lässt sich dies schon daraus abnehmen, dass man allein für die ausserordentliche Leistung der Trierarchie, die im Durchschnitt einen Aufwand von fünfzig Minen erforderte, jährlich vierhundert Bürger bestimmte, was, da gesetzlich niemandem zwei Jahre hinter einander diese Leistung auferlegt werden sollte, etwa die doppelte Zahl von Bürgern voraussetzt, die im Stande waren, aus ihrem Vermögen eine solche Ausgabe für den Staat zu machen.[6] Ausserdem gab es noch eine beträchtliche Zahl Liturgien, zu denen niemand herangezogen wurde, der nicht mehr als zwei Talente besass, woraus sich ergiebt, dass die Bürger, deren Vermögen mindestens diese Höhe erreichte, ziemlich zahlreich gewesen sein müssen.[7]

1) Xenoph. v. d. Eink. 4, 15. Andokid. geg. Alkib. 14. Plutarch Alkib. 8.

2) Thukydid. VII, 86, 4. Athen. VI S. 272ᵃ ὁ τῶν Ἑλλήνων πλουσιώτατος Νικίας.

3) Xenoph. v. d. Eink. 4, 14. Plutarch Nikias 4. Lysias über Aristoph. Verm. 47.

4) Plutarch Alkib. 1.

5) Lysias über Aristoph. Verm. 52.

6) Böckh Staath. I S. 747. — Xenoph. v. Staat d. Athen. 3, 4.

7) Böckh a. a. O. S. 598.

Dem gegenüber hatte sich aber auch der Aufwand sehr
gesteigert. Wenn nach den oben gemachten Angaben der Tagelohn von einer Drachme für eine Arbeiterfamilie ausreichen
musste, so stellten sich natürlich die Ausgaben eines Bürgers,
der als solcher leben wollte, bedeutend höher,[1] namentlich in
der Hauptstadt, die schon zu Sokrates Zeiten eine theure Stadt
war.[2] Der lebhafte Handelsverkehr, welcher in den Hafen von
Athen alles zusammenführte, was die verschiedensten und entlegensten Gegenden an vorzüglichen Produkten hervorbrachten,
bot zahlreiche Lockungen zum Genuss, das schnelle Aufblühen
der Künste im Zeitalter des Perikles förderte nicht allein die
diesen dienenden Gewerbe, sondern musste auch auf die Art und
Kostbarkeit der Ausstattung des Hauses und der Kleidung einen
mächtigen Einfluss ausüben.[3] Auch in anderen Dingen finden
wir bereits einen ansehnlichen Aufwand. Dahin gehört vor
allem die schon erwähnte kostspielige Neigung der athenischen
Jugend für Pferde, Hunde und Vögel, namentlich Kampfhähne
und Wachteln, der Umgang mit Hetæren und die damit zusammenhängenden Gelage.[4] Ausserdem gab die mehr und mehr
gesteigerte Demokratie den Reicheren, besonders wenn sie im
Staate eine Rolle zu spielen gedachten, vielfältige Veranlassung,
bedeutende Ausgaben in Leistungen für den Staat und in
Geschenken für die einzelnen Mitbürger zu machen, die oft zu
ihrem Vermögen in keinem gesunden Verhältniss standen.[5]

In manchen Fällen mochten solche erhöhte Ausgaben ein
Sporn sein, den dadurch verursachten Abgang des Vermögens
durch Sparsamkeit in der Hauswirthschaft und durch gesteigerte
Thätigkeit in Landbau, Gewerben und Handel zu ersetzen, allein
überwiegend musste die Neigung werden, auf eben so leichte

---

1) S. Böckh a. a. O. S. 157 ff.   2) Plutarch v. d. Seelenruhe 10.
3) Aristoph. Wesp. 675 f. Plutarch Alkib. 16. Vgl. Meiners
Gesch. des Luxus d. Athenienser. Lemgo 1782 S. 37 ff. und über den
Luxus der Griechen im Allgemeinen Limbourg-Brouwer Hist. de la civi-
lisat. des Grecs II, 2 S. 34 ff.
4) Aristoph. Wolk. 109; Plutos 157. Platon Lysis S. 211ᵛ. Plutarch Perikl. 13. Aelian Verm. Gesch. VIII, 4. Vgl. Meiners S. 43 ff.
5) Xenophon v. Staat. d. Athen. 1, 13; Oekon. 2, 5 f. Antiphan.
bei Athen. III S. 103ᶜ. Vgl. Plutarch Nikias 3.

Weise wieder zu erwerben, wie man ausgegeben hatte, und den
Staat und dessen politische Stellung zur Grundlage des Trachtens
nach Gewinn zu machen, während man Gewerbe und Handel mit
ihren sicheren Grundlagen den Metöken überliess, deren Verbindung mit dem Staate doch eine sehr lockere war und deren
Vermögen für den Volkswohlstand eine höchst zweifelhafte Bedeutung hatte. Der Boden, auf welchem der Wohlstand des athenischen Volkes ruhte, war somit kein durchaus sicherer und der
Wohlstand konnte schon deshalb kein dauernder sein, weil die
Quellen desselben einem plötzlichen Versiegen ausgesetzt waren
und die Herrschaft über die Bundesgenossen, welche die Staatskasse und die Bürger bereicherte, auf gewaltsame Unterdrückung
gegründet mit einem Schlage vernichtet werden konnte.

In Sparta könnte von einer Entwicklung des Wohlstandes
eigentlich nicht die Rede sein, wenn die Gesetze des Lykurgos
in ihrer Strenge aufrecht erhalten worden wären, aber wir haben
schon früher Gelegenheit gehabt zu bemerken, wie trotz derselben zunächst die edlen Metalle Eingang in das Land fanden,
sobald die Spartaner mit dem Auslande in Berührung traten.
Schon geraume Zeit vor den Perserkriegen bestand die Gleichheit des Besitzes, welche Lykurgos hatte dauernd machen wollen,
nicht mehr und zwar nicht bloss für den Grundbesitz, sondern
auch für andere Habe. Werthvolle Besitzstücke finden wir schon
aus dem sechsten Jahrhundert v. Chr. in einer Erzählung Herodots erwähnt, und die beiden Spartiaten Sperthias und Bulis,
welche man zur Sühne für die Ermordung der Gesandten des
Dareios an die Perser ausliefern wollte, werden als hervorragend
an Vermögen bezeichnet.[1] Daher tritt denn auch das Trachten
nach Reichthum schon ziemlich früh hervor, freilich den in
Lakedämon bestehenden Verhältnissen gemäss nicht auf dem
Wege der Arbeit. Schon drei Menschenalter vor den Perserkriegen war ein Spartaner Glaukos in Versuchung gerathen, ein
ihm anvertrautes Depositum zu unterschlagen; während jener
Kriege nahm Eurybiades die ihm vom Themistokles gebotenen
fünf Talente an, und ganz besonders zeigte sich Habsucht und

---

1) κειμήλια Herodot VI, 62; VII, 134.

Streben nach Aufwand beim Pausanias, der sogar persische Kleidung und persische Sitten annahm.[1] Obgleich aber die Lakedämonier, welche wohl einsahen, welche Gefahren ihren Sitten das längere Verweilen eines Heeres im Auslande brachte, in den nächsten Jahren keinen Feldherrn wieder ausschickten,[2] so wurde doch dadurch das Streben nach Reichthümern nicht unterdrückt, vielmehr blieb namentlich in der jüngeren Generation das Verlangen, dem Staate die alte Macht wieder zu erwerben, in der Hoffnung dadurch auch das Vermögen der einzelnen Familien zu vermehren,[3] und schon im Jahre 456 v. Chr. nahm man von den Persern Geld, welche die Spartaner zu einem Einfalle in Attika bewegen wollten.[4]

Von den übrigen Staaten des griechischen Festlandes fehlt es an ausreichenden Nachrichten. Die Angaben, welche beim Thukydides Perikles und Archidamos über die peloponnesischen Länder machen, dass dort weder die Staaten noch die Privatleute Geld hätten, klingen anders als die eben dort mitgetheilten Behauptungen der Korinther, welche doch einen ziemlichen Wohlstand voraussetzen lassen.[5] Von den Thessaliern und namentlich den Pharsaliern ist der Reichthum und die Prachtliebe so bekannt, dass dieselben sogar unter die Ursachen gerechnet werden, aus denen jenes Volk die Perser nach Griechenland zog.[6]

Die an der Küste von Kleinasien gegründeten Colonien hatten nach harten Kämpfen mit den umwohnenden Völkerschaften Sicherheit ihres Bestehens und ein bedeutendes und ergiebiges Handelsgebiet errungen. Der durch den Handel herbei-

---

1) Thukydid. I, 130 f. Duris bei Athen. XII S. 535f. Diodor XI, 44. Plutarch Aristeid. 23.

2) Thukydid. I, 95.

3) Diodor XI, 50 οἱ νεώτεροι καὶ τῶν ἄλλων οἱ πολλοὶ φιλοτίμως εἶχον ἀναιρήσασθαι τὴν ἡγεμονίαν, νομίζοντες ἐὰν αὐτὴν περιποιήσωνται, χρημάτων τε πολλῶν εὐπορήσειν καὶ καθόλου τὴν Σπάρτην μείζονα ποιήσασθαι καὶ δυνατωτέραν, τοὺς τε τῶν ἰδιωτῶν οἴκους πολλὴν ἐπίδοσιν λήψεσθαι πρὸς εὐδαιμονίαν.

4) Thukydid. I, 109.

5) Thukydid. I, 141; 80; 121 u. 122.

6) Theopomp bei Athen. XII S. 527.

strömende Reichthum und der Einfluss des asiatischen Luxus
führten aber bald, vornehmlich bei den Ioniern, zu Verweichlichung und Aufwand, die sprichwörtlich geworden sind.[1] Unter
ihnen ragen in dieser Hinsicht die Kolophonier und die Milesier
hervor, von denen besonders die letzteren, einst streitbare Männer, durch Luxus verweichlichten.[2] Schroffe Ungleichheit des
Vermögens führte zu inneren Unruhen und zu Kämpfen zwischen
den Reichen und den Armen, die den Wohlstand vieler Familien
zerrütteten,[3] allein dessen ungeachtet und obgleich die Unterwerfung durch die Lyder und Perser nicht ohne nachtheiligen
Einfluss auf den Wohlstand im Ganzen geblieben sein kann,
finden wir sie noch am Ende des sechsten Jahrhunderts v. Chr.
als die ansehnlichsten unter den Ioniern bezeichnet.[4] Schwerer
scheint jene Unterjochung die übrigen kleinasiatischen Griechen
getroffen zu haben, die ohnehin schon schwach, mit Gewalt unterworfen eine härtere Behandlung erlitten und unter der Herrschaft der über sie gesetzten Tyrannen schwerlich in hohem
Wohlstande lebten.[5]

Der Aufstand gegen die Perser, welcher 498 v. Chr. mit
der Vernichtung Milets und der Niederwerfung der übrigen
Ionier endete, vernichtete den Wohlstand des blühenden Land-
striches auf lange Jahre. Die Städte waren verbrannt, die Einwohner theils getödtet oder in die Sklaverei verkauft, theils ausge-
wandert. Auch die von den Persern demnächst wiederhergestellte
staatliche Ordnung, der sogar eine demokratische Grundlage
gegeben wurde, konnte wohl nur allmählich dahin führen, dass
die Städte sich erholten. Doch finden wir in der Flotte des

---

1) S. Athen. XII Cap. 28 ff. Vgl. Manand. ebend. IV S. 132f
'Ιωνικὴ πλοῖταξ. Bakchyl. in den Schol. zu Hermog. Th. V S. 493.
τῶν ἁβροδίων Ἰώνων ἄναξ. Th. VI S. 241 ἁβρότητι ξυνέασι Ἰωνες
βασιλῆες.

2) πάλαι ποτ' ἦσαν ἄλκιμοι Μιλήσιοι Aristoph. Plut. 1003.
Athen. XII S. 523f. Eustath. zu Homer Ilias ω, 444 S. 1858, 8.

3) Athen. a. a. O. Herod. V, 28 f.

4) Herod. a. a. O.

5) Herod. I. 143; 169; V, 37 f.

Xerxes, die gegen Griechenland zog, hundert Schiffe der Ionier und sechzig der Aeoler.[1]

Ein ähnliches Schicksal erlitten die Inseln des ägäischen Meeres, die zum Theil von der Natur durch fruchtbaren Boden und Metallschätze begünstigt schon frühzeitig nach Ordnung der staatlichen Verhältnisse seit dem Aufblühen des griechischen Handels einen bedeutenden Wohlstand erlangten. Unter den der kleinasiatischen Küste zunächst gelegenen Inseln war es vor allen Samos, die in der zweiten Hälfte des sechsten Jahrhunderts unter der Herrschaft des Polykrates hohen Wohlstand erwarb; aber nach dem Tode dieses Tyrannen riefen innere Unruhen die Perser herbei, welche die Stadt verheerten und die entvölkerte Insel dem Tyrannen Syloson übergaben.[2] Auch die Insel Chios wird schon in diesen Zeiten zu den wohlhabendsten zu zählen sein. Naxos war zu den Zeiten des Dareios die mächtigste unter den Inseln, die ein Heer von achttausend Hopliten, viele Kriegsschiffe und reichen Besitz an Geld und Sklaven hatte.[3] Die gegen Griechenland gesandte Flotte unter Datis eroberte zuerst diese Insel, verheerte sie und führte viele Einwohner hinweg. Gleiches Schicksal traf die übrigen Kykladen.[4]

Euboea, wohlhabend durch ihren Reichthum an Naturprodukten und durch den Handel, erlitt wenigstens zum Theil durch die Eroberung und Zerstörung von Eretria durch die Perser empfindliche Verluste;[5] Aegina war seit alter Zeit durch Handel und Industrie reich, aber der nicht lange vor den Perserkriegen beginnende Kampf mit Athen schadete ihrem Wohlstande und führte endlich zu ihrer gänzlichen Unterwerfung.[6] welcher nach einem Aufstande im Jahre 431 v. Chr. die Vertreibung der Bewohner und die Besitznahme durch Kleruchen folgte.[7] Die

---

1) Herod. VII, 94 f.
2) Herod. III, 147 ff. Strabo XIV 8. 636.
3) Herod. V, 28 u. 30 f.
4) Herod. VI, 96.
5) Herodot V, 31 nennt die Insel εὐδαίμων. — VI, 101
6) Herod. VI, 89. Thukydid. I, 41.
7) Diodor XI, 70 u. 78. Thukydid. I, 108; II, 27

Kerkyræer, welche im Laufe der Zeit einen grossen Theil des westlichen Handels von Korinth an sich gebracht hatten, besassen solchen Wohlstand, dass sie während des Krieges mit Xerxes eine Flotte von sechzig Schiffen auslaufen liessen, die sich freilich nicht am Kampfe betheiligte; beim Beginne des peloponnesischen Krieges zählt sie Thukydides zu den reichsten Griechen.[1] Der Reichthum befand sich aber zum grossen Theil in den Händen einer Geld- und Handelsaristokratie, deren Wohlstand sich schon daraus abnehmen lässt, dass zweihundertundfünfzig Mitglieder derselben nach eigner Angabe ein Lösegeld von achthundert Talenten an die Korinther, in deren Kriegsgefangenschaft sie gerathen waren, gezahlt hatten.[2]

Durch die Bildung der athenischen Bundesgenossenschaft seit dem Jahre 477 v. Chr. wurde manche Veränderung hervorgebracht. Die Inseln, welche von der Herrschaft der Perser befreit wurden und bei anfangs mässigen Leistungen den Schutz der athenischen Flotte genossen, erholten sich bald und es ist offenbar ein Zeichen von ihrem steigenden Wohlstande, dass nach und nach der grösste Theil es vorzog, statt der Schiffe und Mannschaften Geldbeiträge zu geben. Allerdings wurde das Verhältniss zu den Athenern bald drückend und es wurden Versuche gemacht, sich dem Einflusse derselben zu entziehen, die aber mit vollständiger Unterwerfung endeten. Naxos eröffnete im Jahre 466 die Reihe, andere Inseln, darunter das wichtige Samos, folgten[3] und die Behandlung der unterworfenen Bundesgenossen war so hart, dass die Athener selbst bis zur Entvölkerung der mit Waffengewalt bezwungenen Städte gingen.[4] Man kann wohl annehmen, dass auch der Handel zu Gunsten des athenischen in mancher Weise beeinträchtigt wurde und dass dadurch so wie durch die drückenden Tribute der Wohlstand bei manchen von den Bundesgenossen eher sich verminderte als zunahm, wie ja Andokides die Bedrückung durch die Tribute als

---

1) Thukydid. I, 25. Ueber ihre Flotte in damaliger Zeit I, 36 u. 47.
2) Thukydid. III, 70.
3) Thukydid. I, 98 u. 117.
4) Vgl. Xenophon Hellen. II, 2, 3.

Grund dafür angiebt, dass viele ihr Vaterland verliessen und sich
in Thurii ansiedelten.[1] Isokrates freilich behauptet, dass unter
Athens Hegemonie der Privatwohlstand am meisten zugenommen
habe und die Städte am grössesten geworden seien,[2] und in der
That scheint dies wenigstens bei einigen der Fall gewesen zu
sein. Chios, welches sich allerdings eine grössere Selbständigkeit bewahrt hatte, wird vom Alkibiades beim Thukydides als
die reichste unter den griechischen Städten genannt, und bei
demselben Geschichtschreiber heisst Iasos ein von Alters her
reicher Ort.[3]

Die eingreifendsten Wirkungen auf die Vermögensverhältnisse übte aber der peloponnesische Krieg aus, zunächst schon
dadurch dass in dem anhaltenden Ringen um die Herrschaft die
Kräfte aller theilnehmenden Staaten auf das äusserste angespannt
wurden. In Athen war der Schatz, welchen Perikles angesam-
melt hatte, bald verbraucht, so dass schon im Jahre 428 v. Chr.
eine Vermögenssteuer mit zweihundert Talenten erhoben werden
musste. Zwar besserten sich seit dem Frieden des Nikias die
Verhältnisse einigermassen,[4] so dass Schulden bezahlt und sogar
wieder dreitausend Talente in dem Schatze niedergelegt werden
konnten,[5] aber der bald von neuem ausbrechende Krieg liess
einen dauernden Wohlstand nicht aufkommen, die kostbare Unternehmung gegen Sicilien, der unglückliche Ausgang des Krieges
und die darauf folgende Anarchie zerstörten denselben vollends.
In den ersten Kriegsjahren hatten die wiederholten Einfälle der
Spartaner, wenngleich sie nur von kurzer Dauer gewesen waren,
doch die Bebauung des Landes gestört und an den Häusern und
werthvollen Einrichtungen auf dem Lande viel Schaden verursacht; seitdem aber Agis Dekeleia besetzt hatte und mit Heeresmacht dauernd im Lande blieb, lag der Ackerbau ganz dar-

---

1) Thukydid. I, 75. Andokid. geg. Alkib. 12.
2) Isokrat. Panegyr. 103.
3) Thukydid. VIII, 45. Vgl Grote Griech. Gesch. V S. 296 f. d
deutsch. Uebers. — Iasos παλαιόπλουτον χωρίον Thukydid. VIII, 24.
4) Thukydid. VI, 12 u. 26. Böckh Staatsh. I S. 587.
5) Böckh Staatsh. II S. 51. Aeschines v. d. Trugges. 175 giebt
sogar 7000 Talente an.

nieder[1] und bei den Kämpfen gegen die Dreissig wurden die in
der Nähe der Stadt befindlichen Ländereien, die der Feind ver-
schont hatte, von den eigenen Bürgern ausgeplündert.[2] Die
Zahl der Sklaven hatte ausserordentlich abgenommen, denn
ausser denen, welche aus Mangel an Beschäftigung und um die
Kosten des Unterhaltes zu sparen hatten abgeschafft werden
müssen, waren mehr als zwanzigtausend, grösstentheils Handwerker, entlaufen; der ganze Viehstand war zu Grunde gegangen.[3] Wenn auch den Athenern der Weg zur See frei blieb,
auf dem sie sowohl die nothwendigen Bedürfnisse beziehen als
auch die Erzeugnisse ihrer Industrie versenden konnten, und
wenn auch manche Geschäfte gerade aus dem Kriege Vortheil
zogen,[4] so ist es doch nicht anders möglich, als dass durch den
lange dauernden und weit verbreiteten Krieg Handel und Gewerbe
im Ganzen eine bedeutende Einbusse erlitten.[5] Die Preise der
nothwendigsten Dinge mussten steigen, namentlich da in Folge
der Besetzung von Dekeleia die Getreideeinfuhr bedeutend kost-
spieliger wurde.[6] Dazu kamen noch die Lasten, welche die
Bürger in Trierarchien und Vermögenssteuern zu tragen hatten,
um den Wohlstand zu untergraben; denn die Hülfsmittel, welche
man von aussen in Subsidien, namentlich aus Persien, an Beute
und Kriegscontributionen, die man von Freund und Feind erhob,
und auf andere Weise zog, können, wie bedeutend sie auch im
Ganzen gewesen sein mögen, doch gegen den ungeheuern Aufwand, den der Krieg erforderte, kaum in Betracht kommen.[7]
Einzelne Thatsachen lassen klar die Zustände erkennen. Im
Jahre 413 schickte man thrakische Hülfsvölker, welche zu spät
gekommen waren, um noch mit nach Sicilien zu gehen, zurück,

---

1) Thukydid. II, 65; VIII, 27.
2) Lysias περὶ τοῦ σηκοῦ 6.
3) Xenoph. v. d. Eink. 4, 25. Thukydid. VII, 27.
4) Aristoph. Fried. 447 ff.; 1209 ff.
5) Vgl. Xenoph. v. d. Eink. 4, 40.
6) Thukydid. VII, 28. Vgl. Isokrat. v. Fried. 92 πολλοὶ τῶν πολιτῶν ἠναγκάσθησαν τοῖς αὑτῶν ἐν τῇ πολιορκίᾳ χεῖρον παιδεύειν καὶ
τρέφειν ἢ πρόσθεν αὑτοίς.
7) Vgl. Böckh Staatsh. I S. 762 f.

weil man die Kosten, welche sie verursachten, scheute;[1] 407
griff man dazu, Goldmünzen von schlechtem Gehalte aus Bildern
der Siegesgöttin zu schlagen[2] und 406 hatte man den Beschluss
gefasst, dass künftig zwei Bürger gemeinschaftlich eine Choregie
für die Aufführung der Tragoedien und Komoedien übernehmen
sollten.[3] Die Herrschaft der Dreissig endlich, welche eine grosse
Zahl der reichsten Einwohner tödteten, um ihr Vermögen einzuziehen, und die darauf folgenden Kämpfe beschleunigten den
allgemeinen Ruin. Schon die Dreissig waren genöthigt gewesen,
von den Lakedemoniern hundert Talente zu leihen,[4] offenbar
weil sie mit allen Gewaltmassregeln nicht im Stande waren, die
nöthigen Geldmittel aus dem Vermögen der Bürger aufzubringen
und unmittelbar nachher vermochte der Staat nicht, den Boeotern
zwei Talente zu bezahlen.[5] Der Staat und die Bürger waren
verarmt,[6] der Grundbesitz hatte seinen Werth verloren, so dass
beispielsweise ein vom Staate eingezogenes Grundstück unver-
käuflich blieb.[7] Manche Bürger hatten ihr ganzes Vermögen
verloren, die früheren Quellen der Einnahmen waren versiegt,[8]
so dass selbst freigeborne Frauen sich genöthigt sahen, als　　.
Ammen und Handarbeiterinnen um Lohn zu dienen,[9] die ganzen
Verhältnisse so zerrüttet, wie Xenophon sie schildert, indem er
sagt:[10] „Einkünfte sind weder aus den Aeckern zu ziehen, denn
die Feinde haben sie im Besitz, noch aus den Häusern, denn
die Stadt ist menschenleer, Hausgeräth kauft niemand, Geld leiht

---

1) Thukydid. VII, 29.
2) Aristoph. Frösche 720 ff. mit den Scholien.
3) Aristotel. in den Scholien zu Aristoph. Frösche 404.
4) Xenophon Hellen. II, 4, 28.
5) Lysias geg. Nikom. 22.
6) Lysias geg. Eratosth. Ο πάντας τὴν μὲν πόλιν πένεσθαι
nach Frohbergers Emendation; über Aristoph. Verm. 11 ἀπάντων ἀργυρίου
ἢ τὸν ἑαυτοῦ ἐν τῇ πόλει. Vergl. Demosth. geg. Leptin. 12. Pausan. III, 9, 2.
7) Lysias περὶ τοῦ σηκοῦ 6.
8) Isokrat. v. Umtausch 161. Vgl. vom Nikeratos, des Nikias Sohn,
Lysias über Aristoph. Verm. 47.
9) Demosthen. geg. Eubul. 45. Aristoph. Thesm. 446 ff.
10) Comment. II, 7, 2.

niemand, denn man könnte es eher durch Suchen auf der Strasse
finden als geliehen erhalten."

Dabei lässt sich nicht verkennen, dass in dieser Zeit in
Athen leichtsinniges Leben und Verschwendung zugenommen und
dazu beigetragen haben, die Vermögensverhältnisse vieler Familien zu zerrütten. Kallias, der Schwager des Alkibiades aus
der oben erwähnten reichen Familie, verbrachte sein Geld mit
Schmarotzern und Dirnen, so dass er um das Jahr 400 v. Chr.
nicht mehr zwei Talente besass und in Dürftigkeit starb.[1] In
gleicher Weise war das Vermögen eines gewissen Ischomachos
darauf gegangen, das man auf siebenzig Talente schätzte und
wovon er seinen Söhnen nicht mehr als zwanzig Talente hinterliess.[2] Dass das Vermögen des Alkibiades sich verminderte, ist
bei den wechselnden Schicksalen und dem leichten Leben des
Mannes nicht zu bewundern.[3] Dagegen dürften die Fälle kaum
in Betracht kommen, in denen manche Leute, wie z. B. Kleon,
Gelegenheit fanden, sich durch den Krieg selbst zu bereichern.

Höchst nachtheilig muss der peloponnesische Krieg auch auf
die übrigen Seestaaten eingewirkt haben, namentlich diejenigen,
in deren Gewässern derselbe zeitweise geführte wurde. Denn
abgesehen von den Gegenden, welche von den Schrecken des
Krieges unmittelbar mit Verwüstung und Plünderung heimgesucht wurden, verloren auch andere Orte bedeutende Summen
durch die Eintreibung von Contributionen und durch die Störungen, welche der Handel und jeder Verkehr erlitten.[4] Weniger
als die kleinasiatischen Städte, die sich am Ende des Krieges in
trauriger Lage befanden,[5] scheint im Allgemeinen der Peloponnes
gelitten zu haben. Freilich wurden in den ersten Jahren des
Krieges die Küsten wiederholt von den Athenern heimgesucht
und die Häfen blokirt, so dass z. B. die gewerbfleissige Stadt

---

1) Lysias über Aristoph. Verm. 48. Athen. XII S. 537ᶜ. Vgl. Aristoph. Vögel 285 f.

2) Lysias a. a. O. 46. Athen. a. a. O.

3) Lysias a. a. O. 52.

4) Vgl. Thukydid. II, 69; III, 19; IV, 75. Xenoph. Hellen. I, 1,
8 u. 12. Plutarch Alkib. 30. Aristoph. Ritter 1071.

5) Plutarch Lysand. 6 nennt sie μοχθηρὰ πραττούσας.

Megara die schwersten Einbussen erlitt,[1] aber da der Wohlstand des Peloponnes mehr auf den Landesprodukten als auf
dem Handel beruhte und Einfälle in das Binnenland nicht
gemacht wurden, so konnte dieser Schade für das Ganze nicht
so tief eingreifend sein. Die von den Verbündeten der Spartaner aufzubringenden Beisteuern mochten nicht gering sein,[2]
doch wurde ein Theil der Kriegskosten namentlich für die Flotte
durch persische Subsidien gedeckt, die im Laufe des Krieges
fünftausend Talente betragen haben sollen,[3] und zu demselben
Zwecke wurden auch an den Orten, wo sich die Flotte gerade
befand, ansehnliche Beiträge erhoben.[4]

Der vielfältige Verkehr, in welchen die Spartaner mit dem
Auslande traten, hatte, wie schon vorher angedeutet wurde, auf
die Sitten derselben rücksichtlich des Besitzes einen höchst
nachtheiligen Einfluss; die Habsucht wuchs, je mehr sie den
Werth und die Macht des Geldes kennen lernten. Schon im J.
469 v. Chr. wurde der König Leotychides darauf betroffen, dass
er sich in Thessalien mit ansehnlichen Summen bestechen liess;[5]
445 nahm der junge König Pleistonax oder sein Rathgeber
Kleandridas Geld vom Perikles und wurde deswegen mit einer
Geldstrafe von fünfzehn Talenten belegt, die er allerdings nicht
zu zahlen vermochte.[6] Den König Agis wollten um 418 die
Spartaner um hunderttausend Drachmen strafen, woraus sich doch
wenigstens ergiebt, dass man einen solchen Besitz bei ihm für
möglich gehalten habe.[7] Am stärksten aber trat die Sinnes-
änderung mit dem Ende des peloponnesischen Krieges hervor.
Lysandros hatte aus demselben bedeutende Summen Geldes, allein

---

1) Pausan. I, 40, 4.
2) Vgl. Xenoph. Hellen. III, 5, 12.
3) Thukydid. VIII, 29 — 37 u. 58. Xenoph. Hellen. I, 3, 17;
5, 3 ff.; 6, 7; II, 1, 11. Isokrat. v Fried. 97.
4) Von den Rhodiern allein 32 Talente, Thukydid. VIII, 44.
Xenoph. Hellen. I, 6, 8; II, 1, 5. Vgl. Polyb. VI, 49, 10.
5) Herodot VI, 72.
6) Thukydid. II, 21. Plutarch Perikl. 22. Schol. zu Aristoph.
Wolk. 855.
7) Thukydid. V, 63.

vierhundertundsiebenzig Talente an Ueberschuss aus den Subsidien des Kyros, und damit einen mächtigen Reiz zur Habsucht
auch bei den Privatleuten nach Sparta gebracht.[1] Er selbst
soll freilich arm geblieben sein, obgleich ein unverdächtiger
Zeuge berichtet, er habe in Delphi gegen zwei Talente zur Aufbewahrung niedergelegt,[2] aber schon Gylippos, den er mit der
Ueberbringung jenes Geldes nach Sparta beauftragt hatte, trennte
unterweges die Säcke auf und stahl aus demselben,[3] und die
Wirkung des Geldes war so bedeutend, dass ein Dekret erlassen
wurde, nach welchem dem Staate der Besitz von Gold- und
Silbergeld gestattet sein, an Privatleuten mit dem Tode bestraft
werden sollte.[4]   Doch wusste man auch dieses Gesetz zu
umgehen, indem man Geld bei den Nachbarn, namentlich den
Arkadern niederlegte[5] und es wird schon auf diese Zeiten passen,
wenn Platon den Sophisten Hippias behaupten lässt, die Spartaner hätten Geld genug, ja der Verfasser des angeblich platonischen Alkibiades meint, in ganz Griechenland sei nicht so viel
Gold und Silber wie in Sparta im Privatbesitz, denn seit vielen
Menschenaltern ziehe es von allen Griechen und oft auch von
den Barbaren dahin, heraus aber komme nichts; dort gäbe es
die reichsten Leute von den Hellenen, am reichsten aber von
allen sei der König.[6] Einen Beweis für die zunehmende Habsucht finden wir auch darin, dass die Spartaner das Verlangen
der Thebaner und Korinther, Antheil an der dekeleischen Beute
zu erhalten, zurückwiesen.[7] Ging schon aus dem Geldbesitz eine
fühlbare Ungleichheit des Vermögens hervor, so steigerte sich
dieselbe noch mehr dadurch, dass auch der Grundbesitz mit

---

1) Xenophon Hellen. II, 3, 8. Vgl. Aristot. Polit. II, 6 gegen
Ende. Isokrat. v. Frieden 96.

2) Der Delphier Anaxandridas bei Plutarch Lysand. 18.

3) Plutarch Lysand. 2 u. 16. Athen. VI S. 234ᵃ.

4) Plutarch Lysand. 17; vgl. ebend. 19 den Fall mit Thorax.

5) Poseidon. bei Athen. VI S. 233ᶠ.

6) Platon Hipp. maior S. 283ᵈ; Alkib. I S. 122 f. Vgl. auch
Alkib. II S. 149ᵃ und Xenoph. v. Staat d. Lakedaem. 14, 3.

7) Xenoph. Hellen. III, 5, 8.   Plutarch Lysand. 27.   Justin.
V, 10.

seinem Zubehör an Leibeignen und Heerden sich, wie schon
früher bemerkt, allmählich in wenigen Händen ansammelte.[1]

Die auf den peloponnesischen Krieg folgenden Wirren in
Griechenland machten es unmöglich, dass sich der gesunkene
Wohlstand schnell wieder hob. Athen hatte seine auswärtigen
Besitzungen und seine Flotte verloren und mit seinem Einfluss
nach aussen war auch ein grosser Theil des Verkehrs in den
Hafen und der Stadt dahin. Die eigenthümlichen Vorschläge,
welche in Xenophons Schrift von den Einkünften gemacht werden, die Finanzen des Staates zu verbessern, lassen klar erkennen, in welchen drückenden Verhältnissen sich diese befanden.[2]
Nur mit Hülfe persischen Geldes wurde es den Athenern möglich, ihre Befestigungen herzustellen und den Grund zu einer
neuen Flotte zu legen. Dazu kam, dass zum Theil in Folge
der veränderten Kriegführung das Halten von Söldnern jetzt
allgemein wurde und bedeutende Geldausgaben nothwendig machte,
während die Bürger sich mehr und mehr der Theilnahme am
Kriegsdienste entzogen. Daher kam es denn auch, dass während
des sogenannten korinthischen Krieges die Athener wieder zu
dem alten Mittel des Eintreibens von Contributionen greifen
mussten.[3] Ueberhaupt war dieser Krieg der Hebung des Wohlstandes ausserordentlich hinderlich, da er ausser den gesteigerten
Ausgaben schwere Nachtheile für den Handel mit sich brachte.
Denn nicht allein störte die Kaperei, welche von Aegina aus
getrieben wurde, den Verkehr ausserordentlich und brachte durch
Verwüstung der Küsten, ja selbst durch einen gelungenen Ueberfall des Peiräeus auch sonst schwere Verluste an Eigenthum,
sondern es sperrte auch die spartanische Flotte, welche seit dem
Jahre 387 das Uebergewicht am Hellespont erlangt hatte, den
ganzen Handel aus dem Pontos nach Athen.[4] Die Finanzverwaltung des Staates befand sich oft in der grössten Noth und

---

1) Vgl. Aristot. Polit. II, 6 §. 55.
2) Vgl. Lysias ἀπολ. δωροδ. 13 ὁρᾶτε τὰ πραττόμενα τῇ πόλει
ὡς ὀλίγα ἐστί.
3) Xenoph. Hellen. IV, 8, 30 u. 35.
4) Xenoph. Hell. V, 1, 1—29.

trotz der abenteuerlichsten Finanzprojekte gelang es nicht, die Kassen zu füllen.[1]

Nicht weniger nachtheilig hat dieser Krieg auf Spartas Vermögensverhältnisse eingewirkt. Während vorher die Spartaner durch persisches Geld unterstützt worden waren, wurde jetzt der Krieg gerade durch die Perser gegen sie angeregt, die um den Agesilaos aus Asien fortzubringen, bedeutende Summen nach Theben, Korinth und Argos sandten.[2] Die in Asien errungenen Vortheile und die Herrschaft über die Inseln gingen verloren, die lakonischen Küsten sahen sich der Verheerung durch die Flotte des Konon und Pharnabazos ausgesetzt und es begegnet uns die bemerkenswerthe Erscheinung, dass im J. 388 v. Chr. den spartanischen Seeleuten der Sold nicht ausgezahlt werden konnte, wonach man annehmen müsste, dass die in Sparta vom Staate gesammelten Schätze bereits verausgabt waren.[3]

Auch die übrigen Staaten, welche an dem Kampfe Theil nahmen, müssen durch denselben nicht wenig gelitten haben, vor allen Korinth, welches eine Zeitlang den Mittelpunkt des Kriegsschauplatzes bildete und nicht bloss vorübergehend sein Landgebiet verheert und seinen Handel gestört sah. Aegina war zwar nach der Beendigung des peloponnesischen Krieges den früheren Bewohnern zurückgegeben worden, gelangte aber nicht wieder zu dem alten Wohlstande.[4]

Die griechischen Städte in Kleinasien waren aus dem Bundesverhältniss zu Athen unter die Herrschaft der Spartaner gekommen, ein Uebergang, der mit einem Wechsel des politischen Systems, der Vertauschung der Demokratie mit der Aristokratie oder gar mit der Oligarchie verbunden, staatliche Verwirrung in seinem nothwendigen Gefolge hatte.[5] Allein wenn-

---

1) S. das von Aristoph. Ekkles. 823 ff. erwähnte Projekt, wozu zu vgl. Böckh Staatsh. I S. 642 u. Grote Gesch. Gr. V S. 303 Anm. 107 d. deutsch. Uebers.

2) Xenoph. Hellen. III, 5, 1 giebt 50 Talente an, Plutarch Agesil. 15 (καὶ Dareiken u. Apophthegm. Lakon. S. 211ᵃ 30000 Dareiken.'

3) Xenoph. Hellen. V, 1, 13 f.

4) Pausan. II, 29, 5.

5) Vgl. Xenoph. Hellen. III, 4, 7

gleich die Herrschaft der Spartaner und ihrer Anhänger nach
manchen Richtungen hin grosse Nachtheile mit sich brachte, so
scheint doch der Wohlstand nicht gerade dadurch beeinträchtigt
worden zu sein;[1] der Sinn für Weichlichkeit und Ueppigkeit
wenigstens hatte sich gegen früher nicht vermindert.[2] Der
sogenannte antalkidische Frieden lieferte diese Städte wieder an
an die Perser aus, gewiss auch in materieller Hinsicht nicht zu
ihrem Vortheil.[3]

Ein ähnlicher Wechsel des Schicksals traf auch die Inseln,
bis seit dem Jahre 377 v. Chr. die Athener mit der Bildung
einer neuen Bundesgenossenschaft die Verhältnisse, wenn auch
nicht für die Dauer, änderten. In Athen selbst hob sich der
Verkehr, geschützt durch eine ziemlich zahlreiche Flotte, bedeutend,[4] aber der wiederaufblebende Wohlstand konnte bei dem
fast ununterbrochenen Kriege, der Beschädigungen durch die
Kaper mit sich brachte und eine starke Anspannung der Steuer-
kraft nöthig machte, doch zu keinem rechten Gedeihen kommen.[5]
Da auch die Beiträge der Bundesgenossen nicht gerade regelmässig und reichlich geflossen zu sein scheinen, so befanden sich
die Finanzen des Staates nicht in dem besten Zustande und es
kam wieder vor, dass den Feldherren die nöthigen Geldmittel
fehlten,[6] so dass Iphikrates sogar, um nur das Heer erhalten
zu können, mit Zustimmung der Athener Weihgeschenke verkaufte, welche von Syrakus aus nach Delphi abgesandt in seine
Hände gefallen waren.[7] Um den Eingang der Steuern leichter
zu bewirken, war im Jahre 387 v. Chr. eine neue Schatzung
des Vermögens in Athen angeordnet worden, nach welcher die
Vermögenssteuern vertheilt werden sollten; dass die auf Grund
derselben erhobenen Summen nicht unbeträchtlich waren, ergiebt

1) S. Isokrat. Panegyr. 110 ff.
2) Ephesos erscheint als wohlhabende Stadt Plutarch Lysand. 3.
— Xenoph. Hellen. III, 2, 17 u. 4, 15. Vgl. Athen. XII Cap. 27 ff.
3) Vgl. Isokrat. Panegyr. 137.
4) Polyb. II, 62, 8. Diodor XV, 29.
5) Xenoph. Hellen. VI, 2, 1.
6) Isokrat. v. Umtausch 120. Xenoph. Hellen. V, 4, 66; vgl.
VI, 2, 3.
7) Diodor XVI, 57.

sich aus einzelnen uns bekannten Fällen. Von dem Vermögen
von fünfzehn Talenten, welches des Demosthenes Vater hinterlassen, zahlten die Vormünder in den nächsten zehn Jahren
achtzehn Minen an Vermögenssteuer.[1] Aristophanes, über dessen
Vermögen eine Rede des Lysias handelt, hatte für sich und seinen Vater innerhalb vier oder fünf Jahre schon früher, nach
der Schlacht bei Knidos, vierzig Minen Vermögenssteuer gezahlt
und daneben noch an anderen Leistungen für den Staat einen
Aufwand gemacht, der insgesammt auf neun und ein halbes
Talent berechnet wird;[2] wie gross das Vermögen des Mannes
gewesen, wissen wir freilich nicht.

Obgleich uns bestimmte Angaben über das Vermögen in
Athen im Allgemeinen aus dieser Zeit fehlen, so lässt sich doch
aus dem eben gesagten schliessen, dass der Stand desselben,
wenn auch nicht gerade ungünstig, doch kein vorzüglicher
gewesen ist, und einzelne Beispiele scheinen dies zu bestätigen.
In Xenophons Oekonomikos gilt ein Vermögen von fünfhundert
Minen als das eines reichen Mannes, eine Hinterlassenschaft,
die für achtzig Minen verpachtet ist, heisst ansehnlich, während
sie, die Pacht zu acht vom Hundert gerechnet, einen Werth von
nicht mehr als elf Talenten hat; die fünfzehn Talente, welche
des Demosthenes Vater hinterliess, wurden in die höchste Steuerklasse gesetzt.[3] Wenn sich demnach für das Einzelvermögen im
Durchschnitt ein ziemlich niedriger Satz ergiebt, so gab es doch
auch Leute, die ein bedeutend grösseres Vermögen besassen.
Onetor soll mehr als dreissig Talente im Vermögen gehabt haben,
ebensoviel hatte Ergokles allein durch betrügliche Verwaltung
von Staatsgeldern geschafft; Konon hinterliess gegen vierzig
Talente, der Wechsler Pasion besass ausser einem Grundbesitze
im Werthe von zwanzig Talenten noch ein in seinem Geschäft
angelegtes Kapital von fünfzig Talenten.[4]

---

1) Demosthen. geg. Aphob. I, 37.

2) Lysias über Aristoph. Verm. 42 f.

3) Xenophon Oekon. 2, 3. Isaeos v. Dikaeog. Erbsch. 11 u. 35.
Demosth. geg. Aphob. I, 7.

4) Demosth. geg. Onetor I, 10. Lysias geg. Philokr. 2; über Aristoph. Verm. 40. Demosth. für Phormion 5.

Die Uebergriffe, welche sich Sparta in den nächsten Jahren nach allen Seiten erlaubte, führten zu dem thebanischen Kriege, der mit den Schlachten bei Leuktra und Mantineia die politische Macht der Lakedämonier für immer brach, zugleich aber fast ganz Griechenland in einen Zustand der allgemeinen Auflösung und Schwäche versetzte, welcher auch für den materiellen Wohlstand nicht ohne die nachtheiligsten Folgen bleiben konnte. Die allgemeine Armuth wird in dem um 380 v. Chr. geschriebenen Panegyrikos des Isokrates mehrfach hervorgehoben;[1] in den folgenden Jahren aber hatte namentlich das spartanische Land feindliche Einfälle und Verheerungen wie nie vorher erlitten und ein Zustand, wie ihn Aristoteles schildert, dass Sparta kein Geld im Staatsschatze hatte und aus den Leistungen der Bürger wenig erhielt, war gewiss schon damals eingetreten.[2] Schon im Jahre 375 waren die Spartaner nicht im Stande gewesen, auf die Aufforderung des Thessaliers Polydamas ein Heer nach Thessalien zu senden, nach dieser Zeit war aber noch Messenien und damit nicht unbedeutende Hülfsmittel für den Staat und für die einzelnen Bürger verloren gegangen;[3] Geldmangel im Staate soll die Veranlassung gewesen sein, dass Agesilaos in seinem hohen Alter mit einem Söldnerheere in die Dienste des Aegyptiers Tachos trat.[4] Aber ebenso sehr hatte unter diesen Vorfällen der ganze Peloponnes gelitten, der schon vorher von den Spartanern mit Schonungslosigkeit behandelt, der Schauplatz des erbitterten Krieges geworden war. In der Rede, welche Isokrates den König Archidamos nach der Schlacht bei Mantineia halten lässt, heisst es,[5] im Peloponnes sei keine Stadt unbeschädigt, keine die nicht feindselige Nachbarn hätte, so dass die Aecker verwüstet und die Städte verheert würden; die Privatverhältnisse seien zerrüttet, die Verfassungen umgestossen, die

---

1) S. besonders §§ 168; 174.
2) Aristot. Polit. II, 6 S. 59.
3) Xenoph. Hellen. VI, 1, 3 ff. Diodor XV, 66.
4) Plutarch Apophthegm. Lakon. 76.
5) Isokrat. Archidam. 68. Vgl. die ähnliche Schilderung in desselben Rede an Philipp 47 ff.

Gesetze gelöst, jeder Verkehr sei in Folge des Mangels an Vertrauen abgebrochen. Indessen hatte sich die Seemacht der Athener wieder rasch entwickelt, es war ihnen gelungen, wieder festen Fuss im thrakischen Chersonnes zu fassen und damit reiche Hülfsquellen zu eröffnen. Die Gefahr, welche ihnen die Bildung einer Seemacht durch die Thebaner drohte, war nur vorübergehend und der in Athen schnell wieder aufblühende Handel trug mächtig dazu bei, den Wohlstand des Landes zu fördern; allein kostspielige und zum Theil unglückliche Kämpfe um den thrakischen Besitz liessen die Macht und den Wohlstand sich nicht ungestört entfalten, während der zu derselben Zeit ausbrechende Bundesgenossenkrieg mit seinem unglücklichen Ausgange das mühsam errichtete Gebäude endlich fast ganz über den Haufen warf. Während von den Bundesgenossen den Athenern nur einige Inseln blieben, deren Tribut nicht mehr als fünfundvierzig Talente betrug,[1] war der Wohlstand der Bürger durch die Kriegsleistungen gesunken, Handel und Gewerbe zurückgegangen und ausserdem hatte die schlechte Wirthschaft im Innern des Staates viele Bürger schwer an ihrem Eigenthume beschädigt.[2] Die Schilderung, welche Isokrates in seinem Areopagitikos von den damaligen Zuständen macht, lässt, selbst wenn sie vielleicht in etwas grellen Farben gemalt ist, doch eine traurige Wirklichkeit erkennen. Das Söldnerwesen in Heer und Flotte verschlang so ungeheure Summen, dass im Bundesgenossenkriege allein tausend Talente dafür ausgegeben worden waren,[3] während das Volk, dessen grösster Theil Mangel litt[4] und um leben zu können auf die vom Staate gewährten Besoldungen sehen musste,[5] für den Staat nichts ohne Bezahlung thun wollte oder konnte.[6] Es scheint daher ein übertreibender Ausdruck oder ein solcher zu sein, der die Dürftig-

1) Demosthen. v. Krans 234.

2) Isokrat. v. Frieden 20 f; 124 ff.

3) Isokrat. Areopag. 54; 9; vgl. v. Frieden 44 ff.

4) Areopag. 83; v. Frieden 46 u. 69. Vgl. die wohl in diese Zeit gehörende Schrift Xenophons v. d. Eink. 1, 1 u. 6, 1.

5) Areopag. 54; v. Frieden 130; v. Umtausch 152.

6) Areopag. 82.

keit in ganz Griechenland sehen lässt, wenn Demosthenes am
354 v. Chr. meint, das in Athen vorhandene Geld halte den
Vergleich mit den gesammten Städten Griechenlands aus.[1]

Dabei hatte im Allgemeinen die leichtsinnige Lebensweise,
welche die Zukunft wenig oder gar nicht in Rechnung zieht und
weniger auf Erwerbung und Erhaltung eines dauernden Wohlstandes als auf augenblicklichen Genuss ausgeht, bedenkliche
Fortschritte gemacht. Den bedeutendsten Männern unter den
Athenern, dem Konon, Iphikrates, Chabrias, Timotheus, Chares
wirft Theopompos die ärgsten Ausschweifungen vor, namentlich
von dem letztgenannten erzählt er, er habe die zum Kriege
bestimmten Gelder zum Theil mit Flöten- und Citherspielerinnen
und anderen Dirnen durchgebracht.[2] Ausserordentlich bezeichnend für die Allgemeinheit dieser Richtung aber ist die innere
Politik des Eubulos, der, selbst ein höchst ausschweifender Mensch,
geraume Zeit hindurch die Einkünfte des Staates vor allem dazu
verwendete, die sinnliche Genusssucht des Volkes zu befriedigen
und sich mit diesem Verfahren im Einklang mit der Mehrzahl
der Bürger befand.[3]

Nicht besser gestalteten sich die Verhältnisse in dem übrigen Griechenland. Die nördlicheren Landschaften litten eine
geraume Zeit unter den Verheerungen des heiligen Krieges,
während dessen nicht allein die bedeutenden Schätze des delphischen Heiligthumes verschleudert sondern auch den Bewohnern
von Phokis die schwersten materiellen Opfer auferlegt wurden[4]
und mit dessen Beendigung die Einwohner des verwüsteten

1) Demosth. v. d. Symmor. 25. — Nach der im J. 377 aufgestellten
Schatzung des Nausinikos betrug das Steuerkapital in Attika 5750 Talente
(Polyb. II. 62); folgt man Böckhs (Staatsh. I S. 667 ff.) Berechnungen,
so würde das wirkliche Vermögen in der ersten Steuerklasse das Fünffache, im Ganzen also das mehr als Fünffache des Steuerkapitals betragen
haben, also auf mehr als 30000 Talente anzuschlagen sein. Ein fester
Anhalt für unsere Betrachtungen ist freilich daraus nicht zu gewinnen.
2) Athen. XII S. 532.
3) S. Theopomp bei Athen. IV S. 166ᵛ.
4) Diodor XVI, 28 Φάλαιπος τοῖς Ἀλγηνῖς ἡδιμορίᾳ καὶ
πλοίῳ διαφύροντας ἐπράξατο πλῆθος χρημάτων ἱκανὸν εἰς τοὺς τῶν
ξένων μισθούς.

Landes in lauter kleine Ortschaften vertheilt und mit schweren Abgaben an das delphische Heiligthum belastet wurden, die eine Wiederherstellung des Wohlstandes auf Jahre hin unmöglich machten.[1] Thessalien, sonst seines Reichthumes wegen gepriesen,[2] wird schon während dieses Krieges als verarmt bezeichnet;[3] Kerkyra durch seinen Handel und sein trefflich angebautes Land wohlhabend und so mächtig, dass es noch zu dieser Zeit eine Flotte von achtzig Schiffen besass,[4] wurde in Folge innerer Zwistigkeiten und der Eroberungssucht der Spartaner im J. 373 der Schauplatz eines erbitterten Kampfes, der die Stadt an den Rand des Verderbens brachte.[5] Alle griechischen Städte waren durch das Unglück einander gleich geworden;[6] die Dürftigkeit so gross, dass Leute, und wie es scheint in nicht geringer Zahl, aus Armuth mit Weib und Kind heimatlos umherzogen.[7] Die grossen Schaaren von Söldnern, welche zeitweilig in den Kriegen Beschäftigung fanden, vermehrten, da ihnen die Anhänglichkeit an Heimat und festen Besitz abging, das Proletariat in erschreckender Weise.[8]

Durch den phokischen Krieg waren die Makedonier in das Herz Griechenlands gezogen worden und begannen nun von einer festeren Stellung aus den Kampf um die Herrschaft. In dem Ringen mit Philipp büsste zunächst Athen nicht nur seine Selbständigkeit, sondern auch den Rest seines Wohlstandes ein.[9] Der Handel, der noch in der ersten Hälfte des vierten Jahrhunderts blühend gewesen war, muss durch den Verlust der Seeherrschaft

---

1) Diodor XVI, 60. Pausan. X, 3.

2) Athen. XII 6. 527. Platon Menon 8. 70ᵃ. Isokrat. v. Umtausch 155 sagt vom Gorgias: διατρίψας περὶ Θετταλίαν, ὅτ᾽ εὐδαιμονέστατοι τῶν Ἑλλήνων ἦσαν.

3) Isokrat. v. Frieden 117.

4) Isokrat. v. Umtausch 109.

5) Xenoph. Hellen. VI, 2, 4 — 36.

6) Isokrat. Philipp. 40 οἶδα γάρ ἁπάσας πόλεις ἡμαλισμένας ὑπὸ τῶν συμφορῶν.

7) Isokrat. Panegyr. 168; v. Frieden 24; Philipp 120.

8) Vgl. Isokrat. v. Frieden 44 u. 79.

9) (Demosth.) περὶ συντάξ. 27 ἐξηγηλωνται δὲ οἵ τι ἴδιοι πάντες ἴσοι καὶ τὰ κοινὰ τῇ πόλει καὶ τὰ παρὰ τῶν συμμάχων.

und das Hervortreten anderer Seemächte in den östlichen
Gewässern harte Stösse erlitten haben, neue Quellen für Einnahmen eröffneten sich nicht, und selbst die alten, wie die laurischen
Silberbergwerke, versiegten. Daher wird sich durch die kurze
Ruhe während der Regierung Alexanders der Wohlstand nur
wenig gehoben haben; die auf den Tod desselben folgenden allgemeinen Kämpfe trafen aber auch Athen sehr hart, so dass
im Jahre 321 v. Chr., als die Stadt in Antipaters Gewalt fiel,
sich zwölftausend Bürger fanden, die nicht zweitausend Drachmen
im Vermögen hatten, während nur etwa neuntausend ein grösseres Vermögen nachweisen konnten.[1] Im Jahre 308 bettelten
die Athener beim Antigonos um Getreide und Holz, und erhielten von ihm 150000 Medimnen Getreide und Holz zu hundert
Schiffen.[2]

Eine ähnliche Dürftigkeit tritt um diese Zeit auch im ganzen übrigen Griechenland hervor.[3] Die Bœoter, welche unter
der Leitung des Epameinondas eine kurze Glanzperiode gehabt
hatten, waren nicht allein politisch sondern auch materiell so
heruntergekommen, dass bei der Eroberung von Theben durch
Alexander der Werth der ganzen beweglichen Habe nicht mehr
als vierhundertundvierzig Talente betragen haben soll.[4] Jedenfalls hatte die bekannte schwelgerische Lebensweise, die bei den
Bœotern üblich war, viel dazu beigetragen, dass ein solider
Wohlstand nicht gedeihen konnte.[5]

Wie mit der makedonischen Herrschaft die politische Bedeutung Griechenlands für immer zu Grunde gegangen war, so war
damit auch die Möglichkeit eines Wiederemporkommens der
wirthschaftlichen Zustände abgeschnitten. Denn während der
grosse Verkehr, namentlich der Handel, andere Bahnen suchte

---

1) Diodor XVIII, 18. Plutarch Phokion 28.
2) Diodor XX, 46.
3) Diodor XX, 40 τὰ μὲν γὰρ κατὰ τὴν Ἑλλάδα διὰ τοὺς συνε-
χεῖς πολέμους καὶ τὰς τῶν δυναστῶν πρὸς ἀλλήλοις φιλοτιμίας ἐσθενή
καὶ ταπεινὰ καθειστήκει.
4) Kleitarch bei Athen. IV 8. 148ᵈ. Diodor XVII, 14 giebt dieselbe Summe als Erlös für die in die Sklaverei verkauften an.
5) Polyb. XX, 4 u. 6. Athen. X Cap. 11.

und zunächst seinen Hauptsitz in den östlichen Reichen, später in Rom fand, während von den Schätzen des Morgenlandes, welche seit Alexander dem Grossen flüssig gemacht worden waren, dem eigentlichen Griechenland nur wenig zu Gute kam, konnten nicht einmal die eigenen Hülfsquellen des Landes hinreichend ausgebeutet werden. Die inneren Kämpfe, welche in der nächsten Zeit namentlich den Peloponnes zerrissen, der ausserdem zum Theil unter schlechten Regierungen zu leiden hatte, verwüsteten das Land, verminderten die Bevölkerung und bewirkten, dass der Wohlstand mehr und mehr sank, so dass beispielsweise bei der Eroberung von Mantinea im Jahre 224 v. Chr. der Werth der ganzen Beute sammt dem Erlöse für die in die Sklaverei verkauften nicht mehr als dreihundert Talente betrug[1] und dass Polybios behauptet, in seiner Zeit sei die ganze bewegliche Habe im Peloponnes mit Ausschluss der Sklaven nicht sechstausend Talente werth gewesen.[2] War demnach der Wohlstand schon im Ganzen gering, so muss die Armuth bei der grossen Masse des Volkes eine erschreckende gewesen sein, da die Ungleichheit des Besitzes schroffer als früher hervortrat und der grösste Theil desselben in wenige Hände, in Sparta sogar in die der Frauen gekommen war. Bei den wenigen Wohlhabenden aber stieg der Luxus und die Verschwendung, selbst in Sparta, zu einer nie geahnten Höhe,[3] während die Bereitwilligkeit für das Gemeinwesen aus dem eignen Vermögen etwas zu leisten, schon längst verschwunden, ja das Verständniss des Werthes der Aufwendungen für den Staat so weit abhanden gekommen war, dass schon Demetrios der Phalereer die Ausgaben, welche einst Perikles für den Bau der Propyläen gemacht, als Verschwendung tadelte.[4] Während in Athen Ehrendenkmäler für Leute errichtet wurden, die bei den fremden Königen Geldunterstützungen für den Staat erbettelt hatten,[5] fand dort der

---

1) Polyb. V, 106.

2) Polyb. II, 62.

3) Plutarch Agis 7. Phylarch bei Athen. IV S. 142.

4) Cicero de off. II, 17. Vgl. Roscher System d. Volkswirthsch. I § 231.

5) Psephisma des Laches im Leben d. zehn Redn. S. 851°.

Luxus seine Vertheidiger, wie dies nicht allein das uns erhaltene
Wort des Komikers Baton, dass eine einfache Lebensweise für
den Staat nachtheilig sei, weil sie den Geschäftsleuten den Verdienst schmälere,[1] sondern auch die Bemerkung des Herakleides
vom Pontos zeigt, dass alle welche das Vergnügen liebten und
Luxus trieben, grossherzige und edelgesinnte Leute seien.[2] Wie
aber der Aufwand bei den schlechten Grundlagen des Wohlstandes die Zustände verschlimmerte, zeigt das Beispiel der
Aetoler, die in Polybios Zeiten in Folge der unaufhörlichen
Kriege und ihrer Verschwendung tief verschuldet waren.[3] Kein
Wunder ist es also, dass bei solchen Verhältnissen und der
damit in nothwendigem Zusammenhange stehenden Entvölkerung
des Landes jener traurige Zustand der Oede und Armuth eintrat,
in welchem Strabo um die Zeit von Christi Geburt Griechenland antraf.

---

1) Athen. IV 8. 163ᵉ ἀλυσιτελὴς εἰ τῇ πόλει πίνων ὕδωρ· τὸν
γὰρ γεωργὸν καὶ τὸν ἔμπορον κακοῖς.
2) Athen. XII 8. 512.
3) Polyb. XIII, 1. Vgl. Agatharchides bei Athen. XII 8. 527ᵇ.

Conze, Alexander, Beiträge zur Geschichte der griechischen Plastik. Mit XI Tafeln meistens nach Abgüssen des archaeologischen Museums der Königl. Universität Halle-Wittenberg gezeichnet und lithographirt von H. Schenck. 1869. 5 Bog. Text. hoch 4. geh. 3 Thlr.

— — **Die Familie des Augustus.** Ein Relief in S. Vitale zu Ravenna. Mit zwei Photographieen. 1867. 2 Bog. hoch 4. 25 Sgr.

Corssen, Prof. Dr. W., Alterthümer und Kunstdenkmale des Cisterzienserklosters St. Marien und der Landesschule zur Pforte. Mit Zeichnungen von J. Hermann und Fr. Hassfeld, Holzschnitten von Klitzsch & Rochlitzer in Leipzig. 1868. 45 Bogen Text. hoch 4. Mit 11 Tafeln in Bunt- und Tondruck, einer Karte des Saalthales und 99 In den Text gedruckten Holzschnitten. geh. 5 Thlr. 10 Sgr., in Leinwandband 6 Thlr.

Geier, Dr. Rob., Alexander und Aristoteles in ihren gegenseitigen Beziehungen. Nach den Quellen dargestellt. 1856. 15¹⁄₂ Bog. gr. 8. geh. 1 Thlr. 10 Sgr.

Göttling, K. W., Geschichte der römischen Staatsverfassung, von Erbauung der Stadt bis auf Cäsars Tod. Mit einer lithographirten Tafel. 1840. 34 Bog. gr. 8. geh. 3 Thlr. 15 Sgr.

Herzberg, Prof. Dr. Gustav, Geschichte Griechenlands unter der Herrschaft der Römer Nach den Quellen dargestellt. I. Theil: Von Flamininus bis auf Augustus. 1866. 85 Bog. gr. 8. geh. 1 Thlr. 15 Sgr. — 2. Theil: Von Augustus bis Septimius Severus. 1868. 33¹⁄₂ Bog. gr. 8. geh. 1 Thlr. 15 Sgr.

— — **Das Leben des Königs Agesilaos II. von Sparta.** Nach den Quellen dargestellt. 1856. 25 Bog. gr. 8. geh. 2 Thlr.

Imhoff, A., T. Flavius Domitianus. Ein Beitrag zur Geschichte der römischen Kaiserzeit. Nach den Quellen dargestellt. 1857. 10 Bog. gr. 8. geh. 22¹⁄₂ Sgr.

Peter, Rector Prof. Dr. Carl, Geschichte Roms in 3 Bänden. Zweite grösstentheils umgearbeitete und verbesserte Auflage.

    I. Band. **Bis zu den Graechischen Unruhen.** 1865. 36 Bog. gr. 8. geh. 1 Thlr. 15 Sgr.

    II. „ **Bis zum Sturze der Republik.** 1866. 34 Bog. geh. 1 Thlr. 15 Sgr.

    III. „ **Die Kaiser aus dem Claudisch-Julischen Hause.** 1867. 25 Bog. gr. 8. geh. 1 Thlr. 7¹⁄₂ Sgr.

             Unter der Presse:

    III. „ 2. Abth. **Die Befestigung und volle Entwickelung des römischen Kaiserthums** unter den Kaisern aus dem Flavischen Geschlecht und ihren nächsten Nachfolgern bis zum Tode des Marc Aurel 68—180 n. Chr.

— — **Zeittafeln der Griechischen Geschichte** zum Handgebrauch und als Grundlage des Vortrags in höheren Gymnasialklassen mit fortlaufenden Belegen u. Auszügen aus den Quellen. Dritte verb. Aufl. 1866. 19 Bog. gr. 4. geh. 1 Thlr. 5 Sgr.

— · **Zeittafeln der Römischen Geschichte** zum Handgebrauch und als Grundlage des Vortrags in höheren Gymnasialklassen mit fortlaufenden Belegen und Auszügen aus den Quellen. Vierte für den Gebrauch der Schüler eingerichtete verbesserte und vermehrte Aufl. 1867. 18 Bog. gr. 4. geh. 1 Thlr.

Peter, Dr. Herm. (Oberl. am Gymnas. zu Frankfurt a/O.), Ueber die Quellen des Plutarch in den Biographieen der Römer. 1865. 12 Bog. gr. 8. geh. 1 Thlr.

Schlottmann, Prof. Dr. Konst., Die Inschrift Eschmunazars, Königs der Sidonier. Mit 2 Tafeln Abbildungen und Inschriften. 1868. 13 Bog. gr. 8. geh. 1 Thlr. 10 Sgr.

Schmitz, Leonhard (Dr. d. Phil. u. der Rechte. Rector der hohen Schule von Edinburgh, Mitglied d. Königl. Ges. d. Wissensch. das. u. s. w.), **Geschichte Griechenlands** von den ältesten Zeiten bis zur Zerstörung Korinths. Nebst einem Anhange über die Civilisation, Religion, Literatur und Kunst der Griechen. Mit 131 In den Text gedruckten Holzschnitten. Zweite Aufl. 1865. 37 Bog. geh. 20 Sgr., eleg. in Leinw. geb. 1 Thlr.